王梦奎（1938—），河南温县人。毕业于北京大学经济系。曾供职于《红旗》杂志和第一机械工业部。改革开放以来先后担任过中共中央书记处研究室经济组副组长、国家计委委员和经济研究中心常务副主任、国务院研究室副主任和主任、国务院发展研究中心主任。中国共产党十四届候补中央委员，十五届中央委员。第十届全国人大常委、财经委员会副主任。北京大学教授，博士生导师。参加过党和国家许多重要文件的起草。主持过关于国民经济和社会发展许多重要课题的研究。多年主持中国发展高层论坛和中日经济知识交流会等国际交流活动。出版有《王梦奎文集》（8卷）以及经济学和其他方面的著作多部。编有《怎样写文章》等图书多种。

历史的足音——改革开放40年研究文库

中国走过来的道路

王梦奎◎著

中国言实出版社

图书在版编目（CIP）数据

中国走过来的道路 / 王梦奎著 . -- 北京 : 中国言实出版社 , 2018.10
ISBN 978-7-5171-2925-7

Ⅰ . ①中…　Ⅱ . ①王…　Ⅲ . ①改革开放—中国—文集
Ⅳ . ① D61–53

中国版本图书馆 CIP 数据核字（2018）第 211339 号

责任编辑：张　强
责任校对：李　琳
责任印制：佟贵兆
封面设计：徐　晴

出版发行　中国言实出版社
地　址：北京市朝阳区北苑路 180 号加利大厦 5 号楼 105 室
邮　编：100101
编辑部：北京市海淀区北太平庄路甲 1 号
邮　编：100088
电　话：64924853（总编室）　64924716（发行部）
网　址：www.zgyscbs.cn
E-mail：zgyscbs@263.net

经　　销　新华书店
印　　刷　北京中科印刷有限公司
版　　次　2018 年 11 月第 1 版　　2018 年 11 月第 1 次印刷
规　　格　710 毫米 ×1000 毫米　1/16　46.5 印张
字　　数　639 千字
定　　价　268.00 元　　ISBN 978–7–5171–2925–7

自　序

中国言实出版社策划改革开放40年研究文库，我忝列作者名单，感到荣幸。因为在国务院研究室工作多年，和出版社有些历史渊源，更有几分亲切。

吾生有幸，赶上改革开放的伟大时代。改革开放发轫之时，我人到中年仍碌碌无为，最好的年华在“文化大革命”中虚度了。改革开放使我得有施展机会，能够以自己的知识和文字报效国家。这些年来，我先后在国家宏观经济管理部门和高层政策研究部门工作，参与或者主持国民经济和社会发展重大课题研究，以及重要文件的起草，成为改革开放和社会主义现代化建设进程的亲历者和见证者。这种经历，给我提供了从事研究工作的丰富内容和便利条件，也提供了独特的观察问题的立足点和视角。我的研究和写作，是为着改革开放和现代化建设而进行的，自问还算努力；至于成败得失，自当另作别论。

这本书选编的，都是我40年来所写的文章。为方便读者检阅，分为上下两编：上编是论文、调查研究报告、政策建议和几篇杂著；下编是在国际交往中的一些言论，包括在国际场合的演讲和随机应对的谈话。上编和下编，都按写作或者发表的时间为序。文章大都是和改革开放和现代化建设有关的，只是题材和体裁不同而已。

谨以这本书的编辑，表达我对改革开放40年的纪念之情。同时也希望，我的这些文字，能够为现在和未来的深入研究者，提供若干可供参考的材料。

书既成编，无以名之，就拿其中一篇文章的题目:《中国走过来的道路》，作了书名。这种做法，为著作者所常用，我以为也合乎总冠名“历史的足音——改革开放40年研究文库”的编辑宗旨。

是为序。

王梦奎

2018年5月1日

目　录

上　编

下　编

附　录

上　编

论工业生产专业化协作[①]

（1979年10月）

一

分工是劳动社会化和生产力发展水平的重要标志。“一个民族的生产力发展的水平，最明显地表现在该民族分工的发展程度上。任何新的生产力都会引起分工的进一步发展”。[②]生产专业化是社会分工的一种形式，也是社会分工发展的必然结果。生产力越发展，社会分工越深化，生产专业化程度也就越高。

纵观人类社会发展史，从最初的社会分工到现代的生产专业化，经历了漫长的发展道路。在手工劳动的条件下，社会分工有很大的局限性，自给自足的自然经济长期居于统治地位，交换处于微弱状态，严格来说，这时还不存在生产专业化。工业生产专业化是近代机器大工业的产物。机器大工业使社会分工获得了无比广阔的发展，使特殊的生产部门和独立的生产领域的数量空前迅速地增加，生产专业化随之日益发展起来。

马克思在谈到分工时指出：“单就劳动本身来说，可以把社会生

---

① 在这篇文章里，作者通过考察中国工业特别是机械制造业“大而全”和“小而全”的弊病及其成因，对工业生产的规模效益进行了深入分析，得出生产批量和单位产品成本成反比例关系的结论，并且分析了专业化生产的“合理半径”问题，是比较早的研究产业结构和产业组织尤其是产业集聚和规模经济问题的文献。

② 马克思、恩格斯：《德意志意识形态》，《马克思恩格斯全集》第3卷，人民出版社1960年版，第24页。

产分为农业、工业等大类，叫作一般的分工；把这些生产大类分为种和亚种，叫作特殊的分工；把工场内部的分工，叫作个别的分工。”① 马克思又把“一般的分工”和“特殊的分工”称之为“社会内部的分工”；把“个别的分工”称之为“企业内部的分工”。我们通常所说的工业生产专业化，就是指“特殊的分工”，即工业部门与部门之间、企业与企业之间所进行的分工。当然，这种区分是相对的。企业内部的分工发展到一定程度，某个工序就可以独立化为一个企业，甚至发展成为独立的工业部门。比如一个工厂的铸造车间发展为专业铸造厂，许多专业铸造厂组成独立的铸造行业，“个别的分工”就转化成了“社会内部的分工”。

工业生产专业化的过程，也就是生产社会化的过程。从社会分工的角度来看，实质上就是把产品的各种加工过程彼此分离开来，划分并独立化为越来越多的工业部门和企业的过程。列宁揭示了这种历史过程及其发展趋势，指出，社会分工“不仅把每一种产品的生产，甚至把产品的每一部分的生产都变成专门的工业部门；——不仅把产品的生产，甚至把产品制成真正消费品的各个操作都变成专门的工业部门。”②

生产专业化同科学技术的发展有着极为密切的关系。列宁说：“技术进步必然引起生产的各部分的专业化、社会化。”③ 一方面，现代科学技术的发展日新月异，新的劳动工具、新的加工工艺和新的原材料不断地涌现出来，产品日益多样化，这必然伴随着原有工业部门的日益分解和新兴工业部门的不断产生；另一方面，新技术的广泛应用，结构极其复杂的工业品的生产，只有在专业化生产的条件下才有可能，专业化生产也要求有先进的技术装备。如果说，结构简单的木帆船和独轮车可以在一个手工作坊里完成生产全过程的话，那么，由上万个零件组成的汽车，由几十万甚至上百万零件组成的巨轮，在一个企业

① 马克思：《资本论》第1卷，人民出版社1975年版，第389页。

② 列宁：《俄国资本主义的发展》，《列宁全集》第3卷，人民出版社1959年版，第17页。

③ 列宁：《论所谓市场问题》，《列宁全集》第1卷，人民出版社1955年版，第85页。

里完成生产全过程实际上是不可能的，而必须进行合理的社会分工，组织专业化生产，每个企业只生产极其复杂的产品的某些部分，或只完成某个工艺过程。

社会生产是一个有机的整体。愈益发展的分工把社会生产分解成各个独立的专业化生产部门和企业；协作则把这些专业化生产部门和企业联结为一个完整的社会生产体系。专业化和协作是相辅相成的，是以同样的深度和广度相伴随而产生和发展起来的。专业化生产是协作的基础，没有专业化就无所谓协作；协作是专业化生产的条件，没有协作就不可能进行专业化生产。社会生产力越发展，科学技术越进步，社会分工越细致，生产专业化程度越高，协作的范围也就越广泛。

近代工业史表明，生产专业化协作经历了一个由低级到高级的发展过程。试以机械制造工业为例。机械制造工业是近代工业的典型代表，在历史上，产业革命就是由各种纺纱机、机器织布机和一系列其他机械设备的发明而引起的。机械产品一般是由许多零部件组装而成，具有可分性，不少零部件可以通用互换，在制造上又有大体相同的工艺过程。而且，正如马克思所说，纯机械性质的行业同那些要经历某种化学和物理过程的行业相比，生产结果比较容易得到保证，劳动的中断也比较容易做到。① 所有这些，使得机械产品的专业化协作具有特别重要的意义和比较便利的条件。但是，在近代工业发展的初期，并没有独立的机械制造工业部门。它从一般的加工工业中独立出来形成专业化生产部门的初期，是在一个机器制造厂里生产各种机器，这可以称之为部类专业化。尔后发展为种类专业化，即一个机器制造厂只生产一定种类的机器，如机床厂生产各种机床，纺织机器厂生产各种纺织机器，等等。再后发展为产品专业化，即由于生产规模的扩大，种类专业化工厂不断分化，一个工厂只生产一定品种的产品，如生产机床的工厂，有的生产车床，有的生产铣床，有的生产磨床，等等。随着工业生产的发展，社会分工的深化，第二次世界大战后，工

① 见马克思:《资本论》第 1 卷，人民出版社 1975 年版，第 521 页。

业发达的国家很快就由产品专业化发展到零部件专业化和工艺专业化。这时，一台机器不再是由毛坯、零部件加工到总装都由一个工厂来完成，而是由若干工厂协作，有的生产一部分零部件，有的专门承担一部分工艺过程，如铸造、锻压、热处理等等，都变成了专业生产厂。不仅生产过程愈益专业化，技术后方也走上了专业化的道路，如工具、模具专业化，设备维修专业化等等。不同的专业化协作的形式，标志着社会分工和生产力发展的不同阶段。如今，在工业发达的国家，机械工业专业化得到了高度的发展，全能厂已经成为历史。以美国为例，机械工业专业化程度达 90% 左右，其中汽车工业为 96%，农机工业为 92%，机床工业为 85%。[①] 某些产品专业化协作的范围已经超出国界，在若干国家间进行。列宁说："专业化，按其实质来说，正像技术的发展一样没有止境。"[②] 可以预料，随着科学技术的进步和社会生产力的发展，专业化协作还会向更高级的阶段发展。

新中国成立初期，我们在工业基础十分薄弱的情况下，建设了一批"大而全"的"全能厂"，这在当时是必要的，也是难免的。当时工厂很少，差不多是在"空地上"建设第一批大企业，广泛实行专业化协作事实上是不可能的。问题是，当工业有了一定的基础，应当而且能够组织专业化协作的时候，没有及时实行这种转变，而是继续搞了一些"大而全"和更多的"小而全"的"全能厂"。虽然也搞了一些零部件和工艺专业化生产，但为数不多，整个说来，目前基本上还是处于产品专业化的阶段。据对 1976 年的统计，第一机械工业部系统县以上全民所有制企业 6100 多个，其中主机厂 1400 多个，有 1100 多个是"全能厂"；4000 多个辅机、配套和配件厂，大多数也是"中而全"或"小而全"。总的来说，"全能厂"大约占 80% 左右。一个工厂，一般都生产着一种产品的绝大部分零部件，具有铸、锻、金加工、热处理等基本工艺。这种"全能厂"，已经成为阻碍生产力发展的落后的组织

① 在美国，用两个指标来衡量工业生产专业化水平：一是专业化程度，一是概括率。以机床工业为例，专业化程度系指主产品（机床）占机床工业总产值的比重；概括率系指机床工业生产的机床占全国机床总产值的比重。——作者注。

② 列宁：《论所谓市场问题》，《列宁全集》第 1 卷，人民出版社 1955 年版，第 84 页。

形式。我国汽车和拖拉机制造工业，工厂数量、职工人数和机器设备不算少，但产量低，质量差，成本高，型号杂，发展速度缓慢，一个重要原因，就是没有按专业化协作原则组织生产，吃了“大而全”和“小而全”的亏。

专业化协作的问题并不是今天才提出来的。从世界范围来说，工业生产专业化已经有了长久的历史。我国也早在1964年就提出了按专业化协作原则改组工业的问题。但是，改组伊始，就遇到了“文化大革命”为时十年之久的破坏，致使这项工作被迫中止。加之闭关自守、自给自足思想的泛滥，正常的协作关系被打乱，使得“全能厂”不仅没有减少，反而更增多了，有些专业化厂也倒退为“全能厂”。“文化大革命”中把按专业化协作原则改组工业批判为“复辟倒退”和“资本主义托拉斯”。其实，专业化协作作为社会化大生产的一种先进的组织形式，并不是资本主义所特有的。科学社会主义是以社会化大生产为其物质基础的。而且，由于社会主义可以用有计划的分工代替资本主义自发形成的分工，专业化协作应该而且也有可能比资本主义搞得更好。如果由于特定的历史原因，社会主义革命在一个经济落后的国家取得了胜利，那么，无产阶级在建设社会主义的过程中，必须向资本主义学习组织社会化大生产的经验，其中包括搞专业化协作的经验。列宁说得好：“只有那些懂得不向托拉斯的组织者学习就不能创造或实行社会主义的人，才配称为共产主义者。因为社会主义并不是一种空想，而是要已经夺得政权的无产阶级先锋队去掌握和采用托拉斯所造成的东西。我们无产阶级政党，如果不去向资本主义的第一流专家学习组织托拉斯大生产的本领，那么这种本领便无从获得了。”① 今天，当我们重新提出按专业化协作原则改组工业的时候，认真学习马克思主义经典作家关于生产专业化协作的理论，认真总结我们自己正反两个方面的经验，研究和借鉴工业发达国家搞专业化协作的正反两个方面的经验，仍然是摆在我们面前的一项不容忽视的任务。

---

① 列宁：《论“左派”幼稚性和小资产阶级性》，《列宁全集》第27卷，人民出版社1965年版，第324～325页。

二

专业化协作是实现工业现代化的必由之路。我们讲工业现代化，除了采用先进的科学技术，在组织管理方面，也就包括了要广泛实行专业化协作。没有专业化，就没有大批量生产，就没有低成本，也就没有高速度，没有现代化。

上海标准件行业从 1958 年起搞专业化协作。1976 年同 1956 年相比，各项技术经济指标的变化如下表所示：

项目　数量　时间	1956 年（专业化前）	1976 年（专业化后）	1976 年比 1956 年
全行业工厂数	686 个	27 个	减少 96%
全行业职工数	11156 人	7917 人	减少 30%
产量	8.87 亿件	91 亿件	增加 9 倍多
劳动生产率	1500 元 / 人	29437 元 / 人	提高 19 倍
上缴利润	256 万元	7381 万元	增加 28 倍
材料利用率	40%	85%	提高 1 倍多

再以工艺专业化厂——上海机床铸造厂与“全能厂”——昆明机床厂铸造车间的铸件生产为例：

项目　数量　厂别	上海机床铸造厂	昆明机床厂铸造车间	上海机床铸造厂比昆明机床厂铸造车间
每一造型工人年产铸件	114.11 吨	29.11 吨	多近 3 倍
每平方米造型面积年产铸件	4.88 吨	0.82 吨	多近 4.5 倍
化铁炉每吨生铁耗焦	81.78 千克	158.76 千克	低 49%
铸件合格率	92.26%	89.5%	高 2.76%
每吨铸件成本	310 元	700 元	低 56%

这两个典型事例，以及其他大量的事实，都充分证明，专业化协作能够全面地提高技术经济效果，达到多快好省地发展工业生产的目

的。其所以如此，最主要的原因，就是专业化把繁杂的小批量的生产变成了单一的大批量的生产。

专业化协作加大了生产批量，有利于劳动生产率的提高。这是因为：大批量生产使生产者大大减少甚至避免了因变更加工对象必需调整机器设备而造成的工时损失；产品品种单一，生产过程单纯，不断重复着有限的工艺过程，生产者比较容易熟练掌握操作技术，也有利于进行技术革新；大批量生产有利于采用高效、专用设备，造成了向高度机械化和自动化发展的便利条件。一条高压造型自动线每小时可造 200 ～ 300 箱砂型，一台自动冷镦机每小时可生产 3.5 万件螺钉、螺帽。没有生产的专业化，没有足够大的生产批量，这些大幅度提高劳动生产率的高效、专用设备就无法使用；勉强使用了，经济上也是极不合理的。列宁深刻揭示了生产专业化、生产批量、机器的采用同提高劳动生产率的相互关系，指出："要把制造整个产品的某一部分的人类劳动的生产率提高，就必须使这部分的生产专业化，使它成为一种制造大量产品因而可以（而且需要）使用机器等等的特种生产。"[①]

专业化协作加大了生产批量，有利于降低成本。随着机器大工业的发展，复杂的、大型的、昂贵的机器设备，取代了简单的、便宜的手工工具，工业的技术构成日益提高，商品价值构成中物化劳动所占的比重有增长的趋势。在这种情况下，"要使较昂贵的工具生产的商品比那种较便宜的工具生产的商品便宜，……第一个条件——这就是大批生产"。[②] 在大批生产的条件下，尽管机器的价值大于简单的劳动工具的价值，但机器转移的总价值要同时分配在更大的商品总量上，加进单位商品中的机器价值部分就相应地减少了。如其他条件为既定，则商品总量愈大，单位商品中再现出来的机器价值部分就愈小，商品成本就愈低；反之，商品总量愈小，单位商品中再现出来的机器价值就愈大，商品成本就愈高。因此，实行专业化协作，加大生产批量，是降低成本的重要途径。"全能厂"同专业化厂在产品成本上的显著差异，有力地证明了这一点。以"195"型柴油机生产为例。据 1977 年

① 列宁：《论所谓市场问题》，《列宁全集》第 1 卷，人民出版社 1955 年版，第 84 页。

② 马克思：《机器、自然力和科学的应用》，人民出版社 1978 年版，第 10 页。

统计，全国平均每台成本683.90元，其中：年产1万台以上的工厂，平均每台成本600.68元；年产5000～10000台的工厂，平均每台成本698.26元；年产5000台以下的工厂，平均每台成本844.58元，这类工厂有70%以上亏损。山东莱阳动力机厂是生产柴油机的专业厂，年产3万台，平均每台成本429元；湖南益阳地区机械厂年产91台，平均每台成本3510元，为莱阳动力机厂的8倍以上。当然，影响产品成本的因素是多方面的，但无论如何，上述产量同成本成反比例的现象，不能不说是带有规律性的。

实行专业化协作，由于产品品种单纯，企业规模相对缩小；由于避免了重复建厂，投资少，建设时间短，可以收到花钱少、见效快的效果。新建企业是这样，老厂的挖潜、革新、改造也是这样。我们有不少企业拥有相当先进的机器设备，因为没有实行专业化协作而开工不足，而且越是大型、高效设备，利用率就越低；同时，另一些企业却向国家要投资、要设备，或者在那里“蚂蚁啃骨头”，为增加生产能力而奔波。设备维修也有类似的情况。据北京市统计，用于设备维修的机床，占全市机床总数的28.4%，维修用机床的利用率一般只有20%～30%。对于企业来说，由于没有组织专业化协作，许多机器没有不行，购置了又不能充分利用，造成生产能力的极大浪费。应该看到，经过30年来的建设，我们已经有了比较雄厚的工业基础，有几十万个工矿企业，几千万人的职工队伍，为数不少的固定资产，还有大量的交通运输企业、建筑企业、商业企业和科研设计单位等等。发展工业生产，当然要建设一批必要的新企业，但绝不能不讲经济效益，盲目拉长基本建设战线，一味追求扩大固定资产投资规模，而应该注重以现有企业为基础，实行挖潜、革新、改造。按专业化协作原则改组工业，就是挖潜、革新、改造的重要途径之一。北京市缝纫机行业只是对现有企业进行了合理改组，没有增加人员，也没有增加什么设备和投资，产量就比改组前增长了30%。

实行专业化协作，每个工厂生产批量加大，产品品种单纯，工人、技术人员和领导干部能集中精力搞一二种零部件或者某些加工工序，便于经验的积累，有利于提高产品质量和管理水平。道理很简单：

专然后有精。品种规格繁杂的零部件甚至结构复杂的整台产品，集中在一个工厂生产，头绪纷乱，精力分散，顾此失彼，难于管理，质量也没有保证。不少大而全的“全能厂”，虽然设备比较先进，但管理水平和产品质量却不如小的专业厂。国外有些专业厂，就生产一二种零部件，成为名牌货，畅销世界各地。可以说，专业化协作已经成为当代工业管理的要诀之一。

在实行专业化协作的条件下，传统的“大厂”与“小厂”的概念发生了变化。搞专业化，小厂也可以是大批量生产，对这种大批量的产品而言，无疑是个大厂；搞“全能厂”，大厂也只能是小批量生产，对每一种小批量的产品而言，无疑是个小厂。正因为如此，一些工业发达的国家，都是中小企业占多数。据 1972 年《美国统计摘要》的统计数据，美国的制造厂 1 ～ 19 人的占 65%，20 ～ 99 人的占 24.2%。就是说，有将近 90% 的工厂是不到百人的小厂。因为它是高度专业化的，拥有先进的技术装备，小厂的生产批量都是很大的。这是不是大生产呢？当然是。相反，我们的一些工厂，动辄数千人、上万人，因为专业化程度低，产品型号杂乱，规格繁多，宜于组织大批量生产的，变成了小批量；能够组织批量生产的，变成了单件生产。这种大生产，在某种意义上说还是小生产。

专业化要求产品品种单纯，而社会生产和人民生活要求不断增加新的品种，这似乎是矛盾的。其实，我们所说的品种单纯，绝不是使社会产品单调，而是指：企业的生产任务要尽可能单一；对不合理的品种繁杂的状况进行整顿。从整个社会来说，由于专业化协作扩大了生产批量，使同种类产品的生产相对集中，减少了重复生产，就有可能腾出一些生产能力来生产新的产品。从一个工厂来说，实行专业化协作之后，只要提高标准化、通用化、系列化水平，又有大量的零部件专业化企业相配合，就有可能用尽可能多的通用零部件装配成更多品种的产品，用尽可能少的产品系列满足国民经济多方面的需要；而且，主机厂在发展新产品时，只承担有限的制造任务，可以集中精力搞新产品的研究、设计和试验，从而加快新产品的创造和基型产品的变型。因此，专业化协作绝不会使社会产品单调，相反地会使社会产品更加丰富多彩。这是国内外的经验所证明了的。

三

按专业化协作原则改组工业，是工业管理上的一场革命。这件事是不可能孤立地进行的。为了较为顺利地实现这个深刻的转变，在生产关系和上层建筑方面，在整个国民经济的管理工作中，必须进行必要的改革。从各地试点工作的经验来看，为了搞好专业化协作，如下几个方面的问题是亟须解决的：

（一）要改革经济管理体制。我们现行的一套经济管理体制，极大地妨碍着专业化协作的顺利进行。为了广泛实行专业化协作，充分发挥社会主义大生产的优越性，必须对现行经济管理体制，包括计划体制、投资体制、财政体制、物资管理体制以及劳动工资体制等等，坚决地有步骤地实行全面的改革。

比如原材料供应体制。现在基本上是“切块”供应，即按行政区划进行分配。这同专业化协作的要求是相矛盾的。全国有30多个厂、点生产“195”系列柴油机的活塞肖，大多采用落后的切削工艺，效率低，消耗大，成本高。山东潍坊拖拉机配件厂在实行专业化生产后，建成了活塞肖自动生产线，采用冷挤压成型新工艺，年产能力达120万～150万件。与落后的切削工艺相比，工效提高15倍，材料利用率提高49%，成本降低67%。如果跨省、市组织专业化协作，充分利用该厂生产能力，除满足山东全省需要外，尚可大量供应其他省、市。但该厂实际上只能安排几十万件的生产任务，“吃不饱”。原因是活塞肖不是部统产品，政策上要求各省、市自给；按现行“切块”供应体制，多安排任务供应外省，等于把本省好不容易分配到的有限物资转移到了外省，人们自然不乐意干。

又如基本建设投资体制。按现行投资体制，建设“全能厂”，专业对口，投资和物资比较有保证，而建设为各行业服务的专业铸、锻、热处理等工艺专业化厂，谁也不管，投资和物资都没有着落。这种基建投资体制，显然是同专业化协作的方向背道而驰的。

再如成立专业公司问题。根据专业化协作发展的客观要求，需要组织各种类型的专业公司。按区域分，有全国性的公司和地区性的公司；按生产类型分，有专业性的公司、综合性的公司和生产技术服务性的公司；按经营范围分，有生产公司和产供销合一的公司；等等。不论是哪一种公司，都应该是企业性的经济组织。但是，由于目前按行政系统和行政区划管理经济，已经成立的公司绝大多数还是行政管理机关：工厂多了一个“婆婆”；主管工业部门多了一层障碍；公司则形同摆设，可有可无。当然，这是实际工作中的问题，并不是专业公司所固有的弊端，绝不能因噎废食，不加分析地否定专业公司。成立专业公司是按专业化协作原则改组工业的一个重要步骤，方向是正确的，应该坚持。指出建立专业公司过程中的问题，正是为了把公司办得更好。但是，要把公司办好，切实改变把公司变成行政机构的状况，就必须对现行经济管理体制进行重大改革，真正以企业为基础，扩大企业的自主权，使企业能够不是由于行政命令，而是基于自身的经济利益实行专业化协作，组成专业公司。只有这样，专业公司才有可能是企业性的经济组织，而不再是行政机构。像过去那样局限于“条条”和“块块”的关系，只是在中央和地方的集权与分权上兜圈子，是没有出路的。

（二）要改变不合理的经济政策。我们的现行经济政策，有不少是不利于专业化协作，阻碍生产力发展的，必须加以改革，代之以符合经济发展客观要求的正确的经济政策。

比如税收政策。现在是“全能厂”只纳一次税，因为它所需要的零部件是作为在制品和半成品进行厂内核算，不发生税收问题。实行专业化协作，一些企业专门生产零部件，这些零部件就成了商品。由于重复纳税（分工越细，纳税次数越多），尽管专业化厂工时和原材料消耗都低于“全能厂”，结果仍不免使成本提高。上海丰收拖拉机厂专业化程度和工艺水平都高于柳州拖拉机厂，生产批量也大一倍，而每台拖拉机的成本却比柳州拖拉机厂高 102 元，主要原因就是协作件重复纳税，价格高。例如，发动机上的喷油嘴，生产成本 2.03 元，出厂价格 4.4 元；从喷油嘴到分配泵，税金和利润又加 98%；再到发动机，税金和利润又加 54%；最后装配成整机，这个喷油嘴在拖拉机上的成本就变成了 13.7 元，比生产成本高 5.5 倍。这种税收政策，使企业实行专业化协作不仅无利可得，甚至受到经济损失，因而许多企业宁愿“大而全”而不愿搞专业化协作；甚至有些专业化的工厂，又把外协件收归自己生产，回到了“全能厂”的老路。人们经常批评“大而全”的做法，这当然不无道理。但是，也应该看到，在不少情况下，“大而全”往往是不适当的管理体制和不合理的经济政策“逼”出来的。这样的管理体制和经济政策不改变，专业化协作就会遇到重重障碍，“大而全”的问题也就难以解决。

又如价格政策。现在是统一价格，即使生产厂由于实行专业化协作而降低了成本，对于使用单位来说，得不到专业化的好处，买谁的产品都一样。这种统一的价格政策，使产品没有竞争性，保护了落后，压抑了先进。对于先进企业来说，由于利润全部上缴，也得不到改进技术、实行专业化生产的益处。这样，无论先进企业或落后企业，都缺乏实行专业化协作的经济上的动力。而缺乏内在的经济动力的所谓经济事业，是绝不可能持久的。这是技术上先进、经济上合理的专业化厂长期不能取代落后的“全能厂”的重要原因之一。

（三）要讲究经济效益。我们不是为专业化而专业化。专业化协作不是目的，而是迅速发展工业生产的手段。因此，确定专业化的程度和形式，必须以取得最大经济效益为其出发点和归宿。经济效益的大小，是衡量一定条件下专业化是否适度的唯一标志。

例如，目前大多数柴油机厂、拖拉机厂和机床厂，都有铸、锻、机修和工具车间，技术力量分散，设备利用率低，如果分类集结，成立专业化厂或公司，一般都有明显效果。但是，有些地区，工业基础薄弱，工厂少而分散，就不必追求过高的专业化程度，勉强把那些产供销缺乏有机联系的企业硬性组织在一个公司里。因为，实行专业化生产固然可以降低成本，但长途运输又增加了成本。一般说来，生产越集中，一个专业厂供应的范围就越广；协作承运距离越远，运输费用就越高。但是，如果生产批量大，即使远距离运输，经济上也可能是合理的；交通运输的方便，又可以使距离相对地缩短。这就需要进行认真的技术经济分析，确定专业化协作的“合理半径”。

又如，就一个企业来说，产品通用化程度高而本厂自用量不大、生产能力不能充分发挥作用的车间，只要生产和生活设施条件具备，就可以独立化为专业厂；相反，如果通用化程度不高，生产能力已经充分发挥，技术上又有特殊要求的产品，就不必勉强成立专业化厂。

目前，在按专业化协作原则改组工业中，有一种为专业化而专业化，只讲成立了多少公司，扩散了多少零部件，专业化程度达到百分之几，而不讲经济效益的倾向。有的专业化改组方案，要增加大笔投资和设备，比建新厂花钱还多。有的工厂搞了专业化，各项技术经济指标不仅没有提高，反比“全能厂”大为降低。有的专业化协作不讲“合理半径”，协作厂相距数千公里，许多又不在铁路沿线，致使运输费用昂贵，增加了协作件的成本。有的不立足于老厂的挖潜、革新、改造，以致一方面许多老企业“吃不饱”，一方面又在那里建设新的企业。凡此种种，都是同生产力发展的客观要求相矛盾的，也是同实行专业化协作的目的不相容的。任何物质生产活动，都应该力求用尽可能少的活劳动和物化劳动的消耗，取得尽可能大的经济效益。经济效益的观念应该成为一切经济活动的一个基本观念。专业化协作也是这样。

（四）按专业化协作原则改组工业，要结合国民经济的调整、改革、整顿、提高来进行。进行国民经济的调整、改革、整顿、提高，是全国工作着重点转移之后现代化建设的第一个战役，有着重要的意义。按照专业化协作原则改组工业，要贯彻调整、改革、整顿、提高的方针，这就是说：各个部门要通过调整和改组，截长补短，发展短线行业和短线产品，对那些产品不对路、消耗高、质量差、长期亏损的企业，要关、停或者并、转；要改革经济管理体制为专业化协作创造条件，并通过按专业化协作原则改组工业为管理体制的改革探索道路；改组工业还要同整顿现有企业，提高企业的生产水平、技术水平和管理水平结合起来。这样，就能够利用三年调整的有利时机，把专业化协作向前推进一步。专业化协作的路总是要走的。现在不走，将来还得回过头来走，那就要蒙受更大的损失，遇到更多的困难。

近两年来，北京、上海、天津、辽宁、江苏、四川等地，进行了按专业化协作原则改组工业的试点，取得了初步成效，摸索了一些经验，在实践中也暴露了一些亟待解决的问题。只要我们立志改革，扎扎实实地沿着专业化协作的正确轨道前进，坚持实践是检验真理的唯一标准，不断地探索，实践，总结经验，就一定能够通过按专业化协作原则进行改组，把我国工业管理提高到一个新的水平，把我国工业发展推进到一个新的阶段。

（原载《经济研究》1979 年第 10 期）

关于解决高、中级知识分子工资问题的建议[①]

（1980年7月）

今年国家拿出2亿元增加高、中级知识分子工资，解决他们当中工资待遇过低的人的问题，应以学术职称或技术职称为标准，使评定了相当的学术职称或技术职称的知识分子，达到相应的学术职称或技术职称的工资标准的最低限。没有评定学术或技术职称的党政机关工作人员中的高、中级知识分子，则应以职务为标准。如果经过算细账，2亿元不够，也可以考虑再多拿出一些钱来解决这个问题。从国家来说，这是经济效果最大的投资，可以说是一本万利的事。几十万高、中级知识分子增加点工资，积极性调动起来了，对现代化建设将带来莫大的好处。由于多年来政策上的偏差，现在有相当一部分高、中级知识分子待遇过低，有的大学教授、研究员的工资甚至低于普通工人。这种慢性自杀的政策，对建设事业造成了看不见的（因而容易被人们所忽视）、但确实是极为严重的损失，实在是非改变不可了。如果国家实在拿不出这笔钱，也可以分几步走，先接近最低限，再达到最低限，再达到职务工资标准。这种办法，简单易行，便于掌握，也能够为知识分子所接受。

据国家计委科技文教卫生计划局1979年的统计，全国干部队伍

---

① 这是作者和有林联名向中央写的一份建议。这份建议引起中央领导层的重视，中共中央总书记胡耀邦1979年7月30日就此作出批示："请永和同志再考虑这个问题，谁的理由对，办法好，就服从谁的。书记处决定不妥的也可推翻，何况书记处也未最后作定论。"这里说的永和，是当时主管全国各类工资级别和标准的国家劳动总局局长康永和。事情的结局是，国家劳动总局原定方案被搁置，另行制定方案，比较普遍地提高了知识分子的工资。

1813 万人。其中工程师、技师、主治医生、讲师、助理研究员以上的有 43.2 万人，占 2.4%。

高、中级知识分子实际工资在等级线以下的，据去年对清华大学、复旦大学、四川医科大学、华中师院四所高等学校的典型调查，占高、中级知识分子总数的 75%（其中教授 2 人，其余均为副教授和讲师）。如果按这个比例推算，则 43 万高、中级知识分子中有 32 万人实际工资在等级线以下。

根据上述四个大学的调查，高、中级知识分子工资达到最低等级线，平均每人需要提两级多一点，大约每月 30 元钱。如果一年拿出 2 亿元，每个月就是 1666 万元。每人每月增加 30 元，即可解决 55 万人的问题。也就是说，可以使全部高、中级知识分子的工资达到最低等级线而有余。劳动总局的材料说解决知识分子工资问题需要 10 亿元，是包括了全部中、小学教员在内的，并不仅仅是指高、中级知识分子。

以上是去年的统计数字。一年来，发生了两个方面的变化。一方面，提升了一批教授、副教授或研究员、副研究员，以及讲师、助理研究员、工程师等的职级，使高、中级知识分子的队伍的人数增加了；另一方面，经过今年的评级调资，使部分高、中级知识分子的工资达到或接近了最低工资等级线。两者相抵，根据以上计算，使全部高、中级知识分子的工资达到最低等级线，估计 2 亿元是够用的。当然，这只是一笔粗账，还需要进一步算细账。

现在提出先解决 50 年代大学毕业生、1955 年以前中专毕业生、尖子、60 年代大学毕业生中个别突出者的工资待遇问题。我们认为，这种办法不甚妥当，有如下弊病：

（一）一般说来，学术职称、技术职称和职务大致可以表明人们的水平和贡献，在这个简明易行的标准之外，另立一个“50 年代”的标准，又是一种熬年头的办法，不利于鼓励人们积极向上，而且会为今后的工资改革增加一道障碍。

（二）会造成同工不同酬，甚至工多酬少或工少酬多的不合理现象。

如某研究单位评定几个研究员：甲为 50 年代大学毕业生，乙为

60年代大学毕业生，丙、丁是没有上过大学、中专而自学成功的人。一般说来，50年代的大学毕业生现在工资已经高于60年代的大学毕业生。如果这一次只提50年代大学毕业生，就会出现乙、丙、丁三位研究员虽然与甲水平、贡献相同，工资就会更加低于甲，同工不同酬的情况就会更加严重。

又如，甲为1959年大学毕业的讲师，乙为1961年毕业的教授，现在工资均为62元，如果以“50年代”划线，提甲而不提乙，势必造成教授的工资低于讲师的不合理状况。

再如，全国高等学校学制不一，重点学校多为五六年，有些甚至达七八年，而一般高等学校为四年。如甲、乙二人1955年同时上大学，甲上清华大学，1961年毕业，乙上某师范学院，1959年毕业。如果提乙而不提甲，势必造成同年考入大学的大学毕业生，重点学校毕业生工资普遍低于一般学校毕业生的不合理状况。

（三）如果考虑到生活困难，那么，60年代初期的大学毕业生同50年代后期的大学毕业生一样，四十几岁了，大都是六十多元工资，上有老，下有小，负担重，而有的已经评为讲师或者教授，他们的问题显然也是应该优先解决的。

（四）用个别选“尖子”的办法也不必要。什么叫“尖子”，没有确切标准，难于选拔。评定学术职称、技术职称或者提升职务，实际上已经是选拔优秀人才，用不着再在这个标准之外另选什么尖子。例如陈景润，评为研究员，已经表明了他是尖子，如果比别的研究员水平高，可以定为一级研究员。稍逊者可评为二级研究员，以至三级研究员、四级研究员，这样就自然显出了差别。其他行业也是这样。如演员，可以评一级演员、二级演员等等。没有评定学术职称或技术职称的单位，待评定后再解决。按学术职称或技术职称增加工资，别人觉得是国家给他的，与己无损；如果在学术职称、技术职称或者职务之外再选尖子，把事情弄得很烦琐，而且会人为地增加知识分子之间、知识分子同领导之间的矛盾，没有选为“尖子”的人会感到是“尖子”挤了他们的份额，以致起而反对“尖子”。这种现象已经发生。而且，这样做，也使学术职称、技术职称或职务失去了意义。当然，评定学术职称或技术职称也会遇到一些矛盾，但毕竟是世界各国通行的办法，我们过去也是这么做的，现在各行各业也在做，矛盾要少得多。从一些单位的实际情况来看，评定学术职称或技术职称，一般地都对知识分子钻研业务、努力上进起到了很大的推动作用。因此，应该把选拔优秀人物的工作纳入学术职称或技术职称的正常轨道，使之科学化、制度化，变成一项经常性的工作，以避免领导人凭个人好恶决定事情，阻塞才路，埋没人才。

高、中级知识分子工资标准的最低限，不宜低于“文化大革命”前的标准。劳动总局拟定的方案，教授（研究员）、副教授（副研究员）、讲师（助理研究员）等工资标准的最低限，普遍比“文化大革命”前降低了一至四级（据说，这样定是因为目前知识分子实际工资普遍大大低于按职称或职务应得的工资）。这种知识分子“贬值”的现象，势必引起广大知识分子的不满，带来消极的影响。如果国家不能一下子解决高、中级知识分子的工资待遇问题，可以逐步解决，但绝不能采取降低标准的办法使知识分子“贬值”。

用2亿元解决高、中级知识分子工资待遇问题，是件好事。但有两点是应该注意的。一是使用方法一定要认真研究，以便更好地调动积极性。如果方法不当，就会出力不讨好，出了钱反而挨骂。二是要同今后的工资改革相衔接，至少不要增加改革的障碍。从这两点出发，看起来不宜提出50年代大学毕业生、1955年以前中专毕业生、选拔尖子等几个标准，还是统一到职称或职务这样统一的标准为好。

企业领导制度改革中的一个问题[①]

——对于一长制的考察

（1981年1月）

一长制被当作修正主义批判了多年。其实，在社会主义的企业管理中实行一长制原则，是列宁提出来的，并不是什么修正主义。现在，当我们着手进行企业领导制度改革的时候，对这个问题加以考察，是必要的。

一

一切规模较大的共同劳动都需要统一指挥。如果把个体劳动比作独奏的提琴手，他是自己指挥自己，那么，共同劳动就像一个乐队，必须有一个指挥。马克思说："凡是有许多人进行协作的劳动，过程的联系和统一都必然要表现在一个指挥的意志上，表现在各种与局部劳动无关而与工场全部活动有关的职能上，就像一个乐队要有一个指挥一样。"[②]这是一种由社会劳动过程的性质产生并属于社会劳动过程的特殊职能。科学技术越进步，生产越社会化，生产和流通的物质条件越复杂，生产过程的联系和统一就越要表现在一个指挥的意志上。和

① 在这篇文章里，作者从我国国有企业领导制度的历史和现状，剖析了当时实行的党委领导下厂长负责制的内在矛盾，提出实行厂长（经理）负责制的改革主张，对企业领导体制改革起了先导和促进作用。这篇文章1984年获孙冶方经济科学奖，并且因为对企业改革的贡献，于1987年获得由中国60多家大企业联合颁发的"金三角奖"。

② 《马克思恩格斯全集》第25卷，人民出版社1974年版，第431页。

从事简单的个体劳动的手工匠人不同，在现代化工业企业里，众多的人共同进行生产，各道工序之间、各个班组和车间之间、各个职能部门之间，存在着复杂的联系。大机器生产的物质技术条件，使生产过程具有不可间断的性质，要求成千上万的人动作准确无误，成百上千的生产环节密切协调配合，许多问题需要迅速决断。如果不是“一个指挥”，而是多头指挥，或者没有指挥，那就不能及时地解决生产中所出现的问题，以协调各个人的活动，生产过程就会发生紊乱甚至陷入停顿。

从资本主义企业管理发展的历史来看，最初的企业规模不大，资本家个人经营，个人决策，他是资本家，同时也是企业的司令官。后来随着生产规模的扩大，发展了股份公司，产生了所谓经理阶层和董事会、理事会之类具有集体领导性质的管理机构，但这只是决策机构，日常的生产行政指挥，则是由厂长或经理全权负责的。社会主义是大机器工业的产物。在社会主义条件下，由于生产资料公有制的建立，使国民经济成为一个有机的整体，各个企业就如同这个有机体中的活的经济细胞。为了使这种社会化大生产能够顺利进行，统一指挥显得更为必要。“任何大机器工业——即社会主义的物质的、生产的泉源和基础——都要求无条件的和最严格的统一意志，以指导几百人、几千人以至几万人的共同工作。这一必要性无论从技术上、经济上或历史上看来，都是很明显的，一切想实现社会主义的人，始终承认这是实现社会主义的条件。”[①] 列宁认为，要实现这种统一意志，在社会主义企业管理中必须实行一长制。一长制俄文作 Единоначалие，含有“一长制”、“单一指挥制”、“专责制”的意思，通俗地说，就是由“一个头”负责。

列宁所主张的一长制，是作为集体管理制的对立物提出来的。

还在十月革命前夕，俄国不少工厂就建立了工厂委员会或工人监督委员会，争取实行工人监督。革命胜利之初，资本家普遍怠工，甚至关闭工厂，生产陷入瓦解。为了同资产阶级的破坏活动做斗争，列

① 《列宁全集》第 27 卷，人民出版社 1965 年版，第 246 页。

宁亲自起草了《工人监督条例》，工人监督很快遍及各地，工厂委员会或工人监督委员会直接参加了工厂管理。这对于打击资本家的破坏活动起了积极的作用，并为工业国有化作了准备。到1918年底，工业国有化已经基本实现。但是，要进行正常的社会生产，这种集体管理制很快就暴露了它的弊端：没有明确的责任制度，普遍存在着多头领导和无人负责的现象，劳动纪律松弛，工作效率低下，等等。列宁说："委员会是必要的，但是集体管理不应成为实际工作的障碍。我观察我们的企业执行经济任务的情况时看出，最惹人注目的就是：经过委员会讨论才执行的那一部分工作，常常不能完成。"①"集体管理制在最好的场合下也要浪费大量人力，不能保证集中的大工业环境所要求的工作速度和工作的精确程度。"②列宁指出，在实行集体管理制的条件下，虽然决议上写着每一个委员必须独自负责完成任务，但是，"每一个有实际经验的人都知道，一百回里面只有一回才是真正这样做的。在绝大多数的场合下，这不过是一句空话。"③列宁认为，集体管理制是苏维埃政权初期产生的一种萌芽的东西，是学习管理的"预备班"。正像成年人的举动不能仍旧像小学生一样，"在组织形式已经确定、已经比较稳定的情况下，要进行实际工作，就必须采取一长制，因为这种制度最能保证更合理地利用人力，最能保证在实际上而不是在口头上检查工作。"因此，列宁提出，要"从初级形式的集体管理制有规律地发展到一长制"。④

早在1918年3月，在整顿铁路运输的时候，由列宁修改并签署颁发的人民委员会《关于铁路的集中管理、护路和提高运输能力》的法令，就规定了由集体管理制过渡到一长制。全俄国民经济委员会第二次代表大会、全俄中央执行委员会和俄共（布）第九次代表大会都肯定了列宁提出的一长制原则，决定在工业管理方面逐步实行。列宁还亲自代人民委员会起草了《关于在中央纺织工业管理局实行一长制

① 《列宁全集》第28卷，人民出版社1965年版，第358页。

② 《列宁全集》第30卷，人民出版社1965年版，第279页。

③ 《列宁全集》第30卷，人民出版社1965年版，第279页。

④ 《列宁全集》第30卷，人民出版社1965年版，第278～279页。

以代替集体管理制》的决议案。该决议案责成最高国民经济委员会“逐步缩减各委员会委员人数，应特别了解共产党员一长制或在共产党员任政治委员时专家一长制管理的经验。”

综观列宁的论述，他所主张的一长制，主要包括如下一些内容：

（一）统一的指挥。在生产过程中，“使成百成千人的意志服从于一个人的意志”，以“保证意志有最严格的统一”。①

（二）严格的纪律。“无条件地在劳动中有纪律地、自愿地执行指令和命令，使经济机构真正能像钟表一样工作。”②

（三）明确的责任制。列宁说：“管理的基本原则是，一定的人对所管的一定的工作完全负责。”③ 企业的一长制，也就是厂长（经理）负责制。

（四）一长制只是“在某种工作过程中，在某种纯粹执行职能方面实行个人独裁制”，④ 而不是指重大问题的决策。重大问题的决策应该是由集体讨论做出的。

（五）一长制应该建立在民主的基础上。“群众应当有权为自己选择负责的领导者。群众应当有权撤换他们。群众应当有权了解和检查他们活动的每一个细小的步骤。群众应当有权提拔任何工人群众担任领导职务。”⑤

一长制的推行，对当时苏俄工业生产和整个国民经济的恢复和发展，起了积极的作用。不过，在苏联，从比较混乱的企业领导制度过渡到普遍实行一长制，也经历了一段不短的时间。直到1930年，斯大林在联共（布）第十六次代表大会上，还尖锐地批评了破坏一长制，把“企业由生产有机体变成议会”的现象，强调指出：“不保证实行一长制，不建立工作过程中严格的责任制，我们就不能解决改造工业的各项任务。”⑥

① 《列宁全集》第27卷，人民出版社1965年版，第246页。
② 《列宁全集》第27卷，人民出版社1965年版，第193页。
③ 《列宁全集》第36卷，人民出版社1965年版，第554页。
④ 《列宁全集》第27卷，人民出版社1965年版，第253页。
⑤ 《列宁全集》第27卷，人民出版社1965年版，第194页。
⑥ 《斯大林全集》第12卷，人民出版社1953年版，第290页。

二

对我国30年来企业领导制度的变革作一番历史的回顾，是有益的。

新中国成立以后提出学习苏联的口号，在企业管理中也沿用了一长制的原则。这是很自然的，因为当时我们自己缺乏社会主义建设的经验，又无别的更成熟的经验可供借鉴。

1951年，经中共中央批准的一个关于党对国营企业领导的决议规定："厂、矿中的生产行政工作实行厂长负责制。厂长由国家的经济机关委派，并由国家取得必要的生产资料和资金，实施对生产行政工作的专责管理。厂长领导下的管理委员会，是目前时期实行工人参加管理的制度。"关于企业中党组织的作用，则是："对厂、矿中的政治思想领导负有完全的责任，对厂、矿中生产行政工作负有保证和监督的责任。厂、矿党的委员会，根据国家的法令，上级经济机关的计划与上级党委的指示，用加强党的思想领导的方法，以实现经济计划为中心来统一思想，保证党、政、工、团在思想上、行动上的一致。"关于基层党组织对生产行政工作保证和监督作用的内容，根据当时的情况，规定为：（1）为实现生产计划而斗争；（2）检查及监督本企业对党和上级政府及经济机关制定的决策、法令、决议、指示之执行情形，批判与纠正执行不力与执行中的偏向；（3）监督厂长负责制与管理民主化之正确实施；（4）了解与培养企业的干部，帮助行政正确地使用与提拔干部；（5）坚决地同违法乱纪、破坏政策、破坏劳动生产纪律、贪污浪费、曲解国家政策及官僚主义现象进行斗争。后来被大张旗鼓地批判的一长制，实际上就是这种厂长负责制。

一长制先是在东北地区实行。从1953年下半年开始，其他地区也先后推行一长制。但是，据中央有关部门在1955年所做的调查，真正贯彻了一长制管理原则的工厂并不多。这主要是因为缺乏必要的规章制度，多数干部缺乏管理企业的经验，诸如：许多厂长不熟悉业务，不敢大胆负责；正副厂长之间不是领导与被领导的关系，而是多长分权，各把一口；责任制度没有很好地建立起来，遇事互相推诿；

人们对生产企业的特点认识不足，好像厂长下命令就是命令主义，个人负责就是独断专行；等等。当时，企业领导制度相当混乱，许多同志对于党组织在工厂中的地位和作用以及一长制与党委集体领导制度的关系认识不清，说法不一，做法各异。干部关系好的工厂是靠商量办事，关系不好的就感到事情难办。许多厂长怕违反党的集体领导制度，不敢大胆处理问题，大事小事都推到党委去解决，党委又唯恐破坏了一长制的原则。双方都有顾虑，以致使工作受到影响。当时多数工厂党委的领导方法，大体与地方党委相仿，即凡重大问题均先经党委讨论，然后各按系统分别执行。经常提到党委讨论的生产行政工作一般有：（1）年度、季度、月度生产计划的编制及其完成情况的总结；（2）党的各项政策贯彻执行情况的检查，有关全厂性重大问题的决定，如劳动政策、资金使用、厂内外各种合同的签订、重大的生活福利设施、重大事故的处理等；（3）上级重要指示（包括党的和行政管理部门的）、中心工作安排、业余时间分配；（4）对专家建议及群众合理化建议执行情况的检查；（5）干部的审查、调动、提拔、处分以及较大的劳动组织的变动；（6）保卫工作。由于无章则可循，所谓重大问题又没有一定界限，许多工厂党委讨论的问题太多，每周开三四次会都应付不了。结果，削弱了党的思想政治工作，对经济工作的监督保证作用也软弱无力。

针对上述情况，中共中央1955年10月在批转《中央工业办公室关于厂矿领导问题座谈会的报告》时，明确指出："企业中的党组织必须认真帮助确立和巩固企业管理方面的一长制，并教育一切工作人员严格遵守企业行政纪律和秩序。党组织必须把确立一长制作为自己的一个基本的政治任务。因为在企业中只有建立了严格的一长制，才能确立各个方面的专责制，才能确立有效的经济秩序和工作秩序，这种秩序正是办好一个企业所必需的，而无人负责则是一种最可怕的不良现象。……同时也只有这样，党的政治工作才能正常地进行。"还指出，"正常的和系统的政治工作，是社会主义企业所绝对必需的，一切行政领导同志必须十分注意并帮助党组织加强政治工作。绝不可以把党的政治领导与推行一长制对立起来，绝不可以使经济工作与政治工作分离开来。”这些规定，都是重要的。但是，还没有来得及全面贯彻，很快就发生了大的转折。1956 年基本上实现了生产资料私有制方面的社会主义改造以后，面临着如何有效地进行经济管理和企业管理的新的课题。苏联经济建设中的一些缺点错误已经暴露出来，不能不引起人们的深思。毛泽东在《论十大关系》的讲话中，提出反对教条主义，对苏联经验不能一切照抄，机械搬运，这无疑是完全正确的。但是，后来在实行这个正确的原则时也发生了一些片面性，把某些不应该一概否定的东西，也不加分析地全盘抛弃了。一长制原则就是这样。

1956 年决定在企业中实行党委领导下的厂长（经理）负责制。当时对于一长制的批评，是说它错误地强调了企业行政负责人是企业的全权领导者，企业党组织对生产行政工作的职责只能是监督和保证，使党组织处于从属地位，犯了教条主义的错误。尽管如此，当时对一长制并没有完全否定，对于它在整顿生产秩序，克服生产管理上的无人负责现象，建立责任制度方面的成效，还是加以肯定的。

在 1958 年开始的“大跃进”运动中，一长制被当作党的领导和群众运动的对立物而被“彻底批判”、“彻底破除”。代之而起的，是企业党委实行“大权独揽”，对企业的全部工作，包括生产行政工作，直接处理，直接召开全厂大会或几级干部会议进行部署，并直接出面组织执行。有的企业党委还成立了“书记处”或“党政联合办公室”，由党委委员分片包干，直接指挥生产行政工作。在“政治挂帅”和“书记挂帅”的口号下，党委书记包揽一切，厂长统一指挥生产的职权实际上被取消了，或者大大削弱了。企业的计划、生产、技术、劳动、财务工作都由于指挥不统一和生产行政管理责任制的削弱而出现调度不灵、互不配合、不敢负责等混乱现象，使企业生产工作处于一种无人统一指挥的状态。当时还推行所谓“无人管理”和“自我管理”，搞几“自”（即工人自编计划、自定定额、自编工艺、自行设计、自行调度等）、多少“无”（即无人管工具、无人管考勤、无人发放材料、无人分配活、无人管检验、无人管计划等），造成劳动纪律松懈，规章制度废弛，生产秩序混乱，大呼隆，打乱仗，经济工作越做越粗。这无疑是“大跃进”中生产大破坏的原因之一。在接踵而来的 1959 年反对所谓右倾机会主义的运动中，一长制的罪名又从教条主义一变而成为右倾机会主义，并且把反对一长制和主张一长制的分歧，说成是无产阶级管理企业和资产阶级管理企业两种根本对立的路线、思想和方法的斗争，是所谓“兴无灭资”斗争的一个重要组成部分。到了 1960 年 3 月，一长制又被作为“鞍钢宪法”的对立物，受到进一步的批判。

事实是最无情的东西。“大跃进”造成了经济大破坏，结果是被迫进行调整。1961 年制定了《国营工业企业工作条例（草案）》，即“工业七十条”。尽管《条例》仍然规定党委领导下的厂长负责制，对于必须经党委讨论决定的“重大问题”规定仍嫌过宽，但它突出地强调了“企业生产行政工作的指挥，由厂长负责”，“建立以厂长为首的全厂统一的生产行政指挥系统，集中领导企业的生产、技术、财务等活动”，“企业行政工作的指挥中心是厂部”，“企业党委应当积极支持以厂长为首的全厂统一的行政指挥系统行使职权”。这都是明显的进步，不失为在企业管理上对“大跃进”时期经验教训的一个总结，当然它还是初步的，不完备的，今天看来内容也有不尽妥善之处。“工业七十条”是个有待修改的草案。由于时隔不久“阶级斗争”的声浪一天高过一天，使它的讨论、修改和试点受到极大的冲击，不可能继续进行。接着就是“文化大革命”，“工业七十条”被当作“大毒草”“黑纲领”“复辟资本主义的宣言书”大张挞伐。其主要罪名之一，就是“复活一长制”。一长制当然更不免被当作“修正主义黑货”而成为所谓“革命大批判”的目标。这种所谓“革命大批判”，其蛮横粗暴，强词夺理，都达到了无以复加的地步。这对企业管理和整个国民经济所造成的破坏是人所共知的。

上述历史事实说明了什么呢？

第一，在我国，就全国范围来说，即使在有领导地实行一长制的 1953 ～ 1955 年，企业也没有普遍地贯彻一长制的管理原则，更不要说在批判一长制的时期了。从这个意义上说，长达 20 年以上时间的对一长制的日益激烈的批判，近乎无的放矢。对一长制批判了多年，并没有弄清楚究竟什么是一长制。当然，这种批判并不是没有实际内容的。在批判一长制的口号下，破除的实际上是生产的统一指挥、严格的劳动纪律、明确的责任制度，以及其他为社会化大生产所必需的规章制度。对一长制批判的升级，伴随着企业管理中“左”的思想和政策的日益发展，以及对企业管理的日益严重的破坏。

第二，多年来，我们的企业实行的是党委领导下的厂长负责制，即使在推行一长制的时期，不少工厂在实际工作中也看不出和党委领导下的厂长负责制有什么不同。企业党委包揽行政事务的问题，是个长期存在并且亟待从制度上加以解决的问题。但是，我们没有及时地从制度上解决这个问题，却走向了相反的方向，以致随着对一长制批判的升级而愈演愈烈。

第三，我们的企业管理，尽管有的时期（如1958年开始的“大跃进”时期以及“文化大革命”的十年动乱期间）很差，而有的时期（如“一五”时期、60年代初的那次调整时期以及最近两年）要好一些，也有一些成功的经验，但是，应该承认，我们还没有建立一套适合我国情况的、能充分体现社会主义制度优越性的成熟的科学管理制度。企业领导制度还很不完善。这正是目前正在进行的经济体制改革所要解决的问题之一。

三

社会主义建设要由共产党领导，这是我们必须坚持的一项基本原则，是毋庸置疑的。但是，党的领导主要应该表现为制定正确的路线和方针，其贯彻执行则应通过国家机关，而不是包揽行政事务，以党代政，以党代企。一长制只是生产行政工作中的统一指挥，同党的领导是属于不同范畴的两件事，说它反对和削弱党的领导，是一种误解。

从多年来实行党委领导下的厂长负责制的实践来看，许多企业效果不好，好的只是一部分。这种领导制度，既不利于工业生产现代化，不利于工业管理体制现代化，也不利于企业中党的工作的健全。其弊病主要表现在：

（一）以党代企。企业是社会经济组织，随着经济改革的进行，企业自主权的扩大，企业将成为相对独立的经济实体，成为独立经营、自负盈亏的社会主义商品生产者。在商品生产的条件下，企业之间必然会存在着竞争。国家也将主要依靠经济手段来对企业的活动进行调节。党则是阶级的政治的组织，由严格的组织纪律所维系，企业党组织只是党的一个分支机构，党的组织之间不能进行竞争。企业的生产经营活动，包括市场预测、经营决策、计划、生产、销售、服务等等，已经超出了党委的工作范围。至于组织跨地区的专业化协作、跨地区的经济联合，以及中外合资经营企业，仍由某个地区党的组织来具体领导，更是不适宜的。以党代企的领导制度，往往造成政治冲击经济的方便条件。

（二）权责分离。实行党委领导下的厂长负责制，党委集体讨论，根据少数服从多数的原则做出的决定，让厂长一个人去负责，而厂长权力小责任大，实际上也负不了这个责，出了纰漏也追究不到哪一个人头上。这就不可能建立起严格的责任制。实行党委领导下的厂长负责制以来，尽管也强调过要建立以厂长为首的全厂统一的生产行政指挥系统，总是很难建立起来，这并不是偶然的。

（三）“书记一长制”。多年来批判一长制，在加强党的一元化领导的口号下，不适当地把一切权力集中于党委，特别是集中于党委书记，什么事都要书记拍板，结果成了“书记一长制”。批判了厂长的一长制，出现了“书记一长制”，这也从另一面说明，生产行政指挥中的一长制是必需的。问题是实行什么样的一长制。由于党委书记不直接负经济上的责任，又以党的领导的面貌出现，群众更难进行检查和监督，一旦发生偏差也更难抑制和克服。加之党委书记懂生产业务者比厂长更少，所以“书记一长制”不仅不具备厂长一长制的长处，而且带来许多问题。事无巨细都要党委过问，连处分职工、困难补助、生产安排等工作，也要经由党委讨论决定，使党组织陷入日常生产行政事务，成了工厂总调度，不能集中力量做好思想政治工作。这显然不是加强党的领导，而是削弱党的领导。

改变党委领导下的厂长负责制，企业党委的责任并不是减轻了，而是加重了。党委摆脱了日常生产行政事务，就可以集中精力对企业实行思想政治领导，真正起到监督和保证作用。要对党员和职工进行卓有成效的思想政治工作，搞好党的思想建设和组织建设，教育党员起模范带头作用，监督和保证党的路线、方针和国家的政策、法令在本企业的贯彻执行，这是很艰巨的任务。

有同志担心，改变党委领导下的厂长负责制，会削弱党的领导。这种顾虑是不必要的。列宁在讲到一个阶级怎样进行管理的时候说过："工人阶级的统治地位表现在宪法中，表现在所有制中，并且还表现在正是我们推动事物前进这一点上面，而管理则是另一回事，是有关能力的事，有关技巧的事。"[①] 党的领导地位也是这样。党的领导不通过党委领导下的厂长负责制这种具体形式也可以实现：（1）国家机关根据党的正确的路线、方针制定政策、法令，运用经济杠杆并辅之以行政手段，从企业外部制约着企业，把企业的生产经营活动纳入党的路线、方针和国家政策的轨道。（2）企业党委通过思想政治工作，党员的模范带头作用，以及多种形式的监督的办法，从企业内部引导企业在党的路线、方针和国家政策所允许的范围内活动，保证企业的社会主义方向。（3）只有拥护党的路线、方针，执行国家政策、法令的共产党员和非党人士，才有可能被职工群众选举（或上级机关建议并经群众选举通过）或者上级任命（或群众选举后经上级任命）来领导企业。反对党的路线、方针和国家政策、法令的人，是不能担任厂长的；即使一时由于某种际遇上去了，也是很难长久居于领导地位的。（4）担负领导职务的多数是党员干部，他们不仅要受上级行政部门的领导，而且要受上级党组织的政治领导和同级党组织的监督。所有这一切，都体现了党对企业的领导作用。

在这方面，也是有历史经验可资借鉴的。

在第二次国内革命战争时期，1934 年 4 月中央组织局颁布的《苏维埃国家工厂支部工作条例》规定："建立三人团——在生产过程中发生的许多问题必须经过厂长、支部书记、工会委员长三人团会议迅速共同解决。会议由厂长召集，如发生争执，最后取决于厂长，如支部或工会不同意厂长的最后决定，仍需执行厂长的决定，支部和工会可

① 《列宁全集》第 36 卷，人民出版社 1965 年版，第 544 页。

将意见提交上级解决。”

在抗日战争时期，1943 年 3 月陕甘宁边区工厂厂长、支部书记和工会主任联席会议决定以“厂务会议”代替“三人团”，在上级党委的领导下，以厂长为主，建立工厂领导一元化的管理体制。“在工厂内部，厂长代表政府，集中管理工厂内部的一切，凡有关生产的一切问题，他均有最后决定权。”“工厂内党的支部与工会工作，必须以完成工厂的生产任务为基本的唯一的内容。一切党内的、工会内的教育与活动，只有对提高工人的劳动热忱与劳动纪律有帮助时，才有意义。”

在解放战争时期，1948 年 1 月党中央规定，在公私企业中必须由行政方面和工会方面组织联合的管理委员会。1949 年 5 月华北解放区进一步规定，“管理委员会由厂长（经理）、副厂长（副经理）、总工程师（或主要工程师）及其他生产负责人和相当于以上数量之工人职员组织之。厂长、副厂长（或经理、副经理）、总工程师及工会主席为当然委员”，管理委员会“讨论与决定一切有关生产及管理的重大问题，如生产计划、业务经营、生产组织、人事任免、工资福利问题等”，是企业最高权力机构，而其具体执行，也是由厂长（或经理）负责的。

这说明，在战争年代，工厂生产首先是为革命战争服务的，尚且实行过厂长负责制，而不是实行党委领导下的厂长负责制。这并没有妨碍党的领导，相反地，党的路线、方针、政策是得到了很好的贯彻的。当然，这并不是说，现在可以照搬过去的具体做法。现在的情况不仅和新中国成立前解放区的情况不同，同“文化大革命”前的情况也不同，应该根据实际情况来确定现阶段企业的领导体制，并且经过认真的试点，确有成效再行推广。

四

以往对一长制的批判，集中在两个方面。除了说它反对和削弱党的领导外，另一条罪名，就是反对群众路线和民主管理，好像一长制就是一切由厂长说了算。如果事实真是这样，那当然是应该批判的。但是，这也是对一长制的误解。

群众路线是党的优良传统，是革命和建设工作中都应该遵循的。任何处于领导地位的人，在工作中都应该走群众路线。实行一长制，企业党委和厂长在工作中有走群众路线的必要，也有违反群众路线的可能；实行党委领导下的厂长负责制，企业党委和厂长在工作中同样有走群众路线的必要，也有违反群众路线的可能。说实行一长制必然是违反群众路线，实行党委领导下的厂长负责制必然是走群众路线，是没有根据的。事实是：在实行一长制时期，群众路线是贯彻得比较好的；批判了一长制，实行党委领导下的厂长负责制，强调在工业方面搞大规模的群众运动，倒是助长了形式主义，大轰大嗡，实际上是“运动群众”，严重脱离群众。

不能把群众路线和责任制对立起来。列宁在论述一长制原则的时候，曾经提出关于两种民主职能的范畴：“一种是争论和开群众大会，另一种是对各项职务建立极严格的责任制。”① 二者都是发扬民主和发挥群众积极性的不可缺少的形式。把严格的责任制说成是同群众路线和民主管理不相容的东西，是错误的。

群众路线是进行民主管理的必要条件，但不能代替民主管理。群众路线是要领导者来“走”的。当我们说“走”群众路线的时候，领导者是主体，群众是客体。当我们说民主管理的时候，群众才是主体。民主管理是社会主义企业的基本特征之一，对于我国有着特殊重要的意义。旧中国资本主义不发达，缺乏民主传统，封建专制主义的影响渗透到社会生活的各个方面，包括企业管理在内；虽然经过30年来的艰苦努力，我国社会生产力同旧中国相比已经有了长足进步，但整个说来经济还很落后，农村基本上还是手工劳动，工业中手工劳动也占有相当比重，即使机械化、自动化程度较高的那一部分，也多数是“大而全”“小而全”，生产社会化程度不高，小生产的影响还广泛存在，因而搞起家长制来很容易；一些重大决策上的失误，使得封建主

① 《列宁全集》第27卷，人民出版社1965年版，第193页。

义和小生产的影响没有得到应有的比较彻底的克服，在某些方面反而被当作社会主义的优越性加以宣传和维护。——由于这些原因，我国企业的民主管理制度至今还很不健全。企业管理民主化是现代化的一个不可缺少的组成部分。没有企业管理民主化，一长制就很容易变成家长制，职工群众就很难真正当家作主，社会主义积极性就会受到压抑，现代化就不可能顺利实现。

多年来，人们争论是一长制（厂长负责制）好，还是党委领导下的厂长负责制好。实质上是争论党委享有决策权，还是厂长享有决策权，而没有着重讨论如何真正做到使职工群众当家作主，更不要说在实践中解决这个对社会主义制度生命攸关的问题了。因此，尽管不断宣传群众路线，在企业民主管理方面并没有取得实质性的进展。职工群众对企业重大问题没有多少发言权，职工代表大会流于形式，“文化大革命”期间连形式也被取消了，职工的民主权利受到破坏，甚至还不如解放初期民主改革之后那一段时间。我们应该记取这个深刻的教训，把职工群众当家作主的问题摆在重要的地位，真正从制度上加以解决。

诚然，多年来我们一直提倡“工人参加管理”。这是一个有积极意义的口号。但是，把它作为社会主义企业管理的基本标志，却是远远不够的。如果说工人只是“参加”管理，那么，现代资本主义在某种程度上也这样做了。他们也吸收工人代表参加董事会之类的决策机构，推行所谓“职工参与管理制”和“自主管理”等等。联邦德国、奥地利、瑞士等国的企业法规定，凡雇佣2000人以上的大企业，成立监督委员会，类似日、美等国的董事会，讨论决定企业的重大问题。其成员，职工代表和股东代表各半，主席由股东代表担任，副主席由职工代表担任。在社会主义制度下，职工群众不应该仅仅是“参加”管理，如充任不脱产的几大员，选派个别工人代表脱产或不脱产地参加企业领导集团等等，而应该是管理的主体。企业的决策权，应该是多层次的。拿大型国营企业来说，有一部分决策权实际上是掌握在国家手里；在企业自主权范围内的生产和经营方面的决策权，归于厂长；企业思想政治工作方面的决策权，归于党委；职工群众民主管理方面的决策权，归于职工代表大会。在强调厂长集中统一领导的时候，要特别注意民主管理的问题。这样，厂长负责制下厂长的权力，就不致成为无限制的个人权力，而且更能促使领导者在工作中走群众路线，克服官僚主义；人们对生产指挥者命令的服从，也就会真正成为生产的需要和自觉的纪律。没有职工群众当家作主，是不可能做到这一切的。

广大职工要真正行使当家作主的权力，有赖于社会主义的政治制度和经济制度的不断完善，有赖于自身政治觉悟、组织程度和文化水平的提高。只要广大群众还处于没有文化的闭塞的状态，民主管理就很难充分实现。列宁指出，要实现民主管理，“只有法律是不够的。必须有广大的教育工作、组织工作和文化工作，这不能用法律迅速办到，这需要进行长期的巨大的努力。”[①] 从这个意义上说，职工群众当家作主的实现，势必有一个从低级到高级的发展过程。我们不能满足于制定章则（这当然是重要的），而要扎扎实实地进行多方面的努力。

职工群众当家作主，实现管理民主化，同一长制并不矛盾。工人阶级是作为一个阶级来进行管理的。至于采取委员会式的集体管理制，还是采取一长制，那是管理的形式问题，不涉及管理的阶级实质。当年列宁在推行一长制的时候，也有人把一长制同工人管理对立起来。对此，列宁回答说：“好像集体管理制才是工人管理制，而一长制就不是工人管理制。单是这个问题的提法、这种论据就说明，我们还没有足够明确的阶级意识，……甚至我们的阶级意识还没有资产者先生们的明确。”[②] 列宁还解释说：“资产阶级是怎样管理的？当它还是统治者的时候，它是作为一个阶级来管理的，可是难道它没有委派过领导人？他们的发展水平我们还没有赶上。他们善于作为一个阶级进行统治，善于通过随便什么人进行管理，由单独一个人完全对自己负责，在他们的上层有一个小小的集体，他们并不议论什么基本原则，也不写这类决议，但是全部政权掌握在他们手里，而谁懂得业务，谁就有

① 《列宁全集》第 29 卷，人民出版社 1965 年版，第 152 页。

② 《列宁全集》第 30 卷，人民出版社 1965 年版，第 393 页。

职权。”[①] 应该承认，我们的社会主义的政治制度和企业领导制度还不完善，还没有能够做到这一点。我们应该为此而努力。

厂长要真正负起指挥生产的责任，必须精通业务，成为内行。否则，就会成为瞎指挥，就像蹩脚的乐队指挥会使演奏成为音调杂乱的噪音一样。列宁说：“任何管理工作都需要有特殊的本领。有的人可以当一个最有能力的革命家和鼓动家，但完全不适合做一个管理人员。凡是熟悉实际生活、阅历丰富的人都知道：要管理就要内行，就要精通生产的一切条件，就要懂得现代高度的生产技术，就要有一定的科学修养。”[②] 斯大林在谈到当时苏联贯彻一长制所遇到的困难时也指出：“只要我们还没有掌握技术，我们就没有而且不会有一长制。只要在我们中间，在布尔什维克中间还没有足够的精通技术、经济和财务问题的人才，我们就不会有真正的一长制。”[③] 我们也面临着类似的情况。我们的不少同志，战争时期不愧为出色的指挥员或鼓动家，但他们不懂经济工作，解放后又没有认真学习，加上接连不断的政治运动，以致岁月蹉跎，至今不甚了了。这种状况如不改变，不论实行什么样的领导制度，管理都是搞不好的。

这里，还有一个如何对待专家的问题。列宁在批评用集体管理制反对一长制的主张时，曾经一针见血地指出：“关于集体管理制的议论，往往贯穿着一种极愚昧的精神，即反对专家的精神。有了这种精神是不能达到胜利的。”[④] 列宁这里所说的，是资产阶级专家。十月革命后，尽管资产阶级疯狂地反对革命，许多资产阶级专家对苏维埃政权采取敌视态度，列宁还是反复强调要使用他们，实行一长制时甚至还允许由专家来担任厂长。列宁认为，取得革命胜利的阶级，不会因为是先进阶级一下子就有了管理本领，必须向被自己推翻的那个阶级学习，善于吸收、掌握、利用他们的知识和素养，为本阶级服务。我国的情况同十月革命后的俄国不同。许多非党专家参加了我们党领导

① 《列宁全集》第36卷，人民出版社1965年版，第544页。
② 《列宁全集》第30卷，人民出版社1965年版，第394页。
③ 《斯大林全集》第13卷，人民出版社1953年版，第36页。
④ 《列宁全集》第30卷，人民出版社1965年版，第419页。

的民主革命，其中不少人锻炼成了无产阶级的先锋战士；许多同志在长期的根据地的经济工作和解放后的经济建设中，成为精通业务的管理人才和专家；即使是解放前在旧制度下工作过的专家，其思想上政治上的进步也是人所公认的；各行各业更大量的管理人才和专家，是由解放后新中国的学校培养出来的。这都是极可宝贵的财富。但是，过去由于"左"的路线和政策，不是重视专家，使他们有职有权，发挥专长，而是把他们视为异己的力量，批判所谓"专家治厂"和"专家路线"，把外行领导内行说成普遍规律，似乎越是专家越没有领导生产的资格。这使企业领导的素质大为降低，给生产带来了严重影响。欲使现在进行的企业领导体制的改革获得成功，除制定正确的章则外，还必须大力提高干部的业务水平和管理水平，大胆选拔人才，实现企业领导干部的革命化、年轻化、知识化、专业化。不然，厂长负责制是建立不起来的，让他负责他也负不起这个责。

五

综上所述，我国的企业管理制度，从原则上说，应该是：充分发扬社会主义民主，职工群众真正当家作主；生产过程要有集中统一的领导，建立强有力的以厂长为首的生产行政指挥系统；企业党委实行思想政治领导，对生产行政工作起监督和保证作用。如果我们的企业管理制度真正体现了这些基本原则，那么，不叫一长制而叫厂长（经理）负责制，也许更为确切些，而且为广大群众所喜闻乐见。问题的实质在于内容而不在于名称。企业中还有工会组织及其作用的问题。工会作为工人的群众组织，应该在党的领导下，成为"教育的组织"和"学习管理的学校"[①]，应该如列宁所说，"保护工人免受自己国家的侵犯，同时也利用它们来组织工人保护我们的国家。"[②]这两种"保护"，从根本上说是一致的。当然，职工代表大会如何组织，职工代表大会、厂长和企业党委各自的权限如何具体划分和行使，如何协调一

① 《列宁全集》第32卷，人民出版社1965年版，第2页。

② 《列宁全集》第32卷，人民出版社1965年版，第7页。

致地动作，职工代表大会和工会的关系如何处理，都需要在实践中不断地总结经验，加以解决。这里，有两点是必须注意的。一是“解决问题时应当服从生产的利益”①，任何一种管理办法的取舍，都应该以对于发展生产有利与否为转移；一是要经过试点，稳步前进，有准备有步骤地实现企业领导制度的改革，及时解决改革过程中所遇到的各种实际问题。

（原载《经济研究》1981 年第 1 期）

附录

北京内燃机总厂调查②

（1979 年 2 月）

最近，我们在北京内燃机总厂就企业管理问题做了两个多月的调查，现报告如下。

情况和问题

北京内燃机总厂是个老厂，“文化大革命”前建成，是以生产内燃机为主的专业厂。现在，厂区面积 51 万平方米，建筑面积 39 万平方米，其中生产用 11 万平方米。有设备 2600 余台，机械化和自动化流水线 49 条。职工 9300 人，其中工程技术人员 500 余人，工人技术水平平均 3.2 级，青工很多。1978 年生产柴油机 1.7 万余台，汽油机 2.3 万台。

打倒“四人帮”后，经过两年多的整顿，纠正被颠倒的是非，干

① 《列宁全集》第 30 卷，人民出版社 1965 年版，第 394 页。

② 这是作者在第一机械工业部工作期间，于 1978 年底至 1979 年初参加对北京内燃机总厂的调查，并执笔写成的调查报告，经集体讨论修改，报第一机械工业部领导。这篇调查报告涉及企业领导体制以及更广泛的企业管理问题。

部群众气顺心齐，都想为四个现代化贡献力量。调整了组织，整顿了制度，厂区清洁整齐，恢复了正常的生产秩序。1978 年超额完成国家计划，各项经济技术指标达到历史最好水平。贯彻执行部发整顿企业的十二条规定，同时学习日本小松制作所的质量管理经验，在 60 多个班组试行，产品质量有所提高，产品抽查合格率达到 100%。初步克服了生产不均衡的现象。

但是，用现代化的标准衡量，差距还是很大的。产品性能落后，还存在不少质量问题。浪费现象也很严重。管理工作有些方面还不如 50 年代，有整个工业的体制问题，也有工厂内部的管理问题。如果在管理上来一个大的转变，把人力物力科学地组合起来，把被束缚的生产力解放出来，做到人尽其才，物尽其用，可以生产出更多、更好的产品，一个厂可以顶两个厂，加上技术改造，经过几年的努力，不难达到世界 70 年代的先进水平。

目前企业管理上存在的问题，主要有以下六个方面。

（一）管理体制不适应现代化大生产的要求。表现在：

1. 领导多头。内燃机总厂直属领导是北京汽车工业公司，同时要受北京市计委、经委的领导。由于主要产品是柴油机和汽油机，还要受华北农机公司、一机部农机局和汽车总局的领导。由于领导头多，在产供销、人财物上不能统一，遇到问题往往责任不清，工作要经部和市逐级布置，层层开会，文件重复照转，各种检查团部来、市也来。群众反映:“部省市”是“不省事”。上面千条线，下面一根针。企业忙于应付，而许多事又得不到解决。多头领导，实际上等于没有领导。这种现象十分普遍。

2. 以党代政。目前实行的党委领导下的厂长分工负责制，仅是一些原则性的规定。书记和厂长各负什么责任，哪些问题需经党委讨论决定，哪些问题应由厂长全权处理，副厂长是对党委负责还是受厂长领导，都不明确，结果变成“书记一长制”。党委用常委扩大会议的形式实行对全厂的领导，书记主持，正副厂长、正副总工程师、正副政治部主任参加。厂级干部一二十人，书记成桌，厂长成班。各自分管的工作都要提交党委会议通过，然后以党委会名义向下传达贯彻。这样的会，每周至少开一两次，每次至少半天。车间是变相党总支领导下的车间主任负责制。结果是以党代政，事无巨细，都由党委讨论决定。名曰集体领导，大家负责，实则削弱了领导，无人负责。大家都忙忙碌碌，办事效率很低。大生产必须有的权威，在我们的工厂里是不存在的。

3. 政治工作系统庞大。现在工厂都有一套自上而下的政治工作系统，厂设政治部，大车间设政治处或组，大多数科室和工段设专职党支部书记，脱产人员很多。内燃机总厂有 203 名专职政工干部，占全厂职工总数的 2.2%。政工干部主要是搞政治运动，很多人不懂生产，脱离生产谈政治，这种政治不仅不能带动生产，反而阻碍生产力的发展，这是十多年的实践所证明了的。而且，政治工作系统与党的工作系统完全重复，群众批评他们大事办不来，小事又不干，完全是叠床架屋。

4. 工厂百事俱管，矛盾都集中到车间。工厂从生产到生活，从前方到后方，食堂、托儿所、住房乃至民兵组织，中小学教育等等，样样都得管，简直是个“小社会”。工厂是大而全，车间是小而全。小件车间 660 人，分为九个工段（六个前方生产工段，三个后方工段），八个管组（生产、技术、准备、质量检验、设备、经济分析、行政、政工），六个库（备件、工具、夹具、油料、辅料、钢材），还有医疗站、职工业余教育等。有的车间还自办食堂。车间的管理部门、后方工段、前方工段的人员比例是 1:2:3。车间领导大部分时间忙于非生产的事务，有些车间主任说，吃、喝、拉、撒、睡，老、弱、病、残、废，没有一件不管，四到六个主任还应付不了，很难集中力量抓生产。现在工厂机构多，层次多，干部多，扯皮现象也多，“三个和尚没水吃”。

（二）计划对生产的指导性不强。从内燃机总厂的计划看，人财物比例不平衡，缺口很多，生产缺乏节奏，均衡率很低。过去是“月初大休息，月末大突击”，实际上处于无计划状态。现在生产均衡性有不同程度的进步，是靠加大在制品储备实现的。而且，仅是成品装配的均衡，远未做到从毛坯到装配各个生产工序的均衡，更谈不上日均衡、班均衡。没有各个生产工序的均衡，成品装配的均衡就不可能是稳定的。现行的产供销体制，使工厂在各项不可缺少的生产条件方面得不到保证，也妨碍了计划生产。去年第一季度因为没有煤气，锻工车间被迫停产22天。又因大冶钢厂供应的45号钢七个月没货，只好东挪西借维持生产。尤其是三类物资，问题更多。现在采用加大储备的办法，越是分配少的，没有保证的，储备越多。内燃机总厂过去曾因模块供应不上影响生产，现在的储备可供五年之用。诸如此类，造成资金和物资的大量积压。内燃机总厂资金周转一次要132天，而日本同类企业只需几天到十几天，说明我们资金利用率是非常之低的。因为三类物资没有正常渠道，完全靠拉关系，以物易物，既冲击了国家计划，破坏了正常的经济生活，也造成了某些拉拉扯扯甚至是违法乱纪的事情。

（三）产品质量问题还没有解决。内燃机总厂生产的柴油机和汽油机，都是仿苏50年代产品，这些年虽有一些改进，但产品性能仍较落后。设计工艺人员在“三个面向、五到现场”的要求下，被分散到车间，不能严格执行设计和工艺的管理职能，而是临时应急，处处“救火”。甚至在车间达不到设计和工艺要求时，就根据实际达到的程度修改标准。公差一丝三达不到，就降到一丝八，再达不到，就降到二丝，以求“完成”产量和产值计划，名曰“服务到家”。设计工艺人员反映，许多技术上的要求比原来降低了。设计和工艺技术资料以及工装有很多需要修改。工厂同志反映：如果依靠目前的条件，按照工程能力指数验证设计工艺资料至少要两年，检修工装设备至少要五年。

（四）不讲经济效果，吃大锅饭。这是一个普遍存在的问题。内燃机总厂的经营管理还算是比较好的，去年由于经营管理不善，仅废品损失就达137.8万元。许多现行制度不是鼓励精打细算，讲究经济效果，而是提倡吃大锅饭。例如，现行的奖励办法，按工资总额的一定比例提取奖金，显然不利于提高劳动生产率。最近在一个车间搞民主选举试点，工人说：如果实行车间独立经济核算，按经营好坏奖励，就选能干的，管理严的人；如果还是像现在这样吃大锅饭，就选老好人。这说明，不在国家、工厂和职工之间，工厂和工厂之间，工厂和车间之间，实行严格的经济核算制，把经济活动的成果同各自的物质利益直接结合起来，即使实行民主管理，也是徒具形式，群众的积极性很难调动起来。

（五）产品落后。绝大部分产品都是50年代的，很少有新产品。比如内燃机总厂生产的柴油机和汽油机，20年来都没有大的改变。有些图纸也做过一些修改，但改好的很少。许多老大难的问题，如柴油机和汽油机的拉瓦、“三漏”、曲轴和连杆易断、滤清器不好用、寿命短、性能差、油耗大、技术经济指标落后等等，十多年来都没有得到解决。新产品发展慢的主要原因是：技术政策不明确，发展什么产品，摇摆不定，缺乏具体规划和措施；缺少经济动力，搞新产品费力、花钱，无利可图，生产老产品超额完成任务还可以受到表扬；没有竞争，“只此一家，别无分号”。现在提倡产品“更新换代”，制定政策、规划、措施和奖励办法，是完全必要的。

（六）技术水平和管理水平低。据去年的调查，全厂职工初中以下文化程度的占70%，文盲占4.5%，大学（包括工人“七·二一大学”）文化程度的只占7%。工段长一级干部中，初中以下文化程度占69%，而且80%是“文化大革命”以后提拔的，多数人连50年代的管理方法也不知道。20年来还有一个大缺点，就是没有积极培养管理干部，如会计、统计、定额管理等专业人员。现在专业管理人员数量不足，有些是体弱多病，有些是不熟悉业务，不能胜任。这种状况，同采用先进技术和实现管理现代化，都是很不适应的。

建议

针对目前企业管理上存在的问题，建议如下。

（一）工厂体制要实行改革，简化领导，减少层次，建立有力的生产技术指挥系统，扩大企业权力，调动各个方面的积极性。

1. 一个公司或一个工厂只能有一个领导单位，层次应尽量减少。比如部（或省、市）下设公司，公司领导厂，顶多只能三层。在三层之间要明确划分职责和权力范围，部（省、市）负责解决的，不应推给公司；公司和厂有权处理的，也毋须报部（省、市）点头。不论机构如何改变，如不划分职责和权限，就谈不上减少层次。

现在工厂领导关系不明确，名义上归地方管，事实上很多事地方又解决不了，部又碍着地方，不能直接指挥。多少年的经验证明，所谓双重领导是不利于生产的，应该简化为一重领导，或归中央，或归地方。归谁管，供产销、人财物都应该划过去。归中央管，供产销、人财物都由中央负责安排，地方不能在计划上加码，扣发分配的材料，支配工厂的产品，任免工厂的领导。对这类厂，地方应负的责任是：管好党务和政治工作；保证煤、电、水、汽优先供应；保证供应由地方分配的生产物资；管好职工生活和社会服务事业；按照国家立法，监督执行环境保护工作。地方有权力在工厂完成国家计划之后，分配一些带料加工任务；可以对某些产品实行超产留成，由地方使用；还可以从税收和利润中提取一部分作为城市建设的费用。归地方管，也应按此原则，中央主管部门只是在发展规划和技术政策上加以指导，其他一切生产活动，都不应干涉。

工厂反映，地方上的苛捐杂税很多，这个运动，那个运动，工厂都得参加，出人出钱。必须明确两条：一要赋予工厂权力，对影响生产的不合理的地方摊派，能够拒绝；二是由于工厂坐落地点不同，有的在大城市，有的在中小城市，有的在偏僻乡村，因此，所谓“地方”，对于每个具体工厂来说，应有明确的规定，是省、市，还是地、县。不然的话，势必从省、市直到地、县，甚至公社，都来行使“地方”权力，都是“土地爷”，工厂很难应付。我们认为中央管的企业，只有省（市）才能行使“地方”的权力。

2.《工业三十条》规定：实行党委领导下的厂长分工负责制，企业中的一切重大问题，都必须经党委集体讨论决定。这个规定，在过去是正确的，现在过时了，同现代化的大生产不适应。任何一个规定，都有一定的时代背景，当时这样决定，是同当时客观条件分不开的。解放以后，我们对管理大生产没有经验，干部少，科学知识水平低，留用的知识分子还保留很多旧的意识和思想方法。因此，必须特别强调企业要实行党委领导下的厂长分工负责制，才能保证贯彻党的路线和方针政策。现在情况发生了根本变化。同过去比，生产规模扩大了，机械化、自动化的水平提高了，生产组织更复杂了，时间概念在生产中更突出了，很多问题都要迅速反映，及时解决，生产中更需要有权威的领导和强有力的指挥。经过这许多年的社会主义教育，绝大多数知识分子在思想上都得到了改造和提高，也培养了很多新的技术和管理干部，他们对社会主义建设都怀有极大的热忱。广大群众的社会主义觉悟也普遍提高了。同过去比，这完全是一种新的情况。在新的情况下，必须有新的领导方法。

党是领导社会主义事业的核心力量。为了实现四个现代化，党的领导必须加强，必须更加有力。这一原则是不能动摇的。现在的问题是怎样加强，怎样才能更加有力。现在党的领导方法，有些是舍本逐末。工厂党的领导应该是保证贯彻党的路线和方针、政策，不应该纠缠在日常的具体事务上，捡了芝麻，丢了西瓜。事无巨细都要党委讨论决定的办法，是一种官僚主义的领导方法，不能适应生产中时时刻刻发生的千变万化。

建议按厂的大小，分别设立党委、总支或支部。党委的任务是：保证监督执行党的路线和方针、政策，保证监督完成国家计划和各项指标；讨论决定工厂的年度计划和一年中的工作措施纲要；讨论和分配科长以上的党员工作，决定后由厂长任命；管理全厂党员的组织生活和其他党务工作；监察和督促工厂严格实行社会主义民主和社会主义法制。车间和科室的总支、支部或党的小组，主要任务是在党委领导下管理所属范围内党员的组织生活和教育学习，动员党员在生产活动中起先锋模范作用，保证完成各项生产任务；教育党员密切联系群众，做好宣传鼓动工作，学习技术和科学知识，为实现四个现代化而奋斗。

党委要多到群众中和生产中去调查研究，了解情况。要少开会，开短会，每月最多开一次，听取厂长对一个月的生产技术活动的工作报告，经过讨论做出指示和决定。不牵涉方针政策性的生产和技术方面的问题和决定，党委不必干涉。

各级党委应尽可能做到民主选举，连选可以连任。被选掉的不应在本厂担任同样性质的工作。工厂除党委书记和少数专职做党的工作人员之外，应不脱离生产。只有这样，才能加强党的领导，发挥党员的先锋模范作用，提高党在群众中的威望。

《工业三十条》中提到工厂的政治工作，我们认为应取消政治部及这一套政治工作系统。组织与宣传工作合并给党委，人事保卫工作由行政管理。

3. 建立以厂长为首的全厂统一的生产行政指挥系统。这个指挥系统包括：生产调度、技术管理、经营业务、科学研究和发展。

厂长对工厂的生产和行政工作全权负责。厂长的职权是：组织全厂产供销活动，保质保量按时完成国家计划，管好、用好固定资产和流动资金；代表工厂对外发生经济关系，签订重要经济合同；负责制订工厂内部的管理制度，颁发生产命令，签发重要经济报表；表扬、奖励和批评、处分工厂有关人员。副厂长在厂长领导下对所分管的业务负责。

要根据《工业三十条》的规定，建立总工程师、总会计师责任制。总工程师和总会计师的任免由上一级决定。总工程师对生产中的技术问题全权负责，总会计师对财务收支和经济核算全权负责，厂长对他们在其本职范围内所做出的具体指示，不应否定。有原则分歧时，可提交厂党委讨论决定。必须及时处理的问题，在党委讨论前，先按他们的意见执行。

工厂内部管理要加强集中统一。要把工厂的前方工作和后方工作分开，按生产、技术、经营和研究发展四个系统，把职能部门与生产车间组织起来，统一指挥。生产车间的主要精力，要放在生产上。目前车间包揽事务过多、负担过重的状况，应该改变。

工厂一般分厂部和车间两级，不要随意增添层次。开展任何生产和技术性活动，如学大庆等，都应由职能部门负责，不必每事都另起炉灶，设立办公室，以免层次重叠，机构臃肿。现在每来一个运动，为了重视，都习惯于指定第一把手负责，这是一种手工业方式，有削弱职能机构积极性的副作用。第一把手负责过多，等于放弃其他领导，或实际上形成无人负责。如果某项运动确是重要的，第一把手只要安排布置妥当，进行经常性的检查和督促，就可以了。

从厂部到车间、工段、班组，都要建立严格的责任制，克服目前大量存在的职责不清、无人负责的混乱局面。特别要注意把责任和权力统一起来。责任到人，就要权力到人。每个人都应有明确规定的责任，不能推诿；也都要有相应的权力，不可侵犯。这对于工厂各个职能机构的正常运转和生产的顺利进行，对于职工的考核和奖惩，对于克服官僚主义，提高办事效率和生产效率，都是绝对必要的。

4. 扩大工厂权力。现在工厂感到最难办的是两件事：一是出了问题，不知道找谁解决；一是框框太多，做不了主。实质是工厂权限太小，上面权力过分集中，加上官僚主义，使工厂的事很难办，限制了生产积极性。内燃机总厂为了解决翻砂质量问题，根据日本专家建议，想进口一点测试仪器，只需很少外汇，就是解决不了。上面批准了奖金数额，银行规定必须一次提取，工厂想根据需要分次取用，每次都得经过多道手续批准。类似情形，不胜枚举。为了充分调动工厂的生产积极性，必须扩大工厂权力。应该给工厂以下权力：

有制定产销计划、以销定产的权力。计划自下而上提出，交主管部门综合平衡，不留缺口，工厂在完成国家计划之后，有权根据用户要求，接受来料加工，以充分利用生产能力；

在完成国家计划的同时，有生产出口产品的权力；

有利用出口产品外汇提成、进口生产设备和试验仪器的权力；

有经上一级领导批准同国外交流经验和进行生产技术合作的权力；

有同外单位开展生产协作的权力；

有考核职工、升降技术等级和给予技术职称的权力；

有精减生产劳动组织、裁减多余人员的权力；

有处分严重违反劳动纪律和技术纪律的职工的权力，包括降职、降薪直至开除；

除按照条件接受劳动部门分配人员外，有自行按照技术要求招收职工的权力；

有对多余固定资产和材料向外单位等价交换的权力；

有自行规定奖励办法的权力。

这些意见，都是些原则，付诸实施时还要有详细规定。总之，目前事事要请示，事事要批准的办法，是必须改变的。

（二）全面加强计划管理、质量管理、设备管理、劳动管理和科研管理。

1. 计划管理是工厂管理的重要内容。资本主义国家的公司和企业组织得好，效率高，一个重要原因就是在公司和企业内部有严密的计划。计划管理的首要环节，是加强定额和统计工作，做到心中有“数”。科学的管理，不能满足于定性分析，必须有严格的定量观念，一切用数据说话。这是制定计划的基础，也是组织生产和改进技术的依据。工厂里现行的定额，十多年基本未变，主管科室说差额有 1/3，工人说有 1/2。就是说，有 1/3 到 1/2 的生产潜力没有利用，被浪费掉了。应该做好工人的思想工作，积极修改定额，做到平均先进。要做好定额管理工作，还要加强经常性的检查和测定，把定额作为考核各项工作的标准。要恢复和健全统计制度，规定科学的统计指标和统计方法。统计指标要准确无误，及时汇总，把统计分析工作制度化，作为改进管理的一个重要手段。

要在定额和统计的基础上，逐步推行车间、工段、班组的作业计划，争取由成品的每旬均衡，逐步做到每道工序的日均衡和班均衡，实现有节奏的生产。

要加强生产技术准备工作，克服目前分散管理和无人负责的现象。从工艺设计、工装设计制造、设备设计制造、设备安装调试投产等，统一管起来，形成一个生产技术准备的力量。

要加强计划调度工作。对于下个月生产的准备和可能发生的薄弱环节，要用图表方式于月前若干天发给有关部门和车间掌握，对薄弱环节要有解决措施和责任制度。要及时掌握每班生产情况，对每个月的生产情况做出简明扼要的总结，作为改进下月生产的依据。

以上所说，大多是 50 年代的办法，是企业管理最基本的东西，也是现代化管理的基础。现在国外的经验之所以不再谈这些，是因为他们早已解决了。我们由于“文化大革命”的破坏，现在还得拣回来，如盖高楼大厦，没有基础是建不成的。

2. 推行全面质量管理，必须树立“质量第一”和“预防为主”的思想。质量好的产品是设计和生产出来的。事后检查固然必要，但更重要的是在设计和制造过程中，进行质量控制，以达到稳定生产出合格品的目的。当然，全面质量管理不能代替整个企业的管理，对整个企业来说，至少还有计划管理、经济管理和科研管理等，都是不可偏废的。从生产效果来说，不单是质量问题，还有数量和成本问题，都具有重要性。因此，仅仅提全面质量管理，不符合当前企业实际情况，也不能完全达到改进全部管理工作的目的。

解决现存质量问题，还要通过质量控制的办法，验证现有的设计和工艺资料。降低了标准的，要进行具体分析，合理的确认下来；不合理的要迅速恢复，使设计和工艺资料对生产有指导意义。

要充实测试手段，增添必要的仪器设备。新产品设计要严格测试，认真鉴定，否则不能投产。增添测试手段和仪器设备所需要的资金和少量外汇，要有解决办法。

内燃机总厂在学习日本的质量管理经验时，采取了三个补充办法：一是自检，即工人对自己生产的工序在质量上负完全责任，被批准自检的工作，给予职业津贴，如抽查发现不合格品，经批评教育不改正者，即取消自检资格，以此提高自检的责任心。一是从原材料、协作件到成品，分类设立专职检查人员，提高检查水平。一是对关键工序，在作业线上进行100%的检查，对成品则进行综合检查。这些做法是很好的，在各项制度、纪律都不健全的情况下，忽视专职检查是不行的。

3. 加强设备管理。要改进考核设备完好率的标准，设备完好应以能保证产品质量为依据。目前很多厂的设备完好率的数字都很高，但加工出来的产品不合格。合格率的标准，应以设备的性能好坏为主，从表面上观测是不能解决生产的质量问题的。

现在工厂设备大修质量差，效率低，成本高，浪费大，一个重要原因，是各车间分散搞修理。应当把设备大修集中于修理部门，生产车间只搞维护保养。修理部门可以实行专业化，同生产车间用经济办法联系起来，以提高修理质量。有条件的地区要组织维修中心，如各类维修公司之类，专门承接生产厂的修理任务。

设备更新是当前很重要的一个问题。像内燃机总厂这样的大型骨干企业，多数设备使用了二十多年，有的几经修理，已不能恢复原来的精度，保证不了加工质量，而修理费用却大大超过原有价值，无论从技术上还是从经济上说，都应进行更新。过去对设备更新重视不够，现在应当作为一项重要的技术政策加以考虑。更新的原则是：经过几次大修，已恢复不了技术状态，而修理费用又超过原有价值的设备；不能保证加工工艺要求和产品质量的设备；影响生产能力发挥和劳动生产率提高的老旧设备。设备更新要结合挖潜、革新、改造与产品更新换代，有计划有步骤地进行。现在计划分配中用于更新的设备太少，远不能满足设备更新的需要，相反却过多地去铺新的摊子，使现有条件得不到充分利用，这种办法是很不经济的。简单再生产是扩大再生产的基础和出发点，应该把更新设备列入计划，统筹解决。

4. 改进劳动管理。这些年来，机械工业劳动生产率提高很少，产品产量的增加主要是靠增人增设备，实现四个现代化不能走这样的老路，而要极大地提高劳动生产率。随着劳动生产率的提高，工厂人员就要作相应的调整。现在松松垮垮，在生产时间看报聊天的现象不少。工人只进不出，不少老弱病残。这种现象，需要加以整顿。要克服工厂定额、定员的落后状况，多余人员要坚决减下来，与现生产人员分开，区别情况，妥善安排。在国家制定统一政策下，可以培训学习，提高技术和管理水平；可以搞修旧利废，综合利用，增加收入；可以搞农副业生产，办社会服务事业；不能工作的退职退休。今后要严格按定员调配劳动力。工厂人员应该有进有出，现在只能进不能出，一包到老，三个人的活儿五个人干，三个人的饭五个人吃，这种吃大锅饭做法对提高劳动生产率十分不利。工厂采取什么方式减员，被减的人员通过什么途径再就业，这是劳动政策问题，一个工厂、一个部门是解决不了的，需要国家全面研究，制定工厂法，使工厂有章可循。

5. 开展科研设计工作，加速新产品的发展。目前机械产品落后，是实现四个现代化的严重障碍。改变这种落后状况，首先要打破“部门所有制”，改变各个机械部“封建割据”，各搞一套，缺乏统筹的做法。对一个部来说，需要从以下三个方面改进：第一，对产品更新要有明确的技术政策和发展规划，否则工厂很难着手工作。产品更新既要考虑主机产品，又要考虑配套产品。从国外引进新产品，要结合我国实际情况，进行技术经济分析，讲求经济效果，把引进同国内机械制造结合起来，同国内的企业改造结合起来，把引进的先进技术尽快地消化、吸收，为我所用。第二，解决发展新产品的经济动力问题。国家要鼓励发展新产品，在价格、税收、利润各方面要实行优惠。新产品投产成本高，可以在一定时间内采取减税或免税的办法，使工厂有利可得。也可以采取以老养新的办法。对于积极发展新产品，创名牌，赶超国际先进水平做出显著贡献的工厂或个人，要给予奖励。第三，解决新产品科研、试验工作所需要的先进手段和测试条件。没有先进的测试手段，就生产不出先进的产品。科研试验工作要走在生产的前面。大工厂要有自己的科研和试验基地。也可以按专业化协作原则组织起来，不必在同行业内各厂都重复自搞一套。可以允许企业按总产值的3%从利润中提取科研经费，作为发展新产品的资金。

（三）实行全面经济核算制。工厂要实行经济核算，车间也要实行经济核算。第一，要把工厂、车间经营好坏同本厂和车间职工的物质利益结合起来。第二，按《工业三十条》的规定，严格实行“五定”“五保”。第三，在工厂内部，车间与科室建立合同制，承担经济责任，定期在财务科统一结算。第四，工厂和车间都要有偿使用固定资产和流动资金。

国家对工厂使用的固定资产和流动资金，要由无偿使用制改为有偿使用制。工厂占用固定资产，每年按总值向国家交纳5%的占用税。流动资金改由银行贷款付息。占用税和利息从利润提取，利润不足或亏损亦需上交。固定资产折旧，应全部留给工厂。根据机械工业设备20年没有更新，以及需要大力进行技术改造的情况，折旧率建议提高到10%左右。即使如此，也要十年才能更新一遍，现在先进国家如美国和日本，通常只要五年。今后工厂一般的改建与技术改造措施，国家不再拨款。当年资金不足，由银行贷款解决。

实行工厂利润留成。废除现行将工厂纯收入以税收和利润形式全部上交的办法，改为以纳税方式将工厂利润（包括交给地方举办市政建设的附加费)，按一定比例收归国家，余归工厂使用。可采用累进税率，使国家和工厂双方的利益都同利润多少成正比，从物质利益上关心经营的成果。工厂的利润留成自行全权处理，可一半用于生产发展，一半用于职工奖励和集体福利，把国家、地方、企业和个人的物质利益结合起来。

要研究改革经济效果的指标体系和计算方法。现行指标体系和计算方法，有不科学之处，不能正确评价经济效果。例如，八项经济技术指标并没有“产值”，但现在产值指标成了“太上皇”，上级机关都用产值指标考核企业，“八项指标，老九第一”，[①] 助长了片面追求产值的倾向。又如，八项指标把产量、质量、品种并列为三，实际上，我们需要的数量本来就不是抽象的多少吨钢、多少台机床，而是什么品种、什么型号的钢多少吨、机床多少台，各有什么质量要求。现行考核办法必然产生单纯追求产值，忽视产品质量和品种的倾向，为整个国民经济带来很多问题。再如，资金利润率是经营好坏的重要标志，现在没有资金利润率这个考核指标，助长了不少工厂过多地占用设备，使现有设备不能充分发挥作用。

（四）发扬社会主义民主，在企业内推行民主管理。为了实现四个现代化，必须强调社会主义法制和社会主义民主。劳动人民是国家的主人，也是工厂的主人。工人群众不仅是参加管理，而且是管理的主体，领导人不过是受劳动者的委托，行使一定的管理权力。要真正使工人当家作主，绝不能把民主管理仅仅局限于班组管理，如设立几大员之类。班组长、工段长，车间主任应该一律由工人民主选举产生。科室干部也要逐步做到民主选举。落选的人，不能留在车间、科室担任同样性质的领导职务，要从车间、科室调出来，或组织学习，或分配其他工作，绝不能让群众把当干部看成是铁饭碗，打击群众对行使民主权利的积极性。对选举出的车间主任、工段长、班组长，可以考虑给予一定的职务津贴，以资鼓励。要充分发挥职工代表大会的作用，

① 当时考核企业的八项指标是：产品产量指标、产品品种指标、产品质量指标、劳动生产率指标、原材料和燃料动力消耗指标、成本指标、利润指标、流动资金占有量指标。但在实际上，却往往是把产值作为最重要的考核指标。

使之真正成为发扬民主的工具，而不再是“橡皮图章”，“两天半的民主”。职工代表大会每年至少召开两次，讨论决定工厂重大问题。工厂领导人要向职工代表大会作工作报告。厂长、副厂长及其他厂级干部三年一任，由职工代表大会评议，不称职的可向上级提出撤换，并推荐群众拥护的、有才干的人，供上级选任。对严重失职或作风恶劣的领导人员或管理人员，职工代表大会随时可向上级建议处分或者撤换。

职工代表大会和工会组织，有权保护工人的正当权利不受侵犯。职工代表大会讨论决定的有关职工生活福利问题，只要符合工厂权限，工厂行政部门必须执行。工厂侵犯工人权利，或无理处分职工，职工代表大会和工会有权根据法律或有关条例进行干预。

（五）要把提高职工文化水平、科学技术水平与管理水平作为一项重要任务。需要进行如下五个方面的工作。

一是有计划地培训现有职工。要区别不同情况，用多种形式，组织业余的、半脱产的或脱产的训练班，以脱产学习为主，进行培训。要以二、三级青工为主，这部分青年工人人数多，是生产的主要力量，但基础差。以培养技术人员为目标的业余大学，一个工厂举办有困难，可由公司统一解决。新建的工厂都要根据人数多少设置技工学校或训练组的设施，绝不能在这方面以省钱的理由而忽略。

二是新工人进厂要经过技术学校学习。新工人没有经过技术学习的，都要经过短期培训，才能上岗位，由老工人传帮带，考试合格后才能独立操作。今后要实行从技术学校培训新工人的制度。

三是建立工人和干部的业务考试办法。每年考核一次，作为晋级和使用的依据。对专业管理人员和工程技术人员要授予技术职称，使之有职有权。工程技术人员现在已有工程师、技术员之类的职称，要坚持和完善。当前应该着重研究解决的，是专业管理人员的技术职称问题。应当根据他们的专长，分别授予会计师、计划师、经济师或经济工程师之类的职称。技术水平高，有贡献的老工人，也可授予技师或特级工人。在工资上应考虑技术专长、贡献大小、服务时间长短而区别规定。

四是经过“五定”和考核，多余工人要抽出学习，工资照发。这部分人的工资应由国家支付，以鼓励企业改进管理。

五是部管的大学开办管理学科，培养企业管理和精通国际合作的专业人才。要开办一些短期的厂长训练班，总结管理经验，学习先进的管理方法。必要时，还可组织一些管理干部，到国外对企业管理进行考察学习。学习国外经验的同时，必须总结自己的经验，很好地使用本国专家。工人和技术人员都有这样的反映，说中国人说的同样一件事，不如外国人灵。内燃机总厂柴油机的缸体是分片浇铸的，废品多，几年前工人和技术人员都提出改为整体浇铸，不被重视。去年一经日本人建议，情况就改变了。

当前最重要的是体制改革问题。改造机械工业，使生产和管理现代化，有企业管理问题，也有工业管理问题，企业管理在很多方面受到工业管理的制约。两种管理很多都是体制问题，不改革生产关系和上层建筑，管理是很难得到根本改进的。

从企业管理看，至少有四个方面的体制要改革，即计划体制、财政体制、物资体制和劳动人事体制。这几项没有一项不影响企业的生产。这种矛盾，真是已经发展到不可调和的地步了。如果不认真研究体制问题，认真改进管理，即使引进最先进的技术，最后很可能和过去一样，还会僵化和老化的。自然，像我们这样大的国家，情况这样复杂，问题又积压得这样多，不是说改就立即都能改的。但不能坐而论道，必须着手研究，制定方案，看准了的，要一项项付诸实施。总要在两三年内有些成效。否则，改进企业管理是没有基础的。

在企业内部，主要是组织制度和作风问题。要解决企业的领导体制，更多地赋予企业权力，尽量用经济方法管理企业，改变行政作风。考核一个企业管理的好坏，唯一的标准就是经济效果，如果成本高，利润率低，一切宣传都是白说。

现在，上上下下都认识到现行的管理体制很不适应生产的需要，必须改。但是如何改，还缺乏一套办法。因此，必须拟定多种方案，有计划地选择一些工厂试点。制定方案不能墨守成规，要敢于破一些条条框框，只要工厂保证以下三点：认真贯彻党的路线和方针政策；完成国家计划规定的产量、品种、质量和上缴利润；执行部定的技术政策。其余都可以把权力下放给工厂去试。试点的工厂是少数，而且要保证完成国家计划。试好试坏，都不会把工厂试翻的，一定要解放思想，在试的过程中找出办法来。选择的厂不妨按照各种不同类型稍微多一点，部的主管局和省、市也不妨有自己的试点。殊途同归，最后都要用经济效果去检验政策的好坏。

工业和企业管理体制问题势在必改，但十分复杂。机械工业有自己的特点，为了研究这方面的问题，如制定章则、条例、办法、措施，介绍国外一些立法，领导试点工作，推动体制改革，有必要组织强有力的机构去联合学校和研究机构，共同开展。如果能在两三年内理出一些头绪来，就最好不过了。

扩大船舶出口大有可为①

（1981 年 3 月）

近几十年来国际贸易发展的历史表明：扩大机电产品出口，是改变出口产品结构、迅速增加出口额的一条重要途径。目前，我国机电产品出口还很落后，不足世界机电产品出口贸易额的 1‰，在我国出口商品总额中也只占 3%左右。在今后的国际贸易中，应该把扩大机电产品出口作为一个重大的战略性措施来考虑。其中，扩大船舶出口是个重要的方面。扩大船舶出口，国外有销售市场，国内有生产潜力，只要把工作搞好，是可以大有作为的。一些外国报刊也认为，中国是一个潜在的造船大国，这样说并不是没有根据。

1973 年石油危机曾造成世界船舶市场的萧条。从 1979 年下半年起，船舶市场开始复苏，总订货量从 1978 年的 800 万吨增加到 1980 年的 2000 万吨；船价 1979 年比 1978 年上涨 40% 左右，1980 年又比 1979 年上涨 15%左右。几年来世界船舶市场价格变化情况，如下表所示：

表 1　1978～1980 年世界船舶市场价格变化情况　　（单位：万美元）

船　型	1978 年	1979 年	1980 年
3 万吨成品油轮	1600	2300	2500
8 万吨原油轮	2000	3000	3500
10 万吨矿砂船	2400	3500	4000
3 万吨散装货船	1200	1500	1800
6 万吨散装货船	1900	2600	3000

① 这是作者在中共中央书记处研究室工作期间所写的一份政策建议。中共中央总书记胡耀邦 1983 年 3 月 14 日阅后批示：“此件很好。请考虑如何发出。”旋即在中央书记处研究室提供中央领导参考的“白头文件”和供中央有关部门及研究机构参考的《经济问题研究资料》刊出，对船舶工业的发展和出口起了促进作用。

由此可见，各种型号的船舶的价格，都是上涨的。预计今后几年船价仍将看涨，到1985年前后可能出现新的订货热潮。这是因为：

一、随着国际贸易的发展，世界船运量有增长的趋势，船舶市场必将随之扩大。据估计，今后几年内仅运煤船（散装货轮）的需要量就将增加1400多万吨。据日本造船工业联合会预测，1981～1985年，每年新船需要量（不含更新船舶）将递增200多万吨，1985年将达2260多万吨，1990年约需新船3220多万吨。

二、现有船舶需要更新。目前，世界航运船舶约有4亿总吨，船舶使用年龄以平均20年计算，每年需要更新船舶2000万吨。1973年以来造船工业的萧条使新船制造大减，现在许多旧船等待更新。另外，从今年5月起将实施“海上安全和防止污染”国际协议，一批不符合协议要求的旧船要被淘汰，也会增加新船购买量。

世界船舶市场容量每年大约200亿美元，占世界出口总额的1.6%，占机械产品出口总额的5%。美国和西欧船价高，竞争能力差；巴西、波兰等国造船质量较差，信誉不很好；日本每年船舶出口收汇达80多亿美元，不可能再大量接受订货；船价较低的韩国和我国的台湾省，订货单已排满到1982年，也无力量再接受大量订货。因此，不少船东，特别是香港船东，开始转向我国，纷纷探索我出口船舶的可能性，询价和洽谈订船业务者日益增多。1980年，第六机械工业部同外商签订34万吨的出口合同，其中包括2.7万吨散装货船10艘、3.6万吨散装货轮2艘，还有一些集装箱船、冷藏船及游艇等。今年头两个月，又同外商签订了20万吨的出口合同。以上总计成交金额为5.6亿美元。目前，正在进行技术和商务谈判的船舶尚有50多万载重吨，预计今年第一季度可成交民用船舶20万～30万吨。此外，还有一些外商提出，愿意采取多种方式同我合作生产。这说明，船舶出口工作虽然抓的时间不长，但已经初步打开了局面，前景是很好的。每出口一条2.7万吨的散装货船，即可取得1600万美元的外汇，比出口农副产品和其他初级产品有利得多。

我国发展船舶出口有许多有利的条件。

一、我国造船工业有一百多年历史，是历史最久的工业部门之一。经过新中国30年来的建设，已经奠定了比较好的基础。仅船舶工业公司直属的工厂就有78个，有几个很大的主机和辅机制造厂，以及相当大的中小型船舶的总装能力。造船工业职工25万人，其中包括相当数量水平较高的技术人员和熟练工人；有3所造船院校，20多所船舶和船用设备研究所。全国造船厂有80多座船台（其中万吨级以上的10座）、12座船坞（其中万吨级以上的4座）。30年来设计制造了500多种型号的船舶近1.3万艘。现在每年可造各类船舶2000多艘、80多万吨。我国机械工业有相当雄厚的基础，能够为船舶提供配套机电产品。我国现有船台和能力，适宜于建造3万～6万吨以下的中小型船舶，而现在世界船舶市场对船型的要求由大型向中小型转化，2.5万～4万吨的散装货轮是询价洽谈的主要船型，对我是有利的。

二、造船是劳动密集型行业，扩大船舶出口，有利于发挥我国劳动力资源特别丰富的优势。尽管世界造船工业机械化、自动化水平不断提高，但目前仍然需要大量的重体力和手工劳动，而且不少是露天、高空或舱底作业，劳动条件差、强度大。那些生活水平比较高的工业发达国家，因为要支付很高的工资（欧美和日本等发达国家工时价格为每小时6～10美元），现在往往不大愿意造船，工人也不大愿意在这些部门劳动。因此，商船建造逐渐向第三世界转移。据统计，1970年，日本造船量占世界造船总量的50%，欧洲占40%，其他国家占10%；1980年，日本降为48%，欧洲降为20%，其他国家上升为32%。日本在50～60年代利用劳动力多、工资水平低的优势，在竞争中以低价格压倒了美国和西欧。近年来，巴西、韩国、我国的台湾省和东欧一些国家，也是利用这种有利条件，在国际船舶市场上加强了竞争能力。我国劳动力多，工资水平低，在这方面处于更为有利的地位。除造船出口外，还可以大量承揽修船业务。修船耗用劳动力更多，也是赚取外汇的一个有效途径。

三、香港是世界航运中心之一，也是一个重要的船舶市场，许多国际航运公司设在香港。香港船东共拥有船舶4000多万吨，每年船舶订货量有300万～400万吨。船东大多数是中国人或外籍华人。现在，我已同世界十大“船王”之一包玉刚和香港汇丰银行、日本兴业银行合资成立了国际联合船舶投资公司，香港及欧美地区一些船东也向我询价订购。我们可以利用目前的有利形势和有利的地理条件，扩大船舶出口。如果能承接香港订货的20%～30%，数量就相当可观。

四、从造船工业当前的情况看，也需要积极扩大出口。我国造船业长期生产任务不足，目前调整时期船舶订货显著减少。在这种国内订货减少、国际上又有需求的情况下，积极扩大出口进入国际市场，是个很好的出路。

从世界许多国家和地区的情况来看，船舶出口不仅是赚取外汇的重要手段，而且可以带动国内其他工业的发展。日本、巴西和东欧一些国家，保护、扶持本国造船工业的发展，积极鼓励出口，在世界船舶市场占据了重要地位。韩国和我国台湾省的造船工业，原来比我们的基础差得多，是近些年才发展起来的，也开始挤进了世界市场。韩国从1970年开始发展造船工业，对船厂进行技术改造，现已拥有年产270万吨的生产能力，可以建造50万吨的油轮，近几年每年出口船舶40万～50万吨，收取外汇4亿～5亿美元。我国的条件要优越得多，只要采取正确的方针和有力的措施，迅速进入国际市场是完全可能的。船舶制造配套性强，协作面广，造船工业发展了，也可以带动其他工业部门的发展。

我国发展船舶出口也存在着一些不利因素。出口船舶的配套设备国际通用性很强，必须符合国际航运和安全的规定。我国现有的专用和通用的配套设备制造厂，虽然生产能力不小，但产品有一部分还达不到国际标准，或者还没有得到国际上船级社（检验机构）的认可。① 所以，现在出口船舶不得不按照船东的要求，大量从国外进口，用汇约占船价的50%。这就减少了出口船舶的实际外汇收入。现在虽然已经引进了一些先进的主机和配套设备的制造技术，但需要一段时间才能制造出来；制造出来以后还要经过国际上船级社的认可。由于管理落后，我国船舶制造周期和交船时间长（约为发达国家的2倍），工时

① 按照国际惯例，用于出口船舶的主要材料和设备，须事先取得国际上知名船级社的检验认可。这种认可，不仅可以满足船东的要求，而且可以提高产品的声誉。现在，我国一些企业已开始向国际船级社申请办理认可检验，一些产品已经取得检验认可。

耗用多（约为发达国家的三四倍），这也影响了上述我造船业优势的发挥。因此，发展船舶出口是一个艰巨的任务，必须做多方面的努力。要改革管理体制，加强统筹规划，把全国的造船力量组织起来，打破行业和地区界限，组织全国性的公司，实行专业化协作，充分发挥生产潜力，克服几个部门各成体系、重复建设、重复生产、分头引进、各自出口的不合理现象。对现有船厂要有步骤地积极地进行技术改造（包括设备的更新和船台、船坞的建设），扩大生产能力，同时努力提高船用配套设备的自给能力，提高管理水平，及时掌握世界船舶市场行情，并克服目前存在的效率低下、办事拖拉的官僚主义作风，切实改进出口业务。世界船舶市场存在着激烈的竞争，必须花大功夫在产品质量、交货期、价格和支付条件诸方面提高竞争能力，树立信誉，创出牌子，才能在国际竞争中站稳脚跟。

产业结构研究方法论三题

（1982年4月）

一、关于“轻型结构”

在经济调整和再生产理论的讨论中，有的同志提出，要“把我国的重型生产结构调整为轻型生产结构”。① 此说曾经得到经济界和理论界的广泛赞同，在学术论著和报刊评论中多所附议，一时几成定论。②

按照“轻型结构”论者所下的界说，“轻型生产结构，是指在工农业总产值中，农业和轻工业为一组，比重占60%以上，重工业为一组，比重占40%以下；重型生产结构，是指在工农业总产值中，重工业比重占40%以上，农业和轻工业的比重占60%以下。”③ 提出这种主张的同志，本意是要多发展农业和轻工业，这种愿望是良好的。试图为农业、轻工业和重工业的比例关系确定一个数量界限，这种探索也是有意义的。但是，建立“轻型结构”的提法本身，却是值得商榷的。

在这里，我不打算详尽地讨论这样的“轻型结构”是否一定合

① 廖季立、高义生:《把我国的重型生产结构调整为轻型生产结构》,《红旗》杂志1980年第16期。

② 也有持异议者，如胡逢吉:《关于生产结构问题质疑》,《红旗》杂志1980年第21期。

③ 廖季立、高义生:《把我国的重型生产结构调整为轻型生产结构》,《红旗》杂志1980年第16期。

理。事实上，在新中国成立初期的1949年的工农业总产值中，农业和轻工业占90%以上，重工业不到10%，可以说本来就是“轻型结构”。但是，这样的“轻型结构”显然不能认为是合理的。1949～1979年，按当年价格计算，也只有4年（1959年、1960年、1977年、1978年）是重工业超过40%的，其余年份农业和轻工业的比重都在60%以上，可以说已经是或基本上是“轻型结构”了，无须再花大力气去建立。而在实际上，产业结构方面的问题很多，需要进行调整。提出建立“轻型结构”的同志，本意也是要说明调整的必要，但按照他们所提出的标准，却是南辕北辙。这是违背他们的初衷的。

在技术进步、有机构成提高的条件下，生产资料生产比消费资料生产增长更快。这是一条客观经济规律。自产业革命200年来，世界经济发展的基本趋势是：农业的增长速度低于工业，轻工业的增长速度低于重工业。其必然结果是：在工农业总产值中，农业和轻工业之和所占的比重下降了，重工业所占的比重上升了。同时，农业和轻工业生产的绝对量却大幅度地增加了。从我国经济的长期发展趋势来看，要提高农业和轻工业总产值之和在工农业总产值中所占的比重，不仅做不到，而且也不合适。这是研究产业结构问题所不能忽视的一个重要因素。这个问题，本文也不拟详加讨论。

这里，只着重地讨论有关产业结构研究方法论的一个问题，即：抛开工农业总产值的绝对量和农业总产值、轻工业总产值、重工业总产值的绝对量及其变化，单纯以工农业总产值中农业、轻工业、重工业所占比重的变化，来说明产业结构是否合理，这在方法论上是否科学？能否准确地反映经济发展的实际情况？回答是否定的。

试以我国1960～1968年产业结构的变化为例。

表1　我国1960～1968年产业结构的变化

（按1970年不变价格计算）

年份	农业		轻工业		农业+轻工业		重工业	
	总产值（亿元）	占工农业总产值的%	总产值（亿元）	占工农业总产值的%	总产值（亿元）	占工农业总产值的%	总产值（亿元）	占工农业总产值的%
1960年	415	20.1	550	26.6	965	46.7	1100	53.3
1961年	405	28.4	431	30.3	836	58.7	588	41.3
1962年	430	33.6	395	30.9	825	64.5	455	35.5
1963年	480	34.2	404	28.8	884	63.0	518	37.0
1964年	545	33.1	476	28.9	1021	62.0	627	38.0
1965年	590	29.8	703	35.4	1293	65.2	691	34.8
1966年	641	27.5	805	34.6	1446	62.1	881	37.9
1967年	651	30.9	748	35.6	1399	66.5	705	33.5
1968年	635	31.5	711	35.5	1346	66.8	669	33.2

表1所提供的资料说明：

（一）1961年同1960年相比，农业总产值和轻工业总产值都减少了，但农业和轻工业在工农业总产值中所占的比重都上升了，因而农业和轻工业总产值之和在工农业总产值中所占的比重也上升了。这是由重工业总产值的更大幅度的减少所造成的。1968年同1967年相比，也有类似情形。

（二）1962年同1961年相比，农业总产值有所增加，但其增加量小于轻工业减少的量，因而农业和轻工业总产值之和减少了。但是，农业和轻工业总产值之和在工农业总产值中所占的比重，却有很大的增长：由58.7%上升为64.5%，就是说，由“重型结构”变成了“轻型结构”。这也是由重工业总产值的更大幅度的减少所造成的。1967年同1966年相比，情形也是这样。

（三）与上述情形不同，1963年同1962年相比，农业总产值和轻工业总产值都增加了，因而农业和轻工业总产值之和也有比较大的增加。但是，农业和轻工业总产值之和在工农业总产值中所占的比重却下降了。这是因为，重工业已经由下降转为上升，而且上升的幅度大于农业与轻工业总产值之和上升的幅度。1964 年同 1963 年相比，情形也是这样。

（四）1965 年同 1964 年相比，重工业总产值有比较多的增加，但重工业在工农业总产值中所占的比重却下降了。这是因为，农业和轻工业的增长幅度更大。

可见，在农业总产值、轻工业总产值和重工业总产值这三个因素中，每一个因素的变化（增加或减少），都可能引起工农业总产值数量的变化，引起由农业、轻工业、重工业总产值在工农业总产值中所占的比重来表示的产业结构的变化。农业和轻工业所占比重的上升，重工业所占比重的下降，在下述情况下都是可能的：农业和轻工业的增长速度快于重工业；农业和轻工业没有增长，而重工业生产下降了；农业和轻工业下降了，但下降的幅度小于重工业。农业和轻工业在工农业总产值中所占比重的下降，可以伴随着其绝对量的增加；相反地，比重的上升也可能伴随着绝对量的减少。重工业也是这样。在农业和轻工业这一组的内部，如果农业总产值的减少小于轻工业总产值的增加，或者轻工业总产值的减少小于农业总产值的增加，那么，农业和轻工业总产值之和仍会增加。这样，就会出现多种复杂的组合，需要进行具体分析，简单地划一个“四六开”的杠杠作为产业结构合理与否的标准，是远不够的。当然，用农业、轻工业和重工业在工农业总产值中所占的比重来说明某个特定时点产业结构是否合理，这种方法并不是完全不可以使用，事实上人们也常常在使用。但是，当使用这种方法的时候，要注意到它的局限性，特别是不能忽视工农业总产值以及农业、轻工业、重工业总产值的绝对量及其变化。

可以而且应当寻求农业、轻工业和重工业比例关系的合理的数量界限。这对于产业结构的调整和经济计划的制定是十分重要的。但是，这种数量界限必须通过具体而复杂的计算才能确定，不能仅凭借历史的经验。客观经济情况是复杂多变的。农业、轻工业和重工业在工农业总产值中所占的比重，即使在国民经济比例关系比较协调的情况下，也是变量，而不是常量。随着科学技术的进步和社会生产的日趋复杂，影响产业结构的因素也愈来愈多。因此，对于产业结构必须进行动态的研究，不可能是某种具体的比例关系既经确定便一劳永逸。

陈云在领导编制第一个五年计划的时候说过："按比例发展的法则是必须遵守的，但各生产部门之间的具体比例，在各个国家，甚至一个国家的各个时期，都不会是相同的。一个国家，应根据自己当时的经济情况，来规定计划中应有的比例。究竟几比几才是对的，很难说。唯一的办法只有看是否平衡。合比例就是平衡的；平衡了，大体上也会是合比例的。"① 这段精辟的论述，对于产业结构的研究具有重要的方法论意义。我们不能满足于一般地规定一个似乎可以长久不变的产业结构比例，而应该根据每个时期的具体情况，探索在当时条件下农业、轻工业和重工业的最佳比例关系，以利于实现：1. 两大部类以及各个生产部门的协调发展，生产资料生产能满足简单再生产和扩大再生产对生产资料的需求，消费资料生产能满足简单再生产和扩大再生产对消费资料的需求；2. 工农业生产和整个国民经济稳定增长；3. 人民生活在生产发展的基础上逐步提高。这也可以说是产业结构是否合理的标志。

二、关于重工业的"自我循环"或"自我服务"

在社会再生产运动中，不但在第一部类和第二部类之间，在农业、轻工业和重工业之间，相互交换其产品，或者说，互为市场；而且，不论是第一部类还是第二部类，也不论是农业、轻工业和重工业，都有相当数量的产品，是通过其内部不同部门、不同行业和不同企业之间的交换实现的。因此，研究产业结构，不仅要研究两大部类之间或者农业、轻工业和重工业之间的比例关系，而且要研究其各自的内部结构，即其内部的比例关系。这两个方面都是不能忽视的。下面，我想从重工业的"自我循环"或"自我服务"来说明这个问题。

---

① 陈云：《关于第一个五年计划的几点说明》，《陈云文选》（1949 ~ 1956 年），人民出版社 1984 年版，第 241 页。

在再生产理论的讨论中，人们批评重工业的“自我循环”，认为我国重工业是“自我循环”或“自我服务”型的工业。在为数不少的文章中，重工业的“自我循环”或“自我服务”甚至成了贬词。

毫无疑问，重工业要为农业、轻工业服务，为整个国民经济的技术改造服务。应该承认，在以往的重工业发展中，确实存在着这样的缺点：不论在数量上、质量上或规格品种上，都不能满足农业、轻工业和国民经济其他部门的需要，而为自身的发展服务的部分过大。从这个意义上说，批评重工业的“自我循环”或“自我服务”并不是完全没有道理的。纠正这方面的缺点，是建立合理的产业结构的要求。

但是，不能一般地否定重工业的“自我循环”或“自我服务”。重工业（农业、轻工业也一样）产品中有相当一部分处于“自我循环”或“自我服务”的状态，是必要的，也是不可避免的。

马克思说：“在第Ⅰ部类，全部商品产品由生产资料，即由建筑物、机器、容器、原料和辅助材料等等构成。因此，其中用来补偿这个部门所使用的不变资本的那一部分，能够以它的实物形式立即重新作为生产资本的组成部分执行职能。如果它进入流通，那也是在第Ⅰ部类内部流通。在第Ⅱ部类，一部分实物形式的商品产品由该部类的生产者个人消费掉，而在第Ⅰ部类，一部分实物形式的商品产品却由它的资本主义生产者在生产中消费掉。”①

马克思还指出，第一部类产品中，有一部分会作为生产资料再进入把它当作产品生产出来的特殊生产部门，或者甚至就是它那一个企业。例如谷物进入谷物的生产，煤炭进入煤炭的生产，铁以机器的形式进入铁的生产，等等。如果它们并不直接以生产资料的形式进入自己的生产部门或企业，而是进入第一部类的另一个生产部门或企业，第一部类其他部门或企业的产品则对它们进行实物补偿，那只不过是这些产品的换位而已。②

① 马克思：《资本论》，《马克思恩格斯全集》第24卷，人民出版社1974年版，第471页。

② 马克思：《资本论》，《马克思恩格斯全集》第24卷，人民出版社1974年版，第473页。

这反映了不以社会制度为转移的物质资料生产和再生产的普遍规律。诚然，在资本主义制度下，社会生产在某种程度上有靠生产资料的自我膨胀（也可以说是“自我循环”）而维系的倾向。但是，社会主义制度的建立，只是否定了资本主义条件下生产资料“自我循环”的片面的、不合理的部分，并没有一般地否定生产资料“自我循环”本身。事实上，马克思在上述论断之后，已经明确地指出了公有制条件下的情形。他说：“如果生产是社会公有的，而不是资本主义的，那么很明显，为了进行再生产，第Ⅰ部类的这些产品同样会不断地再作为生产资料在这个部类的各个生产部门之间进行分配，一部分直接留在这些产品的生产部门，另一部分则转入其他生产场所，因此，在这个部类的不同生产场所之间发生一种不断往返的运动。”①

马克思这里所说的“不断往返的运动”，也可以说是生产资料生产的“自我循环”或“自我服务”。重工业不能等同于第一部类，轻工业也不能等同于第二部类；但重工业主要是生产生产资料，轻工业则主要是生产消费资料。这个问题不是本文讨论的主题，这里不多说。马克思这里说的是简单再生产条件下第一部类不变资本的补偿问题，但对于扩大再生产同样是适用的，只是实现的形式更为复杂一些而已。这是现实的生产实践中每天都在发生着的过程，是容易理解的。因此，问题在于确定重工业生产中直接为农业、轻工业和国民经济其他部门服务的部分同直接为自身发展服务的部分之间合理的比例关系，而不是一般的否定重工业的“自我循环”或“自我服务”。不加分析地否定重工业的“自我循环”或“自我服务”之所以错误，就在于把复杂的社会再生产运动当作了简单的两大部类之间的交换，忽视了两大部类内部的交换。顺便指出，第二部类也有一部分产品是属于“自我循环”或“自我服务”的，这就是通过第二部类内部交换而实现的那部分产品，以及生产消费资料的企业所消费的本企业的产品。

从实际情况来看，新中国成立三十多年来，虽然在重工业的发展中出现过不少偏差和失误，但整个说来，重工业对于农业、轻工业和

① 马克思：《资本论》，《马克思恩格斯全集》第24卷，人民出版社1974年版，第473～474页。

其他经济部门的发展，对于独立的比较完整的工业体系和国民经济体系的建立，是做出了很大的贡献的。就发展趋势而言，重工业的生产结构也是朝着有利于农业和轻工业的方向发展的。在重工业投资总额中，用于农业机械、农药和化肥的部分所占的比重，是逐渐提高的："一五"时期为2.9%，"二五"时期为5.7%，1963～1965年为9.7%，"三五"时期为8%，"四五"时期为10.1%，1976～1979年为9.9%；1952～1979年平均为8.5%。这表明了重工业在为农业服务方面的进步。轻工业生产中工业品原料的增长，则大体上可以说明重工业在为轻工业服务方面的进步；这同时也在很大程度上减轻了对于农业的压力，对农业是一种间接的支援。如表2所示。

表2　轻工业总产值中以农产品为原料和以工业品为原料的产值

	1952年		1965年		1981年	
	金额（亿元）	比重%	金额（亿元）	比重%	金额（亿元）	比重%
轻工业总产值	221.1	100	702.8	100	2675	100
其中						
以农产品为原料	193.5	87.5	504.0	71.7	1831	68.5
以工业品为原料	27.6	12.5	198.8	28.3	844	31.5

重工业各部门的情况也是各不相同的。例如化学工业部门，据统计，在1953～1977年的化工产品总值中，为农业、轻工业服务的占70%；在化学工业总投资中，用于化肥、农药、磷矿和供轻工业需要的合成材料、染料、各种化工原料、橡胶加工、医药等方面的投资，占70%以上；就产品的分配来说，以1979年为例，硫酸、烧碱、纯碱、橡胶用于农业、轻工业和市场供应的，占42%。不能说化学工业在为农业和轻工业服务方面没有值得改进的地方，但就其服务方向而言，很难说化学工业是属于"自我服务"型的工业。当然，对于不同的重工业生产部门，不能提出同样的要求。因为，有些重工业部门为农业和轻工业服务的部分所占的比重大一些，有些部门的比重小一些，这在很大程度上是由各该部门产品的使用价值的特殊性所决定的。

列宁在他的著名论文《论所谓市场问题》中，把技术进步、有机构成提高的因素纳入马克思的再生产公式，得出结论说:“增长最快的是制造生产资料的生产资料生产，其次是制造消费资料的生产资料生产，最慢的是消费资料生产。”① 这就是生产资料生产比消费资料生产增长更快的规律。虽然对于这一规律的理解至今诸多歧义，但有一点是为多数论者所赞同的，即：在以机器生产代替手工劳动的时期，存在着这样的规律性。在我国，以机器生产代替手工劳动的历史性的转变，至今尚未完成。因此，如果不是分析个别的情况和个别的时期，而是考察比较长时期的总的发展趋势，那么，生产资料生产的“自我循环”或“自我服务”部分所占的比重，今后还会继续增长。这是把列宁所发现的上述规律运用于第一部类内部的交换时的合乎逻辑的结论。

肯定重工业的“自我循环”或“自我服务”，并且指出这种“自我循环”或“自我服务”有继续增长的趋势，这是不是说，重工业的发展可以无限制地“自我循环”或“自我服务”，或者说，这部分产品在重工业产品中所占的比重越大越好呢？当然不是。过去在这方面是有不少教训的，“以钢为纲”就是一个突出的例子。为了建立合理的产业结构，避免再发生过去的失误，重工业的发展必须注意如下几个方面的问题。

（一）重工业的建设规模必须同国力相适应。各项建设事业都必须同国力相适应，重工业建设周期长，投资多，见效慢，是属于马克思所说的“在较长时间内取走劳动力和生产资料，而在这个时间内不提供任何有效用的产品”② 的生产部门，尤其应该如此。特别是在我国这样一个人口众多而又农业落后的大国，农业对建设规模的约束力是时刻不能忘记的。经验证明，重工业的建设规模适当了，农业、轻工业和重工业的比例关系也就大体上协调了。多年来经济建设中的被动局面，在很大程度上是由基本建设规模过大，主要是重工业建设规模

① 列宁:《论所谓市场问题》,《列宁全集》第1卷，人民出版社1955年版，第71页。

② 马克思:《资本论》,《马克思恩格斯全集》第24卷，人民出版社1974年版，第396页。

过大所造成的。积累率过高以致影响了人民生活的改善，重工业“自我循环”或“自我服务”的部分过多以致影响了农业和轻工业的发展，都同重工业建设规模过大有直接的关系。这种教训是不应该被忘记的。

（二）重工业的内部结构要合理。各相关部门之间，以及同一生产部门的各个生产环节和各类产品之间，都应该建立合理的比例关系，以利协调发展。过去重工业投资效益差，资金占用率高，设备利用率低，很重要的一个原因，就是内部结构不合理，生产能力长短不齐。这也是造成重工业“自我服务”部分过大的原因之一。只要注意填平补齐，靠现有的重工业基础就可以生产出更多的产品，而且可以相应地降低重工业“自我服务”部分所占的比重。

（三）要端正服务方向。为着进行经济调整，建立合理的产业结构，对于重工业部门来说，除适当生产一些耐用消费品外，最重要的是调整服务方向，扩大服务领域，提高服务质量和适应能力，更好地为发展农业和轻工业服务，为国民经济的技术改造服务，为出口和国防现代化服务。重工业的“自我循环”或“自我服务”，归根到底也是以此为目的的。我国是经济上和技术上落后的国家，广大农村基本上还是手工劳动，工业中也存在着大量的手工劳动，要把整个国民经济转到机器生产的基础上来，就必须发展能源工业、冶金工业和机械工业等重工业部门。交通运输事业的发展和国防的现代化，也有赖于这些重工业部门的发展。在我们这样一个如此广土众民的国度里进行现代化建设，不仅轻工业有着最广阔的国内市场，重工业同样有着最广阔的国内市场。拿现有企业的技术改造来说，由于多年来片面注重新建，铺新的摊子，对现有企业机器设备的更新改造重视不够，以致在国营工业交通企业所拥有的4000多亿元固定资产中，有将近30%是“超期服役”或“带病运转”的。我国机床拥有量已近300万台，在数量上居世界第三位，但就其构成来说却相当落后，有相当大的数量是需要更新的。如果有计划地每年更新5%～6%的机床，就超过了现在机床的生产能力。再拿重工业产品的出口来说，据1981年的统计，在我国出口商品的构成中，机械及运输设备只占4.9%，在世界出口商品总额中所占的比重还不到1‰，更是微乎其微。只要提高产品质量，生产适销对路的产品，我国机械产品出口的潜力是很大的。可见，只要端正了服务方向，重工业是可以大有作为的。

重工业的健康发展，当然不限于上述诸端。每个部门、每个行业乃至每个企业，都有许多工作要做，诸如新技术的采用，新产品的研制，人才的培养，管理的改善，等等。但从宏观经济的控制来说，把握了上述几个方面，重工业和农业、轻工业的比例关系就大体上可以协调；在这个前提下重工业的“自我循环”或“自我服务”，也就不致造成产业结构的畸形。

三、产业结构的研究要具体化

近年来关于产业结构的讨论是有成绩的。我感到还有不足之处，就是议论一般原则多，具体分析比较少。我自己所写的一些文章也有这样的缺点。要把讨论引向深入，很重要的一条，就是将产业结构的研究具体化。

产业结构具有多层次性。国民经济的比例关系也是一个多层次的系统。科学技术愈进步，生产愈社会化，产业结构的层次也就随之增多。大而至于整个国民经济的比例关系，次而至于两大部类的比例关系，小而至于每个部门、每个行业、每类产品的比例关系，都具有多层次性。例如，社会产品划分为生产资料和消费资料两大部类，这只是一种科学的抽象。在两大部类内部，还可以再划分若干个亚类：生产资料可以再分为制造生产资料的生产资料和制造消费资料的生产资料；消费资料可以再分为生活必需品和高级消费品（或非生活必需品）。这些亚类还可以再细分为若干小的类别，每个类别又是由许多生产行业、更多的企业和数量纷繁的产品所构成的。

在现实的生产活动和经营管理中，人们把物质资料的生产部门划分为农业、轻工业和重工业。这种划分实际上也是一种抽象。拿农业来说，在广义的农业内部，可以再分为农、林、牧、副、渔各业；在狭义的农业即种植业内部，还可以再分为粮食作物和经济作物；粮食作物和经济作物又各包括数量繁多的作物种类，都有着比例关系的问题。拿轻工业来说，包括吃、穿、用、住、行等方面的产品，或者划分为纺织工业、造纸工业、玻璃工业、食品工业、耐用消费品工业等等部门；每一类别或部门也包括大量的企业和种类繁多的产品。重工业的情况也是如此。即使像电这样比较单纯的“产品”，也还可以分为水力发电、火力发电、核能发电、太阳能发电、潮汐发电等等。虽然从使用单位来说，各种发电有时并无太大的区别，但从电力的生产来说，从而从整个国民经济的综合平衡来说，认识和掌握这种差别却并不是没有意义的。

认识这种多层次性，对于产业结构的研究具有重要意义。这就是：不论是分析两大部类的比例关系，分析农业、轻工业和重工业的比例关系，或者分析其他比例关系，都应该具体化，多分析几个层次，就是说，更深入一些，而不能停留在最一般的总量分析上，更不能简单地划个“四六开”之类的比例关系了事。我们不妨用眼前的事实来说明这个问题。

现正进行的经济调整的一项基本内容，就是调整农业、轻工业和重工业的比例关系。一般地说，农业和轻工业在调整中要加快发展步伐，重工业要适当放慢发展速度。这无疑是正确的，总量的分析确实表明了这一点。但是，是不是农业和轻工业的每一个组成部分都要加快发展步伐，重工业的每一个组成部分都要放慢发展速度呢？不是。

拿农业来说，烟叶种植面积1981年已接近900万亩，总产量已达到2200万担，种植面积和产量都占世界第一位，数量不是少了，而是多了，应该适当地加以压缩。可是，1982年种植面积不但没有减少，反而增加到1200多万亩。这不但会挤占粮食生产，造成农业内部结构的不合理，而且会由于技术、肥料和其他物资供应不上而使烟叶质量下降，影响卷烟工业的发展。

拿轻工业来说，化纤织品现已滞销积压，不应再盲目发展。其他一些消费品生产，如自行车、电风扇、电视机、手表、缝纫机等，目前也存在布点多、战线长的问题，需要进行调整，否则就会造成轻工业内部的比例失调。

对于重工业也要进行具体分析。并不是所有的重工业产品都是长线，都要压缩产量。例如，原油产量1981年已经达到1亿吨以上，比1949年增长840多倍，高于整个重工业的增长速度，更高于整个国民经济的增长速度。这给整个国民经济的发展带来莫大的利益，没有谁嫌其增长速度太快；石油工业的调整是在内部的比例关系方面。煤炭产量和发电量1981年分别比1949年增长18倍和17倍，速度不可谓不快，但能源工业仍然是整个国民经济中的薄弱环节，和农业一样，是今后经济发展的战略重点。又如，钢铁工业是长线，钢材积压近2000万吨，但同时却在大量进口。除了管理体制上的弊病和某些进口不尽合理外，很重要的一个原因，就是某些品种规格的钢材不能生产，或者生产量不能满足需要。机械工业也有类似的情况。机床是长线产品，生产能力过剩，产品大量积压，但积压的多是普通机床，许多精密机床和大型机床还需要进口。因此，不能停留在简单地、笼统地指出重工业增长速度过快，而需要进一步具体分析重工业的产品结构和服务方向，看哪些是过快的，是综合平衡中的长线，应该压缩或者调整；哪些发展是正常的，不论其增长速度是快还是慢，都应该坚持；哪些发展得还不够，是综合平衡中的短线，应该加快发展。对于其他部门，也应该采取这种具体分析的方法。

对于两大部类的比例关系，或者农业、轻工业和重工业的比例关系，总量分析无疑是完全必要的。但是，仅有总量的分析是不够的。总量的统计往往掩盖着其内部各个组成部分之间的重大差别。如果我们对于产业结构的研究能够更具体一些，深入到更多的层次，那么，就一定会取得更实在的、对建立合理的产业结构更有直接实践意义的理论成果。

当代技术进步对两大部类增长速度对比关系的影响①

（1983 年 2 月）

一

在技术进步、有机构成提高的条件下，生产资料生产比消费资料生产增长更快。这一条首先由马克思所揭示、尔后为列宁明确概括的客观经济规律，已为自产业革命 200 年来世界经济发展的历史所证明。②

任何经济规律都是在一定的社会经济条件下产生并发生作用的，但社会经济条件并不是单纯的和孤立的，而是复杂的和相互联系的。从系统论的观点来看，经济规律是一个体系。任何经济规律，包括生产资料生产比消费资料生产增长更快的规律，都不是孤立地起作用的，而是和其他经济规律同时起作用的。诸种经济规律作用力的方向，有相同的，也有不同甚至相反的。同时起作用的诸因素，错综复杂地交织在一起。因此，经济规律“只是一种近似值，一种倾向，一种平均

---

① 这篇文章尔后成为作者的专著《两大部类对比关系研究》（中国财政经济出版社 1983 年出版）的部分内容。文章和专著都是围绕总结历史经验、进行经济结构调整而作的理论思考，也回答了当时讨论中所提出的若干理论和政策问题。

② 参见拙作：《论生产资料生产比消费资料生产增长更快的规律》，《中国社会科学》1982 年第 4 期。我在那篇文章里提出：“生产资料生产优先增长规律”的表述并不十分精确，最好按照列宁的原意，表述为“生产资料生产比消费资料生产增长更快的规律”，或简称为“生产资料生产增长更快的规律”。

数，而不是直接的现实。”[①] 生产资料生产比消费资料生产增长更快的规律也是如此。产业革命以来的世界经济史证明，不论是生产资料生产还是消费资料生产，都不是直线增长的，下降和倒退屡见不鲜。生产资料生产的增长速度并不总是快于消费资料生产。在英、美、德、法、日等主要资本主义国家的经济发展史上，都有一些年份，甚至连续若干年，消费资料生产的增长速度快于生产资料生产。苏联是以强调优先发展重工业著称的，但是，不仅在革命后的经济恢复时期有几年是乙类工业的增长速度高于甲类工业，在开始实行第一个五年计划之后，从 1928 年到 1978 年这半个世纪中，也有 7 年（1937 年、1945 年、1946 年、1953 年、1968 年、1969 年、1970 年）是乙类工业的增长速度高于甲类工业。

如果说，生产资料生产比消费资料生产增长更快的规律从来都不是绝对的，都受到起相反作用的因素的制约，那么，在机器生产代替手工劳动之后，特别是在当代科学技术进步的条件下，这种情形就更为明显。

科学技术进步对社会生产两大部类增长速度对比关系的影响是双重的。一方面，随着科学技术的进步及其在生产中的广泛应用，机器生产在愈益广泛的范围内代替手工劳动，或者开辟愈益广阔的生产领域，社会生产的有机构成不断提高。这就要求增加生产资料的生产，以便用先进的技术装备国民经济的各个部门和生产的各个环节。这是促使生产资料生产以比消费资料生产更快的速度增长的因素。另一方面，在技术进步的条件下，生产效率会不断提高，单位产品的物化劳动消耗会降低，从而导致生产资料消耗率的降低，单位产品对于生产资料的需求相对减少。这是促使有机构成下降、消费资料生产更快增长的因素，也可以说是对生产资料生产增长更快的趋势起抑制和抵消作用的因素。自从机器大工业产生以来，这两种起相反作用的因素是始终存在并共同作用于社会生产的，只是在不同的发展阶段，作用力的强弱有所不同。

---

① 恩格斯:《致康・施米特》,《马克思恩格斯选集》第 4 卷，人民出版社 1972 年版，第 516 页。

一般说来，在机器大工业发展的初期，以及继起的机器生产普遍化时期，由于在愈益广泛的领域内发生着机器生产代替手工劳动的深刻转变，对生产资料的需求不断增长，耗费大量资金的采矿、冶金和机械制造等重工业部门迅速发展起来。在机械制造业中，则是以普通蒸汽机的制造，以及迅速发展铁路运输和远洋运输所需要的蒸汽机车和车厢的制造占主要地位。工作母机的制造所占的比重还不大，化学工业所占的比重更小。这个时期的工业投资，有相当大的部分具有所谓原始费用的性质，用于交通运输网及公共设施的建设，不能直接增加产品的产量，而且回收期很长。其结果，是资金占用率提高，生产资本的增长速度超过产值的增长速度。美国加工工业在1869～1919年这半个世纪中，同量资本的产值减少近60%；采矿工业在1879～1919年这40年中，同量资本的产值减少10%。[①] 英、美、德、法等主要资本主义国家在18世纪和19世纪，生产资料工业以比消费资料工业快得多的速度发展，正是建立大工业物质基础时期的必然现象。20世纪以来，由于实行农业的技术改造，以及在其他部门更广泛地以机器生产代替手工劳动，加上两次世界大战的影响，所以，生产资料工业的增长速度高于消费资料工业的发展趋势，仍然十分明显。在这方面，发展中国家目前正在经历着同发达国家已经走过的大体相同的发展道路。

第二次世界大战后，特别是50年代以来，由于科学技术方面的重大突破，产生和发展了高分子合成工业、原子能工业、电子工业、宇航工业、激光工业等一系列新兴的工业部门，物质生产部门的面貌发生了深刻的变化。随着机器生产代替手工劳动这一历史过程的基本完成，机器大工业建立了雄厚的物质基础。其后的技术进步，不仅表现为生产单位产品所消耗的活劳动量的减少，而且更多地表现为以更高效率的机器或机器体系代替低效率的机器，新材料和新工艺的采用，更有效地使用固定资金和流动资金，因而生产单位产品所消耗的物化劳动量也大为减少。从粗放经营全面地向集约经营过渡，乃是这种进

① 见H. H. 伊诺泽姆采夫等主编:《现代垄断资本主义政治经济学》上册，上海译文出版社1978年版，第370～371页。

步的必然结果。在这种技术经济条件下，对生产资料生产增长更快的趋势起抑制和抵消作用的因素（同时也就是要求和促使消费资料生产更快增长的因素），比先前更加强烈地表现出来。这种因素可以从不同的角度进行考察，我们至少可以指出如下一些方面。

（一）劳动资料效率的提高或更有效的利用。新的机器设备往往价格昂贵，但其效率提高的幅度往往远高于价格上涨的幅度，因而有可能使产品的增长率高于设备的投放率。机器的生产率同机器转移到单位产品上的价值组成部分的大小成反比。机器设备的效率越高，单位产品所包含的从机器设备转移过来的价值量就越小，单位固定资产的产出量就越多。在发挥职能的劳动资料中，厂房等不直接影响产量的所谓“消极部分”的建造费用的相对减少，机器等直接影响产量的所谓“积极部分”的相对增加，也是提高总的固定资产效率的重要因素。由于管理的改善，特别是综合机械化和生产专业化的发展，使机器设备的利用率提高，也引起生产资料需求量的相对减少。

马克思曾经指出过这种情况：“所使用的机器的数量和价值会随着劳动生产力的发展而增加，但并不是和劳动生产力按相同的比例增加，也就是说，不是和这些机器提供的产品数量按相同的比例增加。”[①] 这导致单位产品所需要的平均投资量减少，从而带来固定资本投资的节约。在这种情况下，工业生产的增长速度快于投资增长速度是有现实可能性的。例如，在美国，同 19 世纪到 20 世纪初生产资本产值率下降的趋势相反，从 20 世纪 20 ～ 60 年代，等量资本的产值在加工工业中增加了 1.7 倍，在采矿工业中增加了 1 倍。[②] 美国 1934 ～ 1960 年工业生产增长 1.6 倍，而投资增长 1.2 倍。联邦德国 1950 ～ 1960 年工业生产增长 150%，而固定资产只增长 102%。在意大利，1951 ～ 1970 年所有经济部门单位产品中所包含的固定资产额，降低了 27%。[③]

① 马克思：《资本论》，《马克思恩格斯全集》第 25 卷，人民出版社 1974 年版，第 124 ～ 125 页。

② 见 H. H. 伊诺泽姆采夫等主编：《现代垄断资本主义政治经济学》上册，上海译文出版社 1978 年版，第 371 页。

③ 见伊·普·法明斯基：《科学技术革命对资本主义世界经济的影响》，北京出版社 1979 年版，第 29 页。

（二）原材料和燃料动力的节约。一般说来，原材料和燃料动力的节约，是从下述两个方面进行的。

一是由于采用新设备、新技术和新工艺，使燃料动力和原材料得到了更有效的利用。在美国，从 1950 年到 1972 年，每生产 1 度电的燃料消耗量降低 39%；1945 年炼 1 吨钢需要 1.4 吨焦炭，1969 年降为 626 千克；机械制造业单位产品轧件消耗额，在 1948 ～ 1960 年间降低 31%。[①] 这导致了燃料动力消耗的增长速度同工业生产和国民总产品增长速度对比关系的根本变化。据统计，在 1920 年以前，美国燃料动力消耗的增长速度高于工业生产和国民总产品的增长速度，1920 年以后则出现了相反的趋势。[②] 又据统计，整个资本主义世界的工业生产指数，1956 年比 1937 年高 104%，而各种燃料动力生产只增长 75%；1955 ～ 1972 年工业生产增长 141%，而各种燃料动力只增长 13%。[③] 这表明，单位产品的动力消耗降低了。

由于利用率的提高，同样多的原材料可以比过去生产更多的产品。例如，少切削和无切削工艺的采用，更适合加工工业需要的薄板钢的轧制，使钢铁利用率大为提高；综合利用使加工程度深化，并把先前当作废物抛弃的加工剩余物加以充分利用。例如，在机械制造业中，铸铁件的金属利用率只有 67%，铸钢件为 75%，焊接件则在 80% 以上，甚至高达 95%。产品结构的改良，同等功率的机械设备体积的相对缩小，以及机械设备的精密化、高效化和成套化，降低了原材料的消耗率。这和原材料利用率的提高有殊途同功之效。原材料的节约不仅使加工工业减少了消耗，降低了成本，而且由于原材料需求的相对减少，会进而相对地减少对用于生产原材料的生产资料的需求。机械设备成本的降低也为降低其使用部门的资金占用量提供了条件。

---

① 见伊·普·法明斯基:《科学技术革命对资本主义世界经济的影响》，北京出版社 1974 年版，第 30 页。

② 见 H. H. 伊诺泽姆采夫等主编:《现代垄断资本主义政治经济学》上册，上海译文出版社 1978 年版，第 342 页。

③ 见伊·普·法明斯基:《科学技术革命对资本主义世界经济的影响》，北京出版社 1979 年版，第 30 页。

二是各种优质廉价的原材料的大量生产。20 世纪以前，工业生产是建立在农产品和矿产品等天然原料的基础之上的；在现代工业生产中，各种合成材料起着愈益重要的作用。现代化学工业的发展使工业生产的原料结构发生了深刻的变化。合成纤维使纺织工业面貌大为改观。合成橡胶保证了汽车和拖拉机大量生产的需要。高分子合成材料的优越性能，保证了电器工业的发展和电子工业部门的出现。塑料愈益广泛地代替金属而成为重要的结构材料。1937 ～ 1974 年间，在资本主义世界工业基本结构材料中，塑料增长 139 倍，钢铁只增长 3 倍多，铅、铜、锌只增长 1 倍或 1 倍多，锡甚至下降 20% 以上。① 以纺织工业为例，在 20 世纪 30 年代以前，基本上是棉、麻、丝等天然纤维，40 年代开始发展合成纤维，增长速度很快。1976 年，在世界纤维总产量中，天然纤维占 56%，合成纤维占 44%。在工业发达的西欧，合成纤维的比重已占到 60%。我国 1957 年开始生产化纤，当年产量 200 吨，1981 年产量已达 52.73 万吨，增长 2635 倍，是发展最快的工业部门之一，现在已占纺织纤维总量的 25% 以上。从发展趋势来看，合成纤维所占的比重还会进一步提高。这对于消费资料的生产有两方面的影响：使人们在“穿”的消费方面在很大程度上摆脱了对农业原料的依赖，从而能以更快的速度增长，并使价格趋于低廉；可以腾出更多的土地来生产粮食、蔬菜、肉类等生活资料，这对于像我国这样的人多耕地少的国家具有特别重要的意义。

劳动对象的节约促进了工业生产的更快增长。据统计，1956 ～ 1973 年间，美国整个工业生产年平均增长速度为 4.3%，而劳动对象工业为 4.2%。② 在联邦德国，1953 ～ 1971 年整个工业生产增长 224%，而劳动对象工业为 166.4%。③ 在苏联，1966 ～ 1975 年采掘工业增长

---

① 见伊·普·法明斯基：《科学技术革命对资本主义世界经济的影响》，北京出版社 1979 年版，第 40 页。

② 见 H. H. 伊诺泽姆采夫等主编：《现代垄断资本主义政治经济学》上册，上海译文出版社 1978 年版，第 406 页。

③ 见伊·普·法明斯基：《科学技术革命对资本主义世界经济的影响》，北京出版社 1979 年版，第 30 页。

0.54 倍，加工工业却增长 1.02 倍。① 在现代工业中，有相当大的部分是制造劳动对象的。在美国工业所制造的生产资料中，劳动对象占 75% ～ 80%。② 据统计，现在苏联的材料消耗占社会产品价值的 56% 左右；③1976 年苏联整个生产资料生产中，劳动资料占 19.5%，劳动对象占 80.5%。④ 劳动对象的节约会相对减少对原材料、燃料动力等部门的产品的需求，减少加工部门单位产品的平均投资额，这是抑制和抵消生产资料生产更快增长趋势的一个因素，是有利于增加消费资料生产的。

（三）消费品结构的改变。耐用消费品的发展是当代世界经济生活中引人注目的现象。过去生产生产资料的传统的重工业部门，如化学工业和机械制造工业部门等，越来越多地直接生产消费资料。在美国，发展最快的电力、化学和机械制造等部门中，有 50% 的产品是生活消费品或直接为消费品的生产服务的。⑤ 在个人消费品构成中，1970 年耐用消费品占 25.8%，非耐用消费品占 74.2%；1978 年前者上升到 27.4%，后者相应地下降为 72.6%。⑥ 在苏联整个消费品工业生产构成中，重工业部门提供的产品所占的比重，1970 年为 22.6%，1978 年上升到 28.2%，而轻工业和食品工业所占的比重则相应地从 77.4% 下降到 71.8%。⑦ 这种带规律性的现象，是符合于恩格尔定律的。

上述劳动资料效率的提高或更有效的利用、原材料和燃料动力的

---

① 见苏联科学院经济研究所编：《发达社会主义社会的经济》，中国财政经济出版社 1981 年版，第 406 页。

② 见 H. H. 伊诺泽姆采夫等主编：《现代垄断资本主义政治经济学》上册，上海译文出版社 1978 年版，第 375 页。

③ 见苏联科学院经济研究所编：《发达社会主义社会的经济》，中国财政经济出版社 1981 年版，第 404 页。

④ 见苏联部长会议中央统计局编：《苏联国民经济六十年》，三联书店 1979 年版，第 160 页。

⑤ 见 H. H. 伊诺泽姆采夫等主编：《现代垄断资本主义政治经济学》上册，上海译文出版社 1978 年版，第 381 页。

⑥ 见褚葆一主编：《当代美国经济》，中国财政经济出版社 1981 年版，第 177 页。

⑦ 见苏联部长会议中央统计局编：《苏联国民经济六十年》，三联书店 1979 年版，第 161 ～ 162 页。

节约以及消费品结构的改变等多种因素起作用的结果，使两大部类增长速度的对比关系发生了有利于消费资料生产的变化。自50年代以来，在一些经济发达国家出现了两大部类增长速度接近的趋势，有一些年份消费资料生产的增长速度甚至快于生产资料生产。

以美国为例。从1929年到1947年，美国生产资料工业增长87%，消费资料工业增长85%，[①]相差甚微。1947年，美国工业生产中生产资料生产占68.6%，消费资料生产占31.4%；1972年前者增加到69.4%，后者下降为30.6%，20多年间生产资料工业所占的比重只提高0.8%。从1954年到1974年，消费资料工业的增长速度快于生产资料工业。例如，1954～1974年整个工业生产增长110.2%，而消费资料工业增长130.1%；同期，生产资料工业年平均增长速度为4%，消费资料工业为4.5%。[②]

以联邦德国为例。1955～1972年联邦德国全部工业生产年平均增长速度为6.3%，消费资料工业为6.5%，略高于平均数，生产资料工业增长较快的只有几年。[③]

再以苏联为例。虽然苏联是长期强调优先发展重工业的，但整个说来，生产资料工业和消费资料工业增长速度的差距也趋于缩小。生产资料工业增长速度的领先系数，“一五”时期为2.42，“二五”时期为1.29，“三五”时期（战前的三年）为1.52，“五五”时期为1.16，“六五”时期为1.32，“七五”时期为1.50，“八五”时期为1.01，“九五”时期为1.21。[④]

甚至在发展中国家，近年来轻工业和重工业增长速度的差距也有

① 见H. H. 伊诺泽姆采夫等主编:《现代垄断资本主义政治经济学》上册，上海译文出版社1978年版，第378页、380页。

② 见H. H. 伊诺泽姆采夫等主编:《现代垄断资本主义政治经济学》上册，上海译文出版社1978年版，第378页、380页。

③ 见H. H. 伊诺泽姆采夫等主编:《现代垄断资本主义政治经济学》上册，上海译文出版社1978年版，第378页、380页。

④ 见亚·维肯节夫:《论发达社会主义制度下生产资料生产优先增长规律的作用》，苏联《经济问题》1980年第7期。

所缩小。①

上述发展趋势是值得注意的。无视这种情况，断言生产资料生产增长更快的规律的作用会“越来越明显”，②是难以令人信服的。

二

那么，能不能说，由于当代科学技术的进步，生产资料生产比消费资料生产增长更快的规律已经不起作用了呢？不能。

联合国工业发展组织国际工业研究中心曾经组织经济专家编写了一本工业发展调查特辑，系统分析1960年以来世界工业发展情况，说明各种类型国家和地区工业结构的变化趋势，如表1所示。

表1　1955～1976年轻工业和重工业在整个制造业所占比（按经济类型和发展中地区划分）

经济类型或地区	1955		1960		1965		1970		1976	
	轻工业	重工业	轻工业	重工业	轻工业	重工业	轻工业	重工业	轻工业	重工业
世界	41.2	58.8	40.7	59.3	37.0	63.0	34.4	65.6	32.3	67.7
中央计划经济国家	49.3	50.7	41.9	58.1	36.0	64.0	33.0	67.0	28.2	71.8
发达市场经济国家	36.5	63.5	38.0	62.0	35.2	64.8	33.0	67.0	32.4	67.6
发展中国家	67.3	32.7	62.5	37.5	56.8	43.2	52.8	47.2	48.9	51.1
亚洲			69.0	31.0	61.0*	38.4	57.9	42.1	55.0	45.0
拉丁美洲			57.2	42.8	52.3	47.7	47.7	52.3	42.5	57.5

* 原文如此，疑为61.6之误。

资料来源：《世界各国工业化概况和趋势》，中国对外翻译出版公司1980年版，第82页。本书原名为《1960年以来的世界工业：进展和前景》，现在的改译，倒不如按原名译出为好。

① 见保罗·贝罗赫：《1900年以来第三世界的经济发展》，上海译文出版社1979年版，第101页。

② 见格·阿·巴加图利亚等：《马克思的经济学遗产》，贵州人民出版社1981年版，第68页。

表1资料说明，从1955年到1976年，不论从全世界总的情况说，还是从各种不同经济类型的国家和地区说，总的发展趋势都是重工业所占比重上升，轻工业所占比重下降。这是重工业增长速度快于轻工业的必然结果。

按照调查报告作者的说明，这里轻工业和重工业的划分，是采取国际工业标准分类。作者认为，“按需求所造成的特点来讲，轻工业主要包括基本消费品，而大多数重工业则由物资、生产资料和较为复杂的消费品构成。重工业在制造业产值中所占比重不断增长与工业基础不断扩大通常是相联系的。”① 又说：“国内需求量的扩大与重制造业的增长联系更为密切，而且看来是重工业所以起主导作用的主要原因。”“重工业所占比重的扩大就意味着资本货物生产增长”。② 因此，虽然重工业和轻工业的划分与两大部类的划分不同，但上述重工业在整个制造业中所占比重的增长，大体上可以说明生产资料生产比消费资料生产增长更快的发展趋势。经济发达国家重工业在制造业中所占比重大于发展中国家，从另一个侧面说明了这种发展趋势。

生产资料生产比消费资料生产增长更快的趋势之所以仍然比较清晰地表现出来，乃是因为，在当代科学技术进步的条件下，除上述对生产资料生产增长更快的趋势起抑制和抵消作用的因素之外，还存在着促使生产资料生产更快增长的因素。我们至少可以指出下列诸项：

（一）社会分工的深化。分工是劳动社会化和生产力发展水平的重要标志。社会分工的深化必然导致生产专业化的发展，导致新的生产环节、生产单位或生产部门的产生。从社会分工的角度来考察，所谓生产专业化，实质上就是把生产的各个部分或产品的各种加工过程彼此分离开来，划分并独立化为愈益众多的生产部门和生产单位的过程。这对生产资料生产的影响，可以从下述两个方面进行考察。一方面，由于科学技术日新月异，新的劳动工具、新的加工工艺和新的原材料不断地涌现出来，这必然伴随着原有的工业部门的分解和新的工

① 《世界各国工业化概况和趋势》，中国对外翻译出版公司1980年版，第81页。

② 《世界各国工业化概况和趋势》，中国对外翻译出版公司1980年版，第83页。

业部门的产生。机械制造工业从部类专业化到种类专业化，再到产品专业化、零部件专业化和工艺加工专业化的发展，就是一个很好的例证。另一方面，结构极其复杂的工业品的生产，也只有在专业化生产的条件下才有可能。随着社会分工的深化和生产专业化的发展，为了装备新形成的生产环节、生产单位和生产部门，必然造成对生产资料的追加的需求。生产批量的加大和劳动生产率的提高，正是以生产资料占用量的增加为前提的。而且，由于生产专业化程度的提高伴随着技术的进步，这种追加的机器设备往往要比原先的机器设备效率更高，质量更好。既然生产专业化正如技术进步一样没有止境，那么，对于生产资料的这种追加的需求也就不会终止。

（二）机器生产的普遍化。以机器生产代替手工劳动是个不断深化的过程。工业愈发达，科学技术愈进步，机器的使用也愈益深入到更为广阔的领域。主要资本主义国家在19世纪就先后实现了工业化，但农业的技术改造是20世纪才开始大规模进行的。一些工业比较发达的国家，例如苏联，农业生产的根本的技术改造至今尚未完成。现在，经济发达国家制造业产值约有15%用于农业，而在许多发展中国家却只有这个比例的1/2左右。[①]不论在农业、工业或交通运输业中，在尚未完全实现机器生产的场合，还存在着由手工劳动向机器生产转变的任务；在已经实现了机器生产的场合，则存在着向更高级的机械化生产发展的任务。机器的进步是没有止境的。通过生产的全面机械化和自动化，大幅度提高劳动生产率，是现代化生产的重要特征。但要实现全面机械化和自动化，就必须采用相应的机械装置。

由于科学技术的发展日新月异，建立在新的科学技术基础上的新兴工业大量出现，经常有新型的工业产品问世。要使这些新兴工业真正成为生产事业，必须用相当数量的生产资料把它装备起来。日本学者在讲到日本重、化工业的高速度增长时写道：“促进重、化工业发展的一个因素，不仅来自需求方面，而且也来自供给方面。来自供给方面的主要就是由新产品的出现和劳动生产率的提高所代表的技术进

① 《世界各国工业化概况和趋势》，中国对外翻译出版公司1980年版，第31页。

步。”[①] 在日本1969年的工业产品中，约有40%是1951年以后开始生产的。这些新产品几乎都是重、化工业产品，而且增长率高。[②]

在当代科学技术进步的条件下，从科学发明到实际应用的周期愈来愈短。摄影术从发明到实际应用为112年（1727～1839年），蒸汽机为86年（1698～1784年），电动机为65年（1821～1886年），电话为56年（1820～1876年），无线电为35年（1867～1902年），真空管为31年（1884～1915年），X光管为18年（1895～1913年），雷达为15年（1925～1940年），电视为12年（1922～1934年），核反应为10年（1932～1942年），晶体管为3年（1948～1951年），激光器仅1年（1960年）。科学物化为生产技术的过程的加速，对于生产资料生产的更快增长是个促进因素。

（三）有机构成的提高。在当代科学技术进步的条件下，物化劳动的节约使单位产品的生产资料消耗量降低，或者说，使单位资本的产品量增加，从而延缓了资本有机构成提高的过程，某些时期有机构成有可能处于稳定状态，甚至出现下降的情况。但是，整个说来，为马克思所揭示的资本有机构成提高的趋势，仍然是不容忽视的客观事实。

表2　1963～1976年美国制造业资本有机构成的变化

（金额单位：亿美元）

	1963年	1965年	1967年	1972年	1976年
不变资本C1	2469	2863	3203	4395	7412
其中原材料C1	2300	2680	2990	4070	6810
燃料、电力C2	64	70	77	118	276
设备折旧C3	105	113	136	207	326
可变资本V776	888	1014	1338	1768	
资本有机构成C/V3.18	3.22	3.16	3.28	3.19	

资料来源：林振淦：《发达资本主义国家工人生活状况》，湖南人民出版社1980年版，第101页。

① 《外国经济结构文集》，中国社会科学出版社1980年版，第484～485页。

② 《外国经济结构文集》，中国社会科学出版社1980年版，第484～485页。

以美国为例。在 1869 年到 1919 年这半个世纪，美国加工工业劳动者的资本装备程度提高 3 倍以上；1919 ～ 1969 年这半个世纪中，则提高 35% 左右。[①] 可见，从长期的发展趋势来看，资本有机构成是提高的，虽然 20 世纪以来提高的速度变慢了。根据美国官方所公布的材料计算，美国制造业的资本有机构成 1963 年为 3.18，1965 年为 3.22，1997 年为 3.16，1972 年为 3.28，1976 年为 4.19，总的趋势是提高的。如表 2 所示。

再以苏联为例。苏联生产技术构成的动态，如表 3 所示。

表 3　1959 ～ 1975 年苏联的生产技术构成

	1959年	1966 年	1970 年	1975 年	1975 年为1959 年的 %
生产资料费用（C）亿卢布	1406	2450	3490	4939	351.3
物质生产中的就业人数（V）（百万人）	81.0	86.0	90.2	94.1	116.0
C/V（千卢布）	1.73	2.86	3.87	5.2	300.5
全国生产基金（C）（亿卢布）	2790	5160	6940	10271	368.1
物质生产中的就业人数（V）（百万人）	81.0	86.0	90.2	94.1	116.0
完全的基金装备率（千卢布）	3.4	6.0	7.7	10.9	320.6

资料来源：F · M · 索洛金主编：《社会主义扩大再生产的规律性》，湖北人民出版社 1982 年版，第 55 页。

表中“生产资料费用”系一年中的生产资料消耗；C/V 系按每个在业者计算的一年生产资料消耗。根据这份统计资料，不论是按一年生产资料消耗计算的技术构成，或者是按全部生产基金计算的技术构成，都显示了技术构成提高的明显趋势。生产技术构成的动态是决定两大部类增长速度对比关系的物质基础，技术构成的提高反映出生产资料生产的更快增长。按全部生产基金计算的技术构成增长率（1975 年比 1959 年增长 220.6%），高于按生产资料消耗计算的技术构成增长率（1975 年比 1959 年增长 200.5%），表明社会生产能力有了更多的

① 见 H. H. 伊诺泽姆采夫等主编：《现代垄断资本主义政治经济学》上册，上海译文出版社 1980 年版，第 386 页。

积累，也是生产资料生产增长更快的合乎逻辑的结果。

有些否认生产资料生产增长更快规律的同志认为，在当代科学技术进步的条件下，由于生产资料的节约，不变资本在社会产品价值构成中所占的比重，已经由马克思和列宁所考察的时期的逐步提高的趋势，变为逐步下降或趋向稳定的状态；[①] 或者说，技术进步已不再表现为有机构成的提高。[②] 我认为，这种说法是不符合实际的。现实经济发展的进程表明，虽然生产资料的节约对技术构成的提高是一种抑制因素，但劳动生产率的提高往往大于物化劳动节约的程度，亦即活劳动有更大的节约。因此，总的发展趋势仍然是生产资料生产增长更快。

（四）机器设备无形损耗的加剧。固定资产的无形损耗造成预付资本的贬值和竞争能力的削弱。在科学技术进步加速的条件下，无形损耗加剧了，设备更新的速度也随之加快。由于出现了新的技术，发明了更优良的机器，常常使原有的机器设备的继续使用成为不经济的事，即使它还十分年轻和富有生命力，也会缩短服役期限，甚至提前报废。为了加强竞争能力，有的国家甚至用加速折旧法强行缩短机器设备的使用周期。

无形损耗的加剧，是对生产资料，尤其是对机器设备等生产资料的所谓“积极部分”需求增长的一个重要因素。机械制造工业的高速度增长有力地证明了这一点。据统计，1956 ～ 1970 年，发达资本主义国家整个工业年平均增长率为 5.4%，而机械工业为 5.9%。[③] 苏联 1940 ～ 1978 年整个工业增长 20 倍，其中甲类工业增长 26.2 倍，而机械工业却增长 88 倍。[④] 日本 1951 ～ 1972 年整个经济的年平均增长率

---

① 见李定中：《当代技术进步和生产资料优先增长》，《光明日报》1980 年 1 月 5 日。

② 见朱家桢：《生产资料生产优先增长是适用于社会主义经济的规律吗？》，《经济研究》1979 年第 12 期。

③ 见方开炳、顾镜清：《70 年代世界工业技术》，上海科学技术出版社 1979 年版，第 147 页。

④ 见亚·维肯节夫：《论发达社会主义制度下生产资料生产优先增长规律的作用》。苏联《经济问题》1980 年第 7 期。

为 9.9%，其中工业为 14.4%，而机械工业为 19.8%。① 机械工业增长速度高于整个工业和整个国民经济的增长速度，原因不止无形损耗加剧之一端，但无形损耗加剧无疑是一个重要原因。而且，机械工业的高速度增长，不论由何种原因所引起，都是促使生产资料生产更快增长的因素。

（五）环境保护的需要。环境问题古已有之，但严重的环境污染是随着近代工业的产生和发展而产生和发展起来的。特别是近几十年来，随着现代工业和现代农业的发展，随着世界人口的急剧增长和人们生活方式的改变，污染物的排放量在相当程度上超过了环境的自净能力，危及人们的健康甚至生命。于是，环境科学应运而生，环境立法日见增多。有远见的经济学家和社会学家都把环境保护视为人类所面临的基本任务之一。防止和治理污染的投资急剧增长，且有继续增长之势。据美国预测，1975 ～ 1984 年美国污染控制费为 2590 亿美元，其中半数为基本建设投资，半数为设备运行和维护费用。以 1975 年为例，污染控制投资占全部工业厂房和设备投资的 5.8%，其中电力、钢铁、有色金属、纸浆和造纸、炼油、化工等六个资本密集型的部门为 13%，② 日本所占比重更大。③

为了防止和消除污染，就需要制造出对于污染程度的检测手段，以及消除污染的设备。这些设备的正常运行，又需要相应的油、电等等。改造污染严重的旧设备，同样会增加对生产资料的需求。生产防止公害、保护环境的机器设备的工业部门，是新兴的工业部门之一。日本防止公害设备产业的销售额，1969 年为 1430 亿日元，1974 年增至 6770 亿日元，5 年间增长 3.73 倍。这是当今世界工业结构变化中值得注意的新现象，虽然就世界范围来说，尚处于这个工业部门形成的初级阶段。

---

① 见方开炳、顾镜清：《70 年代世界工业技术》，上海科学技术出版社 1979 年版，第 147 页。

② 《美苏第一届环境经济讨论会文集》，中国环境管理、经济与法学学会会议资料，第 157 ～ 158 页。

③ 于光选等：《论环境管理》，山西人民出版社1980年版，第118页。

上述情况对两大部类增长速度的对比关系具有重要影响。一方面，防治公害的设备生产迅速增长，这是促使生产资料工业发展的一个因素；另一方面，防止和消除公害的结果，并不是直接生产出某一件具体的物质产品，而是产生了一个良好的环境——清新的空气，洁净的水，安静的处所，绿色宜人的自然景观，等等。从对增进人类福祉的意义而言，环境的“消费”同衣、食、住、行方面的消费有相似之处，在温饱问题解决之后环境消费具有愈益重要的意义。但是，环境保护投资的效益，则或者是目前尚难精确计量的，或者是并不计量的，至少是不作为消费资料计入第二部类的增长速度的。由此可以得出结论：纳入防治公害和保护环境的因素之后，生产资料生产比消费资料生产增长更快的趋势将会更清晰地显示出来。

当然，对于这方面的投资也须作具体分析。有的投资在防治污染的同时，使原材料和能源得到更充分更合理的利用，从而增加了所产出的产品数量，如化学工业的综合利用和机械工业的少切削或无切削工艺；有的甚至会直接增加消费资料生产，如减轻捕鱼水域的污染可以使鱼产量增加。但是从实际情况看，总的是促使生产资料生产更快增长的趋势占上风。

（六）资源状况的影响。由于现代科学技术的发展，人类的生产能力空前提高，对自然资源的开发和利用达到了从前所不能想象的巨大规模。人口的急剧增长更刺激了对各种自然资源的需求。据统计，从发生产业革命的18世纪后期到19世纪末，世界人口增长1倍，矿物消费量增长9倍；1900～1970年世界人口增长1倍以上，矿物消费量增长11.5倍。据美国赫德森研究所的预测，到公元2176年，世界人口将增至150亿，每年需要的矿物资源将为现在的60倍左右。[①]随着科学技术的进步和社会生产力的发展，过去未被探明的矿藏可以被探明，过去不能开采或不宜开采的资源会变得能够开采或宜于开采。资源将得到更节约更合理的使用。合成材料的发展会相对缩减对某些传统材料的需求。某些材料（例如钢）在拥有量和按人口平均占有量

① 见赫尔曼·卡恩等:《今后200年——美国和世界的一幅远景》，上海译文出版社1980年版，第91页。

达到一定数量之后，需求会相对缩减。人口增长率将会降低。如此等等，都是缓和资源紧张状况的重要因素。

地球上的资源虽然是极其丰富的，但并不是无限量的。在特定的社会经济和技术条件下开发某种资源的技术上的可能性和经济上的合理性，更不是毫无限制的。一般的情形是：先开发容易开发的资源，逐步转向不容易开发的资源；先开发品位高的比较丰厚的资源，逐步转向品位低的比较贫瘠的资源。因此，开发费用会相应地增加，而且会表现出相对来说比较低的生产率。据美国的统计，50 年代开采同样数量的金属矿，使用的机械功率要比过去增加 3 倍。[①] 据苏联的统计，在第八个五年计划期间，黑色冶金工业由于开采相对更难开采的贫矿，使利润率降低了 14%。[②] 因此，虽然有不少缓和资源供应紧张状况的因素，开采的困难在一定程度上也可以通过劳动生产率的提高而得到补偿，但总的说来，随着资源需求量的增长以及开采之由富矿转向贫矿，生产单位矿产品所需要的投资和机械设备也随之增加。这是促使生产资料生产更快增长的一个因素。

（七）军工生产的影响。战争是从有私有财产和有阶级以来人类历史上屡见不鲜的现象。第二次世界大战结束以来，尽管保持着没有世界战争的和平状态，全世界军费总额却从 20 世纪 50 年代的 1300 多亿美元增加到 1981 年的 5000 多亿美元，增长 3 倍左右。[③] 据统计，现今全世界军队总计 2600 万人，从事军工生产的在 1 亿人以上。全世界武器销售额 1970 年为 90 亿美元，1980 年为 250 亿美元，增长 1.8 倍。[④] 美国和苏联是世界上最大的武器生产国和出口国，许多工业部门都是一部分甚至大部分依靠军事订货来维持。虽然武器本身既不是生产资料，也不是个人消费品，但严酷的事实是，军火工业已经成为一种加速发展的全球性的新兴工业，在社会生产中占有不小比重。抽象

---

① 见艾伦·科特雷尔:《环境经济学》，商务印书馆 1981 年版，第 78 页。

② 见苏联科学院经济研究所编:《发达社会主义社会的经济》，中国财政经济出版社 1981 年版，第 494 页。

③ 《人民日报》1982 年 6 月 8 日。

④ 《世界知识》1982 年第 15 期。

的实现论置武器生产于不论是完全必要和正确的。但在现实的社会再生产中，世界范围的大规模的武器生产，对两大部类增长速度的对比关系却有着不容忽视的实际影响。同战争和武器生产有关的其他军事设施，如交通运输建设、仓库建设、掩体工事及其他建设，也是如此。武器的制造要占用和耗费大量的而且往往是最先进的机器设备和高质量的原材料。许多新的技术发明也是首先在军事上得到应用，尔后才逐渐普及于民用的。这是促使生产资料生产更快增长的一个重要因素，而且是在今后很长的历史时期内将会继续起作用的因素。近代经济史上大量的统计资料表明，在战争时期和战争准备时期，重工业在工业总产值中所占的比重都明显上升，而在战后的经济调整时期，重工业的比重则往往下降。这反映了武器和其他军事设施的生产对生产资料生产的刺激作用和依赖关系。

士兵及其他军事人员无疑也需要生活消费品。但是，同其他部分相比，军队的“有机构成”① 是比较高的，而且有继续提高的趋势。现代化军队技术装备和以往军队的不同，正如机器大工业和手工业的不同。在苏联的军费总支出中，人事费（包括军人生活费、职工生活费、复员费、军人公务费、公安和边防部队人事费等）1964 年占 29%，1975 年降为 20%；非人事费（包括武器装备购置费、武器维修费、油料费、工程修筑与维修费、其他装备购置费、军事研究费、军事物资储备费等）1964 年占 71%，1975 年上升到 80%。非人事费比重的提高对两大部类增长速度对比关系的影响，同资本有机构成的提高相类似。

三

以上，我们考察了促进生产资料生产比消费资料生产增长更快的因素，也分析了起相反作用的因素，即抑制和抵消这种发展趋势，因而有利于消费资料生产更快增长的因素。这两种起相反作用的因素，

① 需要声明，在这里，“有机构成”这个概念完全是在假借的意义上使用的，用来表示军队中个人生活消费品同武器和其他物质装备的对比关系。——作者注。

都是客观存在的，而且是同时在发生作用的。诸多因素对两大部类增长速度对比关系影响力的大小，是各不相同的；即使同一种因素，在不同时期影响力的大小也不尽相同。每个特定时期两大部类增长速度的对比关系，就是上述起相反作用的诸因素共同作用的合力。

在上述起相反作用的因素中，如果促进生产资料生产更快增长的因素占优势，生产资料生产的增长速度就会快于消费资料生产；相反地，如果起抑制和抵消作用的因素占优势，消费资料生产的增长速度就会快于生产资料生产；如果两种作用力恰好相等（这只是偶然的巧合），两大部类就会以等速增长。从产业革命以来的世界经济史看，总的发展趋势是生产资料增长更快。也有少数年份是消费资料增长更快，第二次世界大战以后这样的年份更多一些。至于两大部类的等速增长，则只有极少数的年份。

生产资料生产比消费资料生产增长更快是不是普遍规律？这是近年来关于再生产理论讨论中一个有争议的问题。我的看法是：如果说，普遍规律是指从人类最原始的生产活动直到无限久远未来的物质生产都发生作用的经济规律，那么，它并不是这样的经济规律。在大机器工业出现之前的手工劳动的漫长历史上，并不存在生产资料生产比消费资料生产增长更快的规律性。它只是随着机器生产代替手工劳动的历史过程而产生和起作用的，这是它的时间上限。列宁在《论所谓市场问题》一文中说："技术愈发展，手工劳动就愈受排挤而为许多愈来愈复杂的机器所代替，就是说，机器和制造机器的必需品在国家全部生产中所占的地位愈来愈大。"[①] 在这个论断后面，列宁特意加了个脚注，指出："资本主义技术发展的低级阶段（简单协作和工场手工业）还没有制造生产资料的生产资料生产，只是到了高级阶段（机器大工业）这种生产才开始出现并得到巨大的发展。"[②] 按照列宁的意思，考察生产资料生产比消费资料生产增长更快的规律，只能从机器大工业产生以后开始，而不能从"还没有制造生产资料的生产资料生产"的简单协作和工场手工业时期开始。拿机器大工业出现以前，比如简单

① 列宁：《论所谓市场问题》，《列宁全集》第1卷，人民出版社1955年版，第88页。

② 列宁：《论所谓市场问题》，《列宁全集》第1卷，人民出版社1955年版，第88页。

协作和工场手工业时期的经济史，来否定生产资料生产比消费资料生产增长更快的规律，不符合列宁提出这个原理的本意，也是悖于这个规律的真谛的。

若要问：这个规律的历史命运如何？在当今和今后是否还起作用？我的看法是：在可以预见的未来，仍然存在着它发生作用的经济条件，因而它仍然会或隐或显地以一种客观必然性表现出来。联合国的研究报告表明，从1970年到20世纪末，在全世界范围内，各种类型的国家（未包括社会主义国家）轻工业在制造业中所占的比重都将下降，机器和设备所占的比重都将上升，材料工业所占的比重除日本外也都上升。① 从这里，可以大体上看出生产资料生产比消费资料生产增长更快的发展趋势。认为当代技术进步已经使生产资料生产增长更快的规律失去作用，是缺乏充分根据的。

认为在当代技术进步条件下，生产资料生产增长更快的规律会更加强烈地表现出来，也是不正确的。从经济发达国家的经验来看，经济发展到一定程度之后，第一部类增长速度的领先系数将会缩小，也就是说，两大部类增长速度趋于接近。这或许是在新的经济条件下所产生的一种规律性现象。但在发展中国家，由于在经济上要比发达国家落后数十年甚至上百年，因此，生产资料生产增长更快的趋势或许会在今后更长的时期内比较明显地表现出来。至于遥远的未来，那是目前所难以预测的，因为现在还难以对那个时候的科学技术条件和社会经济条件做出多少精确的估计。经济科学不是“推背图”，它只能根据现实的经济运动探索其固有的规律性，也只能根据现实的经济运动所或隐或显地表现出来的发展趋势，科学地预测未来。因此，预测的时间愈久远，其准确程度也就愈低。

（原载《社会科学战线》1983年第2期）

① 见瓦·列昂节夫等:《世界经济的未来》。见杨敬年:《科学·技术·经济增长》，天津人民出版社1981年版，第117页。

把成功的改革经验制度化[①]

（1984年4月26日）

社会主义现代化建设事业需要大批的积极改革、勇于创新的企业家。事实上，各地在改革中也都涌现出了一批这样的先进人物。时势造英雄。这些先进人物，在改革的浪潮中产生，又推动着改革的发展。他们的创新精神和工作实绩，已经产生并将继续产生重大的影响。典型的力量无疑是应该得到充分重视的。

宣传积极改革、勇于创新的先进人物，是为了推动经济体制改革，完善我们的经济管理制度。我们充分重视先进人物的作用。但是，应该看到，更重要的还是制度问题。制度问题更带有根本性、全局性、稳定性和长期性。因此，必须注意从制度上解决问题。往往有这样的情形：一个企业，领导者强，就立见起色；领导者差，很快就走下坡路。人存事兴，人去事废，固然说明领导人员的重要作用，但同时也表示了制度的不健全，还没有能够从制度上解决问题。在健全的制度下，可以更好地发挥人的作用，企业生产和经营的发展也不致因个别领导人的存去而兴废，而且可以比较容易地把能干的人选拔到领导岗位上来，让他们施展自己的才干；不称职的人根本上不去，即使由于某种际遇上去了，也比较容易发现和淘汰。这就需要改革现行的干部制度。但是，干部制度的改革并不是孤立的。拿企业来说，如果是自主权很小，吃“大锅饭”，搞平均主义，厂长率由旧章，奉命行事就可

① 这是作者在中国工业经济学会召开的座谈会上的发言。中国在改革初期采取以往经常采用的通过先进典型推进的方式，这个座谈会就是为学习和推广浙江海盐衬衫总厂厂长步鑫生的经验而召开的。作者在发言中超越个别典型经验而强调了制度建设的重要性。

以过日子；如果扩大企业自主权，把责、权、利很好地结合起来，独立经营，自负盈亏，厂长就不能滥竽充数了。滥竽充数这个故事，人们都是很熟悉的："齐宣王使人吹竽，必三百人。南郭处士请为王吹竽，宣王说之，廪食以数百人。宣王死，湣王立，好一一听之，处士逃。"[①] 历来多以此讽刺无真才实学而聊以充数者，这当然不是没有道理。但是，在我看来，还应该从管理制度上找原因。你看，齐宣王使人吹竽，"必三百人"，大呼隆，没有办法考核，必然是良莠不分；"廪食以数百人"，又是道地的"大锅饭"，南郭先生才得以厕身其间，滥竽充数。湣王"一一听之"，容易考核，南郭先生就混不下去了。

还应该看到，先进的典型，不论是个人，还是单位或者地区，其经验往往是零碎的，不完整的，有局限性的。而且，不论是先进人物、先进单位或者先进地区，都是在一定条件下涌现出来的，他们的经验，往往只是在某种程度上反映了事物在一定的发展阶段上的规律性。当时过境迁，这些原先的先进典型，有在实践中继续前进，保持其先进性的；也有相形见绌，不再先进的；变得不好，甚至变成坏典型的，也不乏其例。因此，我们不能停留在个别典型的宣传上，更不能把先进典型固定化，或者把先进典型的某些并不具有普遍意义的具体做法普遍化。只有把众多的先进典型以及更广泛的面上的零碎的不完整的经验中所蕴含的具有普遍意义的东西，加以提炼和总结，使之形成制度，这些经验的生命力才更长久，更具有普遍意义，作用才会更大。

现在，人们都看得见，许多集体所有制企业搞活了。这并不单纯是靠领导人员、管理人员和职工的热情和勇气取得的。热情和勇气无疑是宝贵的。但是，同样是这些领导人员、管理人员和职工，过去为什么没有搞活，现在却搞活了呢？集体所有制企业本来具有经营灵活，"船小掉头快"的优点，过去实际上也受到许多不应有的干预，搞不活。现在进行改革，政策放宽，真正把它作为集体所有制企业对待，尊重它的所有权和自主权，人们的积极性发挥出来，搞活了。如果全国30多万个集体所有制的工业企业（其中包括乡镇企业18万个），以

① 《韩非子·内储说上》。

及100万个左右的集体商业企业和大量的集体服务业，都能真正自负盈亏，成为名副其实的集体所有制企业，对于发展生产和搞活经济将会起重要作用。

从许多集体所有制企业的经验来看，对为数众多的小型国有企业，也需要放开，或者干脆按集体所有制企业来办，或者由企业职工集体承包。那些以劳务为主的小型企业，如服装、修理、饮食、浴池、理发等，应该放得更开些，搞得更活些。关于大中型企业和小型企业的划分标准，也需要依据新的情况，重新加以研究。我觉得，总的精神，可以把小型企业的范围，划得更宽些。放开以后，国家可以通过加强工商行政管理，运用税收等经济杠杆，加以制约。在国家掌握整个国民经济命脉的情况下，把这类企业放开不仅没有什么可怕，还可以把经济搞得更活，更好。

大型国有企业的改革，牵动国民经济的全局，涉及计划、价格、税收、流通、物资分配等现行体制的许多方面，比集体所有制的改革复杂得多，需要国家统筹安排，积极而又慎重地进行，不能原封不动地照搬集体所有制企业的办法。当然，充分注意大型国有企业的特殊性，绝不是说大型企业不需要改革。我最近做过一点调查研究，接触过大型国有企业的一些党委书记、厂长、工会主席和技术人员，感到他们都有着进行改革的强烈愿望。他们普遍反映，现在还是捆得太死，许多该办而且能办的事，因为受到种种牵制，“合理不合法”，办不成。不革除管理体制上的弊端，生产潜力很难充分发挥出来。现在实行利改税第一步，以后还要走第二步。国家和企业关系上的这种改革，或许可以使企业能够做到自负盈亏，削弱“条条”和“块块”行政隶属关系对企业生产经营活动的干预。企业内部的领导制度、人事制度、分配制度和劳保福利制度等等，也需要进行改革。客观情况已经变化了，我们不能削足适履，只能改履适足。

实践在发展。在亿万人民群众生气勃勃的实践中，每天都有新鲜的创造。农村实行联产承包责任制，就是党中央总结了群众的实践经验，使之逐步完善，加以推广，取得了伟大的成功。在城市工商企业的改革方面，我们还缺乏成熟的经验，不得不摸索着前进。为了推进城市经济改革，对历史经验的深入研究，国外情况的纵横比较，无疑都是必需的。但是，更为重要的，是对于我国当前实际情况的研究和实践经验的总结。几年来，在经济体制改革的实践中，已经创造了不少有益的经验。及时地把这些经验加以总结和提高，使个别的不完善的经验，成为系统的完善的经验，把成功的改革经验制度化，用制度的形式把它固定下来，加以普遍的推广，这是城市改革取得成功的重要一环。

现在我国正处于一个重要的历史时期。社会主义现代化建设和经济体制改革，为我们提出了许多新的研究课题。如果我们的工业经济学研究和整个经济理论研究，能够站在改革潮流的前头，随时倾听实践的呼声，大胆探索，努力创新，那就必定可以在这个伟大的历史时期里做出自己应有的贡献。

实行厂长负责制需要研究解决的问题

（1984 年 12 月）

新中国成立 35 年来，我国国营企业的领导体制虽然几经变化，但大体上不外两种：党委领导下的厂长（经理，下同）负责制和厂长（经理，下同）负责制。目前正在进行的企业领导制度的改革，就是要把现行的党委领导下的厂长负责制，改变为厂长负责制。这是使企业管理逐步走向现代化的一个重大步骤，也是整个经济管理体制改革的一个有机组成部分。

几年来，经济理论界和实际经济工作部门对这个问题进行了大量的调查研究，在要不要实行厂长负责制的问题上，意见已经逐渐趋于一致。前几年，有许多人心存疑虑；现在，已经有越来越多的人认识到：厂长负责制势在必行。今年以来，在蓬勃兴起的全国经济改革浪潮的推动下，厂长负责制也由理论探讨进入实践阶段。实行厂长负责制已经作为企业领导制度改革的方向确定下来。中共中央和国务院已经确定，在辽宁省大连市和江苏省常州市的国营工业企业普遍进行以厂长负责制代替党委领导下的厂长负责制的改革，同时在北京、天津、上海、沈阳四市各选一批企业进行试点。据 6 月份的统计，上述六市已有 207 家国营企业实行了厂长负责制。其他省、市、自治区也在相当数量的企业中进行了试点。从各地反映的情况来看，试点企业一般都收到了良好的效果。

虽然我们在 50 年代曾经实行过厂长负责制，但毕竟时间不长，还没有形成一套行之有效的完善的办法，有许多问题当时并没有从制度上得到解决。加之现在的情况同 50 年代有很大不同，因此，不能照搬过去的办法，而应该注意研究新情况，解决新问题。我认为，为了把厂长负责制的试验继续推向前进，如下五个方面的问题是需要继续研究解决的。

一、关于厂长、企业党组织、职工代表大会和工会的职权及其活动的协调的问题

经过几年来的探讨和实践，如下原则已经被人们普遍接受：企业是法人，厂长是法人代表；企业实行厂长负责制，由厂长对企业的生产经营和行政工作统一领导，全面负责；企业党组织在思想政治方面负领导责任，对党群工作和思想政治工作实行统一领导，对生产经营和行政管理工作起保证监督作用；职工代表大会是企业实行民主管理的基本形式；工会是工人的群众性组织，也是职工代表大会的工作机构。为了实行厂长负责制，除了根据这些基本原则具体规定厂长、党的组织以及职工代表大会和工会的职责、权限和工作任务外，还需要进一步研究解决如下三个问题：

（一）厂长对企业生产经营和行政管理工作中的重大问题进行决策时，是否要采取某种组织形式，以利发挥集体智慧？看来是需要的。企业的生产经营涉及面很广，行政管理也很复杂，单靠厂长一个人的聪明才智，很难做出正确的决策。国外的许多大企业，虽然日常的生产经营活动是由厂长或经理全权负责的，但一般都设有董事会、理事会或管理委员会之类的机构，以进行或协助进行对于重大问题的决策。我们在实行厂长负责制以后，也需要采取适当的组织形式，发挥集体智慧，以保证决策的正确无误。现在，在实行厂长负责制的企业，为了发挥集体智慧，有的是成立“智囊团”（具体由哪些人组成，又不尽一致），有的是成立咨询委员会，有的是设立企业管理委员会或厂务会议，或采取其他形式。目前尚在试点阶段，究竟采取何种形式，自应因地制宜，不可强求一律。

（二）企业党组织的工作问题。实行厂长负责制以后，党委摆脱了日常的生产经营和行政管理工作，可以集中力量搞好党的工作。但

是，党委如何从抓企业全面工作转到抓党的自身建设上来，从抓生产行政工作转到抓思想政治工作上来，从抓日常事务工作转到抓贯彻党的路线、方针、政策上来，以实现上述领导、保证和监督的作用，现在还没有完整的成熟的经验，也没有形成具体的规章制度，各地试点企业也没有一致的做法。因此，在推行厂长负责制的过程中，企业党委系统的干部往往感到不容易很快适应新的形势，甚至产生思想波动。这个问题，需要在实践中进一步探索，在总结经验的基础上制定出具体的规章制度。

（三）厂长、党的组织、职工代表大会以及工会和青年团的组织，总的目标是一致的，就是为了把企业办好，发展社会主义经济。但是，由于各自在企业中所处地位、具体任务和权限的不同，各方面的关系和工作部署也需要协调。这种协调是使各方面工作紧密配合和正常运转所必需的。这种协调工作由谁负责？现在各地试点中做法也很不一致。有的主张由厂长通过适当的民主形式进行协调；有的是生产和行政关系由厂长协调，党、政、工、团之间的关系由党委协调，党委和厂长有不同意见时，通过领导班子“生活会”的形式解决，解决不了的报请上级裁决；有的采取党、政、工、团负责人“碰头会”的形式；也有用厂长与党委书记由一人担任的办法来解决的。这个问题也需要在实践中继续探索。

二、关于加强民主管理的问题

实行厂长负责制以后如何加强民主管理，是人们普遍关注的问题。民主管理作为社会主义企业管理的重要特征，既是社会主义生产资料公有制的产物，也是生产资料公有制的实现。现在，甚至连资本主义国家的企业也吸收工人代表参加董事会之类的机构，推行所谓“职工参与管理制”和“自主管理”等等。我们是社会主义企业，在企业管理中要充分体现工人群众的主人翁地位。这是涉及企业改革方向的大问题。应该说，我们从革命战争年代起，几十年来一直是强调民主管理的。党和国家关于企业管理的文件，对此历来都有明确的规定。

新中国成立以来，在实践中还创造了职工代表大会和“两参一改三结合”这样一些发扬社会主义民主的好形式，在国内外都产生了良好的影响。但是，也应该看到，由于中国封建专制主义有着漫长的历史，小生产的影响广泛存在，这对于我国的政治生活和经济发展有着不可忽视的影响。加上在生产资料私有制的社会主义改造基本完成之后，由于在指导思想上所发生的“左”的错误，我们的企业管理制度未能趋于完善，民主管理很不健全，职工代表大会往往流于形式，在“文化大革命”期间甚至连这种形式也被取消了。企业民主管理是现代化的一个不可缺少的组成部分。没有民主管理，厂长负责制就很容易变成家长制，职工群众的社会主义积极性就会受到压抑，现代化就不可能顺利实现。实行厂长负责制，需要有制约的力量。这除了建立和健全各项管理制度，以及加强党组织的教育和监督外，还需要加强民主管理和群众性的监督。厂长的权威同职工群众的主人翁地位是统一的。越是强调厂长统一指挥的权力，就越要保障广大职工民主管理的权力，以防止厂长的权威变成“一言堂”和家长制。

职工代表大会和工会组织在民主管理中有重要作用。职工代表大会有权定期听取厂长的工作报告，并提出意见和建议；有权讨论通过企业工资调整方案、奖金分配方案、内部经济责任制方案、职工培训计划和重要的规章制度，讨论、决定集体福利基金使用方案、职工住房分配方案及其他集体福利事项；有权评议、监督各级干部，并提出任免和奖惩建议。工会组织则应该在党的领导下，成为“教育的组织”和“学习管理的学校”。[①] 工会要协助、监督行政办好生活福利事业，关心职工劳动条件的改善，监督有关劳动法律、法规的贯彻执行，维护职工的合法权益，或如列宁所说，“保护工人免受自己国家的侵犯，同时也利用它来组织工人保护我们的国家。”[②] 这两种“保护”，在本质上是一致的。我们应该通过实践，寻找适当的形式，把厂长负责制同民主管理有机地结合起来，以便达到既有厂长在生产经营和行政工作方面的高度权威，又有广大职工群众高度的社会主义民主，又能发挥

① 列宁:《论工会、目前局势及托洛茨基的错误》,《列宁全集》第 32 卷，第 2 页。
② 列宁:《论工会、目前局势及托洛茨基的错误》,《列宁全集》第 32 卷，第 7 页。

党组织在思想政治方面的领导作用以及对于生产经营和行政工作的保证监督作用这样的目的。只有做到了这些，企业管理制度才能达到比较完善的地步。

这里，还有一个厂长是否实行民主选举的问题。许多同志不赞成国营企业的厂长由本企业职工民主选举产生，理由是：国营企业厂长是国家在企业的代表，对国家负责，应由国家任命；由选举产生厂长，容易片面强调本企业局部利益，也容易使“老好人”上台；一些大型企业职工人数多，互不了解，也不一定选得准。也有的同志认为，在有条件的企业实行民主选举厂长，可以发挥工人当家做主的积极性，也使厂长行使职权有更广泛的群众基础。这是需要继续探索的问题。我觉得，至少可以确定这样一个原则：如果厂长由上级领导机关任命，应该由企业职工代表大会讨论认可；如果厂长由职工民主选举产生，则应该报请上级领导机关批准。把两者结合起来，只有好处，没有坏处。

三、关于建立企业多层次决策体系的问题

在讨论厂长负责制的时候，人们普遍关注企业决策权的归属，即企业重大问题由谁决策的问题。既然实行厂长负责制，可不可以说，厂长就取代了过去党委书记的地位而成为企业的“一把手”，企业的重大问题一概由厂长个人决策呢？我认为，对于这个问题，需要进行具体分析。实行厂长负责制以后，厂长在生产经营和行政工作中拥有决策权，这是必须肯定的。但是，如果作深入的思索，就不难发现：就总体来说，企业实际上是一个多层次的决策体系。特别是一些有关国民经济命脉的大型国营企业，一部分决策实际上是由国家经济领导机关做出的。厂长的决策权，只是在国家制度或法规所允许的企业自主权范围内的生产经营和行政管理工作中的决策权。至于企业中的思想政治工作，以及党的思想建设和组织建设，无疑是应该由党委进行决策的。职工代表大会和工会，在它们的法定的职权范围内，也拥有自己的决策权，它们的决策地位同样是厂长所不能取代的。

实现了这种多层次决策，厂长、党的组织、职工代表大会、工会以及其他群众组织就可以职责分明，各司其职，各负其责。这样，既可以克服多头领导和无人负责现象，又可以形成相互制约的力量，使各自只能在自己的职权范围内，按照党和国家所确定的准则行事。有人担心，这种多层次的决策体系会造成“三驾马车”和互相扯皮。殊不知，这种相互制约正是防止独断专行，保证企业各项工作正常运转和发扬社会主义民主所必需的，无论在经济上和政治上都有重要意义。

四、关于企业外部关系问题

在过去的经济管理体制下，企业自主权太小，“权力小，责任大，婆婆多，负担重”，束缚企业的积极性，妨碍了生产力的发展。企业外部关系中在产、供、销各方面所存在的弊端，对生产力的束缚比企业领导体制中的问题更严重。企业自主权的问题不解决，厂长的手脚被捆得很死，即使实行厂长负责制，也难以搞得很好。现在企业的无人负责现象，在许多场合实际上是无权负责，无力负责，无能负责。因此，企业领导制度的改革必须同扩大企业自主权结合进行。扩大企业自主权的目的，是为了使企业具有活力。几年来，从扩大企业自主权试点，到实行生产经营责任制，到实行利改税，都是为了达到增强企业活力的目的。只有深入进行经济体制改革，进一步扩大企业自主权，才能为实行厂长负责制创造更为有利的条件。因此，推行厂长负责制必须同整个经济体制改革结合起来进行，不能脱离整个经济体制改革来孤立地讨论实行厂长负责制的问题。

五、要不要在厂长负责制同一长制之间划清界限

现在实行厂长负责制，有的同志一下子就联想到过去对一长制的批判，说：这不是恢复一长制吗？有的同志提出：“我们现在实行厂长负责制，并不是再搞50年代那一套。”有的地方的领导机关，还组织

理论工作者和企业的党委书记、厂长，讨论厂长负责制同一长制的区别。这就涉及对一长制的认识问题。弄清楚这个问题，有助于消除实行厂长负责制的思想障碍。

一长制是列宁提出来的。一长制俄文作 Единоначалие，含有“一长制”、“单一指挥制”、“专责制”诸义，通俗地说，就是由“一个头”负责。根据列宁的论述，他所说的一长制，主要是指生产过程中的集中统一的指挥。这是社会化大生产的客观要求。一长制同党的领导和民主管理是属于不同范畴的事，说它反对党的领导和民主管理是没有根据的。这当然不是说，在执行中不会发生偏差，但不能把执行中的偏差归咎于制度本身。这里需要指出的是：（1）东北地区 1951 年开始实行厂长负责制，经中共中央批准的 1951 年 7 月东北局《关于党对国营企业领导的决议》中，提法是“厂矿中的生产行政工作实行厂长负责制”。（2）华北地区 1951 年开始实行党委领导下的厂长负责制，1954 年改行厂长负责制，经中共中央批准的华北局 1954 年 4 月《关于国营工矿企业实行厂长负责制的决定》中，是把一长制和厂长负责制作为同义语使用的。例如，该《决定》规定：“实行厂长负责制，建立厂长、车间主任及工段长的三级一长制”。还说“要实行真正的一长制”。（3）中共中央 1955 年 10 月在批转一个关于国营企业领导制度问题的调查报告时，要求企业党委把贯彻执行一长制作为自己的一项重要任务。这说明：厂长负责制就是一长制，从 1956 年开始批判的一长制也就是厂长负责制。在两者之间划界限，无论从理论上和实践上，都是划不清楚的。如果硬要去划，只会在理论上愈弄愈糊涂，在实践中束缚人们实行厂长负责制的手脚。

那么，现在是否要原封不动地照搬 50 年代的做法，或者恢复一长制的提法呢？我认为，这是不必要的。在这个问题上，需要指出的是如下两点：

（一）经过三十多年来的实践，我们在企业领导制度方面已经积累了正反两个方面的丰富经验。现在的任务，是根据社会主义现代化建设的需要，在总结实践经验的基础上进行改革，使企业领导制度日臻完善，并且用法律或法规的形式加以明确的规定，而无须、也不能照搬外国的企业领导制度，无须、也不能照搬 50 年代的做法，虽然外国的经验和我们 50 年代的成功经验，都是应该借鉴的。

（二）如果把实行厂长负责制的基本原则确定了，那么，也不必恢复一长制的提法。不叫一长制而叫厂长负责制更好，这种称谓或许更确切些，而且为我国广大群众所喜闻乐见和易于接受。事物的实际内容比它的名称更重要。

（原载《经济学文摘》1984 年第 12 期）

江门市农村调整土地、延长承包期的调查①

（1985年1月）

广东省江门市地处珠江三角洲，辖新会、鹤山、台山、开平、恩平、阳春、阳江7个县，1个郊区，1个城区，是“市管县”的领导体制。全市530万人，其中农村450万人，耕地514万亩，人均1.1亩。党的十一届三中全会以来，由于实行联产承包责任制，落实各项农村政策，调动了农民的生产积极性，农村经济发展很快。1978年，农村三级经济连同社员家庭副业收入为9.5亿元，1983年达23.1亿元，5年增长1.43倍；1980年人均分配155元，1983年达366元，平均每年递增33.2%，有23个队人均收入超过1000元；生产社会化、专业化程度有所提高，整个农村经济面貌发生了很大变化。

在这种形势下，原来承包期短、土地经营零碎分散的状况，同生产进一步发展之间的矛盾，就显得突出了。一方面，由于土地承包期短，一般只有3年，农民怕投工投资多了收不回，耕一年算一年，不愿向土地多投资，也不愿多施有机肥料，进行农田水利基本建设的也少，不利于集约经营，有的人甚至进行掠夺性经营。同时，由于一般是采取按人平均分田和远近肥瘦搭配的办法，地块划分得很小，也给生产带来不少困难。据统计，江门市农村平均每户耕地在11块以上的有3064个生产队，占生产队总数的10%以上；平均每户耕地6块至11块的队占49.5%；平均每户耕地1块至2块的队只占1.9%。新会

① 这是作者在对广东省江门市农村进行实地考察后所写的报告。这份调查研究报告揭示了当时正在推行的家庭联产承包责任制条件下小规模经营的局限性，以及进一步改革的某些趋向。

县环城区城郊乡第一生产队，平均每户耕地13块，面积最大的不到7分，最小的只有4厘，一户农民耕作的地块往往相距数里。阳春县有户农民，6.6亩耕地分为71块。有的农民说："土地零散，东不成西不就。""种地像朝山，一天走不完。"这种状况，势必造成劳动力的浪费和经济效益的降低，妨碍乡村建设和生产的进一步发展。因此，广大农民迫切要求调整土地，延长土地承包期。有的已经在自发地进行调整。阳春县黎湖乡农民严仕甘和严仕秀，看水产养殖"好捞"，想挖塘养鱼，但18亩责任田分布在十几处，60多块，无法进行，便自发串联了26户，补偿300多元，对土地作了调整。

江门市领导对土地经营零星分散所造成的矛盾也早有察觉，1983年便着手调查研究并开始进行调整的试点。1984年以来，他们又根据中央1号文件①精神，由点到面，在全市农村进行了调整土地和延长承包期的工作。他们的口号是："一个目标（提前实现翻两番，达到小康水平），两个规划（生产规划和建设规划），三个改革（改承包期3年为15年以上、改责任田零星分散为适当集中、改按人口平均分田承包为按人按能结合承包），四个落实（田块、上调任务、承包合同、管理落实到户）。"他们把这些改革措施简称为"调土、延包"。截至1984年11月底，全市农村有96%的村（队）已经调整了土地。调整后，每户平均耕地1块至2块的村（队）占13.3%，3块至4块的占69.9%，5块的占13.5%，6块以上的只有3.3%。应该说，这种土地经营状况，仍然是零星分散的，但比调整前毕竟好得多了。现在，延长土地承包期的合同已经普遍签订，一般是水稻、甘蔗、鱼塘15年，新开发山林和多年生果木20年甚至30年至50年。有的地方，根据群众的要求，鱼塘和一部分特别珍贵的耕地，承包期也有少于15年的。

江门市农村调整土地和延长承包期，是与普遍建立经济合作社同步进行的。实行联产承包责任制，农民是承包者，谁是发包者呢？在改变人民公社的组织形式，建立乡政权以后，普遍地建立了村民委员会，其管辖范围大体上与原来的生产队相同。但是，市领导认为，村

---

① 即1984年1月1日发出的《中共中央关于1984年农村工作的通知》。

民委员会是行政组织，不宜作为发包单位。因此，在调整土地前，都以村或原生产队为基础建立了经济合作社，然后以经济合作社为单位进行土地调整，由农户向经济合作社承包土地。经济合作社是地域性的经济组织，一般是一队一社。在一村多队，各队经济条件大体相同，债权和债务已经清理的地方，如果群众愿意，也有同村的几队合为一社的。许多地方都颁布了《农村经济合作社章程（试行草案）》。在建立了经济合作社的地方，原来的生产队组织已经不存在了。现在，真正办成了名副其实的经济实体的经济合作社，大约有 1/3 左右。

江门市农村调整土地、延长承包期的时间虽然不长，已经明显地表现了它的优越性。

这两项重要改革，稳定了人心，进一步调动了广大农民的生产积极性。延长土地承包期，农民拿到《承包土地使用证》，吃了“定心丸”，解除了怕政策多变、投工投本吃亏的顾虑，树立了长期经营思想，既种田又养田，实行集约经营，向土地投资的热情普遍提高。施用有机肥料和购置农机具的显著增加，不少地方，1984 年一年即超过以往几年的总和。新会县杜阮区龙岭乡上元村，实行大包干时，生产队折价到户的只有 5 头耕牛,1 台电动打禾机。1984 年初“调土、延包”之后，农民积极集资购买耕牛和农机具，截至 8 月底，该村 18 户农民就新添置耕牛 4 头，电动打禾机 1 台，脚踏打禾机 8 台，风谷机 1 部，水泵 2 台，汽轮车 1 辆，以及喷雾器等小农具一大批，价值 9200 元，平均每户 510 元，相当于上半年总收入的 24%，比过去集体提留的积累多 2 倍以上。有户农民早就想在自己承包的土地上改种柑橘，挖鱼塘，平整土地，但由于承包期只有 3 年，怕耕权变动，迟迟不愿动手。“调土、延包”后，征得经济合作社同意，很快就干成了。新会县礼乐区新华村，“调土、延包”后，有 40% 的农户到田头搭茅屋，对自己承包的土地精心进行田间管理。全市农村在 1984 年 5 月份以前进行“调土、延包”试点的 976 个单位，当年普遍增产。全市早稻受灾减产 11%，但据江门市郊区以及新会、鹤山、台山、开平、阳江 5 县早稻即已“调土、延包”的 27 个生产队的调查，每亩平均增产 11.45 公斤，增产 3.5%；晚稻全市预测每亩增产35公斤，这27个队每亩增产58公斤，多增产将近70%。新会县新华村有6个生产队，进行土地调整的第二、三、四、五、六队，平均每亩增产31.5公斤，未调整的第一队，其他条件基本相同，却只增产3.5公斤。据测算，因为进行调整，从地块分散零碎变为适当集中，便于耕作和管理而达到增产和节约的土地，全市约有400万亩，占耕地总面积的78%，可以增产10%，每亩平均增加收入27元。这证明，农村生产关系的调整，只要适合生产力发展的要求，符合广大农民的利益，就能获得成功。这也是党的十一届三中全会以来各项农村政策所证明了的一条基本经验。

“调土、延包”也促进了农业基本建设。江门市农村的土地调整，一般是结合着生产布局规划、水利建设规划、道路和林网规划、城镇和民房建设规划进行的。各县对此都有明文规定，有的还组织专业人员对本地区的农田水利状况进行了详细的绘图测定，对农业基本建设用地，预先做出安排。这就为加强农业基本建设提供了可能，而土地承包期的延长则使这种可能开始变成了现实。前述新会县新华村，在“调土、延包”后，大力开展农田水利建设，根据生产需要，把原有12条宽、深各2尺，全长600多丈的排灌渠平掉，重新挖了21条同样宽、深，全长1100丈的排灌渠，保证每户排灌用水，改善了全村的生产条件。随着农村商品经济的发展，越来越多的农民认识到，“路通财通”，“发财要有路”，修路的积极性很高。新会县沙堆区搞了92条田间道路的规划，做到大路能通汽车，中路能通拖拉机，小路能通摩托车和自行车，可以使交通运输状况大为改善，过去因交通不便无人愿意承包的土地，现在人们也愿意承包了。据开平县的调查，乡规划的路比区多，村又比乡多，农民的规划大大超过了乡政府原来的打算。据统计，江门市农村共规划兴建公路2196公里，机耕路5729公里，大小桥梁2940座。此外，各县、区还规划建设小集镇295个，有的还在原有集镇中建“农民街”，以利农村商品集散。江门市农村人多地少，市委和市政府要求在农村建设中注意节约用地。这次全市农村建设规划，总共用地7.7万亩，占耕地面积的1.56%。

江门市在调整土地过程中，一部分土地向种田能手集中，承包大户迅速发展起来。据 1984 年 11 月底统计，全市农村大耕户[①]从“调土、延包”前的 2561 户发展到 17185 户，增加 5.7 倍；承包土地面积从 3.8 万亩扩大到 29 万亩，增加 6.6 倍。全市专业户、重点户占总农户的比重，由 9.6% 上升到 13%。大耕户由于经营规模大，便于进行机耕、采用先进技术和实行现代化管理，经济效益一般高于小耕户。据新会县大敖区 10 个大耕户的典型调查：这 10 户共承包稻田 399.9 亩，户均 39.9 亩，人均 6.9 亩，分别为全区平均数的 5.8 倍和 5.7 倍。在这 10 户所承包的耕地中，边远、低洼田 270.6 亩，砖厂取泥后的烂田 37.3 亩，一般低产田 92 亩，都不是上等地（这种情况在江门地区是有代表性的，这样既满足了种田能手多包耕地的要求，又不致损害其他农民的利益），常年亩产只有 350 公斤，最高不过 450 公斤，低的只有 250 公斤；承包后，1984 年平均亩产 570 公斤，比承包前每亩增产 205 公斤，增长 56%，远高于全区平均增产幅度。按这 10 户 1984 年总劳动力和所生产的稻谷总量计，平均每个劳动力年生产稻谷 8962.5 公斤，比全区每个劳动力平均年产 1737.5 公斤多 7225 公斤，劳动生产率为全区平均数的 5.2 倍。这 10 户 1984 年水稻纯收入 42422 元，平均每亩纯收入 106 元，比全区平均水稻每亩纯收入 80.7 元多 25.3 元，高 31.3%；这 10 户水稻纯收入人均 719 元，而全区平均只有 131 元，为全区平均数的 5.5 倍，仅水稻一项，即比全区全年人均收入（包括工副业）550 元多 169 元。目前，承包大户仍有继续增加之势，规模也有继续扩大之势。据新会县大敖区的调查，“调土、延包”后，大耕户承包的耕地由户均 40.7 亩增加到 47 亩；现在占总农户 3.4% 的大耕户，承包的土地占全区耕地面积的 26.2%。这既是土地连片便于大规模经营的结果，也是同延长土地承包期而使农民安心长期经营分不开的。土地大规模经营的优越性是毋庸置疑的。江门市农村调整土地的经验证明，在否定了过去“一大二公”那种不合理的土地集中办法之后，通过联产承包责任制的实行和农村经济的全面发展，在新的条件下，在专业承包的基础上，又出现了新的土地集中的趋势。这是

① 大耕户的标准各地不同。江门市农村的大耕户，一般是户耕 20 ~ 100 亩土地，每个劳动力承担 5 ~ 20 亩土地。——作者注。

一个大的进步。可以设想，如果全国达到前述 10 个大耕户平均每个劳动力一年生产 8962.5 公斤粮食的水平，[①] 那么，6000 万个劳动力就可以生产 5000 亿公斤以上的粮食，农业人口在全国总人口中所占的比重就可以降到 20% 以下。如果没有土地的合理集中，几亿人搞饭吃，是不可能做到这一点的。当然，这个目标，并不是短时期可以实现的。

农业没有一定的经营规模，不可能实现专业化和机械化。但是，大耕户的规模也不是越大越好。适度的农业经营规模的确定，取决于农业劳动者的技术装备程度、交通运输条件、社会分工发展的深度以及其他社会经济因素，同自然资源状况也有密切关系，而且是随着这些条件的变化而变化的。因此，要充分考虑各种相关因素，注意规模效益。前述大敖区 10 个大耕户的规模效益的情况是：

经营规模	户数	年均亩产稻谷	亩均收入
平均每个劳动力负担不超过 10 亩的	3	694 公斤	218 元
平均每个劳动力负担 11—19 亩的	4	664.5 公斤	206.7 元
平均每个劳动力负担 20—29 亩的	2	489 公斤	166.2 元
平均每个劳动力负担 30 亩以上的	1	440 公斤	155 元

上述情况表明，每个劳动力平均负担的耕地超过了一定限度，单位面积的收益就下降了。[②] 这主要是因为，目前这 10 户的全部农活，仍以手工操作为主，社会分工又不发达，自己要完成从种到收的全部生产环节，耕地过多照顾不过来，耕作和管理都比较粗放。关于承包大户的规模效益问题，已经引起江门市以及所属各县领导的注意。他

① 这并不是全国最高水平，更不是世界先进水平。根据 1978 年的数字，每个劳动力平均一年生产的粮食：美国 83261.5 公斤，英国 33393 公斤，法国 21751 公斤，联邦德国 19923.5 公斤，匈牙利 15163 公斤，南斯拉夫 3644.5 公斤，罗马尼亚 3398 公斤，巴西 2463 公斤，日本 2449 公斤，印度 935.5 公斤。那一年，我国是 1081 公斤。——作者注。

② 广东省委农村工作部经营管理处根据对粮食产区三水、中山、斗门、台山、番禺、高要 6 个县 11 个粮食专业户土地经营规模效益的比较分析，认为：在当前农业生产力水平下，这些地方粮食专业户的适度规模，是每个劳动力耕种 5 ~ 15 亩的土地，这样的规模能获得最优的效益。据经济比较发达的江苏省南部地区农村的调查，一个劳动力种 10 亩以上的粮田，其收入就可相当于或超过务工农民的年收入。——作者注。

们采取的对策是：对于承包大户，既热情鼓励，又教育他们量力而行，防止盲目性。在承包大户方面，则普遍地根据生产需要，购置农机具，提高机械化程度。据调查，大敖区的171个大耕户，除在调整土地中已向集体购买110台旧手扶拖拉机外，计划1985年再集资20万元，购置手扶拖拉机55台，联合收割机8台。多年来讲农业机械化，今天人们才比较切实地看到了实现农业机械化的前景。农业机械化是农业现代化的一个重要组成部分，这条路总是要走的。多年来推行农业机械化经济效益不理想，除农业机械制造方面的原因外，主要是因为农村剩余劳动力多，农民并不感到机械化有多大必要，认为同他们的经济利益没有直接关系，有的时候甚至有损于他们的利益，因而没有积极性。在江门市农村，这种情况正在变。

土地调整和承包大户的出现，促进了农村商品经济的发展。原因是：

（一）农户承包耕地从零星分散变为集中连片，方便了耕作，降低了劳动强度，节约了劳动时间。据统计，土地连片后，一般可节约1/4到1/3的劳动时间。我国地少人多，农村本来有大量的剩余劳动力。据新会县环城区的计算，在目前的条件下，农业只用46%的劳动力就够了，50%以上的劳动力可以转而从事其他事业。“调土、延包”可以创造条件，使更多的劳动力从农业分离出来。江门市农村“调土、延包”后，从农业转移出去的劳动力陡增17万多人，比原来增加83%。根据对前述27个试点单位的调查，调整土地、延长承包期前后劳动力结构的变化情况是：

	“调土、延包”前		“调土、延包”后		调整后比调整前（%）
	绝对数（个）	占劳动力的（%）	绝对数（个）	占劳动力的（%）	
农村劳动力总数	2805	100	2940	100	+4.8
农业劳动力	2004	71.4	1745	59.4	-12.9
离农劳动力	801	28.6	1195	40.6	+49.2

这表明，农村中的劳动力，真正从事于农业劳动的不到60%，已

经有40%以上离开了农业。按照江门市的规划，到1990年，在全市农村210万个劳动力中，从事农业生产的只有80万，占劳动力总数的38%，大体上相当于前述27个试点单位目前的水平。从现在的发展势头来看，这个目标是可以实现的。农民有更多的时间从事于农业之外的生产，或者有更多的农民“离土”，这是促进社会分工和商品经济发展的一个强有力的因素。顺便指出，这里所说的农业人口是指真正从事农业（广义的农业，包括林、牧、副、渔业）生产的人口，而不是泛指居住在农村的人口。从事乡村工业及其他事业的劳动力，以及他们所赡养的人口，不应包括在农业人口之中。在农村实行联产承包生产责任制和政企分开之后，从事于乡村工业及其他事业的人，不论在生产上和分配上，都逐渐地脱离了农业的母体。他们已经不再是农民，而只是乡村居民了。这是我国农村经济结构的一个重大变化。

（二）近几年来，江门市对农村的生产结构，已经陆续进行了一些调整，适当缩减了粮食作物种植面积，扩大了水果和鱼塘面积。“调土、延包”使农民可以更好地因地制宜安排生产，进一步促进了农业生产结构的调整。据前述27个试点单位的统计，1984年同1983年相比，粮食作物面积减少11.9%，在耕地面积中所占的比重从59.8%下降到52.2%；经济作物面积增加19.1%，在耕地面积中所占的比重从40.2%上升到47.8%。这种调整，不仅没有妨碍粮食生产，相反地，由于单位面积产量比1983年提高20.8%，稻谷总产量还增加了9.4%。这种情况，在江门市农村是有代表性的。例如新会县，1984年同1978年相比，粮食种植面积减少了10.4%，由占耕地总面积的81%下降到70%，但由于单位面积产量提高41%，总产量增加了26%。可见，在提高单产和增加总产的基础上，适当减少粮食种植面积不仅没有什么危险，而且有利于改善农村生产结构，发展商品经济。这是就全国的情况来说的。对于江门市农村这样的适宜于种植水果、蔬菜、甘蔗等经济作物，交通便利，毗邻港澳，商品经济发达的地区来说，为了更好地发挥优势，只要能通过加强地区之间的横向经济联系，取得比较稳定的粮食供应，那么，即使粮食总产量由于生产结构的调整而有所减少，也没有什么可怕。这样做，也有利于适宜种粮食的地区发挥自己的优势，放手发展粮食生产。现在，虽然粮食生产的商品率也在提高，但一般说来，粮食作物的商品率还是远低于经济作物的。这种状况，将会在发展农村商品经济和加强地区之间经济联系的过程中逐步改变。

（三）承包大户的商品率高于小农户。据前述新会县大敖区10个大耕户的调查，1984年共向国家出售商品粮200779.5公斤，商品率为86.1%，比全区平均数高36.5%；按每亩耕地提供的商品粮计算，比全区平均数高48.5%。有的承包大户打算把自己承包的比较大面积的耕地，用来生产优质粮种，当种子专业户。这就完全是商品生产了。一般说来，经济作物和养殖业承包大户的商品率，比粮食生产还要高一些。农村由自给半自给经济向商品经济转化，是一个具有重大意义的历史性的转变，生产结构的调整正是促进这种转变的一个强有力的杠杆。

江门市农村新的土地集中和承包大户的发展，是在农村经济全面高涨的基础上产生的。这里在历史上就是商品经济比较发达的地区，在对外开放、对内搞活经济的条件下，又因其特殊的地理环境和侨乡的优势而多得益，农村商品经济发展很快。在调整土地和延长承包期之前，事实上已经存在着农民脱离农业而转向其他事业的发展趋势。据台山县的调查，1979年以来全县转移到乡镇企业的农民有4万人，转营个体工商业的有3万人，临时外出从事工副业的有7.9万人。现在，有相当一部分农民已经逐渐地不再把种地看作谋生和致富的唯一途径，不少人“喜出望外”，觉得弃农更为有利。按人口平均分包土地，人人一份田，在开初是必要的，但农民不能“离土”，是不利于生产专业化和社会分工的发展的。江门市农村在土地调整中，充分发扬民主，坚持自愿原则，贯彻“一个不准，五个允许”的方针，即在不准丢荒土地的前提下，允许多包、少包、不包、转包和跨村（队）承包。他们在不同地区采取了不同的做法：在耕地比较多的地区，划出大片边远难耕田进行招标承包，满足种田能手的要求，近田、好田连片分包到户，一般农户和大耕户都高兴；在工副业发达，不耕、少耕或只耕本分田的人多，愿多包的人少的地方，积极鼓励多耕户和大耕户，有的县还鼓励跨村（队）承包；在耕地较少，工副业不发达，群众不愿放弃土地的地方，首先搞好连片承包，有条件的发动开发水面和荒山，满足大耕户的要求。各地还通过面积折算和产量折算，做好肥瘦、远近、旱涝土地的平衡工作，使包到好田的满意，包到差田的也不吃亏。结果，全市农村多包耕地的76000户，少包耕地的32000户，不包耕地的24500户，转包的7400户，合计占农户总数的15.5%。如果农村工副业和商业不发达，农民没有其他谋生和致富的门路，就不会少包或不包土地，大耕户就无从发展。这个统计资料也说明，承包耕地平均数的农户，目前仍占80%以上。看来，积极而又稳妥地逐步实现土地的合理集中，还要有一个比较长的过程，而且需要在实践中继续探索实现这种集中的形式，不能“一刀切”，也不能揠苗助长。江门市委提出，对于承包土地的连片，要注意掌握“适当”二字，以有利于农户经营为出发点，能少分一处决不多分一处；在处理土地向种田能手集中的问题上，要注意“逐步”和“适度”，一定要以大多数群众生活有出路和大多数群众愿意接受为前提，确保大多数农户不致因耕地太少而造成生活困难。具体做法因地制宜，不强求一致，个别地方不愿意进行调整的也不勉强。这都是很对的。

江门市农村在调整土地、延长承包期中，普遍地注意了加强土地管理。包括：明确土地的所有权和使用权；维护和巩固土地公有制；制定土地规划；规定承包者的责任和权利；划分地力等级，建立土地档案；订立奖罚措施，鼓励农民向土地投资；严格控制非农业生产建设用地；订立管理好土地的乡规民约；等等。目前，他们正在结合本地实际情况，通过试点，探索简便可行，农民容易接受，乡村容易执行的土地管理制度。

（原载《中国农村经济》1985年第11期）

在全国高等财经院校政治经济学教材讨论会上的讲话

（1986 年 7 月 23 日）

我们的经济理论工作，大体上包括三个部分：理论研究，理论教育，理论宣传。在座各位都是进行理论教育的，高等财经院校的理论教育，不是一般的传授知识，而是在深入研究的基础上，提出自己的见解，来教育学生。编写教材，离不开理论研究。如果再写文章进行宣传，那就是一身三任了。可以说，理论教育和理论宣传只有建立在理论研究基础上，才可能是深入的和卓有成效的。

我讲些想法，都是漫谈式的，提出来和大家交换意见。

一、关于建立完整的政治经济学社会主义部分的科学体系问题

我们从 50 年代起，学习苏联的政治经济学教科书，当时是作为“准经典”来读的。说“准经典”，是次于马恩列斯著作。

1958 年“大跃进”，提倡“破除迷信，解放思想，敢想敢干”，大家群起编写政治经济学社会主义部分。当时有各种各样的本子。据我的印象，多数还是学校自己印的，公开出版发行的似乎没有。在内容上，受到当时“大跃进”和“共产风”的影响，现在看问题不少。后来，中苏论战，在教科书的编写上，也点名或者不点名地批判苏联教科书。苏联教科书并不好，但当时的批判是从“左”的方面进行的，说苏联的教科书右了。大概是 60 年代初吧，东欧国家的一些社会主义

经济学著作，也传到中国。我记得，在1963年，三联书店出版了波兰人明兹的《社会主义政治经济学》，内部发行。这是一本有价值的著作，对经济问题的论述比较具体，比如关于折旧问题，就有专门章节论述。

“文化大革命”时期，又出版了一些政治经济学的书，宣传“文化大革命”那一套“左”的东西，现在成为反面教材了。

1979年以来，理论界空前活跃，任何没有偏见的人都会承认，近十年来经济学界确实取得了很大的成绩。现在党和政府对于经济学界的意见是很重视的，一些重要的决策，往往要先交由一些单位研究论证。1982年世界经济危机的时候，中央书记处研究室写了一份关于《世界经济形势和我们的政策》的研究报告，中央书记处进行了讨论。我们在报告中提出“贸易多元化”的建议，提出对外经济关系和政治关系分别对待的建议，提出每年用30%的进口用汇进口先进技术和设备的建议。这些建议，受到中央书记处的重视，认为将研究世界经济形势摆在重要地位很有必要，并由中央办公厅转发到一些重要的经济研究单位及省军级领导机关，要大家研究讨论。这是我亲身经历的一件事。

这几年经济学教科书也出了不少，不论在内容上和形式上，同过去相比都有明显的进步。但是，尽管1958年以来思想观点摆动的跨度很大，从总体上看，从框架结构看，我感到还没有摆脱苏联教科书的影响。现在还要进一步破除苏联教科书的影响，说明我们至今还不得不同斯大林对话。从内容来看，尽管增添了许多新的内容，吸收了近年来的研究成果，但读后总感到还不解渴，还没有对社会主义经济作出深刻的、系统的、科学的理论说明，有些地方甚至还不能自圆其说。总之，现在还不能说，已经建立了完整的政治经济学社会主义部分的科学体系。

这并不是因为经济学家无能。我认为，在现阶段，建立这种科学体系的条件还不具备，还不可能产生这样的科学体系。主要原因，是社会主义社会还处于很不成熟的发展阶段，甚至还只是处于它的童年时期，社会经济运动的内在矛盾尚未充分显露，关于它的规律性的理论说明，不可能十分系统而深刻。不仅社会主义经济理论是这样，其他经济理论也是这样。在资本主义的工场手工业时期，产生不了《资本论》；在自由资本主义时代，产生不了《帝国主义是资本主义的最高阶段》。在不成熟的社会主义经济的基础上，不可能产生成熟的社会主义经济理论。

对于社会主义发展阶段的估计，即充分认识现阶段社会主义社会的不成熟性，不仅是重要的理论问题，不仅对于政治经济学社会主义部分教科书的编写具有重要意义，而且对于我国经济发展战略和经济政策的制定具有重要意义。过去发生“左”的错误，一个很重要的思想根源，就在于对社会主义社会的发达程度估计过高。在脱离实际的对发展阶段过高估计的基础上，产生了急于向高级阶段过渡的“左”的思想和做法，似乎我们很快就可以过渡到共产主义，因此，“割资本主义尾巴”、“消灭私有制”、“限制按劳分配”之类，都来了。纠正“左”的错误，很重要的一个方面，就是实事求是地估计我国的社会生产力水平，实事求是地认识我国社会主义社会的发展阶段。

认识现阶段社会主义社会的不成熟性，对于政治经济学社会主义部分理论建设的重要意义在于：一方面，可以使我们保持清醒的头脑，不去凭空构造理论体系；另一方面，又可以使我们扎扎实实地去进行理论建设，包括教科书的编写，取得切实的进展。现在不可能写出完整的社会主义政治经济学体系，但可以在现有条件下把教材写得尽量好一些。

二、要以发展的眼光看待社会主义社会

要把社会主义社会当作一个发展过程来看。既然现阶段社会主义社会是不成熟的，既然社会主义社会必然要经过一个由低级到高级的发展阶段，就要如实地认识它的不成熟性，不要把过渡形态的东西说成是完成形态的东西，把不成熟的东西说成是成熟的东西。只有这样，才能比较深刻地揭示社会主义社会经济运动的客观规律，才能使我们的经济理论研究带有预见性，而不是形而上学地把现存的事物都说成

是十全十美的。

以农村经济发展为例。

中国农村的改革，以实行家庭联产承包责任制为中心，取得了举世公认的成就，一举打破了过去集体经济的僵化模式，扭转了农村经济形势，并且推动了全国经济形势的好转和经济改革的进行，其伟大意义是应该充分估计的。

但是，在对于家庭联产承包制的理论解释上，能不能说，这是我国农村在整个社会主义阶段的唯一可行的组织形式，最好的组织形式，或者说，社会主义农业只能以家庭为单位呢？恐怕不能这么说。

在农业组织形式问题上，搞集体化，或者搞以家庭为单位的小规模经济，都不难，过去都搞过，甚至一道命令就可以了。真正的难点，在于如何实现由农业社会（农业人口占总人口的大部分）到非农业社会的转变。这是中国富强的必由之路。家庭联产承包打破了过去集体经济的僵化模式，起到了伟大的革命性的作用，但它并没有指出由农业社会到非农业社会转变的道路和方向。要如实地把家庭联产承包制看作过渡形态，而不要把它看作目标模式。实行包产到户后的增产，主要原因是农民生产积极性的提高，而不是因为小规模经济的优越性。

我 1985 年初在珠江三角洲江门市农村作过经济调查。据那里的统计，人均耕地 1.1 亩，平均每户耕地 11 块以上的村（生产队）占 10%，每户 6 ～ 11 块的占 49.5%，1 ～ 2 块的只占 1.9%。阳春县有户农民，6.6 亩耕地分为 71 块。土地因为平均分配，经营规模小而零碎。这种状况，很多地方都有。这显然是不利于农业生产的，有的农民觉得跑很远路，种那么一点点地，不合算，抛荒了，成了“青蛙基地”。江门市后来进行了土地调整，相对集中，使地块扩大了。据广东省三水、中山、斗门、台山、番禺、高要六个县 11 个粮食专业户土地经营规模效益的比较分析，在当前的农业生产水平下，粮食专业户的适度规模，是每个劳动力耕种 5 ～ 15 亩土地，能获得最大效益。苏南地区也有类似的调查。规模太小不利于农业现代化，因为机器长期闲置，不能发挥效益，使用不合算。农业专业化的路总是要走的，但中国农业怎么走向专业化的道路，还要在实践中探索。我在 1979 年写过一篇文章，题目叫《农业专业化的路总是要走的》，引用过一个材料：美国韩丁农场，1680亩地，农机具7台件，总投资83400美元，每亩耕地平均不到50美元，实现了机械化。而当时我国22个省、市、自治区36个生产大队的调查，单位面积平均的机械装备率都比韩丁的农场高，却不能实现机械化。原因是小生产（当时还是人民公社）。联产承包后，如何实现专业化，实现劳动力从农业到工业和其他产业的转移，还需要探索。

我认为，把社会主义社会看成是发展的社会，是防止思想僵化的一个重要前提。既然我国社会主义社会现阶段还是不成熟的，是不断发展的，那么，我们今天的理论认识，就必然会是带有很大局限性的。不能认为，过去的人都愚蠢得很，到了我们，一下子都聪明得不得了，没有局限性了。古人说，后之视今，犹今之视昔。古往今来，时代的局限性人人有之，连马、恩、列、斯、毛都有，难道我们就没有？不信，过20年回头来看我们今天的认识。我们说马克思主义不是封闭的体系，而是开放的体系，不仅指马克思主义能批判地吸收人类思想文化的一切优秀成果，而且包括承认我们自己认识的局限性。只有承认认识的局限性，才能不断地把认识推向前进。

三、要进行比较研究

比较是认识事物的一个重要方法。

社会主义政治经济学，应该反映社会主义经济的普遍的发展规律，而不应该总是穿着民族服装。

但是，正如前面所说的，建立具有普遍意义的社会主义政治经济学的科学体系，现在条件还不成熟。为了向这个目标前进，我认为要注意如下三点：

第一，不要轻易地把我国的经验说成是社会主义的普遍规律。我们的做法，是根据中国的情况决定的，其中可能会反映社会主义社会的某些共同规律，但并不是每一个具体做法都具有普遍意义，都反映了社会主义社会的普遍规律。如果把我们的做法都说成普遍规律，那也会产生思想僵化，不能继续前进。过去苏联就是这样做的，把他们的一切做法都说成是普遍规律。我们在“左”的时期也这样做过，也闹过笑话。我们现在取得了很大成绩，但还是很穷的，人均国民生产总值在世界上排在100位以后。即使2000年实现翻两番，达到小康水平，人均国民生产总值800～1000美元，也还是很落后的。各国情况不同，彼此都很隔膜。前些时我会见香港一位经济学教授，我说到中国农村能源问题的严重性，他很不理解，说：中国天然气不是很多吗？农民为什么不烧天然气？这使我想起东晋皇帝司马衷，见老百姓无粮而饿死，问曰：何不食肉糜？香港的经济学教授尚且如此，何况其他国家。我们对外界也很隔膜，了解不多不深。因此，不可轻易把我国的经验说成是普遍规律，去进行理论上的论证。当然，我是说不可轻易，不是不能说某些经验具有普遍意义。比如说，社会主义制度建立后，需要通过改革不断地自我完善，这至少是有带普遍意义的。

第二，要研究苏联和东欧国家的情况，研究他们的经验教训和经济观点。这对加深对社会主义经济的理解是有好处的。社会主义政治经济学的科学体系，要靠社会主义各国的经济学家，以及其他国家的马克思主义经济学家长时期的共同努力，才能逐步建立起来。社会主义本来有不同模式。例如，按照我们过去的教科书，国有制是天经地义，没有国有制就没有社会主义。但是，南斯拉夫不搞国有制，而且批判国有制，全世界都承认南斯拉夫是社会主义国家；我们过去不承认，现在也承认了。我并不是反对国有制，但应该承认，世界上至少有一个南斯拉夫，不搞国有制，却也支持了40多年。这个事实，就很值得研究。当然，现在南斯拉夫有很多困难。但是，谁没有困难？难道苏联没有困难？我们没有困难？即使承认国有制的绝对必要，那么，既然社会主义是不成熟的，必然会有一个发展过程，国有制就一下子是成熟的，不需要有一个发展过程吗？如果国有制有不成熟性，它的不成熟性又表现在什么地方呢？这同商品经济，同企业的相对独立地位，关系又如何呢？如果需要有一个发展过程，这个过程又是什么呢？这些问题都值得研究。

对于苏联东欧的情况，也要具体分析，不能只看好的方面。他们的经验和教训，对于我们都是重要的，都应该认真研究。他们的人均收入和生活水平当然比我们高，但我感到，现在介绍这些国家的经验多，讲存在的问题少，给人的印象，似乎这些国家一切都很美妙，其实不是那么回事。例如，罗马尼亚建设规模太大，经济紧张，弄得面包也定量供应，前几年有工人大规模罢工的；领袖个人说了算，外出礼仪规模惊人，政治局委员都到机场、车站迎送，这怎么能持久？匈牙利搞得不错，但问题也不少，他们说三个没有想到：没有想到中央各部抵制改革，没有想到大企业反对改革，没有想到国际经济关系有那么大的影响。波兰的政治危机是大家知道的，弄到实行军管的程度；现在形势稳定了，但仍潜伏着很大危机。波兰外债包袱沉重，1970 年盖莱克上台，提出“高速度发展经济战略”，“建设第二个波兰”，把借外债作为一个大政策。1970 年外债为 10 亿美元，1971 ～ 1980 年增加到 200 亿美元，到 1990 年累计支付本息将达 250 亿美元，债务余额 400 亿美元。从 70 年代末期开始，借债额同还债额的差额越来越小，靠借新债还旧债，现在全国人均负债 840 美元。波兰国家计委副主任德乌果什说：不知道用什么办法来还清，这是一个谁也说不清的问题。波兰国家计委的一个副局长说，这一代人是还不清了，现在我们已经沦为新的殖民地了。70 年代靠借债建设出现的一时繁荣景象，现在已经消失了。总之，我们要研究苏联和东欧的经验，也要研究他们的教训，研究他们的理论，来丰富我们的认识。近年来我们对东欧社会主义国家的理论研究和介绍比较多，对苏联的东西注意不够。我们同苏联有许多相似之处，应该用更多的工夫来研究苏联，包括他们的经验和教训。这对于我们的用处可能更直接些。例如，匈牙利是个小国，全国只有 50 个大企业，国家计委可以把 50 个厂长叫到首都开会，就像我们开省长会议。我们就不好把大企业的厂长都找到北京开会，管理企业的办法与匈牙利应该有所不同。

第三，要注意研究资本主义国家经济发展的经验和他们的经济理论。过去在“左”的思想指导下，片面强调社会主义与资本主义的对立，似乎社会主义与资本主义毫无共同之处。社会主义和资本主义的本质区别当然是不可否认的。但是，在经济发展规律方面，在作为对这种规律的认识的经济理论方面，社会主义与资本主义有没有共同之处呢？当然有。我们应该研究社会主义与资本主义的“异”，也应该研究社会主义与资本主义的“同”。这是因为，人类社会发展是有继承性的，社会主义是从资本主义发展而来的，并不是“一刀两断”。社会主义与资本主义，都是以社会化大生产为基础的生产方式，这就是共同的经济规律的基础。例如商品经济，我们不仅要研究社会主义商品经济与资本主义商品经济的不同点，即特殊性；也要研究社会主义商品经济与资本主义商品经济的共同点，即共性。例如股份制，董事会，生产专业化，银行，商业，信用卡，等等，这些资本主义生产和流通的形式，是不是应该深入研究呢？当然应该。在宏观经济调节及其理论方面，也有许多值得研究的东西。有些东西，过去认为是资本主义的，贴上资本主义的标签，其实是大生产的产物，并不是资本主义所特有的。在调整生产关系方面，资本主义也有一些做法值得我们借鉴。过去以为只有社会主义可以自觉地调整生产关系以适应生产力的发展，似乎资本主义不可能有意识地调整生产关系。事实并不是这样。如果这样，资本主义只能躺着等死，早灭亡了，为什么还“垂而不死”呢？现在，我们对于资本主义的经济政策和理论，组织生产和流通的办法，介绍的比较多了。如何在我们的教科书中，汲取其中有益的东西，似乎还做得不够。如果我们采取科学的态度，在注意研究苏联和东欧国家理论的同时，也注意研究其他非社会主义国家的理论，对于我们社会主义政治经济学理论的建设，无疑是有帮助的。当然，对资本主义国家的东西，也不能照搬照抄，因为基础不同，许多是不适用的。

四、理论研究和现行经济政策

正确看待经济理论研究、理论教育同现行经济政策的关系，是一个重要问题，也是人们所关心的。我认为，在这个问题上，以下三点是需要明确的：

第一点，社会主义政治经济学理论研究，需要研究现行经济政策，为现行政策服务。经济理论是研究经济发展的客观规律的，而经济发展是在经济政策指导下进行的。通过对现行经济政策及其执行结果的研究，或者说，对经济政策所产生的社会经济后果的研究，可以发现经济发展的客观规律。西方国家的经济学，也要研究他们的经济政策，也要为政策服务，有时比我们服务得还好一些。近年来我国在经济方面采取了一系列新的政策，取得了明显的实效，很值得认真研究，从中找出规律性的东西，使之上升为理论，用来丰富社会主义政治经济学。忽视对现行经济政策的研究，认为经济政策中没有什么理论问题，是不对的。

第二点，政策不等于理论，理论也不等于政策。不能把经济理论研究拘泥于对现行政策的说明。经济理论反映经济发展的客观规律，反映经济发展的总的趋势。政策虽然也要力求正确反映经济发展的客观规律，但毕竟具有权宜性质，往往反映的是某一阶段上经济发展的客观要求，不具有长久的性质。如果理论研究拘泥于对现行政策的解释，就会变得目光短浅，就不会有预见性，变成孔夫子所说的“述而不作”。这里还涉及政策变化的问题。理论，作为对经济规律的科学认识，只要真正是科学的，它就是具有稳定性质的，不能今天这样，明天那样。当然，理论也需要不断丰富和发展，但科学不能被推翻，除非它不是科学。但是，政策不能一成不变。正确的政策，当然应该坚持不能改变；群众怕政策多变，是怕正确的政策变了。即使是正确的政策，如果客观形势变化了，也需要做相应的改变，否则就不符合经济发展的要求。至于不妥当的政策改变了，不完善的政策完善了，这是完全应该的，群众也是欢迎的。如果我们的理论研究，把任何一项政策措施都说成是客观规律的唯一正确的反映，都是符合经济理论的，就会使自己陷入被动，也会给政策的完善造成困难。社会主义现代化建设是前无古人的事业，只能在探索中前进，有一些曲折和失误是难以完全避免的，如果把每一项政策措施都绝对化，对于人们继续探索也不利。例如关于发行特区货币的问题，经济学界本来有不同意见。后来邓小平说可以试试，不行再改过来。这本来是留有余地的说法，是个活话，经济学界有的人就论特区货币，说得头头是道。香港经济界也有许多不同意见，有的认为好，有的认为不好，“多币多弊”。后来中央决定不发，这是正确的。对政策的宣传，解释，论证，一定要科学。我们是经济理论工作者，是搞科学的，手无寸铁，只能用自己的科学知识报效国家。离开了科学，我们就没有存在的余地了。

第三点，对政策的研究和宣传，要讲全面性，防止一哄而起，防止从一个极端走到另一个极端。政策是有重点的，一个时期为了解决某一方面的问题而制定某项政策，没有重点就没有政策。但对政策的研究和宣传，必须全面，不能从一个极端走到另一个极端。例如，实行厂长负责制是一项重要的改革措施，我是厂长负责制的热烈的鼓吹者。但有的文章片面强调厂长的决策权，没有注意到决策应该分为两类，重大问题的决策是厂长个人聪明才智所不及的，应该发挥集体智慧。有的文章片面强调厂长可以开除工人，有的文艺作品甚至赞扬随意开除工人，而不强调工人的民主权利。厂长负责制如果不同民主管理同步进行，在封建主义影响很广泛的中国，很容易变成家长制。厂长如果不受制约，就不容易正确地行使自己的权力。据昆明市的调查，干部拥护厂长负责制的多，工人拥护的要少一些，这种情况值得注意。所以，我主张建立相互制约的权力机制。孟德斯鸠论权力制衡，说权力有无限扩张的倾向，直至遇到制约为止。列宁论工会的两种保卫作用，说工会在组织工人保卫苏维埃国家的同时，也要保卫工人免受苏维埃国家的侵害。

又如攀比问题。反对平衡主义和大锅饭，是完全对的。中国是小生产传统势力很强的国家，平均主义有根深蒂固的影响，不反对平均主义，就不能实行按劳分配。宣传拉开收入差距也是对的，这是反对平均主义和实行按劳分配的必然结果。但是，收入悬殊，有的并不是因为劳动多、劳动好的结果，而是由于价格不合理造成的，有的“万元户”是因为国家的信贷支援，甚至是干部利用职权支持形成的。我在南海县见到一个万元户，他办工厂，是因为他过去是商业局长的“三同户”，有局长的特殊支持。如果不作具体分析，见人们对收入悬殊有点意见，就说是“红眼病”，只会引起逆反心理。如果工作有缺点，攀比得有理，我们也应该改进工作，不能说凡是攀比都不对。刘心武的《公共汽车咏叹调》，就反映了人们的一些不满情绪。

再如，“起用有缺点的能人”。这是现在叫得很响的一句话，但是没有具体分析缺的是哪一“点”。毫无疑问，应该大胆起用有能力的人。有能力的人过去常常被指责为“骄傲自满”或者“白专道路”，其实有不少人是有自信或者钻研业务，并不是什么缺点。人非圣贤，孰能无过？何况圣贤也不是毫无过失。对于有才能的人不能求全责备，但笼统地提出“起用有缺点的能人”，不具体分析缺的是什么“点”，只讲“才”不讲“德”，似乎只要有能力，别的都可以不问，就是片面性，结果很可能使思想道德很差的人，损公肥私和损人利己的人，毫无公益心的人，占据了重要岗位，其危害性是不言自明的。总之，还是一句老话：具体问题具体分析。

五、理论研究与经济改革

改革是大趋势。现在不仅中国在改革，东欧国家在改革，苏联也讲改革，越南也讲改革。从社会主义社会的发展阶段来看，改革是天经地义的事情。

经济学教科书应该反映经济改革的成果，反映经济改革在实践上和理论上的突破。理论工作者要研究改革，宣传改革，积极推动改革。在这方面是大有可为的。

改革是个探索和实践的过程，需要相当长的时间，不是短时期能够完成的。通过改革，建立适应现代化建设要求的生产关系和上层建筑，这是很艰巨的历史任务，不能看得太轻易。我感到，由于农村改革所取得的伟大成功，由于这几年的改革进展还比较顺利，在理论界，有的同志把改革看得很轻易，对于已经取得的成就估计也过高。其实，已经取得的成就，同我们要达到的远大目标相比，还差得很远。农村改革怎么继续向前走，有许多问题需要研究。城市改革也是有进展的，几年来所采取的许多措施，例如扩大企业自主权，以中心城市为依托搞活流通，利改税，实行承包责任制，今年提发展横向经济联系，都不错，在一些单位和地方起了一定的作用。但是，总的说，城市的经济改革，还没有找到一个像农村联产承包责任制那样一个抓住了就能带动全局、搞活全局的环节。树立把改革当作一个长过程看待的观点，我们在理论研究上，在教科书的编写上，就不要把每一项改革措施，都说成是客观规律的正确反映，是最好的甚至唯一可行的办法。改革要在探索中前进，一切都要经过实践的检验而决定取舍。经过筛选，有一些措施，有一些理论，能经得起检验，不断地丰富和完善起来；有一些理论，有一些措施，经不起检验，就被淘汰了。这样才能继续前进。如果把每一个理论和措施都凝固化，都提高到理论的高度加以论证，写进教科书，也许教科书还没有印好，实践已经前进了，你的书就过时了。

我举一个今年的例子：横向经济联合问题。今年国务院提出横向经济联合的问题，是有重要意义的。商品经济条件下的经济联系，在本质上是横向的。发展横向联系是方向，但横向联系不是孤立的问题。它同企业自主权、同地方的权限，是一个问题的两个方面。如果在企业自主权方面推不动，横向联合也是难以突破的。现在人们似乎忘记了，早在 1980 年国务院就作出过《发挥优势，保护竞争，促进联合》的决议。而且，有的文章作者在论述横向经济联系的时候，把纵向经济联系忘了，似乎只需要横向经济联系；把过去的横向经济联系也忘了，似乎过去完全没有横向经济联系。实际情况并不是这样。

在对待改革的问题上，一定要防止思想僵化。共产党人是理想主义者，有理想是对的。但如果把现在所做的每一件事，都说成是最理想的，十全十美的，也容易造成思想僵化。

六、经济改革中几个方面的协调问题

一是经济改革措施必须协调。改革初期曾经认为，可以找一个突破口，一旦突破，改革就会畅行无阻，顺流而下了。几年来的改革实践证明，这是不行的。社会经济生活是个复杂的有机体，改革措施必须协调配套，才能顺利进行。例如，要实行破产法，社会保障就要跟上；实行人才流动，干部管理制度就要改革；等等。

二是经济改革与经济发展必须协调进行。一方面，改革是为了促进生产力发展，我们不是为改革而改革；另一方面，有些改革措施，尽管归根到底是促进生产力发展的，但眼前要增加财政支出，需要国家财政上的支持，没有钱就改不了。例如价格改革，开始有人提出，我国价格是结构失调，价格改革是该降的降，该升的升，先降后升，可以不增加国家财政支出，弄得好甚至会增加财政收入。如果能这样，当然是皆大欢喜，但事实并不是这样。因为国家财政负担不了，价格改革只好由大步前进改为小步渐进。现在农村不能取消合同，还要收购农民一部分低价粮食及其他农副产品，不能都实行自由价格，实质上是要农民继续向国家缴纳一部分贡献。合同收购每年 500 亿公斤粮食，改为议价，国家财政可能要多支出 100 亿元以上。至于工资改革受到国家财政力量的限制，更是显而易见的事。

三是经济改革与政治改革必须协调进行。研究经济改革，不能不注意研究政治改革。例如精简机构的问题，这同加强和改善经济宏观调控有直接关系，拆庙才能搬神。传统体制有两大弊端：一是经济上缺少竞争，发展商品经济就是要解决这个问题；一是政治上缺少制约，政治体制改革应该解决这个问题，这同经济发展有密切关系。政治体制改革，现在刚开始讨论，要在坚持四项基本原则的基础上进行探索和改革。

七、关于建设有中国特色的社会主义

建设有中国特色的社会主义这个提法，不仅是说，在实现社会主义现代化目标的具体途径方面，中国应该有自己的特色；而且社会主义现代化作为目标模式本身，也应该有自己的特色，或者说，是中国式的。社会主义作为一种社会形态，当然有着共同的质的规定性，但各个国家必然有自己的特色。有中国特色的社会主义的完成形态究竟是什么样的，现在还说不太清楚。或许要到我国社会主义现代化建设成功的时候，才能进行比较全面的总结。或许要到那个时候，我们的社会主义政治经济学教科书才能更成熟些。现在对有中国特色的社会主义有种种说法，准确不准确，还可以推敲。例如：

多种经济成分并存。其他社会主义国家是否需要多种经济成分并存呢？是不是也在发展多种经济成分呢？

按劳分配的多种形式。其他社会主义国家难道应该是单一的分配形式吗？

两个文明一起抓。其他社会主义国家没有或者不应该两个文明一起抓吗？都在抓。而且，资本主义也注重精神文明，只是指导思想和我们不同。何况，物质文明和精神文明这两个文明能否概括现代化建设的全部内容呢？例如民主和法制建设，以及各方面的体制改革，是精神文明，还是物质文明？恐怕都不是，应该说是体制文明或者制度文明。这就成为三个文明了：物质文明、精神文明以及体制文明或者制度文明。

我认为，可以把有中国特色的社会主义作为一个动态来考察，作为一个过程来考察。在每一个阶段上，有自己的特点，这种特点不是一成不变的。必然有许多不确定的，过渡形态的东西，或者说，“亦此亦彼”的东西。

讲有中国特色的社会主义，还应该注意到，不仅在经济方面，中国应该有自己的特色，在政治方面和文化方面，中国也应该有自己的特色。我们在现代化建设的每一个阶段，都应该注意中国特色的问题。我们讲中国的现代化建设要从中国的实际情况出发，不仅是指从我国的经济情况出发，而且也必须考虑我国的社会政治情况方面的特点，考虑我国的历史和文化特点，以及中华民族的民族传统。

在普遍规律下各国有自己的特色，是世界历史上的普遍现象。西欧的封建制度同中国的封建制度就有许多不同。同是资本主义制度，日本就同欧美不同，例如终身雇佣制及年功序列制。他们的特色也是变化的，日本年轻一代的企业家，现在开始在批判终身雇佣制及年功序列制，老一辈企业家同年轻一代企业家在这方面发生了矛盾，可见有日本特色的资本主义，也不是一成不变的。

1890 年，恩格斯在评论一个德国刊物关于未来社会中产品分配问题的辩论时说：

“奇怪的是谁也没有想到，分配方式本质上毕竟要取决于可分配的产品的数量，而这个数量当然随着生产和社会组织的进步而改变，从而分配方式也应当改变。但是，在所有参加辩论的人看来，‘社会主义社会’并不是不断改变、不断进步的东西，而是稳定的、一成不变的东西，所以它也应当有一个一成不变的分配方式。但是，合理的辩论只能是：（1）设法发现将来由以开始的分配方式，（2）尽力找出进一步发展将循以进行的总方向”①。

我认为，恩格斯关于社会主义社会分配方式问题的这段论述，不仅对于考察分配方式问题，而且对于认识整个社会主义时期的生产关系，对于认识建设有中国特色的社会主义，都有重要的方法论的意义。就是说，不要企图寻找一劳永逸的、一成不变的制度和政策，而是从实际出发，找到由以开始的起点，找到进一步前进的总的方向。建设有中国特色的社会主义，也应该这样。

八、正确认识中国国情

正确认识中国国情，对于经济改革和经济建设，对于政治体制改革，对于社会主义现代化事业，具有重要意义。只有认识了国情，才能做到实事求是。

怎么认识国情？

国家大，底子薄。对，但不是全部。

10亿人口8亿农民。基本上是对的，但也不是全部。现在，8亿农民的说法，已经不完全对了。现在的统计，是按吃商品粮的人口计算的，并不科学。现在已经有6000万乡镇企业工人，如果一个人赡养1.5人，就有1.5亿人口，农业人口就只有6.5亿了。乡镇企业的就业者，有的还没有完全同农业母体分离，有的已经完全分离了，他们已经不是农民，而是居住在乡村的工人了。农民从农业分离出来，这是一个发展趋势。问题是，如何比较顺利地实现这种转化。这种转化，

① 《马克思恩格斯选集》第4卷，人民出版社1966年版，第475页。

有的还是直接或间接为农业服务的，但摆脱了农业的闭塞状态，是一种巨大的进步。

发展不平衡也是中国的重要特点。京、津、沪同巴黎、东京的差别，小于京、津、沪同国内落后地区差别；西安、昆明同京、津、沪的差别，小于同本省落后地区的差别。

30 年来路线和政策的后果，包括积极的和消极的，经济的和政治的，社会的和心理的，都是中国的国情。

历史传统也是中国国情的一部分。人们现在讨论传统文化问题，出现了“文化热”。有主张复古的，有主张“全盘西化”的，都行不通。

我们的干部队伍状况，劳动者的素质，也是中国国情，对经济建设和经济改革有不可忽视的影响。

讲中国国情，要从总体上把握，不能只看到一个方面，忽略其他方面。

生产力的发展，包括产业结构，也要考虑中国的实际情况。近几年《第三次浪潮》这本书很流行，其中一些观点也被广泛地接受，例如关于“夕阳工业”的说法。托夫勒认为，钢铁等工业部门是“夕阳工业”，似乎随着科技革命的兴起，连发展中国家也不用再发展钢铁工业了。这种说法，不能说没有一点道理。美国 60 年代塑料和金属的比例为 2:100，80 年代为 20:100，说明钢的重要性相对下降。即使如此，钢铁仍然在美国基础原材料中继续保持中心地位。1983 年美国钢铁工业总销售额 484 亿美元，是第四大产业部门。发达国家钢铁消费量的相对减少，即钢铁消费强度的降低，除新技术、新材料的广泛应用外，钢铁饱和也是一个重要原因。到 1982 年为止，几个国家的人均钢铁积蓄量（即迄今为止社会总钢材使用量）是：美国 12.4 吨、西德 10.8 吨、英国 7 吨、日本 6.3 吨、意大利 4.9 吨，已经接近饱和了。我国还处于经济不发达阶段，许多基础设施要建设，房屋要建设，钢铁还是大量需要的。现在，世界钢产量平均每人 160 公斤，我国才 40 公斤。几年来进口大量钢材，说明钢材是很紧张的。去年进口 1900 多万吨，用汇 50 亿美元，占进口用汇的 1/6。如果我们跟着别人宣扬“夕阳工业”，不去努力发展钢铁工业，结果会如何呢？

又如“以肉食为主”的问题。中国如果以肉食为主，10亿人口将吃不饱肚子，因为5公斤粮才能转换1公斤肉。我国粮食产量只有4000亿公斤左右，每人平均不到400公斤。前两年有人认为粮食多得不得了，这也是忘记了中国的国情。现在，总的说只是解决了温饱问题，部分地区温饱问题还没有完全解决。没有解决温饱问题的究竟有多少人口？说法不一：4000万、5000万、8000万、1.2亿。即以4000万而论，也占总人口的4%。现在，农业这个基础还很脆弱，对于这一点一定要清醒。

国情要从多方面认识，最基本的是社会生产力状况。社会生产力状况是我们考虑一切问题的基本出发点，也是最基本的国情。经济建设和经济改革，都要以此为出发点。经济理论和政策的研究，也要充分地注意到这种情况。离开了对于社会生产力水平的正确估量，就不会有正确的立足点，研究工作就难以切合实际。

我国完成自给半自给经济到商品经济的转化，要经过一个比较长的历史时期。商品经济发展固然同经济体制和经济政策有关，过去的经济体制和经济政策不利于商品经济的发展，甚至障碍了商品经济的发展，进行改革就可以促进商品经济的发展。同时也要看到，商品经济的发展程度，又是同社会生产力水平分不开的。商品经济发展必须以交通运输为条件。我们看世界经济史，在资本主义发展史上，几次经济飞跃，都同交通运输的突破有关。火车的发明，轮船的发明，汽车的发明，都带来了资本主义经济的大发展。日本前首相田中角荣在其《日本列岛改造论》一书中，把道路面积占国土的比重，作为一国经济发展水平的标志，是有道理的。我国和印度同是大陆国家，每1万平方公里国土的铁路长度，印度是我国的2倍。由于港口设备不足，装卸能力差，从大连运往日本的原油，不能用30万～40万吨级的油轮，尽管距离只相当于日本到波斯湾的1/10，但运输成本几乎一样。公路运输，道路少，质量差，通过能力低，至今全国还没有一条高速公路。广州到佛山，正常情况需要45分钟，现在要走四五个小时。全国公路89万公里，能晴雨通车的仅占2/3。据1980年统计，全国有两个县、4000多个公社（全国5万个公社，占8%）、20多万个生产队不通公路。按人口平均，每万人9公里，印度为21公里，苏联为54公里，美国289公里。全国现在汽车拥有量只有400万辆，而且运输效率很低。火车，现有机车一万辆，其中90%是耗能大的蒸汽机车，按目前年产500辆内燃机车计算，20年才能更新。我国现有铁路5万多公里，占世界铁路长度的4%，平均每万人0.5公里，每人5厘米，只有一支香烟的长度，而印度是每万人1公里，苏联5.4公里，美国16.5公里。现在铁路已充分利用，增加车次很不容易。要大力发展商品经济，不能不受到这种交通运输状况的制约。

我们的经济发展战略和经济改革措施，不能不充分考虑这种状况。对外开放政策的实行，也不能不充分考虑这种状况。因为，引进国外技术和购买外国设备，归根到底是受到出口能力制约的。出口多少，又受国内生产能力、生产水平的制约，也受交通运输能力的制约。1984年外汇储备120多亿美元，当时批“守财奴”思想，大量进口消费品，到1986年末只剩下18亿美元，低于国际公认的外汇储备警戒线。

总之，要多研究具体经济问题，提倡务实精神，反对空谈。

九、对经济学教学的几点希望

第一点，理论教育要敢于面对现实，回答人们关心的问题。现在人们对于理论教育不大满意，觉得没有回答他们的问题。不回答人们关心的问题，成了简单的说教，或者成了简单的辩护，就吸引不了人，人们就不愿意听。人们对理论不感兴趣（从中学到大学，都是这样），有社会原因，如“左”的时期对马克思主义的曲解；也有我们自己工作的原因，不生动，不深入，不吸引人，不敢或者不能回答人们的问题。半年多以来我参加编马列著作选读，为了有针对性，请中国人民大学的教师收集了当前学生的一些认识问题，有些并不好回答。毛主席说过，一个教员，学生提三个问题，你能回答两个，另一个说我不知道，可以共同研究，做到这一点就不错。例如，你在课堂上讲物价稳定，学生感到同他的生活经验不符合，你又不能解释，还不如承认物价上涨好。又如，你说工人积极性很高，他说他看到工厂里的工人积极性不高，还不如承认调资影响了积极性。又如，你说拉开收入差距是合理的，学生不相信，举出若干收入悬殊而又不合理的事实，你又不能说服人家，还不如仔细研究一下，哪些是合理的，哪些不合理，引导学生思考。

第二点，在教科书的表述上，能不能生动活泼些？我们现在的教科书，太沉闷，死板。这也是受苏联的影响。萨缪尔森的《经济学》，表述方法是比较生动活泼的，每一章开头，引一段说明自己观点的格言或者诗歌，这种办法就可取。老一辈学者的学术论文，不少有很大的可读性，例如鲁迅的《中国小说史略》和闻一多的《神话与诗》。要在语言表达上努力，这方面我们的功夫比较差。

第三点，在讲述上，我希望能穿插一些经济知识。比如，讲对外开放，可以顺便讲一些世界公认的外汇警戒线、外债警戒线是多少，全世界外资和外债状况；讲产业结构，可以讲讲世界产业结构发展的趋势；讲银行作用，可以讲讲银行是怎么放款，怎么影响经济发展的；讲指令性计划，要讲清楚计划是如何指令的，指导性计划又是如何实现指导的；如此等等。这样，就会显得充实些，生动些，有用些，也容易引人入胜，使人乐于听。

第四点，贯彻“百花齐放，百家争鸣”的方针，共同探讨，取长补短，把理论教育和理论研究逐步引向深入。现在不可能建立完整的社会主义经济理论体系，并不是说我们可以无所作为。我们要经过自己的努力，尽量把这门科学推向前进，做出尽可能大的贡献。

中国国情和建设有中国特色的社会主义[①]

（1987 年 3 月）

一

我国的社会主义社会，现在还很不成熟，处于初级阶段，甚至可以说，还处于它的童年时期。从世界范围来说，社会主义制度从诞生到现在，只有几十年时间，其间几经波折，真正专心致力于经济建设的时间更短。实践的局限性从根本上决定了理论认识的局限性。由于社会主义经济运动的内在矛盾尚未充分显露出来，关于它的规律性的理论说明，还不可能系统而深刻。在不成熟的社会主义经济的客观基础上，不可能产生成熟的社会主义经济理论。在现阶段，不论是在中国或者在世界范围内，还不可能建立起完整的社会主义政治经济学理论的科学体系，正如在资本主义的工场手工业时期产生不了《资本论》，在自由资本主义时期产生不了《帝国主义是资本主义的最高阶段》一样。

指出这一点，并不是说我们可以放弃主观努力，消极等待，无所作为。恰恰相反，只有认识现阶段社会主义社会的不成熟性，才能真正从实际出发，清醒地、扎扎实实地进行理论研究和理论教学，而不是热衷于那种凭空虚构貌似完整实则不免牵强的理论体系。只有这样，

---

① 这是作者根据此前在全国高等财经院校政治经济学教材讨论会上讲话压缩、补充、改写而成的。在这篇文章里，作者从中国和世界社会主义理论和实践发展的高度，阐述了关于中国社会主义初级阶段和建设有中国特色社会主义的根本认识问题。

才能真正把社会主义经济理论的研究推向深入，逐步向着建立完整的社会主义政治经济学理论的科学体系迈进。

认识现阶段社会主义社会的不成熟性，不仅是个理论问题，不仅对于社会主义政治经济学教科书的编写具有重要意义，而且对于党和国家经济政策和经济发展战略的制定具有直接的现实意义。过去发生“左”的错误，思想认识上的根源之一，就是对于我国现阶段社会主义社会的成熟程度估计过高。在这种不切实际的过高估计的基础上，必然产生急于向更高阶段过渡的“左”的做法，甚至企图很快开始向共产主义过渡。在生产资料所有制方面，在产品分配方式方面，在对待商品经济方面，以及在生产和交换关系的其他许多方面，都发生过这种超越阶段的现象。这带来了严重的后果。因此，我们纠正“左”的错误，很重要的一个思想前提，就是如实地估量现阶段我国的社会生产力水平，如实地认识我国目前还处在社会主义社会比较低的发展阶段上。没有这种认识，就不可能彻底纠正“左”的错误。

当然，不认识现阶段社会主义社会的不成熟性，也有可能产生另一种错误，即以成熟的社会主义社会为标准来衡量我国现今社会，一旦发现不符合这种标准（这是必然的），便断言我国现阶段不是社会主义社会，甚至认为我们不能够也不应该搞社会主义。这种错误倾向，实际上也是存在的，而且一度成为值得注意的社会思潮。

既然现阶段社会主义社会还远不成熟，既然社会主义社会必将经历一个从低级到高级的发展过程，那么，就应该如实地认识这种不成熟性，把社会主义社会当作一个发展过程来看待。在经济理论研究中，不论是关于所有制的研究，关于分配方式的研究，关于商品经济的研究，关于经济机制和经济调节手段的研究，总之，在社会主义经济理论研究的所有领域，都不要把不成熟的东西说成是成熟的东西，把过渡形态的东西说成是完成形态的东西。只有这样，才能比较深刻地揭示现阶段社会主义经济的本质及其发展方向，使我们的理论研究带有预见性。

既然现阶段社会主义社会还远不成熟，还在继续发展中，那么，我们今天关于社会主义经济的认识就必然是带有局限性的，不可作不切实际的过高估计。比较起来，批评和指责前人是容易的，认识自己的局限性要困难得多。诚然，我们今天的认识，是比过去深刻得多了。但是，在我们面前，仍然有许多未被认识的必然王国。不能设想，过去人们都愚蠢得很，到了我们一下子就把什么都认识清楚了，认识上就没有局限性了。这当然是不可能的。古人说："后之视今，犹今之视昔。"这话有道理，很值得我们深思。如果现在还不容易看到这一点的话，我看过不了很久，人们就会比较容易地认识我们今天在理论上和实践上的局限性了。清醒地认识这一点，有助于防止停滞和思想僵化。传统的教条主义是思想僵化，新的关于改革的教条主义同样是思想僵化。如果认为我们现在的认识已经完全正确地反映了客观实际，已经尽善尽美，就用不着继续努力了，那还不是停滞和思想僵化？

如果把视野放得更宽广些，就会发现，对于社会主义社会发展阶段性的认识，是社会主义各国所面临的普遍性问题。以苏联为例，斯大林在20世纪30年代农业集体化实现以后，即宣布"已经建设成社会主义社会"，并提出"从社会主义向共产主义过渡"的任务。赫鲁晓夫1961年在苏共二十二大提出，1980年苏联将"基本上建成共产主义"，"这一代人将在共产主义制度下生活"。勃列日涅夫批评赫鲁晓夫犯了"主观主义和唯意志论"的错误，说要"实事求是地、科学地估量社会主义建设的问题和前景"，宣布苏联只是建成了"发达的社会主义"。其继任者安德罗波夫认为，这样提法仍然不行，说苏联现在"正处在发达社会主义这一漫长历史阶段的起点"。戈尔巴乔夫执政后，连"起点论"也放弃了，说苏联是"发展中的社会主义"。其他社会主义国家也有类似情形。可见，不论是我国或者是其他社会主义国家，对社会主义社会发展阶段性的认识，大体上都是从对目前社会主义社会发展阶段的过高的估计，逐步走向比较符合实际的估计。就是说，对现阶段社会主义社会成熟程度的估计，越来越低了。这种"后退"，并不是退步，而是以沉重代价所取得的认识上的巨大进步。这种进步，对于今后社会主义事业的健康发展，无疑具有极其重要的意义。

二

在建设社会主义的道路上，正确处理普遍性和特殊性的关系，也是社会主义各国所面临的共同问题。

社会主义作为取代资本主义而产生的一种社会经济形态，无疑有着共同的质的规定性。在这种共同的质的规定性的前提下，各个国家的社会主义制度又必然有着自己的特色。社会主义制度的共同的质的规定性，正是通过各个国家的具体制度体现出来的，即普遍性寓于特殊性之中。以往，在国际共产主义运动中，在我们党内，都发生过从某种设想的或现成的模式出发，脱离本国国情，照搬别国经验，因而使社会主义革命和建设事业遭到严重挫折的教训。建设有中国特色的社会主义，正是在总结历史经验教训的基础上提出来的。这是一个伟大的战略转变。

建设有中国特色的社会主义，即从中国国情出发，建设符合中国国情的社会主义。前者是指出发点和具体途径，后者是指目标本身。就是说，不仅在社会主义现代化建设的出发点和具体途径方面，中国应该有自己的特色；社会主义现代化作为目标本身，也应该有自己的特色。有中国特色的社会主义，当然首先是社会主义，这是社会主义制度的共同本质，以此区别于资本主义制度和其他社会制度；有中国特色，是指中国社会主义制度的特殊性，以此区别于其他社会主义国家。如果把视野放得更宽广些，不难发现，在普遍规律中各个国家具有自己特色的问题，是人类社会历史发展中常见的现象。例如，西欧的封建制度与中国的封建制度，就有许多不同之处。同是资本主义制度，日本同欧美国家相比，也有着自己的特色。像日本企业中的“终身雇佣制”和“年功序列”的工资制度，就是其他资本主义国家所没有的。社会主义没有固定的模式，这是合乎社会发展规律的正常现象，也可以说是题中应有之义。

建设有中国特色的社会主义，是实事求是的思想路线在社会主义建设中的创造性运用和发展。为了建设有中国特色的社会主义，首先要把“实事”搞清楚，即把国情搞清楚。中国的社会主义之所以必须具有中国特色，就是由中国的国情决定的。不把中国的国情搞清楚，建设有中国特色的社会主义便无从谈起。

国情需要从多方面认识。其中，最重要的是社会生产力状况。国家大，底子薄，10亿人口，8亿农民。[①]这是中国的基本国情，是我们制定正确的经济政策和经济发展战略的根本出发点，也是进行经济理论研究的根本立足点。例如，由于我国是个经济落后的大国，实现现代化必然要经历一个比较长的发展过程，不是短时期可以完成的。过去在经济建设中屡犯“左”的错误，认识上的根源之一，就在于不认识这种长期性，企图速成。又如，近年来出现的所谓“高消费”的主张与做法，也是脱离了中国的国情，忽视了这样一个基本事实：我国的国民收入总额，以1985年为例，只有6822亿元，当年积累率为33.7%，可供消费的只有4820亿元，10亿人口平均每人只有480元，每月40元。一年新增加的国民收入，不过六七百亿元，其中可供消费的不过四五百亿元，全国人均不过四五十元。在这种经济条件下，是不可能实现高消费的。关于高消费的宣传，只能引发过高的消费欲望，当这种欲望不能实现时又会引起人们的不满情绪。还有人主张我国也以肉食为主，他们不知道，现在全国人均粮食还不到400公斤，仅可维持温饱；平均2.5公斤粮食才能转化为0.5公斤肉，如果全国都以肉食为主，现有粮食就难以养活10亿人口了；以肉食为主是否符合人体健康的要求，更当别论。再如，有人响应《第三次浪潮》一类著作的说法，似乎在我国，钢铁等传统工业已成为所谓“夕阳工业”，不应该继续大力发展。其实，经济发达国家已进入所谓“后工业社会”，社会

① 农业人口相对减少乃至绝对减少，是一切国家工业化和现代化过程中的必然规律，我国也不能例外。随着乡镇企业和其他事业的发展，以往直接从事于农业生产的人，有日益增多的数量转入工业、商业、交通运输或其他行业。从现实的生产和分配关系来说，他们又有不同的情况：有的还没有完全脱离农业的母体；有的已经完全脱离了农业的母体，已经不是农民，而只是居住在乡村的非农业人口了。据统计，目前我国乡镇企业从业人员已达6000多万人，以每人赡养家属1.5人计算，总共1.5亿人。这表明，真正的农业人口，已经不足8亿了。这种发展趋势，今后还将继续下去。当然，就农民占绝大多数这个意义上说，8亿农民的说法仍然是可以使用的。这里，还应该考虑到全国人口总数的增加。——作者注。

钢铁积蓄量很高，各种基础设施齐备，而我国工业化的历史进程尚未完成，大片国土尚待开发，因而对钢铁的需要量仍然很大，不能不继续发展钢铁工业。近年来钢铁生产增长不慢，进口大量增加，仍然供不应求，就是证明。这里虽然只是顺便举几个例子，但足以说明，脱离了中国国情，就不可能有正确的经济政策和经济发展战略，甚至会发生大的波折。

发展的不平衡性是我国国情的不可忽视的一个重要方面。发展中国家所常有的“二元经济结构”或“双重经济结构”，即自给自足的传统经济与现代化经济并存的经济结构，在我国显得特别突出。这是我国国土辽阔而又经济落后的产物。可以说，我国是人造卫星、导弹和刀耕火种、大量文盲同时并存，是飞机、火车、汽车和马车、人力独轮车、肩挑手提同时并存。总之，从社会生产力的发展来说，是自动化、机械化、半机械化和手工劳动同时并存。地区之间经济发展水平悬殊。经济落后的边远地区同北京、上海、天津这些经济发达地区，在经济发展程度上的差别，远大于京、津、沪同巴黎、东京之间在经济发展程度上的差别。即使在同一省区之内，经济发展程度上的差别也很悬殊。例如云南省，边远地区同昆明的差别，要大于昆明同上海的差别。这种发展极端不平衡的状况，短时期内不可能根本改变。我们就是在这样的基础上进行社会主义现代化建设的。我们的经济管理体制，经济政策措施，经济发展战略，经济理论研究，都需要充分考虑这种发展不平衡的状况。举例来说，这种发展的不平衡性决定了，在我国现阶段，社会生产力的发展，不论就全国来说还是就每一个省区来说，必然是有前有后，而不能是齐头并进的；社会生产关系的配置必须是多层次的，而不能是简单划一的；经济政策应该是在总的原则下因地制宜的，而不能是“一刀切”的；在走向共同富裕的道路上必定是一部分地区先富裕起来，而不能是同步富裕和同等富裕的；如此等等。这种不平衡性也决定了，我国要真正完成由自给半自给经济向商品经济的转化，要有一个比较长的历史时期，因为商品经济的发展程度不仅同经济体制有关，归根到底是由社会生产力水平决定的。不能脱离我国现实的生产力水平来设计经济体制和经济发展的模式。

单就交通运输条件来说，发达的商品经济是以便利的交通运输为前提的，而许多穷乡僻壤，至今交通阻隔，而且短时期不可能做到四通八达。这是研究我国社会主义商品经济和经济体制改革所不能不注意的一个重要问题。

新中国成立30多年来路线和政策的结果，包括政治的和经济的，制度的和观念的，积极的和消极的，都是中国国情，对建设有中国特色的社会主义有着直接或者间接的影响。这是我们制定经济政策和进行经济改革的既定前提，需要全面地加以研究和注意。

再往远处说，历史传统，包括积极的方面和消极的方面，也是国情的组成部分，对建设有中国特色的社会主义有着直接或间接的影响。现在人们在讨论传统文化问题，出现了所谓“文化热”。有人主张复古，也有人主张“全盘西化”，当然都是极少数人。我们不是历史虚无主义者，主张继承和发扬优秀的历史遗产，但复古不行。孔夫子那一套，毕竟不能解决社会主义现代化的问题。我们也不是闭关自守和排外主义者，主张借鉴和学习外国一切先进的东西，为社会主义现代化事业服务，但不能“全盘西化”。把资本主义那一套都引进来，并不是我们的宗旨，实际上也是行不通的。

关于国情，我们还可以举出其他许多方面，诸如政党情况、政治体制、国民教育水平和干部的管理水平，等等。总之，应该从总体上把握中国国情，即把握现阶段中国各个方面——经济的和政治的，思想的和文化的，社会的和心理的等等——现实情况的总和，活生生的现实。这可以叫作“国情总体论”。建设有中国特色的社会主义，要从中国国情的总体出发，即不仅要注意从中国的社会经济情况出发（这当然是极其重要的），而且要考虑到我国社会政治方面的特点，历史和文化方面的特点，以及民族传统等等方面的特点。这诸多方面，对于社会主义之具有中国特色，都有着不可忽视的影响。

强调从中国国情出发，建设有中国特色的社会主义，绝不是主张闭目塞听，拒绝研究和借鉴别国的经验。社会主义社会绝不是某种僵化的封闭式体系。诚然，社会主义制度和资本主义制度是对立的，绝不能抹杀其间的本质区别。但是，人类社会发展又是连续的，有继承性的。社会主义从资本主义脱胎而来，不可能“一刀两断”。社会主义和资本主义都是以社会化大生产为基础的，都有发达的商品经济，有一些社会经济现象，如经济组织形式、经济调节杠杆和经济管理方法等等，反映的是社会化大生产的客观要求，并不是资本主义所专有的，不能轻易地贴上资本主义的标签而拒绝加以利用。至于其他社会主义国家的经验，包括成功的和失败的，更应该加以研究和借鉴。近年来对东欧一些社会主义国家的经济理论和经济政策研究和介绍比较多，这是必要的，缺点是有片面性。例如，他们在经济方面有不少困难，甚至已经陷入困境，我们却往往只说好的一面，以致重复着他们的某些错误。还有一个缺点，就是对苏联的研究和介绍相对少些，我觉得今后需要加强这方面的工作。我们过去学习的是苏联的办法，苏联是个大国，和我国的共同之点更多些，包括长处和短处。当然，借鉴和学习别国的经验，必须有分析，有取舍，不能照搬照抄。以私有制为基础的资本主义的一套理论和办法，固然不能照搬照抄；即使对其他社会主义国家，也不能照搬照抄，因为彼此国情不同。这两种照搬照抄，现在实际上都是存在的。

成熟的社会主义政治经济学，应该反映社会主义经济发展的普遍规律，不能总是穿着民族的服装。完整的社会主义政治经济学理论的科学体系的建立，需要社会主义各国的经济学家和全世界马克思主义经济学家的共同努力，而且要经过长期的努力，才能渐趋完善。不能轻易地把某个国家（不论是苏联的，或者是匈牙利的，南斯拉夫的，中国的）根据本国国情而产生的具体经验，说成是社会主义经济发展的普遍规律。过去苏联把他们的一切经验都说成是普遍规律，我们在“左”的错误时期也有过这种偏差，结果导致了思想僵化。我国现在还是一个穷国，本世纪末也只是小康水平，不要轻易地把我们的一些理论观点视为普遍真理，不适当地夸大我们的一些实际措施的普遍意义。当然，由于我国是个人口众多的大国，我们致力于建设有中国特色的社会主义，也可能在若干重要方面，反映出社会主义经济发展的某些普遍规律，对于社会主义政治经济学理论体系的建设做出自己应有的贡献。

上述基本国情，在短时期内是不可能根本改变的。但是，国情毕竟是不断变化着的。从一个比较长的时间来考察，就会看出比较大的变化。因此，可以把有中国特色的社会主义作为动态，作为过程来考察，具体分析每个发展阶段我国社会主义制度所必然具有的特点，并采取正确的政策，把我们的社会主义事业一步一步地推向前进。至于有中国特色的社会主义的完成形态究竟是什么模样，现在还不大可能说得十分清楚，或许要到我国基本上实现社会主义现代化的时候，才有可能进行全面的总结，做出更深刻的理论概括。现在还不能说，我们已经找到了最适合我国国情的社会主义经济的模式。

1890年，恩格斯在评论当时关于未来社会产品分配问题的辩论时说："在《人民论坛》上也发生了关于未来社会中的产品分配问题的辩论：是按照劳动量分配呢，还是按照其他方式分配。……但奇怪的是谁也没有想到，分配方式本质上毕竟要取决于可分配的产品数量，而这个数量当然随着生产和社会组织的进步而改变，从而分配方式也应当改变。但是，在所有参加辩论的人看来，'社会主义社会'并不是不断改变、不断进步的东西，而是稳定的、一成不变的东西，所以它应当也有一个一成不变的分配方式。但是，合理的辩论只能是：（1）设法发现将来由以开始的分配方式，（2）尽力找出进一步的发展将循以进行的总方向。"①我认为，恩格斯这里所表达的深邃的辩证法思想，不仅对于我们考察社会主义社会的分配方式，而且对于认识整个社会主义历史阶段的生产关系和社会发展，对于建设有中国特色的社会主义，对于经济体制改革，都具有重要的方法论的意义。经济研究的任务，不在于寻找十全十美，一劳永逸，一成不变的制度、政策和办法，而是始终坚持从中国的国情出发，找到由以开始的起点，以及进一步发展将循以进行的总方向。建设有中国特色的社会主义，也应该是这样。

（原载《经济与管理研究》1987年第3期）

① 《马克思恩格斯选集》第4卷，人民出版社1966年版，第456页。

经济成长新阶段的总量平衡和结构优化

（1987 年 10 月 21 日）

一

比例性是社会生产发展的客观要求。这种客观要求，是不以社会经济制度和经济管理体制的改变而取消的，所可能改变的只是它的实现形式。所谓平衡，就是合乎社会生产和再生产的比例性要求。国民经济的比例关系和平衡，是个复杂的系统，可以从不同角度和不同层次上进行考察。从整个国民经济的宏观管理来说，最具概括性和最重要的，是社会总需求和社会总供给的平衡，也就是社会生产和社会需要的平衡。保持这种总量平衡，是国民经济长期稳定发展的关键。根据历史的和近年来经济发展的经验，应当特别重视合理确定全社会固定资产投资总规模和恰当规定生活消费增长幅度。这就是说，建设规模要同国力相适应，社会购买力的增长幅度要同生产的发展相适应。在商品经济条件下，社会总需求和社会总供给的平衡体现为价值量的平衡；而价值量平衡的重要标志，是货币供应量与经济的正常增长相适应。在开放经济条件下，外汇收支的大体平衡对于经济的稳定发展具有重要意义。多年来的经验证明，切实改进和加强综合平衡，做到财政、信贷、外汇和物资的各自平衡和相互之间的基本平衡，国民经济就能稳定发展。相反地，破坏综合平衡，必然带来种种恶果：建设规模超过国力，会降低投资效益，妨碍当前生产，影响人民生活；生活消费超过生产所允许的限度，不仅会妨碍社会积累，而且断难持久；货币发行量超过经济发展的需要，就会出现通货膨胀和物价上涨；外汇收支逆差过大，不仅妨碍对外经济技术交流，而且会给国内建设带来消极影响。所有这些，都会从根本上动摇国民经济的持续稳定发展。

按照辩证法的普遍规律，世界上任何事物，包括国民经济，都处于运动和变化之中，会经常出现不平衡，绝对的平衡是没有的，只能争取大体上的平衡。同样地，世界上任何事物，包括国民经济，在通常状态下，都具有质的稳定性，处于相对静止的平衡状态。经济发展和平衡是分不开的：发展是平衡中的发展，平衡是发展中的平衡。过去在“左”的思想指导下，否认相对之中蕴含着绝对，过于简单地把“不平衡是绝对的，平衡是相对的”这个哲学论断，不经过任何中介，直接套用到经济建设中来，片面强调不平衡的意义，否认平衡的作用，似乎只有不平衡才是积极的、革命的、促进经济发展的，而平衡只是消极的、保守的、妨碍经济发展的。这种形而上学观点，在经济建设中实行所谓“长线平衡”和“以钢为纲”之类的个别部门重点孤军突进的战略，造成了严重的比例失调，以致不止一次地被迫进行大的调整来恢复国民经济的平衡。由重点孤军突进的非平衡发展战略到平衡发展战略的提出，正是历史经验的总结。自觉地及时地解决经济生活中出现的不平衡，以经常性的小调整来避免比例严重失调情况下进行的大调整，这样的指导思想，则是近年来经验的总结。在当前投资规模过大，消费基金膨胀，物价上涨较多，通货膨胀加剧，经济生活中出现一些不稳定因素的情况下，强调这样的指导思想具有重要意义。

二

经济总量平衡同经济结构有着密切关系。没有总量上的平衡固然不能实现经济的稳定，但总量平衡只有建立在合理结构的基础上，才能取得良好的宏观经济效益。这是因为，社会总需求和社会总供给是高度的理论概括，其内部结构是极为复杂的。如果结构不合理，那么，总量平衡可能掩盖着国民经济各个组成部分之间实际存在的不平衡。短缺与过剩并存，一方面供不应求，一方面滞销积压，就是结构不合理的产物。此其一。第二，结构可以是低水平的，也可以是高水平的，结构水平的高低决定着平衡乃至整个经济增长的不同质量。如同不能离开经济总量的平衡来谈结构的合理化一样，也不能离开合理的结构来谈经济总量的平衡。

经过几年来的经济调整和改革，我国长期存在的产业结构不合理状况，开始得到缓解。农业、轻工业和重工业之间的比例关系，三次产业之间的比例关系，以及农业内部、轻工业内部和重工业内部的比例关系，开始趋于协调。但是，长期形成的不合理的产业结构，并未完全改观，发展中又出现了一些新的结构性矛盾，如能源供应和交通运输同经济发展更加不相适应，因加工工业的盲目发展使原材料工业的缺口增大等，需要加以解决。这些矛盾，在过去着重解决温饱问题的经济成长阶段也时有发生，并不是今天才有的，不过在当前投资决策权由集中走向分散，宏观控制机制还不健全的情况下，显得更加突出罢了。这表明，传统的产业结构调整的任务还没有完成。

从经济发展的长远趋势来看，产业结构问题所以变得特别突出，还因为：

第一，我国经济成长新阶段的要求。在基本解决温饱问题，向小康水平前进中，我国经济将经历两个方面的历史性变化。首先是在生产领域继续实现工业化。工业化的最本质内容，就是发展机器工业，并借此来改造包括农业在内的整个国民经济，同时实现农业人口向非农产业的转移。我国工业化过程中所发生的这两个方面的变动，呈现出相互矛盾的趋势。经过新中国成立以来大规模的工业建设，我国工业在工农业总产值中所占的比重由新中国成立初期的30%上升到70%，农业所占的比重相应地由70%下降为30%，这同工业化的历史进程是吻合的。但是，我国农业人口在总人口中所占的比重却变化甚微，直到近几年农村改革之前，仍然高达80%。城市人口的增加，除“一五”时期机械性增长较多外，其余时期多属自然增长。这是同工业化的历史进程相悖逆的，或者也可以说，表明了在特定的历史环境中所形成的工业化的某种畸形发展的性质。1979 年以来，这种悖逆情况开始有了改变。短短几年时间，由于乡镇企业异军突起，已经有 8000 多万农民全部或者部分地转入非农产业，规模和速度都是空前的。据统计，1980 ～ 1985 年新增从业人员中，农业年平均递减 11.7%，工业年平均递增 7.5%，商业服务业年平均递增 6.9%，建筑业年平均递增 18.7%。即使在经历了这样的历史性变化之后，现在农村人口仍然占我国总人口的 70% 以上，同我国的工业化水平还是不相称的。随着经济发展战略的转变和温饱问题的基本解决，农业人口向非农产业转移的速度将会加快。根据预测，从现在到 20 世纪末，还将有一亿几千万农村劳动力转向非农产业。一般说来，工业（包括乡镇工业）和其他部门劳动者的技术装备程度要高于农业，这样多的劳动力转入非农产业，需要基础工业和基础设施的相应发展，否则，向非农产业的转变就没有物质基础。这对产业的发展和结构的调整、改造提出了许多新的要求。这是生产方面。从消费领域来说，在温饱问题没有解决的时候，人们的消费多少具有“饥不择食”的性质；从温饱走向小康（更不用说从小康走向富裕了），对较高水平的消费需求必然增大，选择性也随之增强。必须对以解决温饱问题为目标的现有产业结构进行必要的调整和改造，才能适应消费需求的这种变化趋势。可以说，能否根据社会生产和人民消费的变化着的需要，及时地进行产业结构的调整和改造，直接关系着能否顺利地把工业化推进到一个新的阶段，能否顺利地由温饱走向小康。

第二，世界新技术革命的影响。产业结构是随着社会生产的物质技术条件的变化而变化的。在世界经济史上，纺织机械和蒸汽机的发明和推广，电力技术的发明和推广，都引起过产业结构的空前规模的调整和改造。当代以电子技术为核心的新的技术革命，正在引起世界范围内的产业结构的深刻变化。我国在开放环境中进行现代化建设，同整个世界经济的发展有着愈益深广的联系，必须密切注视这种发展趋势，并采取相应的对策。在世界新技术革命潮流的冲击下，现在不论经济发达国家还是发展中国家，都在努力根据本国的实际情况进行产业结构的调整和改造。经济发达国家在积极发展高技术产业，把许多传统产业转向发展中国家，甚至本国出现所谓“产业空心化”现象。许多发展中国家，把满足本国人民的基本需要放在首位，努力发展农业和消费品工业，同时积极发展技术密集型产业，力求推进产业结构的高级化，以谋自立于世界。我们要扩大商品出口，改善出口商品构成，进一步从深度和广度上发展对外经济技术交流，在新的世界经济格局中处于主动地位，也必须进行产业结构的调整和改造。

当今我国经济所处的发展阶段和国际经济环境，决定了经济结构调整和改造肩负着双重的历史使命：继续推进工业化，同时积极发展新兴产业。由于工业化的历史进程尚未完成，传统产业有广阔的国内市场，还有很大的发展余地。在今后相当长时间里，传统产业仍将是我国经济的主体。据1980年匡算，传统产业占全国工农业总产值的98%，估计20世纪末也不会降至80%以下。我国经济的增长和现代化的实现，主要应该立足于现有基础，充分发挥现有企业的作用。不能说，传统产业在我国已经成了所谓“夕阳工业”。但是，我国传统产业技术落后，设备陈旧，不改造不足以承担现代化建设的重任。幸运的是，世界新技术革命为我们提供了良好的机会，对外开放又为我们利用国外先进技术提供了广泛的可能。新技术革命将从两个方面对我国产业结构的调整和改造产生重大影响：一方面，使我们能够利用新技术革命的成果，在传统产业中注入高技术的因素，在更高的技术基础上改造传统产业，形成高技术和传统产业相结合的技术复合体；同时发展高技术新兴产业，迎头赶上世界新技术革命，并以此带动整个国民经济在更高的技术基础上向前发展。从发展趋势来说，高技术新兴产业的增长速度将会快于传统产业。我们应该利用这两方面的有利条件，经过调整和改造，把我国的产业结构提到一个新的高度。

三

产业结构的调整和改造中，如下三个问题是值得特别注意的：

第一，全面发展农村经济。自古以来，农业就是人类赖以生存的基础，我国是10亿以上人口的大国，农村人口占绝大部分，[①]40%以上的国民收入是直接由农业创造的，农业向来是关系全局的重要问题。农业的稳定发展和农村产业结构的调整是整个国民经济长期稳定发展的基础，也是整个产业结构调整和改造的前提。党的十一届三中全会以来，由于实行联产承包责任制，国家又大幅度地提高和逐步放开农副产品价格，调动了农民的生产积极性，加上多年来农田水利基本建设起的作用，农村经济取得了突破性进展，使长期困扰我们的人民温饱问题，得到了基本解决。这是一个伟大的成就。但是，应该清醒地看到，我国农业生产的物质技术条件还比较落后，农业基础脆弱，发展后劲不足，还存在着不稳定的因素，如耕地面积减少、土地肥力降低、基础建设不足、物资和资金投入下降等。农业上如果有一个大的曲折，三五年转不过来。近两年粮食生产的徘徊，今年以来若干农副产品供应趋紧，再一次向我们敲响了警钟，说明必须十分重视农业问题，绝不能掉以轻心。作为发展中国家，我们在整个工业化过程中，必须坚持把农业放在十分重要的战略地位，努力避免发生农业停滞现象。这不仅是农业的发展问题，也关系着工业化乃至整个现代化事业的成败。

农业问题，或者更广泛地说，整个农村经济问题，主要是两个方面：一是粮食问题，一是农业人口向非农产业转移的问题。农村经济乃至整个国民经济的发展，在很大程度上取决这两个问题解决得如何。在这两个问题中，又首先是粮食问题。我国粮食产量1984年创历史最高水平，达到4050亿公斤，人均400公斤。争取再上两个台阶，即第一步达到4500亿公斤，2000年达到5000亿公斤，是实现20世纪末经济发展战略目标的一个基本条件。这两个台阶是可能上去的，但并非轻而易举，需要经过艰苦努力。即使达到了这样的预期产量，由于人口增长，2000年也仅能维持1984年人均400公斤的水平，比世界

① 我国通常所说的农村人口，实际上是指不吃商品粮的居民，其中许多人无论在生产上和分配上都同农业母体分离了，他们已经不是农民，而只是住在农村的居民了。如果按世界其他国家相同的口径计算，我国农村人口占75%左右，或者还要低一些。——作者注。

平均水平低17%，比发达国家低得更多，只能满足基本生活需要。现在全国不少城镇肉、蛋和蔬菜供应紧张，说到底是粮食问题，再次说明无粮不稳。不待说，强调粮食生产的重要性，并不是要回到过去那种“以粮为纲”的老路，那样干了多年，实践证明并不成功。我们一方面必须十分重视粮食生产，同时要积极发展多种经营和乡镇企业，继续合理调整城乡经济布局和农村产业结构，有步骤地把农村富余劳动力转向非农产业。采取这样的方针，就可以在保证粮食稳定增产的同时，保持农村经济的稳定发展和农民收入的持续增长，从而为整个产业结构的调整和20世纪末经济发展战略目标的实现打下一个好的基础。

大量农业人口向非农产业的转移，是个深刻的历史性变动，需要解决一系列问题，诸如转移出来的劳动力从事新的产业所需要的基础设施的建设问题，资金来源和装备的技术水平问题，新的产业结构和产品方向问题，以及保持生态平衡和防治污染问题等。这个历史过程，实质上是工业化和农业技术改造的过程，也是社会分工深化和生产力发展的过程。乡镇企业的发展，为我们提供了实现这种转变的新鲜经验。现在，全国已有1500多万个乡镇企业，吸纳了农村20%的劳动力，总收入占农村总收入的48.9%，工业产值占全国工业总产值的23%，使农村产业结构发生了历史性的重大变化，成为我国经济发展中一支不可忽视的力量。不能否认，在乡镇企业发展中也产生了一些盲目性和其他消极现象，这是必须加以正视和解决的。但是，也应该承认，此类消极现象是难以完全避免的，不发展乡镇企业更不行，农村经济没有出路。我们一方面要充分估计到乡镇企业的积极作用，不能因噎废食；同时要及时地解决乡镇企业发展中的问题，使之沿着健康轨道向前发展。毫无疑问，农业人口向非农产业的转移的规模和速度，受农业生产的发展水平、整个国民经济特别是基础工业和基础设施的制约。规模过大，速度过快，就会妨碍国民经济的协调发展，甚至会造成社会的动荡和不安。看来，有的地方这几年在这方面走的步子是稍大了一些。目前社会经济生活中出现的问题，有些是与此有关的。

为了实现农业的稳定发展和农村产业结构的调整，需要继续深化农村改革，为农村发展创造稳定的政策环境。要巩固和完善生产经营责任制，积极发展兼业经营，逐步建立社会化服务体系，推进流通领域的改革，探索在自愿互利基础上通过多种形式的联合与合作逐步达到合理的经营规模，同时增加对农业的投入。"六五"时期农业发展很快，主要是农村改革激发了农民的生产积极性，农业投资的比重是下降的。农业要进一步发展，不下大气力改善农业生产的物质技术条件是不行的。要大力增加化肥、塑料薄膜、农药、柴油和农业机械等农用物资的生产和供应，加强农田水利基本建设，积极运用科技成果，培育和推广优良品种，防治病虫害。我国农业的发展和农村产业结构的调整，虽然面临着种种矛盾和困难，不能盲目乐观，但也没有理由悲观。农村改革以来的经验证明，只要政策对头，方法得当，农村经济的振兴将不会是很慢的。

第二，充分重视基础工业和基础设施的建设。在 1979 年开始的经济调整中，纠正了过去片面强调重工业的偏差，加快了轻工业的发展。在"六五"时期的全民所有制工业固定资产投资总额中，轻工业所占比重由 1958 ～ 1978 年 19.1% 上升到 23%；轻工业在工农业总产值中所占的比重由 1978 年的 42.7% 上升到 1986 年的将近 50%。日用工业品市场供应状况的改善是有目共睹的。社会主义生产的目的是满足人民需要，今后仍然要继续加强消费品工业的发展。但是，这丝毫也不意味着可以忽视基础工业和基础设施的发展。自产业革命 200 多年来的世界经济史表明，在工业化进程中，虽然在个别年份、个别时期消费品工业的增长速度是快于生产资料生产的，但总的发展趋势，是生产资料的增长速度快于消费资料。这是一条客观经济规律。我们还处在继续推进工业化的发展阶段，违反这条规律是要吃亏的。不注意基础工业和基础设施的建设，经济增长就没有后劲，最终也会妨碍消费品生产的发展。基础工业和基础设施所需投资大，建设周期长，当前受益的常常是先前的建设成果，当前的建设只能在若干年以后受益，更需要具有远大眼光，从经济发展战略的高度，预为筹谋，疏忽不得。根据当前我国经济发展中的薄弱环节，要强调加快发展以电力为中心的能源工业，以钢铁、有色金属、化工原料为重点的原材料工业，以综合运输体系和信息传播体系为主轴的交通业和通信业，以及为现代化建设提供技术装备的机械工业和电子工业。这都是关系国民经济长远发展的大计。当然，基础工业和基础设施建设不能孤立地进行，必须确定适宜的建设规模，建立合理的内部结构，坚持为整个国民经济发展服务的正确方向（这又要通过产业结构和产品结构的调整来实现），同其他方面的发展相协调，避免历史上曾经发生过的重工业孤军突出的偏差。

第三，正确处理生产结构和消费结构的关系。生产和消费，生产结构和消费结构，是相互依存的。生产是基础，没有生产便没有消费，但生产是为了消费，不是为生产而生产。消费品生产是直接满足人民需要的，生产资料生产则是为消费品生产创造条件，归根到底也是为了满足人民需要。一方面，我们要根据人民生活的需要来组织生产；同时，要根据生产发展的可能来确定消费水平，并对消费结构进行正确的引导和调节。建立合理的生产结构，是引导和调节消费结构的基础。食物结构和住宅商品化问题，是当前我国消费结构中的突出问题。

食物结构要同我国农业资源的特点和生产水平相适应。总的来说，根据我国人口众多和资源相对不足的国情，应当选择资源节约型的消费模式。例如，随着收入的增长，人们对于肉类和酒类的需求增加了，这是正常的。但是，在可以预见的将来，只能以素食为主，不可能以肉食为主，因为平均 2.5 公斤粮才能转化 0.5 公斤肉，以肉食为主养活不了 10 亿以上人口；肉食也不能单靠养猪来解决，还要积极发展家兔、鸡、鸭、牛、羊等。酒的消费也受粮食生产的制约。过去每年用几十亿斤粮食酿造白酒，现在达到二三百亿斤；啤酒，过去年产 100 多万吨，现在达到 400 多万吨，在建的还有几百万吨，如果继续高速发展，势必增加粮食供应的压力。因此，在消费品工业结构中，就不能过分突出酒类酿造业。类似情形，在其他消费品生产领域也有。

实行住宅商品化，既是改善消费结构的重要步骤，也是改善产业结构的重要步骤。新中国成立以来，特别是近 9 年来，尽管国家在住房建设方面做出了巨大努力，房荒仍然是我国社会经济生活中的一个突出问题。1986年结束的第一次房屋普查表明，全国城镇有25%的家庭，共1054万户，尚未摆脱无房或者住房拥挤、居住不便的苦恼。历史欠账过多，人口增长过快，城市膨胀，婚龄高峰，家庭小型化，都是住房紧张的原因。但供给制、低租金的住宅分配和使用制度，无疑加剧了房荒，并且阻塞了解决问题的道路。房租支出在家庭消费支出中所占的比重，许多国家在20%以上，我国城镇房租支出只占职工家庭收入的1.5%左右，平均每平方米使用面积月租金仅0.13元，连维护费也不够，不仅窒息着建筑业的发展，而且使消费结构极不合理。由于“住”的消费太少，购买力都挤到“吃”和“用”的方面，以致随着居民收入的增加，恩格尔系数并未相应降低。这又增加了对农副产品以及家用电器等耐用消费品供应的压力。实行住宅商品化，可以一举而三得：改善消费结构，促进建筑业的发展，带动建材工业等相关产业的发展。当然，在我国这样一个处于社会主义初级阶段的10亿以上人口的大国，即使实行住房商品化，加快住房建筑业的发展，在住的方面也不可能实现高消费，达到发达国家的水平。据国家经济体制改革委员会研究所提供的资料，1984年我国人均国民收入相当于日本1960年人均国民收入的60%，而城镇居民的住房水平已接近当时的日本，全国住房水平则高于当时日本的66%，接近日本1975年人均国民收入4500美元时的水平；住宅投资占国民收入的比重高于日本1960年1倍左右。这说明，尽管我国城镇住宅还相当困难，但也存在着类似许多耐用消费品那样的超前现象。总之，消费结构和消费政策直接关系着整个国民经济的协调发展，也关系着20世纪末战略目标的实现，是经济发展战略中需要着力加以研究和解决的重大课题。

四

现在讲总量平衡和结构优化，和过去相比具有不同的意义和新的特点，是发展商品经济和实行对外开放条件下的总量平衡和结构优化，也只能在发展商品经济和对外开放中实现。这就必须面向国内市场和国际市场，发挥市场机制的作用。但是，单靠市场作用和自由竞争，不能达到目的。正如不能把计划的作用理想化一样，也不能把市场的作用理想化。现在，即使在商品经济高度发达，市场发育成熟的资本主义国家，也不能没有国家干预。凯恩斯主义的风行，正反映了国家干预的必要。我国是发展中国家，又是发展中的大国，而且是发展中的社会主义大国，处在继续推进工业化的经济成长阶段，大片国土尚待开发，许多生产事业需要开拓，基础工业和基础设施需要大量投资，加之商品经济不发达，市场发育不充分，更不可能单纯依靠市场的作用达到经济发展的战略目标。特别是实现经济总量平衡和产业结构优化这样全局性的重大问题，更不能没有国家的宏观调控。但是，国家干预经济的方式必须改革。靠过去那种以指令性计划为主的僵化的集中管理体制，并不能真正实现总量平衡和结构优化，保证国民经济长期稳定增长。多次发生的严重比例失调和产业结构中存在的问题，就是证明。经济体制改革的重要目标之一，就是把计划和市场有机地统一起来，把国家的计划管理建立在商品交换和价值规律的基础上，通过制定正确的经济发展战略和国土开发规划，确定适宜的全社会固定资产投资规模和消费基金增长幅度，以及制定正确的社会消费政策、产业政策和企业组织结构政策，并运用价格、财政、税收、信贷等经济杠杆，以及必要的行政和法律手段，进行干预和调节，以达到经济总量平衡和产业结构优化的目的。

将这些正确原则付诸实施，引导资金投向符合经济发展战略和产业结构优化的要求，促进总量平衡和结构优化的实现，涉及国民经济的广泛领域，必须在改革的深化过程中加以解决。在这方面，虽然近年来也有一些成功的经验，但问题也不少。总的来说，还处于起步阶段，需要在实践中继续探索前进。

（原载《光明日报》1987 年 11 月 21 日）

物价问题论纲[①]

（1988 年 5 月）

（一）当前物价形势是严峻的。近年来不是个别商品价格上涨，而是物价的普遍上涨。在连续几年物价有较大幅度上涨的基础上，1988 年以来物价仍呈强劲上扬之势，物价指数逐月攀升，年初即已达到两位数。通货膨胀已经是毋庸置疑的事实，弄得不好还有进一步加剧的危险。口粮、食油等基本生活资料定量供应部分价格是稳定的，房租仍然太低，以及双轨制下计划内生产资料价格的相对低廉，都在一定程度上缓解了物价总水平上涨的势头，但不足以否认通货膨胀的存在。发生通货膨胀的主要原因，是社会总需求超过社会总供给，是典型的需求拉动型，结构性原因尚在其次。

治理通货膨胀是我国建设和改革道路上无法回避或绕开的难关。可以说，能否有力地治理通货膨胀，避免恶性通货膨胀的发生，不仅关系着国民经济能否健康发展和社会能否安定，也关系着改革的成败。

（二）在 1979 年以前，有过两次严重的通货膨胀：一次是新中国成立初期，那是旧中国留给我们的遗产；一次是 60 年代初，那是三年“大跃进”的产物。1979 年以来的价格变动，是从农副产品价格调整开始的。大幅度地提高农副产品的收购价格，对于促进农村经济的恢复和发展起了重要作用。不能忽视的是：农副产品第一轮提价，是在稳住城市这一头的条件下进行的，就是说，稳定工业产品价格，并给城市居民以食品价格补贴。自 1984 年经济体制改革重点转移，城市经

① 这是作者 1988 年初在若干场合所作的报告，基本内容也反映在作者所主持撰写的一份关于物价问题的政策建议中，即本文附录《价格改革的基本思路》。

济改革大规模展开以来，除1985年主动地进行过价格调整外，其余年份的物价上涨，基本上是在国家没有大的价格改革措施出台的情况下自发地发生的。结果，物价总水平大幅度上升，但价格关系并没有理顺，在某些方面甚至变得更不合理。主要表现在：

1. 工农业产品比价，由于工业产品价格特别是农业生产资料价格上涨幅度大于农业产品，农产品特别是粮食价格又到了谷底，1979年以来已经缩小了的工农业产品价格差，又有所扩大。

2. 在农业内部，粮食作物与经济作物之间，种植业与养殖业之间，农业与工副业之间，价格关系不合理。“以工补农”政策的提出，正是鉴于务农收入之相对低下。农民所谓“养四条腿的不如养两条腿的，养两条腿的不如养一条腿的，养一条腿的不如养没有腿的”，也是说明价格的不合理。这里所说的四条腿指猪，两条腿指鸡，一条腿指蘑菇，没有腿指鱼。

3. 在工业内部，加工工业和基础工业比价不合理。加工工业价高利大，能源和原材料工业产品价格低，是造成加工工业膨胀而能源和原材料工业相对落后的重要原因。

4. 生产领域和流通领域价格关系不合理。中间环节越来越多，超过了正常商品流通的需要，层层盘剥渔利，是推动物价上涨的重要原因。

5. 实行生产资料价格双轨制，一物多价，造成了新的价格扭曲，加剧了价格体系的不合理。

6. 同类商品的质量价差仍然没有拉开。

7. 其他生产要素价格关系中也存在着严重的扭曲。

事情很明显：与其自发地、不加控制地乱涨价，使通货膨胀和价格关系不合理交织并发，不如趋利避害，采取果断措施，坚决地进行整顿（整顿中间环节）、调整（调整比价关系）和改革（改革价格形成机制），以逐步达到理顺价格关系，促进经济改革和经济发展之目的。

（三）面对通货膨胀的局面，有三条可供选择的道路：

一是听之任之，甚至推波助澜或火上浇油，企图以此推动经济的高速增长。这会导致恶性通货膨胀，给国民经济发展和改革带来灾难性后果，是不可取的。

一是急刹车，实行极度的紧缩政策，在很短时间内消除通货膨胀。这种办法过去曾经成功地使用过，但在当前中国的政治经济条件下，是行不通的。

一是逐步缓解通货膨胀，降低通货膨胀率，保持经济的适度增长。看来，这是比较可行的路子。从目前通货膨胀的态势看，必须实行适度的紧缩政策，才能做到这一点。即使能够成功地实施适度的紧缩政策，通货膨胀率能够逐年缩减，物价总水平也会有大幅度上升。可见，这条道路也并不是很容易走得好的。

（四）在商品经济条件下，价格问题具有至关重要的意义。几年来的实践证明，价格改革是经济体制改革中无法回避或绕开的问题。

价格改革的理想目标，是使各种商品以及各种生产要素的比价趋于合理，而且形成不断地再生产出这种合理的价格关系的经济机制。所谓合理，就是价格能大体上反映商品价值和市场供求关系，其标志是社会平均利润率的形成。这不仅需要市场机制的完善，而且需要宏观经济管理水平的提高，真正形成社会主义有计划商品经济的价格机制。在这种合理的经济机制下，不是价格扭曲以后进行被动调整，而是经常性的自动调节。达到这个理想目标，需要比较长的历史过程。这个过程，不仅包括整个经济体制改革的进程，实际上是社会主义有计划商品经济发育和成熟的过程。如果这种理解不错，那么，上述理想目标 5 年时间显然是达不到的，甚至不是 20 世纪所能完成的。在这个问题上，时间与其设想得短些，不如设想得长些；与其设想得容易些，不如设想得困难些。这样做，可以保持清醒的头脑，使我们在改革进程中增加主动，减少被动。合理的市场机制是商品经济的产物，是不以人们的主观愿望为转移，想要多快就能多快的。急于求成，提出过高的目标，往往欲速而不达。

我们不仅需要提出理想目标，同时需要规划近期能够达到的目标和切实可行的实施方案。从某种意义上说，这并不比提出理想目标更容易。根据我国当前的实际经济情况，近期目标可以考虑规定为：调整明显不合理的比价关系；把生产资料价格双轨制逐步合并为单轨制；

通过整顿中间环节而理顺生产领域和流通领域的价格关系。这个目标是有限的，但真正做到并不容易。做到了这几点，我们就向着建立合理的价格机制迈出了重要的一步。这个近期目标，实际上是包含着价格调整和价格改革的双重内容的。或者也可以说：在价格改革中进行价格调整，在价格调整中推进价格改革。

关于价格改革的目标，有两个问题需要讨论。

一是价格能不能完全放开。发展商品经济要充分发挥市场机制的作用，由市场决定价格，这是毋庸置疑的。但是我国市场机制不健全和有效供给不足的状况，短期内不可能根本改观，价格完全放开是困难的。何况，即使在市场机制健全的发达资本主义国家，对于价格也有严格的管理制度，对一部分重要产品也实行统一定价的办法。例如，法国占全国消费额 15% ～ 20% 的电力、煤炭、铁路、自来水、书籍、药品以及重要的公共服务价格，是由政府直接管理的。意大利占全国消费总额 25% 左右的电力、电话、汽油、生活用煤气、民航和公路运费、糖、面包、自来水、牛奶、牛肉、面食及市内交通等 37 种重要商品和服务收费，是由政府直接管理的。日本影响经济、社会和人民生活的公共事业及主要农产品的价格，是由政府制定或须经政府批准的。欧洲共同体制定农产品统一价格，各成员国必须严格遵守，更是人所共知的事实。国家对价格实行必要的干预，是现代资本主义经济计划性的一种表现，其经验值得我们借鉴。把商品经济和价值规律想象成价格完全自由放任，是一种误解。“一放就多，一多就廉”，确有这种情况，但并非每种产品都能如此。有许多产品，受资源约束，或者受生产的物质技术条件限制，或者缺乏竞争的环境，放开未必能够增加供给。短时期尤其如此。

二是国内价格是否同国际市场价格挂钩。诚然，一个国家经济越开放，国内市场价格水平受国际市场价格的影响就越大。但是，由于各个国家经济发展水平不同，产业结构不同，在国际经济分工中所处的地位不同，甚至地理位置的差异，都会影响其物价政策，多数国家并不是每种产品都同国际市场价格挂钩。何况，国际市场价格是变动不定的，一个国家如果占有某种产品的相当大份额，便可影响甚至操纵国际市场价格。我国是经济落后的发展中国家，不可能完全同国际市场价格挂钩。即使同国际市场价格挂钩，也未必能理顺国内的价格关系。更不用说，在当前以及今后相当长的时间内，我国的工资收入是不可能同国际水平看齐的。

（五）物价是整个国民经济状况的综合反映。在中国经济建设和经济改革的现阶段进行价格改革，不能不涉及建设和改革的全局。因此，不能单纯就价格论价格，必须立足经济建设和经济改革的全局，进行综合的研究和治理。

在通货膨胀的条件下进行价格改革是有风险的。要兼顾经济建设和其他方面的改革，难度更大。我们面临的困难是有效需求膨胀与有效供给不足，既不是生产过剩而有效需求不足的情况，也不是非通货膨胀条件下单纯的供给不足。因此，单一的抑制需求或者单纯的刺激供给政策，都是难以奏效的。对症下药，总的战略选择应该是：适度抑制需求，积极增加供给。两个方面缺一不可。不抑制需求，不能缓解通货膨胀；不增加生产，会加剧供不应求的矛盾，也不能达到维持经济增长和缓解通货膨胀的目的。恰当地把握抑制需求和刺激供给的力度，是价格改革能否成功的关键。

为了比较顺利地进行价格改革，不仅要有正确的指导思想，还要在货币信贷政策、财政税收政策、产业政策和投资政策、社会分配和消费政策、外贸和外债政策等方面进行配套改革，而且需要加强经济立法、经济管理、经济纪律和经济监督。

（六）通货膨胀是一种货币现象，即纸币数量的过度增长所导致的物价普遍上涨。按照经济学的流行说法，就是：太多的货币追逐较少的商品。我国近年来的物价上涨，也是货币过量发行的产物。据统计，1977～1987年间，市场货币流通量增长644.4%，约为国民收入增长速度的6倍；同期，剔除物价上涨因素，零售商品货源实际增长299.4%，社会商品购买力增长376%。1978年市场货币流通量只有212亿元，1987年达到1450多亿元，其中，1983～1987年增发1015亿元，远超过经济增长的需要。过量的货币发行导致需求膨胀，是引发物价大幅度上涨的主要诱因。

控制货币发行量是消除通货膨胀的釜底抽薪之举，也是世界各国常用的办法。关于货币发行，并没有严格的具体数量规定。按照一般规律，假定其他条件不变，货币供应量的增长率，应等于经济增长率。现阶段我国社会经济正以空前的广度和深度向商品化推进，加上城乡居民随着收入增加而增加了手持货币的数量，货币发行量的增长率应该高于经济增长率。这还是抽象的讨论，实际上，社会经济商品化进程所需要的货币增发量是不容易精确度量的，货币流通速度也是必须考虑的因素。但是，现在物价普遍上涨，大家都感到“钱毛了”，说明货币发行过量。货币发行对于物价的影响，滞后期一般为一年到一年半。我国商品经济不发达，滞后期要更长一些，前几年过量发行的货币，对于今后一两年的物价还会发生消极影响。因此，为消除通货膨胀，今后几年货币发行要坚持适度紧缩的方针。

现在储蓄是负利率，即储蓄利率低于通货膨胀率。这种资金价格的倒挂现象，是价格关系不合理的一种表现。与存款利率相对应的是贷款的低利率，这很不利于提高资金使用效益和控制信贷规模。3000多亿元的居民储蓄，在通货膨胀条件下是随时可以冲向市场的“笼中之虎”。1988年以来，全国城镇储蓄增长势头明显受挫，固然有金融债券发行增加的因素，但由储币待购变为持币待购或抢购，无疑也是一个重要原因。这是一个值得注意的信号。为了稳定资金来源，减轻市场压力，缓解通货膨胀，需要适当提高存款利息率，使之略高于、至少不低于通货膨胀率。与此同时，要提高贷款利息率。这对促进企业提高资金使用效益，对控制信贷规模和投资规模，从而消除经济过热现象，都是有益的。为了严格控制货币发行量，货币发行制度必须进行改革。从完善金融制度的要求来说，货币独立发行，并且纳入法律程序进行严格管理，势在必行。这一步迟早是要走的，迟走不如早走。

（七）1979～1987年九年间，除1985年外，财政均为赤字，累计591亿元。按照现行核算体系，财政赤字中不包括内外债务，那是被列为财政收入的。如果算上内外债务，实际财政赤字要大得多。赤字财政推动需求膨胀，是重要的通货膨胀源。坚持财政收支基本平衡的原则，量入为出，开源节流，减少乃至消灭财政赤字，是缓解乃至消除通货膨胀的重要一着。

近年来，我国国民收入分配格局发生了重大变化。财政收入占国民收入的比重从 1978 年的 37% 降到现在的 26% 左右，在世界各国中是比较低的，且有进一步下降之势；中央财政收入占财政收入的比重从 70 年代的 60% 左右降到现在的 50% 左右，在世界各国中也是比较低的，也有进一步下降之势。其结果，一方面是增加了企业和地方政府的财力，使它们增强了经济活力和承受价格调整和改革的能力；一方面使国家财政收入，特别是中央财政收入相对减少，这又削弱了国家特别是中央政府主动地进行价格调整和价格改革的能力，增加了进行价格调整和价格改革的难度。因此，在经济体制改革中，随着财权的下放，应该相应地下放事权，以减轻政府特别是中央政府的财政压力。应该看到，在我们这样的国家，政府所承担的经济和社会责任是重大的，有许多负担至少是短时期难以甩掉的。我国处在继续推进工业化的经济发展阶段，客观上也要求适当集中财力和物力。因此，需要适当提高财政收入在国民收入中所占的比重，提高中央财政在整个财政收入中所占的比重。现在实行的企业承包制和地方财政包干制，都是采取基数包干的办法，不利于这种目标的实现，因为在通货膨胀条件下基数部分会贬值，而增量部分又大部分归企业和地方，将会使国家财力削弱。这是不利于价格改革和整个经济体制改革的，也是不利于现代化建设发展的。我认为，在物价大幅度上涨条件下，需要适当调整承包基数，或者将基数承包改为比例承包。这是完善承包制度，兼顾企业利益和国家利益、地方利益和中央利益的比较可行的办法。

国家财政对物价的补贴，包括对若干种商品实行购销倒挂的价差和亏损补贴，按优待价供应农业生产资料的补贴，以及为平衡国内市场供求关系对外贸进口的粮食、棉花、砂糖、化肥、农药等五种商品亏损的补贴，1978 年不到 100 亿元，现在已达 300 多亿元，是国家财政一个沉重的负担。现在国家财政有很大赤字，而且有继续增加之势，价格改革必须考虑国家财政的承受能力，以不过多增加国家财政负担为前提。

税收是国家财政收入的主要来源。严格税收制度，减少财源流失，是建立社会主义商品经济新秩序的重要一环。现在减免税收失之过宽，偷税漏税稽查惩办不严，跑、冒、滴、漏普遍存在。每年组织财务税收大检查，仅此一举，动辄增收数十亿上百亿元，可见问题严重，也说明潜力之大。除完善税制外，还要加强税收队伍的建设：扩充人员，提高素质。这件事已经喊了多年，并无异议，但也未见实行。现在应该趁党政机构改革和企业改革，精简机构和干部的机会，具体组织实施。

（八）社会需求膨胀包括投资膨胀和消费膨胀。投资膨胀，而且结构很不合理，是通货膨胀的重要诱因。投资膨胀的标志是：1983～1987年，全社会固定资产投资从1823亿元增加到3518亿元，增长93%，远高于国民收入增长62%的速度；投资在国民收入使用额中所占的比重，已从1983年的28.9%上升到1987年的38.4%，积累率从29.7%提高到34.5%，在新中国成立近40年来的历史上，仅仅低于“大跃进”时期的1959年（43.8%）和1960年（39.6%），以及1977年（36.5%）和1978年（34.6%）这四年。压缩固定资产投资规模，缩短基本建设战线，是抑制社会总需求，缓解通货膨胀和进行价格改革的必要条件。随着权力下放、财力分散和政策调整，投资格局发生了重大变化：在全社会固定资产投资总额中，全民所有制单位所占的比重下降；在全民所有制单位固定资产投资总额中，基本建设所占的比重下降；在基本建设投资总额中，国家预算内资金所占的比重下降。压缩固定资产投资规模必须考虑这种变化了的新情况，不能原封不动地沿袭过去的老办法。就是说，要着眼于全社会固定资产投资，而不能局限于全民所有制范围；要考虑到全部固定资产投资，而不能只看基本建设；要管理好全部基本建设投资，而不能只管国家预算内那一块。只有这样统筹全局，才能达到压缩固定资产投资规模之目的。以1986年为例：全社会固定资产投资完成3019.6亿元，其中全民所有制单位1978.5亿元，占65.5%；在全民所有制固定资产投资中，基本建设1176.1亿元，占59%；在全民所有制基本建设投资中，国家预算内投资470.7亿元，占40%。如此计算，全民所有制单位预算内基本建设投资，只占全社会固定资产投资总额的15.6%。显然，只管住这15.6%的固定资产投资，不足以控制全社会固定资产投资总规模。但是，对于全社会固定资产投资规模，特别是对于比重日渐增大的全民所有制经济以外的固定资产投资，以及全民所有制投资中国家预算外投资的部分，至今尚未找到适当的宏观调控办法。这是需要在今后计划体制、投资体制和整个经济体制改革中加以解决的问题。

固定资产投资还有结构不合理的问题。在全民所有制单位的基本建设投资中，生产性投资所占的比重“五五”时期为73.9%，“六五”时期降为57.4%，“七五”前两年已开始回升，能源交通投资所占的比重近两年也是增加的。但是，就全社会固定资产投资来说，仍然是非生产性投资比重偏大而生产性投资比重偏低，生产性投资中加工工业投资比重偏大而能源原材料工业和农业的投资比重偏低。这很不利于经济发展后劲的培育，也妨碍产业结构的调整。能源和交通运输价格偏低，煤炭和石油已经全行业亏损，价格必须有较大幅度的提高，以刺激生产的发展。但是，这些部门投资大，建设周期长，提高价格并不能立即增加供给，必须靠正确的投资倾斜政策加以扶持，并且通过分配格局和积累机制的改善，使提高价格增加的收益更多地用于积累，并且用差别税率、差别利率等经济办法吸引预算外资金投向这些瓶颈产业。压缩投资规模必须同优化投资结构同时进行，避免压缩了瓶颈部门的重点建设，已经增长过快的一般加工工业反而压缩不了甚至乘机疯长的情况发生。这种危险之所以可能发生，是因为重点建设掌握在国家手里，容易得到控制；而一般加工工业多掌握在地方政府甚至乡镇企业手里，不容易得到控制。

（九）在商品经济条件下，社会再生产过程中实物形态和价值形态的平衡是个不容易解决的问题，发生通货膨胀时尤其如此。有两个问题需要研究：

一是固定资产投资贬值的补偿问题。在物价大幅度上涨的条件下，现正进行的固定资产的投资会贬值。如果投资金额不变，即意味着实际投资规模的缩小；要完成预定的建设计划，必须追加投资。对于追加投资额的掌握，例如，按物价上涨率等比例增加投资、部分增加投资或者不增加投资，即对于固定资产投资的贬值全部补偿、部分补偿或者不补偿，可以成为调整投资规模和投资结构的手段。

一是固定资产折旧问题。在物价大幅度上涨的条件下，资本存量的价格会自然上浮。这对于现有固定资产的折旧会发生重要影响。假定，一台使用中的机器设备，价值10万元，不考虑无形损耗的因素，平均每年折旧1万元，10年时间全部价值转移到产成品中去，在实物形态上也需要更新。又假定，物价上涨100%，在其他条件不变的情况下，这台机器设备价格便上浮为20万元，平均每年要折旧2万元；如果每年仍折旧1万元，在实物形态上需要更新的时候，只能折旧10万元，其价值损失50%。这种“吃老本”的办法，造成产品低成本的假象。为了避免这种损失，可以采取提高折旧率的办法，这会使价格上涨幅度增大；或者对固定资产价值进行重估，这是一件复杂的工作。当然，这里也需要考虑结构优化的需求，各种产业和产品不能一律对待。

（十）我国农业生产力落后，至今还是以手工劳动为主。过去长期实行粮食和其他主要农产品统购统销，低价收购农产品的办法，实质上是一种特定历史条件下的原始积累。其后果是双重的：加速了工业化的进程，同时造成了农业的相对落后。农业的落后又妨碍了工业和整个国民经济的发展。因此，提高农产品价格不仅是使农业恢复生机的必要条件，也为工业和整个国民经济持续发展所必需。1979年以来第一轮价格调整从提高农产品收购价格开始，乃是历史的必然。在近两年的物价上涨中，农产品也起了带头作用。我国人多地少，农业落后状况短时期不可能根本改观，农产品供应不足将会长期存在，价格上扬之势短期内难以逆转。

提高农产品价格对于促进农业生产的作用是毋庸置疑的，1979年农产品提价就是一次成功的实践。但是，那次提价对于农业生产的促进在很大程度上带有恢复的性质，不可能长久如此。还应该注意到，1979年以来农业生产的发展还有推行联产承包责任制的巨大作用，并不单是提高价格的结果。我国农民收入低，除了农产品价格低这个因素外，还由于农村人均耕地面积小，农村存在着大量的潜在失业人口，农业人口向非农产业转移进程缓慢，不容易达到合理的经营规模和比较高的劳动生产率，也阻滞着科学技术在农业中的广泛应用。在农业小规模经营条件下，即使提高农产品价格，收益也不可能向工业看齐，在比较利益驱使下，农民投资会自然向一般加工工业和商业流通流域倾斜，从而影响对农业投入的增加。这减弱了农产品价格提高对生产的刺激作用。

这是两难选择：大幅度提高农产品价格，会加重目前已经颇为拮据的国家财政负担，又难以刺激农业产量迅速增加；如果不提高农产品价格而只提高工业品价格，又会扩大工农业产品价格的剪刀差，加重农民负担。从宏观经济效益考虑，权衡利弊，当前比较好的选择，是先调整能源、交通和原材料的价格，同时对农产品价格作些比较小的调整；待能源、交通和原材料价格调整后，再对农产品价格作比较大的调整。当然，也可以是另一种思路，即不按产品序列先后推进的办法，而采取各种产品价格调整同时起步，按比例逐年推进的办法。这种办法，实施起来操作的难度也不小。

当前农业并没有大的危机。但从发展趋势来说，农业对于整个国民经济发展将是长期的重要制约因素。农业的发展除了正确的农村经济政策和适当提高农产品价格外，还取决于对农业投入的增加、科学技术在农业中的广泛应用，以及随农业人口向非农产业转移而逐步实现的规模经营这样三个基本条件。在国家预算内资金减少的情况下，国家投资只能用于大江大河的治理和少数重点工程的建设，农业投入主要靠农业自身积累机制的培育。在当前及今后几年，除了适当提高农产品的收购价格外，还可以通过增加农业生产资料的供应数量和稳定其价格的办法，刺激农业生产的发展。采用这种方式，能够保证这部分投入真正用于农业而不流向农村其他产业，同提高农产品价格的办法并用，可以减缓农产品的涨价幅度。在农产品价格不能大幅度提高的情况下，不失为减轻农民负担的一种办法。

（十一）在我国经济同世界经济联系日益密切的条件下，对外贸易、外债和汇率对国内物价水平影响越来越大，在价格改革中必须充分注意到这一点。我们要学会利用对外开放的环境，促进国内价格的合理化。从当前的实际情况看，开放环境是促进国内物价总水平上涨的。

我国进出口贸易总额，1978 年为 206 亿美元，1987 年为 827 亿美元，增长 3 倍以上，远高于工农业生产和国民生产总值的增长速度。1987 年我国出口贸易总额 395 亿美元，折合 1472 亿元人民币，占当年国民生产总值 12920 亿元的 13.5%，已经接近或者超过日本、美国等经济发达国家的比重。对外贸易的发展支持了国内建设，同时也牵动了国内物价上涨。这一则是因为抢购出口货源而加剧了国内市场的供不应求，二则是因为出口换汇成本提高而加重了国家财政的负担，增加了财政赤字。过度的进出口贸易对于经济发展是不利的。在现代商品经济条件下，出口贸易应以盈利为目的，而不能不惜工本地去换取外汇。从宏观经济效益来说，今后进出口贸易的增长速度及其构成，都是值得研究的问题。

汇率实质上是一国货币的国际价格，对国内物价的影响随着进出口贸易规模的扩大而增长。由于我国的外汇储备和国际支付使用美元，近年来美元对日元及其他几种货币的贬值，加上人民币对美元的贬值，使我国大幅度增加了从日本及其他几个国家和地区进口商品所支付的美元，也增加了从美国进口商品的支付。一般说来，本币贬值会促进本国商品的出口，但由于我国商品出口是进口挤压型的，进口压缩不下来，人民币贬值虽然可以刺激出口，同时也会使进口成本提高。这都是促进物价上涨的因素。最近一个时期，我国大量进口的钢材、有色金属和粮食等商品国际市场价格大幅度上涨，而我国的大宗出口商品石油国际市场价格下跌，直接牵动国内物价的上涨。

一般说来，举借外债如果使用效益好，可以增加国内供给，是不会推动物价上涨的。但是，如果使用效益不好，随着还本付息高峰的到来，资本流出增加，甚至出现资本净流出，就会使由外债造成的供给的增长率相应降低，甚至出现负增长，从而推动物价上涨。截至 1988 年 5 月，我国外债余额为 320 亿美元，这样的外债规模目下并没有什么危险。值得注意的是：第一，我国外债的增长速度高于国民生产总值和外贸出口收汇额的增长速度，这种趋势继续发展下去，按照国际上通常用的指标，一旦外债余额占当年国民生产总值的比重大于

20%，当年外债还本付息额占当年外汇收入额的比重大于20%，就会陷入被动地位；第二，到1991年或至迟不超过1992年，将进入还债高峰期，出现资本流出逐步增加的情况。这会使财政收入减少，支出增加，给治理通货膨胀造成困难。预为之计，必须加强对外债的管理，克服举借外债中的混乱现象，使外债总规模及其增长速度不致产生风险。

（十二）消费膨胀和投资膨胀是推动物价上涨的两个轮子。历史上多次发生的投资膨胀，都是靠紧缩人民消费实现的。近年来的投资膨胀，是与消费基金膨胀同时发生的。两个轮子一齐转，拉动着物价上涨。

在收入分配和消费方面，现在存在着三方面的问题，都是推动物价上涨的。

一是总量上的消费需求膨胀，包括个人消费需求膨胀和集团消费需求膨胀。1983～1987年，按当年价格计算，国民收入平均每年增长17.9%，职工工资总额平均每年增长19.1%，这里还未包括现已占到职工货币收入总额30%～50%的工资外收入；农民人均收入平均每年增长10.5%，高于农村社会总产值的增长速度。同期，社会集团消费平均每年递增21.2%，大大高于国民收入和国家财政收入的增长速度。1987年集团消费金额达553亿元，占当年财政收入的24%，相当于预算内基本建设投资的90%。应该如实地承认，这几年消费增长过快了，这种状况是不可能持久的。治理通货膨胀，进行价格改革，必须从总量上控制消费基金的增长，使之低于国民收入的增长速度。这就意味着一部分人收入增长速度减缓，甚至实际生活水平下降。想不忍受任何牺牲，舒舒服服地度过通货膨胀和价格改革的难关，是不可能的。

二是计划分配渠道中的平均主义。这主要是在正式的工资分配渠道和社会福利方面。近年来虽然在宣传中大张旗鼓地反对"大锅饭"和"铁饭碗"，但在正式的工资分配渠道和社会福利方面，平均主义仍然严重地存在着。工资差距没有拉开，脑力劳动和体力劳动报酬倒挂现象甚至在加剧，"造原子弹的不如卖茶鸡蛋的，缝肚子的不如缝裤子的”。按人头平均享受的社会福利，包括公费医疗、物价补贴和只具有象征性意义的低房租，以及把就业包下来的办法等等，使国家背上了愈益沉重的包袱。在目前人均收入很低而人口又多的情况下，平均分配的部分多了，就难以真正贯彻按劳分配原则，而且成为消费基金膨胀的一个重要原因。但是，在人均收入很低而人口又多的情况下，实行低工资制，工资及社会福利方面的平均主义在某种程度上又是保证人民基本生活所必需的。这是我们所面临的一个不容易解决好的难题。根据目前国民经济发展的态势，今后几年实际工资大幅度增长是困难的。在实际工资低速增长的条件下，又要保持绝大多数人的实际生活水平不致因物价上涨而降低，在客观上会强化平均主义的分配倾向，工资制度改革的余地就不大。而如果工资制度不改革，分配关系就会继续扭曲，给今后的改革增添障碍。这也是我们所面临的一个不容易解决得好的难题。

三是收入分配领域中的高低悬殊。平均主义要反对，但社会公正是必需的。对于现阶段收入分配的性质，可以按不同标准区分为：按劳分配收入和非按劳分配收入，劳动收入和非劳动收入，合法收入和非法收入。由实行按劳分配所造成的差别不可能很大，在正式的分配渠道中反对平均主义，就要坚持贯彻按劳分配原则，继续拉开收入差距。现在的收入悬殊，大体上有三种情况：一是由于分配机制不健全，加上市场供求状况的重大差别，造成不同行业的劳动者之间，或者同行业内部不同的劳动者群体之间，在收入分配上的高低悬殊；一是较大规模的雇工经营中雇主与雇工，以及承包经营中承包者与普通劳动者，在收入分配上的悬殊；一是一小部分人通过贪污、受贿、盗窃、诈骗、走私、偷税漏税、中间盘剥、以权谋私等非法手段牟取高额收入。在治理上必须根据不同性质，区别对待。要打击的，只是非法收入。对于劳动收入和合法的非劳动收入，要依法加以保护，对其中的高低悬殊现象，要通过深化改革，完善经济机制，包括建立和健全个人所得税制度来解决。

东欧社会主义国家和我国的经验证明：高度集中的传统体制是压抑消费而倾向积累的，即所谓“高积累，低消费”；随着改革的进行和权力的下放，则往往容易发生“双膨胀”，即投资膨胀和消费膨胀并发，引起国民收入的超分配。从实物形态来考察，可以分配的只能是生产的成果，除了将借债纳入当年的国民收入，是不可能有超分配的。但从价值形态来考察，如果货币过量发行，是会发生超分配情况的。这同社会总需求超过社会总供给是一样的意思。举借外债有助于在短时期内维持双膨胀的局面，但是，这种局面难以持久。由于投资容易压缩而消费刚性强，很可能由双膨胀发展为消费膨胀而投资萎缩。再往前走，便可能出现投资和消费的双萎缩。如果不适度地抑制消费需求而又过多地压缩了投资，特别是基础部门的投资，就有走入这种困境的危险。

抑制消费需求并不是要减少人们的工资收入总额，这在通货膨胀的条件下实际上是不可能的，而是指：

1. 降低实际工资的增长速度，在万不得已时甚至不排除负增长。

2. 将一部分消费基金转化为建设基金。随着分配渠道的多元化，个人和企业的投资潜力增大，如何将一部分消费基金转化为投资基金，是一个值得研究的问题。这不仅是当前消除通货膨胀的有力手段，也是长期培育社会积累机制的重要方面。

（十三）治理通货膨胀，实行适度的紧缩政策，投资要适当缩减。生产能否发展，国家财政赤字能否减少，人民生活水平能否不降低甚至有所提高，归根到底要看经济效益，尤其是全民所有制工业企业的经济效益能否提高。

在价格改革中，比较理想的状态是：能源、原材料和交通运输价格调高后，下游行业和产品能逐步消化涨价因素，使涨价冲击波递次减弱。应该努力避免的不良后果是：各种产品价格轮番上涨，在更高的物价水平上形成新的不合理价格体系。结局如何，关键也在于能否提高经济效益，尤其是全民所有制工业企业的经济效益。

能源、原材料和交通运输价格的上涨，职工工资的增加，贷款利率的提高，以及汇率的调整，都将对企业造成很大压力。企业能否渡过难关，并且求得生存和发展，也取决于经济效益能否提高。

现在企业经济效益是不理想的。不仅同国际先进水平相比存在着很大差距，在不少方面还落后于我们自己的历史最高水平。不少企业和行业，资金利税率是下降的，单位产品的物质消耗和产品可比成本是上升的。这种状况不改变，企业就难以提高对于物价上涨的消化吸纳能力，也难以达到改革和建设的预期目标。

提高企业经济效益需要进行多方面的努力。这里有提高技术水平和管理水平的问题，有调动工人积极性的问题，也有企业改革的问题。要切实改变单纯追求产值而忽视经济效益的现象，真正把提高经济效益放在经济工作的首位，把经济效益作为衡量改革与发展的重要标志。经济过热使整个经济关系绷得很紧，不利于经济效益提高，也是导致社会总需求膨胀和物价上涨的重要原因，必须下决心消除经济过热现象。

（十四）我国的商品经济是社会主义初级阶段的商品经济，现在又处于经济改革和政治改革的过程中，社会经济关系正经历着剧烈的变动，市场和物价方面的混乱和动荡是难以完全避免的。市场和物价方面的问题，同管理不严和工作上的失误也有关系。现在正进行的价格改革中，除了具体产品价格的调整外，从宏观管理来说，如下三个问题是必须解决的。

一是取消生产资料价格的双轨制。价格双轨制造成市场和价格关系的严重扭曲，给许多腐败现象提供了肥沃的土壤。要下决心改变双轨制，消除一物多价现象。凡是供需大体平衡，价格能够放开的，包括绝大多数品种的生产资料和消费品，要坚决放开；供需差距很大，价格在短时期内还不能完全放开的少数重要的生产资料和消费资料，以及公用设施，要下决心管住管好。供给严重短缺的少数重要商品由国家实行价格管制，黑市是一定会出现的，要学会同黑市作斗争。

二是整顿中间环节。商业作为生产和消费的中间环节，是社会分工的产物。其存在的根据，是生产者和消费者费用的节约。要发展商品经济，就要繁荣商业，这方面还有许多文章要做。现在的问题是，流通领域的发展有些畸形现象，中间环节越来越多，不为生产者和消费者所需要，甚至盘剥生产者和消费者的各类“私倒”和“官倒”，对物价上涨起了推波助澜的作用，必须下决心进行整顿。这是价格改革乃至整个经济改革能否成功的重要条件之一。

三是加强法制和纪律。为了适应社会主义有计划商品经济的发展，近年来在法制建设方面有很大进展。现在的问题，首先是有法不依和执法不严。当然，在不少方面还需要继续健全法制。例如，《公平竞争法》《反垄断法》《公司法》《股票法》，都是亟须制定的。价格是利益的载体，“亏本的买卖无人愿意做，杀头的买卖有人愿意做”。因此，必须健全法制，加强纪律，真正做到令出法随，令行禁止。这是价格改革和整个经济改革成功的重要保证。

（原载《中国工业经济研究》1988 年第 5 期）

附录

价格改革的基本思路[①]

（1988 年 6 月 15 日）

一、形势和任务

（一）1985 ～ 1987 年，物价上涨过快的问题开始暴露出来。三年间，全国零售物价指数分别上涨 8.8%、6% 和 7.3%。今年以来，物价指数逐月上升，四月份已高达 12.6%，全年可能在 15% 以上。物价问题已经成为社会经济生活中人们普通关注的热点，也是现阶段我国经济改革无法绕开的难点。

几年来的物价上涨，除 1985 年是国家有计划地进行价格调整外，其余年份都是在国家并没有大的价格改革措施出台的情况下发生的。结果，价格总水平上涨幅度很大，而价格关系并未理顺。工业产品同农业产品的价格关系，农业内部粮食同其他种植业的价格关系、种植业同养殖业的价格关系，工业内部基础工业同加工工业的价格关系，

① 这是作者主持撰写的一份研究报告，报送国家计划委员会领导参考。

生产领域同流通领域的价格关系，都出现了一些新的不合理现象。生产资料价格双轨制，一物多价，造成新的价格扭曲，加剧了价格体系的不合理，弊病越来越清楚地显露出来。价格改革势在必行。很明显，与其听任价格自发地上涨，不如有计划地进行价格调整和改革，逐步理顺价格关系，保证建设和改革的健康发展。

（二）物价上涨的主要原因是：

——总量失衡，即社会总需求超过社会总供给。造成这种状况的深层次原因，是分配机制的不健全。随着中央和地方、国家和企业分配格局的变化，预算外资金成倍增长，消费膨胀和投资膨胀并发，导致财政赤字和货币过量发行。

——产业结构失调。工业（包括乡镇工业）的迅速发展与农业相对落后之间的矛盾日益突出，对农产品和以农产品为原料的生活消费品的过旺需求与供给相对不足之间的矛盾加剧；迅速增长的加工工业与基础工业之间的矛盾日益尖锐，缺口有继续拉大之势。十年来能源原材料工业增长慢于加工工业增长，短线更短，长线更长。在总量失衡的条件下，长线产品也供不应求，非瓶颈部门与瓶颈部门同样涨价，形成物价轮番上涨之势。

——生产单位的涨价冲动。收入和消费上去容易下来难，前几年消费水平提高较快，企业职工对于迅速增加收入和提高消费水平有一种难以遏制的要求。收入和消费受到生产增长和经济效益提高的限制，又缺乏严格的管理制度和强有力的自我约束机制，企业很容易用提高产品价格的办法来增加收入。

——流通领域中间环节过多，一些企业、单位和个人倒买倒卖，层层盘剥。在物价上涨加快时，商品流通领域的投机活动必然随之增多，火上浇油，加剧通货膨胀。

——国家对价格的宏观调控能力减弱。1985 年放开了绝大部分农副产品价格，占销售额一半以上的工业消费品价格也已逐步放开，生产资料由于实行“双轨制”价格，国家定价的范围缩小，而宏观调控能力未能相应加强，国营商业部门起不到平抑市场物价的作用。

（三）从发展趋势看，物价总水平很可能仍呈强劲上扬之势，把通货膨胀率降至一位数难度很大。做出这种判断的主要根据是：经济运行机制不健全，特别是社会积累机制差，导致总需求膨胀的根源依然存在；农业和基础工业的落后状况短期内难以根本改观，结构性矛盾继续存在，甚至有可能进一步加剧，影响有效供给的增长速度；外债还本付息量的增加意味着国外资金净流入的减少，甚至出现资本净流出的局面，从而使供给增长率相对下降；财政支出打得很紧，赤字压缩不易，通过财政手段调控物价总水平的能力削弱；近几年的货币过量发行，其滞后影响将在未来几年继续发生作用。这说明，围绕价格问题所显露出来的种种矛盾，现在仅仅是开端，必须下决心及早加以解决，否则将会愈演愈烈，造成严重的后果。

（四）价格改革的长远目标，是使各种商品，各种生产要素的比价趋于合理，而且具有不断地再生产这种合理比价关系的机制。所谓合理，就是商品价格能大体反映其价值和市场供求关系，各行业大体能获得平均利润率。这个目标的实现需要有一个比较长的时间，经过若干次的调整和改革，才能逐步达到。

价格改革的近期目标，是初步理顺价格关系，即把目前明显不合理的比价关系调整过来；把生产资料价格的双轨制改为单轨制；理顺生产领域和流通领域的关系，整顿中间环节。这个目标是有限的，但真正做到并不容易。这几点做到了，我们就能向着价格改革的长远目标迈出重要的一步。

（五）要达到价格改革的上述近期目标，需要五年或者更长一些时间。在此期间，要理顺以石油、煤炭、电力、钢材为中心的生产资料价格系列；理顺以粮棉为中心的农副产品价格系列；理顺以住房为中心的生活服务价格系列；理顺以汇率和利率为中心的资金价格系列。由于是在通货膨胀的条件下搞价格改革，通货膨胀的因素加上价格改革的因素，价格总水平必然有大幅度的上涨。即使采取适度的紧缩政策，争取使通货膨胀率能够逐年缩减，例如每年递减两个百分点，五年内物价总水平也要上升 50% ～ 70%，平均每年上升 8.4% ～ 11.2%，涨幅不算小。而要使通货膨胀率每年递减两个百分点，不下大的决心也是不容易做到的。

二、政策和措施

（六）当前是需求膨胀和供给不足并存条件下的通货膨胀。在这种情况下进行价格改革，在处理价格改革与抑制通货膨胀的关系上，面临三种选择：一是先稳后改；二是边稳边改；三是多胀快改。根据当前的实际情况，只能选择边稳边改的路子。为了达到边稳边改的目的，总的指导思想应该是：抑制需求，优化结构，提高效益，增加供给。单纯的抑制需求或者单纯的刺激供给都不能奏效。

据此，在政策和措施上，必须消除经济过热现象，适当控制经济增长速度，尤其要控制一般加工工业的增长速度。经济过热是引发需求膨胀的主要诱因。不消除经济过热现象，需求膨胀就得不到控制，现有资源和资金等生产要素得不到优化配置，农业、能源、原材料工业等薄弱环节得不到加强，社会经济效益难以提高，不仅过高的增长速度不能持久，甚至要被迫进行大的调整。

当前的物价问题是国民经济各方面矛盾的综合反映，是改革与发展关系尚未完全理顺的集中表现。为了比较顺利地进行价格改革，必须把经济改革与经济发展结合起来，通盘考虑，综合治理，不能单就物价论物价。在价格形成机制不合理的情况下，把握好改革与发展的关系，必须学会利用市场机制，加强对价格改革的领导和对物价的管理，能放的要坚决放开，该调的要进行调整，需要管的还要认真管好，使改革和发展相互结合，相互促进。

（七）在货币信贷政策方面，最重要的是控制货币发行量。1983～1987年，货币增发量1015亿元，平均每年投放增加200多亿元，大大超过经济发展的需要，导致了物价上涨。考虑到超发的货币影响物价上涨有个滞后期，今后五年总的方针应该是紧缩货币发行。这是缓解通货膨胀的釜底抽薪之法，也为经济健康发展所必需。为了避免过度紧缩导致经济滑坡，前两年可考虑使货币供应量的增长速度略高于经济增长速度，后三年应按照经济增长的幅度确定货币发行的增长幅度。货币发行要法律化，现在货币发行没有立法程序保证，容易失控。建议将此作为金融改革的一项重要内容，同价格改革一道解决。

货币发行控制住了，才能控制信贷规模。1983 ～ 1987 年，银行信贷规模由 3431 亿元增加到 9014 亿元，近四年平均每年增加 1400 多亿元。今后要根据适度的经济增长率，规定贷款总规模；并且按照产业政策的要求，合理规定信贷资金的使用方向。

目前银行存款利率低于物价上升指数，资金价格倒挂，不仅影响存款的积极性，部分地区甚至出现提取存款抢购商品的现象，而且成为推动建设规模盲目扩大的一个因素。要提高存款利率，使之不低于或者略高于物价上升指数。与此相适应，也要提高贷款利率。但是，贷款利率随着物价上涨而进行大幅度调整，必须同企业改革结合进行。因为，提高贷款利率必然导致企业亏损面扩大，亏损额增加，如果不相应进行企业改革，亏损的负担仍然要转到国家财政身上。

（八）在财政税收政策方面，要提高财政收入占国民收入的比重。近几年，财政收入占国民收入的比重一直在 26% 左右，同世界各国相比也是低的。在我们这样类型的国家，国家财政负担是比较重的。当然，有些事权应该随着财权的下放而下放，但有些负担一时还甩不掉。现在国家财政能力与国家承担的经济建设和社会发展的任务很不适应，致使财政入不敷出，靠打赤字来解决，通货膨胀是其必然结果。不论从当前的物价改革来说，还是从国民经济的长远来说，都要求适当提高财政收入在国民收入中所占的比重。逐步提高到 30% 左右是应该做到的。中央财政在财政收入中所占的比重，也要从目前的 50% 逐步提高到 70%。目前普遍推行的企业承包制和地方财政包干制，在通货膨胀条件下基数部分会不断贬值，需要适当调整承包基数，并且把基数承包改为比例承包，以保证国家财源，使财政收入能够少受通货膨胀的损失，并且随着企业效益的提高而不断增加。

要控制财政支出规模，调整财政支出结构。近几年，财政支出规模越来越大，在财政支出中，各项补贴所占比重逐年提高，包袱越背越大。要限制行政事业费支出，有效控制行政机关的集团购买力；清理各项财政补贴项目，减少非政策性低效企业的补贴；结合收入分配和价格体系等方面的改革，调整和改革现行物价补贴的办法。

要逐步减少财政赤字。从 1979 年以来，除个别年份外，财政赤字有增无减，去年高达 80 亿元。如果考虑到内外债务的因素，赤字规模更大。财政赤字是造成需求膨胀的动因，由此引起货币过量发行，导致物价上涨。今后，要逐步减少赤字，财政不再向银行透支。可以用发行债券等办法平衡财政收支差额。

要强化税收制度。目前，税收制度不健全，跑、冒、滴、漏现象十分严重。要增加税种，提高税率。对企业实行累进所得税制；建立个人收入申报制度；个体经济和私营经济要建立会计制度；按照产业政策的要求，严格减税免税制度。

（九）在收入分配政策等方面，要控制消费需求膨胀。近几年，职工的货币收入由单一的工资渠道变成多渠道。不仅货币工资增长过快，1978 ～ 1987 年平均每年增长 14.2%，而且工资外收入也急剧上升。农民收入 1978 ～ 1987 年平均每年增长 14.8%，超过了生产的增长和居民收入的增长。这种状况显然难以继续维持下去。问题在于，在职工货币收入总额过快增长的情况下，收入分配关系并未理顺：在正式的工资渠道中，仍然维持着低工资和平均主义的格局；工资以外的收入急剧增加，一般估计已占到职工货币收入的 40% ～ 50%，在这个领域内，由于收入渠道多样化，更缺少规范性和透明度，存在着严重的不公平现象，引起广大群众的强烈不满。

在通货膨胀的条件下，如果要保证绝大多数的城镇居民生活水平不下降，甚至有所提高，就要继续大幅度提高货币工资，职工实际工资增长每年至少要在 3% 以上。这是国家财力难以做到的。但是，如果工资保持低速增长（例如 2%），就会有相当一部分城市居民生活水平下降。1987 年实际工资增长 1.7%，有 21% 的城镇居民生活水平下降，就是证明。在这种情况下进行工资改革，理顺工资关系的余地很小；如果不得不实行各种形式的物价补贴，还会增加分配中的平均主义因素，使收入分配关系更不合理。这也是我们所面临的一个难题。看来，合理的选择只能是，努力做到职工货币工资的增长略高于物价上涨；同时使居民货币收入总额的增长幅度低于国民收入的增长幅度，居民消费水平和社会集团购买力的增长同社会消费品生产增长相适应；

农民收入的增加，主要靠农业生产的增长，而不是靠提价。

要加快建立社会保障制度。近几年由于物价上涨等原因，一部分城市居民生活水平下降。由于社会福利保障体制不健全，低收入者和离退休职工生活缺乏保障。需要根据不同地区的实际生活水平，确定职工最低生活标准，低于这个标准的，由国家给予补助；对医疗、养老等社会性事业实行社会化管理，规定企业职工、城镇个体劳动者和农民都交纳保险金；国家对低收入离退休职工给予合理价格补偿。国家对破产企业的职工，在失业期间要给予救济，以保障社会安定。但是，目前大规模地实行这些政策措施，国家财政很难承受。这也是一个难题。

（十）压缩固定资产投资规模是控制社会总需求，缓解通货膨胀和进行价格改革的必要条件。在固定资产投资方面，一是规模问题，一是结构问题。1983 ～ 1987 年，全社会固定资产投资总额从 1430 亿元增加到 3518 亿元；积累率由 29.7% 增加到 34.5%。目前在建规模仍然过大，施工项目 8 万多个，总投资达 6000 多亿元。这是引起总需求膨胀、拉动物价上涨的重要原因。今后几年，要在确保国家重点项目的同时，严格控制新上的大中型项目。全民所有制单位的投资要严格控制在计划规模之内，全民所有制经济以外的投资，也要接受国家的计划指导。预算内投资的控制并不太难，但这部分投资在总投资中所占的比重已经很小。难的是对预算外投资的控制，这部分资金数量越来越多，但至今还没有找到完善的控制办法。对于非全民所有制企业投资的调控能力更差。这是需要在今后计划体制和整个经济体制改革中加以解决的问题。

在控制投资规模的同时，要注意优化投资结构。固定资产投资结构不合理，严重地影响产业结构的合理化，进而影响了消费结构的合理化。近几年来，随着预算内投资比重的大幅度降低，在投资总额中，非生产性投资比重过大，生产性投资比重偏低；在生产性投资中，能源、原材料工业和农业的投资比重偏低，加工工业投资比重偏高。这很不利于整个国民经济发展后劲的培育。在价格改革中削减固定资产投资，必须同优化投资结构结合起来，重点压缩预算外投资，并且把压缩长线同加强短线结合起来，加强现有企业的技术改造，才能达到预期目的。在计划安排上，要提高生产性投资比重，提高能源、原材料工业的投资比重；并且通过差别利率、差别税率等手段，引导预算外资金投向重点建设；通过发行政府建设债券的办法，加强基础工业和基础设施的建设；要限制非生产性投资，特别是要严格限制楼堂馆所的建设。

经过几年来的改革，我国投资主体走向多元化，企业和个人积累的潜力越来越大。但是，企业和个人的消费倾向与日俱增，而积累机制不强。要培育企业和个人的积累机制，使企业和个人尽可能地把消费基金转化为积累基金，投向适销对路产品的生产，以增加短线产品的供给。这不仅是缓解通货膨胀的重要手段，也是增强经济发展后劲的保证。

在物价上涨条件下，关于固定资产有两个问题需要研究解决：一是固定资产投资贬值如何补偿，二是现有固定资产如何折旧。

（十一）要在价格改革中保持经济增长和人民生活改善，归根到底，要靠经济效益的显著提高。投入品价格的提高，职工工资的增加，贷款利率的提高，对企业是很大的压力。经济过热导致并且掩盖着经济效益差的状况。如果资金利税率下降、物质消耗上升、生产成本提高的状况不改变，企业就难以提高对于物价上涨的消化吸纳能力。不论从经济发展还是从经济改革来说，都迫切需要改变单纯追求产值的现象，真正把提高经济效益放在经济工作的首位。要把效益作为衡量改革与发展成果的重要标志。企业承包要把经济效益作为重要考核指标。要下决心进行企业改革，以促进经济效益的提高。对低效益企业与亏损企业实行关、停、并、转。但是，如果有 20% 的企业关掉或停产，再加上正常生产企业一部分富余人员要裁减下来，是一个很大的社会问题，必须认真对待。如果说在价格改革中有一部分人要降低生活水平，这部分人可能是首当其冲者。要通过社会救济或其他办法，保证这部分人的基本生活，同时对他们做思想政治工作和再就业的组织工作，为他们提供新的工作岗位，开辟新的就业门路。这是一项艰巨的任务。

（十二）在对外开放的条件下，外贸与外债状况对于国内物价有不可忽视的影响。我国对外贸易发展很快，出口总额从1980年的181亿美元增加到1987年的395亿美元（海关数），有力地支持了国内建设。1987年我国出口总额占国民生产总值的比重已经达到13.5%，接近或者超过美国、日本等发达国家的比重。但是，出口效益普遍下降，出口亏损迅速增加。抢购出口货源和大量财政补贴，从不同角度推动着国内物价的上涨。尤其是近几年农副产品净流出增加，助长了农副产品和以农副产品为原料的工业品价格上涨。在现代市场经济条件下，出口贸易应以盈利为目的，而不能不计盈亏，单纯以换取外汇为目的。必须适当控制出口规模，着重提高出口效益。今后五年的出口增长率以控制在略高于工业增长速度的水平为宜。问题是，在经济过热的驱使下，进口很难压下来，只得不计工本出口以换取外汇。从提高对外贸易盈利性的角度考虑，也必须下决心消除经济过热现象。

1987年我国外债余额302亿美元，到1988年5月已增至320亿美元。预计到1993年将进入还债高峰，出现资本净流出逐年增加的情况，从而影响国内供给的增长率。这个问题对于国内物价水平有何等影响，需要研究。为使“八五”时期的经济建设有更大的主动权，要将现在贸易逆差逐步转为顺差，降低对进口基础工业材料的依赖程度，严格控制高档消费品和奢侈品的进口。

（十三）第一轮的物价上涨，是从提高农副产品收购价格开始的。在前两年的物价上涨中，农副产品也起了某种带头作用。我国人多地少，农副产品供应不足的问题将会长期存在，价格上扬之势难以根本扭转。农产品提价对促进农业生产的作用无疑是肯定的。但是，由于土地有限，使规模经营受到很大限制，加上比较利益向着乡镇企业、商业和运输业倾斜，影响农民对于农业投入，减弱了提高价格对于农业增产的刺激作用。第一轮提高农副产品收购价格所发挥的巨大作用，在相当程度上带有恢复的性质，不可能永远如此，不能寄予过高的期望。鉴于这种考虑，在当前的价格改革中，农副产品提价不必放在最优先的位置。

当前农业并没有大的危机。但从发展趋势说，农业对于整个国民经济发展将是长期的重要制约因素。农业的发展除了正确的农村经济政策外，还取决于对农业的投入、科学技术在农业中的应用，以及随农业人口向非农产业转移而逐步实现的规模经营这样三个基本条件。农业投入主要靠农业内部培育积累机制，以引导农民将增加的收入，包括乡镇企业增加的收入，更多地投入农业。在这方面，各地已经创造了若干成功的经验，有不少以工补农的办法，应该认真地加以总结推广。在预算内资金减少的情况下，国家投资只能用于大江大河的治理和其他少数农业重点工程。当前，除了适当调高农产品的收购价格外，主要应该通过增加农业生产资料的供应数量和稳定其价格的方式，刺激农业生产的发展。采用这种方式，能够保证这部分投入真正用于农业而不致流向农村其他产业，同提高农产品价格的办法兼用，可以减缓农产品涨价的幅度。

（十四）价格改革必须同建立社会主义有计划商品经济的新秩序结合进行。商品经济的发展要以健全的法制为保障。现在市场秩序混乱，商品交易或者没有章法，或者有法不依，或者执法不严，甚至贪赃枉法。哄抬物价相当普遍，囤积居奇时有所闻。要切实加强工商行政管理，加强审计、监察与监督，坚决贯彻执行价格管理法。特别应该注意的是，流通领域畸形发展，中间环节越来越多，各种各样专门从事倒买倒卖的公司，各类“私倒”和“官倒”，对物价上涨起了推波助澜的作用，必须下决心整顿。这是搞好价格改革的必要条件。

三、方法和步骤

（十五）根据当前价格体系不合理的实际情况和调整产业结构的要求，近期价格改革要努力防止各类产品等幅提价和轮番涨价，避免在高物价水平上形成新的不合理的价格关系。从提高宏观经济效益着眼，对于各大类产品价格的基本方针是：基础工业产品价格多调，农产品价格微调，同时管住一般加工工业品价格，放开日用工业品和高档消费品价格。

——基础工业产品，供需大体平衡，能够形成市场的，如水泥、玻璃、普通钢材、通用机械、动力用煤等，价格可以放开；资源短缺，难以形成市场的，如原油、电、特种钢材、非动力用煤等，规定调价幅度，分步到位。基础工业投资大，建设周期长，放开或调价不能立即增加供给，必须靠投资倾斜政策加以引导。提高价格的收益要通过分配格局和积累机制的改善，更多地用于投资，以培育发展的后劲，避免企业趁机扩大消费等短期行为发生。

——农产品，粮食价格微调，其他产品价格一般暂时不动，少数产品根据市场供求状况相机作小幅度的结构性调整。城镇居民口粮，定量部分销价不动，定量外销价或其他用粮价格放开，逐步解决粮食购销价格倒挂问题。为了缓解农产品涨价的压力，国家对农业生产资料实行专营专卖，同农产品收购合同挂钩，价格暂时不动。

——一般加工工业产品，价格偏高，发展过猛，一般不能提高价格，采取经济的和行政的办法，迫使其提高对上游产品涨价的消化吸收能力。经济效益差，没有销路，难以为继的，宁肯使其关、停、并、转。这样做，不仅对调整产业结构有益，也有助于把过高的工业增长速度降下来，改善宏观经济环境。

——日用工业品价格，现在国家定价的只占30%左右，完全放开震动不会太大。高档消费品虽然供应紧缺，也可以把价格放开。但其超额收益应大部分归国家所有，用以支持价格改革和产业结构的调整，防止被生产单位或流通领域侵吞，也不能用这笔资金继续扩大高档消费品的建设规模。

（十六）价格改革实质上是社会经济利益关系的一次大的调整，涉及社会各方面和每个人的切身利益，难度很大，必须精心筹划，制定周到可行的总体方案，分步骤有秩序地开展，不能一哄而起。各个地方、各个部门、各个单位，都不得违反法令政令，擅自行动。要令出法随，真正做到令行禁止。这是价格改革成功的重要保证。如果不坚决做到这一点，任何良好的愿望和周到的计划都会落空。

价格改革是人们普遍关注又十分敏感的问题，宣传上要慎之又慎。要多做少说，决策之后再向群众做实事求是的解释。不能作过高的许诺，但必须有“安民告示”。

军队生产经营问题管见[①]

（1989年3月4日）

一、军队生产的过去和将来

中国军队搞生产是一种历史的传统。从古代说，曹操搞过屯田，写《岳阳楼记》的范仲淹经略西北时搞过屯田。往近点说，左宗棠驻守在新疆时也搞过屯田。军队戍边屯田的事，可以说是史不绝书，这里只是顺便举几个例子。这是一种历史的传统。我们军队在瑞金时代就搞生产活动，抗日战争和解放战争时期就更不用说了。解放后，军队从事生产建设的成绩是很大的。这可能是中国历史上很独特的现象。在别的国家的历史上，军队是很专一的武力集团，军队搞生产即使有，无论在规模上或传统上，是不能与中国相比的。

从历史上看，军队从事生产有以下几个特点：

第一个特点，是为了解决军队的经费困难。这些困难，或者是因为国家财力不足；或者是地处边远，交通运输不便，军需军费无法供应，只有自己生产；或者是被敌人封锁在一隅之地，不生产没有办法生存下去，更不用说取胜了。在这个意义上，可以说军队搞生产是客观形势逼出来的。

---

① 本文是作者在《解放军报》编辑部和空军后勤部联合召开的军队生产经营理论研讨会上的发言，当时曾在军队内部刊物刊出，并在报刊摘要发表。军队经商曾经是20世纪80年代困扰中国改革和发展的严重问题，作者从理论上分析了从事商品生产和军队性质的内在矛盾，提出反对军队经商。经过20世纪90年代中期的改革，特别是党的十八大以来的重大改革举措，军队生产经营问题已经得到解决。

第二个特点，军队生产基本上是自给自足的。如果有商品交换的话，规模也很小，卖是为了买，是简单商品生产。

第三个特点，是除解决经费之外，客观上对中国的疆域和国土的开发起了积极的作用。边远地区的比较先进的农业技术，不少是军队在戍边屯田中传授和发展起来的。

从发展方向来说，一个健全的发达的现代化的国家，一支现代化的军队，要不要从事生产经营？我认为不要。现代化的军队是不用搞生产经营的。

毛泽东讲过一句很有名的话：军队是“战斗队、工作队、生产队”。这话当时是对的。中国革命先有党，后有党所领导的军队，向来强调党指挥枪。军队对中国革命的贡献是伟大的。不仅根据地的政权是依靠军队创造的，实际上好多地方的党组织也是军队去了之后才建立起来的。没有军队就没有中国革命的胜利。现在是和平时期，国家进行正常的现代化建设，军队的职责是保卫国家，军队仍然是战斗队。军队是工作队和生产队的说法，在相当程度上已经不适用了。应该逐步从过去的同时是战斗队、工作队、生产队，向专业化的战斗队转变，以适应现代化军队的要求。当然，这种转变过程并不是直线进行的，中间也可能有起伏曲折。但是不管怎么说，假如同时既是战斗队，又是工作队，又是生产队，这样的军队很难说是实现了自身的现代化的。这种差别的最深刻的根源，在于经济上的根本差别，即自然经济、小商品经济和现代化经济的差别。

二、对现阶段军队生产经营的认识

在实现现代化的进程中，军队是保持国家稳定的很重要的一支力量。军队也需要稳定。保持军队稳定有很多方面的因素，包括军事的，政治的，经济的，思想文化的。在目前条件下，军队生产经营对于保证军队供应，弥补军费不足，稳定军队，是有积极意义的。但从根本上说，这是一种消极被动的反映，不必硬从理论上论证它的重大意义。当然，这也不能一概而论。比如军队驻在新疆、内蒙古、青海，植树造林，改造沙漠，绿化祖国，其意义绝不下于修筑万里长城。现在军费困难，这是事实。中国军费占世界军费的0.5%，军队人数占世界的1/7。在通货膨胀条件下，军费还会贬值，军队的困难可想而知。目前能不能大幅度地增加军费呢？我看不大可能，今后几年国家财政状况不可能根本好转。这就是说，军队的需要同国家财力之间存在着很大矛盾，并且在短期内难以根本解决。这是目前军队从事生产经营活动的一个经济上的原因。

我们可以再换一个角度分析。如果减少军队数量，同样多的经费也能使军队供应得到改善。现在世界是和平趋势，邓小平早就这样预见，所以裁军百万。这是英明决策。现在苏联也在裁军。过去我们经济建设有很多经验教训，有一个重要原因，就是毛泽东对当时的国际形势作了错误的估计，认为很快要打仗。三线建设，搬迁工厂，投下几千亿元，最好的设备，最好的技术人员，放进山沟里，搞“山、散、洞”，“羊拉屎”，不能充分发挥作用。假如这些投资投在合适的地方，效果要好得多。军费问题可以从两方面分析：一方面，我们军队人数占世界的1/7，军费占0.5%，确实太少；另一方面，全世界现在每年国民生产总值十几万亿美元，我国只有3000多亿美元，只占世界2.5%左右。我们国家以占世界2.5%的国民生产总值供养世界上1/7数量的军队，从这个角度讲，经济负担相当沉重。在这种条件下，我们军队的供给当然是很差的，不能与美国、苏联等国相比。尽管我们供给很低，但国民经济负担仍然十分沉重。诚然，我们是大国，要有强烈的大国意识，国防现代化是必不可少的。但是，现代化军队贵在精，不在多。150万装备精良的部队，其战斗力可能超过300万装备差的军队。

还应该看到，现在军队每年生产净收益只有20多亿元，军队费了很大劲，但在国家的整个经济收入中，这点钱是区区小数。不说别的，如果完善税制，强化税收，仅此一项，效果就大多了。昨天报上登了一条消息，说全国财务税收大检查查出几十亿元。全国有多少偷税漏税的？这方面的潜力大得很。我想，如果军队经过几个月训练，转业组织几万税收人员去收税，肯定每年收入会大大超过20多亿元。

现在，一方面是财政困难，大家都喊经费紧张，一方面资金浪费和财源流失非常严重。假如对浪费和流失加以控制，完全可以再增加几百亿元收入。不妨算算，工业生产的废品损失有多少？运输过程中的损耗又有多少？这些损失有的是设备和技术问题，更多的是管理问题。加强管理，经济效益提高，可以挤出不少钱来。对于军队从事生产经营活动，既要看到它所带来的经济效益，又要充分注意到它所带来的不良影响。生产经营有收入，有积极作用；对它所带来的腐蚀的、消极的作用，应该有预先的估计和防范措施。毋庸讳言，军队搞商品经济存在着很深刻的内在矛盾。这种矛盾表现在：

第一，商品经济是在利益分立条件下，通过市场竞争来实现生产的社会化，实现利益的一致。商品经济要追求本单位利益的最大化，你不能不让他赚钱，商品生产就是要赚钱。国家的作用是规范它，使它在你的轨道里运行，使它的活动对社会有好处。军队不同，军队是国家统一、民族意志统一的一种体现。从事商品经营与军队性质是矛盾的。这是性质的不同。

第二，军队是纵向指挥，从司令员到战士。商品经济是横向联系。这是运行方式的不同。

第三，商品经济是靠市场调节。军队以服从为天职，服从命令不能讲价钱。

第四，在商品经济条件下，生产者和经营者的资金来源要靠自己筹措，它的劳动力或者是自己，或者是雇佣来的。而军队的资金来源要靠国家财政拨付，人力呢，是志愿兵，或者是雇佣兵，也是靠国家力量招来的。

我认为，从事商品经济与军队性质有深刻的内在矛盾。商品经济要按经济规律办事，军队的活动不能完全受经济规律支配，它有社会的、政治的各种考虑，不能要求军队的每一个活动都符合经济规律，有些是超经济的力量在起作用。军队从事生产经营活动，特别是经商，搞得好的话，可能有补充军费，改善生活，稳定部队，培养人才，安置军队家属等等好处；但是，弄得不好的话，因为军队具有超经济的力量，有可能破坏市场秩序，军队本身也有可能被腐蚀，不能很好地履行它保卫国家的天职，那损失就太大了。这个问题，是不能不加以注意的。

自给性生产和商品生产，虽然很难截然分开，但是，还是应该有个大致的区分。我个人意见，军队要着重于发展自给性生产，商品生产和经营要降温，现在温度太高。

三、和国防建设有密切关系的几个重要经济问题

国防现代化是我们整个现代化建设的一个重要组成部分。现代化的国防要建立在现代化经济的基础上。国防现代化离不开经济的现代化。国防建设和经济建设的关系，从经济方面讲，我认为以下几个方面的问题是重要的。

一是产业结构优化问题。1980 年经济调整的时候，就出现了所谓“轻型结构”的说法，完全否定过去优先发展重工业的方针。后来又有《第三次浪潮》之类著作的流行，认为传统工业都成了“夕阳工业”。这种观点是不对的。产业革命以来 200 年的世界经济史证明，在工业化发展的过程中，生产资料工业比消费资料工业增长更快，是一条客观规律。现阶段中国的产业结构应该从继续推进工业化和实现现代化的要求出发，这就不能不特别注意基础工业和基础设施的建设。即使从未来的发展趋势说，有加强轻型化倾向的因素，也有要求加强基础工业和基础设施的因素，两种因素是同时起作用的。诺贝尔经济学奖获得者美国著名经济学家里昂节夫，受联合国的委托，组织几个经济学家，做了世界经济的预测，并将预测结果写成书出版，书名叫《世界经济的未来》，从 1970 年预测到 2000 年。据他们的预测，在全世界范围内，生产资料工业还是占优势，其增长速度将比消费资料工业更快。我在 1983 年出版的《两大部类对比关系研究》一书中，曾经提出这样一个观点：促进生产资料生产以更快的速度增长，加强这种发展趋势的一个重要因素，就是国防现代化的需要。比如过去我们修筑战壕，一个人一把锹就行了，而要修筑防原子弹的工事，需要多少吨钢材，多少吨水泥？要修高速公路、铁路、机场，需要多少生产资料保

证？列宁发现生产资料生产比消费资料生产增长更快的规律，是根据马克思关于资本有机构成提高的理论。如果借用这个理论，我认为现代化军队的“有机构成”是最高的。一名装备优良的军人，他掌握的物质资料不比工厂里两个工人开一架机器值钱吗？1982年英国和阿根廷发生马岛战争，英国参战2.7万人，军费总耗达15亿英镑。战后英国在马岛留驻3000人，年需军费5亿英镑，它那种人均消耗远远超过任何一个工业部门。美国《时代周刊》曾经发表文章说，军火工业已经成为“一种加速和近乎超音速的全球性新兴工业”。武器更新换代特别快。马克思讲过，好多先进技术，都是从军队发源的，好多新的组织方式是从军队开始的，大规模运用机器也是首先从军队开始的。历史上往往是这样的。国防现代化要求有强大的基础工业，这是一方面。另一方面，就我国整个工业化进程来说，大片的国土要开发，农业要实现现代化，实现农业人口向非农产业的转移，开辟新的生产门路，给他们提供生产设备，提供生产条件，也都需要基础工业的发展。基础工业的发展是我国现代化包括国防现代化的长远战略和根本利益之所在。在当前和今后产业结构的调整中，应该特别注意这方面的问题。《第三次浪潮》之类的著作中，有一些新的见解，但是关于传统工业都成了所谓“夕阳工业”的说法，不能认为是很严整、很精确的经济科学的观点。拿钢铁工业来说，美国的生产能力在1亿吨以上，社会钢铁积蓄量，即迄今为止以各种形式存在的（如各种机械设备、建筑物和基础设施等）社会钢铁使用总量，每人平均12.4吨，西德是10.8吨，英国是7吨，日本是6.3吨，我国每人平均不到1吨。我们国家还处于继续推进工业化的经济发展阶段，绝不能忽视基础工业的发展。基础工业也是推进国防现代化的积极力量。这几年产业结构有些是逆向调整，在某些方面甚至恶化了。现在业已清楚显示出来的产业结构过分的轻型化倾向，对我国经济的长远发展是非常不利的。这同片面强调所谓“轻型结构”的错误思想有关，也同现行经济体制中的弊病有关。这几年来，产业结构调整偏重于第三产业发展，这有好处，因为过去这方面注意不够，但从长远的现代化建设的要求来说，必须注重基础工业的发展，才能真正培育经济发展的后续力量。我认为，只有下决心调整产业结构，实现产业结构优化，才能为国防现代化打下很好的基础。

二是财政集中问题。现在我们国家的财政收入占国民生产总值的比重已经降到20%以下，在世界上也是比较低的。如果不采取措施扭转这种局势，还将继续下降。前几年体制改革的主要政策取向是放权让利，这调动了地方和企业的积极性，但国家财政集中的程度降低了。国家财政集中程度这么低，说明这方面放得太多了。以我最近访问过的瑞典和奥地利为例，瑞典财政集中程度为60%，奥地利为50%。我们这些年批判集中过多，有不少是对的，也有些是缺乏分析的。现在再一般地继续批判集中过多，就更值得考虑了。现在有些方面已经不是集中太多，而是集中太少。财政集中20%是集中过多，还是集中过少？显然不是太多，而是太少。在财政收入中，中央财政和地方财政所占的比例也是值得研究的问题。50年代中央财政占70%，地方占30%; 60年代中央占60%，地方占40%；现在中央财政已经不到50%。显然，也不能说是集中过多，而恰好是相反。当然中央有些开支可以转给地方，但有些开支很难转给地方。首先是军费，在任何国家军队都是中央财政支持的。军事、外交、重点建设、国家机关开支，都要靠中央财政。最近中央提出适当提高国家财政集中的程度，提高中央财政所占的比重，这是完全必要的。有人说，现在是30个王国（省、市），2000个诸侯（县），出现了地区经济封锁的倾向，妨碍着全国统一市场的形成。和商品经济发展相背离的是实物经济的发展，地方财政包干加剧了这种倾向。这对建设和改革都是不利的。对我们这样一个国家来说，进行现代化建设，适当集中财力物力是必要的。没有适当的集中，各自自行发展，现代化何年何月才能实现？比如修川藏公路，如果不是中央拨款，不是军队开去干，恐怕很难修起来。

三是抑制消费需求膨胀问题。要下决心抑制消费需求膨胀，培育社会积累机制，特别是培育对增强经济发展后劲有重要意义的生产性积累机制。这同现代化建设与军队建设有直接关系。这几年消费基金增长速度超过了劳动生产率和国民收入增长。去年进行经济调整以来，固定资产投资规模到今年2月底已经压缩了600多亿元，尽管还不太理想，毕竟有所进展。消费需求还没有得到抑制，这是很危险的。从上到下，人们对这种危险性还缺乏清醒的认识。前几天《经济日报》发表了该报记者在王府井百货大楼所进行的1000份问卷的随机抽样调查，其中有一个问题：你能接受哪些稳定物价的措施？有67%的人回答，压缩国家建设，用于改善生活。作为消费者，希望改善生活是很自然的，但当前希望用压缩建设的办法来改善生活，是不切实际的幻想。在治理通货膨胀中，就总体来说，生活是不可能明显提高的，甚至有可能要降低。我说这话可能不怎么鼓舞人心，但这是实话。应该有勇气正视现实，并且善谋对策。现在消费倾向非常强烈，工资侵蚀利润，消费损害积累。记者从上述调查得出的结论是：看出压缩基本建设多么得人心。我的看法是：由此可见，消费膨胀多么值得忧虑。消费膨胀政策，可以一时激起人们对于改革的热情，但从长远来说，这种办法使改革很难进行，甚至是一种慢性自杀。我认为，抑制消费需求膨胀对经济建设和国防建设都有重要关系，这也是我们进行经济调整所要达到的目标之一。

四是改善商品进口结构。实行对外开放，有利于经济的发展，也有利于国防现代化。任何一个国家，在封闭条件下，都是不可能实现现代化的，我国的现代化也只能在开放条件下实现。对外开放有利于促进经济发展，有利于引进先进技术，这都是促进国防现代化的积极因素。为了充分利用开放条件，促进经济现代化和国防现代化，有许多问题需要研究解决。进口商品结构就是一个重要问题。这几年引进技术是有成绩的，但进口结构并不完全合理。其中一个值得注意的问题，就是进口小汽车和其他消费品太多，这不能不影响先进设备、先进技术和其他生产资料的进口。人们都看得见，现在人民大会堂和北京饭店门口成了万国汽车博览会。北京市汽车工业公司总经理郑焕明，1987年“五一”节到天安门城楼观光，后来在《经济日报》写了一篇文章，说他数了从天安门前经过的100辆小汽车，国产的只有3辆。1986年我到民主德国访问，民主德国在社会主义国家中是经济比较发达的，人均国民生产总值是最高的，但他们进口小汽车极少。我们代表团坐四辆法国进口车，在街上经过时很引人注目。现在北京恐怕连续过 20 辆也不会引人注目，人们已经习以为常了。去年进口香烟花了几亿美元，在一些地方，外国烟变成了身份的标志。你给他“大中华”，对不起，不会抽；给“三五”牌会抽。现在我们一年进口花费 500 多亿美元，数量相当可观，运用得好是可以干出一番大事业的。如果千方百计引进技术，哪怕进口设备，即使是中等技术水平的设备，也比进口香烟强。改善进口结构，对经济现代化和国防现代化都有重要意义。

这里所说的产业结构的问题，财政集中的问题，抑制消费膨胀的问题，以及改善进口商品结构的问题，都是我国现阶段经济发展中的重要问题，也是实现国防现代化中的重要问题。

今天是理论研讨会，我讲得不对的地方，希望大家批评。

《中华企业发展史丛书》[①] 序

（1989 年 10 月 1 日）

我国历史悠久，历史著作源远流长，卷帙浩繁，体裁也丰富多彩，是传统文化的最重要的组成部分之一。企业史是史学领域的薄弱环节。由于我国近代经济落后，直到鸦片战争后产生了近代工业，方渐有关于企业发展历程的记述，开初多是零星而片断的。严格意义上的企业史，是晚近的事情，至今还是经济史研究中的一个薄弱环节。我希望，《中华企业发展史丛书》的编辑出版，能够在这方面有所推进。

按照编委会的计划，这套丛书将从全国工业经济的主要行业以及文化和商业企业中，选取若干有影响的企业，每个企业一本书，写出它的发展史。这个计划我以为是可行的。如果说，一滴水可以反映大海，那么，这些有影响的企业的发展历程，就是我国企业发展的一面镜子。通过这些典型的个体的历史解剖，可以从某些侧面，反映出我国近百年来经济发展的历史，或者新中国成立 40 年来经济发展的历史，或者近 10 年来经济发展的历史，从中得到爱国主义和社会主义的启迪，以及对于经济发展的规律性的认识，达到彰往察来之目的。

就我所见，现已出版的有关企业史的著作，大体有三类：一是关于资本主义企业（包括民族资本和官僚资本）的历史研究，这属于近代中国经济史范畴，一向被视为纯学术研究，作者多为专业的研究人员；一是为进行政治教育而写的工厂史，内容偏重于阶级斗争和新旧

---

① 《中华企业发展史丛书》，王梦奎主编，1990 年起由书目文献出版社、红旗出版社等多家出版社陆续出版。

社会对比，作者队伍比较庞杂；一是近年来企业组织或者支持编写的介绍本企业历史及现状的读物，其着眼点多不是历史研究，而是企业经营上商业性的需要。应该说，学术研究、政治教育和企业商业性需要这样三个目标，搞得好，是可以达到一定程度的统一的。正确反映企业发展历程的著作，既可以教育人，也有介绍和宣传企业的作用。今天之前皆为历史，明天亦将视今天为历史。如果远略而近详，并且写到最近，例如写到昨天，甚至还展望了明天，也就达到了介绍和宣传企业之目的。但是，不必讳言，在撰写的时候，这三个目标毕竟是有矛盾的。书的面目将会因追求目标不同而有很大差异。过分强调学术性难免减弱其对于企业的近期实用价值，过分偏重企业的近期实用价值则会减弱其作为历史著作的学术价值。我希望，在每本书的谋篇布局、立论角度和取材范围诸方面认真地下点功夫，使这个矛盾得到适当的处置。完全解决是很难的，只能力求找到一个比较好的结合点。

企业是经济实体，其日常生产经营活动涉及社会经济生活的广泛的领域。企业发展史不能局限于介绍企业的产品种类、设备数量、生产能力和技术经济指标，而且要反映出企业生产、交换、分配、消费诸方面的历史发展轨迹。举凡企业和国家的关系，物资供应渠道和产品销售渠道，税收和利润分配制度，企业的横向联系，技术改造和设备更新，工资福利制度，企业领导制度和职工民主管理，以及思想政治工作等，都是不可忽视的。就是说，要剖析企业外部和内部经济关系的历史演变。由此也就说明了经济管理体制的沿革。做到这一点是不容易的。这套丛书在作者队伍、编辑人员和编委会的组成上，吸收历史学家、经济学家和宣传工作者共同参加，就是为了相互配合，发挥优势，扬长避短，以求得这一目标的实现。

读书是为了获得知识。思想上的启迪往往也是通过知识的获得而产生的。我希望，《中华企业发展史丛书》能够努力减少空泛的议论，增加知识蕴涵量，增强可读性。举例来说，如果写鞍山钢铁公司的历史，除日本对华侵略外，还可以适量穿插一些世界钢铁工业和中国钢铁工业的历史和现状。这不会成为蛇足，相反地，可以使读者更清楚地看出鞍钢在中国钢铁工业乃至整个工业经济和国民经济中的位置，更深刻地理解鞍钢的历史。也可以具体地说说“鞍钢宪法”产生的经过和影响，这对于读者了解我国工业管理体制的沿革很有益处，也有助于增强可读性。中国的历史著作，从《左传》和《史记》开始，在这方面有很好的传统，可资借鉴。

近代中国经历了翻天覆地的变化。远的不说，20 世纪以来，或者再近一点说，1949 年中华人民共和国成立以来，甚至改革开放 10 年来，社会经济和政治面貌发生了多么大的变化，企业的面貌发生了多么大的变化！历史变迁的速率常常出乎人们的预料之外。40 年前的历史事实，今天已经不容易为未曾身历其境的青年人所理解；同样的，今天发生的一些事，在 40 年前也是难以想象的。虚饰浮夸趋时应付之作，往往因为形势变化，甚至某项具体政策的改变，转眼即失去阅读价值。一旦失实，全盘皆非。为了给后人留下一部信史，也给今人提供一些深刻的历史借鉴，《中华企业发展史丛书》应该是严谨的史书。这是编委会同仁的既定宗旨，也是广大读者的期望。

我希望，《中华企业发展史丛书》的编辑出版，对经济改革和经济发展能够起到积极的作用。按照计划，第一批先编辑出版 10 本，取得经验后再扩大规模。《企业管理与经济发展——芜湖东方纸版厂史志》是第一本，相信这套丛书能够在编辑出版过程中逐步得到提高。我这番话，只是表达了一种愿望，就算是开场的锣鼓吧。

改善国民收入分配格局①

（1990年7月10日）

我认为，改善国民收入分配格局，是“八五”时期和整个90年代经济发展中必须采取的一项重大方针，也是经济体制改革应该追求的目标之一。

国民收入分配体制和分配格局在过去10年发生了重大变化。主要表现在：在国民收入的初次分配中，农民、职工和企业收入所占的比重持续上升，国家收入所占的比重下降；在社会再分配过程中，国家以补贴、补助、福利和救济等多种形式向居民和企业的转移支付大量增加，企业留利中用于职工奖金和福利方面的开支大幅度增长，现已占到企业留利的80%以上。这些年国民收入分配格局变化的趋势，可以这样概括：个人收入所占的比重迅速上升，国家收入所占的比重急剧下降，企业收入所占的比重变化不大。据国家统计局平衡司的测算，在国民生产总值中，国家收入占的比重由1978年的34.1%下降到1988年的20.1%，降低14个百分点；个人收入由48.5%上升到61.1%，提高12.6个百分点；企业收入由17.4%上升到18.5%，上升1.1个百分点。国家计委综合司用国民收入额进行计算，也得出类似的发展趋势。

国民收入分配格局的变化，好的方面是人民生活水平提高快，有助于提高企业和个人的积极性，激发改革和建设的热情。问题是，过

① 这是作者1990年7月10日在中共中央总书记江泽民召开的座谈会上的发言。这里的分析和建议，对尔后进行的财税体制改革起了积极作用。1994年财税体制改革后，这里所说的问题已经得到解决。

去高度集中控制分配过程和分配结果的局面已经改变，但新的既有微观活力又有宏观调控的分配体制和分配格局尚未真正建立起来，收入分配过分向个人倾斜，消费侵蚀积累，以及财力的过分分散。这对于我们这样一个进行大规模建设，需要大量积累资金的发展中国家来说，是个很大的问题。因此，在“八五”时期和整个 90 年代的经济发展中，必须调整不合理的国民收入分配格局，以适度的抑制消费而增加积累。不然的话，国家的宏观调控能力和社会经济发展势必受到严重影响，我们所期望的企业自我发展能力难以培育，居民消费增长过快的趋势也难以扭转。劳动力成本的急剧上升，还会使出口竞争能力削弱，吸引外商投资也会受到不利影响。这种苗头在个别经济比较发达的地方已见端倪，不能不引起注意。

调整国民收入分配格局很不容易。在这方面，我们面临着许多两难选择。不对现行分配格局采取重大措施进行调整，收入分配的不合理局面就难以扭转；采取太猛烈的办法，又可能影响经济和社会的稳定。不适当降低个人收入比重，工资侵蚀利润，积累就会继续被消费蚕食；降低个人收入比重，又涉及人民群众的眼前利益，会遇到收入刚性的抵制，有一定社会风险。拿企业来说，如果企业没有较多自主支配的留利，难以搞活。预算内国营工业企业留利额，1978 年为 275 亿元，1988 年增加到 700 亿元，留利率由 37% 上升到 55.6%，继续维持目前的留利水平和使用比例，在企业自我约束机制还不健全的情况下，很难抑制个人消费需求膨胀。不提高国家财政特别是中央财政收入的比重，基础建设和宏观调控就没有财力保证，就不能培育经济增长的后续力量，目前在这方面已经遇到愈益严重的困难；降低企业和地方的收入比重，如果不能很快把“蛋糕”做得更大，它们业已铺开的各种摊子也难以为继，势必会遇到种种抵制。不实行储蓄存款的高利率政策，难以稳定储蓄，不利于抑制通货膨胀；实行高利率政策而又不能同步提高贷款利率的话，则可能会导致金融赤字，增加通货膨胀压力，提高贷款利率也有困难。1989 年全国大中型企业资金利润率为 10.52%，而银行贷款利率为 11.34%（现已调为 10.08%），企业已经难以承受。不加大基础产业投资，难以调整结构，培育经济发展后劲；

增加基础产业投资又可能扩大总需求，不利于抑制通货膨胀和当前经济稳定。这些矛盾都是客观存在的，是我们无法回避的事实。看来，国民收入分配格局不调整是不行的，希望找到十全十美、纯利无弊的办法也是不现实的。只能权衡利弊，从两难选择中寻求利大于弊、切实可行的办法。

调整国民收入分配格局，涉及社会各阶层千千万万人的切身利益，是个极为敏感的问题，近期期望不能过高，要求不可太急，措施不宜太猛。迅速提高财政收入在国民收入中所占的比重和中央财政在财政收入中所占的比重难度很大，只能在兼顾社会稳定、经济发展和经济改革的前提下，采取迂回的办法，逐步改善。如果近两年能够扭转收入分配过分向个人倾斜的趋势，使分配格局不再继续恶化，就是很大的成绩。做到了这一点，也就可以为进一步改善收入分配格局提供一个好的开端。

关于改善国民收入分配格局的思路，我有如下六点建议。

（一）适当照顾既得利益，注重增量调整。对于已经形成的利益格局，剧烈调整阻力大，有困难，对于国民收入增量部分可以采取更积极的调整措施。经济在发展，国民收入在增长，坚持对增量部分的分配进行合理调整，积小改为大改，震动不大，经过几年，整个国民收入分配格局就会有比较明显的改善。

（二）照顾大多数人的既得利益，限制少数人的既得利益。照顾既得利益不是一仍旧贯。国民收入分配格局的改善不能得罪大多数人，但也不能不得罪任何人。对于非法牟取高额收入者，要坚决依法予以打击。鉴于牟取非法收入带有某种程度的普遍性，并非个别现象，可以采取每次大的行动只针对某个领域、某个方面的策略，令出法随，对于胆敢以身试法者，严惩不贷。这样做，必定能够获得广大干部群众的热烈拥护，增强中央的权威，对于其他领域、其他方面非法牟取高额收入者也可起杀一儆百的威慑作用。不坚决打击非法牟取高额收入者，就会得罪广大干部群众，也使法令失去威严，政令不出都门，遗患无穷。

（三）把“正门”开得大些，把“旁门”关得紧些。现在“双轨制”已经渗透到社会经济生活的广泛领域，不独生产资料价格为然。这些年来，传统意义上的职工正式工资收入，国家尚能控制，但工资外的各种货币和实物形式的收入，即那些透明度很低，来源很不规范，各个单位差别很大，很难管理的所谓“灰色收入”，基本上处于盲目自流状态。把“正门”开得大些，就是要保护和增加工资收入。把“旁门”关得紧些，就是要限制各种“灰色收入”。据辽宁、四川、福建三省和上海、广州两市的调查，1988 年城镇居民工资外收入相当于工资总额的 50%。据 2000 个承包企业的调查，工资收入与工资外收入为 1:1.5，即工资收入占总收入的 40%，工资外收入占 60%。工资外收入有些是符合政策的，有些是不符合政策的甚至是违法的。工资收入方面主要是平均主义问题。由于几次普调工资都是每人晋升一级，加上按人头补贴，工资收入出现了平均化的趋势。现在学校里教授、讲师、助教的工资差别，机关里部长、司长、处长、科员的工资差别，都比过去大为缩小。个人收入增长过快和社会分配不公，主要是在工资外的各种“灰色收入”方面。前些年奖金太多太滥，如果用这些钱搞工资改革，效果会好得多。今后工资可以采取小步勤调的办法，以弥补物价上涨给职工带来的损失；同时限制工资外收入，减少它在职工收入中所占的比重，以逐步理顺工资关系。限制“灰色收入”，特别是限制和取消那些违反政策和法令的收入，合乎情理，容易被多数人接受，阻力比较小。1989 年以来消费基金增长过快的势头得到控制，主要是控制工资外收入所起的作用。个人收入公开化（限制隐蔽的收入）、货币化（限制广泛存在的实物化倾向）、规范化（限制名目繁多的收入渠道），对于健全分配体制，改善宏观经济管理，抑制和防止消费膨胀，有重要意义。

（四）清理优惠办法，少开新的口子。有个很流行的说法：只要政策不要钱。其实，政策往往就是钱。各方面的优惠办法太多，这是经济秩序混乱的一个重要原因，也是国家财政增支减收和财源流失的一个渠道，也妨碍改革的深化。有多少条优惠政策，恐怕很难说清楚。地区优惠政策就很多，而且很多是同产业政策脱节甚至相悖的。在税收方面，1978 年国家财政减免税收 6 亿元，1987 年已经增加到 63.7

亿元，增长 9.6 倍，平均每年递增 26.7%。1978 ～ 1988 年的 11 年间，财政减免税收共达 485.5 亿元，相当于同期国家财政赤字总额的 83%。整顿经济秩序，应该包括对现行的各种优惠办法的清理和整顿。有的要坚持，有的要完善，有的要取消。开新的口子要十分谨慎。

（五）通过体制改革，影响国民收入分配和再分配。近期可以着重抓以下三个方面的改革：

一是价格改革。价格改革是理顺经济关系的前提。目前供求矛盾趋缓，消费者恐慌抢购心理消除，货币发行得到控制，投资规模、居民货币收入和社会集团消费得到控制，市场价格和计划价格的差距缩小，是价格调整和价格改革的一个好机会，一些改革措施可相机出台。1989 年铁路货运价格上调，1990 年客运价格上调，都是成功的。要通过价格的调整和改革，理顺经济关系。有人说，现在的中国经济是赠予经济，或曰补贴经济。愈益增多的财政补贴是国家的一个沉重负担。据统计，财政补贴总量，1978 年是 160 亿元，占国家财政收入的 14.3%；1989 年增加到 970 亿元，占国家财政收入的 33.2%。1978 ～ 1989 年 12 年间，财政补贴总额达 6262.9 亿元，相当于同期国内财政净收入的 32.8%。价格改革要有助于减少财政补贴，不能继续增加补贴，否则，会把国家财政拖垮，也会把经济建设和经济改革拖垮。波兰和东德都有过这方面的教训。

二是社会保障制度改革。现在企业在职工退休、医疗等社会保障方面的负担越来越重，特别是一些老企业，负担更重。通过社会保障制度的改革，用劳动保险基金预提积累的方式，把居民的货币收入集中起来一部分，用于经济建设，可以使劳动保险基金保值和增值，也可以减轻企业的压力。社会保障制度改革是企业改革的必要条件。没有比较健全的社会保障制度，企业破产制度和劳动就业制度的改革很难进行，企业优胜劣汰很难实现。健全的社会保障是人民群众的切身需要，也是现代社会的一个重要标志。1979 年以来，随着收入的增长，居民储蓄存款每年以 30% 以上的速度增长（只有 1988 年略低于此数）。个人金融资产 1978 年为 385 亿元，占银行、信用社资金来源的 14.5%；1989 年底个人金融资产达 7800 亿元（储蓄 5135 亿元，手持现金 1899 亿元，有价证券 724 亿元，个人保险 42 亿元），增长 19.3 倍。个人多种资产占银行贷款比重 1989 年末已达 58%，且呈继续上升之势。改革社会保障制度宜早行，愈晚愈难。

三是住房制度改革。这也可以把居民一部分收入集中到国家手里。据有关部门测算，我国公有住房成本房租 1987 年为每月每平方米 1.56 元，实际收取的房租平均每平方米仅 0.13 元，现在全国实际房租补贴一年已达 300 多亿元。因为房租多年不动，住房支出在城镇居民消费支出中所占的比重甚至较过去降低。这是我国消费结构不合理和恩格尔系数长期居高不下的一个重要原因。住房商品化要积极试点，提高房租可以先行。不提高房租，住房商品化也难以实施。

（六）改革税收制度，强化税收征管。国家财政困难的一个重要原因，是价格体系和税收制度不健全。价格改革要和税收制度的改革结合进行，增加税种，扩大税基，以增加国家财政收入。税种和税率的设计，要考虑产业政策的要求，考虑改善国民收入分配格局的要求，考虑正确处理国家和企业关系以及中央和地方关系的要求。这样做不会没有困难，但回旋余地还是很大的。即使按现行的税收体制，增收的潜力也很大。现在偷税漏税可以说是量大面广。全国财税大检查的统计数据表明，各地偷税漏税企业占全部企业总数的 50% 以上，偷漏税款每年都在 100 亿至 200 亿元之间。切实加强税收征管工作，财政困难即可大为减轻。

（原载《经济日报》1990 年 10 月 26 日）

商品经济和党的建设[①]

（1990年10月）

一、共产党人的历史责任

商品经济是人类社会经济不可逾越的发展阶段。俄国十月革命以来七十多年的实践经验，第二次世界大战结束以后所有社会主义国家的实践经验，包括我国四十多年的实践经验，反复证明：必须发展商品经济。关于社会主义制度下商品经济的命运问题，从列宁、斯大林到当代的马克思主义者，在实践中进行了长期的艰苦探索，有成功的经验，也有失败的教训。中国共产党人得出的结论是：社会主义经济是公有制基础上的有计划商品经济。这是我国经济体制改革的基本理论和基本实践。1979年以来的经济体制改革，就是以此为基础逐步展开的。

旧中国商品经济不发达，发展商品经济的任务历史地留给了我们党领导的社会主义制度。由于我国经济起点不高，基础薄弱，加之50年代中期以后二十多年不利于商品经济发展的体制障碍，虽然经过了十多年改革，至今商品经济仍不发达。大力发展商品经济是我国实现现代化的必经阶段和必要条件，也是建设社会主义和最终实现共产主义的一个重要步骤。中国共产党人为中国的现代化而奋斗，为建设社会主义和实现共产主义而奋斗，也就要为发展社会主义有计划商品经济而奋斗。这是中国共产党人不可推卸的历史责任。

---

① 是作者在中共中央组织部召开的座谈会上的发言。

这是我们讨论商品经济和党的建设关系问题的一个基本出发点。

二、在商品经济的环境中建设党

中国的社会主义现代化建设事业是在共产党领导下进行的，社会主义商品经济是在共产党领导下发展的，党的建设也只能在发展商品经济的大环境中进行。这也是我们讨论商品经济和党的建设关系问题的一个基本出发点。

中国共产党是在革命斗争的环境中，作为阶级斗争的工具而产生的，是按照列宁的建党学说建立和发展起来的革命家的组织。这是符合当时中国阶级斗争的客观需要的，党是这场伟大革命的胜利者。新中国成立以后，党的地位发生了根本变化，成为执政党。生产资料私有制的社会主义改造基本完成以后，社会主要矛盾发生了根本变化。如何适应新的形势，把工作重点转到经济建设上来，对党的组织和党的建设是严峻的考验。从一般意义上的经济建设转到发展商品经济，是更严峻的考验。能否顺利实现这种转变，关乎党的命运和国家的前途。

为了实现这种转变，党的路线和党的建设必须有相应的转变。党的十一届三中全会决定停止使用“以阶级斗争为纲”的口号，把全党和全国工作的着重点转移到社会主义现代化建设上来，实现了历史性的伟大转折。之后又逐步形成关于社会主义初级阶段的理论，以及“一个中心，两个基本点”的基本路线。党的建设如何适应发展商品经济的新形势，以便使党能够更好地领导社会主义现代化建设，也做了大量的工作，例如进行整党和实现干部队伍“四化”，但从理论到实践，都还有许多问题有待继续研究解决。对于商品经济发展给党的建设带来的新形势、新任务和新问题，还没有被人们普遍地深刻地认识到，有些方面方针还不够明确，所采取的措施也不够及时和有力。

这里，我想就以下四个问题谈点个人看法：

一是，在党的思想教育上，应该包括正确认识社会主义有计划商品经济的内容。要教育党员和群众，特别是各级负有领导责任的党员干部，深刻理解发展商品经济对于社会主义现代化建设的重要意义，从而积极促进商品经济的发展。同时，要认识商品经济所固有的自发性和盲目性的一面。前几年，针对过去长期把商品经济和社会主义对立起来的错误观点，侧重于讲社会主义和商品经济的兼容性，讲不同社会制度下商品经济的共性，是必要的。但是，对于商品经济的自发性和盲目性同公有制特别是同全民所有制的矛盾，对于社会主义有计划商品经济的特殊性，注意不够。毫无疑问，公有制和计划性可以限制商品经济的自发性和盲目性，但不能完全消灭这种自发性和盲目性。进一步说，不容许任何盲目性和自发性存在，无异于消灭商品经济；正如同不容许任何硬性的规定和约束，无异于取消计划经济。有商品经济，就有商品拜物教和货币拜物教。我国商品经济不发达，市场不健全，往往表现出原始积累时期商品经济发展的某些征象，这是不难理解的。但不能不注意它所产生的消极影响。不能把商品经济和市场作用理想化，认为只要商品经济发展了，市场发育了，一切问题就自然而然地解决了。

二是，要正确处理党的组织同商品经济的关系。党是工人阶级的先锋队，代表社会的整体利益。商品经济是利益分立条件下实现生产社会化的形式，更多地体现生产者和经营者的局部利益和私人利益。这是一个矛盾。如何正确地处理这个矛盾，即在商品经济条件下处理整体利益和局部利益、私人利益的关系，正确把握社会利益的协调和社会发展的方向，是我们面临的一个新课题。党、政、军机关和国家公职人员不准经商，中央三令五申，屡禁不止，问题很大。在近年来的治理整顿中，撤销各类机关办的公司9万多个，占公司总数的25%左右，大得人心。国家公职人员经商被许多国家悬为厉禁，丑闻也层出不穷。我们在这方面应该采取更为严厉的措施，对党的组织和党员提出更严格的要求，特别是对居于各种领导岗位上的党员提出更严格的要求。美国人布热津斯基声称，中国改革的成功将是所谓“商业共产主义”的成功，“商业共产主义可能会演变成腐败的共产主义。贪污腐化首先是玷污和腐蚀党的干部”。他的立场是反共的，但他说的商品经济发展可能腐蚀党的干部，是值得我们警惕的。

三是，反对和防止商品经济的原则——等价交换，侵入党和国家的政治生活。这一点，中央早有明确规定。但在现实生活中，已经公开或隐蔽地发生了这种现象。商品经济环境中的党和国家机关，完全杜绝这种现象是困难的，但要坚持不懈地同这种危险倾向作斗争，这是关系党的生死存亡的大问题。有人说，过去共产党要消灭商品经济，现在商品经济要瓦解共产党。这不是必然的，但也值得警惕。有人从马克思说的商品是天生的平等派，得出商品经济原则引入党和国家政治生活有利于民主政治建设的结论。这是误解。马克思讲的是商品的市场交换原则。马克思所说的商品经济所产生的平等观念的积极意义，往往是相对于封建等级制度而言的。共产党人所追求的平等，最终目的是消灭阶级差别和消灭剥削。不能将两者混为一谈。

四是，共产党员要带头遵守社会主义有计划商品经济的法规、法律和行为准则，维护健康的经济秩序。这是每一个公民都应该做到的，对党员要求要更严格。过去在实现农业合作化之前，包括解放区时期农业生产资料私有制条件下，共产党员还要带头缴公粮，带头支援前线。现在我国正处在经济体制深刻变化和商品经济大发展的时期，一方面，计划和市场都还不健全，可以钻的“空子”很多，“发财”太容易，这需要加强计划的科学性和严肃性，同时使市场规范化；另一方面，已有的计划和法规、法律执行也不严格。全国财务税收大检查的统计资料表明，各地偷税漏税企业占企业总数的50%左右，偷税漏税款每年都多达100亿元以上。现在共产党员有几千万人，各个领域的领导人员大多数是共产党员，那些偷税漏税企业的厂长经理和财会人员，有多少人是共产党员？黄色书刊和其他内容有害的出版物造成了严重的社会后果，其撰写者、编辑者、出版者和发行者，有多少人是共产党员？搞“上有政策，下有对策”，以局部利益阻碍中央政策贯彻执行的，又有多少人是共产党员？如果把党管好了，把党员教育好了，特别是把负有各种领导责任的党员教育好了，都能起模范带头作用，许多工作都好办，社会主义有计划商品经济也比较容易健康发展。对干部的考核，不能光看经济增长的成绩，还要着重考察是否能模范地贯彻执行党的方针政策和国家的法律法规。

三、重温毛泽东的话

毛泽东在抗日战争时期说过："在现时，毫无疑义，应该扩大共产主义思想的宣传，加紧马克思列宁主义的学习，没有这种宣传和学习，不但不能引导中国革命到将来的社会主义阶段上去，而且也不能指导现时的民主革命达到胜利。但是我们既应把对于共产主义的思想体系和社会制度的宣传，同对于新民主主义的行动纲领的实践区别开来；又应把作为观察问题、研究学问、处理工作、训练干部的共产主义的理论和方法，同作为整个国民文化的新民主主义的方针区别开来。把二者混为一谈，无疑是很不适当的。"① 他又说："严肃地坚决地保持共产党员的共产主义的纯洁性，和保护社会经济中的有益的资本主义成分，并使其有一个适当的发展，是我们在抗日和建设民主共和国时期不可缺一的任务。在这个时期内一部分共产党员被资产阶级所腐化，在党员中发生资本主义的思想，是可能的，我们必须和这种党内的腐化思想作斗争；但是不能把反对党内资本主义思想的斗争，错误地移到社会经济方面，去反对资本主义的经济成分。我们必须明确地分清这种界限。中国共产党是在复杂的环境中工作，每个党员，特别是干部，必须锻炼自己成为懂得马克思主义策略的战士，片面地简单地看问题，是无法使革命胜利的。"②

现在和当时的情况已经根本不同了。当时是民主革命时期，正在进行抗日战争，现在是建设有中国特色的社会主义。但是，毛泽东在这里阐述的世界观和方法论的基本原则，以及关于当前任务与长远目标既相联系又相区别的观点，对于我们观察今天的问题仍然具有指导意义。

① 《毛泽东选集》第 2 卷，人民出版社 1966 年版，第 666 页。

② 《毛泽东选集》第 3 卷，人民出版社 1966 年版，第 751 页。

在发展社会主义商品经济的新时期，党组织对党员的要求应不同于对普通老百姓的要求，对党员干部的要求又应不同于对普通党员的要求，对党员领导干部的要求又应不同于对一般党员干部的要求。对于党员领导干部，要求应该更高，更严。

（原载《党建研究》1990 年第 10 期）

小康四题[①]

（1991 年 5 月 3 日）

一、具有重要意义的战略部署

温饱问题的基本解决，标志着我国的现代化建设走过了一个重要的发展阶段。90 年代我国国民经济和社会发展的目标，作为阶段性的标志，概括地说，就是由温饱达到小康。

把 20 世纪末的奋斗目标确定为实现小康，是对于我国现代化建设事业具有重要意义的战略部署。关于我国实现现代化所需要的时间，有一个认识过程。在过去一段很长的时间里，由于对在我国这样一个经济落后的大国实现现代化的艰巨性认识不足，认为在比较短的时间内就能够实现现代化。从 50 年代末期以来几次犯急于求成的错误，造成经济发展的大起大落，一个重要原因，就是近期目标定得太高。由邓小平在 1979 年底首倡，而后逐步补充完善，成为我国经济发展战略重要组成部分的关于经济建设分三步走的战略部署，正确反映了在我国这样一个经济落后的国家逐步实现现代化的客观进程。这是认识上的一个飞跃，具有重要的实践意义。因为：

第一，把解决人民的温饱问题作为我国现代化的初始阶段，是符合我国的实际情况的。因为，不首先解决温饱问题，就谈不上现代化；解决了温饱问题，现代化才有坚实的起步点。

① 作者写的这篇文章，是在 20 世纪 90 年代初，当温饱问题初步解决的时候，在全国比较早地对小康所作的初步论述。

第二，把20世纪末的奋斗目标由实现现代化改为小康，把发展规划中实现现代化的时间往后推移大约半个世纪，也是符合我国的实际情况的，这就从战略指导思想上解决了急于求成的问题。这一战略部署，是国民经济稳定发展的必要条件。

由温饱达到小康是我国现代化进程中更重要的一个发展阶段。我们在新中国成立以后30年艰苦努力的基础上，又经过80年代改革开放和大规模的经济建设，总共用了大约40年时间，基本上解决了全国人民的温饱问题。再经过今后10年的努力，从温饱达到小康，无疑是十分艰巨而宏伟的历史任务。

二、对小康的界定

历史上所说的小康，是相对于大同而言的。大同和小康，语出《礼记·礼运》。《礼记·礼运》中那一段有名的关于“大道之行也，天下为公；选贤与能，讲信修睦。故人不独亲其亲，不独子其子”的话，说的就是大同。这种大同社会，是儒家的理想境界，或者说，儒家的乌托邦，同时也曲折地反映了我国古代劳动人民的美好理想。《礼记·礼运》认为，这种没有私有财产，没有剥削和压迫的美好的大同社会，只存在于远古的尧舜时代，后世不可能再有了。这种理想境界是向后看的。“今大道既隐，天下为家”，“各亲其亲，各子其子，货力为己”，只能“城郭沟池以为固，礼义以为纪”，即靠武装力量，靠“礼”和“义”来维持社会的正常运行，“是谓小康”。在这里，小康是不理想的社会现状。康有为讲的大同，是从《礼记·礼运》演绎而来，但他是向前看的，《大同书》是对未来社会的一个空想设计。毛泽东在《论人民民主专政》一书中说，共产党人要通过人民民主专政达到消灭阶级和实现大同，这里所说的大同，指的是共产主义，这是共产党人的理想境界。这是活用古代思想遗产的一个好例子。由邓小平首倡而成为我国2000年奋斗目标的小康，不仅是借鉴了古代的小康概念，也是借用了人民群众中广泛流传的关于小康生活，即比较殷实的生活的概念，这是相对于温饱而言的。这也是活用古代思想遗产和人民群众语言的一个好例子。

现在，由于第一步战略目标的实现，向小康水平过渡成为现实任务，何谓小康的问题引起人们广泛的关注。我认为，可以从三个方面对小康水平加以界定：

第一，所谓小康水平，是指在温饱的基础上，生活质量进一步提高，达到丰衣足食。生活质量的提高是经济增长新阶段人民生活水平提高的基本方向。

第二，生活质量的提高，既包括物质生活的改善，也包括精神生活的充实；既包括居民个人消费水平的提高，也包括社会福利和劳动环境的改善。这里强调的是提高生活质量的全面性。

第三，根据我国经济发展不平衡的情况，全国实现小康将是逐渐推进的，不可能规定一个统一的时刻表。情况将会是这样：到 20 世纪末，目前初步实现小康的少数地区，将进一步提高生活水平，达到更高的小康标准；温饱问题基本解决的多数地区，将初步实现小康；现在尚未摆脱贫困的地区，将在温饱的基础上向小康过渡，也可能还有少数地区温饱问题解决不了。对不同地区在实现小康的时间上应该提出不同的要求。

这些界定，对制定经济和社会发展规划，在全国范围内有步骤地实现小康，具有实际意义。

三、关于人均国民生产总值

当初提出 2000 年人均国民生产总值达到 800 ～ 1000 美元的根据是：1980 年我国国民生产总值为 4470 亿元，按当年人民币对美元的汇率 1.54:1 计算，为 2800 多亿美元，人均 297 美元。实现翻两番的目标，按 1980 年不变价格计算，2000 年国民生产总值约为 18000 亿元，按人民币的不变价格即 1980 年汇率计算，约为 11000 多亿美元，考虑到人口增长的因素，人均可以达到 800 ～ 1000 美元。这种方法，便于在国内进行纵向的历史比较，不致因汇率的变化而经常修改既定的战略目标，也可以反映我国经济发展的实际成绩，其缺点是不便于进行横向的国际比较。

现在世界通行的，是世界银行所采用的汇率法，即将各国以本国货币表示的国民生产总值，按本年度官方汇率，统一换算为以美元表示，再除以该国的人口总数，得出该国当年人均国民生产总值。这种方法虽有简便易行和便于进行国际比较的优点，但发展中国家的国民生产总值往往被低估。汇率只是反映对外贸易中的比价关系，不能完全反映实际的经济增长和人民消费水平。对处于不同经济发展阶段的国家的人均收入水平进行比较，是件很困难的事。由于各国经济的商品化程度不同，国内价格水平不同，以及本币对美元的汇率浮动，现在通行的用美元计算的人均国民生产总值来表示一国的经济发展和收入水平，有很大的局限性。一般来说，发展中国家的实际生活水平，要比按美元计算的人均国民生产总值所表示的高。国际经济学家和统计学家曾经进行过长期的专题研究，期望找到能更准确地反映实际情况的指标，迄今无理想结果。按美元计算的人均国民生产总值我国在世界上的位次在100名之后，但据联合国开发计划署《1990年人文发展报告》中的人文发展指数表，在世界130多个人口100万以上的国家和地区中，我国排在第66位，属于发展水平比较高的国家。中外学者分别用“社会进步指数”“生活质量指数”和“社会发展指数”之类的指标对世界各国经济和社会发展水平进行评估，我国都大体被排在第65位左右，明显高于我国人均国民生产总值在世界所居的位次。鉴于上述汇率法的缺点，世界银行从1969年起，开始试行以购买力平价代替汇率作为换算系数。根据在几十个国家进行的测算，发展中国家的人均国民生产总值都大幅度高于按汇率换算办法得出的数字。这个问题需要进一步研究。

到2000年，虽然我国人均国民生产总值还不高，但如下两点是不能忽视的：

第一，我国国民生产总值的绝对额将相当可观，经济实力将明显增强；

第二，坚持社会主义分配原则，走共同富裕的道路，避免平均数所掩盖着的个体之间的巨大差别，可以使全国人民基本上达到小康。

四、注意研究新阶段的新情况和新问题

在从温饱走向小康的经济发展新阶段，经济发展和人民生活中必然会有许多有别于前一个发展阶段的新情况和新问题。

例如产业结构的调整。这个问题不是现在才提出来的，但在从温饱走向小康的经济发展新阶段具有比以往更加深刻的意义。在温饱问题未获解决的时候，人们的消费可以说是“饥不择食”“寒不择衣”型的。温饱问题解决之后，一方面，农业人口向非农产业的转移加快，对基础产业和基础设施提出了新的愈益迫切的要求；另一方面，人们收入水平提高，消费水平随之提高，更多地注意消费的质量方面，选择性增强。产业结构必须适应这种变化，适时地进行调整，并且逐步走向现代化，才能适应经济发展新阶段的要求。近年来，我国国民收入水平提高，而恩格尔系数居高不下，固然因为有比较普及的城镇社会福利制度，如过低的房租，免费教育，以及比较普遍的公费医疗等原因，但产品结构和产业结构未能及时得到调整，消费领域狭窄，无疑也是重要的原因。1990 年市场疲软，固然是因为实行经济紧缩政策，有需求不足的因素，但也有结构性原因，即短缺与积压并存。市场疲软并不是人们所期望的，但也不都是消极的因素。它给人们提供了有益的教训：社会主义经济并非注定是短缺经济。一定程度的过剩是形成市场竞争的必要条件，对于促进技术进步和满足消费者需要是有益的。在经济发展的新阶段，在大力发展商品经济的条件下，加之科学技术日新月异，经济领导者和企业家面临着新的挑战。善于把握时机进行产品结构和产业结构的调整，我国经济增长的质量可以迅速提高，技术进步的速率可以大大加快。不然的话，短缺与积压并存的结构性矛盾今后将会时有发生，甚至会愈演愈烈。

又如消费结构的变化。小康水平的具体物质生活条件和消费结构，不仅要同我国生产力水平和可供消费的资源状况相适应，还要考虑消费的民族传统和地区差异。根据我国人口增长和粮食生产情况，粮食人均占有量今后 10 年不可能有大的增加，而转化为肉类和奶的消费需要更多的粮食，所以“吃”仍须以植物性食物为主，生活质量的

提高将更多地表现在“用”和“住”的方面。城镇居民住房困难现在成了突出问题，注重住宅建设是当务之急。为了更快地解决住房问题，要加快住房商品化的步伐。满足人们的文化生活需要也比以往更为迫切。总之，要根据消费结构的变化调整产品结构和产业结构。同时，要根据生产发展的可能，用产品结构和产业结构的调整，引导消费结构的调整。

研究和解决经济发展新阶段的新情况和新问题，是我们面临的新课题，也是实现小康的必要条件。

（原载《光明日报》1991 年 5 月 3 日）

不疲倦的探索者

——纪念毛泽东诞辰100周年①

（1993年9月）

毛泽东无疑是古往今来对中国历史发展产生了重大影响的为数不多的伟大人物之一。他所领导的人民革命，结束了一个时代，开辟了一个新的时代。

作为伟大的革命家，毛泽东同时也是不知疲倦的探索者。他的一生，都在探索着民族独立、人民解放和国家富强的道路，并且不断地把探索的结论付诸行动。波澜壮阔的革命实践使他的探索能够钩深而致远，深邃的理论思考则使他所领导的革命实践具有更加自觉的性质。实践和探索，在毛泽东身上，是相互促进和紧密结合在一起的。

在其著名论文《论人民民主专政》中，毛泽东生动地概述了近代先进的中国人向西方国家寻找真理，希望逐渐破灭的历程。毛泽东在青年时期学的也是西方资产阶级的社会学理论和中国传统文化，也是从西方国家寻找真理的人物。但是，在毛泽东登上政治舞台的时候，中国的国内外形势已经大变。清王朝的覆灭，俄国十月革命的影响，以及五四运动的爆发，使中国革命具有了新的内容和新的面貌。这给毛泽东提供了与前人不同的新的更为广阔的活动舞台。

毛泽东虽然积极参加了五四运动和中国共产党的创立，但这个时期的领袖人物是陈独秀，并不是毛泽东。毛泽东虽然是中国早期马克思主义者之一，但率先在中国较为系统地介绍马克思主义和俄国革命

① 这篇文章获《求是》杂志纪念毛泽东诞辰100周年论文一等奖。

的是李大钊，并不是毛泽东。在熟读马克思主义书本方面，超过毛泽东的，不论当时或者后来，都大有人在。但是，毛泽东独领风骚，成为党和革命的领袖。历史选择了毛泽东，是因为毛泽东顺乎时代之潮流，创造性地把马克思主义的普遍真理同中国革命的具体实践结合起来，开辟了有中国特色的新民主主义革命之路，在一个农民占人口绝大多数的东方大国，领导革命取得了胜利。

为了实现这种结合，他不仅在实践上进行了无与伦比的艰苦努力——人民革命战争的胜利和新中国的成立是他的辉煌的丰碑，而且对实践经验进行了精辟的总结和理论上的探索。毛泽东关于新民主主义革命的严整理论，给马克思主义宝库增添了崭新的内容。他把中国革命的丰富实践经验，升华为富有中国特色的哲学理论——《实践论》和《矛盾论》是他在这一时期哲学思考的结晶。他在军事和政治策略方面，纯熟地运用了他的哲学思想，并且在军事史和政治史上留下了光辉的篇章。可以说，假如不是毛泽东以大无畏英雄气概所进行的创造性的理论和实践活动，包括抵制共产国际和斯大林关于中国革命的错误意见，中国革命的胜利是难以设想的。毛泽东在民主革命时期的一系列理论著作，至今仍然给人以深刻的启迪。

美国人丹尼尔·贝尔在《第二次世界大战以来的社会科学》一书中，把毛泽东关于“农民和游击队组织与政府”的理论，和列宁关于“政党组织和革命理论”一起，列为20世纪最大的社会科学成就之一，并且指出，毛泽东理论创造的地点，是“中国：江西，延安，北京”。就是说，大体上是整个中国新民主主义革命全过程的总结。这是公允的评论。毛泽东的理论与实践，是完全植根于中国的土壤的，彻头彻尾中国化的，没有丝毫洋教条或食洋不化的痕迹。马克思主义在他手里，是认识世界和改造世界的工具，这个“矢”是用来射中国革命之“的”的。同样，毛泽东也没有丝毫食古不化的痕迹。相反，他乐于承认自己是“轻视过去，迷信将来”。他受过正规的中国传统文化的教育，一生又熟读中国传统文化典籍。由于掌握了马克思主义而又进行了长期的革命实践，传统文化在他手里也只是一种工具。为人们所熟知的典型例子，是他对“实事求是”所作的唯物主义认识论的全新解释，赋予它新的意义，使之成为正确的思想路线的精髓。

具有洞彻的辩证法发展观的毛泽东，把世界看作无穷的发展过程，把自己的事业当作不停顿的探索和追求的过程。他从来没有满足于已经取得的成就，而总是把它作为新的探索的起步点。在毛泽东看来，几十年革命所取得的伟大胜利，只不过是万里长征走完了第一步。因此，当举世欢呼中国革命伟大胜利的时候，毛泽东开始了新的探索和长征。这是毛泽东作为一个革命家的极其宝贵的品格，反映了他勇于进取的旺盛的革命精神。从民主革命到社会主义革命的转变，是成功的。生产资料私有制的社会主义改造尽管存在缺点，但毕竟是以具有中国特色的方式实现了一场深刻的社会变革，总的来说是成功的，有许多创造，并没有照抄苏联。关于正确处理人民内部矛盾的理论，关于中国工业化道路的论述，关于“百花齐放，百家争鸣”的方针，等等，都是走有中国特色之路，从中国实际情况出发建设社会主义的可贵的探索，显示了生气勃勃的创造精神。经济恢复和经济建设也取得过举世瞩目的成就。中国的国际地位大为提高，全中国人民确实扬眉吐气，站起来了。如果读一读中国共产党第八次全国代表大会的全部文献，包括一百多位大会代表的口头或书面发言，就会强烈地感觉到当时良好的政治气氛和普遍存在的勇于探索的精神。可以设想，如果沿着这条路线走，中国的面貌一定会同以后的实际情形大不相同。

可惜未能贯彻始终。不久就发生了逆转，一直发展到“文化大革命”，造成空前的灾难。毛泽东晚年的错误之所以发生，并且延续多年而未能及时得到纠正，原因是：对国内政治格局和党的状况的错误估量；对世界局势，包括对苏联和东欧所发生的政治事变判断的失当；对世界科技和经济迅猛发展情况的闭塞；个人迷信的滋长与泛滥；政治体制和经济体制中存在的弊端，以及小生产习惯势力和封建主义思想残余的影响；“大跃进”的失败及随后进行的经济调整在毛泽东那里所引起的错误反映；年迈体弱，接近和信任的人越来越少，对实际情况越来越不了解，不再有能力总结实践经验，等等。亿万群众高昂的政治热情是一种巨大的力量，但毛泽东未能充分地将因革命胜利而激发起来的政治热情引导到经济和文化建设方面（虽然他曾经这样设想过，新中国成立之初也这样做过），而是浪费和挫伤了这种热情，错误地将整个党和国家引导到接连不断的政治运动中去，错过了经济振兴的历史机遇。这是中国的不幸，也是毛泽东的不幸。虽然，毛泽东晚年也没有放弃对于未来理想社会的执着追求，并且真诚地相信，他所设计的未来社会是为了人民的福祉，但由于这种探索脱离了中国的现实土壤，例如“五七道路”和“关于理论问题的指示”，实际上已经陷入乌托邦，因而不能不遭到失败。假如毛泽东只是一位书斋里的思想家，他关于社会主义社会独特构想中的某些见解，在探索人类社会发展道路的历史长河中，或许有它的积极意义。但毛泽东同时是左右党和国家命运的政治家，并且非常固执地将他所设计的蓝图立即付诸实施，这就势必带来难以弥补的损失。这是毛泽东的悲剧。本来，毛泽东对教条主义深恶痛绝，可以说一生都在反对教条主义，否则就不可能有他那大无畏的探索精神和丰富多彩的理论创造。但在他的晚年，思想也陷入僵化，把自己的理论当作了教条。林彪的“顶峰论”因此而得以流传。这给人们提供了沉痛的教训：即使最杰出的人物如毛泽东，一旦脱离实际，脱离群众，成为偶像，也难免产生可悲的结局。

毛泽东晚年的错误，从根本上说，还是一个革命家在探索前进道路过程中的迷误。以往数十年的叱咤风云和节节胜利，变成了道路坎坷和接连不断的挫折。时局难以驾驭，预计经常落空，毛泽东由强者转化成了弱者。他是带着重重矛盾和困惑，怀着未酬之志，离开人世的。毛泽东的逝世提供了结束“文化大革命”和纠正他的错误的历史机会。党和人民在批评毛泽东错误的同时，如实地肯定了他的伟大历史功绩和宝贵的思想遗产，并且继承了这份宝贵的遗产，继承了他从中国实际情况出发探索中国前进道路的锐意进取的精神。这标志着党和人民的成熟。历史是无情的，也是公正无私的。可以肯定，对毛泽东的评论将会成为中国历史研究的一个永久性的题目，就如同对于孔夫子、秦始皇和孙中山那样的历史人物的评论一样。随着时间的流逝，历史人物和历史事件的某些细节将会淡化，而愈益保留和显示其本质的方面。毛泽东的著作，包括他的气势磅礴的诗词和独特风格的书法，已经汇入源远流长的中华文明的洪流，成为我们民族的宝贵遗产。毛泽东在中国历史上的地位是不可磨灭的。

近代中国面临两大历史任务：一是民族独立和人民解放，一是国家富强。民族独立和人民解放是国家富强的前提。毛泽东所以在中国历史上占有不可磨灭的地位，首先是因为，他是出色地完成了民族独立和人民解放任务的伟大的民族英雄和杰出的人民领袖，并且为国家富强奠定了初步的基础。不能说，毛泽东对于中国的工业化和现代化缺乏热情。在他 20 世纪 40 年代中期到 60 年代中期的著作里，不少篇章表达了对于中国工业化和现代化事业的强烈追求。或许可以说，除了因为实践经验不够而未能找到适当的方式以外，他在经济建设方面的失误，正在于对中国工业化和现代化的求成过急，如同在社会改造上，因为设置的近期目标过高而产生了求成过急的偏差。甚至造成灾难性后果的“大跃进”，从毛泽东的主观愿望说，又何尝不是想加快赶超经济发达国家的步伐呢？结果是事与愿违，欲速则不达。毋庸讳言，在毛泽东领导下，中国经济未能取得本来可能达到的成就。近十多年来，在认真总结历史经验的基础上，邓小平以其建设有中国特色社会主义的理论，继承和发展了毛泽东思想，并且通过改革开放加快了现代化的步伐，从而使中国进入了一个新的历史发展时期。这是邓小平的伟大历史功绩。

我们已经取得的成就是足以自豪的，但前头的路更长。不论在理论上和实践上，都有大量有待解决的问题摆在我们面前。今后，我们仍然需要在实践中探索前进。任何先驱者的理论都不可能结束真理，而只能是开辟在实践中认识真理的道路。人们将不断地从毛泽东不疲倦的探索精神中受到鼓舞，汲取继续探索前进的力量。

（原载《求是》杂志 1993 年第 18 期）

中国经济体制改革的里程碑[①]

（1993年12月25日）

党的十四届三中全会是对我国经济体制改革具有里程碑意义的重要会议。会议通过的《关于建立社会主义市场经济体制若干问题的决定》，是中国经济体制改革的一个新的里程碑。国内反应热烈，海外评价也好。香港一家报纸发表社论说，《决定》“是落实十四大决定的一个大手笔，也是深化经济体制改革寻求全新景观的强烈讯号”，是“经济体制改革迈进新阶段的重要标志”。日本一家颇具影响的报纸发表评论说，“三中全会的重要性，仅次于去年春天邓小平的南方谈话和去年秋季党的十四大。如果把这三个重要阶段比喻成三级跳，那么，三中全会就是这最后的一跳。”就是说，三中全会最终确立了社会主义市场经济体制。这种评论是公允的。

一、关于《决定》的指导思想和起草过程

党的十四大指出：建立社会主义市场经济体制，涉及我国经济基础和上层建筑的许多领域，需要有一系列相应的体制改革和政策调整，必须抓紧制定总体规划，有计划、有步骤地实施。可以说，《决定》就是十四大所要求的建立社会主义市场经济体制的总体规划。

根据十四大精神，中共中央政治局1993年5月决定，下半年召

---

① 这是作者1993年12月25日在中共中央宣传部、中央直属机关工作委员会、中央国家机关工作委员会、解放军总政治部、中共北京市委联合举办的学习《关于建立社会主义市场经济体制若干问题的决定》报告会上的报告。作者是《决定》起草人之一。

开十四届三中全会，专门讨论建立社会主义市场经济体制问题，并做出相应的决议。经中央常委批准，5 月底组成文件起草组，从 5 月 31 日开始集中工作。到把稿子提交三中全会讨论，起草工作进行了将近五个半月时间。

江泽民同志在起草组第一次会议上，就起草这个决定的意义、指导思想和需要写的重要内容，提出了原则性的意见。构成现在《决定》主要内容的几个部分，都讲到了。整个起草工作，是按照江泽民同志的讲话精神进行的。

6 月 22 日，起草组拟定了《决定》的提纲，报请中央财经领导小组审议。中央财经领导小组 6 月 26 日讨论并原则同意了这个提纲。从 6 月下旬开始，起草组用两个月时间，先后完成了第一稿至第三稿。9 月 9 日将第三稿提交中央政治局常委审议。根据中央政治局常委讨论的意见，修改后于 9 月 20 日提交中央政治局审议。根据政治局讨论意见又作了修改，于 9 月底下发征求意见。这是第五稿。各省、区、市党委，中央和国家机关各部门，军队各大单位，都十分重视，按照中央规定的范围，认真组织了阅读和讨论，并向中央写出报告。共收到 138 份（30 个地区、92 个部门和 16 位同志）修改意见。在此期间，中央政治局常委分别召开了党内老同志，各民主党派和工商联负责人，经济理论界专家学者三个座谈会，并听取了在中央党校学习的省部级领导干部的意见。各方面对决定稿表示拥护和肯定，并提出了许多很好的修改建议和意见。起草组用 6 天时间作了认真研究讨论，对稿子作了 270 多处修改。又经中央政治局常委和政治局讨论，每次讨论都有修改。提交全会审议的决定草案，总算起来是第八稿。经过全会分组讨论，根据讨论意见又作了近百处修改。再将改样返还各组讨论，根据讨论意见又作了少量修改。这样，提交全会通过的，就是第十稿。起草小组内部工作过程中的稿子，就无法统计了。

《决定》除简短的开头和结束语外，分十个部分，共五十条。第一部分可以说是总论，主要讲我国经济体制改革面临的新形势和新任务，对社会主义市场经济体制勾画了一个基本框架，指出今后推进改革应把握的主要之点，这些主要之点也是对以往改革经验的总结。从

第二部分到第五部分，可以说是分论，分别讲建立现代企业制度，培育和发展市场体系，建立健全宏观经济调控体系，建立合理的个人收入分配和社会保障制度，分别论述社会主义市场经济体制基本框架的几个主要方面。第六到第九部分，可以说是四个专题，分别讲农村经济体制改革，对外经济体制改革，科技体制和教育体制改革，以及加强法律制度建设，这么四个专门问题。最后一部分，讲加强和改善党的领导的问题，这可以说是建立社会主义市场经济体制的政治保证。这样十个部分，构成了建立社会主义市场经济体制的总体蓝图。

《决定》以邓小平建设有中国特色社会主义的理论和党的十四大精神为指导，体现了解放思想和实事求是的统一。这就是说，既有一个比较完整的关于社会主义市场经济体制的总体设想，又紧紧抓住当前改革和发展中的突出矛盾和问题重点突破；既体现了市场经济的一般规律，吸收和借鉴国外的成功经验，又体现了社会主义制度的本质特征，总结了我们自己的实践经验；既反映了抓住时机、加快建立新体制的紧迫性，又考虑到建立和完善新体制需要有一个发展过程，注意到它的渐进性；既有一定的思想高度，又能指导实际工作。《决定》是 15 年改革经验的总结，也是全党和全国人民智慧的结晶。

在组织起草组的同时，中央财经领导小组办公室还就改革中的重大问题，组织有中央和国务院有关部委的同志和地方同志参加的 16 个专题调研组。调研组自 6 月下旬以来，先后三次同起草组交换意见，并进行了认真的讨论。调研组介绍的情况，为文件起草提供了背景材料。调研组提出的一些好的意见，已经吸收在决定稿子中了。

从全国范围征求意见和中央全会讨论的情况来看，大家对《决定》是满意的。认为文件主题鲜明，内容丰富，重点突出，有所前进，思想性和指导性都比较强。综合各方面对《决定》的评价，主要是这么四点：

一是，《决定》体现了邓小平建设有中国特色社会主义的理论，是对党的十四大提出的建立社会主义市场经济体制目标的具体化，既有理论上的阐述，又有基本框架的设计，是继续深化改革的纲领性文件。

二是，《决定》总结了我国15年改革开放的基本经验，把这些经验系统化，并且借鉴了市场经济发达国家的有益经验，回答了改革实践中提出的一些重大问题。

三是，《决定》阐述了社会主义市场经济体制的主要内容，提出企业改革的方向是建立现代企业制度，培育和发展市场体系的重点是生产要素市场，对建立宏观调控体系作出了明确部署，特别是明确了财政体制和金融体制改革的方向。

四是，《决定》强调了建立社会主义市场经济体制要解决许多极其复杂的问题这样的思想，提出了积极而又稳妥地全面推进改革的方针。

在征求意见过程中，也有一些同志反映，文件在有些方面理论高度不够，后五个部分突破不多。也有人建议，索性把这几部分合并成一个部分。这个意见未被采纳。第六到第九部分，讲农村经济体制改革、对外经济体制改革、科技体制和教育体制改革以及法制建设，是一些带共性的问题，在前五部分已经讲过了。但这几个方面，还有不少特殊问题是前五部分无法概括的，有必要单列出来。而且，讲建立社会主义市场经济体制，没有这几个部分是不完整的。至于最后一部分，更是必须写的。这几个部分并不是没有新意。当然，每个文件，都不可能全是新话，只能要求有新的进展。有些基本原则、基本方针和政策，尽管不是“新话”，也是必须经常强调的。

二、《决定》对社会主义市场经济理论的重要贡献

《决定》内容很丰富，五十条都很重要。我认为，《决定》对于社会主义市场经济理论的重要贡献，在于以下几个方面：

（一）勾画了社会主义市场经济体制的基本框架，设计了建立社会主义市场经济体制的总体蓝图。

自从党的十四大确定建立社会主义市场经济体制的改革目标以来，各方面的同志都希望能够再进一步，对于社会主义市场经济体制有一个更加完整和系统的说法，以便更准确地把握社会主义市场经济

理论，更好地组织和推进经济体制改革。这确实是必要的。现在的情况是：一方面，以公有制为主体的多种经济成分共同发展的格局初步形成，市场在资源配置中的作用迅速扩大，全方位对外开放的格局逐步展开，使我们具备了今天这样的基础，有条件实现改革的全局性整体推进；另一方面，体制改革虽然在许多方面实现了重大突破，但某些重要领域改革的滞后，成为经济体制链条上突出的薄弱环节，又影响着改革的深化和国民经济的健康发展，也迫切要求改革的全局性整体推进。这就需要进行总体设计，需要强调体制和政策的规范化。这些年来，理论上的探索和对国外情况的研究，也有新的进展，使我们能够进一步总结自己的经验和借鉴国外的经验。这表明，勾画出社会主义市场经济体制的基本框架，做出关于建立社会主义市场经济体制的总体蓝图设计，既是改革和发展的迫切需要，也具备了这种客观可能性，时机已经成熟。党的十四届三中全会的决定于是应运而生。尽管《决定》的一些基本观点，在党的十四大报告和其他文件中已经有了，但加以系统化和综合，设计这么一个总体框架，还是一个重大的进步，对于今后的改革和发展都有重要意义。

市场经济体制是同社会基本制度结合在一起的。同样的社会制度，经济体制也不尽相同。同样是资本主义制度，不同的国家，例如美国、德国和日本，在市场经济体制方面就存在着明显的差异。关于社会主义市场经济体制，要讲两句话。一句是，社会主义市场经济体制是同社会主义基本制度结合在一起的；一句是，建立社会主义市场经济体制，就是要使市场在国家宏观调控下对资源配置起基础性作用。这是党的十四大的提法，《决定》重申了这个重要命题。《决定》所设计的社会主义市场经济体制的基本框架，体现了这个命题的要求，具有我国社会主义初级阶段的鲜明特色。社会主义市场经济体制的基本框架，在坚持以公有制为主体、多种经济成分共同发展的前提下，由现代企业制度、全国统一的市场体系、健全的宏观经济调控体系、合理的个人收入分配制度和多层次的社会保障体系等五个主要环节构建而成。如果把社会主义市场经济体制比作一座大厦，那么，这五个主要环节就是大厦的五大支柱；大厦的基础，则是以公有制为主体、多种经济成分共同发展的所有制结构。在三中全会召开之前，香港有的报刊曾经揣测，说全会将“不再提以公有制为主体”，后来看到《决定》不仅提到“以公有制为主体”，而且强调“必须坚持”，于是有的报刊就以《中共仍不愿放弃公有制》为题发表文章，胡说在三中全会上“改革派未获全胜”。其实，在《决定》起草和征求意见过程中，据我所知，没有任何一个同志提出要放弃以公有制为主体。恰恰相反，大家对于如何搞好国有大中型企业的问题给予很大关注。公有制为主体的提法，在《决定》中虽然没有作为框架的一条，但从行文看，它是基本框架的前提或者说是基础。《决定》第四条讲现代企业制度，也明确指出，“以公有制为主体的现代企业制度是社会主义市场经济体制的基础”。

正如国民经济的运行是有机整体一样，社会主义市场经济体制基本框架的这些主要环节，也是相互联系的有机整体。这些环节的改革，都是建立新的经济体制所不可缺少的。实现改革的全局性整体推进，就是要围绕这些主要环节，协调配套地进行全面改革。这是改革新阶段的一个显著特点。

在十多年的改革进程中，有许多关于经济体制改革问题的重要决定。其中，关于新的经济体制的综合性的总体设计有两个。一个是1984年党的十二届三中全会关于经济体制改革的决定。那个决定，突破了把商品经济同计划经济对立起来的传统观点，提出商品经济是社会经济发展不可逾越的阶段，我国社会主义经济是公有制基础上的有计划商品经济，并且确定了全面进行经济体制改革的方针和任务。这标志着经济体制改革从初期的以农村为重点，进入以城市为重点的新阶段，对以后改革的推进起了重要作用。另一个，就是党的十四届三中全会的决定。这个决定，勾画了社会主义市场经济体制的基本框架，设计了建立社会主义市场经济体制的总体蓝图。这是党的十四届三中全会的一个重大贡献，将会对我国的改革开放和现代化建设事业产生深远影响。虽然，这个基本框架和总体蓝图，还需要接受实践的检验，在实践中继续丰富和完善，但有了这个基本框架和总体蓝图，改革工作的指导就能够更有预见性，改革的推进就能够更具整体性和规范性。

这标志着，我国的经济体制改革，已经进入以建立社会主义市场经济体制为目标的全局性整体推进的新阶段。

从传统的计划经济体制过渡到社会主义市场经济体制，是深刻的历史性转变。这是我国实现现代化的必要条件。这种转变，实质上是从党的十一届三中全会开始的。党的十一届三中全会实现了全党和全国工作着重点的转移，开辟了一个新的历史时期。新的历史时期是以改革开放为其显著标志的。虽然，当时还没有使用市场经济的概念，但已经明确提出，要对经济管理体制和经济管理方法进行认真的改革，改变经济管理权力过于集中的状况，精简各级行政管理机构，大胆下放权力，让工农业企业有更多的经营自主权，强调要重视价值规律的作用，以及解决政企不分、以党代政、以政代企的问题。这在实际上已经提出了发挥市场机制作用的问题，可视为建立社会主义市场经济体制之发轫。以党的十一届三中全会为开端，尔后又连续前进几大步：由强调重视价值规律的作用，发展到计划经济为主、市场调节为辅，又发展到社会主义有计划商品经济，再发展到社会主义市场经济。理论探索和改革实践都是不断前进的，这些提法的变化，标志着理论和实践发展的几个重要阶段，每个阶段都是很大的进步。今后也还会继续前进，而不会停滞不前。这正是社会发展和认识进步的标志。要用历史的眼光，来看待理论和实践的发展。

（二）关于建立现代企业制度的理论概括，指明了企业改革的方向，是企业改革在思路上所迈出的重大步伐。

《决定》重申国有大中型企业是国民经济的支柱。国有企业的改革是我国经济改革的重点，也是改革的难点所在。这些年来，在实现两权分离和扩大企业自主权方面取得相当进步，为企业进入市场奠定了初步基础，但根本问题还没有得到很好解决，不少国有大中型企业面临困难。关于现代企业制度，文件开始起草时就提出来了。但一直到提交全会前，还在讨论和修改。全会上也进行了热烈讨论，并且又做了一些修改。可以说是这次文件中讨论和修改最多的部分，经过讨论和修改取得了共识。原因是，这个问题确实重要，而且是新提出来的问题。《决定》所贡献的重要思想有：

一是，概括了现代企业制度的五个基本特征，这也是建立现代企业制度的基本要求。要点是明确产权关系，即企业中的国有资产所有权属于国家，如果是股份制和合资企业，则出资者（不论是国家、集体、个人或外资）按投入企业的资本额享有所有者的权益，即资产受益、重大决策和选择管理者等权利，企业破产时出资者只负有限责任；企业拥有包括国家在内的出资者投资所形成的全部法人财产权，成为享有民事权利、独立承担民事责任的法人实体，对出资者承担资产保值增值的责任。这样，一方面保证了出资者（“老板”）的权益，同时使企业能够做到自主经营、自负盈亏。这样，可能就找到了实现所有权与经营权分离的形式。理解这个问题，要注意所有者与企业两方面的权益，不能只强调一个方面，忽视另一个方面。文件对于企业法人财产的规定，没有用“企业法人所有权”的提法，因为这样提容易和所有者的所有权混淆，使所有权受到损害。法人财产权同出资者的所有权，是不同的：前者是归属意义上的，后者是占有和使用意义上的。

二是，提出在国有大中型企业推行现代企业制度，即按照现代企业制度的要求进行改革。目的是提高国有企业的竞争能力，更好地发挥主导和骨干作用。《决定》肯定，“国有企业实行公司制，是建立现代企业制度的有益探索”。这里，公司制是作为企业组织形式，而不是作为所有制形式说的。股份制可以是多种所有制的。形式也可以有多种：单一投资主体的可依法组织独资公司，多个投资主体的可依法改组为有限责任公司或股份有限公司，其中的上市公司必须经过严格审定。生产某些特殊产品的公司和军工企业，应由国家独资经营。支柱产业和基础产业中的骨干企业，国家要控股，以掌握国民经济命脉。

三是，指出建立现代企业制度是一项艰巨复杂的任务，必须积累经验，创造条件，逐步推进。例如，明确产权关系必须清产核资，这个工作量就很大。企业历史包袱的清理也是个很复杂的问题。当前多数企业要继续贯彻《企业法》和转换企业经营机制《条例》，为逐步建立现代企业制度创造条件。国家计划明年抓 100 家大中型企业建立现代企业制度的试点。各个地方的积极性也很高，准备搞些建立现代企业制度的试点。

四是，强调了加强国有资产管理。《决定》指出，“当前国有资产管理不善和严重流失的情况，必须引起高度重视”，“严禁将国有资产低价折股，低价出售，甚至无偿分给个人”。在社会主义市场经济条件下，特别是在从传统的计划经济体制向社会主义市场经济体制的过渡时期，国有企业如何管理，实现保值和增值，是个没有完全解决的问题。《决定》提出一个新的观点：“按照政府的社会经济管理职能和国有资产所有者职能分开的原则，积极探索加强国有资产管理和经营的合理形式和途径。”这里说的是“积极探索”，在实践上并没有解决。现在国务院颁发了《国有企业财产监管条例》，明年将向1000家大中型企业派出监事会，这是一个重要步骤，也是一个良好的开端。研究问题，要搞清楚：哪些问题在实践中已经解决了，哪些问题理论探索有进展但实践中并未解决，哪些问题甚至还未提出来。有些问题，提出来就是前进。

五是，强调了加强企业内部管理。企业存在的问题，包括效益差，安全事故不断发生，有的是体制问题，有的是管理问题。现在不重视管理和管理不善的问题相当普遍。在积极推进改革的同时，要切实加强管理。同样的基本制度和体制，有的企业搞得好，有的企业搞得差甚至破产，社会主义条件下和资本主义条件下都有这种情况。这就要从管理上找原因。

企业内部领导体制也是个重要问题。建立现代企业制度以后，所谓“老三会”（党委会、职代会、厂务会）和“新三会”（股东会、董事会、监事会）的关系如何处理，《决定》重申了一些基本原则，也是在实践中并没有完全解决的问题，今后还要继续探索。

（三）在建立和健全宏观调控体系方面的突破。

健全的宏观调控体系，是现代市场经济的一般要求，更是社会主义市场体制的重要组成部分。这是以往改革中突出的薄弱环节，因而成为当前改革的重点领域。国家宏观调控的主要手段，是计划、金融和财政。要通过改革，建立计划、金融、财政之间相互配合和制约的机制。《决定》的重大突破，是关于财税体制改革和金融体制改革的规定。财税体制改革主要是实行中央和地方的分税制；金融体制改革主要是加强中央银行的职能，实行政策性银行和商业性银行分开，以及汇率并轨。改革方案，从1993年年中开始酝酿，经过国务院同各省、区、市反复磋商，已经确定下来，1994年开始实行。在市场经济体制下，作为国家进行宏观调控的手段，金融与财税的重要性日益增强，必须建立一种比较规范的制度，来理顺各个方面的经济关系。《决定》不失时机地肯定了实践中成熟的东西，把财税体制和金融体制改革向前推进了一大步。

这里，涉及两个重要问题。

一是国家宏观调控和发挥市场机制作用的关系。应该说，国家宏观调控和市场机制的作用，都是社会主义市场经济体制的本质要求。《决定》所勾画的社会主义市场经济体制的基本框架，包括了这两个方面的要求。两者是相辅相成的：市场在国家宏观调控下运行，国家宏观调控建立在市场机制基础之上。改革高度集中的传统计划经济体制，必须强调充分发挥市场在资源配置中的基础性作用，不如此便没有社会主义市场经济。但在强调发挥市场机制作用的同时，也要看到市场调节存在自发性、盲目性、滞后性的消极一面，这种弱点和不足必须靠国家对市场活动的宏观指导和调控，来加以弥补和克服。没有制动器的汽车是不能开的。早期资本主义实行自由放任政策，20世纪30年代以来情况已经发生了重大变化。在当今世界，没有哪一个国家的市场经济是不受政府干预和调控的，只是干预和调控的程度和形式有所不同。应该承认，有些国家在这方面比我们做得还成功。我们是以公有制为主体的社会主义国家，这不仅为国家的宏观调控提供了客观可能性，而且赋予国家搞好宏观调控的严重历史责任。我国经济落后，要在较短时间内赶上发达国家，没有国家强有力的宏观调控也不行。亚洲一些国家和地区经济的起飞，得益国家宏观调控甚大。我们现在的问题是，一方面，市场的作用在很多方面还没有得到充分发挥，同时又存在着市场盲目发展和经济秩序混乱现象；一方面，政府还管理着一些本应不管或者少管的事情，同时有些该管的事还没有管好，转换政府经济管理职能还没有完成。建立社会主义市场经济体制，必须从充分发挥市场机制作用和加强宏观调控这两个方面共同努力。每个时期工作的着重点可以有所不同，根据不同情况，有的时候强调市场作用多一些，有的时候强调国家宏观调控多一些，但切不可在强调一个方面的时候，忽视以至放松了另外一个方面。

二是发挥中央和地方两个积极性的问题。财税体制和金融体制改革都涉及中央与地方的关系。从财政包干制过渡到分税制，是规范经济关系，增强中央宏观调控能力，协调地区经济发展的重大举措。经济发达国家，中央财政收入一般都占整个财政收入的60%左右，地方财政支出一般占整个财政支出的60%左右。就是说，收入中央占大头，通过转移支付制度返还地方一部分，结果是支出地方占大头。现在，我国财政收入占国民生产总值的比重，已经降到20%以下；中央财政占国家全部财政收入的比重，已经降到40%以下，在世界上都是比较低的。地方财政收支大体平衡，中央财政有比较大的赤字，已经影响着改革和建设的健康发展。按照现在确定的改革方案，中央财政收入的比重，目标定为57%左右，略低于国际平均水平，而且是分几年逐步达到，这是充分考虑到我国的现实情况，经过反复测算而设计的比较适宜的比例。强化中央银行的货币调控和监督职能，实行政策性银行与商业性银行分开，实现汇率并轨，是金融体制的重大改革，也涉及中央和地方利益关系的调整。财税体制和金融体制改革，是发展社会主义市场经济的要求，也符合国际上的通常做法。中央多集中一点财力，是为了举办地方无力举办的事业。处理中央和地方关系的原则，是中央要充分考虑地方的困难，地方则要树立全局观念；全局要照顾局部，局部要服从全局。这次财税体制和金融体制改革方案能够达成共识，说明地方的同志是顾全大局的，也说明中央领导是有力的。有的同志提出，地方也应该有宏观调控权。这是对宏观调控的误解。宏观调控有其特定的含义，是指通过调控达到全社会经济总量的平衡。宏观调控权包括货币的发行，基准利率的确定，汇率的调节，重要税种税率的调整等，这些调控手段只能集中在中央，不能实行中央和省、区、市两级调控。毫无疑问，我们国家大，人口多，地区之间差异很大，发展很不平衡，需要赋予省、区、市政府必要的经济管理权力，使其能够在发展地区经济和其他事业方面发挥更大的作用。

没有地方积极性的充分发挥，经济建设是搞不好的。管得太死，经济发展就缺乏活力。还是发挥两个积极性好。

（四）把法律制度建设纳入了社会主义市场经济体制的轨道。

改革新阶段的另一显著特点，是强调体制和政策的规范化。《决定》在各个环节的改革上都强调了这一点。这是全局性整体推进改革的客观要求，也是其必然结果。改革发展到今天，已经具备了体制和政策规范化的条件，不能用新的不规范代替旧的不规范。规范化要通过经济法律和法规的建设来实现。许多改革举措，《决定》都指明要"规范"，要"依法"进行。这反映了改革新阶段的客观要求。一般说来，除了人类幼年时期的原始社会以外，任何社会经济制度和经济体制，都不能没有法律来规范和保障。市场经济是竞争经济，更必须有完备的法制来规范和保障，正如体育比赛必须有严格的规则。改革开放以来在法制建设方面有长足的进步，但至今仍然是我国改革和发展中的一个薄弱环节。一些过时的法律法规还没有按建立社会主义市场经济体制的要求进行修改，某些重要经济领域的立法存在着严重的滞后现象，某些立法不配套，法律之间不协调，立法体制不健全，以及有法不依和执法不严，都是亟需解决的问题。我国经济法制本不健全，建立社会主义市场经济体制的目标确立不久，立法工作任务繁重，加之社会法制意识差，因此，从法理上对社会主义市场经济体制进行整体研究，加强法制建设，包括立法、司法和执法，尤其显得重要。《决定》把法律制度建设放在重要地位，强调改革开放和法制建设的统一，要求改革决策与立法决策相结合，抓紧制定关于规范市场主体、维护市场秩序、加强宏观调控、完善社会保障、促进对外开放等方面的法律，并且用健全法制来反对腐败，用法律引导、推进和保障改革顺利进行，是完全正确和必要的。社会主义市场经济体制内在地包含着法律体系的建设，在 20 世纪末初步建立社会主义市场经济体制，必须同时建立适应社会主义市场经济发展要求的法律体系。立法要立足我国的实际情况，同时借鉴国外立法的成功经验和积极成果。政策措施具有权宜性，把成功的改革政策和措施凝结为法律，才能得到巩固并长期坚持下去，而不致轻易地因人而兴，或者因人而废。健全的法制是社会成熟的标志，也是国家长治久安的保证。

我国的经济体制改革，是在不断总结实践经验的基础上，循序渐进地发展的，是个渐进的过程。改革从农村开始逐渐向城市拓展，开放从沿海开始逐渐向内地推进，许多改革措施先在局部试点，取得经验后再行推广，都是渐进性的表现。而在渐进过程中，又抓住有利时机实现重点突破，以此推动改革全局。例如，农村联产承包责任制的实行，就有力地促进了整个经济体制改革。这样做，既顺利推进了改革，又避免了大的社会震动，是一条成功的经验。这同一些国家搞的所谓“休克疗法”形成鲜明对照。强调改革要全局性整体推进，并不是说各方面的改革必须齐头并进，步骤上不能有先后，工作上不要有重点。现在强调体制和政策的规范化，也不是说各个地区各个部门的改革要“一刀切”，不再需要进行试点。“物之不齐，物之情也”，不平衡是事物发展的普遍规律。从实际情况看，经济体制各个环节改革的进展，迟速差异是很大的。现在滞后的突出薄弱环节是财税体制、金融体制和国有企业的改革，以及经济法律制度的建设等。财税体制和金融体制改革已经有了具体方案，正在组织实施，改革滞后的状况可望改观。国有企业改革已经指明了方向，具体办法正在积极探索。经济法制建设的步伐正在加快。抓住这些薄弱环节实现突破，使之和整个改革步伐相适应，同时也就实现了全局性的整体推进。在今后的改革进程中，仍然需要发扬大胆探索，积极试验的精神。有的措施出台，仍然需要先进行试点，取得经验再推广。要在《决定》关于社会主义市场经济体制总体框架和总体设计的原则规定下，坚持整体推进与重点突破相结合。有了总体框架和总体设计，就可以使各个环节的重点推进和试点有更明确的目标，试点经验因而也更便于推广，从而使整个改革既有重点又有节奏有秩序地协调向前发展。

以上讲的是若干大的方面。除这些方面所实现的重要发展外，《决定》在关于社会主义市场经济理论和政策上，还有不少具有理论和实践意义的新颖的提法，要注意把握。

例如，在第一部分，对于15年来改革的基本经验，作了新的概括。过去文件也多次作过概括，都标志着认识的逐步深化。这一次从新的角度，概括了几条。文字不多，但每一条都是以 15 年改革的丰富经验为依据的。这些，也是今后改革必须把握的重要原则。

又如，在第二部分，指出:“随着产权的流动和重组，财产混合所有的经济单位越来越多，将会形成新的产权所有结构”。这可能是今后一个重要的发展趋势。请注意：这里没有用“混合所有制的经济单位”，也没有用“所有制结构”。产权关系应该是明确的，但有些企业，例如股份制企业，就很难再以所有制来划分了。

又如，《决定》在这一部分还提出:“国家要为各种所有制经济平等参与市场竞争创造条件，对各类企业一视同仁。”其他部分，也有多处关于创造平等竞争条件的规定。这是市场经济条件下政府的一项重要职能，是市场经济健康发展的一个重要条件，也是体制和政策规范化的要求。在目前条件下做出这种规定，实质上是对国有企业的一种保护。

又如，在第五部分，提出“国家依法保护法人和居民的一切合法收入和财产”，“允许属于个人的资本等生产要素参与收益分配”，以及避免由于少数人收入畸高形成两极分化。这是多种经济成分和多种分配方式并存的合乎逻辑的结论。

又如，《决定》比较完整地规定了建立社会保障体系的基本原则。社会保障制度是市场经济条件下实现社会稳定的一个安全阀门。《决定》提出要建立统一的社会保障管理机构，按照社会保障的不同类型确定资金来源和保障方式，保障水平要同社会生产力水平相适应。基本精神是，必须搞社会保障制度，这是推进企业改革和其他方面改革的重要条件，但我们不能搞“福利国家”政策，也搞不起。西方一些国家的“福利国家”政策，现在已经陷入困境，也在探寻摆脱之路。又如，关于农村经济体制改革，提出延长耕地承包期，开发性生产项目的承包经营权可以继承，土地使用权可以有偿转让。强调发展乡镇企业与农村劳动力向非农产业的转移，强调了“增强农村经济发展的开放性”。在小城镇建设和户籍制度改革方面也有新的突破。

再如，《决定》把科技体制和教育体制的改革，放在发展社会主义市场经济的大背景之下来考虑，有些内容也是市场经济体制的有机组成部分。《决定》除重申“科学技术是第一生产力，经济建设必须依靠科学技术，科学技术工作必须面向经济建设”的基本方针外，肯定了“稳住一头，放开一片”，以及“积极发展各种所有制形式和经营方式的科技企业”，强调了“积极促进科技经济一体化”。

我国社会主义市场经济体制的特点和优点，在于有四项基本原则。这是我们的政治优势。党所领导的有中国特色的社会主义事业，是社会主义市场经济、社会主义民主政治、社会主义精神文明的有机统一，社会主义市场经济是其基础。《决定》强调了坚持两手抓、两手都要硬的方针，强调了加强党的领导和党的自身建设，强调了社会主义民主政治和社会主义精神文明建设。这是顺利建立社会主义市场经济体制的要求，也是实现社会全面进步的重要保证。只有这样，才能把亿万群众的巨大创造力量，凝聚到社会主义现代化建设的伟大事业上来。

归根到底，理论是来源于实践，为实践服务，并在实践中接受检验，得到丰富和发展的。建立社会主义市场经济体制是一项前无古人的开创性事业，只能在实践中开拓前进。和过去相比，我们无论在理论认识和改革实践方面所取得的成就，都是足以自豪的，但前头的路更长，在迅速发展变化着的社会经济生活中，我们对于许多东西仍然缺乏深刻的规律性的认识。严格说来，建立社会主义市场经济体制提出不久，社会主义市场经济运动的内在矛盾尚未充分显示出来，关于它的理论上的说明，还不可能十分严整而深刻。重要的是，在党的基本理论和基本路线指引下，我们已经走出一条在实践中开拓前进的正确道路，并且积累了宝贵的经验。实践在前进，关于社会主义市场经济的理论也将继续得到丰富和发展。党的十四届三中全会的《决定》，是建立社会主义市场经济体制改革实践的一个新起点，也是关于社会主义市场经济理论认识的一个新起点。

三、通过深化改革促进经济发展

党的十四届三中全会通过《关于建立社会主义市场经济体制若干

问题的决定》，目的是通过改革，解决社会经济发展中的矛盾和问题，促进国民经济持续快速健康发展。

改革是经济发展的强大动力。改革解放了生产力，使80年代我国经济发展取得了举世瞩目的成就。90年代实现经济发展的第二步战略目标，从温饱达到小康，从根本上说，也要靠深化改革。现在是深化改革的有利时机。要以贯彻这次中央全会决定精神为契机，积极推进改革，为经济发展创造良好的体制条件。

经济建设是我们各项工作的中心，改革归根到底是为了解放和发展社会生产力。只有经济发展了，人民生活才能进一步提高，国家实力才能进一步增强，社会主义制度的优越性才能充分发挥出来。现在国内外形势都比较有利，我们确实面临着经济发展的良好机遇：

——我国工业化过程尚未完成，现代化进程开始不久，投资需求旺盛，国内市场潜力很大，从经济成长阶段看，正处在经济迅猛扩展时期；

——经过四十多年来的建设，特别是改革开放十多年来的高速增长，我国综合国力明显增强，现代化建设的物质基础比过去雄厚；

——现在我国积累率和居民储蓄率都比较高，为经济建设提供了资金来源；

——经济体制改革和对外开放为经济发展注入了强大的活力；

——改革开放和现代化建设积累了经验，培养了人才；

——国际环境总的说也对我有利。

在这样的客观条件之下，只要按照《决定》精神，积极推进改革，充分调动各个方面的积极性，使经济增长的潜力充分发挥出来，就能够实现经济的持续快速健康发展。

中国经济的现代化，有赖于实现两个根本性的转变：一是体制上的转变，即从传统的计划经济体制，转到社会主义市场经济体制；一是发展模式的转变，即从过去那种片面追求产值速度和盲目扩大投资规模的粗放式发展的路子，转到以提高经济效益为中心的轨道上来。目前社会经济生活中存在的矛盾，大都同体制上的弊病和发展模式上的偏差有关。因此，不仅改革要有新的思路，发展也要有新的思路，即注重提高经济增长的质量，在优化结构、技术进步、改善管理和提高劳动生产率方面多下功夫。旧的发展模式是旧体制的产物。1993 年加强和改善宏观调控所取得的成功，说明解决经济发展中的矛盾和问题，实现经济增长模式的转变，归根到底也要靠深化改革。

1994 年是对于我国的改革具有重要意义的一年。主要是推进财税体制和金融体制的改革，调整石油、煤炭和化肥的价格，提高粮棉收购价格，以及实现汇率的并轨。改革的步子相当大，可以说是多年来改革措施出台最集中，力度最大的一年。顺利实现这些改革目标，就可以在建立社会主义市场经济体制方面向前迈进一大步。

1994 年对于经济发展也具有重要意义。从 1990 年第四季度经济开始回升，至今已有 38 个月。高速增长已经两年。1994 年的经济发展，要巩固 1993 年宏观调控的积极成果，又要为以后的继续发展创造条件，还要为大步推进改革提供良好的宏观经济环境。考虑到经济高速增长的瓶颈制约增强，通货膨胀压力加大，规定 9% 的增长速度是适宜的。总的看来，财税体制和金融体制的改革，将有利于经济的健康运行和经济结构的调整。汇率改革对经济生活的影响，同国内经济发展态势直接有关，取决于是否能保持社会供需总量的基本平衡。物价改革牵动面比较大，出台措施比较集中，具有一定风险。物价和外汇改革可能成为影响明年经济稳定的两个焦点，必须预为之谋。达到 1994 年经济发展的目标，有助于实现整个“八五”计划期间（1991 ～ 1995 年）经济的持续快速健康发展。

完成 1994 年改革和发展的繁重任务，必须谨慎地处理改革、发展和社会稳定的关系。也就是《决定》所要求的，把握以经济建设为中心，改革开放、经济发展和社会稳定的相互促进和相互统一。要通过改革和发展来巩固安定团结的政治局面，改革和发展的推进必须积极而又稳妥，以保持社会的稳定。只有这样，才能保证改革开放和经济发展的顺利进行。

社会主义市场经济论纲[①]

（1995 年 5 月 9 日）

引言

社会主义市场经济是个大题目。我想从理论的、历史的和政策取向的角度，讲些概括性的意见。共讲四个部分，二十二条。各条篇幅不同，内容有多有少。有的是讲某一方面的问题，有的是概述某个历史过程，有的只是讲一个观点。

一、社会主义市场经济理论的确立

（一）1979 年以来，在建设有中国特色社会主义的旗帜下，理论上和实践上都有重大进展。理论上最重要的收获，一是关于社会主义初级阶段的理论，一是关于社会主义市场经济的理论。关于社会主义初级阶段的理论，正确回答了我国社会现在所处的历史发展阶段问题，为我国的现代化建设确定了一个现实的出发点，为制定和执行正确的路线和政策提供了根本依据，也为经济体制改革提供了理论基础。关于社会主义市场经济的理论，为我国的经济体制改革确定了正确的方向。两者有内在的联系。可以说，社会主义市场经济理论是社会主义初级阶段理论的必然引申。

① 这是作者 1995 年 5 月 9 日在国家行政学院的报告。先是作为国家行政学院教材印发，《中国社会科学》1996 年第 1 期公开发表。

（二）我国经济体制改革发生的原因，可以从以下三个递进的层次来理解：

第一，从最一般的意义上说。社会主义社会同任何社会形态一样，从其诞生到成熟，必然要经历一个由低级到高级的发展过程，在每个发展阶段都需要寻找适合生产力状况的生产关系的具体形式。用历史辩证法观察社会主义社会所得出的这种一般性结论，是进行经济体制改革的一个重要指导思想，但还不足以说明我们当前所进行的改革。

第二，从社会主义社会一般起始阶段的发展规律来说。在人类历史上，几次社会经济形态的更迭，在其起始阶段，都不免要经过探索和试验，发生过曲折甚至剧烈震荡。以生产资料公有制为基础的社会主义社会，不可能从旧社会的母体内产生，不可能从书本上找到现成的方案，在其起始阶段，更需要经过不断的探索和试验，难免发生曲折甚至震荡，经过列宁所说的“不行重来”，才能逐步找到生产关系和上层建筑的比较适宜的形式。对于社会主义社会一般起始阶段的研究是必要的，但仍不足以说明我们当前所进行的改革。

第三，更进一步，从我国社会主义初级阶段的发展进程来说。在我国这样一个没有经过资本主义充分发展的经济落后的大国里建设社会主义，是极其艰巨的历史任务，有着特殊的困难，在生产关系的具体形式上，在变革的步骤和方法上，在社会经济生活的各个方面，都必然带有自己的特色。这项历史任务不是短时期能够完成的。

（三）经济体制改革的对象，是高度集中的计划经济体制。这种体制，是新中国成立后经过生产资料私有制的社会主义改造而逐步建立起来的，在当时的历史条件下有其客观必然性。如下四种情况，对于我国经济体制的形成发生了重要影响。

一是，对马克思主义创始人关于未来社会的最一般的发展趋势所作的抽象理论分析，作了简单化的教条主义的理解（这种理解有许多是来自苏联），以为一旦废除了私有制，很快就能够达到理想境界，以致往往陷入不切实际的空想，使我们的经济体制带有超越阶段的性质。例如，马克思主义经典作家关于一旦私有制消灭，商品生产就将被废除，全体生产者将按照共同的合理的计划自觉地从事社会劳动的论述，是关于发展趋势的抽象理论分析，却被当成可以立即付诸实施的现成方案。

二是，我们在50年代中期构建经济体制所参照的，是苏联模式。苏联的这种模式是在特殊的历史环境中形成的，对于推进国家工业化和取得反法西斯战争的胜利，对于战后国民经济的恢复和发展，起了巨大的积极作用，其消极方面当时尚未充分显露出来。当时的情况，可以说是社会主义欣欣向荣，而资本主义却显得暗淡无光。苏联不仅是中国而且是世界许多民族独立国家学习的榜样。学习苏联的口号当时广泛地为人们所接受。我们在工业建设方面基本上是模仿苏联，特别是重工业方面，自己的创造性很少。

三是，继承了我们在长期的革命战争中所采用的一些管理办法，如供给制之类。这些做法在被敌人分割封锁和小生产占绝对优势的根据地内是行之有效的，搬到社会主义建设时期就不适当了。在这方面，苏联的传统体制比我们还好一些。例如，我们的机关办社会、学校办社会、工厂办社会之类的“大而全”“小而全”的做法，就远比苏联严重。当然，也有一些方面，中国比苏联要好一些，例如在发展轻工业和市场商品的供应方面。

四是，在社会主义改造过程中的一些缺点，例如把不少个体工商业当成资本主义性质的工商业对待，以及对资本主义工商业的某些不适当的过死的限制，被搬到社会主义经济管理中来。这些做法，即使在当时的历史条件下，也是有缺点的，并不是成功的经验。

对于我国传统经济体制产生的原因做具体的历史分析，有助于正确认识历史，也有利于推进改革。

（四）旧体制的弊端有一个逐步暴露的过程，人们对它的认识和经济体制改革实践，也有一个逐步深化的过程。应该承认，计划经济体制对于我国社会经济发展曾经起过积极的作用。主要表现在，在当时经济基础非常薄弱的条件下，使国家有可能稳定经济局势，恢复国民经济，集中力量进行重点建设，在比较短的时间里奠定了国家工业化的初步基础，某些方面甚至走到了世界的前列。这对于在“冷战”

条件下提高我国的国际地位，稳定国内政治和经济，起了巨大的作用。当然，那个阶段所取得的成就，不能完全归功于计划经济体制，党政机关及其工作人员因廉洁无私而在人民中享有的崇高威望，由于革命胜利而激发起来的可以说是全民的高涨政治热情，无疑也是巨大的力量。计划经济体制所取得的成功，同当时经济总量比较小，经济结构比较简单，也有直接关系。

计划经济体制的弊端，是与生俱来的。还在50年代中期，当生产资料私有制的社会主义改造基本完成，高度集中的计划经济体制刚刚建立，人们还在热烈欢庆这种胜利的时候，它的弊端已经引起了有识之士的注意。可以说，从这个时候起就开始了经济体制改革的探索。

毛泽东是这种探索的倡导者和不疲倦的实践者。1956年初，他用两个多月的时间，先后听取了34个部委（29个部、委、行、局，加上国务院主管经济工作的5个办公室）的汇报，以及一些地方和企业的汇报，在调查研究的基础上，于4月份作了《论十大关系》的著名讲话。这篇讲话，初步地总结了新中国成立以来的经验，提出了探索适合我国国情的建设道路和经济体制的问题。他说："特别值得注意的是，最近苏联方面暴露了他们在建设社会主义过程中的一些缺点和错误，他们走过的弯路，你还想走？过去我们就是鉴于他们的经验教训，少走了一些弯路，现在当然更要引以为戒。"《论十大关系》中有一节是专门阐述中国同外国关系的。毛泽东指出："我们的方针是，一切民族、一切国家的长处都要学，政治、经济、科学、技术、文学、艺术的一切真正好的东西都要学。但是，必须有分析有批判地学，不能盲目地学，不能一切照抄，机械搬运。他们的短处、缺点，当然不要学。"[①] 报告中所论述的各种关系，例如重工业、轻工业和农业的关系，沿海工业和内地工业的关系，经济建设和国防建设的关系，特别是国家、生产单位和生产者个人的关系，中央和地方的关系，有许多思想对于建立新的经济体制具有指导意义。他说："我们不能像苏联那样，

① 《毛泽东选集》第五卷，人民出版社1977年版，第285页。

把什么都集中到中央，把地方卡得死死的，一点机动权也没有。”“把什么东西都集中到中央或省、市，不给工厂一点权力，一点机动的余地，一点利益，恐怕不妥。”1957年在《关于正确处理人民内部矛盾的问题》一书中，毛泽东指出，社会主义社会的基本矛盾，仍然是生产关系和生产力之间的矛盾，上层建筑和经济基础之间的矛盾，并且提出，在社会主义基本制度建立之后，还要逐步寻找社会主义生产关系的比较适当的具体形式，继续考察和探索具体的政策问题。这些崭新论断，是对马克思主义的重大发展，也是社会主义条件下进行改革的理论基础。

1956年中国共产党的第八次代表大会，是总结经验和探索我国建设道路的重要会议。陈云在题为《社会主义改造基本完成以后的新问题》的发言中，对改革经济体制提出了三个“主体”、三个“补充”的构想，即国家经营和集体经营是工商业的主体，一定数量的个体经营是其补充；计划生产是工农业生产的主体，按照市场变化而在国家计划许可范围内的自由生产是其补充；在社会主义的统一市场里，国家市场是主体，一定范围内国家领导的自由市场是它的补充。这是在50年代中期探索建立适合我国国情的社会主义经济体制的一个比较完整和富有创见的构想。根据这种构想，1957年陈云还代国务院起草了关于改进工业管理体制、关于改进商业管理体制、关于改进财政管理体制等三个法规。

农业方面，在合作化过程中邓子恢等人就提出过实行生产责任制的主张。60年代初期，陈云、邓子恢等人更进一步提出包产到户的主张。这可视为农村改革的思想先驱。

工业方面，60年代初期，在毛泽东、刘少奇、周恩来和邓小平的提议下，借鉴西方工业发达国家管理企业的组织形式，在工业交通部门试办托拉斯，即联合经营公司，以减少行政管理办法，实行经济管理办法。毛泽东指出：“目前这种用行政方法管理经济的办法，不好，要改。”刘少奇对办托拉斯有许多研究和论述。他明确指出：“体制问题要好好研究。”“我们是个大国，将来工厂越办越多，究竟怎样管理对国家有利，要认真考虑。……恐怕还是以公司组织管理企业对发展生产更为有利。”当时，在薄一波主持下制定改革方案，进行了试点。薄一波在其《若干重大决策与事件的回顾》一书中，对此有详细的记述。

理论界也做过有益的探索。例如，孙冶方在1956年就提出，要把计划工作放在价值规律的基础上。

从50年代末发展起来的“左”的错误，破坏了中国经济振兴的进程，也中断了业已开始的经济体制改革的有益尝试。在“文化大革命”中，“左”的错误达到极端，造成灾难性后果。这是中国的不幸，也预示着转机的到来。

（五）中国共产党十一届三中全会实现了新中国成立以来党的历史的伟大转折，把全党和全国工作的着重点从“以阶级斗争为纲”转到社会主义现代化建设上来，同时鲜明地提出了必须进行改革的问题。全会明确指出，改革是一场革命，“实现四个现代化，要求大幅度地提高生产力，也就必然要求多方面地改革同生产力发展不适应的生产关系和上层建筑，改变一切不适应的管理方式、活动方式和思想方式，因而是一场广泛深刻的革命。”这不仅说明了改革的广度和深度，也正确规定了改革的目的是提高生产力和实现现代化。全会要求，“采取一系列新的重大的经济措施对经济管理体制和经营管理方法着手认真的改革。”并且确定了经济体制改革的方向：“现在我国经济管理体制的一个严重缺点是权力过于集中，应该有领导地大胆下放，让地方和工农业企业在国家统一计划指导下有更多的经营管理自主权；应该着手大力精简各级经济行政机构，把它们的大部分职权转交给企业性的专业公司或联合公司；应该坚决实行按经济规律办事，重视价值规律的作用，注意把思想政治工作和经济手段结合起来，充分调动干部和劳动者的积极性；应该在党的一元化领导之下，认真解决党政企不分、以党代政、以政代企的现象，实行分级分工分人负责，加强管理机构和管理人员的权限和责任，减少会议公文，提高工作效率，认真实行考核、奖惩、升降等制度。”我所以作这样大段的援引，是想说明，虽然十一届三中全会没有提出发展市场经济的问题，但经济改革的基本方向已经大体上正确地规定了。这里所提出的改革课题，有些至今还没有得到完全解决，有待于进一步努力。从这里也可以看出，党的十一届三中全会关于经济体制改革的论述，是五六十年代所开始的改革探索的继续和发展。

（六）如果把党的十一届三中全会作为新时期经济体制改革的发端，到党的十四大确立社会主义市场经济体制的改革目标，在认识上，中间经过两个重要阶段。

一是计划经济为主、市场调节为辅。1981 年 6 月党的十一届六中全会《关于新中国成立以来党的若干历史问题的决议》，对我国经济体制的目标模式是这样规定的："国营经济和集体经济是我国基本的经济形式，一定范围的劳动者个体经济是公有制经济的必要补充。必须实行适合于各种经济成分的具体管理制度和分配制度，必须在公有制基础上实行计划经济，同时发挥市场调节的辅助作用。要大力发展商品生产和商品交换。"1982 年 9 月，党的十二大重申了"计划经济为主、市场调节为辅"，同时提出对不同企业分别实行指令性计划、指导性计划和市场调节的原则。"计划经济为主、市场调节为辅"的目标模式，在原则上并不是市场经济，但比起十一届三中全会关于"重视价值规律的作用"的一般性规定，还是大进了一步：第一，把"市场调节"正式纳入了经济体制改革的目标模式；第二，确认了指导性计划是经济计划的一种形式，有助于转变计划观念；第三，明确了在不同类型的企业，计划和市场作用的程度应该有所差别，而且部分国营企业也可以实行市场调节。陈云在 1979 年 3 月所写的提纲《计划与市场问题》中，明确使用过"市场经济"的概念。他说，"今后计划的调整中，实际上两种经济比例的调整，将占很大的比重。不一定计划经济部分愈增加，市场经济所占绝对数额愈缩小。可能是都相应地增加。"这里说的"市场经济"，实际上是"市场调节"，因为提纲其他地方用的都是"市场调节"的提法。他所说的市场调节，同一般人所理解的计划指导下市场的作用也不同，是指"价值规律调节，也就是对某些经济可以用'无政府'、'盲目'生产的办法加以调节"，大体上属于"计划经济为主、市场调节为辅"的模式。陈云这篇手稿，见于人民出版社 1991 年出版的《老一辈革命家手迹选》一书。在陈云写这篇提纲之前，在李先念的讲话中使用过“计划调节和市场调节相结合”的提法。这种提法，或许比“计划经济为主、市场调节为辅”好一些，因为计划和市场都是调节手段。

二是从计划经济为主、市场调节为辅，前进到有计划的商品经济。这是迈向社会主义市场经济的一个决定性步伐。1984 年，中国共产党十二届三中全会《关于经济体制改革的决定》突破了“为主”、“为辅”的模式，明确提出：“要突破把计划经济同商品经济对立起来的传统观念，明确认识社会主义计划经济必须自觉依靠和运用价值规律，是在公有制基础上的有计划的商品经济。商品经济的充分发展，是社会经济发展的不可逾越的阶段，是实现我国经济现代化的必要条件。”

中国共产党第十三次全国代表大会重申了“社会主义经济是公有制基础上有计划的商品经济”的基本论断，并在如下两点上有新的进展：一是明确了“社会主义有计划商品经济的体制，应该是计划与市场内在统一的体制”；二是明确了“计划和市场的作用范围都是覆盖全社会的”。十三大指出，新的经济运行机制，总体上说来应当是“国家调节市场，市场引导企业”的机制。这个模式，实际上是市场经济的模式，在国家、市场和企业的关系上，是以市场为基础运行的。

商品经济和市场经济，既有联系又有区别。商品生产是为交换而进行的生产。商品生产和商品交换就是商品经济。商品经济的发展有漫长的历史过程。商品经济的发展必然伴随着市场的扩大和市场机制对经济调节作用的增强。可以说，市场经济也是商品经济，但只有社会化大生产条件下的商品经济，或者说发达的、充分发展的商品经济才是市场经济。当人们说商品经济的时候，主要是着眼于商品交换；而市场经济则是一个发达的体系，在市场经济条件下，不仅劳动产品是商品，其他生产要素，如资本、技术、知识、信息、土地乃至某种预期，都会成为市场交易的对象。既然我们的目标是发展现代商品经济，那么，用市场经济的概念也就优于商品经济的概念。当然，说商品经济就是市场经济，简单商品生产就是简单的、萌芽状态或不发达的市场经济，在理论和逻辑上也是说得通的。

和商品经济或者市场经济相对应的，是排斥商品交换的自然经济，或者排斥市场机制的计划经济。把传统的计划经济称作“产品经济”是不确切的，因为“产品”的着眼点在于使用价值，而从使用价值的角度考察，商品经济或者市场经济亦可称之为“产品经济”。

（七）邓小平对于确立社会主义市场经济体制的改革目标起了重要作用。1979 年以来，邓小平多次谈到发展市场经济的问题。我按时间先后次序加以援引：

1979 年 11 月 26 日，在同美国不列颠百科全书出版公司编委会副主席吉布尼和加拿大麦吉尔大学东亚研究所主任林达光的谈话中，林达光问：“您是不是认为中国过去犯了一个错误，过早地限制了非资本主义的市场经济，这方面限制得太快，现在就需要在社会主义计划经济的指引之下，扩大非资本主义市场经济的作用？”邓小平明确地回答道：“说市场经济只存在于资本主义社会，只有资本主义的市场经济，这肯定是不正确的。社会主义为什么不可以搞市场经济，这个不能说是资本主义。”“社会主义也可以搞市场经济。”在同一篇谈话中，吉布尼问：“是不是可能在将来某个时候，虽然中国仍然是个社会主义国家，但在中国社会主义制度范围之内，在继续中国社会主义经济的同时，也发展某种形式的市场经济？”邓小平回答：“这个只能是表现在外资这一方面。就我们国内来说，不存在这个问题。”他还指出：“我们是计划经济为主，也结合市场经济，但这是社会主义的市场经济。”“市场经济不能说只是资本主义的。市场经济，在封建社会时期就有了萌芽。”[①] 这说明：虽然邓小平肯定了可以搞市场经济，但当时他所说的市场经济，和现在说的社会主义市场经济是不同的，是计划经济为主而结合市场经济。

1984 年 10 月 22 日，即中国共产党十二届三中全会通过《关于经济体制改革的决定》的第三天，邓小平在中顾委第三次全体会议上的讲话中，说：“这次经济体制改革的文件好，就是解释了什么是社

① 《邓小平文选》第二卷，人民出版社 1994 年版，第 235、236 页。

会主义，有些是我们老祖宗没有说过的话，有些新话。我看讲清楚了。”“是马克思主义基本原理和中国社会主义实践相结合的政治经济学。”[①]这表明，邓小平是肯定《决定》关于社会主义经济是公有制基础上有计划的商品经济这个根本论断的，认为这个论断是对马克思主义的发展。

1985年10月23日，邓小平在同美国企业家代表团的谈话中，在回答美国时代公司总编辑格隆瓦尔德所问，中国经济改革中出现少数贪污腐化和滥用权力现象，“是否反映了一个潜在的、很难解决的矛盾，即市场经济和社会主义制度之间的矛盾”这个问题时，说：“社会主义和市场经济之间不存在根本矛盾。问题是用什么方法才能更有力地发展社会生产力。我们过去一直搞计划经济，但多年的实践证明，在某种意义上说，只搞计划经济会束缚生产力的发展。把计划经济和市场经济结合起来，就更能解放生产力，加速经济发展。”[②]这篇谈话强调了市场经济同社会主义制度之间不存在根本矛盾的重要观点，同时也坚持计划经济和市场经济相结合的观点。

1989年6月9日，邓小平在接见首都戒严部队军以上干部时的讲话中，指出：“我们要继续坚持计划经济与市场调节相结合，这个不能改。实际工作中，在调整时期，我们可以加强或者多一点计划性，而在另一个时候多一点市场调节，搞得更灵活一些。以后还是计划经济与市场调节相结合。重要的是，切不要把中国搞成一个关闭性的国家。”[③]这里，“计划经济与市场调节相结合”是一个原则，而计划性多一点还是市场调节多一点，则要根据不同时期的实际需要而定。

1990年12月24日，邓小平在同几位中央负责同志的谈话中说：“我们必须从理论上搞懂，资本主义与社会主义的区分不在于是计划还是市场这样的问题。社会主义也有市场经济，资本主义也有计划控制。资本主义就没有控制，就那么自由？最惠国待遇也是控制嘛！不要以为搞点市场经济就是资本主义道路，没有那么回事。计划和

① 《邓小平文选》第三卷，人民出版社1993年版，第91、83页。

② 《邓小平文选》第三卷，人民出版社1993年版，第148、149页。

③ 《邓小平文选》第三卷，人民出版社1993年版，第306页。

市场都得要。不搞市场，连世界上的信息都不知道，是自甘落后。”① 这里，明确提出了计划和市场不是社会主义和资本主义区别这样的根本观点。

1992 年初，邓小平在南方谈话中指出：“计划多一点还是市场多一点，不是社会主义与资本主义的本质区别。计划经济不等于社会主义，资本主义也有计划；市场经济不等于资本主义，社会主义也有市场。计划和市场都是经济手段。”还说：“证券、股市，这些东西究竟好不好，有没有危险，是不是资本主义独有的东西，社会主义能不能用？允许看，但要坚决地试。看对了，搞一两年对了，放开；错了，纠正，关了就是了。关，也可以快关，也可以慢关，也可以留一点尾巴。”② 这里提出的计划和市场都是经济手段这个根本观点，是实现从计划经济体制到社会主义市场经济体制认识上飞跃的关键之点。从他主张大胆试行发达的市场经济条件下才具有的证券和股市来看，实际上是主张建立市场经济体制的。至此，距正式提出建立社会主义市场经济体制的改革目标，可以说只有一步之遥了。

根据邓小平多次谈话的精神，可以把他关于社会主义市场经济的基本观点概括如下：

1. 社会主义必须大胆吸收和借鉴人类社会创造的一切文明成果，吸收和借鉴当今世界各国包括资本主义发达国家的一切反映现代社会化大生产规律的先进经营方式和管理方法。这也是列宁和毛泽东的思想。没有这一条，就不可能提出发展社会主义市场经济的问题。

2. 计划和市场都是经济手段，计划多一点还是市场多一点，不是社会主义与资本主义的本质区别。社会主义和市场经济之间不存在根本矛盾。

3. 社会主义也可以搞市场经济。问题是用什么方法才能更有力地发展社会生产力。

4. 社会主义市场经济，方法上基本和资本主义市场经济相似，但所有制基础不同。社会主义市场经济，“是全民所有制之间的关系，当

① 《邓小平文选》第三卷，人民出版社 1993 年版，第 364 页。

② 《邓小平文选》第三卷，人民出版社 1993 年版，第 373 页。

然也有同集体所有制之间的关系，也有同外国资本主义的关系，但是归根到底是社会主义的，是社会主义社会的。”①

（八）从中国共产党十一届三中全会提出充分重视价值规律的作用，到十四大正式提出建立社会主义市场经济体制，是随着实践的发展，认识逐步深化的过程。十二大提出计划经济为主、市场调节为辅，十二届三中全会提出有计划商品经济，十三大提出有计划商品经济的体制应该是计划与市场内在统一的体制，是认识深化过程中几个具有阶段性质的标志。邓小平关于社会主义市场经济的论述，也是逐步发展的。这符合认识的辩证法。这样观察问题，展现在我们面前的，就是一幅认识不断深化的图景。每一个阶段的认识，在现在看来，或许并不是那么完备，但在当时都是一种进步，其不完备性，甚至今天看来某些不正确的方面，也有其产生的客观原因。这样观察问题，就能够比较正确地认识历史。相反，如果不这样观察问题，脱离具体的历史环境，总是用新的认识去“批判”前一阶段的认识，展现在人们面前的就可能是一幅充满“错误”的图景，这种认识是不符合实际情况的，也不利于正确地理解历史进程。

二、社会主义市场经济体制的基本框架

（九）十四大在中国共产党的历史上是继往开来的一次重要会议。由于确立了建立社会主义市场经济体制的改革目标，因而也是我国经济体制改革历史上具有里程碑意义的重要会议。自十四大确定建立社会主义市场经济体制的改革目标以来，人们都希望能够再进一步，对于社会主义市场经济体制有一个更为完整和系统的说法，以便更好地组织和推进经济体制改革。这确实是必要的。一方面，以公有制为主体、多种经济成分共同发展的格局初步形成，市场在资源配置中的作用迅速扩大，全方位对外开放的格局逐步展开，具备了今天这样的基础，使我们有条件实现改革的全局性整体推进；另一方面，某些重要

① 《邓小平文选》第二卷，人民出版社 1994 年版，第 236 页。

领域的改革滞后，成为经济体制链条上突出的薄弱环节，又影响着改革的深化和经济的健康发展，也迫切要求改革的全局性整体推进。这就需要进行总体设计，需要强调体制和政策的规范化。中国共产党十四届三中全会《关于建立社会主义市场经济体制若干问题的决定》，把十四大关于建立社会主义市场经济体制的改革目标具体化，把改革以来的经验系统化，勾画了社会主义市场经济体制的基本框架。这个基本框架，在坚持以公有制为主体、多种经济成分共同发展的前提下，由现代企业制度、全国统一的市场体系、健全的宏观经济调控体系、合理的个人收入分配制度和多层次的社会保障体系，这样五个主要环节构建而成，体现了社会主义基本制度和市场经济的有机结合，具有我国社会主义初级阶段的鲜明特色。如果把社会主义市场经济体制比作一座大厦，那么，这五个环节就是大厦的五大支柱；大厦的基础，则是以公有制为主体、多种经济成分共同发展的所有制结构。按照建立社会主义市场经济体制的目标，围绕这些主要环节，协调配套地进行全面改革，是改革新阶段的一个显著特点。有了这个基本框架和总体蓝图，改革工作的指导就能够更有预见性，改革的推进就能够更具整体性和规范性。这标志着我国的经济体制改革已经进入以建立社会主义市场经济体制为目标的全局性整体推进的新阶段。

（十）我们要建立的社会主义市场经济体制，就是要使市场在国家宏观调控下对资源配置起基础性作用的体制。正确处理计划和市场的关系，是经济体制改革的根本问题之一。改革以来突破了把计划和市场作为划分社会主义和资本主义标志的传统观念，这是思想的一大解放。过去把计划经济和市场经济作为区分社会主义和资本主义的标志，有当时经济体制的背景，是当时经济体制的反映，马克思主义者和资产阶级学者都是这么看的；传统的社会主义经济体制确实是高度集中的计划经济，而资本主义确实是市场经济。50年代以来，社会主义国家在改革中都不同程度地在发展市场经济，而资本主义国家自30年代、特别是第二次世界大战以来，也加强了经济的计划性，再把计划和市场作为区分社会主义和资本主义的标志，就失去了根据。把计划和市场看作经济手段，是从传统的计划经济走向社会主义市场经济在认识上的飞跃。

作为经济调节手段，计划和市场都是不可缺少的。进行经济体制改革，必须强调发挥市场机制的作用，不如此便不能打破传统的计划经济体制。在对市场和计划关系的认识上，也出现过某些否认计划的倾向。这种认识上的片面性，和改革初期客观上必须把过去高度集中的计划经济体制作为主要批评对象有关，是批评计划经济体制过程中难以完全避免的；同时，和国际新自由主义经济思潮的影响也有关系。西方经济思想史的发展，大体经历了这么几个阶段：资本主义原始积累时期的重商主义，主张国家干预；自由资本主义时期，是亚当·斯密的自由放任主义，主张完全由“看不见的手”来调节经济；垄断资本主义阶段产生了凯恩斯主义，主张国家干预，当然干预的具体内容同重商主义不同。60年代以来，西方国家出现经济滞胀，传统的凯恩斯主义无法圆满解释，导致新自由主义抬头。里根和撒切尔夫人都奉行新自由主义的经济政策。这种思潮对进行改革的社会主义国家产生了不小影响。其实，即使在新自由主义兴盛时期，西方发达国家也没有完全放弃凯恩斯主义。也许在将来某个时候，凯恩斯主义还会时兴，因为理论归根到底是为实践服务的。现在西方国家一些人鼓吹自由放任，往往是给发展中国家，特别是给进行改革的社会主义国家开的“药方”，服用是要警惕的。至于在国际经济交往中，自由放任从来是强者的旗号，而不是弱者的武器，我们更应该心中有数。经过十多年的改革实践，对社会主义市场经济必须有国家的宏观调控，现在人们已经取得了广泛的共识。

（十一）健全的宏观调控体系，是现代市场经济体制的一般要求，更是社会主义市场经济体制的重要组成部分。国家宏观调控的主要手段是计划、金融和财政，三者相互配合和制约。在传统的计划经济体制下，计划是最重要的宏观调控手段。在市场经济体制下，金融与财政、税收在宏观调控中的重要性日益增强。必须建立比较规范的制度，来理顺计划、金融和财政之间的关系。

在现阶段我国市场经济的宏观调控中，处理好如下两种关系具有重要的意义：

一是国家宏观调控和发挥市场机制作用的关系。国家宏观调控和市场机制的作用，都是社会主义市场经济体制的本质要求。社会主义市场经济体制的基本框架，包括了这两个方面的要求，两者相辅相成：市场在国家宏观调控下运行；国家宏观调控建立在市场机制的基础之上。改革传统的计划经济体制，必须强调发挥市场在资源配置中的基础性作用，但市场作用也存在其不足和消极的方面，必须靠国家的宏观调控来加以弥补和克服。当今世界，没有哪一个国家的市场经济是不受政府干预和调控的，有些资本主义国家在一些方面做得比我们还要成功。我们是以公有制为主体的社会主义国家，这不仅为宏观调控提供了客观可能性，而且赋予国家搞好宏观调控的严重历史责任。我国是一个发展中国家，要在较短时间内赶上经济发达国家，没有国家强有力的宏观调控和产业政策的积极引导是不行的。我国又是一个幅员辽阔、经济发展不平衡的大国，要实现区域经济的协调发展，也不能没有国家宏观调控作用的应有发挥。亚洲一些国家和地区经济的起飞，得益于强有力的国家宏观调控。我们现在的问题是：一方面，市场的作用在很多方面还没有得到应有的发挥，同时又存在着市场盲目发展和经济秩序混乱的现象；另一方面，政府还不得不管理着一些本应不管或者少管的事，同时有些该管的事还没有管好，转换政府经济管理职能的任务还没有完成。建立社会主义市场经济体制，必须从充分发挥市场机制作用以及加强和改善宏观调控两个方面努力，不能在强调一个方面的时候忽视另一个方面。

二是中央和地方的关系。财税体制和金融体制改革都涉及中央与地方的关系。从财政包干制过渡到分税制，是规范经济关系，增强中央宏观调控能力，协调地区经济发展的重大举措。宏观调控权，包括货币的发行，基准利率的确定，汇率的调节，重要税种税率的调整等，只能集中在中央。但是，我们国家大、人口多，地区之间发展很不平衡，需要赋予省、自治区、直辖市政府必要的经济管理权力，使其能够在发展地区经济和其他事业方面发挥更大的作用。没有地方积极性的充分发挥，我国的现代化建设事业是不可能又快又好地发展的。因此，发挥中央和地方两个积极性，应该成为我们国家长期坚持的方针。

当前的实际情况是：由于我国的改革是从下放权力起步的，主要改革措施都是放权的，而没有作相应的事权调整，积之既久，导致国家财政收入占国民生产总值的比重下降过多，中央财政收入占财政收入的比重下降过多，政府财政拮据，中央宏观调控能力降低。改变这种状况，是进一步深化改革和推进经济建设的重要课题之一。

（十二）国有企业的改革是我国经济改革的重点，也是改革的难点所在。国有大中型企业是国民经济的支柱，以公有制为主体的现代企业制度是社会主义市场经济体制的基础。这些年来，在实现两权分离和扩大企业自主权方面取得相当进步，为企业进入市场奠定了初步基础，但问题还没有得到完全解决。十四届三中全会的《决定》概括了现代企业制度的五条基本特征，这也是建立现代企业制度的基本要求。要点是明确产权关系，建立企业法人制度，使企业能够做到自主经营、自负盈亏，同时保障投资者（不论其为国家抑或是其他投资主体）的资产收益、重大决策和选择经营者的权利。这就找到了实现所有权与经营权分离的形式。不能把企业法人财产权误解为归属意义上的所有权。按照现代企业制度的要求进行改革，目的是提高国有企业的竞争能力，从整体上搞好国有经济，使其更好地发挥主导和骨干作用。在从计划经济体制向社会主义市场经济体制的转轨过程中，国有资产如何进行管理，至今还是一个没有完全解决的问题，国有资产管理不善和严重流失的情况，应该引起高度重视。将国有资产低价折股、低价出售甚至无偿分给个人的现象，必须严格禁止。《决定》提出实现“政资分开”的新观点，即“按照政府的社会经济管理职能和国有资产所有者职能分开的原则，积极探索国有资产管理和经营的合理形式和途径”。这里说的是“积极探索”，在实践上还没有解决，但提出问题也是前进。企业改革是当前整个经济体制改革的薄弱环节，需要加大企业改革的力度。应该区别不同企业的情况，采取不同的改革措施，不能用一个模式解决所有企业的问题。现在搞100个建立现代企业制度的试点，似乎少了点，不足以推动面上的改革。可以考虑中央抓好500家或1000家大型企业和企业集团，地方也抓好一批重要企业。这些企业抓好了，就抓住了大头。小型企业数量多，无关国民经济命脉，可以更放开些，改革步伐可以更快一些。企业改革是一项艰巨复杂的任务，必须积极而又稳妥地推进。例如，明确产权关系必须先清产核资，这个工作量就很大。企业历史包袱的清理和社会负担的减轻涉及转变政府职能和建立社会保障制度等许多方面的改革。因此，对于企业改革既要有紧迫感，又不能指望在短时期内获得完全解决。也许可以说，企业改革基本完成之日，就是社会主义市场经济体制初步建成之时。

（十三）社会主义市场经济体制是同社会主义基本制度结合在一起的。所谓基本制度，最重要的是以公有制为主体、多种经济成分共同发展。公有制并不是马克思主义者的发明。社会主义作为资本主义的对立物，从空想社会主义者开始，都是主张公有制的。公有制是社会主义的基础。但是，在传统的经济体制下搞的那种排斥其他经济成分的公有制，不符合现阶段社会生产力状况，实践证明并不成功。改变这种状况，以公有制为主体发展多种经济成分，是我国十多年来经济改革的主线之一。人们常说，中国的改革是“市场取向的改革”。从打破高度集中的计划经济体制的意义上说，这是正确的。但是，“市场取向”并不能完全概括中国经济体制改革的丰富内容，例如，发展多种经济成分就不是“市场取向”所能准确概括的，而是多种经济成分的发展为市场机制奠定了基础。改革从农村实行联产承包制起步，进而发展到人民公社的解体，也不是“市场取向”所能概括的，而是这些改革为在农业和农村经济中引入市场机制创造了必要的条件。

现在我国经济按所有制性质划分，大体有如下几种：

1. 全民所有制经济，即国有经济；

2. 城乡劳动者的集体所有制经济或者合作经济（与传统的集体经济不同的社区集体所有和社团集体所有的经济，大体上也可归入集体经济或者合作经济范畴）；

3. 城乡劳动者的个体经济；

4. 存在雇佣劳动关系的私营经济；

5. 外资经济。

不同所有制经济成分之间相互渗透或联合形成的不同性质和不同

形式的混合经济，例如股份制经济和中外合资经济，是财产的具体组织形式，并不是一种所有制。这类企业，按“所有制”划分，面目是不清晰的，但内部的财产关系是不能含糊的。

从总体上看，对现阶段我国所有制结构的变化趋势，可以做出如下判断。

1. 以公有制经济为主体、多种经济成分共同发展的格局已经形成。

2. 非公有制经济增长速度快于公有制经济，导致非公有制经济比重上升，公有制经济比重下降。在从单一的公有制经济向多种经济成分共同发展的所有制结构过渡的进程中，非公有制经济从无到有，比重的上升是必然的。目前，包括国有经济和集体经济的公有制经济仍占绝对优势。比重的降低并不意味着公有制经济萎缩，十多年来国有经济和集体经济实力不断增强，总量比过去大得多。

3. 在公有制经济内部，集体经济的增长速度快于国有经济的增长速度。国有经济比重的减少，有相当部分为集体经济所占有。国有经济增长相对较慢，同国有经济在其中占绝大比重的基础工业和基础设施的产业特征有关。从产业构成看，现在国有经济仍掌握着能源、交通、通讯和重要原材料等国民经济的命脉，是国民经济重要技术装备的提供者。从现在社会固定资产投资的方向看，国有经济的这种地位可以保持。

4. 不同经济成分组成的财产混合所有的经济单位，例如股份制经济和各种形式的经济联合，将会越来越多。过去按所有制不同而制定不同的经济政策的做法需要改变。

就所有制形式来说，既没有“纯粹”的资本主义，也没有“纯粹”的社会主义。如果追溯得更远，在奴隶社会和封建社会，所有制形式也不是“纯粹”的。在我国社会主义初级阶段，城乡劳动者的个体经济，存在雇佣劳动关系的私营经济，以及中外合资企业和外商独资企业的一定程度的发展，有利于促进生产力发展和满足人民需要。我们是要积极发展公有制经济的，但不是以排斥非公有制经济的发展为前提，不能说只有公有制经济有优越性，其他经济成分没有优越性。也不能走到另外一个极端，说只有其他经济成分有优越性，公有制经济没有优越性。对每一种经济成分的作用，都需要进行具体分析。总的原则是，所有制形式的选择，要同生产力的状况相适应，要能促进生产力的发展。各种经济成分都在一定范围内有其优越性，有其存在和发展的理由，都是不可缺少的。不能笼统地说哪种所有制形式绝对的好，哪种所有制没有优越性。由于我国经济发展不平衡，在不同的经济领域，不同的地区，各种所有制经济占的比重也有所不同。多种经济成分的发展，以及公有制经济经营方式的改革，是改革以来我国经济活力增强的重要原因。

（十四）社会主义市场经济体制需要健全的法制来规范和保障。一般说来，除了人类幼年时期的原始社会以外，任何社会经济制度和经济体制，都不能没有法律来规范和保障。市场经济是竞争经济，更必须有完备的法制来规范和保障，正如体育比赛必须有严格的规则。我国改革开放以来在法制建设方面有长足的进步。据统计，除宪法和宪法修正案外，全国人大已经制定法律 100 多部，通过 10 多个修改法律的决定和数十个有关法律的决定。国务院制定了几百个行政法规。各省、自治区、直辖市人大及其常委会制定或者批准了 3000 多个地方性法规。这为改革与发展提供了法律根据。但是，同改革开放和现代化建设的需要相比，法制建设至今仍然是一个薄弱环节。一些过时的法律法规还没有按建立社会主义市场经济体制的要求进行修改，某些重要的经济领域的立法存在着严重的滞后现象，某些立法不配套，法律之间不协调，立法体制不健全，以及有法不依和执法不严，都是亟须解决的问题。强调体制和政策的规范化是改革新阶段的一个显著特色，而规范化要通过法律法规来实现。规范市场主体，维护市场秩序，加强宏观调控，健全社会保障，促进对外开放，都离不开法律。社会主义市场经济体制内在地包含着法律体系的建设，在 20 世纪末初步建立社会主义市场经济体制，要同时建立适应社会主义市场经济发展要求的法律体系。我们的立法工作，要立足我国的实际情况，同时借鉴国外立法的成功经验和积极成果。政策措施具有权宜性，把成功的改革政策和措施上升为法律，才能得到巩固并长期坚持下去，而不致轻易地因人而兴，或者因人而废。健全的法制是社会成熟的标志，也是国家长治久安的保证。

三、中国经济体制改革的历程和若干基本经验

（十五）1979 年以来中国经济体制改革的历程，大体可以划分为三个阶段。中国共产党十一届三中全会、十二届三中全会和十四大，是这三个发展阶段的里程碑。

1979 年到 1984 年是第一阶段。这个阶段是从十一届三中全会开始的，改革主要在农村进行，城市改革只是初步的和试验性的。农业在我国经济中占有举足轻重的地位，农民占我国人口的绝大多数。改革从农村开始，是符合中国实际情况的正确决策。农村改革的主要内容，是实行家庭联产承包责任制，简称承包制或包产到户。随着承包制的普遍实行，取消了从 1958 年开始实行的“政社合一”的人民公社制度，恢复了乡政权的建制。在经济政策方面，采取了两项重要措施：一是让农民休养生息，在改革开始的头几年进口了大量粮食，并在一部分自然条件较差、生产力水平很低的地区，减免农民的负担；二是几次大幅度地提高农产品收购价格，以增加农民收入，提高农民的生产积极性。农村改革对于农村经济发展起了巨大的推动作用。农村经济的发展，突出表现在两个方面：一是农产品产量大幅度增长，保证了基本解决人民温饱问题的需要；二是乡镇企业的崛起，使农村经济结构发生了历史性的变化。农村改革目前还在继续深入发展。

从 1984 年中国共产党十二届三中全会通过《关于经济体制改革的决定》开始，改革的重点由农村转向城市，中国经济改革进入第二个发展阶段。这个阶段的城市改革，主要内容有三个方面：(1) 增强企业、特别是国有大中型企业的活力，逐步使其成为相对独立的经济实体，成为自主经营、自负盈亏的社会主义商品生产者和经营者；(2) 发展社会主义的商品市场，逐步完善市场体系；(3) 国家对企业逐步由直接管理为主转向间接管理为主，建立新的社会主义宏观经济管理制度。这三项都是长期目标，不是几年时间所能完成的。在改革的第二阶段，计划体制的改革主要是大幅度减少国家指令性计划；商品流

通体制的改革主要是取消粮食、棉花等主要农产品的统购派购制度，逐步减少直到取消主要农副产品和工业消费品的定量供应制度，生产资料也逐步扩大了市场调节的部分；价格体制的改革，主要是减少国家直接定价的商品数量，逐步扩大由市场决定价格的部分；财政税收体制的改革，第一步是对国有企业用征税的办法代替全部利润上缴的办法，第二步是实行承包制，小型国有企业也有少数实行租赁和拍卖的。这些改革，逐步把企业推向了市场。

从 1992 年开始，经济体制改革进入以建立社会主义市场经济体制为目标的第三个发展阶段。在总结十四年改革经验的基础上，中国共产党第十四次全国代表大会提出了建立社会主义市场经济体制的改革目标。1993 年中国共产党十四届三中全会作出《关于建立社会主义市场经济体制若干问题的决定》，制定了建立新的经济体制的总体蓝图。1994 年是全面推进改革的重要一年，在财税改革、金融改革、价格改革和外汇改革等方面，都迈出了重要步伐。

（十六）现在处于体制的转换时期。按照建立社会主义市场经济体制的要求，对于目前体制状况大体可以作出如下判断：

1. 以公有制为主体、多种经济成分共同发展的所有制结构，为社会主义市场经济的发展奠定了制度基础；

2. 国民经济市场化程度明显提高，商品（包括生活资料和生产资料）价格基本上已经由市场决定，但尚需规范化，金融、技术等生产要素市场发育较差，需要积极而稳妥地推进；

3. 宏观调控体系已经建立起基本框架，需要巩固和完善；

4. 多种分配方式并存的格局已经形成，但社会分配关系尚未理顺，存在许多扭曲现象，平均主义和收入悬殊并存；

5. 企业改革滞后，是当前改革的重点。建立健全社会保障制度是覆盖全社会的任务，并不限于企业，但对企业改革具有极端重要的意义；

6. 全方位对外开放的格局已经形成，实现了由封闭半封闭状态到对外开放的历史性转变，今后需要着力提高工作质量和经济效益。

总的可以说：计划经济体制正在迅速地向市场经济体制过渡，市场经济体制的基础已经形成。

（十七）许多国家都进行过或者正在进行改革，而结局不一。苏联的解体，东欧国家改革的失败，中国改革初步成功，都引起全世界的关注。有各种各样的评论。对中国改革成功的经验，有各种各样的说法。这里，我想从顺利推进改革的角度，谈谈中国经济体制改革的若干基本经验。

我认为，以下几个方面是至关重要的。

1. 解放思想，实事求是，从中国的实际情况出发，不把书本当教条，不照搬外国模式，而是在马克思主义指导下，打破思想僵化和教条主义的禁锢，冲破落后的传统观念和主观偏见的束缚，努力使主观认识符合于迅速发展变化着的客观实际。在改革进程中，坚持把改革和发展结合起来，通过改革促进经济发展，坚持以是否有利于增强社会主义社会的生产力，是否有利于增强社会主义国家的综合国力，是否有利于提高人民的生活水平，作为决定各项改革措施取舍和检验其得失的标准。由于通过改革促进了经济增长，人民群众从改革中得到实际利益，因而衷心拥护和支持改革，把改革看成是国家走向现代化的必由之路，从而使改革赢得了最深厚的群众基础。

2. 中国的经济体制改革，是在保持社会政治稳定的前提下，就是说，是在坚持共产党的领导和社会主义基本制度的前提下进行的。这为经济体制改革提供了稳定的社会环境，保证了改革的正确方向。这样，改革就是社会主义制度的自我完善和发展。改革开放之初提出的坚持四项基本原则，是改革开放和现代化建设健康发展的政治保证。改革开放和四项基本原则是相互依存的，二者统一于建设有中国特色社会主义的具体实践中。“抓住机遇，深化改革，促进发展，扩大开放，保持稳定”的指导方针的提出，强调妥善处理改革、发展和稳定三者之间的关系，都是实践经验的总结。假如不是这样，而是背离四项基本原则，就不可能有团结稳定的政治局面，经济体制改革就不可能顺利进行，甚至会造成天下大乱。强调社会政治稳定并不是不进行政治体制改革。说中国只进行经济体制改革而不进行政治体制改革，是误解或者曲解。农村实行联产承包，废除“政社合一”的人民公社制度，既是重大的经济体制改革，也是重大的政治体制改革，因为基层政权变化了。上层机构也发生了不小变化：实际存在的领导职务终身制的废除，人民代表大会制度的完善，中国共产党领导的多党合作和民主协商制度作用的发挥。再就是国家决策的民主化，以及人民群众民主权利的逐步实现。中国政治体制改革需要有一个比较长的过程，不能损害经济发展的利益而急于求成。西方国家希望中国按他们的方式搞民主。中国如果那样搞，恐怕早垮台了。

3. 中国的经济体制改革，是在科学地总结历史的经验教训，充分肯定成绩，认真纠正错误的基础上进行的。这就使经济体制改革能够积极而又稳妥地向前推进，避免从一个极端走到另一个极端。事实上，我们在新中国成立以后的30年，即改革开放之前，在计划经济体制之下，虽然发生过严重的失误，但毕竟取得了社会主义革命和建设的伟大胜利。改革是完全必要的，为了说明这种必要性，就必须批评计划经济体制的弊端，纠正过去的失误。但是，这种批评必须是实事求是，恰如其分的。如果否定一切，把过去几十年说得一无是处，就会滑到否定党的领导和社会主义制度的邪路上去。因为，如果几十年来真的没有取得什么成就，党的领导和社会主义制度也就失去了存在的历史理由。在改革开放之初，1981年中国共产党十一届六中全会通过的《关于新中国成立以来党的若干历史问题的决议》，实事求是地总结了过去的经验教训，在指出缺点和失误的同时，如实地肯定了新中国成立以来32年的成就，肯定了毛泽东的历史地位和毛泽东思想的旗帜，从而统一了全党和全国人民的思想。其重要性，现在比当时看得更加清楚了。假如不是这样，而是让否定新中国成立以来社会主义革命和建设的成就，否定毛泽东历史地位和毛泽东思想旗帜的思潮泛滥开来，就会天下大乱，经济体制改革就不可能健康发展并取得成功。采取这种实事求是地对待历史的方法，对于保证党和国家的稳定至关重要，也是改革顺利进行的重要保证。

4. 中国的经济体制改革，是在不断总结实践经验的基础上，循序渐进地发展的，就是说，是个渐进的过程，而没有采取有些国家那样的“休克疗法”。就变革的深刻程度和广泛程度来说，改革实质上是一场革命。在改革是社会主义制度自我完善，而不是根本推翻这个制度的意义上，也可以说改革是一种改良。经济体制是一个复杂的系统，整个社会经济是一个更复杂的大系统，各方面的关系千丝万缕，都不是孤立地存在着。在中国现阶段的客观条件下，只有兼顾社会各个方面的利益，改革才能比较顺利稳妥地向前推进，而不致引起大的社会震动。改革措施要考虑国家、企业和人民群众各方面的承受能力。改革从农村开始，承包制是农民创造的，党总结了群众的创造而加以推广。家庭联产承包责任制的实行和乡政权的建立，很自然地，甚至人们不知不觉地，结束了存在 20 年之久的农村人民公社制度。如此深刻的社会变革几乎没有引起什么震动，不能不说是一个极大的成功。在农村改革成功的鼓舞和推动下发展起来的城市中的改革，也是逐步推进的。不同的地区之间允许存在着很大的差异。不少改革措施，都没有采取“一步到位”的办法，而是逐步前进，有的时候还根据实际情况修改原订计划，放慢前进的步伐。在条件成熟的时候，又不失时机地实行重点突破，把整体推进与重点突破结合起来。现在回过头来看，同改革开放起步时相比，我们在经济体制改革的道路上，已经前进了不短的路程。这种渐进方式的改革，避免了社会大的震动，不仅没有引起社会生产力的破坏，相反地保证了生产的稳定增长，人民生活的改善，为进一步改革奠定了基础。如果不是从实际出发，不断地总结人民群众实践中产生的新鲜经验，而是关起门来凭空制定像有的国家那样的“500 天计划”之类的东西，即使构想得十分完善，也是不能成功的。

5. 中国的经济体制改革，是在实行对外开放的环境中进行的。对外开放也是改革。对外开放，就是由封闭半封闭的体制，改革为实行对外开放和有利于对外开放的体制。对外开放不仅促进了国内经济发展，也促进了经济体制改革。因为，通过实行对外开放，使我们打开了眼界，更清楚地认识到过去经济体制中存在的弊端，更多地了解了国际市场经济的一般规则，为经济体制改革提供了有益的借鉴。现在我国干部和群众对国外情况的了解，是过去无法相比的。对外开放也不免进来一批消极的东西，这只能通过加强社会主义精神文明建设和健全法制来解决，而不能因噎废食，关上开放的大门。

6. 中国的经济体制改革，是在建设有中国特色社会主义这个总纲领下进行的。建设有中国特色的社会主义，就是从中国国情出发建设社会主义，建设符合中国国情的社会主义。前者指的是出发点和具体途径，后者指的是目标本身。就是说，不仅在改革开放和现代化建设的出发点和具体途径方面，中国应该有自己的特色，经济体制改革和现代化建设作为目标本身，也应该有自己的特色。坚持走建设有中国特色社会主义道路，就能够使我们既避免右的错误——背离社会主义，又避免“左”的错误——忽视中国国情，超越阶段。由于中国是个经济落后、发展很不平衡的大国，又具有独特的历史文化传统，长期以来走的就是与别国不同的发展道路，中国的经济建设和经济体制改革不可能原封不动地照搬别国的办法，而必须从自己的国情出发，走建设有中国特色社会主义的道路。作为我们前进出发点的国情，包括经济的和政治的，社会的和文化的，积极的和消极的，即现阶段中国各个方面情况的总和，需要从总体上来把握。对于别国的经验，只能择其善者而从之，作为借鉴。这样也就保持了经济体制改革的自主性。中国的经济体制改革，是在中国共产党的领导下，由中国人民独立自主地进行的。这是改革取得成功的重要保证。试想，如果不是这样，而是完全按照国外的研究机构设计的方案办，即使是请国外最有名气的学者，也不可能设计出符合我国实际情况的方案；即使设计了，肯定也是不成功的。在这方面，过去的苏联和现在的俄罗斯，都有足够的教训。

上述基本经验，也是继续推进改革的指导原则。在改革开放的新阶段，具体任务不同于前几年，更不同于 80 年代，但这些基本原则是必须坚持的。至于具体的改革政策措施，则需要审时度势，加以补充、完善或者修改，不可能一成不变。

（十八）中国的改革开放和现代化建设是艰巨的历史性任务。我们在实践中所取得的成功，只是初步的，不少还是探索性的。我们所取得的经验也只是初步的，有些还不一定是成熟的。归根到底，理论来源于实践，并在实践中接受检验，在实践中得到丰富和发展。

从世界范围来说，社会主义制度从创立到现在，只有几十年时间，其间几经波折，真正专心致力于经济建设的时间更短。从我国的实际情况看，新中国成立以来走过一些弯路，专心致志进行改革开放和现代化建设，如果从 1979 年算起，到现在只有 17 年时间。同过去相比，我们无论在理论认识方面以及建设和改革实践方面所取得的成就，都是足以自豪的，但前头的路更长。在迅速发展变化着的社会经济生活中，我们对许多东西仍然缺乏深刻的规律性的认识。严格说来，我国现在还处于社会主义初级阶段，提出建立社会主义市场经济体制只有几年时间，社会主义市场经济运动的内在矛盾尚未充分显露出来，关于社会主义市场经济和关于社会主义市场经济体制的理论说明，还不可能十分严整而深刻。1979 年以来，有过两个关于新的经济体制的总体设计。一个是党的十二届三中全会《关于经济体制改革的决定》，如前所说，邓小平曾经给予它很高的评价，他同时也说，“我的印象是写出了一个政治经济学的初稿”[①]。如果说那个总体设计只是“初稿”，那么，党的十四届三中全会关于社会主义市场经济体制的总体设计就是“二稿”，向前迈进了一大步，但恐怕还不能说是“定稿”。建设有中国特色的社会主义是个过程，建立新的经济体制也是个过程。十多年来，理论界在探索社会主义市场经济理论方面是有重要建树的。党中央总结了群众的实践经验和理论研究的积极成果，在实践上和理论上都把建设有中国特色社会主义的事业向前推进了一大步。但是，我们应该清醒地认识到，从根本上说，当有中国特色社会主义基本建成的时候，有中国特色社会主义的理论才能成为严整而成熟的理论；当社会主义市场经济体制建成，并且在各方面形成一套定型和成熟制度的时候，才有可能总结出严整而成熟的关于社会主义市场经济的理论。这正如在资本主义工场手工业时期产生不了马克思的《资本论》，在自由资本主义时期产生不了列宁的《帝国主义是资本主义的最高阶段》，也产生不了凯恩斯的《就业、利息和货币通论》。思想认识和理论的局限性，归根结底是来自实践的局限性。我们的许多理论认识，还需要继续接受实践的检验，使之得到补充、完善和深化。

① 《邓小平文选》第三卷，人民出版社 1993 年版，第 83 页。

这样说，当然绝不意味着低估已经取得的成就，或者低估理论探索的重要性。而是说，按照唯物辩证法，应该如实地把社会主义社会当作一个发展过程来看待，把作为社会主义经济运动规律反映的经济理论当作一个发展过程来看待。关于社会主义市场经济的理论也是这样。我们既不能把书本上的个别论断当作束缚自己手脚的教条，也不能把实践中初见成效或者在某个发展阶段上见到成效的东西当成完美无缺的模式。今后，我们仍然需要不断总结实践经验，继续在实践中探索前进。重要的是，我们已经确立了解放思想、实事求是的思想路线，循此正确方向，我们的实践和理论将会不断取得新的进展。

四、社会主义市场经济和中国的现代化

（十九）中国经济持续、快速、健康发展乃至现代化的实现，有赖于两个根本性的转变：一是在体制方面，由传统的计划经济体制转到社会主义市场经济体制，这是目前正在进行的经济体制改革所要完成的任务；一是在经济发展方面，由传统经济体制下那种盲目铺摊子、片面追求产值和速度的粗放式经济增长方式，转到通过技术进步、加强管理和提高劳动者素质，提高经济增长质量、增加经济效益的集约式发展轨道上来。经济体制转变是经济增长方式转变的必要条件，但并不能代替或自然而然地实现经济增长方式的转变。经过几十年来的建设，我国已经建立了比较雄厚的经济基础，改革开放提供了比较好的体制条件，国际环境总体上对于我国现代化建设有利。同时，我们也面临着一些必须认真研究解决的问题。例如，在经济快速增长和体制转变过程中防止严重通货膨胀、保持宏观经济稳定的问题；在农业基础脆弱、耕地减少而人口不断增加的情况下，立足国内生产解决十几亿人口的吃饭问题；在多种经济成分共同发展的条件下，搞好国有经济、发挥其主导作用的问题；在工业化迅猛推进而人均资源又相对不足的情况下，实现社会、经济、环境可持续发展的问题；在允许一部分地区、一部分人先富起来的情况下，实现地区经济协调发展和理顺社会分配关系的问题；以及在扩大对外开放条件下，在日趋激烈的

国际竞争中站稳脚跟，发展和壮大我国经济的问题；等等。只有在经济体制改革的同时，努力实现经济增长方式的转变，这些问题才能逐步得到解决。否则，往后我国经济的发展便会遇到极大的困难。因此，必须把转变经济增长方式的问题摆到重要位置。这是我国现代化建设的一条根本大计。

（二十）经济是基础。中国的经济体制改革，包括整个经济领域，也影响科技、教育、文化、卫生、体育，以及政治和社会生活的诸多方面。需要深入研究社会主义市场经济条件下科技体制和科技发展问题，教育体制和教育发展问题，文化体制和文化发展问题，卫生、体育体制和卫生、体育事业发展问题，等等。一方面，这些领域都需要进行相应的改革，以适应建立社会主义市场经济体制的要求，促进社会生产力的发展和社会的全面进步；同时，这些领域的改革和发展都有其自身的特殊性，不能完全照搬经济领域发挥市场机制作用的一套办法。

例如科技体制。加快科技研究成果向现实生产力的转化步伐，必须发挥市场机制的作用，但不能简单地讲科技市场化。要实行“稳住一头，放开一片”的方针。“稳住一头”，就是国家保持一支精干的科研力量，从事基础性研究、关系国家整体利益和长远利益的应用技术和高新技术研究，以及社会公益性研究和重大科技攻关活动，这部分研究要发挥计划的作用，更多的是靠国家投入的；“放开一片”，就是发挥市场机制的作用，让大批技术开发、技术服务机构面向市场，从事技术开发和促进科学技术成果转化的工作，使企业逐步成为技术开发的主体。这样，在科技体制中，就把计划的作用与市场的作用结合起来了。

又如教育体制。社会主义市场经济体制的建立和现代化的实现，最终取决于国民素质的提高和人才的培养。经济体制改革和市场经济的发展，对教育有深刻影响。为了适应发展市场经济的要求和促进教育自身的发展，对于计划经济体制下形成的教育体制必须进行改革。教育改革必须充分考虑教育发展的特殊规律，不能照搬企业改革的办法，把学校都推向市场。不同层次、不同类型的教育和经济发展的关系，有的更直接些，有的则不那么直接；所担负的教育任务也有所不同。这就决定了教育投资体制、办学方式、教学内容以及毕业生分配和就业制度的差异。例如，义务教育应当由政府投资兴办，职业教育则需要更多地引入市场机制。非义务教育阶段的教育因和受教育者的就业和个人收入有直接关系，应该向“上学收费、自主择业”发展。总之，在教育领域如何正确处理计划与市场的关系，是需要继续研究解决的问题。

又如文化体制。过去在计划经济体制下形成的高度集中的文化管理体制和统包统管的文化经济政策，在发展市场经济的条件下受到很大冲击。文化事业的投入体制和文化市场的管理面临许多亟待解决的问题。文化事业不可能完全置身于市场经济之外，但文化产品由于其特殊的属性和发展规律，又不能完全推向市场。文化产品作为商品（文化服务可视作生产过程和消费过程统一的更加特殊的商品，如戏剧和歌唱），不能不讲求经济效益，但精神产品的特殊社会功能则要求把社会效益放在第一位。文化商品也有不同的情况。进入市场的文化或者叫作经营性的文化，首先是纯商业性的文化如歌厅、舞厅，大众化、通俗化的娱乐文化如通俗书刊和音像制品，在市场竞争中处于有利地位，是可以推入市场，使之成为自负盈亏的企业的，但必须加强管理。社会效益好而竞争力不强的文化，如芭蕾舞和交响乐，目下还需要国家给以必要的资助，完全推向市场就可能倒闭。但这类文化并不是注定不能盈利的，随着公众文化素质的提高，这类文化有的也是可以完全走向市场的。一些公益性的文化事业，如图书馆、博物馆、美术馆、档案馆等等，不能完全由市场力量决定其生存和发展，尽管这些单位可以有门票收入或服务收入。对于需要扶持的民族文化精粹，国家必须给予必要的无偿资助。总之，在市场经济条件下，文化事业的发展受到市场的深刻影响，但不能不加分析地把文化事业单位都推向市场，应该根据不同的文化活动内容，恰当地运用计划和市场两种手段，促进其健康发展。

再如卫生和体育事业。卫生事业是社会保障体系的重要组成部分，卫生管理体制的改革是社会保障体制改革的一项重要内容。目前在基本卫生服务中，公共卫生服务（例如计划生育、传染病防治、公共厕所）大体上是社会负担的，基本医疗服务则是在城乡实行不同的办法。特殊卫生服务（例如某些高级药品、美容等），则要完全推向市场。由于卫生事业直接关系公众健康和生命，必须加强国家行政性的管理和干预，例如对于药品的生产和销售，以及对于医院和诊所的开设，对于医生资格的审查和认定，等等。市场经济体制对体育事业也有重要影响，体育事业一部分要推入市场，一部分不能完全推入市场。

总之，在经济领域以外，由于各行各业的特殊性质，不宜不加分析地提“推入市场”或“市场化”的口号。何况，即使在经济领域，也不是任何活动都是完全受市场支配的。

在发展社会主义市场经济条件下，加强精神文明建设具有重要意义。精神文明建设包括科学文化建设和思想道德建设。在积极推进科技、教育、文化体制改革和发展的同时，必须坚持不懈地加强思想道德建设，提高全民族的思想文化素质。市场经济的发展对传统思想造成巨大冲击，应该肯定其积极意义，也要清醒地看到其消极影响。如何在发展市场经济的同时，加强社会主义精神文明特别是思想道德建设，继承和发扬优良的民族传统，吸收世界先进的文明成果，形成良好的社会风尚和健康向上的民族精神，是关系现代化事业能否持续发展和能否实现社会全面进步的大问题。这个问题，绝不是单靠市场机制能够完全解决的。

（二十一）中国共产党是中国现代化事业的领导力量，也是建立社会主义市场经济体制和发展社会主义市场经济的领导力量。中国共产党人为社会主义和共产主义事业而奋斗，在现阶段，就要为建立社会主义市场经济体制和发展社会主义市场经济而奋斗。这是我们讨论市场经济和党的建设问题的一个基本出发点。

党要实现对现代化事业的领导，必须加强和改进自身的建设，而现阶段党的建设是在发展社会主义市场经济的大环境中进行的。这也是我们讨论市场经济和党的建设问题的一个基本出发点。

中国共产党是在革命斗争的环境中，作为阶级斗争的工具而产生的，是按照列宁的建党学说建立和发展起来的革命家的组织。这是符合当时中国阶级斗争的客观需要的，党是这场伟大革命的胜利者。新中国成立以后，党的地位发生了根本变化，成为执政党。生产资料私有制的社会主义改造基本完成以后，把工作重点转到经济建设上来，对党的组织和党的建设是严峻的考验。从一般意义上的经济建设转到发展社会主义市场经济，是更严峻的考验。党的十一届三中全会以来，无论在党的思想建设、理论建设、政治建设和组织建设方面，都取得巨大的成绩。在加强党的建设中，也有一些深层次的理论问题，例如党的组织和市场经济关系的问题。党是工人阶级的先锋队，代表社会的整体利益和长远利益。市场经济是利益分立条件下实现生产社会化的形式，更多地体现生产者和经营者的局部利益和私人利益，大量的共产党员并不是职业革命家，而是从事各类生产经营活动，或者是市场竞争主体即各类企业的负责人。这是一个矛盾。如何正确地处理这个矛盾，即在市场经济条件下处理整体利益和局部利益、私人利益的关系，正确把握社会利益的协调和社会发展的方向，是我们面临的一个新课题。党、政、军机关和国家公职人员不准经商，中央三令五申，屡禁不止，问题很大。国家公职人员经商被许多国家悬为厉禁，丑闻也层出不穷。我们在这方面应该采取更为严格的措施，对党的组织和党员提出更严格的要求。美国前总统国家安全事务助理布热津斯基 1989 年在其《大失败》一书中，在对中苏两国的改革进行比较后声称，中国改革的成功将是所谓“商业共产主义”的成功，“商业共产主义可能会演变成腐败的共产主义，贪污腐化首先是玷污和腐蚀党的干部”。他的立场是反共的，但他说的市场经济发展可能腐蚀党的干部，是值得我们警惕的。商品经济环境中国家机关的腐败现象，在任何社会制度下都是难以完全杜绝的，但要坚持不懈地同这种危险倾向作斗争，尽最大的努力，把它限制在最小的限度之内。近年来发生的许多严重经济犯罪案件，向我们敲响了警钟，说明资产阶级的腐朽思想，对党和政府肌体的侵蚀已经达到了非常严重的程度。能否取得反腐败斗争的胜利，是关系社会主义市场经济能否健康发展的大问题，也是关系党和国家生死存亡的大问题。

（二十二）我们在今后几十年的奋斗目标，是在中国实现现代化。

对于现代化所包含的丰富内容，有一个认识过程。

“楼上楼下、电灯电话”，“犁地不用牛、点灯不用油”，这是50年代初农民对于未来社会主义幸福生活的向往。

“四个现代化”（农业、工业、国防、科技）的提法，见之于党和国家的正式文献，起过很好的作用。现在看来，这个提法不足以概括现代化的全部内容。例如，这个提法偏重于经济，而且经济又未包括流通领域；没有强调精神文明，虽然科学也属精神文明范畴，但毕竟不是全部内容。

两个文明建设，即物质文明建设和精神文明建设的概括，大大前进了一步。但现在仔细推敲，似乎仍未能概括现代化的全部重要内容。例如，社会主义民主政治建设，各方面的制度建设和体制改革，包括以建立社会主义市场经济体制为目标的经济体制改革，就不是物质文明和精神文明建设所能概括的。

社会主义市场经济、社会主义民主政治、社会主义精神文明，这种概括也有新意，但各方面的管理体制似乎不宜皆归于“政治”范畴。

我主张，把中国社会主义现代化建设的目标，概括为三个组成部分：

物质文明建设——现代化的经济；

精神文明建设——现代化的科技、教育、文化，以及适应现代经济和现代文化的思想道德；

制度文明建设，或称体制文明建设——与物质文明建设和精神文明建设相适应的各方面比较完善和成熟的制度或体制。

关于“九五”计划和2010年远景目标[①]

（1996年3月20日）

一、制定“九五”计划和2010年远景目标纲要的重要意义

“八五”计划完成了，需要制定“九五”计划。但制定“九五”计划和2010年远景目标纲要的重要意义，不能简单地从这种一般意义上理解。可以从以下三个方面来理解：

第一，未来15年是跨世纪的。从短期观察，跨世纪并无重大意义。2000年12月31日至2001年1月1日，并无特别含义。但是，如果作大跨度的历史考察，跨世纪就是很有意义的。值此世纪之交，我们不妨作一番跨世纪的回顾与展望。上溯100年是中日甲午战争和《马关条约》的签订，其后5年是八国联军侵占北京和《辛丑条约》的签订。中国受尽列强欺凌，是饱尝内忧外患进入20世纪的。当时人们形容中国的形势危如累卵，面临着被列强瓜分豆剖和亡国的危险，是很确切的。中华民族没有停止过抗争和自强。从林则徐领导的焚烟抗英，中经洪秀全领导的太平天国革命，康有为、梁启超领导的戊戌变法，义和团运动，孙中山领导的推翻封建帝制的辛亥革命，以及全民奋起的抗日战争，这100多年来中国人民进行了前仆后继的英勇斗争，终于在共产党领导下获得民族解放和人民民主革命的划时代胜

① 这是作者1996年3月20日在中宣部、中直机关工委、国家机关工委、解放军总政治部和北京市委联合举办的报告会上报告的部分内容。作者参加了中共十四届五中全会关于制定“九五”计划和2010年远景目标的《建议》，以及八届全国人大四次会议关于“九五”计划和2010年发展规划的起草。

利。确如毛泽东主席所说：中国人从此站起来了。中国历史开辟了新纪元。历尽百年沧桑，当我们行将跨入21世纪的时候，经过新中国成立以来的艰苦努力，特别是改革开放17年来的快速发展，中国发生了翻天覆地的变化，贫穷积弱的面貌已经根本改观。一个世纪以来世界面貌也发生了深刻的变化。中国共产党十四届五中全会通过的关于制定“九五”计划和2010年远景目标的《决定》和八届全国人大四次会议审议通过的发展规划，规划了中国跨世纪的宏伟蓝图。当今国际经济合作日益广泛，经济竞争日趋激烈。特别是大国，正在进行经济上、政治上乃至军事上的激烈角逐，努力争取在21世纪的世界格局中处于有利地位。实现“九五”计划和2010年远景目标，我国就能够在国际合作与竞争中处于更加主动的地位。这是直接关系我国在21世纪的命运和前途的。

第二，从我国现代化进程来看，未来15年是跨两个发展阶段的。按照分三步走实现现代化的战略部署，第一步发展目标已经实现，20世纪末将实现第二步发展目标，21世纪初将开始向第三步目标迈进。把5年和15年结合起来，统筹规划，有利于增强预见性，更好地把第二步战略部署和第三步战略部署结合起来考虑。有些重大问题，如产业结构的调整，地区生产力布局，跨世纪的重大工程建设，以及建立社会主义市场经济体制等问题，只有把眼光放得更远大些，才能看得更清楚，并且做出正确的规划。从小康到现代化，大约还需要半个世纪时间的努力。按照三步走实现现代化的发展战略，21世纪头10年不是一个独立的发展阶段，但无疑是十分重要的时期。2010年达到“宽裕”的小康生活，是一个新的提法，可以看作是“小康”到“富裕”的中间过渡阶段。今后15年的工作做好了，将为21世纪中叶基本实现现代化奠定坚实的基础。

第三，我国正处在经济体制转换时期。党的十一届三中全会以来所进行的经济体制改革已经取得举世瞩目的成就。根据现在的设想，是在20世纪末初步建立社会主义市场经济体制，2010年形成比较完善的社会主义市场经济体制，在此基础上再经过一二十年时间的努力，在各方面形成一套更加成熟和定型的制度。“比较完善的社会主义市场经济体制”，可以看作是从“初步建立社会主义市场经济体制”到“更加成熟和定型的制度”的中间必经过渡。未来15年对于经济体制改革是具有决定意义的。

总之，未来15年是承前启后、继往开来的重要时期，也是我国现代化建设的关键时期。现在国际环境比较有利，国内条件具备，仍然是我国社会经济发展不可多得的历史机遇。我们应该正确运用已经积累起来的经验，充分利用各方面的有利条件，继续集中力量进行经济建设，把我国的现代化事业继续推向前进。

二、关于今后15年的奋斗目标

80年代全国人民温饱问题获得基本解决。1995年国民生产总值达到57000多亿元，按1980年不变价格计算是1980年的4.2倍。这就是说，原定2000年国民生产总值比1980年翻两番的目标，已经提前五年于1995年实现。这就需要重新确定20世纪末的经济发展目标。现在确定，20世纪末要在人口增加3亿左右的情况下，实现人均国民生产总值比1980年翻两番。这个目标是积极的，也是留有余地的。说是积极的，是指提前达到了预定目标而又提出新的奋斗目标，而且20年实现人均国民生产总值翻两番在世界上是少见的，在人口13亿的情况下实现人均国民生产总值翻两番更是绝无仅有的。说留有余地，是指按照这样的目标，对于“九五”时期的增长速度要求并不高，只要年均增长6%就可以达到。实际执行结果会超过这个速度。计划指标留有余地有助于克服实际存在的盲目追求速度的偏差，实现经济增长方式的转变。根据各方面情况综合分析，编制计划将按8%的速度安排。按照“九五”时期年均8%的增长速度计算，2000年国民生产总值将是1980年的6倍。这比原定国民生产总值翻两番超过50%，比人均国民生产总值翻两番的要求超过10%以上。90年代年均增长9.7%，高于中国共产党第十四次代表大会提出的8%～9%；1981～2000年国民生产总值年均增长9.3%。这在世界上是不多见的。现在不是速度的问题，关键是提高经济增长的质量。

当初确定2000年实现第二步战略目标，包括国民生产总值翻两番和人民生活达到小康水平这样两个提法。这实际上是对同一发展目标的不同表达，就是说，实现了国民生产总值翻两番，从经济总量来说，人民生活也就可以达到小康水平，此外并没有提出别的小康标准。现在国民生产总值翻两番提前实现了，为什么没有宣布提前实现小康呢？这是因为，小康是从温饱到现代化之间的长达数十年的发展阶段，可以涵盖很大范围的不同发展水平。各地在经济工作的指导上制定小康规划，作为预测、预期和奋斗目标，是有积极意义的。但实际上很难用一个精确的定量指标来界定小康，例如，很难说人均800美元是小康，799美元就不是小康。到人均2000美元也还是小康阶段。何况，平均数往往掩盖着个体之间的差异。所谓温饱、小康和现代化，都是从总体上说的，都不排除发展的不平衡性，连发达国家也存在贫困现象。考虑到人口增长因素，原定2000年比1980年国民生产总值翻两番，是达不到人均国民生产总值翻两番的，就是说，按照实际执行结果，2000年人民生活水平要高于原来的设想。目前还处于贫困状态的6500万人，"九五"期间要继续解决温饱问题，而且完全解决的难度很大，但这并不影响从总体上作出20世纪末实现小康的判断。

当初还提出过20世纪末达到人均800美元，这也是国民生产总值翻两番的一种表达形式。1980年我国国民生产总值是4470亿元人民币，翻两番是17880亿元，按1980年人民币对美元汇率1.53:1计算为11600多亿美元；原来设想2000年全国人口为12.5亿，人均900多美元。作为经济发展目标，当时这样设想是合理的，也是有意义的。实际情况是：与1980年相比，现在人民币对美元汇率贬值了，但国内通货膨胀缓解了对用美元计算国民生产总值的影响。按照"九五"时期年均增长8%的速度计算，到2000年，按1980年不变价格计算的国民生产总值将达到2.6万亿元，人均2032元，是1980年的4.5倍。如果人民币汇率和国民生产总值都按1980年不变价格计算，2000年我国国民生产总值将达到1.73万亿美元，人均1328美元。如果按照当前的汇率，人均国民生产总值将是1058美元，也可以达到原来设想的目标。问题是，因为受国民经济市场化程度、国内物价水平、国民经济的外贸依存度和汇率变化的影响，现在国际通行的按美元计算各国的国民生产总值是个有缺陷的方法；用若干年前的汇率把当年的国民生产总值折算成美元，也不是国际通行的办法；准确无误地预测若干年后的汇率也很困难。总之，对于20世纪末我国人均国民生产总值多少美元的问题，现在还难以精确预测，也不必过多地计较。目前国际上还没有一个公认的、能够准确地反映和比较不同国家国民生产总值的指标体系。按照国内外一些专家所做的社会发展指数或生活质量指数评估，我国在全世界180多个国家和地区中大体排在第65位左右。购买力平价法也是目前国际上考虑比较多的方法。国际货币基金组织1993年按购买力平价法估算，我国1992年国民生产总值为1.7万亿美元（人民币对美元的汇率折合1.4:1），次于美、日，居世界第三位，而不是第十位，人均1600美元而不是370美元。世界银行算得还要高，达到2.2万亿美元。国内有的研究机构测算，1元人民币实际购买力相当于0.41美元，即1美元相当于2.35元人民币。不同产业有不同情况。大体说来，在交通通讯服务、医疗和其他生活服务方面，人民币对美元的购买力平价为0.7，即0.7元人民币相当于1美元，人民币购买力高于美元；在电冰箱、洗衣机、空调器、彩电、录像机等耐用消费品方面，人民币对美元的购买力平价比较低，6～7元人民币相当于1美元。就是说，技术含量高的产品，人民币购买力平价低；劳动密集型产品和服务，人民币购买力平价高。这反映了我国同美国工业和技术水平的差距。购买力平价法也是个有缺陷的方法，例如对于商品质量、居民消费结构和质量未予足够注意，但这种方法比按当年汇率计算国民生产总值的方法要科学一些。我估计，如果能够进一步加以完善，这种办法将来有可能会逐步替代目前通行的按汇率计算的方法。既然现在还没有国际公认的更好的方法可以替代，那么，我们就应该遵守国际通行的规则。国外说中国国民生产总值高的人有不同的动机，有的人是要为“中国威胁论”制造根据，我们要有所警惕。

21世纪头10年社会经济发展不确定的因素要多一些，现在不容易做出精确的预测，只能勾画出一个大体的轮廓。现在考虑，2010年国民生产总值比2000年再翻一番，即保持年均增长7.2%的速度。这意味着2010年国民生产总值将相当于1980年12倍。这样，从1996年到2010年15年间的平均增长速度是7.5%，1981年到2010年这30年间的平均增长速度是8.8%。2010年达到这样的要求，我国的社会生产力和综合国力将再上一个很大的台阶，人民生活水平尽管还是处于小康阶段，但将达到比较宽裕的水平，消费结构将进一步改善，生活质量将明显提高。从现阶段我国经济发展的态势看，这样的奋斗目标是能够实现的。

三、重视解决关系全局的重大问题

制定国民经济和社会发展“九五”计划和2010年远景目标，既要看到我国社会经济发展的历史机遇和有利条件，也要看到我国社会经济发展中的矛盾和问题，诸如通货膨胀问题，国有企业生产经营困难问题，农业基础薄弱问题，收入分配悬殊问题，经济秩序混乱、腐败现象蔓延滋长和社会治安问题，以及精神文明和民主法制建设问题，等等。我国中长期发展中存在不少制约因素，突出的是人口和就业压力大，人均资源相对不足，国民经济整体素质低。我国人均耕地、水、森林和不少矿产资源都低于世界人均水平，又处在迅速推进工业化的发展阶段，加上粗放的生产经营方式，资源浪费和环境污染相当严重。随着人口增加和经济发展，资源和环境问题可能更加突出。国外经济专家对中国经济的评论，指出的大体也是这些方面的问题。实事求是地指出存在的困难和问题，是头脑清醒和有力量的表现，也是解决问题的前提条件。

这里，我着重讲讲经济方面的几个重大问题。

首先是农业问题。农业和农村经济状况如何，将在很大程度上决定未来15年乃至几十年中国现代化的进程。我国人多地少，并且人口还在增长，耕地还在继续减少。1978～1993年，我国人口净增2.2亿，耕地面积减少6400多万亩，相当于一个大省的耕地面积。加上农业比较利益低，投入不足，解决十多亿人口的吃饭问题始终是社会经济发展中的一件大事。按“八五”时期人均占有粮食计算，2000年粮食产量必须达到5000亿公斤，任务相当艰巨。问题在于，现在既不能再靠农业为工业化提供原始积累，国家支持农业发展的财力有限，工业也难以大规模地对农业实行所谓“反哺”。中国现代化的最大难题，在于农业和整个农村经济的现代化，以及与之伴随的几亿农业劳动力向非农产业的转移。但是，对于中国的农业问题，要讲两句话，不能只讲一句话。一句是，农业问题是严峻的，必须高度重视，不能盲目乐观，掉以轻心；一句是，中国人完全有能力依靠自己力量解决吃饭问题，不能悲观失望。17年来的实践证明，靠深化改革和完善政策，靠科学技术的力量，靠亿万农民的积极性，中国完全有能力自己解决吃饭问题。

美国世界观察所所长莱斯特·布朗，1994年在《世界观察》杂志上发表题为《谁来养活中国？》的文章，美国《华盛顿邮报》以《中国会使整个世界出现粮荒》为题报道布朗对世界粮食前景的观点，在国际上引起很大反响，在我们国内产生很大震动。文章说，到2030年，中国粮食产量至少比目前下降1/5，人口增长需要增加粮食4.4亿吨，加上粮食产量减少，以及人均消费量的增加，需要进口粮食3.78亿吨，即3780亿公斤，相当于目前中国粮食的2/3以上。其他发展中国家也将大量进口粮食，而目前全世界一年的粮食贸易量只有2000亿公斤左右。布朗的观点骇人听闻，是站不住脚的。中国粮食增产潜力是不小的，2030年总产量绝不会比目前下降20%。他是按每年减少多少耕地、每亩产量多少，简单地推算出粮食产量的。他没有注意到新垦荒地的数量，没有注意到大量中低产田单位面积产量提高的潜力，更没有注意到科学技术进步对于农业增产的巨大作用。另外，中国的耕地面积，国家土地局的最新统计为20.09亿亩，多于以往所说的16亿亩。国内外不少学者都发表了不同意布朗观点的文章。布朗自己也发表谈话，承认自己所用数据不准确，而且说文章标题系编者所加，他从未讲过中国会使整个世界出现粮荒的话。布朗是未来学者，属于罗马俱乐部的一派，对世界发展持悲观看法。罗马俱乐部过去作过许多悲观的预测，实践证明他们的悲观论是不正确的。当然，布朗所提出的耕地减少，用牺牲农业的办法搞工业化的教训，值得重视，但不能由此得出悲观主义的结论。最有说服力的事实是：我国粮食总产量从1978年的3000多亿公斤增加到现在的4500多亿公斤，增产将近50%，人均占有粮食“六五”期间为360公斤，“七五”期间为368公斤，“八五”前四年为377.5公斤，15年人均增长17.5公斤。二次大战后世界人口数量翻一番，而粮食产量增长3倍，人均寿命从1950年的47.5岁提高到1990年63.9岁，即使贫穷国家也由1960年的35岁提高到60岁。只要方针政策对头，我国农业的前景是乐观的。

第二，国有企业的改革和发展问题。国有企业改革是我国经济体制改革的难点所在。把企业改革作为经济体制改革的中心环节已经强调多年，在实践中也作过许多有益的尝试，但企业改革问题至今还没有得到很好解决。困难在于，发展社会主义市场经济，在不少方面可以借鉴市场经济发达国家的经验，而国有企业改革是要找到社会主义全民所有制经济在市场经济体制下存在和发展的适当形式，是一种前无古人的创造性事业，不能照搬别国的模式。加之不少国有企业历史包袱重，社会负担多，卸掉这些包袱和负担又必须顾及国家财政的承受能力和保持社会稳定，更增加了推进改革的难度。现在，由于市场价格的放开和宏观调控体系改革的推进，企业已经进入市场，加大企业改革力度不仅成为必要，而且具备了条件。

企业改革要突出重点，分类指导。中央和地方建立现代企业制度的试点，现在共有2000多家，正在积极进行。现在国有企业（不包括金融）共30.9万户，其中特大型企业426户，大型企业7033户，中型企业4万多户，小型企业26.2万户。为了保持国家对国民经济的调控能力，国家需要重点抓好一批在国民经济中起骨干作用的大型企业和企业集团。现在国家决定，重点抓好1000家国有大型企业和企业集团，其中工业企业800多家。这800多家，占国有工业总资产的63%，销售收入的70%，利税的74%。这800多家工业企业，有办得好的，也有一般的，也有差的。这些大型企业和企业集团，一般都是国家独资或国家控股的，抓好了也就抓住了大头，有利于壮大国有经济实力，增强国家对国民经济的调控能力。至于小型企业，特别是县以下小型企业，可以放得更活一些。可以区别不同情况，采取改组、联合、兼并、股份合作制、承包经营和出售等形式。从一些地方的实践看，国有小企业经过改革改组，绝大部分仍然是国有经济或者集体经济，即不同形式的公有制经济，出售给私营企业或个人的是少数。

现在流行的关于国有企业亏损面的概念，是不科学的，因为小企业和大企业在国民经济中的地位和作用不能相提并论。1994 年国有企业亏损面占 34%，如果国有企业的工人 34% 都在亏损企业，中国经济、社会绝不可能是今天这样安定的情况。亏损的多数是小企业。当然，大企业也有亏损的，原因要具体分析。从行业看，亏损的主要是机械、煤炭、有色金属、军工、轻工、纺织等部门。为了推进国有企业改革，对于那些历史负担和社会包袱重，而又在国民经济中占有重要地位的国有大中型企业，国家将投入一笔资金，为企业改革创造必要的条件，包括：（1）鼓励企业兼并，对被兼并企业的部分债务实行免息、停息和推迟偿还本金；（2）把相当一部分“拨改贷”形成的企业债务转为国家投资，以减轻企业偿债负担；（3）冲销破产企业的债务。据估算，三项加起来可能达到 3000 亿元。具体实行办法，要按有关规定和程序进行，防止形成“赖账”机制。

实行政企分开是企业改革的重要条件。我认为，实现政企分开的关键之点，在于寻找适当的形式并建立相应的制度，把政府的社会经济管理职能和国有资产所有者的职能分开，把国有资产的管理、监督职能和企业的生产经营职能分开。对企业经营者既要有激励机制，又要有约束机制。国有企业有相当雄厚的物质技术基础，通过改革、改组、技术改造和加强管理，充分发挥潜力，就能在现代化建设中发挥更大的作用。

有的同志对国有经济在国民经济中的比重比较关心。根据国务院研究室课题组所作的研究，如果各种经济成分发展的条件和国家有关政策措施基本保持“八五”时期的格局不变，2000 年和 2010 年，包括国有经济和集体经济的公有制经济，仍将在国民经济中占优势。现在的情况是：由于非公有制经济增长速度快于公有制经济，导致非公有制经济比重上升，公有制经济比重下降。在从单一的公有制经济向多种经济成分共同发展的所有制结构过渡的进程中，非公有制经济从无到有，比重的上升是必然的。公有制经济比重的降低并不意味着公有制经济的萎缩。十多年来国有经济和集体经济实力不断壮大，总量上比过去大得多了。据国家国有资产管理局最近提供的统计数字，新中国成立以来，国有资产年均递增12.4%，1980年以来年均递增14.5%，1990～1995年年均递增17.9%。

在公有制经济内部，集体经济的增长速度快于国有经济的增长速度。国有经济增长相对较慢，同基础工业和基础设施的产业特征有关。从产业构成看，现在国有经济仍掌握着能源、交通通讯和重要原材料等国民经济的命脉，是国民经济重要技术装备的提供者。据统计，现在国有企业资产占全社会企业资产总额的65%以上，从现在社会固定资产投资构成看，国有经济的主导地位可以保持。研究所有制结构问题不能忽略这样的事实：不同经济成分组成的财产混合所有经济单位，例如股份制经济和各种形式的联合经济，越来越多。这种形势还会进一步发展。单纯的国有企业的数量可能会相对减少，甚至绝对减少，而在这些混合所有的经济单位中的国有财产会不断增加，成为国有经济存在的重要形式。

第三，抑制通货膨胀，保持宏观经济稳定的问题。在任何国家，通货膨胀都是经济健康发展的大敌。我国现在处于经济体制转轨和经济快速增长时期，通货膨胀的诱发因素很多。主要是：(1）近几年物价涨幅高，去年经过很大努力，物价涨幅回落到14.8%，达到预定的调控目标，今年要回落到10%左右也需要努力，而且完全消化历年积累起来的通货膨胀因素，使物价回落到比较低的水平，还需要继续努力，就是说，"九五"时期的物价起点比较高；(2）现在建设规模过大，从"八五"结转到"九五"时期的在建项目很多，各方面准备新上的项目更多，投资总规模已经超过财力物力的可能，需求旺盛是经济发展的动力，但需求过大会造成通货膨胀压力，项目过多会降低经济效益；(3）为了理顺价格关系，一些主要工农业产品和基础设施的价格以及服务价格，需要做必要的调整，这会引起价格总水平的上升；(4）我国大量进口的某些重要资源性产品国际市场供应偏紧，价格呈上扬之势，对我国国内价格水平也会起推动作用；(5）企业经济效益差，个人收入增长过快，产品成本短期内难以明显降低，甚至还可能继续提高。抑制通货膨胀是保持经济健康发展和社会稳定所必需的。合理确定投资总规模，严格控制新开工项目，控制个人收入的过快增长，是抑制通货膨胀所必需的。

“八五”期间全社会货币供应量增长很快，是引发通货膨胀的重要原因。1994 年同 1990 年相比，国家银行各项贷款金额从 15100 多亿元增加到 31600 多亿元，增长 1 倍以上，平均每年增加 20%；流通中的货币量从 2644 亿元增加到 7289 亿元，增加 1.8 倍，平均每年增长 29%。要逐步消化历年积累的通货膨胀因素，必须实行适度从紧的货币政策，控制货币供应量。要把物价涨幅控制在社会各方面所能承受的范围之内，首先要争取价格总水平的涨幅低于经济增长速度（即低于 8%，这并不是理想的目标，但做到这一点也不是很容易的，要做出很大努力），低于城乡居民收入增长速度和银行利率。这是实现“九五”计划和 2010 年远景目标的一个重要前提条件。

从制定“九五”计划来说，财政是个很大的难题。减少赤字也是抑制通货膨胀的需要。现在国家财政困难，即使 2000 年财政赤字能减到 100 亿元，当年用于还本付息的国债发行仍将达到 3000 亿元左右。要做到这一点，“九五”时期财政收入年均增长率必须比支出高一个百分点，而“八五”时期是财政收入增长比支出低两个百分点。可见，实现“九五”时期减少财政赤字的任务十分艰巨。要通过严格控制税收减免，扩大税基，统一内外资企业所得税制度，以及加强税收征管等多种措施，切实增加财政收入。同时，要努力控制财政支出。各个方面都要坚持量力而行、量入为出的原则，坚决杜绝各种浪费现象，切实压缩行政费用。预算外资金数量很大，管理不严，为犯罪活动提供了方便。尽快制定预算外资金管理办法，并且严格执行，对于堵塞财政漏洞和防范腐败都是必要的。

第四，逐步解决地区发展差距问题。地区发展不平衡是大国经济发展过程中的普遍现象。我国各地经济发展向来不平衡，不仅省、自治区之间不平衡，同一省、自治区内县、市之间也有很大差异。这些年来全国各地经济都有显著发展，但由于自然条件、原有基础和改革开放的步伐不同，发展速度差别很大。发展比较快的地区，走在了全国的前列，或者缩小了同经济比较发达地区的差距；发展比较慢的地区，差距扩大了。这个问题已经引起普遍关注。

关于地区划分，新中国成立初期常用南方和北方分析地区经济差距。毛泽东主席在《论十大关系》中用沿海和内地来分析地区发展不平衡。“七五”计划开始提东部、中部和西部。现在所说的东部地区，包括九省、自治区和三市：辽宁、河北、北京、天津、山东、江苏、上海、浙江、福建、广东、广西、海南，面积占全国13.5%，1991年人口占41.2%；中部地带包括黑龙江、吉林、内蒙古、山西、安徽、江西、湖北、湖南、河南九省、自治区，面积占全国29.3%，人口占35.7%；西部地带包括四川、贵州、云南、西藏、陕西、青海、宁夏、新疆、甘肃九省、自治区，面积占全国57.2%，人口占23.1%。我们作过研究，以省、自治区和直辖市为单位，十多年来我国地区经济差距呈现两个趋势：一是经济发展水平绝对差距扩大了。人均GDP（按当年价格计算）最大值（上海）与最小值（贵州）差额1978年为2323元，1992年增加到7643元；剔除京、津、沪三大市进行比较，人均GDP最大值（广东）与最小值（贵州）之差，1985年为960元，1992年增加到2566元。二是经济发展水平相对差距（人均GDP最大值与最小值之比或地区总体差异系数）缩小了。人均GDP最大值（上海）与最小值（贵州）之比1978年为14.3:1，1992年为8.6:1。这表明，地区相对差距呈缩小趋势。但人们直接感受到的是绝对差距的扩大。现在把坚持区域经济协调发展、逐步缩小地区差距，作为一条重要方针提出来，是必要和及时的。这不仅是一个重大的经济问题，而且具有重要的社会政治意义。但是，解决这个问题要有个过程，根据对发展趋势所做的预测，今后15年，至少是在“九五”时期，地区经济发展水平相对差距有可能缩小，但绝对差距还可能扩大。当然，这是就总体统计所得出的一般性结论，就某个具体地区来说，完全有可能缩小差距，甚至后来居上。

要承认发展不平衡的规律，允许和鼓励有条件的地方发展得更快些，以此来带动全国的发展；同时要实施有利于缓解差距扩大趋势的政策，积极朝着缩小差距的方向努力。国家采取的政策措施有：加强中西部地区资源勘查，优先安排资源开发和基础设施建设项目，逐步增加对经济落后地区的财政支持和建设投资；调整工业布局，引导某些资源加工和劳动密集型产业向经济落后地区转移；提高资源性产品价格以增强资源丰富而经济不发达地区自我发展的能力；改善中西部地区投资环境，积极鼓励国内外投资者到经济落后地区投资。这些都是政府应尽的职责。

总起来说，对于地区差距问题，要有三点基本认识：一是地区发展不平衡是个历史现象，也是发展规律，所以要实行允许一部分地区先富起来的政策；二是要坚持共同富裕的目标，高度重视和积极解决地区协调发展问题；三是解决这个问题要有一个过程。目前经济比较落后的地区，发展潜力都是不小的。只要加快改革开放步伐，发扬自力更生精神，加上国家的支持，完全能够在现代化进程中逐步缩小同全国发展水平的差距。在地区差距问题上，除了省际差距外，省内差距也是一个值得注意的问题。现在省内县与县之间的差距，甚至大于省际差距。

以上这些重大问题解决得如何，都是直接关系"九五"计划和2010年远景目标的实现乃至整个现代化前途的。

四、实现"九五"计划和2010年目标需要着重把握的几项重要原则

从我国现阶段社会经济发展的要求来说，实现"九五"计划和2010年远景目标，着重把握好以下几点是至关重要的。

（一）正确处理改革、发展、稳定三者的关系。改革、发展和稳定都是重要的。为了强调其重要性，在不同时期，提出过"以改革统揽全局"，提出过"稳定是压倒一切的"，提出过"发展是硬道理"。这些都是对的。1994年初，总结了十几年的经验，提出正确处理改革、发展和稳定的关系。这是多年来实践经验的总结，也是认识上的深化。发展是目的，没有发展就没有现代化。改革是动力，通过改革克服体

制上的弊端，才能解放和发展社会生产力，17年来我国经济的快速增长正是得益于改革开放政策的实行。中国和其他国家的经验都证明，保持社会稳定是改革和发展顺利进行的前提，没有社会稳定什么事情也办不成，但社会稳定又必须通过改革和发展才能长久保持。近年来我接触过一些苏联和东欧国家以及其他一些正在进行改革的国家的人士，尽管彼此选择的改革方向和道路并不相同甚至截然相反，但对只有保持社会稳定才能顺利推进改革和发展，却存在着广泛的共识。我所接触的一些发达国家和发展中国家的人士，也持这样的看法，认为中国的做法是成功的，苏联和东欧国家搞的“休克疗法”是失败的。在这一点上，中国正确处理改革、发展和稳定关系这样一种发展模式，是具有国际意义的。未来15年我国处于经济快速增长和经济体制转轨时期，一些矛盾比较突出。要求是：既要实现经济快速增长，又要抑制通货膨胀，保持宏观经济稳定；既要积极推进经济体制改革，调整社会利益格局，又要坚持社会主义方向，实现共同富裕；既要加强民主法制建设，推进政治体制改革，又要坚持党的领导。改革、发展和稳定都面临着新的形势和任务，处理好三者关系，避免大的社会震动，具有特别重要的意义。在具体的工作部署和安排中，处理三者关系并不是平均使用力量，也不是每个时期工作侧重点不能有所不同。根据以往的经验，当各方面条件具备时，要果断地推进改革和发展；当各方面矛盾比较多，需要调整前进步伐时，要及时地调整，以避免大的社会震动。问题是这样明显地摆着：正确处理改革、发展、稳定的关系，三者可以兼得；否则便可能一无所得。

（二）努力实现两个根本性的转变。一是经济体制从传统的计划经济体制向社会主义市场经济体制转变，一是经济增长方式从粗放型向集约型转变。17年来经济体制改革取得长足进展，目前仍处于体制转换时期。按照建立社会主义市场经济体制的要求，对于目前体制状况大体可以作出如下判断：（1）以公有制为主体、多种经济成分共同发展的所有制结构已经形成；（2）经济市场化程度明显提高，商品（包括生活资料和生产资料）价格基本上已经由市场决定但尚需规范化，金融、技术等生产要素市场发育较差，需要积极而又稳妥地推进；

（3）宏观调控体系已经建起基本框架，需要巩固和完善；（4）多种分配方式并存的格局已经形成，但社会分配关系尚未理顺，存在许多扭曲现象，平均主义和收入悬殊并存；（5）企业改革滞后，建立健全社会保障制度是覆盖全社会的任务，并不限于企业，但当务之急是配合企业改革而进行社会保障制度改革；（6）全方位对外开放的格局已经形成，实现了由封闭半封闭状态到对外开放的历史性转变，今后需要着力提高工作质量和经济效益。总的可以说，计划经济体制正在迅速地向市场经济体制过渡，市场经济体制的基础已经形成。目前社会经济发展中的诸多矛盾和困难，大都有体制方面的原因。“九五”计划和2010年的奋斗目标，都包括了对于经济体制改革的明确要求。经济体制改革既是实现社会经济发展任务的重要保证，本身也是社会主义现代化的有机组成部分。

粗放型经济增长方式也是目前社会经济发展中诸多矛盾和困难的重要原因。我国经济规模已经很大，但整体素质不高，管理落后，盲目追求速度，铺新摊子，低水平的重复建设，资源浪费严重，以致多年来经济增长速度很快而经济实绩未能与之相称。过去经济规模小，这种粗放型经济增长方式还可以勉强维持。现在经济规模越来越大，再靠这种粗放型增长方式就很难继续下去。现在国际经济竞争越来越取决于科技、质量和效益，粗放型增长方式很难在激烈的竞争中站住脚，更不要说顺利实现现代化了。我国人均资源相对不足，许多重要资源人均占有量都在世界平均水平之下，粗放型增长方式带来的矛盾越来越突出。传统体制是助长这种粗放型增长方式的，例如政企不分的管理体制，资金无偿使用的投资体制，用产值速度考核政绩的办法，都助长了单纯追求经济的外延扩张。增长方式的转变有赖于通过体制改革形成有利于节约、降耗、增效的企业经营机制，有利于自主创新的技术进步机制，有利于市场公平竞争和资源优化配置的经济运行机制。粗放型经济增长方式也有非体制的原因，这要靠多方面共同努力才能解决。从当前的情况说，第一，要强调立足现有基础，能够以现有企业为依托，通过改革、改组、改造提高生产能力的，就不要铺新摊子；第二，新建项目必须注意经济规模和比较高的技术起点；第三，要坚持资源开发与节约并举，把节约放在首位，通过加强管理减少浪费，提高资源利用效率，这种“浮财”潜力是很大的。从长远的发展来说，转变经济增长方式归根到底要靠实施科教兴国战略，推动科技进步，提高劳动者素质。由于我国是发展中大国，外延型的经济增长在相当长时期内还是必要的；但外延的扩张不等于是粗放型的，例如，新上项目可以有比较高的技术起点。把整个经济增长从外延转向内涵的提法，虽然讲了多年，也有积极意义，但仔细推敲起来并不准确。由于我国资金和资源相对不足，又面临着人口和就业的强大压力，还需要继续积极发展劳动密集型产业。因此，实现经济增长方式的转变将是伴随整个现代化进程的长过程，不可能一蹴而就。

（三）实现经济与社会相互协调和可持续发展。要在发展经济的同时注重社会发展问题，实现经济发展基础上的社会全面进步。控制人口增长，扩大劳动就业，调节社会分配，完善社会保障，以及加强环境、生态和资源保护，都是社会发展方面的重要任务。

首先是人口问题。人口多，就业压力大，是我国的特殊国情，给新中国成立以来的许多社会经济政策打上深刻的烙印，也是未来15年和整个现代化进程中必须充分加以考虑的问题。2000年人口控制在13亿以内，2010年控制在14亿以内，任务是艰巨的。特别是后十年，任务更艰巨。我国人口1954年10月是6亿，1964年8月增加到7亿，经过九年零十个月时间；1969年9月增加到8亿，经过五年零一个月时间；1974年6月增加到9亿，只经过四年零九个月；1981年增加到10亿，经过七年零六个月；1988年5月增加到11亿，经过六年零五个月；1995年2月增加到12亿，经过六年零九个月。从1954年以来，增加1亿人口所经过的时间，最短为四年零九个月，即1969年9月8亿到1974年6月9亿；最长为九年零十个月，即1954年10月6亿到1964年8月7亿。现在人口基数大了，21世纪头十年把新增人口控制在1亿左右，难度是不小的。

其次是调节社会分配关系的问题，这是发展非公有制经济和建立社会主义市场经济体制过程中提出的新问题，人们反映也比较多。这个问题目前只能用规范和完善初次分配和再分配制度加以解决，在这方面有市场经济发达国家的许多经验可以借鉴。解决收入差距过大的原则是：保护合法收入，取缔非法收入，对于过高的合法收入要通过税收等手段加以调节。遗产税和赠与税需要早日出台，愈早愈容易实行。因为现在有产可“遗”的多为青年人，需要交遗产税的人数也比较少。

第三是环境、生态和资源保护问题。这是世界性的课题，在我国经济增长现阶段还不大容易完全解决，但执行业已制定的正确方针，加大工作的力度，可以制止生态与环境恶化的趋势。20 世纪末要力争环境污染和生态破坏加剧的趋势得到基本控制，部分城市和地区环境质量有所提高；2010 年基本改变生态环境恶化的状况，城乡环境有明显改善。这是有限目标，是应该努力争取达到的。

还有精神文明建设的问题。现在大家都在集中力量抓经济，如果不特别加以强调，很容易忽视精神文明建设。在发展市场经济和实行对外开放的环境中，在世界范围内各种思想文化相互激荡的条件下，社会主义精神文明建设既是实现社会经济协调发展的重要保证，也是社会主义现代化建设的重要目标，必须放到更加突出的地位。这是关系我国社会主义事业的兴衰成败，关系把一个什么样的中国带入 21 世纪的大问题。

日本《世界》月刊 1995 年 8 月号刊登法国《外交世界》前主编朱利安一篇回顾 20 世纪的文章。文章说：“从长期的角度看，争取打倒资本主义的十月革命的结果，无论在战争时期还是和平时期，它都拯救了作为敌人的资本主义。这是因为，就战争而言，对希特勒德国的胜利主要是红军带来的，没有红军的贡献是不可能取得的；就和平而言，苏联的发展不断地对资本主义造成刺激和恐怖，帮助资本主义通过国家协调干预和福利国家的发展实现了自我变革。福利国家的建设起到了增强人们对共产主义‘诱惑’免疫力的作用。”同样道理，我们实行改革开放政策，学习世界各国包括发达资本主义国家的先进文明成果，也是有利于有中国特色社会主义制度的巩固和发展的。朱利安的文章在讲到苏联解体时说：“使得理论家们深感困惑的一点是，‘苏联社会主义的解体’，更多的是引起了‘消极的结果’。苏联的解体造成了政治的不确定性和不稳定，产生了一批混乱和内战的地带。特别是国际体系的崩溃，使得以往建立在两极结构基础之上的国家政治体系发生了动摇。同仇敌忾的凝聚力下降了，民主主义和资本主义国家之间的矛盾不断激化。”作者不无感慨地说:“造成了人类历史上最多杀戮的20世纪，没有任何展望和社会蓝图，在徘徊中行将结束。”与此形成鲜明对照的是，中国人民正怀着明确的目标和坚定的信念，迎接21世纪的到来。

参加香港回归庆典记

（1997 年 6 月 29 日～7 月 2 日）

6 月 29 日

启程的日子终于到了。

虽然这些年来国内外都走过不少地方，已经不大有年轻时代渴望出游的热情，当中央批准我作为中国政府代表团成员参加香港回归接收仪式和庆祝活动时，还是非常激动。中国政府代表团名单是 6 月 17 日公布的。党和国家领导人 6 月 25 日下午在人民大会堂为代表团送行。

此前并不是没有去香港的机会。香港经济学界的朋友多次邀请我去讲学和参加学术活动，我都婉言谢绝了。也许是我的怪癖，想去香港，但不想去英国人统治下的香港，除非工作需要非去不可。反正 1997 年 7 月 1 日快到了。我期盼着，能够参加中国政府代表团去接收香港。这个愿望终于实现了。

代表团是分别乘三架专机离京的。钱其琛副总理兼外交部部长和部分代表团成员乘第一架专机，下午 2 时 15 分起飞直抵香港。江泽民主席的专机下午 2 时 30 分起飞，李鹏总理的专机 2 时 45 分起飞，先抵深圳。我被安排在 2 时 45 分起飞的专机上，同机还有王汉斌、程思远、雷洁琼、罗干，以及方荣欣、甘子玉、田曾佩、朱开轩、伍绍祖、刘华秋、刘忠德、何椿霖、经叔平、曹志、蔡子民等同志。

下午 5 时 30 分抵深圳机场。市长李子彬、市政协主席林祖基和先期从香港赶来的代表团副秘书长李树文等到机场迎接。住深圳迎宾馆。深圳到处笼罩着迎接香港回归的节日气氛。北京也一样，从三里河住地到机场的路上，到处是“迎接香港回归，共创美好未来”的彩色大字标语，天安门广场倒计时牌前人山人海。连候机室水果盘中的竹签，也系上了印有“迎接香港回归”的精小彩旗。

晚上从电视中看到，全国各地各阶层群众，甚至偏僻山乡的农民，都在热烈地谈论着香港回归，用自己独特的方式表达欣喜之情。香港几个电视台都在播放迎接回归的内容。这是全民族的盛大节日。全世界的中华儿女——不管他居住在哪里，心中都洋溢着一种洗雪 19 世纪民族和国家耻辱，充满信心迎接未来的喜悦。

6 月 30 日

上午无事，逛深圳书城。1984 年以来，我先后六次到过深圳，只是 1989 年第二次来时逛过书店，当时只有一家书店，在迎宾馆附近，门面很小，书的档次也不高。现在的深圳书城规模可观，各类书籍丰富多彩，非往日所可比拟。这从一个重要侧面，反映出深圳的进步。如果说，我国改革开放的成功和国力的增强是香港顺利回归的重要保证，那么，深圳特区的建设和飞速发展无疑是促成香港顺利回归的积极因素之一。

下午 3 时，昨日抵深圳稍事停留的大部分代表团成员，分别乘两辆大面包车。经皇岗口岸进入香港地区。江泽民主席和李鹏总理则是分别乘专机从深圳飞抵香港的。

过皇岗口岸，只有简单手续，停留约两三分钟。我们使用的，是一次性的出席香港回归庆典专用的外交护照，经港英当局签发的。再过几个小时，港英当局就没有这个权利了。中国人到香港，就不再用外交护照了。这本护照，日后说不定会成为一件有价值的文物。

沿途不少居民房顶，提前飘起了五星红旗。金利来公司和其他一些公司的大楼上也升起了五星红旗。立交桥头挂上了“热烈欢迎解放军驻港”的红底白字的横幅标语。这都给人一种香港同胞盼望回归祖国的强烈印象。

汽车中速行驶，下午 5 时许抵海逸酒店。这是李嘉诚先生开办的旅店，房间里有李送的花篮。在住地吃自助餐。海逸酒店临维多利亚湾，从窗户可以看到将要在那里举行交接仪式的会议展览中心新翼，形如一只飞翔的雄鹰。

晚 10 时 20 分，乘车从海逸酒店出发，经海底隧道至会场，我恰好同周子玉将军和董良驹将军等同时下车，一些记者抢着拍照。经过安全检查门，乘扶手电梯上楼。会议展览中心新翼建筑本是展览场所，比较空旷，临时围起来用作会场，据说总共只花了几千万元港币。因为布局得当，并不觉得简陋。

先在三层休息室休息。晚 11 时 26 分，乘扶手电梯至五层大会堂，在主席台就座。中国政府代表团在主席台右侧，英国政府代表团在主席台左侧。请柬是由中英两国政府共同发出的，设计是对等的：一面是中文，上方左边是中国国徽，右边是英国国徽；一面是英文，上方左边是英国国徽，右边是中国国徽。我在第二排，居鲁平和周南之间。出席仪式的各国政要及观礼人等，早在台下就座整齐。利用中英两国领导人尚未在主礼席就位的片刻，带照相机的就抓紧拍照。两国军乐队轮番演奏本国乐曲。中国军乐队奏《我们走在大路上》《五星红旗迎风飘扬》等人们熟悉的欢快雄壮的曲子，很多人有节奏地击掌，气氛热烈。

晚 11 时 42 分，交接仪式开始。双方仪仗队上主席台排列，礼号手吹号，司仪宣布在主礼席就座的领导人入场：中方是江泽民主席，李鹏总理，钱其琛副总理兼外交部部长，中央军委副主席张万年，香港特别行政区首任行政长官董建华；英方是查尔斯王子，布莱尔首相以及外交大臣库克，国防参谋长查尔斯·格思里，末任港督彭定康。全体与会者肃立，两国仪仗队行举枪礼，这几个程序总共用将近 5 分钟时间。全场静寂无声，等待着一个重要历史时刻的到来。

晚 11 时 47 分，查尔斯王子走到英方一侧挂有英国国徽的讲台致辞。他的讲话声音低沉，缓慢而有节奏。因为经过一番曲折，我很注意查尔斯的讲话。双方领导人讲稿事先通过外交途径交换过。我方收到的查尔斯王子的讲稿，有些原则性的提法违背历史事实和中英联合声明精神，是我们所不能同意的。当时一方面向英方正式提出交涉，同时对江泽民主席的讲话作相应的修改。今天听来，我方所提的几个原则性意见，英方已经作了修改。例如，原稿香港特别行政区“将保留自己的政府”，改为“将拥有自己的政府”；“香港将成为中国的一部分”，改为“香港将从此交还给中国”。他讲英国对香港的贡献，讲英国将继续关注香港，等等，这是预料之中的。英国人的统治结束了，香港回归中国，这是最重要的。

查尔斯致辞后，全体起立，双方礼号手吹号，双方护旗手入场、展旗。降英国国旗和香港旗，奏英国国歌。我看了看手表：23 时 59 分 15 秒。我发现，这一刹那，不少人都在看表，计算这历史瞬间的准确时刻。晚 11 时 59 分 58 秒，英国国旗落地。一段被鸦片和炮火熏黑的历史结束了，在 1997 年 6 月 30 日的最后 1 秒钟。1997 年 6 月 30 日，这是查尔斯讲话稿所标明的时间。

7 月 1 日

当 6 月 30 日最后 1 秒钟过去的时候，现场的感觉，就如在英国国旗落地的同时，7 月 1 日零时零分零秒，中国国歌奏起。全场庄严肃穆，安静得似乎连呼吸也冻结了。我注目着伴随国歌徐徐升起的中国国旗和香港特别行政区区旗，百感交集，不禁热泪盈眶。为什么？是想到了虎门销烟，戊戌变法，辛亥革命，五四运动，中国共产党领导的人民革命，林则徐，康、梁，孙中山、毛泽东、邓小平……一百多年来中国人民为争取民族独立、人民解放和国家富强所进行的可歌可泣的斗争？是回忆起了童年时代故乡被日寇蹂躏的多灾多难的土地？还是记起了黄遵宪途经香港不见中国国旗写下的悲愤的诗句？不明晰，说不清楚。或许竟是一种意识流吧。100 多年来的期盼和斗争，这一天终于到了。旗子升到顶端，借助于装在旗杆中的人工风而飘扬起来，显得特别美丽，光彩夺目。顿时，会场响起热烈的掌声，经久不息。

零时 4 分，江泽民主席登上中方一侧挂有中国国徽的讲台。距查尔斯讲话结束不到 10 分钟，在同一个会场，同样的听众。查尔斯王子讲的第一句话就是强调历史的连续性，这个交接仪式确实表明了历史的连续性。但是，对于中国和英国，却具有截然不同的意义。江主席宣告中国对香港恢复行使主权，中华人民共和国香港特别行政区成立。简短的讲话，六次被掌声打断。讲毕，中英双方领导人走到主席台前端，握手致意。零时 9 分，交接仪式结束。查尔斯王子及刚刚去职的末任港督彭定康乘船离港，起锚处正是 19 世纪英国殖民者最初登陆的地点。英国人从这里来，又从这里回去了。当主席台上中英双方代表团成员走出会场的时候，我迎面碰到撒切尔夫人，见她表情严肃而沉重。刘华秋同志拿着印制精美的香港交接仪式程序册请她签字，她友好而迅捷地写上了自己的名字。

1997 年 7 月 1 日，就是这样开始的。香港历史的新纪元，就是这样开始的。

在七层休息室休息约一小时。1 时 30 分，香港特别行政区成立暨特别行政区政府宣誓就职仪式在七层大厅举行。中外宾客的请柬，是中国国务院发出的，上面印着中国国徽。和一个半小时以前不同，香港的事已经成为中国的内部事务。气氛比刚刚结束的交接仪式活跃。当江泽民主席站起来，“我宣布，——”话音未落，全场响起热烈而持久的掌声。“中华人民共和国香港特别行政区政府现在成立！”又一次长时间热烈掌声。香港特别行政区行政长官董建华，以及特别行政区政府主要官员、行政会议成员、临时立法会议员、终审法院和高等法院法官，先后用普通话宣誓就职，有的人讲普通话很吃力。人们理解他们讲普通话的用心：我是中国人，希望 12 亿同胞能听清楚自己的庄重誓言。李鹏总理讲话，宣布：“从今天起，《中华人民共和国香港特别行政区基本法》开始实施。”他对刚刚就职的香港特别行政区官员说：“历史赋予你们重任，香港人民对你们寄予厚望。希望你们本着爱国爱港的精神，认真贯彻执行基本法，恪尽职守，不负众望。”他们会做到这一点。董建华的就职演说无疑增强了人们的信心。值得一提的是，英国因为反对临时立法会议而竭力游说各国抵制宣誓仪式，结果只有美国响应。英、美陷入孤立，不得不改变立场，派驻香港总领事出席。这也反映了世界大势。

两个历史性的会议，都是严肃、热烈、欢快的。也有一点不协调的音调。当我们6月30日晚10时30分乘车到会议展览中心的时候，见附近街头的一角，有一群示威的人，大约三五十人的样子。悬挂几个竖幅标语，上面写的是香港少数人近来的老调，什么“不许民主倒退”之类。听不清演说者说些什么。警察在维持秩序。会议结束再经过这里的时候，示威者稀稀拉拉，已经没有几个人了。

凌晨2时40分返抵海逸酒店。一觉醒来，已是上午8时。早饭后乘车赴会议展览中心参加香港特别行政区成立庆典。由于没有开道车，从深圳来的司机又不熟悉道路，赶到时江泽民主席讲话已经开始。他在讲话中回顾了香港一百多年来失而复得的历史，再次郑重宣告中央关于香港的基本方针。人们在聆听江泽民主席讲话的时候，在看到钱其琛副总理把1700亿港元的土地基金移交给特区政府的时候，都可以强烈地感觉到中央政府实行一国两制和保持香港长期繁荣稳定的决心。董建华是用粤语讲述他的施政纲领的，想必是为了使600多万香港人更清楚地了解。讲话后的文艺会演，不论是交响曲《天·地·人》，还是《香江组曲》，从内容到形式，都是中国的。古朴而深沉的编钟，将人们带进五千年中华文明的历史长卷。在中国以外的地方，是不可能产生这样的艺术的。

下午4时出席董建华在会议展览中心举行的酒会，气氛轻松多了。碰到几个从内地过来工作的熟人。其中有过来不久的公司人员，还有长期在香港工作的。也有外国人参加，但大多数是中国人，同样的皮肤，操着同样的语言，同样的兴高采烈。香港，中国的香港！1997年7月1日这一天，将永远载入史册。这一天，无论对香港，对全中国，还是对世界，都是有深远意义的。全世界都意识到了这一点。香港《亚洲周刊》6月8日的文章说：“6月30日子夜的旗降旗升，象征着香港一个时代的终结，另一时代开始。”“在未来的新世纪中，世界将更需要中国，中国也更需要世界。香港作为中国和世界最重要的交汇点，会既变得更加中国化，同时也变得更加国际化和多元化。明天应该更好。”英国《卫报》6月4日以《中国新的一页从7月1日开始》为题发表评论，说：“关于香港移交的报道是典型的事例。我们谈论6月30日，而亚洲的几乎每个人都谈论7月1日。我们想到6月30日，因为这一天标志着英国统治的结束。亚洲提到7月1日，因为这一天预示着一个开端，即盼望已久的香港回归中国，从广义上说是回归亚洲。”

7月2日

上午本来打算上太平山看香港全景，因大雨未能成行。逛了一家书店。

下午3时30分起飞离港，江泽民主席、李鹏总理，以及王汉斌、费孝通、程思远、雷洁琼副委员长等，因为要参加北京的庆祝活动，已于昨日先后离港。代表团多数成员及工作人员，今天随钱其琛副总理返京。当飞机北上的时候，大家都有一种完成重要使命后的轻松愉快的心情。我总共在香港停留了46小时，经历了中国百年史上最值得纪念的日子之一，也算今生有幸。6月30日到7月1日这两天激动人心的场面又一幕幕地呈现在眼前，和着几天来酝酿着的思想和句子，终于吟成七律三首：

一

紫荆旗伴国旗飘，灯映人潮浪逐涛。
四海欢呼天朗朗，五洲观礼路迢迢。
山河破碎心如结，社稷重光意正豪。
盛世明珠归故土，国歌一曲入云霄。

二

曾经国运几沧桑，一岛孤悬总断肠。
耻雪百年回失璧，时从子夜谱新章。
水融四海千重浪，岭接三山万里苍。
仰望红旗升起处，不禁涕泪满衣裳。

三

虎门一炬义幡高，曲折低徊复大潮。
往矣分离怀旧恨，归兮团聚喜今朝。
神州崛起如添翼，锦凤还巢更见娇。
两制宏猷遗泽远，金瓯完璧信非遥。

下午6时30分回到北京。像每次回到北京一样，立即感受到它的宽广和宏伟。

（原载《瞭望》1997年第34期。为纪念香港回归10周年，《百年潮》2007年第7期重新全文发表，《新华文摘》2007年第17期全文转载）

中国现代化进程的回顾和展望[①]

（1997年9月）

记者： 你曾经提出“邓小平的旗帜是中国现代化的旗帜”的观点，新闻媒体作过报道。能否再谈谈你的见解？

王梦奎： 这个观点，是年初我在大型文献纪录片《邓小平》的座谈会上讲的。这是从中国现代化历史进程所得出的结论。20世纪中国人民面临着两大历史任务：一是民族独立和人民解放，一是国家富强和人民幸福，也就是现代化。这100年，如果以新中国的建立为界，分为前50年和后50年。大体上可以这样说：前50年，经过孙中山所领导的辛亥革命和毛泽东所领导的人民民主革命，完成了民族独立和人民解放的任务；后50年，特别是改革开放以来，现代化事业取得了举世瞩目的进展。中国现代化事业的这种伟大业绩，是和邓小平的名字连在一起的。邓小平关于社会主义的本质，关于社会主义的基本矛盾和主要任务，关于中国社会主义的初级阶段和党的基本路线，关于全党和全国工作着重点的转移，关于分三步走实现现代化的战略部署，关于实行改革开放，关于科学技术是第一生产力，关于社会主义民主和法制建设，关于新时期党的建设和军队建设，关于坚持“两手抓，两手都要硬”的方针，关于用“一国两制”的办法实现祖国完全统一的构想，关于和平与发展是时代的主题以及我国对外政策的调整，等等，一系列重要思想构成比较完整的关于中国如何实现现代化的理论。邓小平理论的出发点和归宿，就是中国的现代化。从这个意义上可以说，邓小平理论就是中国现

---

① 这是作者模拟答记者问的形式写的一篇文章。

代化的理论，邓小平的旗帜就是中国现代化的旗帜。积极地、有步骤地实现现代化，是中国当前和今后一个相当长时期的基本课题。作为中国现代化的指导思想，邓小平理论还要在中国现代化实践中继续接受检验，得到进一步的丰富和发展。

记者：能不能说，中国现代化的进程是从新中国成立或者是从近20年改革开放才开始的呢？

王梦奎：不能这样说。关于什么是现代化，国内外思想理论界历来众说纷纭。我认为，如果对人类社会发展做大跨度的历史考察，可以说：现代化是从传统农业社会向现代工业社会转变的过程。因此，不能望文生义，把现代化等同于历史上任何时候的世界先进水平。例如，在17世纪以前，中国经济和社会发展曾经长时期走在世界的前列，但不能说当时的中国是现代化的。

从世界范围看，这个大转变过程是从18世纪中叶英国产业革命开始的。在其后的100年间，欧洲处于资本主义上升时期，科学技术和社会生产力获得前人难以想象的发展。这100年中所创造的生产力，比过去一切世代创造的全部生产力还要多，还要大。相比之下，中国传统农业和家庭手工业相结合的小农经济缺乏产业革命的内在动力，远离世界产业革命的中心，加上以“天朝”自居的墨守成规和闭关锁国政策，颓势日渐明显。鸦片战争的失败成为中国由封建社会变为半殖民地半封建社会的转折点。曾国藩、李鸿章等人搞的洋务运动，固然有发展军火工业对付国内人民革命的一面，但也有自强图存和对付列强坚船利炮的意义，也就是“师夷之长技以制夷”。这可以说是中国工业化和现代化的被扭曲的起点。康有为、梁启超所领导的戊戌维新，也是追求现代化的运动，较之洋务运动更进一步的是，它已经提出改良封建专制制度的问题。辛亥革命推翻了封建君主专制制度，在中国现代化的历史进程中具有重要意义。孙中山的《新中国成立方略》和其他一些著作，表达了他对于中国现代化的热烈追求。但是，在当时的国内外条件下，孙中山的宏图大志不可能实现，他为此而抱终天之恨。陈独秀、胡适、李大钊等人所领导的五四运动，提出科学和民主的口号，反对阻碍中国现代化进程的旧文化，也可以看作是一次致力于中国现代化的运动。从中国现代化进程的发展轨迹来看，是先从物质技术着眼，再认识到制度方面的问题，进而认识到思想文化方面的问题。物质技术方面的差距是直观的，往往容易最先被察觉。

如果从洋务运动算起，经历将近100年时间，到1949年中华人民共和国成立前，现代工业在中国经济中只占10%左右，而且相当大部分被外国资本所控制。主要工农业产品的最高年产量：钢92.3万吨（1943年），原煤0.62亿吨（1942年），粮食15000万吨（1936年），棉花84.9万担（1936年）。这就是将近一个世纪中国工业化和现代化的微薄成果。

帝国主义、封建主义和官僚资本主义统治被推翻，新中国成立，扫除了制度障碍，使中国人民有可能集中精力进行经济建设，开始了真正意义或完整意义上的工业化和现代化进程。改革开放之前的20多年，经济建设的成就是有目共睹的，为其后的发展奠定了基础。但是，应该承认，经济建设也遭过严重挫折，没有取得应有的成就。究其原因，一是对于我国所处的社会主义初级阶段及其长期性，对于我国工业化和现代化的艰巨性，缺乏清醒的估量，搞得太急了，结果欲速而不达；二是没有以经济建设为中心，试图用阶级斗争和政治运动的方式推进工业化和现代化，结果浪费和挫伤了人民的热情，耽误了经济建设。尽管毛泽东对中国工业化和现代化有强烈的追求，也提出不少精辟的观点，但并没有真正解决中国工业化和现代化道路的问题。改革开放以来，邓小平以其建设有中国特色社会主义的理论，解决了这个问题，并且在实践中取得了伟大的成果。所以我说：毛泽东的旗帜是民族独立、人民解放和革命建国的旗帜，邓小平的旗帜是中国现代化的旗帜。

记者： 如何看待当前我国现代化所面临的机遇和挑战？

王梦奎： 用比较通俗易懂的话来说，所谓机遇，就是国内外比较有利的条件；所谓挑战，就是不利的条件。

当前我国现代化建设的有利条件是：

——经过将近半个世纪的建设，特别是改革开放以来的快速发展，已经具备了比较雄厚的物质技术基础；

——比较高的储蓄率；

——经济体制改革取得突破性进展，社会主义市场经济体制正在建立，为经济发展注入了强大活力；

——我国工业化进程尚未完成，大规模的现代化建设正在进行，处在经济迅速扩展时期，国内市场广阔，投资需求和消费需求都很旺盛；

——世界科技革命日新月异，我国可以发挥后发优势，迎头赶上；

——为数众多的各业各类专门人才；

——和平与发展是时代的主题，经济全球化深入发展，世界多极化趋势日渐明显，我国经济建设所需要的和平国际环境和周边环境可望保持；

——广大干部群众迫切希望保持社会政治稳定的局面，一心一意搞现代化，人心所向具有不可估量的巨大力量。

抓住机遇，就是充分利用这些有利条件，推动现代化建设。

我国现代化建设也面临不少困难，有不少不利的条件。主要是：

——我国经济整体素质不高，粗放型增长遇到诸多限制，如果不转变经济增长方式，经济的持续发展将难以为继。

——经济体制改革还有不少难题，特别是在国有企业改革和理顺社会分配关系方面面临着艰巨的任务。民主法制建设、党的建设和政治体制改革也需要继续在探索中前进。

——从长远发展看，还有人口、资源和环境的压力。12 亿人口，每年增加 1000 多万，就业是个严重问题。在下世纪初叶经济还不发达的情况下将进入老龄化社会，而西方发达国家是在实现现代化之后才进入老龄化社会的。我国人均占有资源低于世界平均水平，随着经济规模的扩大，资源短缺的矛盾会越来越突出。环境污染的问题也不是近期所能完全解决的。

——我国是发展中国家，在国际上受到霸权主义和强权政治的压力。我国在经济上和技术上比发达国家落后，在激烈的国际竞争中处于不利地位。

一方面，要看到有利条件，抓住机遇，加快发展；同时，要清醒地看到不利条件，居安思危，积极而又谨慎地做好各方面的工作。这样，我国的现代化建设就能比较顺利地进行。

我有一个观点：机遇和挑战，并不是截然对立的。机遇中也有挑战，挑战中也蕴含着机遇。例如，我国科学技术落后，可以直接采用先进技术，而不必走发达国家技术进步的老路，这种后发优势就是机遇。但是，技术落后在国际竞争中处于不利地位，这又是挑战。由此就不难理解，加入世界贸易组织，会给我国带来更多的进入世界市场的机会，但对国内企业的压力和冲击也会是很大的。当然，经过努力，这种压力和冲击也会变为提高竞争能力的动力。又如，我国人口多有压力，但劳动力成本低又是优势。这样全面地思考问题，有助于发挥优势，趋利避害，化消极因素为积极因素。

记者：关于2000年的奋斗目标，在邓小平著作里有三种提法：国民生产总值比1980年翻两番，人均800～1000美元，小康水平，这三者是什么关系？

王梦奎：这三种提法，表达的实际上是一个目标，并不是三个目标。让我们算个大账：1980年我国国民生产总值是4470亿元人民币，按当年人民币对美元的汇率1.54:1计算，相当于2900亿美元，人均约300美元。扣除物价上涨因素，按不变价格计算，翻两番就是4470亿元×2×2=17880亿元；按不变汇率计算（汇率可视作按美元计算的人民币价格），大约折合11600亿美元。考虑到人口增长因素，人均为800～1000美元。就全国来说，实现翻两番，人民生活总体上也就达到了小康水平。当时这么计算是有根据的，好处是给全国人民指出一个简单明了、容易把握的奋斗目标。问题是：汇率是变化的，很难精确地做出长期预测。1996年我国国内生产总值是67795亿元人民币，按当年汇率折算，大约是8170亿美元，人均670多美元。这样算，尽管2000年还可以达到人均800～1000美元的目标，但并不能准确反映我国经济发展的实际情况。这是因为，按美元计算世界各国的国民生产总值，是个有缺点的指标。由于各国经济发展阶段和经济体制不同，有很多不可比的因素。国民经济市场化程度的差异，汇率的变化，价格决定机制和国内价格水平的不同，都会影响按美元计算的国民生产总值的数量。不同的统计和计算方法也会有不同的结果。按汇率法计算，往往会低估发展中国家的实际经济规模。因此，对于人均多少美元的问题，不必过多地计较，实际上现在中国人口的绝大多数同美元没有直接关系。用人民币不变价格来统计国民生产总值和人均收入的增长，能够比较准确地反映实际情况，也容易为广大群众所把握。

记者：2000 年奋斗目标是否有所改变呢？

王梦奎：有所改变。2000 年国民生产总值比 1980 年翻两番的目标改变了。20 年翻两番，要求年均增长速度达到 7.2%。改革开放以来经济年均增长 9% 以上，原定 2000 年比 1980 年翻两番的目标，在 1995 年已经实现了。“九五”计划确定的目标是：到 2000 年，人均国民生产总值比 1980 年翻两番。由于 2000 年人口将比 1980 年增加 3 亿左右，按原定国民生产总值翻两番计算，是达不到人均翻两番的。就是说，2000 年不论按总量还是按人均计算，都将超过原定目标。

2000 年实现小康的目标没有改变。这是因为，小康并不是一个精确量化的指标，而是从温饱到基本实现现代化之间比较长的一个发展阶段，可以涵盖区间比较大的不同经济发展水平。这个阶段，可以说是温饱有余而富裕不足的发展阶段，根据现在的预计，是从 2000 年到 21 世纪中叶，大约有四五十年的时间。2000 年是小康，2010 年是小康，2020 年也是小康。只要还没有实现现代化，就是小康社会。当然，小康的水平会有差别。因为国民生产总值翻两番，现在宣布提前实现小康，并没有多少实际意义。

中国地区经济发展很不平衡。有些经济发达的地区，目前已经达到甚至大大超过了 20 世纪末全国的平均水平。同时，还有几千万人温饱问题没有完全解决，这部分人口 2000 年有可能达不到小康，但这并不影响全国届时将达到小康的总体判断。对于我国这样一个有十多亿人口的大国来说，实现小康社会是有史以来的一件大事。实现小康将为下一步实现现代化提供一个新的起点。

记者：*你对21世纪中国经济的发展作何预测？*

王梦奎：1996年八届全国人大四次会议通过的“九五”计划和2010年远景目标，规定“九五”时期经济增长率是8%，2010年国民生产总值比2000年翻一番。就是说，2000～2010年的经济增长率是7.2%。这样的增长率是能够达到的。如果保持这样的增长速度，以1996年为基数，按不变价格算，2000年国民生产总值将达到92000多亿元。2010年比2000年翻一番，就是184000多亿元；按目前的汇率计算，折合22000多亿美元。现在看来，21世纪中叶基本实现现代化是可能的，那个时候我国的经济规模将相当可观。我再说一遍，按美元计算国民生产总值是个有缺点的指标，但这是目前世界通行的办法，还没有更好的指标代替。这里只是算个大账，不可能很准确。一般说来，经济预测是很难精确入微的，预测的期限愈长愈不准确，因为变数太多。

记者：*国际上有人说到2020年，有人甚至说到2010年，中国就会成为世界第一或第二经济大国。有人在宣传“中国威胁论”。你对此有何评论？*

王梦奎：这些年我国经济总量确实有了比较大的增长，但人均水平还很低。既要注意总量，也要看到人均。总量大说明综合国力比较强，人均少说明还比较穷。中国还是一个发展中国家。按照上面的预测，1996年我国国民生产总值折合8000多亿美元，2010年也不过2万多亿美元，而1996年美国是7万多亿美元，日本是4万多亿美元，德国是2.4万亿美元（1995年），我国还有比较大的差距。当然，如果用购买力平价法计算，差距会比这小得多。对于人民币的购买力平价，也有不同的估量。一般说来，劳动力密集型产品，人民币实际购买力相对高些；资金和技术密集型产品，人民币实际购买力相对低些。综合计算，居中的估计是，人民币和美元购买力平价是2.5:1，即2.5元人民币的购买力相当于1美元。这样，1996年我国国民生产总值按购买力平价计算，大约是2.7万亿美元。但是，购买力平价法虽然优于目前通行的汇率法，本身也是有缺点的，目前并没有得到世界普遍认同。

按照目前中国经济的发展态势，再过若干年，我国经济总量达到世界第二位甚至第一位是有可能的。我国自鸦片战争以后的100多年间，受尽列强的欺凌，新中国成立后开始了大规模的建设，在20世纪最后的20年，现代化建设取得重大进展，这是值得自豪的。21世纪将是中国实现现代化，中华民族实现全面振兴的世纪。但是，中国人口远多于美国、日本等经济发达国家，即使到21世纪中叶基本实现了现代化，我国人均国民生产总值同经济发达国家相比仍将是低的。中国经济的发展，需要国内稳定的社会政治局面，也需要和平的周边环境和国际环境。中国奉行独立自主的和平外交政策，不会对任何国家构成威胁。宣传“中国威胁论”显然是别有用心的。值得注意的是，“中国威胁论”的声音，主要是来自经济上甚至军事上比中国强大的国家。他们企图阻挠中国的发展和强大。当然，如果从另外一个角度想问题，关于中国即将成为世界第一或第二经济大国的种种预测，“中国威胁论”的出现，也说明中国经济发展确实取得了不容忽视的成就，连那些过去不把中国放在眼里的人，也不得不改变自己的看法，这也不是绝对的坏事。

记者：你前面讲到工业化和现代化，两者是不是一回事？

王梦奎：严格来说，工业化和现代化并不是一回事。所谓工业化，是指产业革命以来所发生的，用机器大工业的成就对国民经济进行根本技术改造的历史过程，首先是对传统农业和手工业的改造。这个历史过程，在我国还没有完成，只要到经济比较落后的农村去看一看就知道了。我前面讲现代化是从传统的农业社会向现代工业社会转变的历史过程。这种转变，当然是以社会生产领域所发生的工业化为基础的，但内容要比工业化更加广泛，包括制度或体制方面的变革，思想和文化方面的变革，乃至人们社会生活方式的变革，等等。我们的现代化事业，不仅是物质文明建设，还包括精神文明建设，以及制度文明建设，即制度和体制方面的改革和完善。也就是说，中国的社会主义现代化事业，包括建设有中国特色的社会主义经济，有中国特色的社会主义政治，有中国特色的社会主义文化。我们的目标，是把中国建设成为富强、民主、文明的社会主义现代化国家。

记者：提出进行制度文明建设，是否要走“西化”或“欧化”的道路?

王梦奎：不是。我们是进行社会主义的制度文明建设，也就是社会主义制度的自我完善和发展。工业化和现代化都是首先从西方国家发生的。那些国家的工业化和现代化是在资本主义制度下实现的。发达国家的某些政治家和思想家，竭力想把他们那一套社会思想和政治制度强加给发展中国家。一些发展中国家的人也有一种想法，以为要实现工业化和现代化，就必须“西化”，甚至“全盘西化”。在中国，这种议论有半个多世纪的历史了，至今没有绝响。在我看来，科学技术和物质生产是中性的东西，不管是哪个国家的先进东西，我们都应该根据自己的实际需要，虚心学习。由于西方经济发达国家走在了世界的前列，更应该向它们学习。在社会和经济管理方面，在市场经济的运作方面，也有不少东西是中性的，资本主义可以用，社会主义也可以用，这也应该学习。在文化方面，也要学习一切民族一切国家文化中优秀的成果。但是，在肯定这一切的同时，我们不能忘记，中国是有几千年文明史的大国，是具有自己独特文化传统的大国，是近代以来有着特殊遭遇、经历过独特的争取民族独立和解放道路的大国，也是在共产党领导下取得人民民主革命和社会主义革命胜利，进行了几十年社会主义建设，并且在现代化道路上取得伟大成就的国家。我们在中国这块土地上搞现代化，必须脚踏实地，从中国的实际情况出发，不能照搬别国的制度和体制。照搬苏联的模式不成功，照搬西方模式同样不能成功。中国不应该、也不可能“西化”。胡适说过要“全盘西化”，但他本人一生用很大精力研究中国传统文化，思想和行为都有浓重的中国色彩，连自己也“化”不了，岂不是讽刺？邓小平建设有中国特色社会主义的理论指引中国大踏步地走上了现代化道路，中国的现代化事业正蒸蒸日上。应该十分珍惜这种得来不易的历史机遇，沿着这条道路走下去。

（原载《大地》月刊 1997 年第 9 期）

文章四境界说[①]

（1998年11月20日）

实行学位制度是教育改革的一项重要内容。我国自1980年从法律上确立研究生培养和学位制度，1983年授予第一批博士学位以来，迄今已有3万多人获得博士学位。其中不少人已经成为其专业领域之翘楚。博士研究生的招生和毕业生数量还在逐年增加。虽然不能说这是青年人成才的唯一途径，但这些人将成为我国科学文化事业的骨干力量则是确定无疑的。

美国学界有个笑话："什么是博士？博士是对越来越小的领域知道得越来越多的人。"这种调侃并不是毫无道理，因为博士是学有专攻之人。人们看到，在现代科学分工越来越细的情况下，洋洋大观的博士论文，用数万言、十数万言甚至数十万言，钩沉索隐，对某个具体问题，甚至是比较偏僻的领域，进行深刻入微的剖析，见人所未见，甚至填补学科的某些空白，有开拓创新之功，其意义是不待言而自明的。

这套文丛不是通常所说的博士论文，而是博士所写的短论。博士应该是博学之士，"知道得越来越多"是理所当然的事。他们中的绝大多数人，知识和兴趣并不限于"越来越小的领域"。他们的文章，并不都是鸿篇巨制。更大量的文字，恐怕还是短论。走上工作岗位之后，接触到更多的理论和实际问题，有了更深刻的社会和人生的体验，勤于用功的人，有感而发，往往要言不烦，独具慧眼，不论是专题论文抑或是随笔杂感，都能够不失其博士本色。在作者，短文章往往便于

① 这是作者为其主编的《博士短论文丛》写的总序。这套文丛自1999年起由中国发展出版社陆续出版。

及时表达思想，也更难写；因为篇幅短，不容易发生“博士买驴，书券三纸，未见驴字”[①]的毛病。在读者，读这种短文章或许比读长篇大论更有兴趣。一般说来，不能抽象地谈论文章长好还是短好，长文章和短文章都有精品。但是，在生活节奏加快，读书时间不多，而言之无物、套话连篇的长文章还在流行的今天，公众是更喜欢读内容充实的短文章的。长篇未必充实，短论亦可高深。

文章有四种境界：深入浅出，深入深出，浅入浅出，浅入深出。深入浅出是最高境界。“五四”以来的著名学者，许多是深入浅出的模范。文章大家俞平伯先生的《唐宋词选释》，编选和注释都好，但在序言里还以未能完全做到深入浅出为憾。深入深出的“深出”固不可取，但“深入”还是好的。至于浅入浅出，在某些特殊场合，例如通俗宣传，也有其存在的理由。唯有浅入深出为文章大忌。这里有对所论事物认识深度的问题，也有文字表达能力和文风的问题。我读过一些博士的文章，觉得他们在努力继承前辈大家深入浅出的优良传统，这是令人欣慰的。当然，毋庸讳言，也有某些浅入深出和文字晦涩的文章，这是需要努力改进的。我提出这个问题，是希望编者加以注意，也愿与作者共勉。

按照出版社的计划，大体上每个月出一本，每本专辑一个作者的短论，包括人文科学的各个领域。只要认真选择作者对象，积之十年，就可以出版一百多位作者的短论专集，规模就相当可观了。我估计，努力去做，实际可能不止此数。这对于奖掖新生力量，促进科学文化的繁荣，将会起到积极的作用。

我很赞成中国发展出版社关于出版《博士短论文丛》的创意，并且写出自己以上的想法，作为序言。

① 北齐颜之推《颜氏家训·勉学》：“问一言辄酬数百，责其指归，或无要会。邺下谚云：‘博士买驴，书券三纸，未见驴字。’”

亚洲金融危机与中国[①]

（1998 年 11 月）

（一）当今国际格局有两大发展趋势：世界多极化，经济全球化。亚洲金融危机是在这样的国际格局下发生的，也会对国际格局发生直接或间接的影响。

世界多极化在 70 年代已见端倪，苏联解体后成为日益明显的发展趋势。两个超级大国争霸世界格局的结束，标志着第二次世界大战后确立的所谓雅尔塔体制的终结。经济全球化进程在这个时候加快了步伐，不是偶然的。经济全球化有其经济的和技术的基础，就是科学技术的迅速进步，社会生产力的巨大发展，以及在此基础上国际贸易的急剧增长和资本在国际上的大量流动；也有国际政治方面的条件，就是多极化格局的出现，和平和发展成为时代的主题。冷战时期遏制了经济全球化的发展。

冷战结束后，世界范围内大的政治对抗和军事对峙缓解，经济在国际关系中占有越来越突出的位置。经济问题成为全世界关注的重心。这一点，在一年多来的亚洲金融危机中，表现得特别突出。一个经济问题，引起全世界如此广泛的关注，是前所未有的。国际上有人把它和苏联解体称为 20 世纪末全世界的两件大事。

亚洲金融危机是从东盟国家开始的。东盟在 60 年代成立时是一个军事和政治组织，后来随着国际关系的变化而演变成为区域性的经济集团，70 年代以来经济得到长足发展，引起全世界的注目。1997 年 7 月 2 日泰铢大幅度贬值，虽然引起很大震动，但当时人们并没有意

① 这篇文章 2000 年获《求是》杂志首届优秀理论文章奖。

识到这是一场将要波及亚洲许多国家的金融和经济危机，更没有料到它的影响会扩散到全世界。

事态发展之快出乎人们的预料。多数东南亚国家很快发生连锁反应。一些国家从金融危机发展到整个经济危机，甚至引发了严重的社会危机。有的国家政权更迭同金融危机有关。东南亚金融危机蔓延到东北亚。工业基础雄厚，被认为已经进入先进工业国家行列，不再属于发展中国家的韩国，也陷入金融危机。日本是东南亚国家的最大投资国，自90年代初经济泡沫破灭之后经济一直低迷不振，东南亚金融危机使日本经济雪上加霜，至今不见大的起色。由于日本是亚洲经济最强大的国家，世界第二经济大国，日本经济走势不仅对亚洲，而且对世界经济都有比较大的影响。韩国和日本经济出纰漏，问题不在工业制造能力，而在于金融体制。

由于东亚国家在世界经济中占有相当的比重，世界各国经济联系日益密切，东亚危机的影响必然会波及全球其他地区。

俄罗斯政治经济危机深重，迟迟走不出困境。不久前发生金融危机的直接原因，是石油天然气国际价格下降，外汇收入减少。金融危机引发了整个经济危机甚至政治危机。自苏联解体以来，俄国经济规模缩小将近50%，现在GDP只相当于荷兰的数量，占世界不到2%，经济总量已经没有多大影响。但是，因为俄国外债过多，发生金融危机直接关涉西方经济发达国家利益，加上军事和政治大国的地位，对世界经济波动的影响还是不可小视的。俄国发生严重金融危机表明，“东南亚金融危机”或者“亚洲金融危机”的说法，已经不足以概括今天的实际情况。

美国对亚洲金融危机起初持观望态度。由于亚洲金融危机，国际资本大量抽逃或者转移到了美国，对美国有好处。但美国总出口有30%是输往亚洲的，很难独善其身。今年美国对太平洋地区的出口猛跌10%以上，主要面向亚洲的西部出口企业受到比较大的影响。美国股市波动，经济增长率下降。有人说，这是衰退的前兆；有人说，这是经济“软着陆”。美国经济动向很值得关注。不论是从亚洲金融危机的影响来说，还是从美国经济增长的周期来看，美国经济增长率的下降都是必然的。美国是世界上经济最强大的国家，也是我国第二大贸易国，如果美国经济受挫，将会危及全球，对我国经济也会产生不利影响。

欧洲各国受亚洲金融危机影响相对较轻，甚至从资本回流中得益。欧洲各国经济一体化程度深，欧元启动会成为牵制和削弱美元地位的一种力量，成为世界多极化的一个重要经济支柱。由于欧元区各国政治和财政是独立的，经济发展也不平衡，对区内贸易的依赖程度不同，欧元无论在政治上还是经济上，都还会遇到一些问题。欧元坚挺壮大可能会经历一个比较长的过程，近期不会有太大的影响。但无论如何，欧元启动对欧洲和世界经济发展都是一件大事，对我国也会产生重要影响。

（二）关于亚洲金融危机发生的原因，众说纷纭。国际上有各种说法。

一种说法，认为亚洲金融危机是某个大国的阴谋政策造成的。这种说法，错在把复杂的国内外经济问题简单地看成是国际政治问题。国际上持这种看法的人，往往怀有某种民族主义的目的，日本右翼人士石原慎太郎新近发表的《新亚洲攘夷论》就是典型代表。

一种说法，认为亚洲金融危机是资本主义和市场经济的失败。我认为，不能做出这种简单化的结论。只能说，资本主义是不稳定的，更不是完美无缺的，今后也还可能出问题；市场经济是需要管理的，经济全球化更需要建立相应的国际经济新秩序。市场经济是人类社会经济发展不可逾越的阶段，其自身也经历了不同的发展阶段。经济全球化的趋势，标志着市场经济开始进入一个新的发展阶段。这个新阶段肯定会遇到过去不曾发生甚至不曾预料到的新的矛盾和问题，但这些问题并不是完全不能解决的。明确了这一点，就不致因为亚洲金融危机的发生而动摇发展市场经济的目标。这和我们要从亚洲金融危机中吸取教训是不矛盾的。

还有一种说法，认为亚洲金融危机是国际金融投机家造成的。现在国际金融市场迅速扩张，全世界外汇市场平均日成交量达到一万几千亿美元，年成交量达到400万亿～500万亿美元。国际金融市场投机性强，加上信息便利，流动迅捷，只要有利可图，确实可以在短时间内集中冲击一个地方，造成金融震荡，引发经济危机。但这只是外部因素，说明蕴藏着危机的可能性，要和某个国家的内部条件相结合，才能引发现实的危机。美国股市规模比东南亚国家的总和还要大得多，仅纽约股市的交易量就占全世界股市的50%以上，为什么这些年来金融投机家未能在那里造成灾难性的后果，引起大的金融和经济危机？因为美国经济发展势头好，金融体制比较健全，抵御风险的能力比较强。不能说美国不存在发生金融危机的风险。由于泡沫经济的存在和过度的金融投机，美国发生金融危机和经济震荡的危险也是值得警惕的。

东亚国家经过最近二三十年的快速发展，成就举世瞩目，在发展进程中也积累了不少问题。一是经济结构不合理，过分依赖出口，现在又不能适应国际市场需要，一些行业和产品生产过剩。二是大量的泡沫经济，房地产闲置，资本收益下降，而1995年以来欧美经济趋好，利润率和长期利率上升，在1997年东南亚金融危机爆发前西方资本已有回流倾向。三是国内金融机构不健全，银行不良资产多。四是推行金融自由化的步子急了，资本市场开放早了。发达国家在全球化进程中资本市场也是逐步开放的，废除资本管制的时间，美国为1974年，加拿大、德国、英国、瑞士为1979年，日本为1980年，法国和意大利为1990年，西班牙和葡萄牙为1992年，都是很谨慎的。五是过分依赖外资，外债结构也不合理，短期债务比例过高，容易引发债务偿付危机。六是政治腐败，官商勾结，所谓“裙带资本主义”。

亚洲金融危机就是在上述国际和国内环境下发生的。目前这场危机还没有过去，有些方面甚至还在发展，波及的范围还在扩大。

（三）对亚洲经济起飞和所谓亚洲模式怎么看？一年以前全世界还普遍赞誉亚洲经济奇迹，认为21世纪将是亚洲的世纪。现在发生了金融危机，西方一些人认为亚洲奇迹破灭了，亚洲必须完全照搬西方的一套制度。不可否认，金融危机确实暴露了东亚国家存在的问题。但是，过去30年间，东亚国家在经济发展和人均收入增长方面，都是全球最快的。东亚国家用30年时间，走了西方国家一二百年所走过的路，这些成绩是实实在在的，并没有因为金融资产“缩水”而前功尽弃。勤奋工作，注重储蓄，实行内部积累与利用外资相结合的政策，重视教育与人才培养，把群体利益置于个人利益之上的价值观念，——这些都是有利于现代化的积极因素，是应该肯定和发扬的，也是人们通常所说的“亚洲模式”的精华所在。政府主导下的市场经济和出口导向的发展战略也有成功的方面，不能完全否定。至于消极的东西，例如“裙带资本主义”，官商勾结，重人情轻契约，以及金融体制、经济体制和管理方面的问题，当然是应该革除的。在解决了这些问题之后，亚洲国家一定能够重振雄风。亚洲国家和欧美的国情不同，不能照搬欧美的模式。如果照搬欧美模式，也许不会有这些年来的成功发展。

（四）亚洲金融危机会不会引发世界范围的经济大危机？国际上有人认为，由于全球股市暴跌，通货紧缩，世界正面临着发生像30年代那样经济大危机的危险。看来，金融风潮不会很快过去，有些国家可能还会发生金融和经济危机，世界经济增长率将会降低，世界经济形势确实严峻。金融领域更是险象环生，不排除突发事件的可能。但从目前的发展态势看，远没有到发生像30年代世界经济大危机那样严重的程度。第一，东亚国家在金融危机中经济受创程度有差别，社会政治情况也不同，经济恢复时间会有先后，估计一两年后会恢复增长，有的国家可能更早一些。第二，占世界经济总量50%左右的欧洲和美国，还保持着比较好的发展态势。第三，和30年代不同，现在对危机的监测和防范能力，国际上的协调应对能力，都增强了。许多国家把加强金融监管问题提到重要议事日程。国际社会将会通过协商，逐步达成应对金融危机的规则。当然，这关系每个国家的切身利益，谈判过程将是艰苦而漫长的。

（五）如何看待经济全球化？亚洲金融危机是不是否定了经济全球化的发展趋势，否定了发展中国家要实行对外开放政策？对于这个问题，应该有以下三点基本认识：

第一，经济全球化是在世界局势总体上趋向缓和，各国都把发展经济作为首要任务，积极走向国际市场的大背景下发生的，同时也是在以信息技术为代表的新科技革命迅速发展，为世界各国之间的经济交往提供了空前方便的条件下发生的，是人类社会经济发展的必然趋势，也是社会进步的必然趋势，而不是可以这样也可以那样的政策选择。我们只能面对经济全球化的现实，没有别的选择。

第二，我们是发展中国家，在经济全球化的环境中，必须坚持对外开放政策，抓住机遇，利用后发优势，吸引外资，引进先进技术和设备，学习先进的管理经验，以积极的姿态进入国际市场，以加快我国的现代化进程。同时也要看到，经济全球化绝不是各国不分彼此，亲密一家，而只是在同一个比赛场按同样的游戏规则进行比赛。经济全球化是由发达的资本主义国家首先推动起来的，游戏规则是它们根据自己的利益制定的，它们一直起着主导作用，这是一方面；另一方面，我们是发展中国家，经济技术落后，在同发达国家的竞争中处于弱势，面临着严峻的挑战，隐藏着这样那样的风险，必须高度重视国家经济安全。在加入经济全球化的步骤和方法上，在实行对外开放的具体政策选择上，要从我国的实际情况出发，审时度势，趋利避害。

第三，经济全球化往往是一股盲目的市场力量，投机性很强，国际社会需要加强对流动资本特别是短期流动资本的监管。目前世界金融市场交易量平均每天 1 万多亿美元，其中和商品与服务贸易有关的交易量只有 5%，95% 是靠汇率波动和利率差别谋求暴利的。现有的国际金融体制不能抑制国际金融市场的投机性，不适应经济全球化的要求，需要进行改革和监督。连索罗斯也说，“我们正处在金融体系崩溃的前夕”。最近第五十三届联大国际经济合作会议讨论了金融危机问题，就建立新的金融体制和加强金融市场监管达成若干共识，是一个好的开端。经济和贸易自由化是国际经济关系中强大者的口号，我们要采取审慎的态度。

（六）怎样看待保持人民币汇率的稳定？在亚洲金融危机中，许多国家和地区货币大幅度贬值，而人民币汇率保持了稳定。这具有政治意义，也是由我国的经济情况和经济利益所决定的。

第一，汇率是一个国家货币的价格，即购买单位美元或其他硬通货所需要的本币的数量，在很大程度上取决于外汇的供求关系。现在我国外汇储备 1400 亿美元以上，金融机构、企业和家庭的外汇资产有 800 亿美元左右，就是说，外汇供给能力大约有 2200 亿美元。这里还没有计算金银资产。而外汇需求，按国际通行标准，满足 3 个月进口用汇需要 400 亿美元左右，偿还年度外债本息需要 200 亿美元，现在人民币资本项目下不可兑换，金融机构、企业和家庭对外汇的实际需求有限，外汇年需求量大约为 600 亿美元左右。就是说，外汇供给明显超过需求。从动态看，我国对外贸易是顺差，在可以预见的未来还能够保持顺差的态势，加上吸收外商直接投资，外汇供大于求的局面可以保持。这是人民币汇率稳定的基础。

第二，在我国的外债构成中，中长期的比例高，短期的比例低，不存在外债偿付危机。外商投资中，直接的建设项目投资多，金融领域投资少，抽逃资金不容易。这也是我国金融稳定的重要因素。

第三，从人民币的实际购买力来看，1994 年汇率调整以来，人民币价值实际上是被低估的。由于实行宏观调控，通货膨胀得到治理，物价涨幅逐年回落，今年物价涨幅甚至为负数，人民币购买力提高，实际利率高于美元，不存在贬值压力。

第四，亚洲一些国家货币贬值对我国出口确实造成很大压力，使我国对东南亚国家、日本和韩国的出口大幅度下降。如果人民币贬值，固然可以降低出口产品成本，暂时提高一些企业的竞争能力，但作用不大。对上述国家出口减少，主要是因为其国内需求萎缩，降低价格未必能增加出口。加工贸易占我国对外贸易的 50%以上，在我国制成品出口价格中，进口成分占 50%以上，人民币贬值会使进口原料成本上升。至于其他进口产品，如机器设备和石油等，人民币贬值则只有增加成本的负面影响。东南亚一些国家货币贬值后出口状况和经济增长不见大的起色，说明本币贬值未必能相应增加出口。人民币贬值还会使外债本息偿还负担加重。况且，如果人民币贬值，势必引起亚洲地区新一轮的货币贬值，加剧金融震荡，对整个地区不利，对我国也没有好处。从我国产品在国际市场上的情况看，价格已经很贱，提高出口竞争能力主要靠加强管理、降低成本、提高产品质量和档次，而不是靠货币贬值。

第五，人民币稳定有利于香港金融和经济稳定。在金融危机冲击下，香港经济受到很大压力。内地经济发展和人民币稳定是香港繁荣稳定的一个重要支柱。

上述情况说明，当前我国保持人民币汇率稳定的政策是正确的。至于今后汇率走势如何，取决于当时国内外经济形势。日元和美元的走势，我国对外贸易和整个经济发展状况，以及外汇收支状况，对汇率都会有重要影响。汇率并不是长期固定不变的。

（七）中国能否保持较快的经济发展势头？回答是肯定的。亚洲金融危机确实给我国造成不小的困难。我国经济和社会发展中也有许多矛盾和问题，例如国有企业改革和发展的问题，在人多地少条件下如何实现农业现代化的问题，就业问题和社会分配问题，资源和生态环境问题，以及在国际竞争中的压力问题等等。亚洲金融危机对我国的影响还在加深，有些方面的困难今后还有可能加重。这些都是我们必须认真对待的。国际经济和政治环境中有许多不确定的因素，也需要密切关注。但是，从长远的发展趋势来看，从大的战略眼光来看，我国仍然存在着保持经济持续快速增长的条件：

——新中国成立以来特别是改革开放20年来所建设起来的比较雄厚的物质基础；

——我国处于从温饱到小康的发展阶段，工业化和城市化尚未完成，现代化建设大规模开展，正是经济迅速扩张时期；

——丰富的人力资源，包括技术人才、管理人才和积累起来的经验；

——20年改革开放所取得的进展，社会主义市场经济体制逐步建立，提供了体制条件；

——国内社会政治稳定；

——国际环境总的说对我有利。

因此，争取实现经济的持续快速增长，实现“九五”计划和2010年远景目标，是有条件的。争取几十年比较快的增长，直到21世纪中叶基本实现现代化，也是有可能的。短期的经济波动是可能发生的，甚至是难以完全避免的，但不会改变这种总的发展趋势。

今年以来，针对亚洲金融危机的影响和国内需求不足的问题，采取积极的财政政策，扩大内需，加强基础设施建设，对经济的拉动作用已经开始显示出来，经济呈现出回升势头。这种发展趋势，明年会更加明显。现在强调通过扩大基础设施建设拉动经济，但基础设施建设也要注意投资效益，防止盲目性，不能走乱铺摊子的老路。资金并不是可以源源不断供给的，用赤字财政政策启动经济只是短期政策，而不是长期政策，长期实行扩张性的财政政策会导致通货膨胀，国家财政也承受不了。

（八）亚洲金融危机引起全世界经济界人士和经济学家的思考，也给我们提供了深刻的教训。

第一，要保持经济健康发展，防止经济过热、通货膨胀和泡沫经济。要注重科技进步，调整经济结构，提高竞争能力。这是防范金融风险的基础。值得注意的是，我国经济结构调整迟缓，加上过去长期盲目重复建设的影响，许多商品生产过剩，如果其他发生金融危机的国家经过阵痛，经济结构得到调整，我国就会面临更大的压力。

第二，要实现国际收支基本平衡，保有足以应付金融风险的外汇储备。外债规模要适度，结构要合理，避免债务偿付危机。

第三，要积极稳妥地进行金融改革，建立和完善金融监管制度，认真解决金融体制中存在的问题。金融业的对外开放要和国家的经济实力和监管能力相适应，和整个经济体制改革的进程相适应，开放资本市场更要谨慎从事。

第四，要立足国内市场，积极扩大内需。我国是 12 亿以上人口的发展中大国，在积极进入国际市场的同时，要始终注意开拓国内市场特别是农村市场，把这作为经济发展的基本立足点。启动国内市场有许多文章可做。

（九）亚洲金融危机给我国带来相当大的冲击和压力，造成很大经济损失。但是，由于我国在 20 年的改革开放中积累了经济实力，加上前几年成功地进行宏观调控，抑制通货膨胀，实现了经济软着陆，在亚洲金融危机爆发后又采取了正确的应对措施，因而能够在这场波及全球的危机中保持经济发展势头，人民币币值稳定，还对几个受危机冲击严重的国家提供了一定数量帮助。中国在亚洲金融危机中的表现，凸显了负责任的大国形象，加强了中国在经济全球化和世界多极化发展趋势中的地位。我国经受住了这场危机的严峻考验。实践证明，只要我们积极而又稳妥地推进改革开放，认真把国内经济工作做好，就能够在复杂多变的国际形势中推进现代化建设。对于中国来说，世界多极化和经济全球化也是一种机遇。

（原载《求是》杂志 1998 年第 21 期）

要着重研究的、要强调的和不必过分突出的[①]

（1999 年 9 月 13 日）

“九五”计划明年结束，国家正在准备制定“十五”计划。各省、市也在准备制定“十五”计划。国家计委进行了很多研究，国务院发展研究中心也在进行研究。根据以往的经验，明年党的十五届五中全会将讨论关于制定“十五”计划的建议，2001 年九届人大四次会议将讨论通过“十五”计划《纲要》。今天下午我要在省直机关干部会议上就这个问题作专题报告。现在我想利用这个机会，就制定“十五”计划的基本前提和方法论讲几点意见。总起来说，就是：三个要着重研究，三个要强调，三个不必过分突出。

三个要着重研究的问题是：

第一，要着重研究中国经济发展的阶段性变化。按照“三步走”的战略，国民生产总值翻两番的计划提前五年，在 1995 年实现了。“九五”计划所提出的人均翻两番的目标，也提前实现了。从总体上可以说，实现了第二步战略目标，而且比原定标准高。这标志着，中国经济进入了由小康逐步向现代化过渡的发展阶段。这将在社会经济发展中引起许多新的变化。现在社会经济生活中的许多矛盾和问题，是同经济发展阶段的变化有关的，许多发展机遇也是发展阶段的变化带来的。制定“十五”计划要着重研究这种阶段性的变化，有针对性地采取措施，使第三步战略部署有个好的开端。

第二，要着重研究社会主义市场经济体制条件下制定和实现国民

① 这是作者 1999 年 9 月 13 日在安徽省合肥市举行的中部部分地区发展战略研讨会上的讲话。

经济和社会发展计划的特点。市场经济体制初步建立，大的体制框架有了，但还很不完善，还要继续深化改革。制定计划的指导思想，计划的方法，实施计划的手段，同以往九个五年计划应该有很大不同。要充分考虑经济体制的变化，研究体制的现状和下一步变化的趋势。

第三，要着重研究国际形势的变化。包括国际政治格局和经济格局的变化，中国扩大对外开放的步骤，经济全球化发展趋势以及加入WTO对中国经济的影响，如何更好地利用国内和国际两个市场、两种资源。

研究清楚以上这三个问题，是制定和实施“十五”计划的出发点或者说前提。

三个强调和三个不必过分突出的是：

第一，要强调寻找和抓住机遇，而不必过分突出跨世纪的问题。从历史的回顾和总结来说，从宣传和鼓动来说，从前些年的经济发展规划来说，讲跨世纪是有意义的。不论21世纪从2000年开始还是从2001年开始，都可以说现在已经接近新的世纪“门槛”了，制定“十五”计划时再强调跨世纪就没有太大意义了。20世纪最后一天和21世纪头一天，会和往常一样，秒针嘀嗒一下就过去了。当然，并不是不可以提跨世纪，在宣传鼓动中当然可以做这方面的文章。中长期计划当然也有宣传效应，但首先是个务实的东西，不是宣传品。

第二，要强调区域经济协调发展和落后地区发展，而不必过分突出东、中、西部的划分。东、中、西部划分的实质，是区域经济协调发展以及如何发挥发达地区优势和促进落后地区发展的问题。现在的东、中、西部划分并不准确。“七五”用了，“八五”放弃了，“九五”又用了。内蒙古、吉林、黑龙江算是“中部”，同参加今天会议的安徽、山西、河南、湖北、湖南、江西六省就有很大不同。区域规划可以是跨越“东、中、西部”这种划分的，例如，在经济区划上，黑龙江、吉林同辽宁更接近，即所谓东三省和同属“中部”地区的安徽、江西就差别更大些。实际上，各个区域内部，差别也是显著的。

第三，要强调发挥优势，积极发展，而不必过分突出在“十五”时期缩小地区差距。新中国成立以来地区政策几经变化，即使在改革开放前30年，地区差距也是扩大的。改革开放以来，地区差距扩大的趋势更加明显。“九五”计划就突出提出加快中西部地区发展的问题，现在又突出地提出这个问题。从经济发展新阶段的要求看，必须把加快中西部地区发展的问题放到重要位置。但从现在的发展趋势判断，“十五”时期地区之间绝对差距还是扩大的，相对差距则视各地区的发展速度而定。缩小差距要有一个过程。缩小差距不仅要看自己的发展速度，还要看别人的发展速度。不全面分析其他地区可能达到的实际发展目标和自己可能达到的实际发展目标，很难提出缩小差距的具体规划。勉强提出这方面过高过急的指标，做不到反而会挫伤群众的积极性。所以，我的意见，要强调发挥优势，积极发展，这是根本，而不必过分突出缩小地区差距的问题。这样说并不是排斥落后地区后来居上。发展不平衡是普遍规律，落后地区以更快的速度，以致后来居上，是完全可能的，广东就是例子。广东1985年人均GDP还低于东部地区的平均水平，现在已经远高于东部地区的平均水平了。

以上讲的三个着重研究、三个强调和不必过分突出，都不是“十五”计划的具体内容，而是属于基本前提或者方法论的意见，供大家参考。

西部开发和中国的现代化[①]

（2000 年 1 月 9 日）

一、地区不平衡是大国经济发展的普遍规律

中国自古以来就存在地区差距，“上有天堂，下有苏杭”，“春风不度玉门关”，就是地区差距的写照。古代的地区发展差距，在很大程度上是由自然条件和区位差异决定的，也同社会变迁特别是战争有关，例如开始于东晋、完成于南宋的中国经济重心南移。现在讨论的，是工业化和现代化进程中地区经济发展差距的问题。

中国的工业化进程是从 19 世纪 60 年代开始的。从沿海沿江地区和内地一些城市开始的近代机器工业的发展，也伴随着地区差距的扩大。可以说，自中国近代工业化启程以来，地区发展差距从总体上即呈扩大之势。新中国成立半个世纪以来，地区政策几经变化：开始强调均衡发展，毛泽东《论十大关系》提出重视沿海地区，60 年代至 70 年代搞大规模的工厂内迁和“三线”建设，改革开放以来实行允许一部分地区先富起来的政策。总的来说各个地区经济都有很大发展，纵向比较都有明显进步，但横向比较，地区发展差距是扩大的趋势。这说明，在我国经济发展的现阶段，地区经济发展差距的扩大是难以完全避免的。根据预测，今后一个时期，至少在 5 至 10 年之内，地区发展水平的绝对差距，即人均 GDP 的差距，仍是继续扩大的趋势；相对

① 这是作者在中共中央党校与中共陕西省委、陕西省政府联合召开的西部开发讨论会上的发言。

差距的变化趋势则取决于发展速度的差异。这是总的趋势。个别地区由于发展速度快，缩小同先进地区的差距甚至后来居上，是有可能的，如改革开放以来的广东省和其他东部沿海地区。

研究地区差距，需要注意以下两个方面。

一是大部分社会发展指标，如文化、教育、卫生、科技等，相对差距系数都小于人均 GDP 的差距，说明人民在享受公共服务方面的地区差距相对比较小。有些经济落后地区在环境方面甚至优于经济比较发达的地区。一般说来，实际生活水平的差距也小于人均 GDP 的差距。这是由政府的社会政策所造成的，例如对文化、教育、卫生、科技的投资，多种形式的转移支持和扶贫政策。但是，主要基础设施指标，除人均用电量外，都明显高于人均 GDP 的相对差异系数。这说明，不发达地区基础设施更加落后，基础设施建设应该成为缩小地区差距的一个工作重点。

二是省、自治区内部各市、县之间的差距问题。一个省、自治区是全国景况的缩影，总的来说，多数省、自治区内部，市、县之间的发展差距也呈扩大的趋势。省、自治区制定发展战略时需要考虑这个问题。

二、西部开发是关系现代化建设全局的大事

要牢固树立“两个大局”的观点：允许一部分地区先富裕起来是一个大局。由于实行允许一部分地区先富起来的政策，东部地区加快了发展步伐，各省、区内部也都有一部分市、县率先富裕起来，带动了全国的发展，这个政策要坚持。实现地区协调发展、共同富裕也是一个大局，是我们的奋斗目标。开发西部就是为了实现全国经济协调发展和共同富裕。中国实现现代化，当然包括广大西部地区。西部地区不实现现代化，也就没有全国的现代化。

经过半个世纪特别是改革开放 20 年来的建设，国家经济实力显著增强，市场物资供应丰富，现在已经有可能加大对西部地区支持的力度。特别是当前实施扩张性的财政政策，可以用更多财力物力支持西部地区的发展。西部开发是西部地区发展的机遇，东部经济比较发

达的地区也可以从西部开发中扩大经济合作与交流，开拓市场，寻求新的发展机遇。要把全国产业结构调整和地区经济结构调整结合起来考虑。东部地区经济的迅速发展，是在实行对外开放的条件下，在世界范围、特别是亚洲地区经济结构调整的大背景下实现的。现在需要深入研究，如何通过开发西部促进西部地区的经济振兴，同时促进全国经济的协调发展。

三、西部开发的阶段性问题

关于中国现代化的进程，可以这么说：中国工业化和现代化的困难之点，不在东部，而在西部；中国工业化和现代化的起步点在东部地区，而落脚点最终可能是在西部地区。我们的目标，是 21 世纪中叶基本实现现代化。既然那个时候全国还只是“基本”，就意味着可能有一部分地区现代化的进程还会再滞后一些，需要更长的时间。西部地区自然条件差，经济基础落后，实现现代化更艰巨，取得同样的成绩需要付出比东部地区更艰苦的努力，至少要半个世纪甚至更长一些时间，经过几代人的不懈奋斗，才能实现现代化。因此，开发西部是必须长期坚持的发展战略，是长期的战略任务，而不是短期能够完成的突击性任务，要树立长期艰苦奋斗的思想。在整个 21 世纪，都应该注重西部的开发问题。

由此可以作出结论：西部开发必须是分阶段有步骤地进行的。全国的现代化建设，西部地区的开发，都需要认真规划，循序渐进。我国传统的工业化进程尚未结束，经济体制和经济增长方式的转变还没有完成，地区之间的发展水平存在很大差异，这是研究西部开发问题的一个基本出发点。首先需要把现状搞清楚，研究西部地区从现在起到基本实现现代化，将大体经历哪几个发展阶段，每个阶段有什么特点，目标和任务是什么，分阶段有步骤地逐步实现现代化。这样分几步走，确定先做什么，后做什么，有一个切实可行的总体规划，就可以给人们一个明确的方向。中国分三步走基本实现现代化，这是大的阶段划分，现在第一步和第二步目标实现了。三步实现了头两步，并不意味着走完了全程的2/3。头两步用了20年时间，实现第三步目标要用大约50年时间，这半个世纪必然还会经历若干具体的发展阶段。全国是这样，西部地区也是这样。在这方面，前瞻性的研究现在还做得不多。因为西部地区经济比较落后，有些地方现在还没有达到第二步战略目标，甚至连温饱问题还没有完全解决，研究西部开发问题要考虑到这种情况，以此作为起步点。就是说，先解决温饱问题，再初步实现小康，在此基础上开始实施第三步战略部署。千里之行，始于足下。当务之急，是确定西部开发的第一阶段，即“十五”计划时期或者更长一些时间内，西部地区发展的目标和任务，产业发展和地区发展的重点，经济增长的潜力以及内部和外部条件，把大的思路搞清楚。现在还是规划和起步阶段，重头戏还在后头。要“冷”、“热”结合：既要有满腔热情，又要有冷静头脑；既要有紧迫感，又要从长计议；既要雷厉风行，又要科学规划。总之，态度要积极，工作要扎实，遵循经济规律和自然规律，避免历史上犯过的一哄而起和大轰大嗡的错误。

四、西部地区发展也是不平衡的

像西安、成都、昆明、兰州、重庆和其他省会城市以及一些经济基础比较好的城市，虽然也在西部，但发展水平还是比较高的。这些地方，应该成为西部开发的桥头堡，成为西部开发的中心。地区差距问题，在相当大程度上是城乡差距的问题。不同地区的城市，发展水平和人均收入水平当然也有差距，但造成地区差距的主要因素是城乡差距，也就是工业化和城市化水平的差距。西安市同陕西省穷乡僻壤的差距，要远大于北京市、上海市同西安市的差距。从全国来说，城市化水平高的地区，人均收入也相对地高。关于中国现代化的进程，还可以这样说：中国工业化和现代化的最困难之点，不在城市，而在广大农村地区；中国工业化和现代化的起步点在城市，最终落脚点却是在农村。这个问题的实质，是几亿农业人口非农化或城市化的问题。这是中国现代化进程中最艰巨的任务。中国有十多亿人口，过去几十年推进工业化的特殊历史背景，使得城市化进程明显地滞后于工业化进程，需要研究现阶段有中国特色的农村人口非农化或城市化道路。在当今经济结构调整进程加快和科学技术进步日新月异的条件下，我国完成工业化和现代化，实现大量农业人口的非农化或城市化，同其他国家相比会有什么样的共同性和特殊性，也必须从中国的实际情况出发进行研究。要借鉴外国的经验，但不能照搬外国的办法。大量农业人口的非农化或城市化，这条路迟早是必定要走的，但不从中国实际情况出发也走不通。从现在起就要突出地提出这个问题。这是全国性的问题，西部开发也要和加快城市化进程结合起来进行，研究西部地区非农化或城市化的特点。

五、西部开发的政策支持

在市场经济体制下，政府在实现区域协调发展方面负有重要职责。西部开发需要充分发挥政府的作用，首先是制定发展规划，例如大的基础设施建设，像交通运输网；大的生产力布局，像西电东送，都需要政府统筹规划。也需要政府提供人力财力物力支持和政策支持，这都是肯定的。要研究的是，政府能够提供的资源有哪些？能够运用的政策手段有哪些？如何提高政策的实施效果？加大财政转移支付的力度，在基础设施建设方面给予西部地区更多的支持，这是国家已经在做的，继续实行也是确定无疑的。国家已经决定把相当大部分的国债资金和国际上提供的优惠贷款投向西部地区。目前正在西部建设许多大中型项目，还有不少项目即将开工建设。前些年实行的被实践证明行之有效的东部支持西部的做法，也要在总结和完善的基础上继续实行。但是，中央的财力毕竟有限，地区之间的支持只能起补充的作用。现在是发展社会主义市场经济，国内体制条件和过去不同，加入世贸组织后外部经济环境也将发生重大变化，西部开发问题要放在这样的大背景下考虑。主要应该通过改革和完善经济体制，扩大对内和对外开放，促进经济比较发达地区的资源和境外的资源，能够在市场力量的驱动下更多地流向西部。这应该是经济发展的自然扩散过程。几十年来，国家对西部地区的经济发展，大的动作有三次：50年代“156项”重点建设项目中有若干项摆在西部，60年代“三线建设”，以及最近提出的西部开发。实施西部开发战略，和50年代在西部建设若干大项目不同，和60年代“三线建设”工厂搬家也不同，因为经济发展阶段不同，经济体制不同，经济发展的国际环境也不同。重点要放在深化改革，扩大对内对外开放，健全社会主义市场经济体制，改善投资环境，充分发挥西部地区经济增长的潜力，以市场为基础促进东部地区和境外的生产要素向西部流动。

六、把开发西部和加快中西部地区发展结合起来

关于东、中、西部的划分，从地理位置来说并不是很精确。例如吉林省划在中部，实际地理位置在东部；内蒙古自治区划在中部，实际地理位置却是横跨东部到西部的。从经济发展水平说，东部和中部地区也有经济落后的地方。现在这种东、中、西部的划分，也可以理解为是从综合地理位置、行政区划和经济发展水平来考虑的。不论怎么说，都很难十分周全。不论如何划分，其精神实质，都是承认差别和促进全国经济协调发展，特别是解决经济比较落后的地区加快发展的问题。中部地区在国家发展中占有重要位置，可以承东启西，要重视中部地区的发展。实际上，现在国家出台的某些优惠政策，就是把中部与西部放在一起来实施的。东部地区当然要继续发挥优势，积极创造条件，对全国经济发展做出更大贡献。

七、实施可持续发展战略

可持续发展是世界性大课题，也是我国经济发展的重要指导方针。在西部开发中要坚持这条方针，遵循经济规律和自然规律。实施可持续发展战略，主要是人口、环境和资源问题。

人口问题是我国经济发展中的特殊问题。1998年全国人口自然增

长率降到10‰以下，维持这样的增长率，2010年全国人口可以控制在14亿以内。但西部地区，除四川、陕西两省和重庆市外，人口增长率都远高于全国平均水平，虽然个别省、区有民族人口政策的特殊因素，也是不能不引起注意的问题。“十五”时期是劳动力供给数量增长最多而劳动力需求增长相对缓慢的时期，就业压力很大。有人根据30个省、市的情况作过计算，人口增长率每下降1个千分点，人均GDP增长率可提高0.36～0.59个百分点。人口问题过去是两句话：控制人口数量，提高人口质量。现在应该加一句话：注意老龄化问题。我国现在60岁以上人口占10%，在经济不发达的条件下进入老龄社会。虽然老龄化会带来不少新的问题，但现阶段仍然必须坚持计划生育的基本国策。

环境保护不仅是提高生活质量的需要，也是一个新的经济增长点。西部不少地方生态脆弱，更需要注重环境保护和生态建设，走破坏之后再治理的老路会付出更大的代价。现在全国粮食供应比较充裕，是实施退耕还林（草）、封山绿化，加快恢复林草植被和生态环境建设的好时机。有些地方，自然环境和人文环境是很好的旅游资源，环境建设可以带动旅游业和整个经济的发展，环境破坏了，也就失去了优势。

资源的合理开发和节约使用是长远大计。我国北方水资源短缺的问题愈益严重，在西部地区更加突出，是西部开发的难中之难。必须全面推行节约用水制度，积极寻找新的水源。在新的经济技术条件和生产力布局中，西部开发要努力搞深加工，不能走单纯开发资源的老路，更不能再搞浪费资源的粗放式的开发。

八、加强对西部开发问题的研究

现在有许多问题研究得还不够，需要加强这方面的研究。西部各个省、区的研究机构已经做了一些研究，可以集中大家的智慧，在已有的研究基础上作综合性的全面的研究，使我们的认识再深入一步。研究需要深入和具体。研究成果需要向社会宣传，使全社会充分认识西部地区开发的意义，西部开发的战略决策，西部开发的政策，西部发展的途径，以此来动员社会力量，促进西部开发的伟大事业。

金融业的现代化和国际金融中心的建设[①]

（2000 年 6 月 3 日）

一

货币和银行是人类文明的伟大创造，已经有长久的发展历史。但是，金融在现代经济中的重要作用，是过去任何时候都不能比拟的。金融是现代经济的核心，已经不简单地是过去那种资金运动的“信用中介”，也不再单纯地是国家宏观经济调控的“杠杆”。当前经济全球化进程加快的一个突出表现，是以国际金融为核心的“虚拟经济”在世界经济运行中日益居于主导地位。由于“虚拟经济”的发展，世界财富呈现出头重脚轻的倒置金字塔形的结构：最底层是以实物形态存在的物质产品，上面是现实的商品交易和服务贸易，再往上是股票、债券、商品期货以及各种金融衍生产品。发展趋势是，越往上层发展越快，所以在世界财富构成中所占的比重越来越大。据巴塞尔国际清算银行 1998 年 10 月公布的调查报告，全球外汇市场平均每天交易额已经达到 1.5 万亿美元，由货物和服务贸易引起的全球外汇交易额仅占不到 2%，98% 以上的外汇交易是不同程度的金融投机性炒作。

鉴于金融在国际经济中占有越来越重要的地位，可以预言，金融将成为 21 世纪全球竞争的重要领域。事实上，为了提高综合国力，经济发达国家都在抢占国际金融新格局中更有利的地位。美国早就在这样做了。《文明的冲突》一书的作者亨廷顿，把“控制国际银行系统”、

① 这是作者在上海举行的中国金融发展战略研讨会上的发言。

“控制硬通货”和“掌握国际资本市场”这三项，列为控制世界的14个战略要点的第一、第二和第五项。日本1998年已经把金融列为综合安全保障七大要点的首位，粮食和能源被列在第三位。法国为了提升其国际经济地位，在1998年提出“建立国际金融新秩序”的设想，展开强大的外交攻势，争取国际支持。欧元的启动也有增强欧洲在国际金融中地位的实际意义，而且预示着世界货币制度的未来。在经济全球化和金融全球化以前所未有的广度和深度发展的当今世界，一个国家经济上的强大必须有强大的金融作为后盾。20年来我国金融业的改革和发展取得的成绩是巨大的，但从总体上说，金融业的改革和发展目前还是整个改革和发展的薄弱环节。金融业在加入WTO之后所面临的挑战是严峻的，人们现在的估计可能还不够充分。我国要在21世纪成为世界强国，就必须成为经济强国和金融强国，从现在起就要明确地把金融业的改革和发展，把金融的现代化，作为国家改革和发展的重要战略。

我认为，这是讨论把上海建成国际金融中心问题的前提和出发点。

二

信息技术的革命性变化是经济全球化和金融现代化的重要物质技术基础。因特网的迅速扩张使分散的用户能够普遍地享受到过去所难以想象的及时而方便的服务，为金融业的发展提供了广阔的基础和巨大的空间，并且正在社会经济和社会生活的广泛领域引起深刻的变化。在一定意义上可以说，因特网在不少领域促进了某种分散化的倾向，甚至侵蚀着政府在某些方面的传统职能。但是，这只是事情的一个方面，就其实质来说，高度分散的大体上是服务的对象。另一方面，全球化和一体化本身也内在地包含着集中的趋势。金融活动遍布全世界，金融机构不计其数，但只有少数城市有能力占据主宰地位。全球的金融活动主要集中在少数发达国家的金融中心。到1997年底，25座城市控制了世界机构管理的有价证券的83%，大约占全球市场资本总额的一半。在这方面领先的有六七座城市，伦敦、纽约和东京加起来占世界机构管理的有价证券的1/3，占全球外汇市场的58%。全球金融竞争在一定程度是金融中心之间的竞争。从世界各国都可以看出全国性集中的趋势：纽约、伦敦和东京是世界金融中心，当然也是其所在国的金融中心；法兰克福的市场资本总额，1992年是德国其他地方市场总和的2倍，1997年上升到5倍；巴黎、苏黎世、悉尼、多伦多和孟买，在其所在国金融体系中的地位都比过去增强，国际影响也比过去大得多。这是因为，即使在因数字化和广泛分布而使经营条件大为改变的条件下，仍然需要一个中心城市来进行金融业务，只有这样的中心城市能够提供市场和公司需要的大量资金和高度集中的先进技术。大的金融公司的业务遍及全球，传统的全国性中心正在成为处理全球业务的外国公司的集中所在地。

邓小平说过：“中国在金融方面取得国际地位，首先要靠上海。”党的十四大作出了“尽快把上海建成国际经济、金融、贸易中心之一”的重大决策。上海具有区位优势，具有经济基础和管理水平方面的优势，而且在金融业的改革和开放方面已经先行一步，实际上已经开始发挥着金融的中心聚集和辐射功能。1999年上海金融业增加值占全市GDP的比重已经接近15%，对全市经济增长的贡献率达到18.5%，成为上海重要的支柱产业。经过努力，把上海真正建设成为全国性金融中心和区域性国际金融中心，是完全有可能的。在经济全球化的条件下，全国性的金融中心同时也就具有不同程度的区域性和全球性，但要使上海真正从全国性的金融中心发展成为东亚地区和全球性的金融中心，还有不短的路要走。这不仅取决于上海的工作，还取决于我们国家改革开放和现代化建设的总体进程，取决于东亚地区经济格局和世界经济格局的变化趋势。例如，目前世界三大经济板块：北美、欧盟和东亚，只有东亚地区还没有建立区域经济集团化的组织，经济总量大的国家中只有中国、日本和韩国没有参加区域经济集团化的组织。如果这种格局发生了变化，例如东盟和中、日、韩三国（10+3）经济联系更加紧密，或者中、日、韩三国经济联系更加紧密，会对中国和上海带来什么样的影响，需要做些前瞻性的研究。

三

中国金融业的改革和发展，把上海建设成为国际金融中心，包括两方面的任务：

一是制度建设，即金融体制的改革和金融法制的健全。我们要经过五年或者更长一些时间的努力，完善与社会主义市场经济体制相适应的金融组织体系、金融市场体系、金融监管体系和金融调控体系，以适应现代化建设以及经济全球化和金融全球化发展趋势的要求。国内金融改革需要密切关注国际金融发展的趋势，因为国际经济和金融形势都在迅速发生变化，国际金融和国际货币制度也面临进行根本改革的形势。为了建成国际金融中心，上海在金融改革方面可以先行一步，为全国金融改革探路，为全国的改革积累经验。

一是技术层面上的金融管理方法、管理手段的现代化以及大量专业管理人员的培训、使用和管理。应该把金融管理的信息化放在国民经济信息化的优先地位。在这方面，要力争高起点，利用信息化的有利时机，发挥后发优势，实现跨越式发展。金融管理方法和管理手段的现代化，也会反过来对金融体制产生深刻影响。

总起来可以说，金融业要实现两个现代化：一是金融体制和制度的现代化，一是管理方法和手段的现代化。两者缺一不可。

美国麻省理工学院的著名经济学家鲁迪·登布森教授1999年在德国《明镜》周刊发表的一篇文章里说：在20年之后，世界上肯定只剩下为数不多的几种货币，正如20世纪开始时那样。在亚洲，中国的货币可能占主导地位，在南美和北美，美元将通用。在其余地区欧元将居主导地位，瑞士法郎也许作为收藏品还受欢迎。不知道他为什么没有提到日元。人民币能否做到这一点还有很大的不确定性，文章作者说的也是“可能”，但这种看法至少表明他对中国金融的乐观预期。我们应该努力。

四

要加强对国际经济问题特别是国际金融问题的研究。一方面，加入 WTO 将使我国经济进一步融入经济全球化的进程，世界经济形势的变化对我国经济的影响，包括正面和负面的影响，都将越来越直接、越广泛；另一方面，“虚拟经济”的膨胀在使金融的作用空前增强的同时，也增加了经济发展中的不确定和不稳定性，增加了风险。随着外向型经济的发展，我国经济在活力增加的同时，不确定和不稳定的因素也随之增加。观察和预测世界经济的发展，金融是最不容易把握的领域，这也会增加中国经济发展的不确定因素。国际经济和国际金融问题的研究，包括对一些专题（如美元、日元、欧元的走势）的研究，对一些国家（如美国、日本和欧盟国家）经济的研究，越来越重要。这项工作，现在虽然比过去加强了，但仍然是经济研究工作中的薄弱环节。对于国际经济和国际金融问题的研究不仅具有理论意义，而且具有直接的实践意义，是在新的形势下做好经济工作的必要条件。我借此机会提出这个问题，希望能引起大家的注意。

袁宝华《偷闲吟草》[①]序

（2000年10月30日）

在波澜壮阔的20世纪中国革命史上，有一个引人注目的现象：许多革命者也是诗人。辛亥革命时期的领袖人物孙中山、黄兴以及秋瑾等人，都有诗作传世。共产党的领袖人物毛泽东和朱德、董必武、叶剑英、陈毅等人，都出版有诗集。毛泽东气势磅礴的诗词堪称革命史诗，就其历史生命力和流传的久远来说，甚至可能超过他的论文。这种现象的发生不是偶然的：中国是诗的国度，数千年来诗人辈出，诗教普及，幼儿发蒙即受到“床前明月光”和“一去二三里”之类的诗歌教育，诗具有悠久的历史传统和深厚的群众基础；百年沧桑，风云变幻的社会运动和艰难曲折的人生经历，更激发了诗人创作的灵感，为创作提供了宝贵的素材。袁宝华同志[②]这部诗集的出版，也许可以为读者提供一个新的例证。

袁宝华同志具有他那一代革命知识分子的典型经历：青年时期投笔从戎，经历了艰苦卓绝的抗日战争和解放战争；新中国成立后担负某一方面的领导工作，经历了国家发展中的成功和挫折。人们都知道宝华同志是经济工作的领导者，这部诗集的出版说明他同时是一位诗人。他自少年时代就喜欢写诗，但尔后长时期职业革命家的工作和繁忙的公务使他难以专心致志于诗。这本诗集以《偷闲吟草》名之，正标明其业余创作的性质。孔子说：“知之者不如好之者，好之者不如乐之者。”（《论语·雍也》）无论是戎马倥偬还是在紧张的经济工作中，

① 《偷闲吟草》，袁宝华著，中国人民大学出版社2000年出版。

② 袁宝华（1916～ ），河南南召人。曾任国家经委主任、中国人民大学校长等职。

作者始终保持着浓厚的诗兴和创作的热情。所历，所见，所闻，所感，发乎情而形诸诗。质朴自然，至言不饰，实谷不华，表现了作者的诗品和人品。视角常有独到，构思每见新巧，遣词造句别出心裁，足证作者诗的功力。或写景抒情，或思乡念旧，或抒怀明志，题材不一，而一以贯之的精神，是对祖国、对人民的热烈情感，对自己所献身的党的事业的不渝忠诚。作者实践着“诗言志”的优良传统，这是革命者的心声，时代的歌唱。宝华同志有诗:“征途万里赋新诗。”这是他诗创作的经历，也是这部诗集的特色。

《偷闲吟草》即将付梓，宝华同志嘱我为之序。宝华同志是我所敬重的长者，道德文章，素所景仰，自然义不容辞。但我并非诗论家，踌躇不敢应命者数日，唯恐难为华章增色，反贻佛头着粪之讥。迨展卷诵读，情不自禁，写下如上感想。1996 年，宝华同志作七律《八十述怀》并承见示，我深为喜爱，乃不揣浅陋，步原韵奉和。读完这部诗稿，掩卷沉思，觉得加深了对于宝华同志和他的诗作的理解，也印证了我在和诗里所表达的意思。所以，愿将那首和诗作为这篇序言的结尾，并借以表达对作者的敬意和祝福：

喜读华章意象新，风霜历尽又逢春。
三山倾覆酬鸿志，四海规恢见匠心。
岁月相期茶与米，文章老到博而深。
满城争说袁公好，岂止清操贻子孙。

（2000 年 10 月 30 日）

附：袁宝华八十述怀

盛世风光满眼新，耄耋之年几度春。
少壮常怀济民志，垂暮犹存报国心。
征途险阻鼓剩勇，正气张弛系念深。
岁月不居廉颇老，宜将清白贻子孙。

（1996 年 1 月）

最后的告别

（2000 年 11 月 5 日）

10 月 31 日，我在玉泉山参加中央经济工作会议文件的起草，胡绳的秘书白小麦从上海打电话找我，立即有一种不祥的预感。果然是不幸的消息：胡绳病危，心脏停跳八分钟，经抢救脱险。虽然胡绳重病多年，癌转移，对他的病危不能说毫无思想准备，心情还是很沉重。前两个月他在山东等地旅游，是那样的平静而达观，总以为他还能活得更长久。

次日又接白小麦的电话：再次抢救，切割气管，眼下靠人工管道呼吸和鼻饲。我文件起草工作已经脱手，因预定 11 月 2 日晚会见世界经济论坛总经理司马加，不能立即动身赴沪，不知道能否见最后一面，十分焦急。

11 月 3 日上午 11 时，我和王全斌一同飞抵上海虹桥机场。白小麦和上海市经济研究中心的一位副主任早在机场等候，乘车直抵华东医院。在白小麦引导下，我轻步屏息，来到十四楼胡绳病床前。但见他双眼紧闭，鼻内插着管子，右手背也插着点滴注射的管子。床头管线缠绕，置放着监测仪表，使人感到压抑和恐惧，同时也感受着病人的痛苦。白小麦对着他的右耳说：王梦奎同志来看您。我在左边接着说：刚下飞机，北京的同志都很惦念您。胡绳缓慢地睁开双眼，凝神刹那，虽然我戴着很大的口罩，他还是很快认出了我，从被子下面缓慢地伸出没有被管线束缚的左手。我急忙用双手握住，感到还有力量，他显然是在用这只手表达自己的情感，不像垂危病人。他的嘴唇微微地动了动，似乎要说什么。我本能地将耳朵凑过去，什么也没有听到。他已经失去说话能力，确实不能再说什么话了。我的两只手握着他的一只手，对视着，千言万语无由表达，也都在不言之中了。两点混浊的泪水从他眼角溢出，我不禁悲从中生，泪流满面。我不忍多耗费他有限的精神，很快告辞。当走到病室门口，回头望时，见他那只从被子底下伸出来的手，还在轻轻地摇动着，向我示意。他心里一定很清楚，这是生离死别。生离，也是死别。这种伤痛是我终生难以忘怀的。

我们被安排住在东湖宾馆。白小麦拿来胡绳生平介绍草稿，我提了几处修改意见。据说王忍之、郑必坚、龚育之、陈威等曾先后前来探望。晚饭时见到先期而至尚未返京的丁伟志、郑惠和徐宗勉。徐是胡绳五十年代的秘书，过去不认识，也是白发苍苍之人了。很自然地谈起胡绳的学术成就，谈起他近几年以顽强而乐观的精神对待疾病，景仰之余，不胜惋惜，感慨唏嘘。

我4日回京，5日即得到胡绳去世的消息。那颗硕大的充满智慧的头颅，停止了思考。二十世纪中国社会科学的一颗明亮的星，陨落了。

这些天来，胡绳的影子总是在我的脑子里徘徊。算起来，我和胡绳认识已经有三十多个年头了。1998年12月，在《胡绳全书》出版座谈会上，我说了我同他的交往和我对他的认识。就个人关系而言，说不上有什么深交，但“文革”时期在“五七干校”那几年，共同度过的艰难时光却是终生难忘的。有一段时间我和他被编在一个小组，一起干活儿，一起在一间10平方米左右的房间里，每人坐着一个马扎，被军代表组织着无休止地开当时流行的各种各样的会，包括读“语录”、“揭发批判”（其对象多次转移）和“斗私批修”。在当时紧张的气氛下，彼此间不可能有多少交谈。直到陈伯达、林彪相继垮台后，气氛稍微缓和，才有一些交谈的机会。胡绳很少主动说话，但向他请教，多数能够得到回答。

有一次我问：哪一部关于中国历史的书可读？他说，邓之诚的《中华两千年史》。在当时整天讲“突出政治”和“革命大批判”的情况下，敢于做出这样的回答，是需要有科学精神和勇气的。邓是北京大学历史系教授，著有《骨董琐记》，我1958年入北京大学读书时还健在，一个瘦弱的老人，常拄着拐杖，出入于东北校门，想是住在成府或燕东园，解放后不再教书，胡绳对他的情况似乎不甚了解，但显然看过他的《中华两千年史》。当时闲得慌，我读了一些关于太平天国的史料，甚至异想天开，暗自立下写一本关于太平天国史的宏愿，向胡绳请教许多有关太平天国的问题。我由此获得许多关于中国近代史的知识。他同我谈论过孟森的《清代通史》，萧一山和简又文关于太平天国的著作，简又文所编的杂志《逸经》和他的笔名"大华烈士"的来源。还谈到，太平天国失败后湘军被大批遣散，成为哥老会的重要来源，而哥老会后来又成为反清革命运动的力量。我真惊讶于他阅读之广泛，知识之丰富，见解之独到。胡绳当时还没有"解放"，已经在酝酿史学巨著《从鸦片战争到五四运动》的写作了。我一直很后悔，未能利用当时终日相处的机会，向他学习更多的东西。

对于政治上比较敏感的问题，胡绳是竭力回避的。1958年毛泽东看了张春桥关于破除资产阶级法权的文章，要胡绳找张谈话，《人民日报》转载张文所加的按语，就是按毛的意见写的。我问胡绳，毛对张文究竟是怎么说的。胡顾左右而言他，说：按语本身也可以作为研究题目。现在看来，像这样比较敏感的问题，当时并不是适宜讨论的。但后来的二十多年里我竟没有再问起这个问题，是件很遗憾的事。

最近两年，胡绳曾动议要我到中央党史研究室工作。他之所以有此动议，大概是因为，我曾经参加他所主编的《中国共产党的七十年》一书的写作，对我的工作还算满意。虽然我未敢应命，说实话，还是心存感激的。在"五七干校"那一段的共同生活和这最后的告别，将会永远留在我的记忆里。在上海同胡绳作最后的告别归来，吟成七律一首，记下当时的感受：

相对潸然满泪痕，荒村犹记共耕耘。
滩头寒暑艰难甚，茅屋晦明求索勤。

雨打风吹老当壮，天清日丽更增神。[①]
公今此去无遗恨，喜看小康已启门。[②]

（写于 2000 年 11 月 15 日，原载《文汇报》2001 年 9 月 21 日）

① 胡绳《八十自寿》(1998 年)："生逢乱世歌慷慨，老遇明时倍旺神。"

② 胡绳《遣怀》(1996 年)："生死比邻隔一墙，人间重到亦寻常。自知于世无多补，赢得余年看小康。"

关于教育问题的通讯

（2001 年 1 月 9 日）

李昌[①]同志：

您关于教育问题的意见，我认真读了。以前也看过您写的一些建议，例如关于大庆地区可持续发展问题的建议，都很受启发。您以八十高龄，仍然如此关心国家大事，表现了老一辈革命家的高度责任感和不疲倦的奋斗精神，这是我要向您学习的。

我非常赞成您在建议中所表达的加快发展教育事业的基本观点。您所提出的在 21 世纪中叶使我国教育事业达到发达国家水平，我认为是应该争取做到的。我参加了中央十五届五中全会关于“十五”计划《建议》的起草工作，在文件起草和中央讨论过程中，大家都深切感到必须更加重视教育，因此在《建议》中第一次提到实施人才战略。加入 WTO 以后，人才问题会更加突出，人才的争夺会更加激烈。您所提出的改革政府包办教育甚至限制社会力量参加办学的体制，引进多元经济投入发展教育，社会力量参加办学要明晰产权，教科文战线聘请受年龄限制离退休的老专家参加工作，重点大学有偿派出专家学者在欠发达地区和民办大学办研究生院或班，这些促进教育事业发展的建议，我认为都是切实可行的，我完全赞成您的意见。

如果您打算对自己的建议做修改和补充，我有如下几点意见。

（一）关于到本世纪中叶使我国的教育事业赶上发达国家的目标，需要做些具体的量化分析。例如，我国义务教育的普及，或许用不了

① 李昌（1914 ~ 2010），曾任哈尔滨工业大学校长、中国科学院副院长和中共中央顾问委员会委员。

半个世纪，就可以达到发达国家的水平。高等教育，我国目前的毛入学率是 10% ～ 11%，尚未进入大众化阶段（入门低限为 15%），达到发达国家水平（目前毛入学率已达 80%）可能要困难一些。这个问题的数量分析，涉及每个具体时点（如 2010 年，2020 年，2030 年，等等）学龄人口的数量，以及可入学的学龄人口的数量。根据计生委的测算，我国人口 2040 年前后达于高峰，峰值为 15.9 亿。除了数量以外，当然还有教学质量的问题，我国教育质量同发达国家相比是长短互见。

（二）如果允许社会力量办学，特别是私营独资办学，在教学内容方面，特别是政治内容，教育部门应该加以管理。

（三）几个具体的提法，按原文次序：

1. 把海南岛作为世界南方的中心地带，把哈尔滨作为世界北方的中心地带，不确切。因为地球是圆的，在地理上并不存在中心地带。

2. “发挥中央、各级社区（政府）和人民群众的积极性”。政府不是社区，应该是“中央、各级地方政府和社区”。

3. “明确民为主、官为仆、民是父、官是子”。这种比喻讲了很多年，历史上也有这样的思想。虽然表达了美好的愿望，但在国家政权存在的条件下，是根本无法实现的。列宁说过，无产阶级专政的国家仍然是国家。或者像恩格斯所说，国家总是凌驾于社会之上的东西。与其提这样无法实现的口号，不如提些切实的、可以实现的民主与法制的要求。

4. “在本世纪中叶，经济总量达到世界前列”。我国经济总量现在已居世界第七位，排在美、日、德、法、英、意六国之后，可以说已经在世界前列了。再往前提几位，例如超过意大利、法国、英国、德国和日本，也不必到本世纪中叶。建议删去，或者换个别的说法。

5. “克服计划经济体制的残余”。现在只是初步建成社会主义市场经济体制，就是说，有了一个大的框架，不完善、不健全之处尚多，计划经济体制目前远远不仅是“残余”的问题。

您是教育方面的专家，又有领导一个著名大学的长期经验，而我多年来只是研究一些经济问题，对教育问题素无研究，知之甚少。蒙您不弃，虚心征询意见，略书读后感想如上，仅供参考。不当之处，请您批评。我昨日来广东开会，不能按您所说的时间面谈，只得在开会期间草草写出这些意见。

言不尽意，匆匆，并颂

冬安。

兰瑞[①]同志均此致候不另。

王梦奎

2001年1月9日晚

于广东南海

① 即冯兰瑞，李昌夫人，经济学家。

减轻农民负担、振兴农村经济四策[①]

（2001年11月15日）

农村经济的改革和发展，对于中国经济改革和发展起过重大作用。现在，农村经济发展又处在一个重要关头。中央高度重视，已经采取一系列措施。但是，从目前的情况看，政策力度尚嫌不够，有的政策短期难以大见成效，有的政策难以使农民普遍受惠，农村经济有陷入徘徊的危险。看来，需要采取更强有力的政策，给农村经济注入新的活力。这对于开拓国内市场，推动整个国民经济的持续健康发展，都是必要的。

我提四条建议。

第一条，免除农业税和农业特产税。

在几千年的农业社会里，农业税都是国家财政的主要支持。在世界工业化进程中，由于农业生产和经营的特殊性，几乎在所有国家，农业的根本技术改造和现代化都是滞后的。农业是工业化和现代化进程中的弱势产业，农民是需要特别关注的弱势群体。中国人口众多，农民占绝大多数，人均耕地少，这个问题显得特别突出。2000年，农业在国内生产总值的比重已经下降到15.9%，而农业人口占总人口的比重仍然高达64%。现在农产品供求基本平衡，加之许多农产品价格已经高于国际市场价格水平，很难再像过去那样通过提高农产品价格的办法增加农民收入。“九五”期间，农民收入增长幅度逐年递减，1997～2000年，来自农业的纯收入连续四年绝对减少，1999年和2000年两年，共有九个省的农民人均纯收入绝对减少，其中辽宁、吉

① 这是作者在江泽民同志主持召开的座谈会上的发言。

林、黑龙江三省连续两年农民人均纯收入绝对减少。这种情况的发生有其深刻的原因。现在的情况是：一方面，农业比较效益低，农民来自农业的纯收入连年减少；另一方面，农民直接承受的税负却主要落在以种田为生的农民头上。从历史上延续下来的征收农业特产税的办法，同农村经济结构调整的方向是矛盾的，实际上各地是把各种税收捆在一起向农民征收的。为了扶持农业发展，世界上许多国家都免除了农业税。我建议，我国从明年起，免除农业税和农业特产税。

国家财政用于农业的各项支出，包括支援农村生产支出和农林水利气象等部门的事业费，以及农业基本建设支出、农业科技投入和农村救济费开支，每年有一千多亿元，1999 年是 1085 亿元，占国家财政总支出的 8.23%，20 年来呈比重下降的趋势。国家给予农民的，经常有中间流失，被中间机构和人员费用占去不少，往往不能使农民亲身感到实惠。让农民“少交”，实际上就是“多得”，而且可以避免“搭便车”、乱收费，农民得到的实际利益比“少交”的数量要大得多，并且可以普遍受惠，是最好的减轻农民负担的办法。

从国家财政的承受能力来看。2000 年全国农业各税总额为 465 亿元，其中数额最大、同农户关系最直接的，是农牧业税和农业特产税，共计 335 亿元，在国家财政总收入中的比重不到 2.5%。国家财政收入每年增加一两千亿元，免除农牧业税和农业特产税不会危害国家财政大局。我们在 1999 年曾经提出过两年免征农业两税的建议，国务院领导表示可以考虑，在那一年的中央经济工作会议上提出讨论。因为农业两税是地方税，部分地方领导同志不赞成，没有能够实行。其实，对于经济发达地区来说，并没有什么大的困难；经济落后地区，可以按照目前国家财政总体规模，在中央和地方的财政收支方面作些调整。免除 335 亿元的农牧业税和农业特产税，对于中央和地方财政不会造成大的影响。

在中国几千年历史上，有不少盛世减税、遇有国家盛典免税的记载。考虑到：第一，减轻农民负担、振兴农村经济是促进整个国民经济持续快速健康发展的一个重要的切入点，现在国家具备比较雄厚的财力，可以更多地扶持农业；第二，加入 WTO 之后，我国农业面临很大的冲击，国家对农业的补贴将受到限制，而免除税收是最简便易行而又不受限制的支持农业的办法；第三，进入新世纪，全面建设小康社会，明年召开十六大，需要创造一个安定祥和的社会氛围；——如果能在明年宣布永远免除农业税和农业特产税，不仅会成为我国农村经济和整个国民经济进入新的发展阶段的一个鲜明标志，而且会成为永载史册的千古仁政。

在免除农业两税之后，作为公民，农民也有纳税义务，应该和城镇居民一样，依法缴纳个人所得税。因为过分分散，个人所得税的征收在操作上有一定难度，但目前能够缴纳个人所得税的农民为数不多，在实施步骤上可以先易后难，由简到繁。关键是建立制度，在建立制度方面趁早起步，也是国家体制建设和长治久安之计。

第二条，改变农民出资办农村教育的状况。

现在农民负担重，大头是农村义务教育方面的负担，一般占农民负担的 70% 左右。县财政的 60% ～ 70%，乡财政的 70% ～ 80%，是用于教育的。中央三令五申，农民负担所以还是减不下来，这是主要原因。少数经济发达地方没有问题，多数地方农民负担不起。国务院发展研究中心在湖北省襄阳县做过调查，这是一个经济搞得不错的县，综合经济实力居全省第五位，在中部农业地区有一定的代表性。这个县有 140 万人，县财政供养人员 33210 人，其中教师 17856 人，占 53.7%。1990 ～ 2000 年期间，在全县教育经费中，省级以上专款占 0.11%，县财政占 6.25%，乡财政占 34.36%，农民直接负担的占 46.9%，还有一部分是通过其他渠道筹措的，例如勤工俭学和借债。乡财政也是取之于农民，所以由农民负担的实际上占到教育经费的 80% 以上。在这个经济实力比较强的农业大县，也是农村税费的征收越来越困难，教师工资的发放越来越困难。因为从农民手里收钱困难，各地拖欠教师工资的现象很普遍。为了解决这个问题，国务院于 2001 年 5 月发布的《关于基础教育改革与发展的决定》中，提出从 2001 年起，把农村中小学教师工资的管理上收到县，原来乡（镇）财政收入中用于农村中小学教职员工工资发放的部分，相应划拨上交到县财政，设立“工资资金专户”。因为乡（镇）财政主要来自农民（乡镇企业不发达的中西部地区尤其如此），而且在2000年3月党中央和国务院《关于进行农村税费改革试点工作的通知》中，已明令取消在农村进行教育集资，农村教育资金来源的问题实际上并未得到解决。现在农村税费改革之所以步履维艰，主要是因为费改税之后，在资金方面有很大的缺口，农村义务教育经费没有着落。

现行的由乡级政府实施农村义务教育的体制，是1985年中央《关于教育体制改革的决定》和1988年《义务教育法》确定的。当时农村经济状况因实行联产承包制而相对比较好，而国家财政集中度又很低，这种办法对于调动地方政府和广大农民群众集资办学的积极性，迅速改变农村基础教育落后面貌，起了积极作用。1994年实行分税制之后，乡（镇）级财力减弱，加之农村经济在温饱解决之后遇到新的问题，靠农民办农村义务教育的矛盾就突出了。这是许多地方农民负担重和农村社会关系紧张的一个重要原因。

实施义务教育是政府的职责，也是国家振兴的百年大计。现在的情况是：人均收入城市高而农村低，义务教育则是城市由国家出资兴办而农村由农民出资兴办。这显然是不合理的，也不利于农村义务教育的持久开展。现在农村初中学生辍学现象很严重，许多人是因为交不起学费。为了达到既减轻农民负担又保证农村义务教育经费需要的双重目标，要从健全农村义务教育的投入机制入手。

我建议，农村义务教育投入由以乡政府为主，改为以省、县两级政府为主。省、县两级政府的责任，也要加以明确，例如，在核定编制之后，教职员工工资由省一级出资，或者省和县两级共同出资；校舍建设由县一级或者县、乡两级共同负责，村里的小学校舍可以动员农民出资。不论采取何种办法，都要对各级政府的财政收支关系作适当的调整，事权和财权相统一。现在有一半以上的县不能正常发放工资，如财政收入关系不做调整，县一级负不起义务教育的责任。目前财政收入中央占55%，地方占45%；通过转移支付和其他办法，支出地方占大头，达到80%以上，中央不到20%。但财政转移支付也有使用方向的问题，并没有保证农村义务教育的需要。全国农村中小学教师共约700万人，按中西部地区平均每人年工资5000元计算，每年共需350亿元，由国家财政负担是可以解决的。如果对经济发达地区区别对待，政府财政负担还可以减少。当然，不少地方的农村中小学教师队伍，也有核减编制和提高质量的问题。现在全国农村有60多万代课教师，有相当多是不合格的。行政管理人员也太多。据湖北省襄阳县的调查，20世纪90年代初乡教管会一般是6～7人，现在平均达到36人，全县617人。越是经济不发达的地方，向教育部门安插人员的情况越严重，成为谋生门路。

以上减轻农民负担的两项重大举措——免除农业两税，改变农民出资办农村义务教育的状况，总共减少农民负担大约700亿元，全国农民平均每人每年减少八九十元负担，四口之家就是300多元。这样做，将给农村经济发展以切实的推动，也会为工业产品开拓市场，整个国民经济都会受益。问题是国家财政，不论是减收还是多支，也不论是中央出还是地方出，说到底是少向农民收700亿元。今年国家财政收入将达到15000亿元左右，占4.5%，是可以负担得起的。这需要完善财税体制，调整国家财政支出结构，减少一些基础设施建设项目，缓修几条高速公路，少建一些高档宾馆。当前在国家财力的使用上，国计和民生关系的处理，需要适当向民生倾斜，关注低收入群体的收入和生活；城市和农村关系的处理，需要适当向农村倾斜，解决农村经济发展面临的突出矛盾。这样做，建设项目可能暂时少搞几个，但从长远来说，是有利于国家经济建设持久发展的。

第三条，推进城市化。

上面所讲的两条，都是近期的问题。从农村长远发展来说，主要是推进城市化。这是农村经济发展的根本出路，也是21世纪中国经济发展的一个根本问题。

中国工业化和现代化的最困难之点，不在城市，而在农村。中国工业化和现代化的起步点在城市，而最终的落脚点是在农村。工业化的实质，就是用大工业的先进技术改造传统产业，特别是农业，实现大量农业人口向非农产业的转移，或者叫作城市化。由于推进工业化的特殊历史条件和政策，我国城市化进程明显滞后于工业化。根据2000年的统计，城市化率是36%，农业劳动力占50%。农业现代化的最大困难，并不是工业不能为农业提供大量的技术装备，而在于人多地少，形不成规模经营，妨碍先进技术的使用。农业劳动生产率与非农业劳动生产率的差距，在20世纪90年代由4倍扩大到5.3倍。据有的学者研究，清代康乾以来，由于人均耕地减少，中国土地产出率不断提高，而农业劳动生产率提高甚少。不彻底改变八亿农民靠十几亿亩耕地为生的局面，中国是不可能实现现代化的。只有在工业化和现代化进程中积极推进农业人口向非农产业的转移，也就是城市化，才能彻底打破农村经济的闭塞状态，使几亿农民的生产方式和生活方式发生根本变化，才能实现从所谓二元经济到工业化和现代化经济的根本社会转型，也才能实现农业和整个农村经济的现代化。困难在于，由于人口总量在继续增加，即使加大农业人口向非农产业转移的力度，农业人口在总人口中的比重逐步降低，农村人口总量还可能继续增加。农村劳动力“八五”时期减少1000万，“九五”时期又增加500万。如果在这方面稍有迟缓，农村的困难就会更大。

为了推进城市化，对过去长期实行的限制农民进城务工的政策需要进行一番认真的清理。农民工对城市经济和发达地区经济发展所做的贡献，是应该充分肯定的。1亿以上农民外出务工，不仅增加了农民收入，也推动了城市经济的发展。现在不少城市过分看重农民工的消极面，以致有许多歧视性的政策规定、歧视性的待遇，经常进行强迫清理还乡，在进城务工农民中酝酿着不满情绪。

在城市化道路的选择上，要实行大城市、中小城市和小城镇相结合，因地制宜，走有中国特色的城市化道路。不能都拥到大城市，光靠发展小城镇也不行。80年代提出“离土不离乡”，促进了乡镇企业发展。但据统计，1979～1984年六年间，乡镇企业累计占地8000万亩，共吸纳5500万人就业，人均占地1.45亩，高于全国人均耕地面积。小城镇和小集镇人均用地450～550平方米，如果用小城镇方式转移4亿农村人口，需要3亿亩耕地。事实上，20年来农村人口向非农产业的转移，是通过多种途径实现的，并不仅仅是小城镇，北京、上海、深圳都吸纳了几百万农民工。

几亿农民向非农产业转移，特别是大量的农民进入大中小城市，是一场深刻的社会变动，必然会引起一些混乱，甚至有犯罪现象。必须加强引导和管理，防范可能带来的社会震荡和危机。要防止在城市郊区或者空隙地带形成贫民窟，防止出现新疆村之类的固定居民点。现在北京由农民工所办的子弟学校有200多所，规模小的只有十几人，规模大的有一千多人。如果这些适龄中小学生不能受到应有的教育，不仅影响几年以后城市劳动力的素质，而且可能成为社会不安定因素。

第四条，改革行政管理体制，合并甚至撤销乡。

我国的政权结构，过去是三级半：中央、省（自治区、直辖市）、县三级，乡是一级政府，但不是功能完备的政权组织。地区专员公署是省政府的派出机构，不是一级政府，只有省会城市是地一级政府。

现在政权结构是五级：中央、省（自治区、直辖市）、市、县、乡。专署改市后成为功能完备的一级政府机构，全国没有改为市的地区级机构现在只剩60多个了。乡一级也成为功能完备的一级政府机构，不仅设有人大主席团，还普遍设有政协联络组。中国的五级政权组织，在世界上是层次最多的。

全国乡（镇）4.3万个，在编党政干部130多万人，加上编外100多万人，共200多万人，每个乡（镇）平均50～60个党政干部，而一个乡平均只有5000户。现在，乡、村两级负债状况严重，财政普遍困难。全国70%的乡负债，乡均400多万元。73万多个村有80%负债，村均负债20万元。乡、村两级共负债3600亿元，成为农村经济发展的沉重拖累。

另一方面，随着交通条件的改善，管理半径应该延长。过去县干部下乡，几十里路要走大半天，后来骑自行车，现在有公共汽车甚至小汽车，片刻可到，有可能加强县级党政领导机关对农村工作的直接领导。

建议改革行政管理体制，撤销乡一级政权机构，改设乡公所，作为县政府的派出机构。新中国成立初期就是这样做的，当时并没有影响各项工作的开展。现在一些省在合并乡，取得很好的效果，说明撤销乡也是可行的。合并甚至撤销乡级政权机构，不但可以减轻农民负担，而且有助于改进工作作风，提高办事效率。

这是涉及国家管理体制的大事，需要修改宪法，更重要的是要考虑会不会因此影响基层的长治久安。乡干部的安置是一个大问题。各地情况也有很大差别。我不敢说有很大把握，提出来供中央参考。建议责成有关部门对此进行专题研究。

关于城市化的认识和政策问题[①]

（2001年12月24日）

农村怎么逐步实现现代化，从根本上解决农业和农民问题，是中国现代化的最困难之点。解决这个问题，要围绕“农”字做文章，同时也要在“农”字以外做文章，“功夫在农外”。

在“农”字以外做文章，主要是推进城市化。

大量农业人口向非农产业转移，实现城市化，是迄今为止已经实现现代化的各类国家的普遍规律。我们是在特殊的历史背景下快速推进工业化的。优先发展重工业使单位资本吸纳的劳动力相对减少，人民公社化运动使粮食和其他农产品长期供不应求。所采取的对应之策，是严格实行统购统销和城乡分割。结果是，城市化滞后于工业化进程。1957～1978年，21年间城市化率仅提高2.5个百分点。

改革开放以来，在城市就业形势严峻的情况下，也发生过一些波动，但总的政策取向，是逐步放宽的。农村劳动力向非农产业转移的速度，城市化的速度，都比过去大大加快。1978～2000年，从事农业的劳动者在社会总劳动力中所占的比重，由70.5%降到50%，城市化率达到36%（1978年是18%，统计口径有不可比因素）。因为起点低，现在我国城市化率仍比世界平均水平低10个百分点左右。这也说明，在城市化方面有很大的发展潜力。

我国专家和世界银行专家所做的研究，得出大体相同的结论：在过去20年9%以上的经济增长率中，劳动力流动的贡献在16%左右，也就是1.5个百分点。有的研究报告认为，如果人口迁移障碍拆除，

① 这是作者在江泽民同志主持召开的座谈会上的发言。

今后二三十年，劳动力转移对经济增长率的贡献可以达到2个百分点。由于工资低，没有城镇国有企业职工的福利待遇，农民工劳动力成本只相当于国有企业的44%，每雇佣一名农民工，一年可以节约7380元工资性支出；以农民工9550万（劳动部与统计局1999年统计）计算，农民工剩余积累在7000亿元以上，相当于当年国内生产总值的9%。农民外出务工是增加收入的重要来源，也为城镇产业结构调整提供了充足的劳动力。据统计局调查，2000年农民的工资性收入占纯收入的31%，比1985年上升13个百分点，其中打工收入240元，占纯收入的10.7%。据农业部对320个县320个村的固定观察点调查，农民外出务工收入占家庭纯收入的比重，从1990年的9%提高到2000年的23%。

现在，国内外都在议论中国将要成为21世纪世界制造业的中心，有人说是世界工厂。这得益于中国制造业有比较雄厚的基础，经济全球化和对外开放的大背景，以及劳动力便宜。今后二三十年，中国还会保持劳动力便宜的优势。要抓住这个难得的机遇，积极促进农村劳动力转移，加快城市化进程，为经济持续快速增长提供一个重要的支持点。

农村劳动力向非农产业转移，可以是就地转移，也可以是跨地区转移。现在的情况是，对就地转移的认识比较统一，政策上没有障碍；对跨地区转移，特别是进入大、中城市，认识还不统一，政策也不完全落实，是今后需要着力解决的。现在，京、津、沪三市流动人口已经占到常住人口的20%～30%，广州高达38%，其中半数以上来自农村。外来人口在城市居住时间有延长的趋势。据北京市1999年外来人口普查，居住半年以上的占63.6%，其中3年以上的占19.4%，5年以上的占10.4%；举家来京的31万户，70多万人。在新的发展阶段，对农民进城务工的认识和政策，是必须解决的大问题。

在思想认识上，主要是两种顾虑。

一种顾虑，是怕影响本地就业问题的解决，所以对外来劳动力就业有种种限制。农村劳动力进入城市，城市劳动力总量增加，会增加城市就业的压力。但是，农民工干的往往是城里人不愿干的活儿，农民工进城所带来的产业结构调整，特别是建筑业和服务业的发展，以及经济规模和就业总量的扩大，又有利于城市就业问题的解决。事实上，现在吸纳农村劳动力比较多的地区，往往也是经济增长快和就业问题解决得比较好的地区。前不久我接待一位希腊专家，她说希腊现在1000万人口，其中100万人，也就是10%，是近些年南斯拉夫解体后从巴尔干地区迁入的。这是否使希腊的就业问题严重了？她说没有，反而是促进了希腊的经济增长，因为这些人干的是希腊人不愿干的活儿。我们在这方面也不必有什么顾虑。城市失业增加的一个重要原因，是产品没有销路；而产品没有销路的一个重要原因，是过多的农民滞留在农村，没有就业和增加收入的机会，更说不上从根本上打破农村自给自足的状态，这是恶性循环。加快城市化进程，不仅能增加农民收入，改变农民的消费观念和消费方式，为工业品开拓市场，有利于解决城市就业问题，也有利于为农产品开拓市场，这样才能形成良性循环。

另一种顾虑，是怕影响城市稳定。大量农民工进城，确实给城市管理带来不少问题，比如秩序混乱，环境卫生差，甚至犯罪率上升。在特殊的历史条件下，也有可能增加城市社会不稳定的风险。一些城市出于维护社会稳定的考虑，遇有重大活动就清理整顿农民工，强行遣返。结果影响城市正常经济生活（例如无人送牛奶），也引起农民工不满，很多人半路下车又回到城市。北京有些农民工表示不欢迎申办奥运，怕到时候被强行遣送回乡。堵塞不如疏导。农民工进城引起的不稳定，在一般情况下都是分散的、小的不稳定，通过加强管理是可以解决的；而由此带来的城市化加快，则是经济发展和整个社会文明的进步。进城务工的农民绝大多数素质都有明显提高，也是社会稳定的因素。相反，农村劳动力转移迟缓，会影响城市经济的发展，影响农村经济发展和农民收入增加，由此引起的社会不稳定，是更值得忧虑的。即使从“弊”的方面说，也应该两害相权取其轻。

为了推进城市化，在城市管理制度方面，需要解决四个问题。

一是改进户籍制度。中国户籍制度之严，世界各国所无，成为计划经济体制的重要基础。根据发展市场经济的要求，放宽户籍限制，使户口只具有标志居住地的意义，在户口不再体现特殊福利含义的条件下，逐步实现城乡人口的平等权利。

二是住房问题。进城务工人群职业不同，工作地点不同，居住情况也不同。建筑行业农民工的住所只能是临时的，流动的。高收入者不少人买了房子，已经不成问题。问题是，大量普通农民工的居住问题在城市建设规划中还没有考虑，同城市化的迅速发展很不适应。许多人租住市民或郊区农民的房子，或者在院子里搭个棚子，不少是违章建筑，有的则住在地下室。为了防止出现发展中国家城市化进程中所常有的贫民窟，防止出现可能影响社会稳定的“××村”、“××街”之类的特殊社区，应该使进城务工农民有安身之所，包括规划建设一些造价比较低但符合基本安全和卫生标准的简易廉价出租房。这也是加强管理和维护社会稳定的需要。

三是培训问题。要通过培训帮助进城农民适应新的生活和工作环境。可以采取一些简单易行的办法，由政府用两三天时间，对刚进城的农民工进行初步培训，讲做城市居民的基本规矩，比如不随地吐痰，不光膀子上天安门广场和王府井，不大声喧哗，要遵守交通规则等等，免费发给证书；用人单位得此证书方可录用，再根据需要进行业务训练。这样做所费不多，好处很大。

四是子女教育问题。进城务工农民的第二代已经成长起来。1993年北京就有“浙江村”幼儿园，并且出现了第一所民工子弟学校。现在北京市这种学校已经有200多所，规模最小的只有十几个学生，最大的已经有1000多名学生。上海、广州、武汉、南京等地都有这种非正规学校，事实上成为基础教育的一部分，但处于无人管的状态。这个问题不解决，不仅影响今后城市劳动力的素质，甚至可能成为社会不安定的因素。

中国农村人口太多，城市化要多种渠道，大、中、小城市和小城镇合理布局。要因地制宜，讲究效益，不是为城市化而城市化。据调查，外出务工农民落脚点，在东、中、西部的比例是6:3:1；进入大中城市、小城镇（含县级市）和别地农村的比例是4:4:2。这说明：外出务工农民，从区域来说，大部分是进入东部经济比较发达地区的；从城市和农村来说，大部分是进入城市的，大中城市占40%，如果加上县级市和县城，当在50%以上。20世纪80年代提出“离土不离乡”，促进了乡镇企业发展，也有很大局限性。对于实现城市化，目前不能过分寄希望于小城镇。据统计，1979～1984年六年间，乡镇企业累计占地8000万亩，共吸纳5500万人就业，人均占地1.45亩，高于全国人均耕地面积。小城镇和小集镇人均用地450～550平方米，如果用小城镇的办法转移4亿农村人口，要占3亿亩耕地。公安部在382个城镇进行户籍管理制度改革试点，两年共给54.4万人办了小城镇户口，平均每个镇1424人。条件是有合法稳定的非农职业，或者有稳定收入来源和合法固定住所。这很像发达国家吸引发展中国家移民的政策，要么“投资移民”，要么“技术移民”，对几亿中国农民来说是不现实的。从发展趋势来看，当然要重视小城镇在劳动力转移中的作用，但大中城市的作用并不亚于小城镇。因为城市人口规模大，第三产业容易发展起来，有聚集效应。由于交通运输条件的改善和生产力布局的变化，现在城市形态也在变化，珠江三角洲和长江三角洲已经成为城市群，大中小城市和小城镇连为一体，京、津、唐地区也在向这个方向发展。这也是城市化的一种形态。

过去害怕和限制农民进入城市有当时的背景，特别是经过20世纪60年代初的三年饥荒，人们心有余悸。现在情况变化了，要有新的认识和政策。在推进城市化方面，也有解放思想的问题。城乡分割是历史包袱，这个历史遗留问题解决得好，可以成为促进发展的契机。联产承包制就是利用城乡分割，实现了经济体制改革的成功起步。城市化的推进会促进二元经济结构的转变，极大地增加中国经济的活力，加快现代化的步伐。这也是一个历史机遇。

我国现在的城市化水平，大致相当于英国1850年（37%），北美1910年（41%），日本1950年（38%）。韩国20世纪50年代初是5%，30多年时间就达到80%以上，说明发展到一定阶段，城市化进程会加快。我国已经进入工业化中期阶段，正是城市化加快发展的时期，对城市化的前景可以做乐观的预期。考虑到中国人口多和地区发展不平衡的特点，做稳妥的估计，城市化率每年提高一个百分点左右，

2020 年也可以达到 55% ～ 60%，2030 年可以达到 70% 左右。这是从根本上解决农村问题，促进整个国民经济持续发展的重要途径。

需要说明的是，加快城市化的进程，丝毫不意味着可以放松对农村发展问题的关注。因为，即使城市化能够顺利推进，能够极大地缓解农村发展面临的困难，2020 年农村还会有 5 亿以上的人口，2030 年还会有 4 亿以上的人口，农村、农业和农民问题还是中国经济和社会发展中的一个大问题。2020 年之前，这个问题更为突出。

关于第三步战略部署的研究[①]

（2002 年 1 月）

按照分三步走实现现代化的战略部署，在 20 世纪结束的时候，已经如期地实现了前两步目标，从 21 世纪初开始走第三步。现在提出加强关于实施第三步战略部署研究的问题，是必要的。我提一些观点和判断，供进一步研究参考。

一、具有重要历史意义的阶段性变化

经过 20 多年的改革和发展，中国社会经济面貌发生了具有重要历史意义的阶段性变化，表现出许多重要的阶段性特征。可以做出以下五点基本判断，这些基本判断，也是观察现阶段中国经济问题的基本出发点：

（一）经济体制发生了带有根本性质的变化。社会主义市场经济体制初步建立，初步实现了经济体制转轨。20 世纪末期，我国经济的市场化程度，综合评价已经超过 50%。就是说，中国已经由实行计划经济体制的国家变为实行社会主义市场经济体制的国家。

（二）全方位对外开放的格局基本形成，中国已经由封闭半封闭型的经济转变为开放型经济。重视发展对外经济贸易关系并不是改革开放以来才有的，这方面带根本性质的转变是：由有限领域的开放转

① 这是作者写的一份研究报告，当时在全国政策咨询工作会议上印发过。这里的主要观点，成为作者所主持的国务院发展研究中心重点课题《中国经济的阶段性变化、面临的问题和发展的前景》的基调，该课题报告为党的十六大确立全面建设小康社会的奋斗目标提供了重要参考。

变为全面的开放，由根据短期需要实行开放转变为根据长远发展目标实行开放，由对部分国家开放转变为对整个世界贸易体系开放，由不规范的、通过个别谈判解决问题转变为根据国际市场经济的通行规则实行开放。中国经济呈现出越来越明显的国际化趋势。

（三）经济结构实现重大调整，工业化进程加快，已经由工业化初期阶段进入中期阶段。根据是：第一，伴随工业化进程，三次产业构成呈现出明显的由低级到高级、由严重失衡到基本合理的变动趋势。1978～2000年，在农业迅速发展，农产品供给实现总量基本平衡、丰年有余的历史性转变的情况下，第一产业增加值的比重由28.1%下降为15.9%，第二产业由48%上升到50.9%，第三产业由23.7%上升为33.2%，长期制约我国经济发展的原材料、能源和交通运输等“瓶颈”得到基本缓解，现代服务业正在兴起。第二，在人口总量增加3亿的情况下，农业劳动者比重由70.5%下降到50%以下，二、三产业就业上升到50%以上。第三，已经建成比较完整的工业体系，制造业能力比较强大，结构调整和科技进步的贡献日益明显，高新技术产业成为拉动工业乃至整个经济增长的重要力量，工业生产对需求变化的适应性增强。第四，农产品等初级产品在出口量迅速增加的情况下，在出口商品构成中所占比重大幅度下降。从1980年到2000年，初级产品所占比重由50.3%下降到10.2%，工业制成品比重由49.7%提高到89.8%；高新技术产品出口从无到有，占出口总额的比重达15%以上。按世界银行经济学家钱纳里在60年代提出的工业化划分标准，换算为1998年汇率，工业化初期为人均GDP1200～2400美元，中国还没有进入工业化初期阶段；按购买力平价计算，工业化初期为人均3010～5350美元，中国刚刚进入工业化初期。这种判断，显然不符合中国的实际情况。中国是个发展很不平衡的大国，有十多亿人口，有特殊的历史文化传统和体制背景，进行国际比较，有许多指标会发生扭曲，在许多方面有不可比性。例如，恩格尔系数、外贸依存度和基尼系数等，都有此类情况。

（四）经济实力显著增强。1981～2000年，中国经济年均增长9%以上，2000年GDP相当于1980年的6倍以上，在人口增加3亿的情况下，实现了人均翻两番的目标，超过了改革初期确定的经济总量20年翻两番的目标。长期存在的市场商品供应短缺的状况已经结束。市场供求格局的这种变化，是一种带有根本性质的转变，表明经济增长已经由供给约束为主的阶段，转变为需求约束为主的阶段。这是生产力发展的结果，也是体制转换的结果。

（五）人民生活实现了两步历史性跨越，即从贫困到温饱，又从温饱到小康。现在是总体上达到小康水平。根据国家统计局2000年11月《中国小康进程综合分析》报告，全国74.84%的人口达到小康水平。就是说，还有大约1/4的人没有达到小康水平。说“总体上”达到小康水平，是考虑了全国发展不平衡的情况。

这些重大的阶段性变化，用一句话来概括，就是：按照分“三步走”实现现代化的发展战略，现在完成了头两步，开始走第三步。这个基本判断，是制定下一步发展战略的出发点。这是就全国总体情况来说的，地区经济发展不平衡，各地情况差别很大，可以做出不同的判断。

这些阶段性变化，是整个社会主义初级阶段发展进程中所包含的具体阶段变化。现在我国仍然处于社会主义初级阶段，绝不能因为20年来取得的伟大成绩而动摇了这个根本判断。“三步走”走了头两步，并不意味着走完了现代化全程的2/3。大约还要经过50年左右时间的努力，到21世纪中叶，才能基本实现现代化。这是指在全国范围内基本实现现代化，而不只是个别发达地区的现代化。对中国现代化建设的长期性和艰巨性，要有足够的认识。考察中国经济，要注意“总量”和“人均”两个方面。从经济总量来说，中国大陆已经居世界第六位，2020年之前可能仅次于美、日而居世界第三位；但按人均来说，现在刚进入中等偏下收入的国家行列。如果按购买力平价计算，中国的经济总量要大得多，但人均仍然是刚刚进入中等偏下收入国家的行列，在世界上的位次变化不大。经济总量表明的是经济实力，人均更说明富裕程度。

二、关于实现第三步战略目标的阶段划分和基本任务

如何建设小康社会并逐步走向现代化，是需要研究的重大课题。

实现第三步战略目标大体需要50年，也就是21世纪的前50年。这50年必然还要经历若干具体的发展阶段。按照现在的原则设想，是划分为三个阶段，也可以说是实现第三步战略部署的“小三步走”：2001～2010年为第一阶段，2011～2020年为第二阶段，2021～2050年为第三阶段。关于第一阶段的奋斗目标，已经有了几个正式的提法，第二阶段也有个别总体性的要求，但都比较简略。当时这样做就够了，实践还没有提出更具体的要求。至于第三阶段，除了基本实现现代化的总目标外，目前也很难提出具体的指标。理论界也还有其他一些划分方法，例如把2011～2030年划为第二阶段。不管按哪一种方法划分，都需要提出每一阶段，特别是第一阶段比较具体的奋斗目标，大体上应该包括经济总量的增长，人民生活水平和质量的提高，工业化、信息化和城市化的进展，体制创新的推进，二元经济结构的转变，开放型经济体系的发展，国际竞争力和科技教育事业的发展，可持续发展状况，社会全面进步的要求，等等。确定这些奋斗目标，需要根据现有基础和发展潜力，进行科学的计算和预测。实现现代化是个过程，各方面的目标在不同阶段的实现程度不同，既要有总的要求，又要有阶段性的要求。

有一些关于发展目标的基本设想或提法，还需要进一步研究和明确化。在制定“十五”计划的时候，已经提出，从新世纪起，进入全面建设小康社会，加快社会主义现代化建设的新阶段。这是一个可以管比“十五”计划更长时间的总的提法。既然已经实现了前两步，为什么还提出“全面建设小康社会”这个奋斗目标呢？因为现在达到的，还只是不全面的，低水平的，发展很不平衡的小康。“全面建设小康社会”的含义是什么？至少应该包括三个方面的内容：第一，是小康水平的普及和巩固，目前农村还有3000万人没有解决温饱问题，还有6000多万人处于低水平的温饱，城镇有1800多万人是收入在最低生活保障线之下的贫困人口，这些人要首先解决温饱，然后达到小康，

这样才能把现在“总体上达到小康水平”的“总体上”三个字抹掉。第二，是提高小康水平，就是说，小康也有一个从低到高的发展过程，要逐步地从低水平的小康达到较高水平的小康。第三，是全面性的要求，就是说，不仅是经济发展和提高人民生活，还包括实现社会全面进步。提出全面建设小康社会，符合现阶段中国国情，而且可以把第三步战略部署和第二步战略部署衔接起来，采取这样的低调在国际上也比较有利。还有，“全面建设小康社会”是未来50年的历史任务，还是其中一个阶段的历史任务？发展进程可能会是这样：前一个阶段，例如2021年以前，侧重于“全面建设小康社会”；在实现上述目标之后，虽然中国社会仍然处于小康阶段，但可以逐渐淡化“小康”的色彩，把着重点放在“实现现代化”上。现在已经提出2010年要达到“更加宽裕的小康生活”，那么，2020年是否也要提出阶段性的目标？看来还是有个说法好。

中国实现现代化要参照国际经验，遵循具有普遍意义的客观规律，但必须符合中国的实际。中国国家大，人口多，地区发展不平衡。建设有中国特色的社会主义，不仅是指在发展道路上有自己的特色，作为现代化目标本身也会有自己的特色。例如，即使再经过几十年的奋斗，与发达国家相比，中国的农业劳动者数量仍然会比较多，地区发展不平衡状况仍然可能比较明显，等等。不同国家的国情不同，现代化的标准也不宜一概而论。例如，日本的人均居住面积明显小于加拿大这样的国家，但并不能因此而否定日本的现代化。这个问题很重要，涉及全国的乃至各地的第三步战略部署的实施问题，也涉及经济发展和制度建设的战略构想。现在看来，中国实现现代化的进程，至少有三点是应当把握的。

一是，不平衡性或多层次性。中国地区差距大，各地在实现现代化进程中必然有先有后，在一定时期内实现现代化的程度必然有高有低，发达地区可以而且有条件率先实现现代化。但是，必须注意到国家现代化的整体性，不能层层分解，划小地区范围，降低现代化标准，纷纷宣布率先实现现代化。那样做并没有实际意义，反而可能产生消极后果。

二是，现代化标准的全面性。中国的现代化，不仅包括建设高度的物质文明和精神文明，还应当包括制度文明建设，这就是说，不是两个文明建设，而是三个文明建设。此外，还应该包括可持续发展进入良性循环（也可以称为生态文明），等等。也就是说，现代化不仅意味着物质财富丰富和生活水平提高，而且意味着社会全面进步。

三是，现代化标准的动态性。为了具有可比性，通常需要以一定时点上的某一类国家作为参照系。但是，现代化的标准会随着技术进步、世界经济发展和社会变革而不断变化，不会停留在一个固定的时点上。我们选择参照系时，既要符合本国国情，又要顺应世界发展潮流。

21 世纪头 50 年中国现代化的具体发展进程，现在还难以准确判断，因为有许多不确定因素。

在未来 10 ～ 20 年，需要着重研究解决如下七个方面的重要问题。

（一）在新的起点上推进工业化。这是今后相当长时期中国经济的一个带根本性的问题。中国工业化的历史任务尚未完成。在新的发展阶段，中国的工业化和现代化战略，要适应技术进步、结构升级和可持续发展的新要求。发展途径，要由主要依赖自然资源、物质资本和劳动力扩张的传统路径，转向主要依赖教育、科技、制度促进经济发展的新路径；经济发展目标，要由追求国民经济快速增长的单一目标，转向更加关注人的全面发展需要，追求经济社会协调发展的多重目标；经济结构调整，要由以往那种在比例关系遭到破坏时所进行的被动的适应性调整，转变为主动的战略性调整。不仅要重视现实需求的变化，也要重视潜在需求的变化。产业结构调整和升级的实质，是提高经济增长的质量和水平。中国是发展中大国，经济发展很不平衡，有很先进的东西，也有很落后的东西，人造卫星、自动化、机械化、半机械化和手工劳动并存。要处理好发展高新技术产业和改造传统产业的关系。情况将会是这样：高新技术产业发展速度快于传统产业，而在相当长时间里，传统产业在整个经济中仍将占主要份额。以信息化带动工业化，还要处理好发展资本密集型产业和劳动密集型产业的关系，发挥我国劳动力充裕和便宜的优势。利用新的技术革命成果是中国经济发挥后发优势的主要途径，要高度重视新技术革命的发展趋势及其对经济的影响。实现结构调整和升级的机制和方式也需要研究，这是要通过深化改革解决的问题。

（二）加快城市化进程。这也是今后相当长时期中国经济的一个带根本性的问题。在中国人多地少的情况下，如何顺利实现农村经济的现代化，还需要在实践中继续探索。在温饱问题解决之后，农村经济发展面临着新的形势和问题，也就是农村如何逐步走向现代化的问题。过去“三农”（农村、农业、农民）问题是一个问题，现在已经不完全是一个问题了，农村问题和农民问题已经不限于农业问题。“手中有粮，心中不慌”的阶段已经过去了。现在应该说两句话：一句是“手中无粮，心中必慌”；一句是，“手中有粮，未必不慌”。非农业收入在农民收入中所占的比重越来越大。根据典型调查，农村的非农业收入，东部地区为76%，西部地区也达到50%，粮食主产区为36.7%。解决“三农”问题，除推进农村的建设和改革外，需要从农村外部和内部两方面共同努力。在农村外部应当采取的重大举措，一是加强国家财政对农村经济的扶持力度，例如取消农业税和农林特产税，以及农村中小学义务教育经费由国家财政负担；二是打破城乡分割，推动农村人口向非农产业转移，加快城市化进程。大量的农村人口向非农产业转移，是中国现代化进程中最艰巨的历史性任务。这包括就地转移和进入大中小各类城市。不能都拥入大城市，要重视小城镇的作用，一些发展中国家的“城市病”，例如贫民窟这样的问题，是必须注意防止的；但光靠发展小城镇是不够的，必须重视发挥大中城市的作用，实现大中小城市和小城镇协调发展。“城市化”和“城镇化”所表达的内容基本是一致的，都是农业人口转向城市或城镇，从事非农产业。

（三）开发西部。西部大开发是一项长期的发展战略，也是一项艰巨任务。这个问题的实质，是落后地区如何加快发展，缩小地区发展差距。有利条件是，实施西部大开发战略，国家也有可能用更大的力量支援落后地区发展。不利因素是，不少地方自然环境恶劣，以及因为劳动力近乎无限的供给所引起的东部产业向西部转移所遇到的特殊困难。近期地区差距还是扩大的趋势。全国是这样，省、自治区内部也是这样。西部地区，包括西南五省、自治区、直辖市，西北五省、自治区，加上比照实行国家优惠政策的两个民族地区内蒙古和广西，国土面积约占全国的71.3%，2000年人口占28.5%，GDP占17.8%。经济比较发达地区在今后相当长时期仍将是中国经济增长的主要支撑。如何根据市场经济体制和形成全国统一市场的客观要求，促进地区协调发展，逐步实现共同富裕，有大量政策问题和实际问题需要研究。

（四）实现可持续发展。温饱问题解决之后，要把可持续发展提到重要日程。从国家的经济实力来说，现在有条件用更大的力量来解决这个问题。主要是人口、资源和环境的问题，以及发展教育和科技的问题。这些都是老问题，在新的发展阶段又有新的情况需要研究和应对。例如人口问题，这是制约中国经济的重要因素，对于中国的经济体制和经济政策也有重要影响。1954年10月人口普查6亿人，增加1亿人口所用的时间，最短的是1969年9月到1974年6月，4年零9个月。过去20年增加3亿，说明急剧增长的势头已经放缓，但总量还会继续增加，2035年前后峰值可能接近16亿。除了继续控制人口数量和提高人口质量外，还要面对人口老龄化问题。我国60岁以上人口已经占到总人口的10%以上，2020年65岁以上老人将占总人口的12%。我国人口基数大，在经济不发达的条件下进入老龄社会，“生之者寡，食之者众”，社会保障是个大问题。除人口问题外，还有需求量日益增加的资源供给问题，新的发展阶段和新的国际格局下的环境问题，以及市场经济体制下的教育和科技体制改革和发展的问题等等，都需要研究解决。

（五）提高城乡人民生活水平。这是我们发展经济的根本目的，也是开拓国内市场和支持经济持续增长的条件。温饱问题得到解决和初步达到小康以后，要致力于改善消费结构和提高生活质量。当前要着重解决的，一是理顺社会分配关系，一是扩大就业。劳动就业是个长期问题，今后几年劳动力供给增长较快，对劳动力需求的增长却比较慢，加上经济结构调整和加入世贸组织所产生的结构性失业，问题会相当突出。目前国有企业下岗职工500多万人，城镇的失业率，包括登记失业者、下岗和未登记失业者，总计在10%左右。这里还没有计算农村1亿以上（占农村劳动力总量的1/3）的剩余劳动力。由于农业的季节性特点以及大量剩余劳动力，农村就业很不充分，一些地方是“一个月过年，三个月种田，八个月赌钱”。就业不充分是世界范围的大问题，在我国也是影响人民生活和社会稳定的一个大问题。要将扩大就业、降低失业率作为提高居民收入、维护社会安定的一项基本政策。由于地区发展不平衡，农村还有几千万人口处于贫困状态；由于体制转换和结构调整，城市有1800多万人口处于贫困状态。部分群众生活困难的状况短期内难以完全消除，需要加强对失业和贫困群体的基本生活保障，而这种保障目前只能是低水平的。

（六）发展开放型经济。加入世贸组织，标志着我国对外开放进入新的发展阶段。建立适应全球竞争形势的开放型经济体系，是经济发展的目标，也是经济体制改革的目标。中国的现代化只能在发展开放型经济的过程中实现。经济全球化的发展趋势，继续实行对外开放政策，是考虑这个问题的背景和基本立足点。当今世界经济有三种发展趋势：国家经济振兴，经济区域化，经济全球化。国际经济贸易关系的迅速发展，世贸组织规则的普遍化，各国在经济上相互依存程度的提高，都是经济全球化的表现。北美自由贸易区、欧盟和欧元，都是经济区域化的表现。欧元是没有政府的货币，欧元区各国成了没有货币的政府，对于世界经济的未来具有重要的象征性意义。国家经济振兴是加入全球化的基础，经济区域化是全球化的重要表现形式或阶梯。如何更多地参与全球经济游戏规则的制定，在经济全球化中把握主动，是需要特别关注的问题。中国在经济区域化中的作用，例如中国同东盟自由贸易区的建立、中日韩的经济关系乃至更广泛的东北亚经济贸易区的建立，以及“中华经济圈”的设想，也应该作为中国加入经济全球化进程的组成部分得到特别关注。中国作为发展中国家，振兴国家经济是加入经济全球化进程的目标，关键是在全球竞争的条件下增强自身的国际竞争力。

（七）制度创新。现在仍然处在经济体制转换时期，必然的情况是：计划经济体制的消极影响还没有完全清除，市场经济体制还不健全，市场经济本身所固有的矛盾已经开始显示出来。几种矛盾交织在一起，经济发展仍然经常遇到体制性障碍。加入世贸组织标志着经济体制改革进入新的阶段，即建立与国际市场经济接轨的、比较完善的社会主义市场经济体制的阶段，经济体制改革面临新的问题和压力，也带来新的推动力。在新的发展阶段，仍然要高扬改革的旗帜，通过体制创新，形成和巩固全国统一的大市场，促进经济发展。建立面向世界贸易体系的、多种经济成分共同发展的、追求社会公正和共同富裕的、法治的社会主义市场经济体制，不论在理论上和实践上，都还需要继续探索。制度创新既要遵循国际通行规则，履行我国加入世贸组织的承诺，也要根据中国经济发展和社会承受力的实际情况，及时总结经验，坚持走自己的改革道路。

以上讲的，大体限于经济方面的问题。现代化既然意味着社会全面进步，那么，文化教育，科学技术，乃至政治建设等等，毫无疑问也都是需要专题加以研究的。

三、开拓发展空间，防范经济风险

我国正处在经济迅速发展时期。新的技术革命赋予工业化新的内容，以信息化带动工业化，有可能实现跨越式发展。产业结构的调整和升级，城乡基础设施建设的开展，科学技术的进步，都会造成新的经济增长点。人民生活刚从温饱进入小康，城乡居民收入的增加，消费结构的升级和消费水平的提高，也会造成新的经济增长点。经济全球化和对外开放政策的实行，又为我们提供了广阔的国际发展空间。中国经济有巨大的增长潜力。

中国经济也具备持续增长的物质基础。现在，我们已经具备了比较雄厚的物质技术基础，又可以引进先进技术装备，扩大内需遇到的困难和过去物资匮乏的困难性质不同。经济体制逐步完善给经济增长提供了体制保证。党的正确路线、方针、政策和安定团结的局面为经济增长提供了政治保证。

按照现在的预期，2001 ～ 2010 年 GDP 翻一番的目标是可以达到的。第二个十年，即 2011 ～ 2020 年，争取 GDP 翻一番也是有可能实现的。即使2010年以后增长速度下降，如能保持6%的增长速度，12年也可以翻一番；保持6.5%的增长速度，11年可以翻一番。再往后，保持5%的增长速度，15年也可以翻一番。这样，按不变价格和汇率计算，2050年GDP将达到2000年的16倍。如果发展平稳，达到这样的目标，21世纪中叶基本实现现代化的目标是能够达到的。

在我们这样一个有十多亿人口、经济落后而又发展很不平衡的大国，实现现代化并非轻而易举和没有困难。道路并不总是平坦的。中国经济已经历了20多年的高速增长，被全世界视为奇迹，再有15年、20年甚至更长期的高速增长，在客观上有更大的困难，需要付出更大的努力。因为，中国实现现代化，不仅要实现经济体制和经济增长方式的根本性转变，而且要实现社会的根本性转型，即从二元经济结构到现代社会经济结构的转变；不仅要建设高度的物质文明和精神文明，而且要建设与之相适应的制度文明。我们具备许多有利条件，也有不少不利因素，国内外环境中还有不少不稳定和不确定因素。为了充分利用有利条件，化解不利因素，开拓发展空间，防范可能发生的风险，以下六个方面是至关重要的。

（一）扩大内需。扩大内需的实质，是开拓国内市场。扩大内需最初是作为短期政策提出来的，很快就认识到这是一项长期政策。几年来的实践是成功的，对于保持经济快速增长起了非常积极的作用。现在看来，扩大内需不仅是长期政策，而且应该成为长久政策。其实质是扩大国内市场需求，也就是扩大国内经济增长的空间。这是在新的发展阶段，在经济增长由供给约束为主转向以需求约束为主的条件下，宏观经济政策的重大转变。由此开始，宏观经济政策取向由控制需求为主，转向以扩张需求为主。扩张性的财政政策是扩大内需的重要手段，但扩大内需不等于扩张性的财政政策。扩张性的财政政策，虽然需要连续几年，也还是短期政策，而不能说是长期政策，更不是长久政策。目前财政赤字占GDP的比重尚处于世界公认的安全线以内，仍然需要通过发行国债刺激经济增长，但要注意到财政的债务依存度面临不断提高的压力：为促进经济增长，缓解就业压力，要求国债规模持续增加；金融机构资金配置效率和资产质量低下，社会保障欠账和粮食企业亏损挂账过多，地方政府和国有企业的隐性内外债务数量相当大。这里潜伏着风险。从长远的发展来说，扩大内需的内容不仅是实行赤字财政政策，主要不能靠赤字财政政策，而是用适当的宏观政策刺激社会投资，以及城乡居民在收入增加的基础上扩大消费。国计和民生关系的妥善处理具有重要意义，目前需要调整投资和消费的比例关系，适当提高居民消费的比重。1952 ～ 2000 年平均消费率为 65%，近 10 年只有 59.5%，1994 年只有 57.3%，2000 年上升为 60.8%，低于世界各类国家平均水平。虽然在经济高增长条件下，较低的消费率也能使居民收入增加，消费得到改善，但归根到底，国内市场的开拓要靠居民收入的持续增加和消费水平的不断提高。正是在这种意义上，我们说扩大内需是长久的政策。在这方面可以采取的政策空间是很大的。

（二）资源支持。这是关系中国现代化进程能否持续的大事。主要是水资源和能源问题。水资源短缺是我国经济和社会发展的严重制约因素，除了南水北调，还必须全面推行节约用水制度，包括大幅度提高水价，改进灌溉方式，改良耗水的机械设备，等等。能源主要是石油问题。国内石油开发不能适应需要，供需矛盾越来越突出，进口量很快就会达到 1 亿吨。有一种预计，2010 年石油的进口量超过 1.5 亿吨，对外依赖程度将达到 50% 左右，2020 年前后年进口量可能达到 3 亿吨，超过日本，成为仅次于美国的世界第二进口大国。而在世界石油市场，20 家大型石油公司垄断了全球已探明优质石油储量的 80%。必须把在国际上寻找稳定的石油资源供应作为经济发展的重大战略。这是关系我国经济能否持续发展的重大经济问题，也同国际政治格局和经济形势有密切关系。建立国内石油储备体系也是一个战略问题，要像过去抓粮食那样抓石油。根据我国资源相对短缺的实际情况，在对外贸易的战略选择上，除资源进口外，要减少初级产品出口、增加高资源消耗的产品进口以节约资源。虽然，随着科学技术进步和经济结构的调整，经济增长对自然资源的依赖程度会相对下降，但资源将长期是我国经济增长的重要制约因素，这是毫无疑问的。

（三）“走出去”。实施“走出去”战略的实质，是将我国的发展空间，从本土拓展到境外。我国是一个资源相对短缺的国度，实现经济发展的目标，要从世界市场取得必需的资源。要在经济全球化的背景下，发挥我国劳动力资源丰富的比较优势，利用国内外两个市场、两种资源，实现经济的超常规发展。回顾世界经济史，产业革命之后英国成为世界工厂，制造业占到世界的20%左右。后来德国和美国成为世界工厂，20世纪五六十年代以来日本成为世界工厂。现在全世界都在议论中国成为世界工厂。考虑到：在国际产业转移的大趋势下，发达国家继续将大量传统制造业向发展中国家转移；中国制造业有比较雄厚的基础，在未来相当长的时期仍将保持劳动力便宜的优势；中国巨大的国内市场潜力将继续吸引大量的外国投资；中国投资环境在发展中国家仍居前列并且在继续改善，中国有望成为世界级的制造业基地。但现在还不能说已经做到了这一点。1999年，美国制造业占全世界20%，日本占15%，我国只占5%（高于GDP所占比重），且产品品种少，档次低，真正大而强的企业不多。2001年进入世界500强的中国企业有11家，都不是制造业。中国外贸200强企业中，出口值75%左右是通过加工贸易实现的，只是世界加工厂的一个车间。努力使中国成为世界制造业基地，有利于发挥中国在国际分工中的比较优势，不会对其他国家造成威胁。一些发达国家出现所谓“产业空心化”，是追求利润最大化的必然结果，靠反对所谓“中国威胁”是不可能扭转的。要注意到，比较优势是动态的，而不是一成不变的。是否存在比较优势，以及潜在的比较优势能发挥到何种程度，不仅取决于我之方面，也取决于其他国家的发展态势和国际分工格局的变化。我们面临的问题是，如何提高科学技术水平，促进产业结构升级，增加出口产品的附加价值与技术含量，以及如何稳步发展对外投资，发展有国际竞争力的企业和企业集团，使中国真正成为全球经济中的强国。实现预期目标要应对更激烈的国际竞争。

（四）防范经济风险。市场经济体制增加了经济活力，经济全球化进程提供了发展机遇，同时也蕴含着新的风险。一些发展中国家，远者如巴西、墨西哥，近者如亚洲金融危机，以及正在发生的阿根廷经济危机，给我们提供了有益教训。发达国家如日本，也陷入连续10

年的经济停滞。最发达的美国经济，也有很大泡沫。我们只有小心谨慎地防范经济风险和危机，才能保证现代化建设顺利推进，不致因遭受重大挫折而发生中断。潜在的或可能发生的风险和危机往往难以预知，应对之策也有很大的权宜性质，唯有增强经济实力和经济竞争能力，提高警觉、改善管理和妥善应对，才能减少损失和躲避陷阱。最值得关注的是金融领域的风险。金融在现代经济中具有极端重要性，同时又具有很大的脆弱性。由于虚拟经济的膨胀，国际范围资本流动规模的空前扩张和金融投机的猖獗，加之我国金融体制不健全而又将更加开放，国际金融市场对中国的影响将越来越直接和强烈，一旦发生危机往往具有突发性和全局性。从长远来看，重要物资的供给保障，国家财政的健康运行，也是值得特别关注的。经济增长速度的波动是难以避免的，要竭力防范的是大的经济震荡和长时间的经济疲软。建立健全国家经济安全的预警系统和保障机制具有重要意义。

（五）化解社会矛盾。中国的现代化只能在社会政治稳定的前提下实现。中国社会正处于广泛而深刻的变革时期，在致力于解决旧的社会矛盾的进程中难免产生新的社会矛盾，新的不安定因素。由于科学技术的进步和生产力的快速增长，多种经济成分和市场经济的发展，使社会经济基础发生了带有根本性质的变化。不同利益群体分化，社会组织形态和管理方式转变，社会成员的思想观念、行为目标和行为方式与过去大不相同，社会生活存在过渡期所常有的失范和无序状态。社会活力在增加，社会矛盾也远较过去复杂，而过去一些协调社会矛盾的机制已经不起作用。要用适当的经济政策和社会政策防范和化解社会矛盾，包括积极增加就业和实施社会保障以解决贫困问题，调节社会分配关系以实现社会公正，整饬吏治、改善管理以清除腐败，加强教育以提高国民素质，以及健全新的条件下协调社会矛盾的有效机制以提高社会的和谐程度，防患于未然。这是党和国家在新的历史时期所肩负的重大政治使命，直接关系中国现代化的前途。

（六）关注国际环境的影响。在开放的条件下，国际环境愈益成为影响中国现代化进程的重要因素。中国已经越来越深地加入世界经济和贸易体系。随着加入世贸组织，市场开放程度和对外部经济环境的依赖程度将进一步提高，中国经济发展的未来在很大程度上受到外部环境的影响。和平和发展是时代的主题，在可以预见的时间内，世界大战打不起来，这种基本判断没有过时，仍然是我们观察国际问题的基本立足点。由此可以得出结论：我们仍然有条件集中力量进行现代化建设。不稳定性和不确定性增加是当前世界经济政治形势的一个明显特征，这种不稳定性和不确定性将越来越直接地影响中国经济的发展。要高度关注经济全球化和世界多极化的发展趋势及其对中国的影响，在世界经济和政治格局变化中趋利避害。中国作为世界上人口最多而且经济总量相当大的发展中国家，现代化的任何重大进展都会对世界经济产生影响，国际社会必然会做出这样或者那样的反应。中国作为世界大国兴起，不可避免地要参与大国之间的角逐，不可能不在国际上遭遇阻力。妥善处理对外关系，包括外交、对外经济贸易和对外文化交流等等，是直接关系中国现代化进程的。

以上所说，是现阶段中国现代化建设中的一些重大问题。现代化是一百多年来几代中国人的梦想，现在人们已经看见了现代化的曙光。西方发达国家实现工业化和现代化，经过200多年时间。中国自秦汉两千多年来，发生过多次改朝换代，但社会没有发生根本性质的变化，改朝换代而基本上没有换制。中国社会的根本性质的变化，是从19世纪中叶开始的。辛亥革命是社会性质的根本性变化，新中国成立是社会性质的根本性变化，都是有利于现代化的社会革命。从计划经济体制到社会主义市场经济体制也是深刻的制度变迁，是推进现代化的强大动力。中国如果从19世纪中叶发展近代工业算起，到21世纪中叶基本实现现代化，大约也是200年时间：新中国成立前大约100年；新中国成立到现在50年，初步实现了小康，再过50年实现现代化，也是大约100年。中国在现代化道路上存在的困难远比过去复杂，但现在的有利条件也是过去任何时候都不能比拟的。可以断言，在中国共产党的正确领导下，中国的现代化是一定能够实现的。

“发”的故事

——病室漫记

（2002 年 7 月 16 日）

7 月 11 日晚 8 时，腹疼难忍，赶到医院急诊。几位大夫检查，异口同声：阑尾炎。医生建议采取保守疗法。禁食，输液，连续 3 天，每天十余小时。竟然药到病除，过两天即可出院。

身体康复，闲着无事，记下几年来一直想写而又迟迟没有动笔，半个多世纪之前和阑尾炎有关的一个故事。

从前人们误把阑尾炎称为盲肠炎，这是我儿时最早知道的新鲜名词。虽然在 20 世纪 50 年代初，毛泽东已经按专家的建议，将其流传很广的著作中的“盲肠炎”更正为阑尾炎，在我的家乡至今仍把这种病叫作盲肠炎，甚至不少医护人员从众，明知故犯。可见习惯势力之强。

书归正传。我从小在外祖父家长大，那个村子叫大尚，一个颇为文雅的名字。大尚者，大商也，据说是因为商汤迁徙过程中曾在此地落脚而得名。外祖父院旁边是一条出村的斜路，路边有一块狭长的近似直角三角形的耕地，路正是它的斜边，角头部分有一个不小的粪池。在我刚记事的时候，粪池旁边出现一座新坟，埋葬的情形现已毫无记忆。埋的是本村商人侯明高，三角形的耕地和粪池是他家的。河南话单音词多，发酵，发臭，发财，甚至升迁，都可以用一个字表达：发。为了“发”，侯氏竟葬身于此污秽之地，不知是本人遗嘱，还是家属主张，真是匪夷所思。村人传说，侯在外经商发财，花钱扒肚洗肠，没有缝好，以致死亡。年龄稍长，才听人说，他患的是盲肠炎。但侯的家人和后人，并没有发起来。先是被日伪军烧了房子；1943 年大饥荒，全家外逃，大半饿死异乡。在我的记忆里，到 1949 年前后，只剩下侯明高孤苦伶仃的老伴。

近年来，侯明高式的唯“发”是求的思维方法广为传播，使我经常想起粪池旁那座坟墓。现在追求的，是一个普遍的数目字——八。中国固有迷信神秘数字的传统，但“八”并不神秘。带“八”字的词和成语，大多和数字有关，如八股文、八卦阵之类；有的则取其形象，如八字步、八字胡之类。许慎的经典著作《说文解字》，别出心裁，从象形将“八”解为二人相背，说“八”是“别也，象分别相背之形”，没有什么吉祥的意思。现在“八”字广受青睐，由南方迅即蔓延至全国，几乎成为全民性的吉祥数字。从南到北，大都通邑乃至穷乡僻壤，凡以“八”打头的车号、电话号码或者其他编号，人皆争相占有，不惜高价购求，连续几个“八”更是身价百倍。尝见北京科学会堂附近有一家“巴巴巴饭店”，初不得其解，思之恍然大悟，原来是“八八八”。此无他，粤语“八”谐音“发”也。人们希望发财，爱屋及乌，遂使“八”字大红大紫起来。商品市场的扩张伴随着“语言市场”的占领，比推广普通话要顺利得多。经济的力量大矣哉。

在两千多年的中国历史上，北方经济文化落后的少数民族，以剽悍的骑兵南侵，统治中原而终被同化，屡见不鲜。19 世纪中叶鸦片战争以后，这种局面为之改观，由南下变为北上。南方开放得早（在很长时间里是被迫的），得风气之先，其政治、思想、经济的力量往往影响着比较闭塞的北方。借外来的上帝名义发动农民革命的洪秀全，推翻帝制建立共和的孙中山，都是广东人。戊戌变法的领袖人物康有为和梁启超，也来自广东。和洪秀全作对的湘军起于南方，最先搞洋务的大体上也是这派人物。国共两党的许多主要领袖人物出自南方并不是偶然的。不待说，新近“八”的走红，是改革开放以来全民求富而南方走在前面的一个副产品。十多亿人民生活得到显著改善，许多人确实“发”了，这是好事。但是，大浪滚滚，不免泥沙俱下，受贿的贪官，不法的商人，欺诈圈钱的骗子，抢劫银行的大盗，杀人越货的暴徒，求“发”心切，不择手段，身败名裂，甚至性命不保者，也不乏其人。

敝乡方言，“八”字读音，如同表示拒绝的单音否定词“不”，没有任何吉祥的意思。但据说现在崇尚“八”字之风，亦无异于他乡。或许，年代久远，我的乡亲们把侯明高的故事忘却了，不亦悲乎。前年回乡，旧地重游，见出村那条斜路，已经不复存在，侯明高的坟墓和粪池了无痕迹。世事沧桑，后人面临着新的生存环境，许多重大事件和重要人物，很快就会在世人的记忆里消失，何况区区侯明高其人其事。当今科学昌明，信息通达，正处在所谓社会转型之期，社会风尚变化之迅速和剧烈，实在是过去所难以想象的。其中，确有许多全新的风尚；但也有新的东西借旧的躯壳而发展的，也有旧的东西借新的躯壳而保存的。新近一些城市改革汽车牌照编序方法，不再按 A、B、C、D 或甲、乙、丙、丁统一编号，而由车主自行申请自己喜欢的号码。这样做，不知道是否有技术上和管理上的必要性。但据说，其一大好处，是可以杜绝特权者对“八”之类吉祥数字的垄断，有利于反腐败。如果特权和腐败通过改变一个数字可以清除，那就再简单省事不过了。但究其实，这不过是从另外一个侧面，反映了侯明高式的对“八”的崇拜。可见社会积习改造之难。

（写于 2002 年 7 月 16 日，原载《散文》2003 年第 10 期）

关于中长期发展和改革的建议[①]

（2003 年 4 月 9 日）

总的判断，经济发展态势是好的，运行基本正常，一季度多数指标是乐观的。经济快速增长的主要支撑点，是投资特别是民间投资加速启动，消费结构和产业结构升级加快，以及开放型经济的拉动。这些因素，都是进一步上升的态势。外部环境，虽然世界经济有不确定因素，但世行、亚行、OECD 和其他国际组织普遍预期，今年世界经济增长率会高于去年，明年还会高于今年。在这种国内外环境下，我国经济今后几年仍有可能保持好的发展势头。这表明，中央经济工作会议对形势的判断，所决定的经济工作的方针，都是正确的，宏观调控政策不需要做大的调整和改变。中国经济发展不平衡，体积大，运行惯性很大，启动和刹车都不容易。对于经济发展中苗头性的问题，需要及早注意，采取预防性的措施，使之不致成为严重的倾向。例如，一些重要的建设物资因为价格上扬、供不应求而引发了新一轮的盲目建设；一些地方脱离实际争取上大项目；在房地产行业，高档住宅和高档写字楼也有过热的苗头；一些地方通过土地批租和银行贷款搞大而无当的“政绩工程”和“形象工程”；有的地方提出一些不切实际的指标，连经济不怎么发达的地方也要提前十年翻两番，实现全面建设小康社会的目标。这很容易成为经济过热和失控的动因，需要提醒注意，在这些方面动一动减速器。这些不良苗头也有惯性，而且有体制上的原因，即使三令五申，纠正起来也并不容易。

我认为，在关注当前形势的同时，可以利用现在日子还比较好过

① 这是作者在国务院总理温家宝召开的座谈会上的发言。

的时机，远近兼顾，考虑和解决一些中长期发展中的重大问题。我提几个问题。

按照党的十六大关于全面建设小康社会的战略目标，是不是可以在制定“十一五”计划的同时，考虑2020年远景规划，就如同制定“九五”计划的时候就考虑了2010年的远景目标。远景规划当然只能是粗线条的，但很有好处，可以对于全国的和各个地方的全面建设小康社会，有一个正确的引导，防止由于盲目性而产生的偏差，保证经济持续稳定发展。中国发展不平衡，全面建设小康和实现现代化进程也不平衡，同时国家现代化又有整体性，不能层层分解，缩小范围，纷纷宣布“率先实现”。有一个全国性的总体的规划很重要。这是第一个问题。

第二个问题，把适当提高居民消费占GDP的比重作为一项大政策。改革开放初期消费率曾经明显提高，带有对过去长期“高积累、低消费”政策“矫正”的性质，对国民经济的恢复和发展起了重要作用，也为改革提供了必要条件。其后多年消费率呈下降趋势，2000年中国城乡居民家庭最终消费支出仅占GDP的49%，远低于世界平均水平（62%），也低于低收入国家（69%）和中等收入国家平均水平（62%，其中下中等收入国家为56%，上中等收入国家为65%）。是全世界消费率最低的国家之一。从几十年的历史经验看，过高的投资率往往是经济过热的表现。比较高的投资率是维持经济增长的必要条件，我国处于工业化的中期阶段，资本技术密集型工业加速发展，以及维持高增长率的要求，是导致投资率高的重要原因，有其合理性。在经济高增长条件下，消费率稍低一些，人民生活也能有所改善。即使如此，理论界普遍认为，目前40%左右的投资率也明显偏高，提高居民消费率还有比较大的政策空间。如果2020年提高到60%左右，介于2000年下中等收入国家平均水平（56%）和世界平均水平（62%）之间，应该是可能的。在新的发展阶段，逐步提高城乡居民消费的比重，更多地关注民生，是扩大国内市场的根本途径。这样做会使投资率有所降低，但市场的扩大会培育经济持续增长的基础。现在发展和改革进程中积累起来的社会矛盾不少，有些还很尖锐，适当地降低投资率，提高消费率，对于化解社会矛盾，维护社会稳定，是很重要的。其结果，无非是暂时少上几个大项目，这不会影响国家建设进程，而会有利于持续发展和长治久安。这是国计和民生关系的大问题，需要一些大的具体政策设计。中央已经采取了不少措施，如扩大城市低保、扩大就业、免除农林特产税等等，进一步采取措施的政策空间还不小。例如，在社会保障、医疗保险、教育等方面减轻群众负担，解除后顾之忧，就可以刺激即期消费。

第三个问题，关于农村的发展和稳定。在现阶段，要实现城乡协调，总的政策取向，应该是适当向农村倾斜。

农村改革需要综合考虑。减轻农民负担需要有大的举措。农村税费改革可能有些“夹生饭”，提出警惕重蹈“黄宗羲定律”的危险是击中要害的，但现有的举措还不足以保证避免这种危险。这方面还有不小的政策空间。

例如基层政权建设和乡镇机构改革，在精简机构的同时，是否可以做些长远的制度设计，以巩固和扩大精简的成果，求得长治久安。可不可以考虑，把“乡”这一级政权，变成乡公所，作为县的派出机构。中国自秦汉到魏晋南北朝有乡级政区的设置，但都不是严格意义上的政权机构，国家政权的末端是县级；自隋唐到明清没有乡级政区的设置；民国年间又有“乡”，但不是一级政权。我们1931年在革命根据地设置乡级政权，中间经过人民公社的政社合一，一直延续至今。但过去“乡”这一级政权的功能是不完备的，20世纪80年代以来功能越来越完备，人员也越来越多，这是行政体制改革不成功的方面。乡级政权的存在能解决不少问题，同时也产生了诸如供养人员过多和农民负担加重的问题，以及由此而引起的许多矛盾。不撤庙不大容易减人，往往“春风吹又生”。过去下乡靠两条腿，现在坐汽车，交通方便了，管理半径应该相应延长。这是一个大问题，涉及宪法相应条款的修改，我希望在下次修改宪法时能够加以考虑。

农村长期发展离不开教育。农村义务教育的投入机制问题还没有完全解决，不少地方反映，在农民负担减轻后农村义务教育更难了，教师大量流失，学校难以为继。

增加农民收入可以想得更宽一些。例如改进征地制度。现行的征地制度有缺点，有些好的规定执行得也不是太好。在工业化和城市化过程中，部分农业用地转为非农用地是不可避免的，但要统筹规划，节约使用，并且要保护农民的权益。有研究估计，过去靠工农业产品“剪刀差”剥夺农民，1953 ～ 1985 年，农民总共损失 6000 ～ 8000 亿元（按当年价格计算）；改革开放以来通过低价征用土地，农民总共损失约 2 万亿元（按当年价格计算）。在土地转让费总额中，征地费所占比重很低，一些地方调查不到 5%。据反映，在不少地方，50% 以上的农民上访同土地使用权转让有关，已经成为影响社会稳定的一个重要因素。因为这是县、乡收入的重要来源，地方干部积极性很高，有愈演愈烈之势。这种原始积累性质的剥夺，是农民收入增长不快和城乡差距进一步扩大的一个重要原因，也是一些地方得以出台各种“宏伟”规划和建设各种“形象工程”的条件。廉价征地使农民遭受的损失，一部分变成了工业化的原始积累；一部分进了开发商的腰包，造成一些人的暴富，不少腐败和犯罪案件同土地转让和开发有关，这就没有任何积极意义了。需要有新的立法和大的政策，既保证国家建设用地，又保证农民的土地权益。也只有这样，才能真正形成节约使用土地的机制。这样做，原始积累会少一些，但从长远看，工业化进程并不会放慢，相反，因为农村的社会稳定和农民收入的增加，会保证工业化更迅速、更稳妥地进行。这也是工业化的两种思路问题。

第四个问题，经济体制改革需要统筹谋划。现在各方面的改革头绪复杂，要求很多，相互之间取向有一致的，也有不一致的，甚至相互矛盾的，需要统筹谋划。1993 年十四届三中全会关于社会主义市场经济体制的决定，五十条是个总体设计。十年来有很多新变化和新问题，需要总结经验，研究国内外新的情况，综合规划完善社会主义市场经济体制的措施，分别轻重缓急，有秩序地推进改革。

《王梦奎自选集》[①] 序

（2003 年 5 月 10 日）

这本集子，是从 1979 年以来我所写的文章中选出来的。

理论工作包括理论研究、理论教育和理论宣传，我是从理论研究的角度编选的，就是说，力求有一些新的探索，新的见解，或者新的概括。37 篇文章，大多是论文，也有几篇是经济调查和政策建议；考虑到读者的兴趣，所选文章数量厚今而薄“古”，即近期多选而远期少选。另有附录两篇，是讲读书、研究和文章写作的，是我从事研究和写作的追求和感受，希望能方便读者对于我的文章的了解和批评。正编和附录，分别按写作时间先后为序编排。

中国社会正在经历着深刻的变革，在走向现代化的道路上迅猛前进。我有幸躬逢其盛，参与这场变革，并且尽了自己一份微薄之力。这 20 多年，我一直在党和国家的领导机关从事经济政策和理论研究工作，不论是参与决议和文件的起草，还是自己公余的研究和写作，从大的方面说，都是围绕着中国现代化这个主题进行的。这本集子所选的文章，尽管内容和体裁不一，都是在理论工作者应该关注的视野之内。

赵翼论诗：“满眼生机转化钧，天工人巧日争新。预支五百年新意，到了千年又觉陈。”理论著述更甚于此，《推背图》不过是神话，并不是事实。当今科学技术日新月异，生产力突飞猛进，社会变革的规模和速度都超出想象。不用说对社会经济发展作为期五百年的前瞻性研究，就是五十年甚至十年二十年又谈何容易！不用等待千年，往

① 《王梦奎自选集》，学习出版社 2003 年出版。

往三五年就会“觉陈”。不仅是内容，连学术用语也在不断地推陈出新，但理论家不必用今天的认识和词语修琢过往的文章。收入本书的文章都保持着本来的面目，或许今天看来并不全面和深刻，但记录着我研究工作的历程，在所论及的领域也记录着国家前进的步伐。

每个时代的人都只能提出和解决自己能够提出和解决的任务。历史的责任和认识的局限性是每个时代的理论家都有的，当今时代也不能例外。1986 年 4 月，我在山西人民出版社出版的《王梦奎选集》的跋文里说过：

“理论探索犹如登山，只能拾级而进。这是一场永无停息的接力赛，要靠众多的人，甚至要靠多少代人的共同努力，方能穷其堂奥。我们今天对于社会主义经济的认识，无疑比过去丰富得多，深刻得多了。但是，社会主义社会还处于它的童年时期，实践还没有全面展开，矛盾还没有充分显露。因此，关于社会主义经济的理论概括，目前还不可能达到十分深刻和完备的程度，只能随着实践的发展而逐步深入。古人说，后之视今，亦犹今之视昔。若干年后回顾今天的认识，必定能愈益清醒地看出这一点。我给自己规定的努力目标是：如果将来人们的认识，已经登上了比如说第一百级阶梯，回头来看，我今天的认识能在第一级、第二级或者第三级阶梯上，我就很满意了。因为这至少可以表明，自己是走在攀登和接力赛的路上，没有陷入歧途。对于我来说，这个目标是不算低的。这并不是想放弃主观的努力，而是对于自己的局限性的清楚认识。”

今天，对于理论研究工作，特别是对于这本自选集，我仍作如是观。

文化体制改革断想[①]

（2003 年 5 月 20 日）

我主要是研究经济问题的，对于文化问题研究不够。说几点外行的意见，供参考。

第一点，新阶段的形势和任务。这是讨论文化体制改革问题的大背景。

一是经济发展进入新阶段。开始实施第三步战略部署，产业结构和消费结构发生重大变化。现在，第三产业占 GDP 的 1/3，是继续提高的趋势，文化是第三产业的重要组成部分，增长速度会快于 GDP 的增长速度。城镇恩格尔系数已经降到 40% 以下，乡村恩格尔系数已经降到 50% 以下。恩格尔系数是继续降低的趋势，文化消费是增长的趋势。无论从生产看，还是从消费看，文化产业都有很广阔的发展前景。这是全面建设小康社会和实现现代化的一个重要方面。现在的实际情况是，文化的发展落后于经济发展和人民生活的客观要求。

二是经济体制改革进入新阶段。社会主义市场经济体制初步建立，多种经济成分发展，市场竞争在日益广泛的领域展开，经济基础发生了深刻变化，作为上层建筑的文化体制，也需要进行相应的改革。现在的实际情况是，文化体制改革滞后于经济体制改革的进程，在完善社会主义市场经济体制的改革中面临着很大的压力。

三是加入 WTO 标志着我国的对外开放进入新的阶段。外国文化将会更多地进入我国，我们要积极吸收国外优秀文化成果；对于可能进来的不好的东西，也不能单靠“堵”的办法，要靠发展壮大自己来

① 这是作者在中共中央宣传部召开的会议上的发言。

战胜它。还要以更积极的姿态进入世界市场，扩大中国文化的影响，这是我们争取成为世界大国的努力的一个重要部分。这些都离不开文化体制改革。

四是新的科技革命，特别是信息技术，使得文化产品的制作和传播手段现代化了。经济发达国家因此而加强了它们在文化上的优势地位。这对社会的影响，特别是对于我国这样处于转型期的发展中国家的社会影响是非常之大的。这一方面为文化事业的发展创造了方便的条件，同时也给我们的思想和文化工作带来很大压力，对文化体制改革提出了新的要求。

第二点，文化体制改革要解决两个带根本性的问题。

一是发展多种所有制文化主体。在过去的计划经济体制下，文化事业也是单一的公有制。与社会主义市场经济体制下经济上的多种所有制共同发展相适应，文化事业也是多种所有制共同发展的趋势。基于我们国家的社会主义性质和文化的特殊社会功能，国有文化单位应该起主导作用，但公有制的实现形式也需要积极探索，采取股份制等现代企业办法。对非公有制要扩大市场准入范围。公有制和非公有制对于文化的投入，都是投资行为。

二是扩大市场机制的作用。在市场经济体制下管理和发展文化事业，总的方向，应该是逐步扩大市场机制发挥作用的范围。要逐步由以行政手段为主，转变为在国家管理下充分发挥市场机制的作用，实现政企分开。

第三点，为了顺利推进文化体制改革，在思想认识和管理上，要解决一些重要问题。例如：

一是要区分经营性文化事业和公益性文化事业。经营性文化事业，可以充分发挥市场的作用，以赢利为目的，国家加以引导和监督，保证其正确方向。公益性文化事业，以政府投入为主，也可以采取市场经济的办法，例如建设项目的招标。经营性和公益性的划分并不是固定不变的，政府投入的公益性文化事业，在发展进程中也可以转化为经营性，例如有些高雅艺术，随着社会经济发展，受众人群可能扩大，可以由公益性变为经营性，并不是永远需要补贴的。公益性的文化事业，也可以是多种投资主体，例如，博物馆、展览馆、图书馆也可以是非公有的。

二是不仅要区分先进文化和反动、落后文化，还要区分居于二者之间的有益而无害的文化，许多民间艺术属于此种性质。这部分文化因为有群众需要，在文化体制改革中可以有更多的投资主体介入，也可以更多地发挥市场的作用。

三是政治性和非政治性，意识形态和非意识形态。文化产品和服务，有些是有强烈的政治性和意识形态色彩的，有些并不是，或者并不强，在管理体制和方法上要有区别。做这样的区分，适当放宽一些，有利于发展文化事业和文化产业。

四是考虑到文化产品和服务的特殊属性，不宜提“文化产业化”或者“市场化”的口号，因为文化领域终究有些东西是不能“产业化”或者“市场化”的，是靠市场的作用不能解决或者不能完全解决的。文化有其特殊的规律，不能把经济领域的东西简单地搬到文化领域，把政府应尽的职责都推向市场。

第四点，建议组织关于当代文化生产、消费和传播规律的研究，以及关于文化同政治、经济关系的研究，关于文化发展战略和政策的研究。这不仅对于我国文化事业和文化产业的发展具有重要意义，对于实现现代化和国家的长治久安也有重要意义。今年的全国社会科学规划，可以把这作为重点课题，甚至加以分解，列为几个课题，给以必要的资助。

《改革攻坚 30 题》[1] 序

（2003 年 8 月 6 日）

1992 年党的十四大明确提出建立社会主义市场经济体制的改革目标，1993 年党的十四届三中全会《关于建立社会主义市场经济体制若干问题的决定》勾画出这种新体制的基本框架，是中国经济体制改革历史上重要的里程碑。经过十年来的努力，社会主义市场经济体制已经初步建立，这为改革的继续进行提供了一个新的起点。如果说，十年前人们对于市场经济体制还比较生疏，那么，现在市场经济体制已经成为不可逆转的过程，成为人们生活在其中的最重要的制度和整个社会变革的基础。下一步的经济体制改革，不是另起炉灶，建立新的体制架构，这种构架在十年前已经确立了，实践证明是成功和正确的；而是在已经初步建立的体制框架基础上继续努力，做“完善”的文章。可以说，建立起完善的社会主义市场经济体制，从 1979 年开始的由计划经济体制到社会主义市场经济体制这种特定意义上的中国经济改革就完成了。至于一般意义上的改革，即适应科学技术进步和社会生产力发展而进行的经济体制和其他方面的制度革新，那是永远没有止境的；以建立社会主义市场经济体制为目标的改革，不过是中国社会制度变迁历史长河中的一个特定阶段。

同十年前确立社会主义市场经济体制基本框架的时候相比，现在经济体制改革面临着新的国内外环境，也面临着新的任务，深化改革具有新的有利条件，也有新的困难。

---

① 《改革攻坚 30 题》，王梦奎主编，中国发展出版社 2003 年出版。这是作者所主持的国务院发展研究中心重点研究课题。

首先是社会经济发展阶段的变化，即实现了“三步走”战略的前两步目标，现在开始实施第三步战略部署和全面建设小康社会。在新的发展阶段，宏观经济环境和经济建设的任务和以往不同，经济体制改革要适应经济发展和社会进步的需要，有利于实现从“二元经济结构”到现代社会经济结构的根本社会转型。如果说，过去商品短缺状态下的卖方市场，是产生计划经济体制的客观基础，计划经济体制又使商品短缺成为常态；那么，现在供求大体平衡甚至过剩状态下的买方市场，则是市场经济体制的产物，也是深化改革和完善市场经济体制的客观基础。近年来宏观经济政策的带有根本性质的转变，即由过去单纯刺激生产而限制消费的政策转变到刺激消费和改善供给相结合的政策，比较及时地反映了国内市场供求格局的根本性变化，而体制方面的改进则是相对滞后的。不在完善社会主义市场经济体制方面做更大的努力，就不能保持经济发展的良好势头，顺利实现全面建设小康社会的战略目标。

其次是外部环境的变化。加入 WTO 标志着我国对外开放进入新的阶段，也标志着经济体制改革进入新的阶段，新阶段经济体制改革所要达到的一个重要目标，就是使我国社会主义市场经济的运行规则适应经济全球化的发展趋势和新的国际竞争形势。这给经济体制改革带来很大的压力，也是积极推进改革的动力。实际上，为了加入 WTO 以及履行加入 WTO 的承诺，近年来改革的步伐已经在加快，表现在许多和 WTO 规则不相符合的法律、法规的废除，许多方面管理体制和方法的改进。随着过渡期终结时间的临近，经济体制改革的任务也日见紧迫。我国经受住了加入 WTO 最初阶段的考验，但更严峻的考验还在后头。为了使经济体制有利于我国参与日趋激烈的国际竞争，必须坚持从中国实际出发而又积极借鉴国际经验，借鉴国际经验而又不能完全照搬照抄，其损益和取舍的标准是我国社会经济发展和现代化的利益。正确认识和解决好市场经济体制“一般”与现阶段我国社会主义市场经济体制“特殊”的关系，对于指导改革具有重要的方法论意义，也是最终决定改革前途的关键因素之一。加入 WTO 使我国能够参与国际贸易规则的制定，所以不是简单地同国际规则“接轨”，而是努力实现国内经济体制和国际规则的相互协调。就是说，我们面临的是双重任务：一方面，使我国市场经济的运行适应国际市场经济的普遍规则；另一方面，在国际经济贸易规则的修订、完善和新订立过程中，努力争取使之符合我国利益，——这种可能性正随着我国经济实力的增强而增加。

十年来经济体制改革的理论和实践都有重大进展。多种经济成分共同发展的局面超出原先的预期。作为所有制变革的直接产物，各种生产要素参与分配格局的形成，以及市场机制作用的日趋普遍化，都是过去所不能想象的。对外经济体制因为加入WTO的推动而取得可观的进步。这些都是经济快速发展和活力增加的重要动因。但是，总的来说，我国社会主义市场经济体制只是初步建立，还很不完善，改革的进展很不平衡，结果也不尽如人意。经济发展还常常遇到体制性的障碍。建立完善的社会主义市场经济体制既是实现经济发展战略目标的保证，也是全面建设小康社会所要达到的重要目标之一。

经济体制中存在的问题，是体制转轨时期难以完全避免的。不论是理论认识还是实际工作，都有不同的情况，需要进行具体分析。

有的问题，不是对于重要性没有认识，也不是实践中未予重视，而是没有找到适当的具体改革路径。例如国有企业改革，多年来被作为经济体制改革的中心环节，并且做了种种努力，但迄今并未取得预期的成功。这一方面是由于寻找国有经济在市场经济体制下适当的实现形式所遇到的特殊困难，一方面是由于计划经济体制下国有企业沉重的社会负担没有解除，以及它所承担的过大的改革成本。近来国有资产管理体制改革被提到重要议事日程，以及股份制得到充分肯定和推广，是国有企业改革的新探索，可以期望取得比以往更大的进展。

有的问题，虽然从理论上说，对其重要性是有认识的，但在实践中未能放在应有的重要位置。例如社会保障体制改革，在1993年关于建立社会主义市场经济体制的《决定》里已经被列为市场经济体制的支柱之一，但在实践中却长期被当作企业改革的“配套措施”，而且并没有采取切实有力的措施去配套，等到大量失业人员出现之后才开始惊醒。回过头来看，如果二十多年来能够一贯给以像近几年这样高度的关注，充分利用庞大的国有资源致力于建立和健全社会保障制度，现在改革的推进会顺利得多，社会矛盾也会比目下缓和。

有的问题，例如金融体制改革，它的重要性和紧迫性是由于亚洲金融危机，由于国内经济市场化的加深和金融领域问题的逐渐暴露，才逐渐认识清楚的。金融是现代市场经济的核心，极端重要而又有比较大的风险，金融体制又是中国经济体制的薄弱环节，现在已经成为经济体制改革重点。金融问题往往具有突发性和全局性，所以，防范和化解金融风险，建立适应现代市场经济发展要求的健全的金融体制，是保证经济健康发展和体制改革成功的关键之一。

有一些问题，例如地区差距、城乡差距问题和收入差距扩大的问题，城乡失业和贫困的问题，是市场经济体制初始阶段特别是发展中国家经济体制转轨时期所常有的现象。但是在改革初期，人们往往容易看到新体制好的方面，不大容易看到甚至不愿意正视事物的另一面，即市场经济所固有的消极方面。这也是人类社会历史上新旧制度或体制交替时期常有的现象；因为在新的制度或体制建立的初始阶段，某些在这种制度或体制下处于相对不利地位的人群，也能够享受到新的制度或体制带来的实惠。现在，旧体制的弊端尚未完全清除，新体制的矛盾已经日渐清晰地显露出来。在新的改革阶段，采取初始阶段那种社会各阶层普遍受惠的改革措施，余地已经越来越小；这虽然是社会经济变革进程中的常态，但如果某些举措不能不限制甚至损及部分社会群体的利益，就有可能增加改革的难度。因此，协调社会各阶层的利益关系，化解社会矛盾，实现深化改革、促进发展、保持社会稳定的统一，在完善社会主义市场经济体制的进程中具有重要意义。

全面建设小康社会和实现现代化，是以经济建设为中心而达到社会协调发展和全面进步的过程。随着私有经济的发展和市场竞争的加剧，在解决旧的社会矛盾的同时产生一些新的社会矛盾；随着温饱问题的解决，人们对于社会问题日益关切，在经济发展中需要高度关注社会问题的解决，在政府职能转变中加强社会管理的职能。改革和发展过程中社会问题的显露敲响了警钟，引发人们对社会经济发展战略目标的思考，就是说，社会经济发展战略不是单纯地追求 GDP 增长，而是在经济增长基础上增进全体人民的福利，实现社会和谐和全面进步。同时也引发对于经济体制改革战略目标的思考，就是说，经济体制改革不仅要有利于促进生产力的发展，而且要有利于全面建设小康社会和全面实现社会主义现代化的宗旨。这无疑对经济体制改革提出了更高的要求。制度和体制是历史的和具体的，世界上从来没有完美无缺和纯利无弊的制度和体制，而只有具体历史条件下可行的利大于弊的制度和体制。在每个时代活动着的人们只能因时制宜，权衡利弊，做出选择。我们选择了社会主义市场经济体制的正确方向，还需要在实践中继续探索，使这种新的体制不断完善起来。

完善社会主义市场经济体制的任务是艰巨的，又是经过努力能够实现的。有利条件是：经济快速增长为深化改革提供了比较宽松的环境；国家经济实力增强为解决改革进程中的矛盾提供了比过去雄厚得多的物质基础；对于深化改革问题愈益广泛的社会共识；改革实践经验的积累和指导思想的正确；以及可供借鉴的国际经验和国际社会对中国经济改革的认同，等等。人们对于中国经济体制改革的乐观预期就是以此为依据的。

经济体制改革是一场极其深刻的社会变革，始终伴随着思想的解放和广泛参与的讨论。这种与时俱进的精神状态和集思广益亦即发扬民主的工作方法，是中国改革取得成功的一个重要原因。解决新阶段深化改革中的问题，无疑需要坚持这样做，而且应该做得更好。

国务院发展研究中心多年来对经济体制改革进行跟踪研究，陆续有研究成果发布。为了贯彻党的十六大精神，今年年初以来集中力量对完善社会主义市场经济体制问题进行了研究，这本书就是研究的成果，其中只有个别几篇是其他单位的专家完成的。总共30个题目，各个题目所讨论的问题范围大小和概括程度不同，都力求做到既有对历史和现状的分析又有政策建议，总起来看涉及现阶段经济体制改革的许多重要方面，但并不是教科书式的追求体系的完整，重要问题并不是囊括无遗。虽经集体讨论，但各篇都是由执笔人独立完成的，主要是各自的独立研究成果，并不是参加研究的所有人的一致意见。每个人的研究领域不同，同一研究领域也有不同见解，这在研究机构是正常现象。作为主编，我所做的只是发起和组织工作：提出任务，组织讨论，确定选题和成立课题组。文章我都读了，但我所提的修改意见都是建议性质的，并不强求作者接受。需要说明并且表示感谢的是，不在这些作者名单之中的国务院发展研究中心的其他一些专家，参加过讨论并且发表了不少好的见解。

《中国经济时报》捷足先登，从30篇研究报告中选21篇陆续发表，得到读者积极反响。现在由中国发展出版社全部结集出版，愿和更广大的读者就这些问题共同探讨。这30个题目所讨论的，都是深化改革中需要下大力气解决的问题，故以《改革攻坚30题》名之。是为序。

关于统筹城乡发展和统筹区域发展[①]

（2004年2月17日）

一、关系中国现代化前途的两个大问题

（一）贯彻和落实以人为本，树立全面、协调、可持续的发展观，是中国社会经济发展新阶段的要求：全面建设小康社会对社会经济发展提出了比温饱阶段更高、更全面的要求，国家经济实力的增强为逐步满足这种要求提供了可能性，过去那种基于全力以赴甚至不惜代价解决温饱问题的发展观念需要有相应的转变；经济体制发生了根本性变化，过去植根于计划经济体制的发展观念，经济改革初始阶段所产生的发展观念，需要有相应的转变；社会经济发展中实际存在的不全面、不协调、不可持续的问题，也要求发展观的转变。发展观念的转变也反映出发展战略调整的方向。

实现全面、协调、可持续发展，必须统筹城乡发展、统筹区域发展、统筹经济和社会发展、统筹人与自然和谐发展、统筹国内发展和对外开放。在十六届三中全会关于完善社会主义市场经济体制的决定里，这五个“统筹”是作为完善社会主义市场经济体制的要求提出来的。这是改革观的丰富和发展，就是说，经济体制改革不仅要有利于促进生产力的发展，而且要有利于全面体现社会主义现代化事业的根本宗旨，实现社会和谐和全面进步。作为发展观的要求，五个“统筹”

① 这是作者在中共中央举办的“省部级主要领导干部‘树立和落实科学发展观’”专题研究班上所作的报告。

要解决的，实质上是在新的阶段选择什么样的发展道路和发展模式，如何发展得更好的问题。摆在五个“统筹”第一位和第二位的，是统筹城乡发展和统筹区域发展。这是全面建设小康社会乃至整个现代化进程中的两个大问题，是关系中国现代化前途的两个大问题。

（二）中国正处在重要的转折时期。20多年来改革和发展取得伟大成就，国家面貌发生深刻的历史性变化。“三步走”发展战略实现了头两步，开始走第三步。现在面临着新的形势：在经济高速增长中城乡发展和区域发展很不平衡，经济体制变革引发社会利益关系的重大调整和重组，科学技术进步促使经济结构急剧变化，工业化和城市化进程加快伴随着社会结构的深刻变迁，温饱问题解决后社会需求升级并且更加多样化，社会发展滞后于经济发展所积累的社会问题，在就业和社会保障方面的沉重压力，经济高速增长对资源、环境产生的严重挑战，对外开放和经济全球化带来的巨大发展活力和冲击，以及社会经济关系变化在思想政治领域所产生的激荡，等等。——所有这一切，使中国社会经济发展处在一个重要的“关口”。现在解决问题的物质条件比过去雄厚得多，矛盾的复杂性也是前所未有的。在世界范围内，比较顺利地闯过这样的“关口”而实现现代化的国家，或者因为举措失当而遭到严重挫折的国家，都不乏其例。现在突出地提出全面、协调、可持续的发展观，强调各方面的“统筹”，就是要妥善解决新阶段面临的矛盾和问题，保证中国这艘大船能够比较顺利地到达全面建设小康社会和实现现代化的彼岸。——统筹城乡发展和统筹区域发展的问题，要放在这个大背景下认识和解决。

二、统筹城乡发展的实质，是解决“三农”问题，促进二元经济结构的转变

（三）所谓“三农”问题，就是农村、农业和农民问题，这可以说是中国社会经济的永久主题。改革开放以来，农村经济体制和社会经济结构发生深刻变化，农业生产迅速增长，千百年来困扰着中国人的吃饭问题得到根本解决。这种历史性的变化，为农村和整个国家的

发展提供了新的起点。

在新的发展阶段，农村发展面临着新的矛盾和问题。90 年代末期以来农民收入增长进入低谷期，据统计，1997 ～ 2003 年七年间，全国农民人均纯收入只增加 695.9 元，不到城镇居民收入增量的 1/5；年均增长速度不到城镇居民的一半（见图 1）。城乡居民收入差距持续扩大，由 80 年代中期的 1.8:1，90 年代中后期的 2.5:1，扩大到 2003 年的 3.2:1（见图 2）。

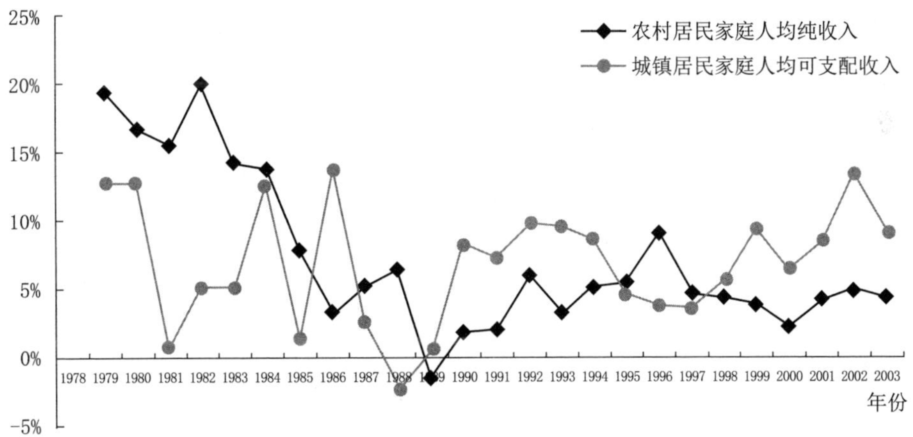

图 1　农村居民和城镇居民人均收入的增长速度（可比价格，%）

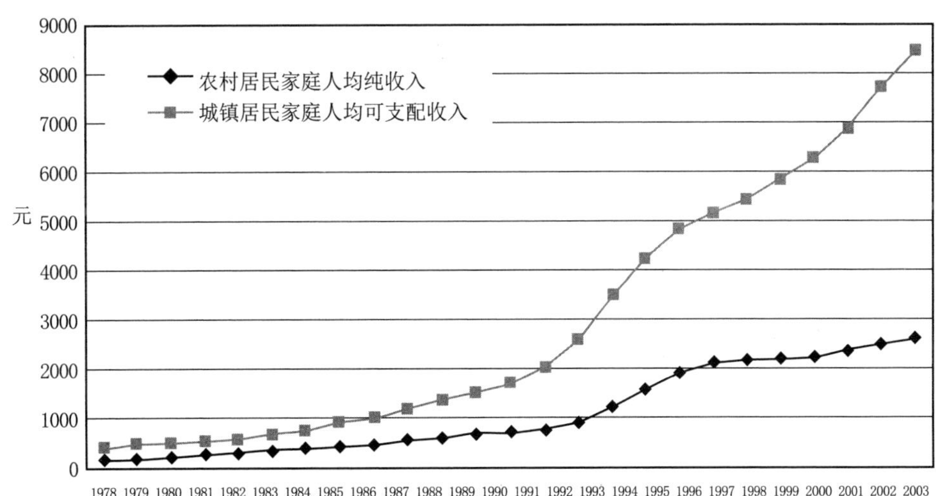

图 2　城镇居民人均可支配收入和农民居民人均纯收入

如果考虑到：一方面，城市居民在住房、社会保障、公共卫生和教育等方面享有国家的补贴；另一方面，按照现行统计口径，农民家庭收入包括要交纳的税费，以及用作生产资料的投入，实际差距约为5:1～6:1。还要考虑到，平均数往往掩盖着个体之间的巨大差别。据国家统计局抽样调查，2000～2002年，增收农户占总农户的56.4%，收入持平农户占1.6%，减收农户占42%。全国农村有近3000万人尚未解决温饱问题，近6000万人处于低水平、不稳定的温饱状态。社会发展滞后于经济发展的问题，在农村更为突出。可以说，“三农”问题已经成为制约国家进一步发展的“瓶颈”。

农民收入增长的最大困难，在于人多地少，不容易形成规模经营。靠小规模经营能够解决温饱，不容易致富。近年来农业技术有可观进步，土地产出率明显提高，农业劳动生产率和非农产业劳动生产率的差距却在拉大。农业与非农产业人均创造的GDP，由1990年的1:3.9，扩大到2001年的1:5.2。农民人口多，经营规模小，农业劳动生产率低，是农民增收难的症结所在。这一点，可以从农民增收来源的变化得到佐证：现在农民收入的构成，来自非农产业的比重接近50%，工资性收入占1/3，工资性收入对农民增收的贡献率达到80%左右，来自非农产业和进城务工的收入已经成为农民收入增长的主要来源。家庭农业经营收入的增长，在收入增长总额中所占份额很小，有些年甚至是负数。这反映了农村经济的深层次矛盾。（见图3、图4）

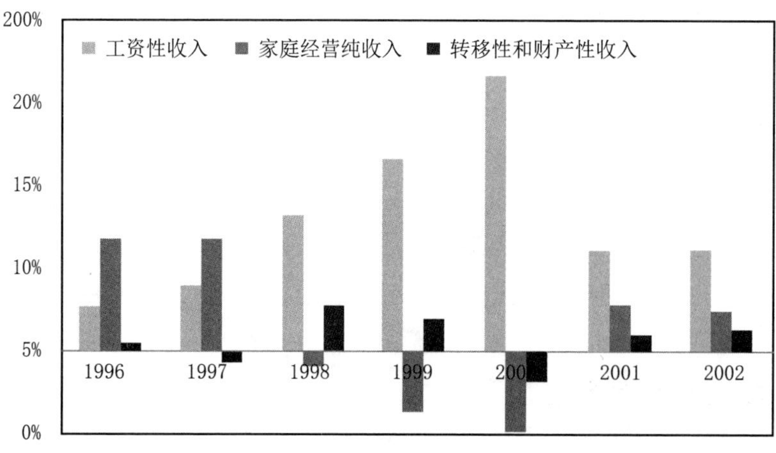

图3　农民人均纯收入增加额中各来源渠道所占比重（%）

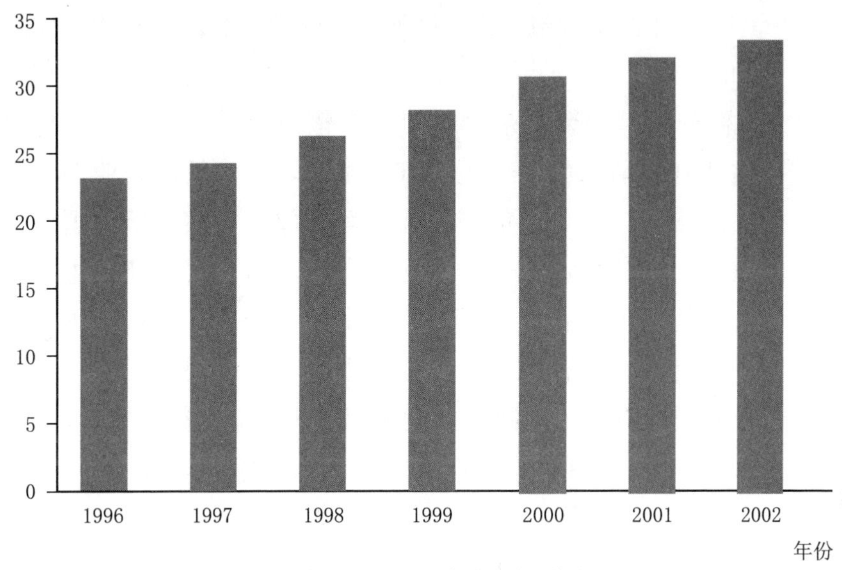

图4　工资性收入占农村居民人均纯收入的比重（%）

（四）在温饱问题尚未解决的发展阶段，“三农”问题主要是发展农业生产，特别是粮食生产的问题。在新的发展阶段，围绕“农”字还有很多文章可做，我国农业和整个农村社会经济的现代化还有很长的路要走。但是，必须同时注重从“农”字以外找出路，通过“三化”——工业化、城市化、市场化，促进“三农”问题解决。就是说，用先进适用技术对农业和整个农村经济进行根本改造，通过工业化和城市化实现大量农业人口向非农产业转移，通过深化改革把农村经济纳入全国统一的市场化和社会化的轨道。这实质上是中国从城乡二元经济结构逐步向现代社会经济结构转变的过程。

城乡二元经济结构，是指发展中国家广泛存在的城乡生产和组织的不对称性，也就是落后的传统农业部门和先进的现代经济部门并存、差距明显的一种社会经济状态。这是发展中国家经济不发达的标志，也反映着城乡之间的制度差异。城乡二元经济结构是发展中国家从传统的农业社会走向工业化和现代化必经的过渡形态。我国在特殊的历史背景下快速推进工业化，长期实行优先发展重工业的方针，严格的城乡分割政策，人民公社制度和计划经济体制，强化了这种过渡形态，延缓了社会转型过程。突出的表现，是城市化滞后于工业化。

在 1957 ～ 1978 年的 21 年间，农业在国民经济中的比重从 40.3% 降到 28.1%，降低 12.2 个百分点；城市化水平从 15.4% 提高到 17.9%，只提高 2.5 个百分点，如果不是这些年城市化快速发展，按照那样的进度，城市化达到目前水平需要近 200 年时间。许多新建企业布置在偏远地区的发展格局，也是造成城市化滞后的原因。按照所谓适度城市化、过度城市化和滞后城市化的划分，我国城市化属于滞后型。从城乡二元经济结构向现代社会经济结构转变，是今后几十年中国社会经济发展的基本走向。这种深刻的社会转型，将给解决“三农”问题带来前所未有的历史机遇，为经济持续快速增长开辟广阔的空间。

改变城乡二元经济结构的根本途径，是工业化和城市化。

（五）改革开放以来，经济结构实现重大调整，工业化进程加快。1978 ～ 2002 年，农业在 GDP 中的比重由 28.1% 降到 15.4%；农业劳动力在总就业中的比重由 70% 以上降到 50% 左右；农产品等初级产品出口占出口商品总额的比重由 50% 降到 10% 以下；制造业能力显著增强；高新技术产业迅速发展。总的判断：我国已经进入工业化的中期阶段。

基本实现工业化是全面建设小康社会的一项基本任务。根据预测，2020 年农业增加值在 GDP 中的比重将降到 10% 以下；农业劳动力占总就业的比重将降到 1/3 左右。按照统筹城乡发展的要求，在继续推进工业化中，以下三点是需要强调的。

第一，我国现在继续进行的工业化，不是传统的、狭义的工业化，那种工业化大体是指制造业发展及其在国民经济中比重提高的过程。我们要实现的是广义的工业化，既包括工业本身的发展和技术水平的进一步提高，也包括实现农业的现代化，以及由于技术进步和第三产业发展所引起的产业结构和就业结构的深刻变化。用先进适用技术改造农业和整个农村社会经济面貌，增加农产品的科学技术含量，适应国内外市场更高层次的需求，是增加农民收入的重要途径，也是改变城乡二元经济结构所必需的。

第二，在工业化战略和经济技术政策的选择上，要充分利用我国人力资源丰富、特别是农村人力资源丰富的优势，正确处理发展高新技术产业和传统产业、资本技术密集型产业和劳动密集型产业的关系，发挥劳动密集型产业和资本技术密集型产业中的劳动密集生产环节的竞争优势。

第三，乡镇企业对促进农村经济和整个国民经济发展起过重大作用。乡镇企业是在城乡分割的体制环境中发展起来的，和发展初期相比，现在不论在所有制关系、区域分布还是在产业构成方面，都有很大变化，不再称作乡镇企业而称为农村中小企业，或许更确切些。在新的发展阶段，农村中小企业如何进一步发展和提高，使之和整个中国工业化和现代化进程有机地融为一体，在经济技术政策、产业布局和产业组织等方面有许多问题值得研究。

（六）城市化进程和工业化进程有很大的相关性，但又有差异。如果说，工业化引发的是农民的产业转移，那么，城市化所标志的则是城乡人口分布的变化。80 年代中期以来，随着工业化加快和政策放宽，城市化进程加快。同改革开放初期相比，2002 年城市化水平由 18% 上升到 39.1%。但是，与世界平均水平相比仍大约低将近 10 个百分点，与同等工业化程度国家相比大约低 20 个百分点。从科学技术水平、制造业水平、工业占工农业增加值比重等项指标考察，我国现在都超过经济发达国家在基本实现工业化时期的水平，但城市化水平只大体相当于英国 1850 年（37%），北美 1910 年（41%），日本 1950 年（38%）。这是城市化滞后的突出表现，也反映出我国工业化发展进程的不平衡性。

城市化是伴随着工业化发展起来的。城市有长久的历史，但直到近代产业革命以后，城市的规模和功能才发生革命性的变化，成为经济发展的中心和带动力量，启动了近代意义上的城市化进程。1800 年前后，城市人口占世界总人口的 2% ～ 3%。1900 年前后，上升到 13% ～ 14%。20 世纪两次世界大战期间，城市化陷入停顿甚至逆转，2000 年世界城市人口比重仍然提高到 48% 左右。根据国际经验，一个国家城市化水平由 30% 提高到 70% 的阶段，城市化速度一般比较快，超过 75% 会发生逆城市化趋势。我国已经进入城市化快速发展时期，80 年代以来总体上是加快的趋势。即使保持 80 年代以来的平均进度，2020年城市化水平也会提高到55%以上。根据联合国人居中心2001年发表的《世界城市状况报告》预测，2020年发展中国家城市人口将达到50%，2030年世界城市人口将达到60%。按最保守的估计，届时我国城市化也会超过这个水平。

（七）对城市化发展趋势可以做出两点判断。

第一点，各类城市，包括大中小城市和小城镇，都将得到更大发展。城市形态在随着科学技术进步、交通通讯条件和产业组织形式的变化而变化，不再是历史上那种孤立的城池。城市是经济发展的产物，多年来不是鼓励而是限制大城市发展，大城市发展确实带来不少亟待解决的“城市病”，还是在不断发展，说明有客观必然性。1990～2001年，市区非农业人口超过100万的大城市从31个增加到41个。大城市、中小城市和小城镇都有其优势和局限性，都要以经济发展为基础，不能脱离经济发展扩张城市规模；城市的扩张要考虑某些不可逾越的资源制约，例如水资源。城市化和城镇化的提法，实质是一样的，都是指大量农业人口向非农业的转移。城市化的“城市”，包括具有城市功能的小城镇；城镇化的“镇”，应该是作为经济中心的小型城市。目前一些小城镇已经发育成为小城市，不少已经具备小城市的雏形，在地区经济发展中发挥着重要作用。农民在农村就地转为非农职业，可以视为城市化的末梢和延伸。在缺乏经济基础的地方“造镇”，效果多不好。

第二点，城市将在中国经济和社会发展中发挥更大的作用。人口和社会经济资源向城市集中，经济发展将在更大程度上依赖于城市的发展。地区竞争日益表现为城市之间的竞争。现在，长江三角洲和珠江三角洲城市群人口占全国不到1/13，面积占全国1.5%，经济总量占全国28%。越是经济发达的地方，城市经济所占的比重越大，城市对农村的带动作用越强。

走中国特色的城市化道路，要充分发挥城市对农村和整个国民经济的带动作用。城市化滞后是历史包袱，也蕴藏着巨大的发展潜力，因为城市化快速推进时期往往也是经济快速增长时期。

（八）重要的是，实行有利于扩大就业的政策，促进农村劳动力向非农产业的转移。我国现在城乡就业人数7.5亿，比整个发达国家就业人口多2亿以上，每年新增劳动力1000多万人；加之处在经济体制改革和经济结构调整的双重转变时期，隐性失业显性化，以及资本有机构成呈明显提高趋势，GDP每增长1个百分点对就业增长的拉动由80年代的0.32个百分点下降到0.1个百分点以下，将长时期面临沉重的就业压力。农民增收难和城市贫困问题，实质上是就业问题。扩大就业的政策取向应该是：在产业类型上，注重发展劳动密集型产业；在企业规模上，注重扶持中小企业；在经济类型上，注重发展非公有制经济；在就业方式上，注重采取灵活多样的形式。这是有利于缓解就业压力和改变城乡二元经济结构的。现在农村劳动力过剩，解决就业问题主要靠发展非农产业和推进城市化。城市化的发展要以扩大就业为前提，不然也会带来某些发展中国家那样畸形城市化的严重社会问题。城市人口规模大，有聚集效应，第三产业容易发展起来，扩大就业成本低。第三产业发展和城市化呈正相关关系，我国第三产业不发达是城市化滞后的结果。

城市化需要制度创新。为了平稳有序地推进农村富余劳动力的转移，在城市建设和管理方面，例如户籍制度、社会保障、医疗卫生乃至义务教育，需要进行必要的改革，为进城务工农民创造就业机会和生存条件。目前有上亿的流动农民，连同随其流动的子女，占全国总人口的10%左右，相当于一个大国人口的数量。积极创造条件，使有正常职业和稳定收入的人能够安居乐业，对经济发展和社会稳定都大有好处。城市管理要充分考虑大量农民进城务工带来的新问题。拿义务教育来说，全国流动儿童有将近2000万人，据国务院妇女儿童工作委员会办公室等单位对九个城市的抽样调查，8～14岁的流动儿童未上学的比例占15%以上。就学的条件也很差，辍学现象严重。在失学的12～14岁儿童中，60%已经开始工作。这不仅会影响劳动力素质，大量青壮年被边缘化为城市流民，还蕴藏着严重的社会不安定因素。目前城市由于出生率下降，中小学校设施多有闲置，为解决这个问题提供了方便。在住宅和公共交通建设等方面，也要适应城市化进程的需要。解决这些问题，不会成为影响城市发展的消极因素，相反，由此产生的大量社会需求，是促进城市建设和国家发展的积极的推动力量。

在20世纪最后20年中国年均9%以上的经济增长中，劳动力流动的贡献在16%左右，也就是1.5个百分点。大量农民工提供了廉价劳动力，增强了中国工业的国际竞争能力，也推动了城市建设的大规模开展。如果城市化能够顺利推进，2020年有8亿左右的城市人口，2050年有10亿左右城市人口，我国的经济实力和科技实力将明显提高，国际影响力将明显增强。城市化绝不是简单的农村人口向城市迁居，而是几亿人生产方式和生活方式的根本转变。这种根本性的社会转型，将使整个民族的文明程度显著提高。曾任世界银行首席经济学家的诺贝尔经济学奖获得者斯蒂格里茨，把中国的城市化和美国的高科技，并列为影响21世纪人类发展进程的两大关键因素。

（九）要解决好土地问题。中国农村人口众多，地区发展不平衡，这种基本国情决定，改变城乡二元经济结构是个长过程。为了积极而又稳妥地实现这种转变，避免或者减轻大规模社会变迁可能发生的混乱和震荡，必须解决好农民土地问题，防止大量失地农民沦为游离于正常社会生存状态之外的无业流民。家庭小规模土地经营并不是理想的和最有效率的经营方式，但这是现阶段我们可以做出的最佳选择，是保证农民生计和社会稳定的基础。即使进城务工或者转入非农产业，只要还没有稳定职业并且在外定居，土地仍然是农民最终的退路和保障。近年来城市化进程中一个值得注意的问题，是城市人口的增长明显慢于城市规模的扩张。户籍制度制约的背后，是失业保险、养老保险、最低生活保障、卫生医疗、教育，以及城镇基础设施等方面的压力。对城镇政府来说，人口增加意味着负担加重，但农用土地转为非农用地不仅有当前收入，还有长远的产业聚集效应。所以城镇政府对征地积极性很高，而对解决进城务工农民的户籍问题缺乏热情。在现行的土地制度下，农民很难从土地产权转让和用途变更中得到合理补偿。失地农民相当大部分没有新的就业机会，滞留在农村又没有生活保障。这是必须解决的问题。

低成本的工业化是靠农民两方面的支持推进的：廉价劳动力和廉

价土地。由于近乎无限的供给，廉价劳动力的优势在城乡差距扩大时期不会丧失，土地问题则是现在就必须引起高度重视的。一方面，在工业化和城市化进程中，耕地减少很难完全避免；另一方面，我国人均耕地很少，必须严格保护耕地，非占不可的要给农民合理补偿。据统计，1987～2001年，全国征用耕地2400多万亩，至少有3400万农民人均占有耕地减少到0.3亩以下或者完全失去土地。这里还不包括违法占用耕地。据卫星遥感资料，违法用地数量占用地总量的20%～30%，有的地方高达80%。如果考虑到违法占用耕地，人均占有耕地0.3亩以下或者完全失去土地的人口可能高达4000万～5000万人，占全国农村人口的5%～6%，是个很大的数量。由于征地范围过宽，补偿严重不足，被征地农民生活水平下降、就业没有着落的问题相当突出。国家统计局对全国2942个失地农户调查，46%生活水平下降；这些失地农户共有7187个劳动力，安置就业的占2.7%，被迫赋闲在家的占20%。一些地方提出"吃饭靠财政，发展靠土地"。群众反映，80年代"吃肚皮"（计划生育罚款），现在"吃地皮"。不少建设项目征地款占工程造价比重只有3%～5%。许多腐败和犯罪案件与土地问题有关。农民上访60%以上和土地有关。大量失地无业农民已经成为影响社会稳定的重要因素。

十六届三中全会规定了改革土地征用制度的基本原则。中央关于修改宪法部分内容的建议也规定："国家为了公共利益的需要，可以依照法律规定对土地实行征用或者征收，并给予补偿。"落实这些基本原则，需要有具体的法律法规和政策。毋庸讳言，土地升值的分配兼顾农民利益，会提高工业化包括招商引资的成本，短期内甚至可能影响建设进度；但是，提高广大农民生活水平是全面建设小康社会的既定目标，更何况，增加农民收入不仅有利于开拓国内市场，也有利于工业化和城市化顺利进行，有利于国家长治久安。这里有两难选择，是权衡利弊和把握适度的问题。

（十）要始终把"三农"问题放到重要位置。农村人口将近8亿，新增人口主要来自农村。即使工业化和城市化进展顺利，2020年农村人口仍有6亿左右，"三农"问题仍然是大问题，现在更是大问题。随着工业化和城市化的进展，“三农”问题甚至会显得更为突出。近年来耕地面积锐减，粮食产量下降，农村社会矛盾突出，给我们敲响了警钟。

我国进入工业化中期阶段，正是城乡关系和工农关系调整的关键时期。一方面，经济增长主要来自非农产业，非农产业可以依靠自身积累实现增长；另一方面，农业是弱势产业，农民增收缺少重要支撑，又面临激烈的国际竞争，不能再为工业化提供积累，而应该成为接受补助的部门。工业化和城市化的推进，要使几亿农民分享由此带来的发展机会和成果，而不能以牺牲农民利益为代价。现在突出地提出统筹城乡发展的问题，在国家政策取向上，要向农村和农业倾斜，着力于“三农”问题的解决。

三、统筹区域发展的实质，是把握“两个大局”，促进共同发展

（十一）地区经济发展不平衡是大国经济发展的普遍规律。发达国家在发展过程中都有过地区发展不平衡的问题，许多国家现在地区发展也不平衡。中国自古以来发展不平衡，发展的重心是不固定的。古代的地区差距，在很大程度上是由自然条件和区位差异决定的，往往同战争和民族迁徙有关。现在我们面临的，是工业化和现代化进程中的发展差距问题。自 19 世纪 60 年代中国工业化启动以来，地区差距总体上呈扩大之势。19 世纪末，上海、广州和武汉的工厂占全国工厂总数的 64%。抗战前上海、青岛、天津的纱锭占全国纱锭总数的 90% 左右。新中国成立初期，全国 70% 以上的工业和交通运输设施集中在占全国面积不到 12% 的东部沿海地带。1952 ～ 1978 年，区域政策几经变化，东、中、西部在全国经济总量中所占的比重变化不大。改革开放以来，纵向比较，各个地区都有很大发展；横向比较，地区差距明显拉大。如果以西部地区包括广西、内蒙古计算：

——经济总量：1980 ～ 2003 年，东部地区在全国经济总量中的比重从 50% 增加到 59%，上升 9 个百分点，中西部地区所占比重相应下

降。这种趋势90年代以来明显加剧（见表1）。

表1　东、中、西部GDP占全国GDP的比重（%）

	1980年	1990年	2000年	2002年	2003年（1～9月）
东部	50.20	51.50	57.29	57.86	58.86
中部	29.75	28.26	25.58	25.12	24.58
西部	20.04	20.24	17.13	17.01	16.56

资料来源：根据《中国统计年鉴》整理。

——人均GDP：1980年东部地区比全国平均数高34%，2002年高53%；同期，中部地区从相当于全国平均水平的88%下降到75%，西部地区从70%下降到59%（见表2）。

表2　东、中、西部人均GDP与全国人均GDP之比（以全国平均为1）

	1980年	1990年	2000年	2002年
东部	1.34	1.37	1.47	1.53
中部	0.88	0.83	0.78	0.75
西部	0.70	0.71	0.61	0.59

资料来源：根据《中国统计年鉴》整理。

——人均GDP相对差距：1980～2002年，西部和东部由1:1.92扩大为1:2.59，中部和东部由1:1.53扩大为1:2.03；西部和中部由1:1.25扩大为1:1.27（见表3）。

表3　东、中、西部人均GDP比值之变化

	1980年	1990年	2000年	2002年
东部/西部（西部为1）	1.92	1.92	2.42	2.59
东部/中部（中部为1）	1.53	1.64	1.89	2.03
中部/西部（西部为1）	1.25	1.17	1.28	1.27

资料来源：根据《中国统计年鉴》整理。

这既有自然地理条件、原有经济基础、历史文化传统和市场潜力等方面的客观原因，也有经济体制、政策选择和发展战略等方面的主观原因。

（十二）区域发展战略有两个大局。鼓励沿海地区先发展起来并继续发挥优势，这是一个大局。东部沿海地区率先发展，各省、自治区内部也都有一部分市、县率先发展起来，带动了全国的发展，也是当前和今后相当长时期全国经济增长的重要支撑，这个战略方向要坚持。支持和帮助内地发展，实现地区协调发展和共同富裕，也是一个大局。邓小平在 1992 年说过："可以设想，在本世纪末达到小康水平的时候，就要突出地提出和解决这个问题。"[①] 现在提出统筹区域发展，就是突出地提出和解决这个问题。把握"两个大局"是实现"三步走"战略的重要组成部分。

国家为支持和帮助落后地区发展采取了许多政策措施，包括：实施"八七扶贫攻坚计划"（1994 ～ 2000 年）；农村扶贫开发纲要（2001 ～ 2010 年）；西部大开发战略；振兴东北等老工业基地战略；加大对中西部地区的投资和财政转移支付力度；等等。国家重点扶持的 592 个贫困县，80% 以上在中西部地区。西部大开发已经取得初步进展，西部地区和全国平均增长速度的差距由 1999 年的 1.6 个百分点缩小到 2002 年的 0.6 个百分点，基础设施建设迈出实质性步伐。东北等老工业基地的振兴已经起步，有可能形成新的增长极。统筹区域发展，要加大支持和帮助落后地区发展的政策力度。

（十三）影响今后一段时期地区差距变动趋势的，是两种起相反作用的因素。

一方面，抑制差距进一步扩大的因素正在形成，包括：国家对地区差距扩大问题更加关注，对经济落后地区给予更大的支持，在经济体制、社会经济政策和发展战略方面创造有利于中西部地区发展的环境；中西部具有后发优势，可以借鉴先发展地区的经验，实现跨越式发展；东部地区进一步发展需要加强和中西部地区的衔接和融合，可能给中西部地区带来新的发展机遇；沿海地区生产要素成本的提高有利于某些产业向内地转移；等等。

---

① 《在武昌、深圳、珠海、上海等地的谈话要点》，《邓小平文选》第 3 卷，第 374 页。

另一方面，是导致地区差距扩大的因素，例如自然地理条件、经济发展基础、市场发育程度的差异将继续存在，有些因素的影响有可能进一步强化。同时，还要注意到，支持西部快速增长的某些因素，例如利用国债资金进行基础设施建设和退耕还林生态建设，由于国债发行减少而产生不确定性；西部地区产业发展相对滞后于基础设施建设，可能影响下一步的发展；等等。

综合分析 90 年代以来的发展轨迹和上述两种起相反作用的因素，可以做出两点判断。

第一，东、中、西部地区差距近期总体上是继续扩大的趋势，但东、中、西三大地带内部各省、自治区之间的差距有缩小的趋势。这说明，三大地带内部那些区位条件和资源禀赋类似的地区，发展速度趋于接近。不排除部分地区因迅速增长而后来居上。

第二，随着国家经济实力增强，有可能用更大力量支持落后地区发展，在抑制地区差距扩大趋势方面存在着政策选择空间。现在突出地提出统筹区域发展的问题，就是要加大对落后地区扶持的力度，促进共同发展。

（十四）地区差距不仅表现在东部和中西部之间，不仅表现在省、自治区之间，也表现在省、自治区内部。研究统计资料可以看出，省、自治区内部不同市、县之间存在比较大的差距，这种差距甚至大于东部和中西部之间，以及省、自治区之间总体上的差距。省、自治区内部不同市、县之间的差距，可以看作全国地区发展差距的缩影。这也是中国经济发展不平衡的表现，是地方政府在经济和社会发展指导上需要关注的问题。

（十五）衡量地区发展差距的指标是值得研究的问题。现在通常用的指标，是人均 GDP。GDP 是世界通用的综合经济指标，优点是能够反映经济活动总规模，而且简便易行；缺点是难以反映经济增长的质量，以及公众享有的实际福利水平。就人均 GDP 而言，由于忽视流动人口而造成比较大的统计误差：经济发达地区因为未计入大量外来人口，人均 GDP 被高估；相反，经济比较落后的地区，由于未剔除外流人口，人均 GDP 被低估。考虑到人口流动因素，地区差距比现在统计所反映的数字要小；或者说，实际差距被夸大了。同样道理，如果考虑到大量流动人口，城乡差距也比现在统计所反映的数字小。统计方法需要改进。当然，关注流动人口主要不是统计方法和人均 GDP 的计算问题，更重要的是根据实际人口进行城市建设规划和提供政府公共服务。

反映地区发展差距的，还有居民消费水平，城镇居民人均可支配收入和农民人均纯收入，以及人类发展指数。不同指标考察结果是不完全一致的，例如，城乡居民人均收入和消费水平，以及人类发展指数的差距，要小于人均 GDP 的差距。这主要是因为国家实行支持落后地区发展的战略，例如在教育和社会事业方面的投资，以及财政转移支付。逐步使居住在不同地区的人享有大体相当的公共服务，是国家改革和发展追求的目标。

有相对差距和绝对差距之分。相对差距对于考察地区差距发展趋势具有更重要的意义。一定量的绝对差距，其社会经济意义会随着收入基数的扩大而相应下降。

不同省、自治区、直辖市经济总量具有不可比性，因为人口数量悬殊。

（十六）积极发展跨区域经济交流与合作，对促进地区协调发展有重要作用。社会主义市场经济体制初步建立提供了体制条件，基础设施建设提供了沟通区际联系的通道，多种形式的区域经济交流与合作将在更大范围内展开。未来有可能形成珠江经济带、长江经济带、西陇海—兰新经济带、京津冀—呼包银经济带、大东北经济区和南（宁）贵（阳）昆（明）经济区，以及其他范围不同的经济区。以重庆—成都、武汉、郑州为中心的城市群有可能发展成为大城市圈。这样划分不一定准确，而且经济区域本来就不像行政区划那样界限分明，往往有重叠和交叉，但经济区和城市群的形成，经济区和城市群之间将会有越来越广泛的交流与合作，是很明显的发展趋势。需要编制跨越行政区划界限的区域发展规划。要重视大的企业集团通过市场扩张和资产重组，推动地区间资源重新配置和分工协作的作用。

形成全国统一市场是完善社会主义市场经济体制的重要目标，也是发展趋势。谋划地区经济发展要立足于全国统一市场，而且要面向世界市场。总的说，妨碍全国统一市场形成和发展的地方保护主义在不断减弱，但仍然在相当程度上存在，受保护的主要是某些高税收和高利润产品，以及个别农产品。

（十七）地区差距的实质是工业化进程快慢和城乡差距的问题。西部地区农业劳动力占其总就业的61%，比全国平均水平高11个百分点；西部地区城乡居民收入差距高于全国平均水平，说明工业化和城市化水平低。一般说来，区域内部城乡之间的差距，大于不同地区城市之间的差距。不同地区的农村之间差距的扩大，是地区差距扩大的重要组成部分，这是因为发达地区的农村，工业化和城市化进展快，受城市经济的辐射力强。地区差距的问题，归根到底要在工业化、城市化、市场化过程中逐步解决。

老工业基地问题的性质不同，那里的困难主要是资源枯竭、历史包袱、体制转轨和结构调整。老工业基地有比较高的城市化水平，基础设施好，教育程度和科技水平高，处在比较高的发展阶段，潜力是很大的。

四、积极开拓，稳步前进

（十八）统筹就是兼顾，实质是协调好改革和发展进程中各方面的利益关系。这对于执政党来说具有极端重要的意义，因为我们是领导全中国十多亿人全面建设小康社会和实现社会主义现代化的，要代表全体人民的利益。突出地提出统筹城乡发展和统筹区域发展，就是要解决发展进程中实际存在的城乡关系不够协调和区域关系不够协调的问题。城乡关系和地区关系是现阶段我国社会经济发展中最重要的关系，处理得好，中国人口的绝大多数就安定了。这是社会经济持续健康发展的必要条件，也是国家长治久安的最深厚的基础。

（十九）全面建设小康社会和实现现代化，不是自发的过程，而是在党和政府的领导下进行的广泛而深刻的社会变革。党和政府肩负着“统筹”的历史责任，但这是对指导思想和工作方针的要求，不是说把什么都“统”起来，也不是要干预企业的生产经营活动。完善社会主义市场经济体制，要求更大程度地发挥市场在资源配置中的基础性作用，增强企业活力和竞争力。政府职能转变的方向，一方面是纠正“越位”现象，把应该通过市场解决的问题放给市场；一方面是“到位”，健全经济调节和市场监管，加强社会管理和公共服务，把精力进一步转到全局性、战略性事务的谋划上来。通过体制创新和完善政策促进“三农”问题的解决，支持中西部地区加快发展，振兴东北等老工业基地，鼓励东部有条件地区率先基本实现现代化，——这都是政府应尽的职责。中央政府和地方政府在统筹城乡发展和区域发展中的权限和责任，也需要进一步明确。

（二十）全面、协调、可持续的发展观是一种先进的发展理念。理想的实现是一个过程，每个时期实现的程度，受到社会发展阶段和经济发展水平的制约。统筹城乡发展和统筹区域发展的相关的制度和政策设计，不能脱离社会主义初级阶段和全面建设小康社会时期的基本国情。既要有紧迫感，又要看到艰巨性和复杂性。拿城乡差距来说，几个经济发达国家20世纪60年代的情况是：以工业就业者收入为100，农业就业者收入法国为36，西德为44，美国为56，差距都很明显，而这些国家当时已经是现代化了。美国农业有得天独厚的资源禀赋和生产条件，20世纪30年代农民收入为非农业人口的40%，50年代为50%，80年代为80%，靠大量优惠和补贴现在才基本持平。我国农业生产条件总体不好，非农业人口占少数，经济效益又差，现在还不可能用很大力量反哺农业，城乡差距会在比较长的时期内存在，特别是绝对差距。地区差距也是这样。但是，现在就要强调统筹城乡发展和统筹区域发展，努力抑制差距扩大的趋势，减弱差距扩大的强度，积极为逐步缩小差距创造条件。从差距扩大到开始缩小的“拐点”，将是我国现代化进程中一座重要的里程碑。至于这个“拐点”在哪一年出现，现在还很难做出具体判断。至少，2020年全面建设小康社会的目标，应当包括这样的要求。

（原载《中共中央党校报告选》2004年增刊）

对编撰《邓小平年谱》[1]的意见

（2004 年 3 月 29 日）

中央文献研究室《邓小平年谱》编写组：

我对于《邓小平年谱》征求意见本有如下一点意见：

《年谱》引述邓小平 1979 年 11 月 26 日会见美国不列颠百科全书出版公司编委会副主席费兰克·吉布尼和加拿大麦吉尔大学东亚研究所主任林光达的谈话，指出邓在这次谈话中“首次提出了社会主义也可以搞市场经济的思想”。这是符合邓谈话原意的。但是，应该注意到：在同一篇谈话中，吉布尼问：“是不是可能在将来某个时候，虽然中国仍然是个社会主义国家，但在中国社会主义制度范围之内，在继续中国社会主义经济的同时，也发展某种形式的市场经济？”邓回答：“这个只能是表现在外资这一方面。就我们国内来说，不存在这个问题。”邓还说：“我们是计划经济为主，也结合市场经济，但这是社会主义的市场经济。”可见，邓当时所说的市场经济，和现在所说的社会主义市场经济是不同的，并没有否定计划经济体制，只是计划经济为主而结合市场经济。

可供对比分析的是，在邓讲这些话之前，1979 年 3 月，陈云在他所写的《计划与市场问题》中，已经明确使用过“市场经济”的概念。虽然《陈云文选》最初的版本曾经将“市场经济”改为“市场调节”（后来的版本按手稿复原了），但有 1991 年人民出版社出版的《老一辈革命家手迹选》为证。陈当时所说的“市场经济”，也不同于今天所说

---

① 《邓小平年谱》，冷溶、汪作玲主编，中央文献出版社 2004 年 7 月出版。作者这里所提的修改意见，被编写组采纳。

的“社会主义市场经济”，大体上也属于“计划经济为主，市场经济为辅”的模式。

邓尔后的几次谈话，也可以证明，他上述 1979 年 11 月 26 日所说的“社会主义市场经济”，和现在所说的“社会主义市场经济”是不同的。这是经济体制和经济改革目标模式的不同。例如：

一、1984 年 10 月 22 日，邓在中顾委第三次全体会议上的讲话，充分肯定十二届三中全会《关于经济体制改革的决定》。而这个《决定》对社会主义经济体制的规定，是“公有制基础上有计划的商品经济”，而不是社会主义市场经济。

二、1985 年 10 月 23 日，邓在同美国企业家代表团的谈话中，说“社会主义和市场经济之间不存在根本矛盾”，同时又坚持“把计划经济和市场经济结合起来”。

三、1989 年 6 月 9 日，邓在接见军队干部时，强调：“我们要继续坚持计划经济与市场调节相结合，这个不能改。”

实际上，邓小平直到 1992 年初南方谈话，市场经济体制也还不是十分清晰和确定的。党的十四大根据邓南方谈话精神加以发展和概括，正式确立了社会主义市场经济体制的改革目标。邓是政治家，不能用经济学的严谨概念苛求他的谈话。

如果说，邓在 1979 年 11 月就明确提出实行社会主义市场经济，那就不好理解：为什么邓以后又有其他与此性质不同的说法？为什么党的十二大和十三大没有采用邓关于市场经济的提法，把“社会主义市场经济体制”作为改革目标？

如果把经济改革实践和对社会主义市场经济的认识，包括邓本人的思想和认识，作为一个发展过程来看待，这样的问题就不难理解。因此，我建议，《年谱》所记邓 1979 年 11 月 26 日的谈话，要把他关于计划和市场的说法，意思引完整。这样做，有助于表达邓当时关于“市场经济”提法的真实含义，显示其思想的发展过程和逻辑上的一贯，避免断章取义之嫌。实际上，在其他一些重要问题上，例如邓关于 2000 年实现现代化的说法，虽然实践证明这是做不到的，因为颇具重要性，《年谱》还是取照录的方法，我以为这是很对的。

年谱是记载传主生平事迹的，而我对邓的活动没有作过专门研究，对《年谱》提不出什么意见。以上想法，不过是一得之见，仅供你们参考。①

王梦奎

2004年3月29日

附：中央文献研究室邓小平研究组来信

王梦奎同志：

您在百忙当中审读了《邓小平年谱》，并提出了修改的意见，对我们的工作给予了支持和帮助，送上一套《邓小平年谱》（精装本）表示感谢。

中央文献研究室邓小平研究组

二〇〇四年八月六日

① 《邓小平年谱》编写组采纳了作者的建议。见《邓小平年谱》上册，第581页，中央文献出版社2004年出版。

关于经济政策和经济立法的建议[①]

（2004 年 7 月 14 日）

我提三点建议：

第一点，改变扩张性的财政政策。扩张性的财政政策实行以来，发挥了积极作用。现在宏观环境发生重大变化，全社会投资规模增长很快，国家预算内资金在全部投资来源中所占的比重大幅度下降，由 1981 年的 28.1% 下降到 2003 年的 10.1%。改变已经实行多年的扩张性财政政策，大幅度减少乃至停发建设国债，条件已经成熟。财政收入增长很快，即使停发国债，国家可支配财力仍然会水涨船高，不会造成很大负面影响。从实际情况看，去年国债规模 1400 亿元，实际用 1100 亿元，结转到今年 300 亿元。今年新发国债规模 1100 亿元，加上去年结转，也是 1400 亿元，到 5 月份只用 300 多亿元。根据这种情况，建议今年继续加大结转规模，明年可以进一步减少甚至停发新的国债。

提法可以改为：适度的财政政策和稳健的货币政策，或者，稳健的财政政策和货币政策。

国债投资需要调整：一是继续调整投向，重点保证西部开发、生态环境和公共卫生建设、老工业基地改造、社会保障，以及改善农村生产、生活条件等方面的需要。现在国家财政的经济建设职能仍然偏重，按功能分类统计，经济建设费、社会文教费、国防费、行政管理费和其他支出五类，经济建设费占 32.24%（2001 年），比重仍然是最高的。

① 这是作者 2004 年 7 月 14 日在胡锦涛同志主持召开的座谈会上的发言。

二是继续放慢进度，除确保必要的在建项目的后续投资外，要慎重选择新上项目（例如从严控制城市基础设施建设），加大向明年结转的资金量，为明年大幅度减少甚至停止发行建设国债创造条件。

第二点，调整投资和消费的关系。投资率偏高，消费率偏低，尤其是居民消费率偏低，是一个带根本性质的问题。2003 年资本形成率 42.9%，1978 年以来仅次于上一轮经济过热的 1993 年（43.5%）。在世界上也是最高的。根据世界银行数据，2000 年，世界平均为 23%，低收入国家为 21%，中等收入国家为 25%（其中，下中等收入国家为 27%，上中等收入国家为 23%），高收入国家为 22%。投资率达到或超过中国的只有五个国家。（阿塞拜疆投资率 46%，但贸易逆差率即贸易逆差占 GDP 的比重达 34%；厄立特里亚投资率 39%，贸易逆差率高达 82%；莱索托投资率 47%，贸易逆差率高达 82%；尼加拉瓜投资率 38%，贸易逆差率高达 41%；土库曼斯坦投资率 46%，贸易逆差率为 20%）。这五个国家都是经济总量不大的国家，投资率达到或超过中国，主要是由于贸易逆差过大，缩小了 GDP 这个分母，使得投资率看起来很高，实际上低于我国，因为我国 40% 以上的投资率是以贸易顺差为基础的。以贸易顺差为基础而投资率相对较高的国家，主要是分布在我国周边地区的新兴工业化国家，例如，2000 年新加坡投资率为 31%，韩国投资率为 31%，马来西亚投资率为 26%；此外，日本的投资率也达到 26% 的较高水平。

我国消费率明显偏低。2003 年我国最终消费率为 55.4%。根据世界银行的数据，2000 年世界平均水平为 77%，低收入国家为 80%，下中等收入国家为 68%，上中等收入国家和高收入国家为 78%。也就是说，我国目前的最终消费率低于世界平均水平 20 多个百分点，与下中等收入国家的平均水平相比，也有十几个百分点的差距。

与国际上的同口径指标相比，我国居民消费率偏低的状况更为突出。不仅低于世界平均水平，也低于低收入国家的平均水平，与同样经济发展程度的印度相比也有很大差距。2003 年我国居民家庭最终消费支出占 GDP 的 43.2%（政府消费占 12.2%）。据世界银行的数据，2000 年，全球平均为 62%，低收入国家为 69%，中等收入国家为 62%

（其中，下中等收入国家为56%，上中等收入国家为65%），高收入国家为62%。一些人口大国的这一比重也都高于中国，如美国为67%，日本为61%，印度为68%。

影响投资和消费关系变化的因素比较复杂，需要进行具体分析：

比较高的储蓄率，支撑着我国投资率长时期保持较高水平，支持着经济的高速增长，这是好事。但居民消费率偏低，制约消费需求持续快速增长，最终又会反过来影响国内市场的扩大，制约经济持续发展。

我国现阶段工业化进程和产业结构特点，基础设施建设，重工业发展，客观上对调整投资和消费的关系具有重要制约作用。从这个意义上说，比较高的投资率有合理的一面。另一方面，经济发展战略和经济增长方式的转变，对投资率和消费率的合理消长，对适当提高消费率具有积极影响。

居民收入差距扩大，对消费率上升有较大负面影响。高收入群体消费倾向较低，而低收入群体消费倾向较高，由于广大低收入群体尤其是农民收入增长缓慢，不利于消费的扩大和消费率的上升。

在经济高速增长条件下，即使消费率比较低，消费水平也有可能提高，但消费率过低毕竟不是长久之计。改革开放初期，1979 年的经济调整，就是从调整投资和消费的比例关系着手的。现在社会矛盾积累比较多，统筹经济和社会发展要解决的问题很多，也需要调整投资与消费的比例关系。否则，科学发展观无法落实。扩大消费将为扩大国内市场和保持经济持续增长创造条件。

十六大提出调整投资和消费的关系，改变投资率偏低的状况。这个问题的解决，还没有完全破题。这涉及投资政策、消费政策和政府职能转变诸多方面，需要进行专题研究。

第三点，建议修改《土地管理法》。失去土地又没有其他谋生之路的农民越来越多，蕴藏着巨大的社会不安。1978 年至 2001 年，全国征用耕地 2400 万亩以上，主要集中在城郊和人多地少的经济发达地区，平均每征用 1 亩耕地造成失地农民 1.5 人，至少有 3600 万农民因此失去或减少了土地。如果加上违法占用耕地，目前失地或部分失地农民（人均 0.3 亩以下）可能多达 4000 万～ 5000 万人。

根据现行《土地管理法》，对土地的补偿和对农民的安置总计为征地前三年平均产值的 10 倍～ 16 倍，最多不超过 30 倍。这只是对农民原来在这块土地上从事农业的收益进行补偿，与土地的未来用途和地价升值无关。按照这个标准，以现金形式补偿的，通常在每亩 1.5 万～ 3.5 万元之间。国家每征一亩地，铁路、高速公路建设给农民的补偿，一般是每亩 5000 ～ 8000 元；工商业用地对农民的补偿，一般是每亩 2 万～ 3 万元，发达地区和城市郊区一般每亩 3 万～ 5 万元。

江苏调查表明，全省土地用途转变增值的收益分配，政府大约得 60% ～ 70%，村一级集体经济组织得 25% ～ 30%，农民只得 5% ～ 10%。

各地 90% 以上的征地项目是给农民发安置补助费，让他们自谋出路，政府称这种做法为“货币安置”，农民说是“一脚踢”。国家统计局对全国 2942 个失地农户的调查表明，46% 的失地农户收入水平下降。这些失地农户共有 7187 名劳动力，其中征地时安置就业 197 人，约占劳动力总数 2.7%；外出务工 1784 人，约占 24.8%；经营二、三产业 1965 人，约占 27.3%；从事农业 1807 人，约占 25.2%；赋闲在家 1434 人，约占 20%。不少失地农民，特别是中老年和妇女劳动力，另谋职业十分困难。坐吃山空，安置费用完后生活没有着落，问题会更严重。“失地失业农民”的大量存在已成为影响社会稳定的一大隐患。中国历史上失业流民从来就是社会不安定因素。征地纠纷已成为当前农民上访最多的领域。现在农民上访中有 70% 与土地有关，其中 40% 又与征地有关，这里面又有近 90% 反映的是征地补偿安置问题。

近年来我国经济高速增长和低成本的工业化，是靠农民两方面的支持推进的：廉价劳动力和廉价土地。由于近乎无限的供给，廉价劳动力的优势在城乡差距扩大时期不会丧失，土地问题则是现在就必须引起高度重视的。一方面，在工业化和城市化进程中，耕地减少很难完全避免；另一方面，我国人均耕地很少，必须严格保护耕地，非占不可的要给农民合理补偿。要兼顾国家利益和农民利益。土地征用应当有利于农民富裕而不是造成大批农民失地失业。这样做，从短期看，原始积累会少一些；但从长远看，工业化和城市化进程并不会放慢，相反，因为农村社会稳定，农民收入增加，农村市场扩大，会保证工业化和城市化更迅速、更稳妥地进行。

为了妥善处理土地问题，需要对《土地管理法》进行修改。现行法律有重大缺陷，不足以解决土地问题，反而使土地问题越来越严重。

第一，没有对征地目的和范围做出明确的界定。《宪法》规定，“国家为了公共利益的需要，可以依照法律规定对土地实行征收或征用，并给予补偿”。但什么是公共利益的需要，《土地管理法》没有进行必要的阐释和界定，而是规定，“任何单位和个人进行建设需要使用土地的，必须依法申请使用国有土地”，“依法申请使用的国有土地包括国家所有的土地和国家征用的原属于农民集体的土地”。根据这些规定，征地成了各类项目取得新增建设用地的唯一途径，客观上将“公共利益的需要”从公共设施、公益事业等扩大到了包括非公共利益建设在内的所有用地项目。

第二，征地补偿办法不合理。《土地管理法》对补偿的规定是，按照被征用土地的原用途给予补偿，没有体现土地本身的价值，没有将土地作为资产来处置，没有考虑土地增值。这是农民反映最强烈的问题。

第三，失地农民的安置责任不明确。《土地管理法》没有规定谁是安置被征地农民的责任主体，是用地单位，是农村集体经济组织，还是政府；没有规定安置纠纷怎么调解裁处；没有规定对未负起安置责任者如何处罚。简单地让失地农民自谋出路的“一脚踢”，就是新《土地管理法》实施以后盛行起来的。

第四，征地程序没有把失地农民的补偿安置作为用地前必须落实的必要条件。目前农村集体土地所有者，尤其是广大农民，在征地过程中完全处于被动和不平等地位。从土地征用的认定，到补偿费的确定和劳动力的安置等，基本由政府和用地单位说了算。

第五，对城市规划的调整，《土地管理法》也没有规定严格的程序，导致城市规划扩张到哪里，那里的集体土地就要变成国有；城市化的程度越高，土地国有化的比重就越高。

第六，现行《土地管理法》没有考虑对国家所有的土地资源作进一步的权属划分，即哪些土地属于中央政府所有，哪些土地属于地方政府所有。

工业化和城市化是必然趋势，但这是一个长期的发展过程。判断工业化和城市化进程是否健康进行的一个重要标志，是土地问题是否得到了妥善解决，以及失地农民是否获得了就业的机会。现在经济发展和社会生活中的许多问题，与此有直接关系。现在决定停止审批半年，并未从法制上根本解决，开禁后各类问题还会重新冒出来。

关于“十一五”规划和2020年远景目标的研究[①]

（2005年1月18日）

今年是“十五”的最后一年，按惯例，中央将会讨论“十一五”的问题，各省、自治区、直辖市也会讨论本地的“十一五”规划问题。为了开展前瞻性的研究，我就“十一五”规划和2020年远景目标谈些看法，提一些需要研究的问题，和大家共同讨论。

一、新的起点

“十五”计划的结果将成为“十一五”规划的起点。虽然“十五”计划还有一年，现在已经可以做出如下判断。

第一，社会经济发展进入新阶段的特征更加鲜明。“十五”时期经济增长的预期目标提前一年实现。预计2005年国内生产总值将超过15万亿元人民币，按当前汇率计算，人均1400美元左右。消费需求的变化，产业结构的调整，城市化进程的加快，都是社会经济发展进入新阶段的明显标志。经济持续增长的基础比过去更加雄厚。事实证明，十六大关于全面建设小康社会的决定是完全正确的。事实同样证明，十六大所说的我国目前还是低水平的、不全面的、发展很不平衡的小康这样的状况，还没有发生根本性变化。所谓进入新阶段的特征更加鲜明，是指全面建设小康社会阶段所显示的特征。未来5～15年中国社会经济发展规划，需要把握这种阶段性特征及其继续演进的基本脉络。

① 这是作者在2005年全国政策咨询工作会议上的报告。

第二，经济增长空间扩大。摆脱通货紧缩，又预防了通货膨胀，经济保持良好发展态势，为“十一五”规划提供了比较平稳的起点。但是，不论是从市场经济条件下经济波动的常态看，或者是从我国体制缺陷和结构性矛盾所引发的经济波动看，都不能完全排除快速增长进程或长或短被中断的可能性。工业化、城市化、市场化和国际化进程加快为经济增长提供了广阔空间，也面临严峻挑战：资源和环境的强大约束和增长成本的上升，经济结构升级和增长方式转变中的实际困难，在实现城乡之间、区域之间协调发展方面面临许多两难选择，以及外部环境的不稳定和不确定因素，等等。

第三，经济体制仍然带有明显的过渡性质。社会主义市场经济体制初步建立但还不完善；市场经济体制在激发经济活力的同时其负面影响开始显露；计划经济体制的弊端尚未完全革除，而在计划经济体制时期所取得的某些积极社会经济成果却在体制转轨中有所流失。经济改革仍处于攻坚阶段。如何按照有利于实现“五个统筹”而不单纯是促进经济增长的要求继续深化改革，为全面、协调、可持续发展提供体制保障，是“十一五”乃至更长时期的重大课题。

第四，社会矛盾比较突出。我国正处在经济结构、社会结构大变动和深刻的社会转型时期。这种变动带来巨大的发展活力，也蕴含着深刻的社会矛盾。原因是：经济体制改革引发社会利益关系的重大调整和重组，多种所有制经济发展和激烈市场竞争导致收入差距扩大和社会阶层分化，产业结构变化使人们的就业产生不稳定性，二元经济结构的改变伴随着空前规模的人口流动，等等。今后5～15年需要更加注重从体制上、政策上和实际财力上解决社会问题，但在争取经济快速增长和解决社会问题二者之间面临许多两难选择。

第五，外部环境发生重大变化。加入WTO标志着对外开放进入新阶段，三年来对健全法律法规、促进对外经济贸易和国家经济发展发挥了积极的作用，负面影响比预想的小。2006年底将执行全部承诺而结束“过渡期”。在融入世界经济贸易体系过程中如何趋利避害，利用这种历史机遇推进现代化建设，把负面影响减少到最低限度，是制定“十一五”规划和2020年远景目标必须认真研究的问题。

第六，发展观念的转变。科学发展观不仅是发展理念的进步，也显示出政策调整的动向。但科学发展观提出不久，只是初见成效，长期形成的经济和行政管理体制、统计考核体系和干部选拔制度，以及思维定式和工作方法，都不是短时间所能完全改变的，发展观念的转变和相应的政策调整远未完成。

我认为，以上几点基本判断，可以作为考虑“十一五”规划和2020年远景目标的出发点。

二、目标和条件

适应社会主义市场经济体制和融入世界经济贸易体系的要求，制定中长期规划的思路和方法需要转变，由注重具体项目、指标和微观经济运行，转向注重发展战略和宏观经济稳定的谋划上来，转到“五个统筹”所指示的方向和重点上来，突出战略性、全局性和前瞻性。例如：

——研究和把握经济全球化进程、科技进步的趋势、国内外市场环境变化和经济周期波动的基本脉络；

——研究和把握国内消费结构和产业结构升级、工业化和城市化进程加快所引起的社会经济关系的变化，以及这种演变趋势对中期发展的影响；

——研究和解决如何通过规划引导经济结构优化和经济增长方式转变，缓解资源约束，减轻环境压力；

——研究经济发展空间布局的优化，制定跨行政区划的规划以指导各地的发展规划，以利于形成合理的区域分工和发挥区域优势；

——研究和制定兼顾经济增长和提高人民福利，既促进经济增长又实现社会和谐的思路和政策；

——要总结以往规划的经验和教训，重新审视当时所确定的目标定得低了，还是过分超前了，原因是什么，以便从中得到借鉴。

未来15年可以划分为两个阶段：前五年“十一五”时期和后十年。总的要求，是有步骤分阶段地实现十六大提出的全面建设小康社会的目标。要尽可能地把这些目标具体化。十六大提出的奋斗目标，只有一个具体数字，就是国内生产总值20年翻两番；其余的都是指示出发展方向，需要通过五年规划和年度计划有步骤分阶段地推进。有些目标是难以数量化或者不需要数量化的。即使是可以数量化的目标，也主要是预期性和引导性的，需要随着条件变化而调整。

根据对中国经济增长潜力和前景所做的分析和预测，“十一五”时期经济年均增长速度能够保持在8%左右。按2004年不变价格计算，2010年GDP将超过21.5万亿元人民币，折合2.6万多亿美元，考虑到人口增加因素，人均1900美元左右，与目前中等收入国家平均水平1920美元大体相当。后十年经济增长速度即使有所放缓，经济总量仍可翻一番。这样，按2004年不变价格计算，2020年GDP将超过43万亿元人民币，折合5万多亿美元，人均超过3500美元，进入中上等收入国家的行列。如果汇率变化，按美元计算的GDP总量和人均值都会和这里预测的数值不同。按购买力平价计算，总量和人均都会有更大幅度的提高。届时将建成更高水平的小康社会，全国人民过上更加殷实的生活。

实现未来5～15年奋斗目标的条件是具备的；但也有不少制约因素和矛盾，要在克服困难中求发展。

第一，有比较雄厚的物质技术基础。经济迅速增长所需要的许多重要的能源、原材料和机械装备国内生产量相当可观，还有大量进口以弥补不足，物质技术条件是过去任何时候都不能比拟的。另一方面，经济规模越来越大，资源需求急剧增长，资源约束和环境压力日趋强烈。拿能源来说，2020年GDP比2000年翻两番，每个百分点的增量是前一个翻两番的4倍。前20年以能源消耗翻一番保证GDP翻两番，后20年即使能做到再以能源消耗翻一番实现经济翻两番，能源的生产和运输都有困难，而且利用效率需要在前20年提高一倍的基础上再提高一倍。大量进口受到国际市场的制约，而且势必提高成本。优化经济结构和转变增长方式可以大量节约资源消耗，但会遇到许多矛盾和困难，而且是一个渐进的过程。

第二，资本的快速积累和高投资率。这是现阶段中国经济增长的主要源泉。据国务院发展研究中心发展部的研究，1978 ～ 2003 年资本年均增长速度为 9.9%，对经济增长的贡献率为 63%，在 GDP 年均 9.4% 的增长中贡献近 6 个百分点。未来 5 ～ 15 年，由于老龄化的到来，城乡居民消费率的提高，可能使储蓄率有所降低；由于土地和劳动力成本提高，外资流入也有可能减缓。由资本快速积累和高投资率推动经济快速增长的态势仍然能够保持，但需要着力提高投资效率。

第三，国内市场广阔。工业化和城市化的推进，城乡基础设施建设的大规模展开，创造出非常大的投资空间。十多亿人收入的提高，消费结构的升级，带来消费需求的持续扩张。制约因素是：土地和劳动力成本的提高，环境成本的支付，导致工业化和城市化成本增加，会抑制投资规模；城乡差距、地区差距和收入差距扩大，低收入群体支付能力疲软，会抑制消费市场的扩张。

第四，劳动力资源丰富。劳动力价格总体上呈上升态势，但人口基数大，适龄劳动力继续增加，城市化和非农产业发展迅速，欠发达地区大量农民工涌入城市和沿海地区，遏制劳动力成本过快上升，未来 5 ～ 15 年仍有劳动力价格低廉的比较优势，欠发达地区这种优势会保持更长时期。问题是，一方面劳动力总量过剩，就业压力很大；另一方面劳动力素质低，不适应技术进步和产业升级的需要，过剩和紧缺并存的结构性矛盾会日渐突出。

第五，深化改革将为发展创造良好的体制环境。积极推进国有企业和国有资产管理体制的改革，财税体制、金融和外汇管理体制以及投资体制的改革，土地和其他重要资源价格形成机制和环境补偿机制的改革，社会保障体制的改革，政府职能转变和自身的改革，以及社会政治领域的改革，都会给发展注入强大活力。WTO 过渡期结束给改革带来压力和动力。但是，改革是利益关系的调整，某些改革会因为有风险而难以决断，某些改革不一定能够产生立竿见影的效果，某些改革要付出经济上的代价，某些改革会影响经济增长的速度，——这些都会增加改革的难度。

第六，社会政治稳定。在保持社会稳定的条件下推进发展和改革，通过发展和改革在新的基础上实现社会稳定，这是 20 多年来的一条基本经验。未来5～15年能够保持有利于持续发展的社会政治稳定局面。不稳定因素也不少，某些方面的社会矛盾在积累，要高度重视社会矛盾的化解和社会问题的解决。目前社会矛盾总的说还是由改革和发展过程中经济方面的诉求引起的，在现行体制和政策框架内是能够解决的。

第七，外部环境比较有利。现在中国占世界经济总量的比重还不大，但增量已经占世界很大比重，成为世界经济增长的重要引擎和推进器。融入全球化进程提供了利用国际市场和资源的机遇，世界科技革命提供了跨越式发展的可能，国际关系的改善有利于国内发展。世界经济处于周期性上升阶段，国际产业转移加快，也是有利因素。同时，外部环境对我国经济发展的制约也在加大，非传统贸易壁垒增加，经济风险特别是金融风险增加而我国防范风险的机制还不健全，周边和全球政治格局也有不稳定和不可测的因素，经济安全乃至国家安全存在隐忧。

综合分析，未来5～15年发展既有许多有利条件，可以说是“黄金发展时期”；同时也存在不少困难和制约因素，又是“矛盾凸显时期”。机遇和挑战同在。实行正确的发展战略和政策，充分利用现有基础，调动一切积极因素，化解矛盾，克服困难，完全能够实现持续快速增长。从国际经验看，如果处置不当，出现曲折的危险也是存在的。

三、发展趋势和政策研究

实现未来5～15年目标，需要把握社会经济发展的大趋势，有针对性地采取一些大的政策措施。我着重从四个方面讲一些看法，提一些需要研究的问题。

（一）转变经济增长方式。转变增长方式问题已经提出多年。对现状的总体判断是三句话：取得明显进步，水平依然很低，矛盾非常尖锐。

根据我们去年所做的一项研究，从1980年到2002年22年间，按照不变价格计算，每万元GDP能耗标煤从14.34吨下降到4.76

吨，下降66.8%；每万元GDP电耗从7200度下降到5200度，下降22.7%。从1971年到1999年，按购买力平价计算，我国单位增加值能耗下降68%，而同期世界平均下降27.7%，欧洲国家平均下降11.2%，亚洲国家平均下降32.3%。从国际范围来看，我国的进步是明显的。

但是，这种明显成绩是以过去经济增长粗放程度过高为基数的。1980～2000年，单位产品实物消耗指标国内先进水平和世界先进水平的差距，火电耗煤从32.5%下降到24.1%，钢耗煤从70.4%下降到20.9%，水泥综合能耗从50.2%下降到44%，乙烯能耗从83%下降到69.7%，这说明，差距明显缩小，但仍有不小差距，不过并不像按美元计算的单位GDP消耗的差距那么大。我国矿产资源总回收率为30%，比世界先进水平低20个百分点。生产、流通和消费领域普遍存在的效率低下和严重浪费，是人所共见的事实。从总体上看，经济增长方式远未实现全局性、根本性的转变。

我们在资源严重约束下推进现代化建设，转变增长方式是唯一出路。在近年来经济高速增长中人们已经强烈地感受到，传统的高投入、高消耗、低产出的老路，已经走到尽头。占现今世界人口15%的发达国家，是靠消耗全球60%的能源、50%的矿产资源实现工业化和现代化的。另外85%的人口正陆续进入工业化阶段，全球性的人口、资源、环境矛盾尖锐，我国面临严峻挑战。即使国际市场能够弥补我国资源之不足，生态和环境破坏的沉重代价也难以承受。国际竞争的压力，许多出口商品因为在国际产业链中处于低端而收益比较低的严酷现实，也使人们痛感转变增长方式之必要。

经济增长方式是经济发展阶段性的重要标志，直接起作用并且构成其物质基础的，是技术进步。从人类社会经济不断进步的意义上说，增长方式的转变是永无止境的。从发展的阶段性来说，我国目前的增长方式转变，肩负着双重任务：一是通常所说的传统工业的提高，一是实现从二元经济结构向现代社会经济结构的转变。走新型工业化道路包括这两个方面技术进步的过程。

经济结构不合理是增长方式粗放的重要原因。在产业结构升级过程中，有更高技术含量、附加值更大、环境代价更小的产品或者产业发展起来，表现出更高的生产率和社会效益，这就是增长方式的转变。发展高新技术产业，用新技术改造传统产业，发展第三产业以提高整个经济的社会化水平，都是增长方式转变所必需的。

增长方式粗放和转变困难，有深刻的体制和政策上的原因。除投资体制不合理所导致的低效甚至无效的投资外，价格扭曲是重要原因。低水价政策导致水资源的过度消耗和浪费，低价征用造成土地的大量浪费，能源价格不能反映全部成本使能源消耗至少增加9%。质量、物耗、环境等方面社会规制不严，政绩考核方法的缺点，也是粗放式增长得以延续的原因。为增长方式转变创造体制和政策环境，是深化改革面临的迫切任务。

实现增长方式转变有许多问题需要研究。例如：当前转变增长方式要解决的突出矛盾是什么？在不同的产业领域，如何确定转变增长方式的着重点？处于不同发展阶段的地区，增长方式转变的目标和任务怎么确定？如何促进技术含量高和附加值大的产业更快发展？如何在传统产业中推广新技术，同时淘汰产出低、消耗高、污染严重的技术装备？转变增长方式在技术、管理以及企业和政府行为等方面的困难何在？如何看待关于重化工业发展问题的讨论，其实践的和政策的含义是什么？如何形成企业技术引进、消化吸收和自主创新的机制？如何开发和推广共性技术，特别是开发推广对增长方式转变有直接效果的节能降耗技术和环保技术？如何通过体制和政策的调整，促进循环经济的发展？如何处理采用新技术、发展资本密集型产业和发展劳动密集型产业、扩大就业的矛盾？如何动员全社会力量建设节约型社会，当务之急是什么？政府、企业、社会中介组织在转变增长方式中应当扮演什么角色，当前存在的主要问题是什么？在经济全球化和发展开放型经济的条件下，增长方式转变有哪些新的情况，如何适应新的情况？

此外，还有一些理论问题可以讨论。例如，关于增长方式转变的含义，关于外延型增长和内涵型增长、粗放型增长和集约型增长的概念，关于增长方式转变的普遍规律和现阶段中国增长方式转变的特殊规律，等等。理论探讨对于增长方式转变是有实际意义的。

（二）推进城市化。城市化是走向现代化的必由之路。80 年代中期特别是 90 年代中期以来，城市化进程加快。以大城市为中心的城市群、城市带发展壮大，一些小城镇成为当地经济的中心。基础设施建设使城市面貌大为改观。这是经济快速发展的重要推动力。目前我国城市化仍然明显低于世界平均水平和同等工业化国家的水平，未来 5 ～ 15 年甚至更长时间，是城市化迅速扩张时期。按照 80 年代以来的平均进度，2010 年城市化将达到 47%，2020 年将达到 55%；按照 1995 年以来的平均进度，2010 年将超过 50%，2020 年将达到 64%。城市化滞后是历史包袱，同时也为经济增长提供了空间。

城市化是涉及几亿农业人口转入非农产业的社会结构的根本性变迁。这是伴随着现代化进程逐步实现的渐进过程，最乐观的估计也要延续到 2020 年以后。在工作部署上既要积极，又要稳妥。目前一些地方片面追求城市化率，存在急于求成和盲目无序的偏差，城区规模扩张过猛，拆迁规模过大。全国有 182 座城市提出要建成“国际大都市”，不少中小城市提出要建成大城市。不少城市规划缺乏特色，甚至造成不可挽回的破坏。另一方面，大量因城市建设而失去土地的农民生活没有着落，进城农民不能长期稳定留居的问题也很突出。这不仅影响城市化的健康发展，还会危及社会稳定，目前一些地方的社会矛盾是和城市化的盲目扩张有关系的。在这方面也有许多理论和政策问题需要研究，例如：如何认识世界城市化的规律和中国特色城市化的道路？如何认识中国城市化进程的长期性和艰巨性，把握城市化的适当进度？如何形成大中小城市和小城镇协调发展的格局，使之都能够扬其长而避其短？如何做到城市的空间布局更为合理，超越行政区划的局限发挥城市功能？如何根据地区发展不平衡的实际情况，提出符合本地区实际的城市化目标和政策？等等。

保证城市化健康发展的一个根本性问题，是把城市化和解决“三农”问题结合起来，使之成为实现城乡协调发展，改变二元经济结构的推动力。关键是为农民转入非农产业创造就业机会和生存条件。需要着重研究解决的，是两个方面的问题。

一是长期进城务工农民变为城市居民的问题。据人口普查资料，农民工占二、三产业就业人口的比重高达46.5%，其中第二产业占56.7%，建筑行业占80%，绝大部分处于流动不定状态。每年有大量农村人口进城就业。要对行之多年的城乡隔离政策进行清理，放宽农民进城就业和定居条件，建立城乡劳动者平等的就业制度；同时要引导农民工适应城市生活秩序。这涉及城市公共服务资源重新分配的问题，对城市建设和管理的影响需要观察和研究。可以肯定，这样做有利于保护农民工的权益和社会的文明发展，客观上或许会对城市规模的盲目扩张和畸形发展起到某种抑制作用。

二是失地农民的生计问题。目前全国完全失去土地或者人均耕地0.3亩以下的农民多达4000万～5000万人，2003年国家统计局对其中2942户的抽样调查显示，完全失去耕地的占43%，耕地被征占后收入下降的占46%。失地农民每年增加的数量以二三百万计，补偿费用过低而且会坐吃山空。廉价征用土地，“以地生财”、“以乡养城”成为原始积累的新形式。矛盾在日积月累，有的地方酿成严重社会不安，现行土地政策和制度不足以从根本上解决。如何安定失地农民，如何改革和完善土地制度，保护农民的土地权益，是必须研究解决的大问题。

在城市化、工业化乃至整个现代化进程中，始终不能放松对农村问题的关注。即使城市化进展顺利，农村人口2010年至少还有7亿，2020年至少还有5亿，仍然是个庞大的人群。“三农”问题过去主要是粮食生产问题，现在不仅要解决全国十多亿人口吃饭的问题，而且要解决在全国农村全面建设小康社会和逐步实现现代化的问题。要通过“三化”——工业化、城市化和市场化，促进“三农”问题的解决。有许多问题需要研究。例如：如何切实保护和稳定提高粮食生产能力？如何促进粮食市场发育和完善政府调控政策？如何推进农业结构调整和提高农业综合效益？如何扶持农村二、三产业，加快县域经济发展，促进农业劳动力就地转移？如何解决退耕农民生计问题，巩固退耕还林还草政策成果？如何应对农产品进口的冲击，扩大我国优势农产品出口？如何摆脱县、乡财政的困境？如何把握继续推进农村改革的切入点和着重点？如何确定国家扶持政策的切入点和着重点？在农业税免除后，国家可以采取哪些普惠的政策帮助农民减负增收，例如，是否完全由财政负担农村义务教育的支出？等等。

全国农村发展很不平衡。如何在全国农村普遍实现全面建设小康社会的目标，现有的经验还不能提供完整而清晰的答案，需要在实践中继续探索。

（三）注重解决社会问题。根据社会矛盾比较突出的实际情况，“十一五”和2020年规划要把解决社会问题放在重要位置。我们的目标，是在经济发展的基础上实现社会全面进步。经济建设是中心，也是解决社会问题的物质基础，经济不发展不可能实现现代化；但实现经济增长并不是唯一目标，如果不注重化解发展和改革过程中的矛盾，妥善解决社会问题，不仅会直接危及经济发展，国家也不可能长治久安。提出科学发展观，强调“五个统筹”，一个重要出发点，就是注重解决社会问题，实现经济、社会协调发展。提出构建社会主义和谐社会，更把解决社会问题提到了新的高度。事实上，近年来从中央到地方，都在顺时应变，加大这方面工作的力度。

社会领域的问题错综复杂，往往带有更浓厚的中国特色，必须根据现阶段中国国情，有针对性地采取政策措施。梳理归纳，当前影响最大并且会长期存在的，是以下几个方面的问题。

第一，就业问题。我国人口多，适龄劳动人口持续增长，加上大量农民离乡进城，隐性失业变为显性失业，经济结构调整带来劳动力市场动荡，未来5～15年就业压力很大。发展规划和政策要把解决就业问题放在更加重要的位置。影响劳动力需求的是两种起相反作用的因素：一方面，技术进步和资本有机构成提高，国有企业改革，产业结构升级，是减少劳动力需求的因素；另一方面，随着技术进步和社会分工深化，新的产品、新的产业、新的就业领域和就业形式不断出现，多种经济成分发展，是扩大就业容量的因素。从总的发展趋势看，我国就业问题将是长期存在的大问题。发达国家人口比我国少得多，不断缩短工作时间，还长期受到失业问题的困扰，我国就业压力之大可想而知。要认真研究扩大就业与经济增长、产业结构调整和技术进步的关系，研究扩大就业与国有企业改革、发展多种所有制经济和多种就业形式的关系，研究扩大就业与保障劳动者权益、增强企业社会责任的关系，研究政府、企业、社会中介组织和劳动者各自的责任，研究完善劳动力市场和扩大就业的政策措施。提高劳动者就业能力也是当务之急。要把普及义务教育作为提高国民素质和促进就业的根本大计，同时在农村和城市普遍开展职业技术培训。目前农村劳动力受过专业技能培训的很少，绝大部分初、高中毕业生没有受过职业技术教育。城市职业技术教育也很薄弱。随着高等教育进入大众化阶段，普通高校毕业生也面临着就业难的问题。

第二，收入差距问题。对于反映社会收入差距的基尼系数的计算方法、适用范围及其对中国现阶段的实际社会意义，理论界有不同的认识，但差距持续扩大是公认的事实。对于收入差距的现状和趋势，可以大体上从以下两个层面做出判断。

在初次分配领域，差距明显扩大的主要是私营部门和外资部门。随着私营经济发展、经济市场化和国际化加深，收入差距是继续扩大的趋势。而在所谓“体制内”部分，平均主义仍然普遍存在，同一地区和单位内部公务员收入的平均主义甚至比过去还要严重，但在某些垄断行业和一般行业之间、不同地区的公务员之间，也存在差距过大的问题。群众不满意的，主要是非法暴富和体制不合理造成的灰色收入。

在再分配领域，由于税收和社会保障体制不健全，对收入差距扩大的势头调节不够有力。基本方针过去是三句话：“保护合法收入，打击非法收入，调节过高收入”；应该变为四句话，加上“救助贫困群体”。四个方面都需要加强。

需要研究的问题很多。例如，现阶段我国收入差距的发展趋势和合理界限是什么？如何处理公平和效率的关系，以达到实现社会公平和保护经济发展活力这样的双重目标？怎样采取更为透明、公正的分配方式，消除灰色收入的体制根源？怎样使“体制内”的收入分配改革在不同行业和不同地区之间能够统筹兼顾？如何在保护公、私财产权的同时切实保护劳动者的合法权益，以达到劳资两利之目的？如何调节投资和消费的关系，适当提高目前显得过低的最终消费率，以增加城乡居民消费？舆论引导也是需要研究的问题。

第三，社会保障。健全的社会保障是市场经济体制的重要支柱。改革初期在很大程度上把社会保障制度改革作为国有企业改革的配套措施，某些措施着眼于减轻财政负担而缺乏健全的制度规范，历史欠账和积累矛盾不少。加之老龄化快速发展，城乡庞大失业人群存在，传统家庭养老方式渐趋解体，社会保障的压力与日俱增。清欠旧账和建立新的比较规范的社会保障体制都是需要抓紧办的大事。如何实现城市社会保障体制的平稳过渡？如何根据城乡之间、不同地区之间的发展水平实行不同的办法而又有利于逐步走向统一？如何改善农村公共卫生和医疗条件，解决农民基本医疗问题？农村社会保障如何起步？如何在农村建立健全社会救济制度，在有条件的地方逐步建立最低生活保障？如果从“五保户”的社会救助做起，“十一五”时期能发展到什么程度？健全的社会保障是现代社会文明的标志。西方国家在第二次世界大战之后普遍建立社会保障制度，对于缓和社会矛盾起了重要作用，20 世纪 70 年代以来由于保障标准过高而难以为继，不得不进行改革但困难重重。我国经济不发达而社会保障任务又很艰巨，只能坚持“低水平、广覆盖”的方针逐步推进，不能做过高承诺。

第四，健全社会流动机制。逐步改变城乡二元经济结构，工业化和城市化进程加快，数以亿计的农业劳动力向非农产业转移，这种中外历史上空前大规模的人口流动所伴生的社会问题，是当前和今后相当长时期都必须注重解决的大问题。社会流动和社会阶层分化加剧是社会结构变化的反映。具体分析，有两方面的影响：一方面，诸如创业门槛降低，受教育程度提高，就业和居住地选择余地扩大，城乡流动障碍破除，使身处下层者有可能通过自身努力改变社会处境，这是有利于激发社会活力和财富创造的；另一方面，这种变动过程也蕴含着新的社会矛盾，例如，一些人可能因丧失既得利益而产生不安，一些经济地位上升的人则可能提出不适当的政治诉求。如何分析社会流动和社会阶层分化的现状、发展趋势及其社会经济影响？如何从体制和政策上疏通社会流动渠道，促进社会的有序流动，以利于在不同社会阶层之间做到“能进能出”“能上能下”？如何处理突发事件应急机制和常规制度建设的关系，以利于消弭社会危机？如何推进社会管理体制和管理方法创新，发展多元化的社会沟通渠道，包括加强基层组织建设，发挥传统组织优势，同时发挥基层群众自治组织、社团、行业组织和社会中介组织的作用，以利于维护社会稳定和构建和谐社会？在这些方面都有许多理论问题和政策问题需要研究。

（四）提高对外开放水平。外部环境和中国的国际经济地位正在发生深刻的变化，需要用全球战略眼光谋划发展，在统筹国内发展与对外开放中实现全面建设小康社会和现代化的目标。关键是提高对外开放水平，在更大范围、更广领域、更高层次上参与国际合作与竞争。

国内近年来有关于我国对外贸易依存度是否过高和利用外资是否过度的忧虑。怎么看待这个问题？我认为不能从“进出口额/GDP”公式简单得出结论。首先，这个公式本身是有缺点的，因为进出口额是货物贸易，GDP则包括服务业，而发达国家服务业在GDP构成中所占的比重远高于我国，用这个公式进行国际比较势必相对地高估我国的对外贸易依存度。如果用世界银行通用的“货物贸易进出口额/商品GDP”公式加以修正，我国对外贸易依存度远低于德国，而与美、日大体相当。其次，还要考虑到，进出口额是进出口货物的全部价值，GDP是增加值，我国加工贸易占进出口额的50%以上，简单计算的外贸依存度显然高估了我国对国际市场的依赖程度。再者，即使使用“进出口额/GDP”这个公式，假如依据世界银行的购买力平价数据计，我国对外贸易依存度只有20%左右，远低于德、美、日等发达国家。虽然对我国的购买力平价国内外有不同的计算，但都远高于汇率法计算的结果。我国外商直接投资占全社会固定资产投资比重2002年为10%，低于世界平均水平（12.2%），甚至低于发展中国家平均水平（10.3%）。通常所说的我国累计吸收外商直接投资总额5000多亿美元，没有扣除折旧和撤资，按照国际通用的“固定资产余额”推算，2003年外商直接投资存量在2600亿美元左右，相当于当年GDP的18%，低于27%的世界平均水平。现在全球吸引外资的竞争很激烈，连发达国家也在积极吸收外资，我国也应该继续积极吸收外资。关键是提高利用外资水平，优化对外贸易结构。这也是转变经济增长方式的要求。

未来 5 ～ 15 年我国经济将保持快速增长，必须继续积极发展对外经济贸易关系，处理好在国际社会中的矛盾与问题，创造良好的外部环境。以下几个方面的问题是重要的。

第一，保障外部资源的稳定供给。我们只能在对外部资源依赖程度越来越高的情况下推进现代化建设。我国目前在世界主要资源市场上所占份额还不大，但在需求增量中所占份额相当可观。全球资源供需基本平衡，我国支付能力没有问题，主要是如何保障稳定供给，降低采购成本。要研究通过国际市场获得外部资源的多种方式。例如：如何与能源和其他重要资源输出国建立稳定的合作关系？如何加强与能源输入国的合作？如何保证海外资源的运输安全？随着我国资本实力日渐雄厚，未来对外投资是迅速增长的趋势。对外投资不仅是获取外部资源的重要形式，也是取得市场、技术和知识产权，加强我国与投资东道国关系的有效途径。对于处于起步阶段的对外投资如何引导？如何在简化审批程序的同时加强监管？如何将企业对外投资行为与国家的对外经济战略有效结合？如何扶持企业通过跨国投资获取研发能力和海外营销渠道，通过海外投资保障能源和其他重要资源的供给？在风云变幻的国际投资市场上如何防范风险？这些都是需要研究的问题。

第二，提升我国在国际分工中的地位。我国已经成为世界第三大贸易国，但在国际分工中的低端地位并没有根本改变。要改变这种状况，必须从偏重于量的扩张向注重质的提高转变，从单纯计算企业财务成本向同时注重计算土地等要素价格和环境代价的综合成本转变，从注重优惠政策向注重市场公平竞争转变，从单纯技术引进向注重消化吸收和提高自主创新能力转变。实现这样的目标，有许多问题需要研究解决。例如：如何协调外资政策、外贸政策和产业政策，发挥外资在提升我国产业结构、技术水平方面的作用？如何推进加工贸易的结构升级？如何使具有自主知识产权和自有品牌的产品成为我国出口的主导产品？如何形成我国企业的国际营销渠道？如何吸引资本与技术密集程度更高的企业来华投资？如何引导外商投资于中西部地区、东北等老工业基地，以促进中西部发展和老工业基地振兴？如何实现内外资的平等竞争，防范跨国公司形成产业垄断？等等。

第三，创造良好的外部环境。中国经济迅速壮大，打破原有利益格局，势必引发错综复杂的国际矛盾。如何使各个领域的对外交往，包括政治的和经济的，外交的和文化的，官方的和民间的，服务于全面建设小康社会和现代化的目标，是长期的任务。当前需要着重研究解决的问题是：如何处理与主要贸易对象国特别是美国的经贸关系？对美国经济发展的不确定性甚至风险及其对我国的影响如何估计？如何积极参与和有序推进东亚区域经济一体化和其他区域经济合作？如何协调对外贸易、对外援助、对外投资和经济合作，加强与发展中国家的关系？等等。

对中国经济地位提升所引起的国际经济关系调整，世界没有准备，我们也准备不足，需要有一个适应过程。要重视对外宣传工作，树立负责任大国的形象，让国际社会理解中国提出的可持续发展、建设节约型社会的发展战略，理解中国追求合作共赢和共同发展的理念，消除国际社会对我国发展的疑虑。

第四，健全开放型经济的风险防范机制。我国迅速从封闭型经济转为开放型经济，经济风险随增长活力增加而加大，而我们对开放型经济风险的防范经验不多，机制很不健全。健全风险防范机制是保证经济持续增长和国家经济安全的重要条件。开放型经济的主要风险是什么？在国际资本流动加剧的情况下如何保持国际收支基本平衡，避免短期资本流动的冲击？在国际金融市场动荡的形势下如何避免巨额外汇储备的风险？如何顺利度过业已开始的贸易摩擦高发期，使之不致酿成大规模的贸易战，影响国家的经济关系甚至政治关系？这些都是需要研究的问题。

我国经济的国际化程度日益提高，需要用更灵活的汇率机制作为调节国际收支的政策工具。国际上关于人民币汇率问题的炒作各怀心思。如何完善汇率形成机制，稳步走向有管理的弹性汇率制度？人民币汇率大幅波动的影响是什么？确是值得研究的问题。

以上所讲的四个大的方面，实质是工业化（走新型工业化道路）、城市化（走中国特色的城市化道路）、市场化（完善社会主义市场经济体制）和国际化（融入世界经济贸易体系），以及在这“四化”进程中实现社会稳定与和谐的问题。这里所讲的并不是“十一五”和2020年规划的全部重要问题，但可以说是今后5～15年中国经济的基本走向。

四、不断在实践中深化认识

现在面临两方面的情况：一方面，中国作为有13亿人口的、经济文化落后、具有独特历史传统的最大发展中国家，实行前无古人的社会主义市场经济体制，对全面建设小康社会和实现现代化的艰巨性和长期性需要有清醒的认识；另一方面，科学技术日新月异，经济全球化迅猛发展，国际利益格局处于大的变动和重组之中，世界和中国都在发生深刻而广泛的变化，许多事情瞻之在前，忽焉在后，让人有目不暇接之感。在这种大背景下推进中国的现代化事业，需要我们密切跟踪观察，在认识和实践上与时俱进，致力于理论创新、科技创新和制度创新。我们已经取得的成就是伟大的，但前面的路更长。政策研究咨询工作要具有前瞻性，更需要注重研究新的情况和问题，在实践中不断深化自己的认识。以往成功的经验不一定适用于现时，局部成功的做法不一定能推广到全国，因为情况不同。中长期规划研究是预测未来，因为不确定因素很多，预测的时限愈长久愈不容易准确。试想今天世界和中国的实际情况，哪里是我们5年前15年前预料得到的。因此，我们要随时根据实践的经验，根据新的事实，检验和修正我们的认识。经济研究不是《推背图》，中长期发展规划不能拘泥于细节，我们有可能努力做到的，只是指出大体的发展趋势，前进过程中可能出现的问题，以及政策的大体走向。今天我是抱着这种态度讲这番话，来和大家讨论的，讲得不对的地方请大家批评。

关于物权法[①]

（2006 年 1 月 16 日，9 月 27 日）

一、2006 年 1 月 16 日的发言

物权法是一部非常重要的法律。人大常委会已经审议了四次，现在的稿子吸收了四次审议的意见，比初次提交审议的稿子有很大进步。我同意吴邦国委员长的意见，物权法要准确反映我国社会主义基本经济制度。所有立法都要维护基本经济制度，物权法尤其要这样。

中国特色社会主义道路，在经济方面，主要是公有制为主体、多种所有制共同发展的基本经济制度，以及社会主义市场经济体制。社会主义基本经济制度是社会主义市场经济体制的基础。这是二十多年来改革的基本经验，也是经济持续增长的制度保障。物权法“草案”第一条，开宗明义，明确物的归属，把维护社会主义市场经济秩序，维护国家基本经济制度，作为制定物权法的立法宗旨，非常必要。这一条根本原则立住了，其他都是具体如何体现这条根本原则的问题。建议把这两句话颠倒次序，表述为“维护国家基本经济制度，维护社会主义市场经济秩序”，因为基本经济制度是更根本的。

基本经济制度和社会主义市场经济体制，已经载入宪法。但是，不论是基本经济制度，还是社会主义市场经济体制，都还很不健全。有三个方面的情况值得注意：一是，社会主义市场经济体制初步建立

---

① 这是作者在全国人大常委会召开的座谈会上的两次发言。作者时任全国人大常委、全国人大财政经济委员会副主任。

但还不完善，私有制经济和市场竞争在给经济发展带来活力的同时，其负面影响也开始显露出来。二是，计划经济体制的弊端还没有完全消除，而在当时历史条件下所取得的社会发展成果，在体制转轨过程中有所流失；国有经济发展壮大了，但国有企业改革过程中的一些问题引起公众的关注甚至不满。三是，在经济全球化和新技术革命的国际环境下，在我国社会经济发展的新阶段，发展和改革都面临着非常复杂的局面，有许多问题是过去不曾遇到甚至难以预料的。

对于基本经济制度和市场经济体制，在全国有广泛的共识。也有不同的声音：一种偏差是，对现阶段发展私有制经济、建立市场经济体制的积极作用和重大意义认识不足，片面强调它的负面影响，这种偏差会导致对于经济体制改革的否定；另一种偏差是，对坚持公有制为主体、国有经济为主导的积极作用和重大意义认识不足，看不到私有制经济发展和市场竞争带来的问题，而对于国有经济存在的问题又缺乏具体的历史分析，这种偏差会导致对于社会主义方向的否定。要防止这两种偏差。没有至善至美、纯利无弊的制度，只有每个历史时期可行的、能够最大限度地趋利而避害的制度。我认为，物权法草案在这方面的把握是恰当的，符合宪法精神，体现了现阶段制度建设的大方向。

以上是我总的看法。有三点具体意见：

第一点，关于“平等保护”。物权法要体现对国家财产、集体财产和私有财产平等保护的原则。平等保护是市场交易的基础，也可以说是市场经济体制的基础。我以为，这里还应该明确，所谓“平等保护”，是指进入民事流转过程的国家、集体和个人的财产。破坏国家财产的行为许多是根据刑法或者其他法律定罪的。国家财产有许多具有公益性，需要特殊保护，日本有“特殊法人”，欧洲有“特殊公司”。物权法需要注意到这一点，做出一般性的规定，具体规定可以由另外的法律或者法规规定。现在也有一些这样的规定，散见在其他法律法规里，需要物权法有个一般性的规定。

第二点，关于“防止国有资产流失”。现在通常所说的“国有资产流失”，包括比较宽泛的内容：第一种情况，是国有资产交易过程中由于价格低于市场价格而产生的损失，包括在国有企业改制过程中引入新股东时国有资产折价低于市场价格而产生的损失；第二种情况，是由于权属不清或者侵犯基本权属关系，包括挪用和隐匿国有资产、将国有财产转移到私人企业或私人账户等，所导致的损失。以上这两种情况，都是物权法应该解决的问题。除此之外，还有第三种情况，就是在国有资产经营过程中，由于市场竞争或者经营不善导致的损失，例如国有企业经营亏损、资产贬值等，这种损失不是国有资产流动中的损失，是“坐失”而不是“流失”，这不是物权法能够解决的问题。人们对国有资产损失的意见，不可能都通过物权法解决，物权法不可能照顾到所有这些意见，最好不要笼统地讲“国有资产流失”。国务院在 2003 年颁布的《企业国有资产监督管理暂行条例》，对国有资产监督管理有很详尽的规定，物权法不可能都涉及。物权法和其他法的功能界定和区分需要通盘考虑。

法工委[①]提供的材料说：针对在国有企业改制和关联交易过程中造成国有资产流失的突出问题，拟将草案第五十九条修改为：“在国有企业改制过程中或者通过关联交易等方式，违反规定，低价转让国有财产，擅自担保，侵占国有财产，造成国有资产流失的，应当依照法律、行政法规和国务院国有资产监督管理部门的规定承担返还原物、赔偿损失等民事责任；对直接负责的主管人员和其他直接责任人员依法给予行政处分；构成犯罪的，依法追究刑事责任。”这里列举的国有资产损失的几种渠道都是存在的，还可以举出其他渠道，列举很难穷尽，何谓“低价”也很难判断，我建议这里不必一一列举。重要的是，涉及国有资产的产权交易，必须根据法律和法规进行，这样尽管不能完全杜绝国有资产的损失，但有可能减少漏洞。建议这一条表述为：“涉及国有产权的交易，应该严格按照法律或者有关行政法规进行，防止国有资产损失。违反法律、法规造成国有资产损失的，承担民事责任。构成犯罪的，要依法追究刑事责任。”

第三点，关于土地所有权。“草案”第五十一条规定：城市的土

① 法工委，全国人大常委会法律工作委员会的简称。

地属于国家所有。宪法也是这么规定的。过去城乡界线分明，土地所有权也比较清楚。现在的问题是，在城市化进程中，农村变为城市，过去许多城市郊区甚至农村，现在成了市区，土地所有权如何界定？城市扩张以后土地成了国家的，随意低价征用，这方面侵犯农民土地所有权的事情多有发生。

第六十三条第一款：集体所有的土地，“属于村农民集体所有的，由村集体经济组织或者村民委员会代表集体行使所有权”。2002 年 8 月九届人大常委会第二十九次会议通过的《农村土地承包法》，有类似的规定，物权法草案是沿袭过去的规定。问题是：究竟由谁代表行使集体所有土地的所有权好？为什么有的由村民委员会代表，有的不由村民委员会代表而由集体经济组织代表？法理根据是什么？为什么甲村的村民委员会能代表，而乙村的村民委员会不能代表？集体经济组织是不是具备集体土地所有权的代表资格？集体经济组织作为经济组织（企业、公司、总公司等等），要参与市场竞争，如果竞争失利破产，土地是否连带清算？这里有很多矛盾。我的意见，制度应该统一，都由村民委员会代表。因为，经济组织是多变的，村民委员会是全国普遍设立的村民自治组织，这种制度安排是长久的，也更能代表全体村民。事实上，在全国不少地方，所谓集体经济组织事实上是不存在的，只是以农村经济“统分结合”中作为“统”的体现的土地发包者身份存在的，是虚拟的。建议从法律上明确规定，由村民委员会行使集体土地所有权。有人说，村民委员会是自治组织，不能行使所有权代表的职责，我认为不必有这种顾虑。“村”作为农村的一个社会单位有长久的历史，在各种社会制度和经济体制下存在过，现在也比较稳定，由村委会行使集体所有土地的所有权代表的职责，对于农民来说没有什么障碍。如果村民委员会不能代表，实际上并不存在的“集体经济组织”就更不能代表了。何况，现在规定“由村集体经济组织或村民委员会代表集体行使所有权”，已经承认了村民委员会可以代表。

第六十三条第三款：“属于乡（镇）农民集体所有的，由乡（镇）集体经济组织代表集体行使所有权。”同样有经济组织多变以及不宜由经济组织代表行使所有权的问题。这是人民公社解体后遗留的问题。

侵犯农民土地所有权是普遍存在的问题。物权法草案在这方面有进步，但存在明显的不足。例如，第六十二条第三款，由村民会议讨论决定的事项，有“土地补偿费的使用、分配办法”，而对于土地补偿的标准这个更重要的问题，却没有规定，剥夺了土地所有者的基本权利。

此外，还有以下两处文字表述方面的意见。

第五十九条，“以低价折股、低价出售等手段造成国有资产损失的，……”这里“低价”比较含糊。资产除因为物质磨损发生的折旧外，还可能因为技术进步而发生精神磨损，也可能因为市场竞争而发生贬值或者增值。因此，在交易过程中发生高于或低于资产原值或净值的情况，是正常的。人们在这方面的意见，是因为缺乏知识或不了解实际情况。建议表述为:“以低于公平市场价格折股或者出售造成国有资产损失的，……”

第五十五条，“道路、电力、通信、天然气等公共设施，依照法律规定为国家所有的，属于国家所有”。这里似乎应该是“道路、电网、通信和天然气管道等公共设施”。道路是设施，电力和天然气是产品，电网和天然气管道才是设施。这里还要考虑到，如果实行股份制，这些设施也成为混合所有制的经济了。

二、2006 年 9 月 27 日的发言

我参加过物权法草案的几次讨论，感到越改越好，希望能够加快立法步伐，争取早日通过、实施。人大常委会讨论时我提过一些意见，1 月份座谈会上我发言后留下一份书面意见。法工委对各方面的意见都很重视，有些意见被采纳了。我就新的修改稿讲几点意见：

（一）这次修改稿，把总则中的“一般规定”改为“基本原则”，突出维护基本经济制度和社会主义市场经济秩序的立法主旨，我赞成这样的构架。把这作为物权法“基本原则”加以明确规定，是必要的。至于叫“基本原则”还是叫“一般规定”，在语义上并无本质区别，但在目前中国的社会政治环境中，人们认为“基本原则”更

根本、更重要。

实行基本经济制度的主要问题，是对公有制经济和非公有制经济关系的处理，既要发展壮大公有制经济，又要鼓励、支持和引导非公有制经济发展，怎么把握好分寸。现在面临着来自两个方面的强烈愿望，或者也可以说，来自两个方面的压力：一方面，有些人担心失去社会主义的成果，要求强化对公有制经济的支持；另一方面，有些人担心失去改革开放的成果，要求强化对非公有制经济的支持。两方面的要求都有合理性。实际上，我国现阶段基本经济制度本身，就内在地包含着这两个方面的要求，是两个方面的矛盾统一体。我们正是在矛盾中前进的。我认为，物权法草案的起草正是以此为立足点的，草案对公有制经济和非公有制经济的把握，分寸大体上也是恰当的。对基本经济制度作比较集中的表述，有利于满足上述两个方面的要求，避免引起哪个方面觉得找不到自己应有位置的误解，这样容易争取更广泛的社会共识。物权法200多条，除专家外一般人很少能从头到尾看完，把最重要的几条原则放在前面，开宗明义，也便于普通人了解。

（二）修改稿第一条："为了坚持和完善国家基本经济制度，维护社会主义市场经济秩序"；修改稿第二条："国家在社会主义初级阶段，坚持公有制为主体、多种所有制经济共同发展的基本经济制度"，"国家实行社会主义市场经济"。接连着两条，"坚持基本经济制度"和"社会主义市场经济"两见，而且都是直接援引宪法条文，文字显得重复。建议将第一条和第二条合并为一条，表述为："为坚持和完善国家以公有制为主体、多种所有制经济共同发展的基本经济制度，维护社会主义市场经济秩序，明确物的归属，保护权利人的物权，根据宪法，制定本法。"

因为第一条已经写明"维护社会主义市场经济秩序"，修改稿第二条"国家实行社会主义市场经济"可以不再写了。这是宪法第十五条的表述，但仔细推敲是有语病的。国家发展社会主义市场经济，国家实行的应该是社会主义市场经济体制。如果必须援引，我建议改过来，这不会引起异议。从"一五"到"十五"都是"计划"，"十一五"改成了"规划"，其实"十一五"并不是第十一个五年"规划"，而是第一个五年“规划”，没有作特别说明，但并未引起异议。

修改稿第二条:“我国社会主义经济制度的基础是生产资料社会主义公有制，即全民所有制和劳动群众的集体所有制。”这一条宪法已经有了明确规定，物权法又明确了基本经济制度，这里是不是必须写“社会主义经济制度的基础”，还可以考虑。现在所有制情况很复杂，比如刚才有的同志讲的集体经济概念问题，就有不少争议。

（三）修改稿第三条:“国家保护国有经济、集体经济和非公有制经济的合法的权利和利益”，按文字的意思，这里应该理解为，国家所保护的各种所有制经济，都是其“合法的权利和利益”。第四条:“国家的、集体的和私人合法的物权受法律保护”，这里应该理解为，“合法”仅限于对私人物权的要求。这两条是矛盾的。实际上，现在非法所有、违法所得的，并不仅限于非公有经济，例如“走私”和“漏税”，也有集体经济单位与国有单位搞的，法律也是不保护的。这种矛盾，可能和宪法第十一条有关，因为宪法第十一条规定:“在法律规定范围内的个体经济、私营经济等非公有制经济，是社会主义市场经济的重要组成部分”。宪法这一条规定有当时的历史条件，当时从单一的公有制到允许非公有制经济的存在和发展，是很大的进步。现在已经确立了多种所有制经济共同发展的基本经济制度，情况不同了。而且，宪法第十一条，是专讲非公有制经济，没有各种所有制经济并列，矛盾不显得突出。修改稿条文把各种所有制经济并列，只要求私人财产“合法”，矛盾就显得突出了。建议这里都不用“合法”字样。我当然不是说要保护私人的非法财产，那可以在别的条文里表述，例如，增加关于非法所得要受到追究的规定。

（四）物权法草案几轮讨论修改的重大进步，除了更好地体现基本经济制度以外，还表现在，在具体的规定方面，删除了操作层面那些过于详尽的细节，这有利于避免把日常生活中的复杂矛盾不必要的诉诸法律所可能引起的麻烦。这方面我没有系统研究，觉得似乎也还有改进的余地，文字表述似乎还可以更概括一些。例如，修改稿第四十二条:“国家所有、集体所有和个人合法所有的财产受法律保护，任何单位和个人不得侵占、哄抢、私分、截留、破坏或者非法查封、冻结、扣押、没收。”这里列举九种侵占的具体形式，实际上很难穷尽，例如现在经常发生的对国有和集体所有财产以低于市场价格出售或者出租、转让。这一条，我认为原先的条文是可以的，似乎不必修改。

（五）关于土地问题，这次修改稿在保护农民合法权益方面比前几次草案稿又有明显进步。但是，我认为这个问题并没有根本解决。低价征收土地所获得的收益，是当前地方政府增加预算外收入、推进城市建设的动力。其后果是，大量农民失去土地而又没有新的就业机会，在一些地方造成尖锐的社会矛盾。实际权力在地方政府手里，中央政府控制土地使用规模的宏观调控政策很难奏效，农民更是无能为力。这是中国社会所潜伏的非常严重的问题。现有法律和法规，还不足以完全解决这个问题，也不是靠物权法能够完全解决的。

社会矛盾和政策取向[①]

（2006年2月27日）

一

中国不仅是经济高速增长，社会进步也是世界公认的。联合国开发计划署（UNDP）发布的《2005年人类发展报告》说，中国在一些领域取得历史上人类发展方面（人均GDP、减贫和教育等）最快的进步，2005年中国人类发展指数名列第85位，比1990年上升20位。由于中央重视妥善处理发展、改革和稳定的关系，总的来看，社会是稳定的，收到了三者兼得的效果。

不稳定因素也不少。目前的社会矛盾，大量的是经济体制改革、经济增长方式转变、从二元经济结构到现代社会结构转型过程中产生的，带有必然性。

第一，市场经济和私有制的发展，使社会利益主体多元化，社会分化为不同的利益群体，现在我们称为阶层，按传统的说法是阶级。不管叫什么，都是不同的利益群体。现在有新体制不完善的问题，也有新体制本身固有的问题，还有体制转轨过程中的问题，必然带来许多社会矛盾。市场经济体制，多种经济成分共同发展，都是正确选择，但它本身也包含着深刻的矛盾。

第二，工业化、城市化、二元经济结构转变，不仅对传统经济体制带来巨大冲击，而且对几千年来的中国传统社会带来巨大的冲击。

① 这是作者在胡锦涛同志主持召开的座谈会上发言的一部分。

这场涉及多少亿人口的社会结构的根本转变，也就是中国现代化的过程，必然伴随着社会关系的重大调整和重组，其深刻程度在中国历史上是空前的。

第三，发展不平衡所引起的矛盾。地区发展不平衡，城乡发展不平衡，在中国这样处于工业化和现代化进程中的大国，具有必然性。

第四，发展阶段的变化。许多社会矛盾，过去不突出，在温饱问题解决以后突出了。过去没有饭吃，以为有吃有穿什么问题都好办，现在看来并不完全是这样，因为人们的需求也发生了变化，包括经济的、政治的、文化的。现在的社会矛盾，是比过去更高发展阶段上的矛盾，要通过解决这些矛盾，推动全面建设小康社会和现代化。

在中国目前这样的发展阶段，放在任何国家都是社会矛盾比较尖锐的时期。中国正在实现世界历史上最大规模的剧烈社会经济变革，经济高速增长，十几亿人口生活改善，说明党的路线和政策、改革开放道路的选择，是正确的。

现在回头看，这些年来在认识上和工作上，并不是没有偏差。主要是，在建立新的经济体制的初期，批判计划经济体制和单一的公有制，强调市场经济对于生产力发展的积极作用，这当然是完全必要的，但对于市场经济和私有制所固有的弊病，主要是社会分化及其可能带来的后果，没有必要的警觉，应对措施不够有力。在政府和市场的关系方面，强调政府“放开”和“退出”的同时，对于在市场经济条件下政府职能应该加强的方面，主要是市场监管、社会管理和公共服务方面，认识不足，实际措施不够有力，这是社会发展滞后和社会矛盾比较突出的一个重要原因。在经济发展方面，强调发展是硬道理，这是完全对的，但由于经济不发展造成的沉重压力，以及考核方面的缺点，许多地方变成了单纯追求经济增长而不计其他代价。平心而论，以上这些偏差，在改革的初始阶段，在温饱问题没有解决的时候，矛盾并不突出，也难以完全避免。但是，到了新的发展阶段，全面建设小康社会，矛盾就显得越来越突出了。我体会，中央提出科学发展观和构建社会主义和谐社会两大战略思想，正是根据新的发展阶段实际存在的突出矛盾提出来的，也是引导发展和改革继续顺利进行的正确指针。

这里我想顺便说一个观点，就是关于人民内部矛盾这个概念。毛泽东同志提出正确处理人民内部矛盾的问题，是我们很重要的政治和思想遗产。现在讲社会和谐，往往还要从正确处理人民内部矛盾的思想讲起。但现在强调的建设和谐社会，和当年毛泽东同志讲的处理人民内部矛盾并不完全一样。毛泽东的提法，是以两类矛盾的划分为前提的：一类是人民内部矛盾，一类是敌我矛盾，把某些特定的人群（地、富、反、坏、右）确定为阶级敌人。这种思想潜伏着一个漏洞：如果把敌我矛盾那一面看得过重了，就容易走上“以阶级斗争为纲”；后来事实也确乎如此。现在不是以把一部分人预先划定为阶级敌人为前提的，而是以法治国。凡是犯法的，都要依法治罪，但这并不是把犯罪的作为一个阶级来专政的。因此，我们在充分肯定毛泽东同志关于正确处理人民内部矛盾思想的历史地位的同时，是不是可以少用人民内部矛盾的提法（不是不可以用，更不是批评），而更多地采用政治色彩比较淡的、更中性一些的提法，例如“社会矛盾”，更轻一些的可以说是“因为具体利益引发的矛盾”，或者是其他提法。

二

中央注重解决社会问题，包括有步骤地解决一些历史问题，政策方向是对的，已经收到明显的效果，这方面群众是满意的。现在有条件解决更多的社会问题，因为国家经济实力在增强。1952 年国家财政收入 62 亿，突破 1000 亿元用了 26 年，1978 年是 1132 亿元；从 1000 亿到 1 万亿元用了 21 年，1999 年达到 11444 亿元；从 1 万亿到 2 万亿只有四年；从 2003 年的 2 万亿到 2005 年的 3 万亿只有两年，现在还是快速增长的态势。即使考虑到物价和其他一些不可比因素，增长速度也是非常快的。同样道理，随着经济总量的增强，人均 GDP 每增加 100 美元或者 1000 美元，需要的时间也在缩短。按照中央既定的方针政策，工作做得好，可以解决很多问题，缓解社会矛盾，促进社会和谐。

不论在宣传上还是在实际政策上，都需要强调：构建和谐社会既是目标，也是过程。作为目标，在不同的发展阶段，构建和谐社会应该有不同的要求。作为过程，构建和谐社会应该是具体的、历史的，是分阶段的。要立足于当前经济发展和体制基础，从现阶段的国情和各个地方的发展水平出发，切实解决可能解决的问题。要防止干部的过高许诺，群众的过高预期。

例如，关于社会公平。社会政策必须注重社会公平，但我们现阶段所追求的，所能实现的，只能是社会主义初级阶段基本经济制度和市场经济体制下的社会公平，不是回到平均主义。平均主义也是一种不公平。公平和正义一样，是历史的和具体的，而不是超历史的和抽象的。我们的目标，是把市场经济在提高效率方面的优越性和社会主义追求社会公平的本质属性有机结合起来，这是社会主义市场经济体制的内在要求。也许，永远达不到至善至美，但经过努力可以不断趋近这个目标。

对于一些重要社会问题的判断，也需要仔细研究。例如地区差距问题。改革开放前 20 多年奉行地区平衡发展战略，地区差距并没有明显缩小，现在差距扩大更是明显的事实。正确处理这个问题是实现国家经济持续增长和社会和谐的关键之一。但分析地区差距，局限于东、中、西部省、自治区之间人均 GDP 的比较是不够的。因为：

第一，还要关注省、自治区内部不同市、县之间的差距，这种差距甚至大于省、自治区之间的差距。这说明地区差距存在的普遍性和必然性，也说明省、自治区甚至市、县政府同样面临着地区差距的问题，缩小地区差距也是地方政府的责任。讲这方面的道理，可以减轻中央来自经济落后地区的压力。

第二，决定不同地区实际生活水平差距的，不仅是人均 GDP，还要考虑到国家在发展社会事业方面的投入和其他方面转移支付的影响，以及物价水平的差异。物价水平的差异类似国际上的购买力平价。这方面系统的研究不够。有研究报告，以上海为基准，北京是 1.14，广州是 1.08，其他省、自治区、直辖市都低于上海，青海为 0.61，即上海用 1 元钱买到的商品，北京要用 1.14 元，广州要用 1.08 元，青海只用 0.61 元。用这种办法对生产总值进行修正，地区差距要小于现在的统计。

对于国际上流行的一些社会发展衡量指标的应用，要充分考虑中国的实际情况。例如基尼系数，这是反映收入差距的。现在收入差距扩大是事实，引起许多不满，要积极解决由此引发的社会问题。也要看到，收入差距扩大甚至社会分化，是多种所有制经济发展和市场竞争的必然结果，问题在于合理的限度。政策选择可以概括为四句话：保护合法收入，杜绝灰色收入，调节过高收入，帮助低收入阶层。至于几比几的具体数字，并不是绝对的。对于基尼系数的计算方法、目前基尼系数的具体数据对中国的实际社会意义，也就是说，是否已经超过了警戒线，以及基尼系数对中国的适用程度，都需要研究仔细。中国国家大，地区发展不平衡，经济具有很大的不均质性，基尼系数城乡分算与城乡统算结果就很不同，上海与贵州穷乡僻壤很难统算。基尼系数不能简单搬用，要考虑到很多因素。首先，是和什么时候相比，据世行专家估计，中国全国收入分配的基尼系数，1982 年是 0.3，2002 年是 0.45（社会科学院经济所估算是 0.46）；不能这样和改革初期比，因为那个时期是平均主义，改革正是要改变这种状况。其次，要分析基尼系数的构成，不同时期全国收入差距的构成是不同的。80 年代后期，全国收入差距扩大更多地表现为农村居民收入差距的扩大；90 年代前期更多地表现为城镇居民收入差距的扩大；90 年代后期以来更多地表现为城乡之间收入差距的扩大，2002 年全国总收入差距 40% 以上来自城乡之间的差距。第三，还要考虑生活成本，世行 2004 年一份研究报告说，2001 年中国的全国基尼系数是 0.447，如果考虑到城乡生活成本的差异，是 0.395。基尼系数只是反映收入的均等程度，并不反映收入绝对量的变化。此外还有其他一些因素需要考虑。不能说基尼系数没有道理，但应用起来比较复杂，不能简单化。而且，一般人也不懂得什么是基尼系数。我建议，正式文件和领导同志讲话，不要用基尼系数，更不要用具体数据，可以让专家去研究，防止过分的渲染炒作。

经济形势和政策建议[①]

（2006 年 7 月 11 日）

一

经济形势总体上是好的。高增长，低通胀，煤、电、运紧张状况有所缓解，城乡居民收入增加，——社会各界对这种总体判断有共识。国内外对中国经济增长还是普遍看好。近期不会出现大的波折。

对存在问题也有共识：投资增长过快，信贷扩张过快，国际收支不平衡加剧，经济偏热。普遍认为需要采取适度紧缩的措施。

中央宏观调控的方向是正确的。问题在于：有些政策措施执行不够有力，有些政策不够具体，只是表明一种意向，效果不太理想。

中国经济增长潜力很大，国内外条件具备。现在的问题是，要适当调控短期增长速度，争取实现长期较快增长，在两者之间寻求平衡。

二

当前经济偏热的主要表现，是投资增长过猛。

现在处于工业化和城市化快速推进时期，各类基础设施和城市建设大规模进行，产业结构和消费结构升级，投资规模扩张有必然性。这是大量消耗资源的发展阶段。我国能源消耗高，不是因为单位产品能耗上升，吨钢煤耗、发电以及水泥和乙烯的单耗，都是下降的；而

① 这是作者在胡锦涛同志主持召开的座谈会上的发言。

是因为建设规模大，带动了能耗高的相关产业（钢铁、水泥、机械制造等）快速发展。我国去年粗钢产量3.5亿吨，是日、美、俄、韩国、巴西的总和。近几年能源消费弹性系数大于1，今年单耗下降4%、2010年比2005年下降20%，困难不小，主要原因是和建设规模高度相关的产业结构。日本1960～1969年高增长时期能源消耗弹性系数为1.2，1990～1998年经济衰退时期为1.1，观察能源消耗系数需要具体分析。

正因为处在资源消耗特别多的发展阶段，建设更需要有节奏地进行，规模过大难以持续。过去制约经济发展的主要是资金，现在不缺钱，主要是资源和环境约束。资源约束大家都强烈地感觉到了，环境约束的影响往往要经过一段时间才能充分显示出来，不容易直接观察到，现在还没有足够重视。

今年1～5月，城镇固定资产投资同比增长30%以上（“九五”时期年增11.4%，“十五”时期21.7%），60个行业中有31个增速超过40%，有的行业高达70%。有12个省份新开工项目计划总投资增速超过50%。投资率究竟多高为好，建设规模究竟多大为好，从中外比较、我国历史比较都可以得到启发，但很难得出精确的数量结论，因为客观情况不同。主要看经济运行是否协调，投资结构是否改善，综合效益好不好，以及是否能够持续。5月份物价指数明显反弹，原材料、燃料、动力购进价格上涨5.5%，一些要淘汰和限产的小钢铁死灰复燃，都是投资增长过猛的反映。据国家发改委对八省区1～4月3779个投资亿元以上新上项目的检查，没有土地批准文件的占44.2%，没有环境评价文件的占43.9%，没有项目审核文件的占22%；其中用地、环境和项目审核都没有的696个，占18.4%。这反映了投资扩张的混乱和有法不依，也会加剧下一轮的产能过剩。

全社会固定资产投资总规模，按当年价格计算，1990年是4517亿元，1995年达到2万亿元，2000年达到3.2万多亿元，2005年达到8.8万多亿元，今年将超过10万亿元。即使扣除物价上涨因素，减掉不合理的部分，数量也非常可观，按合理的规模也是可以干出很多大事业的。

我提三点建议。

第一，要加强规划。大规模建设时期是决定未来国家是什么模样的时候，特别需要总体规划。现在铁路和高速公路干线的规划是好的，也有不少方面缺乏整体规划。不少地方基础设施和城市建设规划不够，有的过分超前，长期不见回报；有的标准过高，质量过剩；有的布局过密，功能重复。这些做法导致建设规模扩张，短期内可以支撑经济增长，但结构差，投资效益低。有的地方新农村建设按城市办法大拆大建，也是值得注意的苗头。

第二，投资过度扩张的一个重要原因，是投资成本过低，没有支付应付成本。廉价占用土地为地方政府投资扩张提供了财源，污染环境不付代价、劳动条件恶劣增加了投资者的利润。改革土地使用制度，加重资源和环境税收，保障工人工资福利，有助于合理控制投资规模，优化投资结构。

第三，扩大消费性内需。逐步改变过分依赖出口，把经济发展更多地建立在国内消费需求基础上，这种根本性的转变要经过若干年努力才能完成，现在就要多做努力。现在社会矛盾比较多，需要花更大财力解决社会问题，包括社会保障和医疗卫生制度改革，适当提高最低工资和最低生活保障标准，帮助低收入阶层，解决历史遗留问题。财政支出需要继续朝这个方向调整。下面说，“解决人民内部矛盾离不开人民币”。在这方面增加支出，投资和消费的关系会得到调整。这当然不是说财政要大包大揽。

三

国际收支不平衡问题大家都注意到了，但这种平衡对于整个宏观经济形势的影响，对于它的分量，还重视不够。这是一个新问题，是过去所没有的。国际上有的研究机构说，21 世纪上半叶可能由一种新的世界货币来代替美元。这当然是比较长期的发展过程，不是眼下的事。我国越来越深地卷入经济全球化的潮流，外汇储备还在继续积累，而且绝大部分是美元，是有风险的。

国际收支严重不平衡是当前引发投资增长过猛和经济偏热的重要原因。外贸顺差持续扩大，外商直接投资持续增加，外汇储备今年将超过 1 万亿美元。今后几年还会继续增加。外汇占款造成人民币供应持续扩张的压力，也为投资规模过度扩张提供了动力和可能。这种态势短期很难根本改变。这是分析当前经济形势的一个关键。

国际经济严重失衡，美国大量逆差而包括中国在内的发展中国家大量顺差。巧合的是，2005 年美国经常项目逆差占 GDP 的 6% 左右，中国经常项目顺差也占 GDP 的 6% 左右。国际经济严重失衡的发展趋势和结局如何？会不会经过突发性的剧烈震荡才能得到缓解？金融问题带有突发性和全局性，需要高度警惕。发达国家，特别是美国，要求中国承担更大的责任，人民币大幅升值。我们不能答应这种要求，但需要采取有利于我们的对应之策以求自保。扩大消费性内需对于解决国际收支不平衡带有根本性，这个问题需要组织专题研究。

提几点关于对外经济的建议。

第一，控制资源性、高耗能、高污染产品出口。现在欧、美、日、韩采取钢铁限产政策，我国钢材价格明显低于国际市场，前 5 个月出口 497 万吨，有继续大幅增加之势，很可能成为钢铁出口大国。这实际上是出口能源和环境。应该尽快取消普通钢材出口退税，高档钢材出口退税也要大幅度降低。加工贸易占我国出口的 50% 以上，对加工贸易的优惠政策需要加以审视。过去外汇短缺，出口是为了创汇，采取奖出限入办法，现在要调整政策。中西部地区因出口退税政策调整减少的收入，总量并不大，可以由中央财政通过别的途径给予帮助。

第二，如何使用近 1 万亿美元的外汇储备，需要进行专题研究。可以适当增加进口，增加资源性产品、高新技术和先进设备进口，增加战略物资储备。可以提早建一批将来发展必须而又对国外产品需求比较大的项目，例如核电站。核电站建设一石二鸟：既能平衡贸易，又能优化能源结构。我国核电比重低，迟早是要大发展的。

第三，尽快统一内外资企业所得税。这符合健全市场经济体制的要求，有利于改善投资结构，现在时机已经成熟。同时，可以实行更加积极灵活的对外投资政策，扩大对外投资，并适当增加一些对外援助。

第四，增加人民币汇率弹性。去年以来人民币对美元汇率升值3.2%，对国内企业没有大的冲击。据国际清算银行估计，由于美元对其他主要币种贬值，从今年初到5月底，人民币对主要贸易对象国的实际有效汇率，不是升值，而是贬值4.35%。（5月底比上年末人民币对美元升值0.64%）人民币仍然面临升值压力。骤然大幅升值不可取，要防止日本的教训，但可以继续小幅升值。人民币升值有弊也有利。中国经济保持好的发展态势，升值在所难免，需要主动应对。这不仅是防范风险，也是提升产业结构的机会。

四

进入新的发展阶段，国内外环境发生重大变化，过去的许多政策需要调整，许多观念需要转变，包括改革开放以来的一些政策和观念。人们都说进入了新的发展阶段，但对于新阶段所引起的深刻变化，对于它的实际政策含义，并没有引起足够重视，缺乏系统研究，例如在新阶段如何实现产业升级和经济结构的优化，使中国经济由大变强，还缺乏系统的研究。中央提出科学发展观和构建和谐社会，这是发展思路和发展战略的重大调整和完善，不少人还没有完全理解，不少地方还没有很好落实，还在片面追求增长速度，“一好遮百丑”。现在地方政府换届，明年召开“十七大”，赶上所谓“政治周期”，不少同志担心片面追求增长速度的倾向不好控制。不少宏观调控措施，地方考虑和中央要求是不一致的。例如，中央要求控制建设规模，把好土地闸门，但闸门的把手不在中央手里而在地方政府手里，地方政府向农民低价征地既可以增加财政预算外收入，又可以大搞城市建设以彰显政绩，何乐而不为？又如，中央要求把好信贷闸门，但银行有太多的钱，不贷出去会胀死，这就很难紧缩银根。我们有集中统一的优势，对于干部的考核，在贯彻中央的方针政策、落实科学发展观与构建和谐社会方面，可以释放出更强烈的信息，以显示政策导向。

中国走过来的道路[①]

（2007 年 4 月 30 日）

编导：我们刚播完《大国崛起》，讲的是别的国家的事情，现在要做一部中国复兴的片子，叫《复兴之路》。你是很多决策的参与者，我们想请教你的，是有关社会主义市场经济体制在中国是如何确立的。

王梦奎：社会主义市场经济体制是党的十一届三中全会以来经济体制改革的合乎逻辑的必然结果。十一届三中全会提出要采取重大措施进行经济管理体制和经营管理方法的改革，扩大企业的自主权，重视价值规律的作用，实际上就是在计划经济条件下，逐步引入市场机制，这是第一步。第二步，是以计划经济为主、市场调节为辅，1981 年关于历史问题的决议，1982 年党的十二大，都是这样的精神。把市场调节纳入经济体制，比十一届三中全会关于重视价值规律的一般性规定，前进了一大步。第三步，是 1987 年党的十三大确立社会主义有计划商品经济的改革目标，有计划商品经济也可以说是有计划的市场经济。在此基础上又前进一大步，就是 1992 年党的十四大确立社会主义市场经济体制的改革目标，现在已经初步建立了这种体制，深化改革的任务就是完善这种体制。

观察社会主义市场经济体制确立的过程，可以有两种方法：一种方法是，从现在的观点来看，既然建立市场经济体制是改革目标，那么，说有计划的商品经济就是错的，不彻底的；再往前看，计划经济为主、市场调节为辅，更是错的，不彻底的。另外一种观察问题的方法是，我们是从计划经济体制走过来的，要探索一条道路，有个探索

① 这是作者接受中央电视台电视政论片《复兴之路》剧组编导采访的谈话。

前进的过程。开始认识到完全计划经济不行，提出运用价值规律，这比原来的计划经济前进了一步。以计划经济为主、市场调节为辅，计划经济和市场调节相结合，市场的作用进一步扩大，也是一个大的进步。再往前走，十三大提出社会主义经济是公有制基础上有计划的商品经济，把计划经济改成有计划的商品经济，又进了一大步。十四大确立社会主义市场经济体制的改革目标，更是大的进步，可以看作是十一届三中全会以来改革理论和实践的总结，也为进一步改革指明了方向。用前一种观察问题的方法，人们看到的是中国改革开放以来每一步总是不彻底，是不断的有错误的过程。用后一种观察问题的方法所看到的，则是一种不断进步的过程，从计划经济逐步地走向社会主义市场经济的过程。我认为，应该用后一种方法看问题。我们是在不断地探索前进的道路，探索在中国这样的社会历史条件下，这样特殊的经济和政治体制背景下，怎么前进。所谓摸着石头过河，就是在实践中不断探索前进。要从积极的方面，看到我们30年来是如何一步一步走过来的。

我想再说得远一点。这部电视政论片要反映中国自鸦片战争以来的历史，对这一百多年来的历史，也应该采取这种认识方法，看到我们的前辈是如何探索前进的。中华民族这一百多年的奋斗史，有两个主题：一是民族独立和人民解放，一是国家富强和人民幸福。要用这两条根本标准来评价历史人物和历史事件。林则徐、魏源这些人，是中国近代史上比较早地接触到外来文化影响的人物，他们提出“师夷之长技以制夷”，主张学习外国的先进技术来强国富民。鸦片战争后第一个大的历史事件是太平天国革命，需要很好地把握分寸。《天朝田亩制度》是空想主义的，不可能实现的，但它反映了农民要求土地的愿望。外国人曾经想拉拢太平天国一起反对清王朝，被他们拒绝了，说明他们是坚持民族独立的；最后的结局是外国人用洋枪洋炮帮助清王朝把太平天国打败了。太平天国晚期，洪秀全的堂兄弟洪仁玕掌权，他写了《资政新篇》，提出搞议会和发展工商业的主张，这反映了对国家工业化的愿望，对世界先进潮流的追求。洪仁玕在香港生活过，《资政新篇》可能和他在那里受到的西方影响有关。虽然他的主张在当时不可能实现，但在历史上是有进步意义的。对洋务运动也要有全面的客观的评价，洋务运动开始搞的是军事工业，直接目的是打击太平军，但中国的近代工业确实是在李鸿章、张之洞这些人手上建立起来的，毕竟也是对中国工业化的追求。如果说，林则徐辈想得更多的还是物质和技术层面，那么，康有为、梁启超他们已经想到制度方面的改进，要变法维新，他们也有一种对国家进步的追求。康梁变法的性质类似日本的明治维新，如果能够实行，其客观结果也将是发展资本主义。康梁反映了当时先进的思想潮流，为国家的命运担忧，要变法图强，不然为什么那么多人追随他们呢？当然，在当时中国的历史条件下，康梁变法的失败也是必然的。我在参观康有为故居时写的一首诗里说过:“莫因后浪超前浪，便以今人薄古人。”不能苛求古人。每一代人都会变成“古人”，后之视今犹今之视昔。

孙中山最初也是仰慕康有为的，后来走上了推翻清朝廷的革命道路。孙中山终其一生都是追求国家富强的，革命是为了扫除国家富强的障碍，他写的《新中国成立方略》集中表达了对中国工业化和国家富强的热烈追求。建设三峡工程最早是孙中山提出来的，他并没有去过三峡，是看地图规划的，他对国家富强的热烈追求现在读起来仍然令人感动。

毛泽东是革命家，他的著作，包括在延安时期的著作和新中国成立以后的著作，对中国的工业化，对国家富强和人民幸福，都是满腔热情，热烈追求的。毛泽东那一代无产阶级革命家，在青年时代，很多人是在孙中山思想的影响下追求进步的。他们是当时的热血青年，对工业化和国家富强有终生不懈的追求。人民民主革命的胜利，新中国的成立，为实现国家工业化和现代化提供了制度基础。发展中的成功和失误，都可以看作是一种探索。可以这样来看待我们新中国成立以来的历史，以及工业化的进程。现在中国拥有核武器，处于世界大国地位，是和毛泽东那一代人打下的基础分不开的，包括朝鲜战争和越南战争，都提高了中国在国际上的地位。对赫鲁晓夫的批判，在关于现阶段社会主义的经济理论和政策方面，现在看来有不少是站不住脚的。邓小平 1989 年在会见戈尔巴乔夫时说:“经过二十多年的实践，回过头来看，双方都讲了很多空话。”还坦率地说：“意识形态争论的那些问题，这方面现在我们也不认为自己当时说的都是对的。”① 但在我们国内，十一届三中全会以来对“左”的理论和政策在各方面的表现都进行了批评，但几乎没有人出来批评中苏争论中中国方面关于现阶段社会主义经济理论和政策上的偏差，即使对毛泽东持严厉批评态度的人也是轻描淡写。为什么？因为毛泽东对赫鲁晓夫的批判，有反对大国沙文主义、维护国家独立和民族尊严的意义，受到中国人民的拥护。

对于改革开放以前所走过的曲折道路，要注意用探索前进道路的观点来分析和把握。毛泽东是不疲倦的探索者，他的成功和失败，是对中国发展道路探索中的成功和失败。改革以来的成就，是在新中国成立以后近 30 年所取得成就的基础上实现的，比如说基础设施建设和普及教育，都给后来的发展打下了比较好的基础。我国的政治体制有强有力的组织动员能力，新中国成立初期建立起来的基本政治框架到现在还保留着。经济体制所以能够在短时期内发生翻天覆地的变化，经济所以能够持续快速增长，都与政治体制具有很强的组织动员能力有关，能够动员一切资源来发展经济，集中力量办大事，为经济发展提供了政治保证。我们的政治体制当然也有缺点，也有消极的方面，主要是民主法制不够健全，确实需要进行改革。探索中国特色社会主义道路，是邓小平开创的，但问题是毛泽东提出来的。毛泽东并不喜欢苏联那一套办法，要走中国自己的道路。他作过不少探索，有些方面比苏联搞得好，也有些方面是把苏联好的东西也抛弃了，比如建设中强调科学设计和工艺流程，大工业生产所要求的科学管理等，都不要了，要用军事化的办法，通过群众运动搞工业，结果造成破坏。

改革开放以来，邓小平响亮提出走中国特色社会主义道路，30 年来取得伟大成就，今后还要继续走中国特色社会主义道路。这种探索并没有终结，还需要在实践中继续探索。概括起来说，我们的道路就是一条，中国特色社会主义道路；理论体系就是一个，中国特色社会

① 邓小平：《结束过去，开辟未来》。《邓小平文选》第三卷，人民出版社 1993 年版，第 291 页、294 页。

主义理论，包括邓小平理论，“三个代表”重要思想，科学发展观，都属于中国特色社会主义理论体系。实践在发展，中国特色社会主义理论今后一定还会充实新的内容。这个理论是服务于中国特色社会主义建设的。中国特色社会主义建设所追求的，就是中国的现代化，我们要在不断探索前进的过程中实现中国的现代化。

从鸦片战争以来这一百多年，民族独立、人民解放和国家富强、人民幸福这两个主题，需要很好地把握。要把这一百多年中国的历史，看作是探索民族独立、人民解放和国家富强、人民幸福道路的历史，真实地反映中国走过来的道路。

编导：你讲的脉络对我们很有启发。在每一集中，我们都遇到一些问题。第三集我们是描述中国对工业化的探索，遇到的头一个问题就是，工业化的标准是什么？改革开放前算不算工业化完成？

王梦奎：什么叫工业化，什么叫现代化，国内外研究经济的人和研究历史的人都有很多争论。北京大学的罗荣渠教授写过一本《中国现代化新论》，与这本书配套的还有他编的一套丛书，包括《日中两国的现代化》和《东南亚现代化：新模式与新经验》等好几本，你们可以参考。我认为，所谓工业化，指的是从英国产业革命以来发生的社会经济变革的历史过程，其实质内容是用近代大工业的技术改造传统产业，特别是农业；伴随着这种改造的，是农村人口大规模地向非农产业转移，就是城市化。城市化与工业化密切相关而又有所不同，工业化指的是产业的变革，城市化指的是人口的聚集；城市化是伴随工业化而发生的，两个过程有很多交叉重合。用近代大工业技术改造传统产业这样一种生产力发展的过程，加上伴随这种产业变革所发生的农业人口向非农产业的转移，就是工业化。用这个标准评估改革开放前的中国工业化进程，只能说是奠定了工业化的初步基础，不能说是完成了工业化，现在也不能说工业化已经完成了。过去曾经流行一种说法，工业占工农业总产值 70% 就是工业化。这是不对的。比重只是相对分量，并不能说明水平和质量。假如农业产量下降，工业即使产量下降，只要降幅小于农业，工业也可能在工农业总产值中占更大的比重，这并不能表明工业化有进展，20世纪60年代初我国就发生过这种情况。

工业化是整个国民经济的改造过程，二元社会经济结构转变的过程。按照现在中国经济的发展态势，按照全面建设小康社会的要求，应该争取在2020年基本完成工业化，要有这样的雄心壮志。这不是指提高工业在经济中的比重，2006年农业在国内生产总值中的比重已经降到11.8%，已经不高了。但是，如果到落后的农村去看看，还是传统的生产方式，农民的生存状态还是传统的封闭的。就业结构将随着工业化的进程而发生重大变化，2006年城镇人口占43.9%，按照每年增加1个百分点计算，到2020年将接近60%，如果发展顺利，这个目标是能够达到的。整个社会结构的变革需要有一个比较长的过程。要清醒地看到，中国的工业化和现代化还有很长的路要走。到2020年的奋斗目标是全面建成小康社会，按照现在的发展战略构想，要到21世纪中叶，才能基本实现现代化。就是说，实现第三步战略目标要用50年左右的时间。我国现在的经济总量已经不小，但人均还很低，整个现代化水平还不高。改革开放以来中国经济有很大发展，但现在还是发展中国家，还是社会主义初级阶段，这两条还没有根本改变。过去经济建设方面犯错误的一个重要原因，就是对中国工业化和现代化的艰巨性和长期性估计不够，想得太容易了，例如在1958年“大跃进”中提出“十五年超英赶美”。60年代提出20世纪末实现现代化的奋斗目标，70年代重申2000年基本实现四个现代化，这在当时都起过鼓舞人心的作用，但实践证明是做不到的。改革开放以来经济发展的速度是非常快的，成就是过去不敢想象的，2000年还只是一种低水平、不全面、发展不平衡的小康，四个现代化一个也没有实现。“三步走”的经济发展战略规划了一个很实际的步骤，第一步是解决全国人民的温饱问题，第二步是实现小康，第三步是到21世纪中叶基本实现现代化，把实现现代化的时间要求推后了。这种推后不是退步，而是思想认识和实际政策更符合实际情况，是一种进步。第一步解决温饱问题，第二步实现小康，第三步的初始阶段先全面建设小康社会，都很切实，实践证明都是对的，是建立在对中国国情的清醒认识基础上的。正确的经济发展战略构想，也是一个逐步认识和实践的过程。

编导：第四集主题是思想解放，反右派、“大跃进”、“文化大革命”怎么讲，分寸如何把握？1981年历史决议到现在，毕竟二十多年了，现在对那段历史的看法如何，历史原因和制度原因应该把握到什么程度？

王梦奎：反右派、“大跃进”、“文化大革命”，这些都是重大事件，对我们国家的发展产生过很大的消极影响。如果深入研究，这几件事相互之间是有关系的。可以说，反右派斗争的顺利进行对“大跃进”是个促进，认为可以无所不能；大跃进的失败引起的意见分歧，是引发“文化大革命”的一个诱因。反右派运动把许多提不同意见的人打成右派分子，打击了相当多知识分子的积极性。新中国成立初期下层人民感到翻身解放，有很高的政治热情，很容易被鼓动起来，谁说共产党有一点不是，说新社会有一点不是，就会群起而攻之。反右派以后，不论党内的和国家的政治生活都越来越不正常。新中国建立，国家统一，社会安定，土地改革，工业建设，这些都是正面的。我们确实也经历过很大的挫折，反右派、“大跃进”和“文化大革命”都是大挫折。可以围绕一个主题来讲，从不同的侧面来切入，空泛议论不容易成功。议论多了把握不准，拿几个决议来说又太概括，拿例子来解读不容易深入，这都是难处。反右派、“大跃进”、“文化大革命”都是错误的，这有广泛共识，但分析得深刻不容易。至于历史原因和制度原因，有些问题现在也不能说已经完全解决了，民族心理或民族文化传统中的消极面现在也存在。在制度和文化传承方面，我们要发扬好的方面，克服消极的方面，这个问题也只有在现代化的过程中逐步解决。

思想解放也要找一个好的角度，好的切入点。最早提解放思想的是毛泽东，1958年发动“大跃进”，就是在解放思想的旗帜下进行的。毛泽东当时号召破除迷信，解放思想，破除对外国人的迷信，破除对马克思的迷信。当时是要摆脱苏联的影响，走一条自己的道路，这是对的；但走到连客观规律也不要了，相信“人有多大胆，地有多高产”，就搞坏了。邓小平说的解放思想是另外的意思，是要从毛泽东“左”的思想束缚中解放出来，是用来纠正毛泽东的错误的。既然实践是检验真理的唯一标准，毛泽东理论的真理性也应该由实践来检验，实践证明是错误的就不应该坚持，就应该改革。这种思想解放是改革开放的先导。邓小平说的解放思想主要是反“左”，但在一般意义上，如果把解放思想理解为使思想认识符合客观实际，不要受教条的和传统的束缚，那就具有普遍性的意义，不简单是反“左”的问题。实际上，许多事情是不能简单地用“左”和右来区分的。从一般意义上说，解放思想是一个永远没有完结的过程，但每个时期都有其特定的内容。所以，讲解放思想，必须结合实际。

这些重大的历史事件，不能回避，也不应该回避。问题是从哪个角度来讲，占用多大的篇幅。例如，批评“大跃进”，是说它违反客观规律，不是说一个国家在特定时期经济增长不可能有超常速度的跃进现象，改革开放以来中国经济的发展就是跃进。“大跃进”时期提的社会主义建设总路线讲多快好省，讲争取更高的速度。我们现在讲又好又快，不能说在精神上没有共同的地方。“大跃进”中盲目追求速度造成严重后果，后来也提出要好中求多，好中求快，好中求省。“文化大革命”中提出和传统文化彻底决裂，打倒一切，是错误的；现在弘扬传统文化是对的，但靠孔夫子来指导现代化也不行，需要有新的精神面貌。

编导：“复兴之路”的“复兴”是不是有明确所指？我们是这样来写的：15世纪，明成祖时期中国的科学就衰落了，但这个时候，西方是从文艺复兴到启蒙运动，科学一直在发展。我们想从科学和民主这两个方面来讲述，西方在大兴科学和民主的时候，我们科学和民主这两个东西消失了。

王梦奎：这个问题还可以研究。中国明成祖以前有民主吗？封建制度是不民主的，所以很难说是复兴民主。科学也很难说是复兴的问题，比如说中国宋代的科学技术成就，明代的科学技术成就，郑和下西洋所制造的当时世界最先进的船，都应该肯定，但科学技术在社会生产中并没有起到决定性的作用，并没有引发生产方式的变革，引发产业革命。我们即使有过很辉煌的古代科学技术成就，也很难和机器大工业所引发的产业革命相提并论。产业革命引起了整个社会生产方式变革，才有工业化，有世界航行，有市场经济，有经济全球化，等等。中国现在的经济总量已经是世界第三位，恐怕也不能单就这一点来说中国的复兴，鸦片战争前中国经济总量是第一位，有研究报告说占 30% 以上，和现在美国所占的比重大体相当；当时中国人均已在世界平均水平之下，但还占世界人均的 90%。1950 年中国经济总量降到世界的 4.5%，人均降到 21%。现在经济总量占世界 6%，人均不到世界一半，刚进入中等偏下收入国家的行列。所以，不好说复兴到什么时候，但可以说恢复到所应有的位置。重要的区别是，那时中国是在走下坡路，是衰落的态势，现在是蒸蒸日上的发展态势。

编导：在市场经济体制建立的过程中，最艰难的问题大体有哪些？

王梦奎：经济运行层面，最早遇到的是价格问题。在计划经济体制下，价格是由政府控制的。实行改革开放后，价格逐步放开，有过一段双轨制时期。稍后是计划体制和财政税收体制，这些问题和国家与企业的关系、中央与地方的关系密切相关。基础层面，就是发展多种所有制经济。这几个方面都有一个逐步发展的过程。最艰难的时期，是 20 世纪 80 年代末，市场供不应求，经济改革快速推进又遇到严重的通货膨胀，社会动荡。还有一个重要的方面，本来在决定建立市场经济体制时是作为支柱的，但在实际改革进程中重视不够，就是社会保障。结果是旧的保障没有了，新的保障没有建立起来，所以现在着重提出社会保障问题。社会保障有些过去是国有企业在做，后来国有企业不做了，政府又没有做，变成了薄弱环节。

需要作适当的展望，比如说，到 2020 年要基本实现工业化，实现全面建设小康社会的目标，人民生活更加宽裕，市场经济体制和各方面的制度更加健全。要提出能够鼓舞人心又是经过努力可以达到的目标。在党的十六大以及十六大以来的许多决策里都有这样的精神，需要加以梳理和概括，用大众容易理解的方式表现出来。

编导：关于社会主义市场经济体制的建设，我们想把资本市场单独拿出来讲一下，作为一个核心的东西，你觉得是否恰当？

王梦奎：商品市场早已完全放开了，劳动力市场大体上也是没有问题的。相比而言，资本市场是比较薄弱的环节。资本市场建设远没有完成，也没有完全对外开放，对外资金融企业设置了比较高的门槛。这和我国金融体制不够健全和竞争力不强有关，要从国家的实际利益出发，并不是放得越快越多就越好。在10年前的亚洲金融危机中我国没有受到严重冲击，并不是因为金融体制健全和竞争力强，而是因为资本市场没有放开，门把得比较紧，投机资本轻易进不来。现在情况不同了，但金融市场的开放仍然要谨慎进行，注意防范金融风险。这部电视片不必太强调资本市场这件事，资本市场和汇率这样的问题，在电视上把它转化为大众都懂的意见而又比较准确，不大容易。资本市场虽然重要，在这部政论性电视里不必把这作为重点，提到就行了，这是我国市场体系建设比较薄弱的一个方面。

编导：资本市场是不是建设起来比较艰难？

王梦奎：是的，但也不能说其他市场的建设不艰难。比如商品市场，从改革开放前的商品定量供应，到放开消费品市场，到生产资料市场放开，由国家定价到市场决定价格，也是经过二十多年时间逐步放开的。又比如劳动力市场，早就放开了，但问题现在也没有完全解决，城乡市场还没有完全统一。金融市场的进展更滞后一些，这和金融市场的特点有关。资本市场应该是随着市场经济的发展和体制的完善而不断发展和完善的过程，不是一下子“建设”起来的。

编导：关于政治文明该怎么讲？我们现在还是停留在概念和口号的阶段。

王梦奎：现代化建设早先是讲“四个现代化”，就是工业、农业、科技和国防现代化，大体上还是属于物质文明建设。20世纪80年代中期提出精神文明建设，后来讲物质文明与精神文明两个文明建设。党的十六大更进一步，发展为三个文明：物质文明、精神文明和政治文明。我认为三个文明还可以作另外的概括，比如物质文明、精神文明和制度文明。制度不完全是政治性的，含义可以很广泛，比如经济体制，不一定都具有政治性，社会管理方面的有些制度也不具有政治性。从日常管理到大的社会制度，从人民代表大会到经济管理体制，都可以概括为制度。在一般意义上，体制也可以归之为制度。现在讲政治文明一般归结为民主和法制，加强民主和法制建设，这是对的。只是比制度要窄一点，比如经济管理和社会管理，很难全部归结为法制，尽管有许多是要通过立法来保证的。这些也很难说是民主，民主有其特定的含义。这当然纯粹是从理论和逻辑来说的。电视片不要引导观众去咬文嚼字，推敲概念，而要把人们的注意力引导到主题方面来。

编导：村级选举应该如何判断？

王梦奎：村级直接选举是民主进程很重要的步骤，有不少好的经验，但也不要太理想化，似乎村级直接选举能够解决农村的所有问题。农村里的各种宗派势力、家族势力是很复杂的，对农村政治生活有很大影响。在经济不发达的地方，开始是一碗方便面，富裕的地方因为当干部好处大，已经有花很多钱竞选的情况，成立班子搞竞选活动。在深层次的政治体制层面，村委会和党支部的关系也是一个问题。不只村级选举，县级选举乃至更上一级的选举，从长远的发展方向看，也需要逐步探索适当的形式。中国的民主进程，民主制度的建设，要找到适合中国国情的方式。方向可能是直接民主越来越多，但什么时候推进，迈多大的步伐，多大的范围，采取怎样的具体形式，都要根据中国的实际情况，不能照搬别的国家的模式。

编导：我们也希望能揭示一些艰难的摸索，还有一些对未来的预示，想从这个角度来探索政治文明。这个层面该如何把握，该举什么例子，话说到什么程度，把握不准。

王梦奎：讲民主和法制，要讲人大的作用，政协的参政议政，各方面法律的制定和执行，人民民主权利的保障，等等。最近 30 年来中国是全世界制定法律最多的国家，尽管现在法制还不是很健全，有些法律执行得并不是很好，但进步还是很快的。要从大的方面讲，最基本的问题，基本经济制度和政治制度，民主和法制建设。中国这么大，好典型很多，坏的典型也不少，要把握主流。

《王梦奎改革论集》① 自序

（2008 年 5 月 30 日）

全世界都看到中国 30 年来所发生的变化。由改革开放所激发的经济持续高速增长，工业化、城市化的快速推进，二元经济结构的迅速转型，就其对于中国现代化的意义而言，是一座伟大的里程碑，可以同辛亥革命和新中国的成立相提并论；就其所涉及人口规模而言，在世界上是空前的。这场历史性的社会变革，对中国的命运有巨大而深远的影响，也在相当程度上影响着世界经济和政治格局。

1979 年以来的中国的经济体制改革，是以从传统的计划经济体制转变到社会主义市场经济体制为目标的，现在这种新的经济体制已经初步建立。如此深刻的社会经济变革没有引发政治动荡和生产力的破坏，而是带来生产力的迅速发展和社会的全面进步，这是一个历史奇迹。现在改革在继续进行中，实现全面建设小康社会的目标，需要通过深化改革提供体制保障。如果把眼光放得更远些，从社会主义初级阶段更长远的发展进程看，在从计划经济体制到社会主义市场经济体制这种特定阶段的改革完成之后，仍然要根据经济发展和社会进步的需要而进行制度创新。我们取得的成就是伟大的，但未来的路更长。

这 30 年也是我人生最重要的时期，从不惑之年到古稀之年躬逢其盛，成为这场伟大社会变革的亲历者和参与者。虽然工作岗位几经变化，我一直目不旁骛地做着经济研究工作，就改革和发展问题提出自己的见解。由于在国家高层研究机构担负着领导责任，还主持过若干重要课题的研究和讨论。幸运的是，我有机会参与党和国家许多重

① 《王梦奎改革论集》，中国发展出版社 2008 年 6 月出版。

要文件的起草工作，包括党的几次全国代表大会的报告，党的十四届三中全会和十六届三中全会关于社会主义市场经济体制问题的两个《决定》，以及其他许多次中央全会和政府文件的起草工作，能够在工作中尽自己微薄之力。工作过程同时也是自己学习和提高的过程。在参与中央关于改革和发展决策的调查研究过程中，比较多地接触全国各地方、各部门的实际情况，了解社会各界的意见，知道在不少情况下推进改革所面临的两难选择，以及改革所取得的成果和进程中存在的问题，感受到改革的紧迫性和困难所在，真是受益匪浅。

这本论集，部分地反映了我对经济改革的思考以及和推进改革有关的工作经历。把 30 年来关于改革的言论粗加翻检，挑出这 22 篇。选择的标准，是当时对于改革起过积极作用，或者提出了新的问题。这里有关于实际情况的调查，有在不同场合所提的关于改革的决策建议，有对现阶段改革的理论上的说明，也有用自己研究心得对于中央改革决策的解读。有一部分是没有公开发表过的。今天重新审视这些见解和主张，有些已经在实践中解决了，有些还没有解决或者没有完全解决，也有些问题因为客观形势的变化而不复存在。我采取自己惯常的做法，以时间先后为序编排，这样做有利于反映自己的探索过程，或许也可以从一个小的侧面反映出中国改革进程的某些景况。需要说明的是，最后一篇文章，是我最近写的参加起草党的十四届三中全会《决定》的回忆，读者从这里可以知道，中国社会主义市场经济体制的第一个总体设计，是怎样产生的。

把这些文章编辑成册，犹如把 30 年来走过的道路重新走了一趟，不禁思绪万千，引发关于改革的不平凡进程的诸多回忆和彰往而察来的思考。

在改革开放和现代化建设的大潮中，个人的努力不过是沧海之一粟。愿把这本篇幅不大的书，作为对过往历史的回顾和对改革开放 30 周年的纪念，同时也作为继续前行的起点。

社会主义市场经济体制的第一个总体设计

——起草十四届三中全会决定的回忆

（2008年7月）

一

党的十四届三中全会《关于建立社会主义市场经济体制若干问题的决定》（以下简称《决定》），是我国社会主义市场经济体制的第一个总体设计，也是经济体制改革进程中一座重要的里程碑。参加《决定》起草工作的经历，给我留下难忘的记忆。

当时经济改革已经进行了15年。虽然改革在实质上一开始就是朝着逐步扩大市场机制作用的方向走的，但此前并没有明确市场经济体制的目标。1992年10月党的十四大提出建立社会主义市场经济体制，是经济改革进入新阶段的标志。在党的十四大以后，为了推进改革，各方面都希望能够再进一步，抓紧制定总体规划，对于社会主义市场经济体制有一个更为具体和完整的说法。这确实是必要的。当时的情况是：一方面，经过十多年的改革，以公有制为主体、多种经济成分共同发展的格局初步形成，市场在资源配置中的作用迅速扩大，全方位对外开放的格局逐步展开，已经具备了实现改革的全局性整体推进的条件；另一方面，由于经济体制改革是渐进的，往往是从局部试点逐步推开，虽然在许多方面都有明显进展，但一些重要领域的改革滞后，成为经济体制链条上突出的薄弱环节，影响着改革的深化和经济的健康发展，迫切要求改革的综合协调和全局性整体推进。这就需要按照社会主义市场经济体制的要求进行总体设计，需要强调体制和政策的规范化。改革实践经验的积累，加之理论上的探索和对国外情况的广泛了解，也使我们能够根据中国国情并且借鉴国外的经验，进行这样的总体设计。

根据党的十四大精神，中央政治局1993年5月决定，下半年召开党的十四届三中全会，讨论建立社会主义市场经济体制问题，并作出相应决定。经中央政治局常委会批准，5月底成立由25人组成的文件起草组，在中央政治局常委会领导下进行工作。起草组组长是温家宝（中央政治局候补委员、中央书记处书记、中央财经领导小组秘书长），副组长是曾培炎（中央财经领导小组副秘书长兼办公室主任）和王维澄（中央政策研究室主任）。起草组成员有：何椿霖（国务院副秘书长）、郑必坚（中宣部副部长）、张彦宁（全国人大财经委委员）、孙琬钟（全国人大法工委委员）、高尚全（全国政协经济委员会委员）、王梦奎（国务院研究室副主任）、桂世镛（国家计委副主任）、郑新立（国家计委研究室副主任）、李剑阁（国家经贸委政策法规司副司长）、王仕元（国家体改委副主任）、曾国祥（国家体改委综合规划司副司长）、陆百甫（国务院发展研究中心宏观经济研究部部长）、刘国光（中国社会科学院副院长）、张卓元（中国社会科学院财贸研究所所长）、项怀诚（财政部副部长）、傅芝邨（财政部部长助理）、段应碧（农业部农研中心主任）、傅丰祥（证监会副主席）、罗元明（国有资产管理局副局长）、周小川（中国银行副行长）、赵海宽（中国人民银行金融研究所名誉所长）、徐匡迪（上海市副市长）。据我所知，地方领导同志参加中央全会重要决定的起草，徐匡迪是第一人。自此之后，党的全国代表大会的报告和许多次中央全会决定的起草，都有地方领导同志参加，徐匡迪任上海市市长期间还参加过党的十四届五中全会《关于制定国民经济和社会发展"九五"计划和2010年远景目标的建议》的起草工作。这里所列起草小组名单，和后来通行的按职位高低排序的方法不同；当时起草小组并没有明确而严格的排序，这里我是根据手头保存下来的一份起草组名单写下的。没有列入这个名单而参加起草工作的，还有外贸部的年轻人张松涛，是李岚清（中央政治局委员、国务院副总理）推荐的。

二

起草组集中在北京西郊玉泉山工作。

5 月 31 日，起草组开第一次全体会议。江泽民同志在会上讲话，就文件起草的意义、指导思想、主要内容和需要着重回答的问题，提出许多原则性的意见。温家宝对起草工作提出要求，强调《决定》在如何建立社会主义市场经济体制上，要比十四大前进一步，在推进改革的政策措施上要有突破，长远目标要明确，起步要扎实。

起草小组于 5 月 31 日下午、6 月 1 日和 6 月 2 日全天，结合经济改革和发展实际，就文件内容和框架进行了两天半时间的讨论。大家一致拥护中央的决定，都感到责任重大，也知道难度不小。要把十四大确定的改革目标具体化，勾画出社会主义市场经济体制的基本框架，绝不是轻而易举的事。为了准确把握现阶段中国经济改革的目标和进程，起草组明确提出，起草工作要力求做到：既要大胆解放思想，又要坚持实事求是，从我国国情出发；既要有一个比较完整的总体设想，又要紧紧抓住当前改革和发展中的突出矛盾和问题重点突破；既要体现市场经济的一般规律，吸收和借鉴国外成功经验，又要体现社会主义制度的本质特征，总结我们自己的实践经验；既要反映抓住时机、加快建立新体制的紧迫性，又要考虑到建立和完善新体制需要一个发展过程，注意到它的渐进性；既要有一定的思想高度，又要能指导实际工作，便于操作。应该说，这是很高的要求。后来五个多月的起草工作，大家都是努力按这样的要求做的。

通过两天半时间的讨论，初步确定了文件的框架和写法。共分十个大的部分，每个部分写若干条。这个大的框架，后来一直没有改变过。至于每个部分写多少条，以及每一条的具体内容，是在起草过程中逐步形成的。采取这样的构架和写法，是考虑到，社会主义市场经济体制是个复杂的系统，文件涉及面很广，头绪纷繁，这样做便于剪除枝蔓，勾画出一个比较清晰的轮廓，也有利于避免起承转合所难以避免的虚话，突出每一条的“干货”。此前和此后的一些中央全会决议，都采用过这种表达形式。

起草工作的程序，是按照大的框架设计，分成几个小组，分工负责；每个部分写哪几条，以及每一条的具体内容，先由各小组根据全体会议讨论的意向提出初稿。我和陆百甫、李剑阁是综合组，负责第一部分和最后一部分。各小组写出初稿后，由王维澄主持，进行初步综合并统稿，然后提交起草组全体会议讨论修改。参加综合和统稿的除综合组的我和陆百甫、李剑阁外，还有桂世镛、刘国光和王仕元。全体会议的讨论修改，都是温家宝主持的。

起草工作的进度要求，是按照党的十四届三中全会召开的时间倒推确定的：6月10日以前分组写出详细提纲，11～12日对提纲进行综合，14～15日讨论提纲。一直到下发征求意见，每一步都有明确的时间要求，都是很紧迫的。

经过半个多月紧张的工作，拟定了《决定》的提纲，报请中央财经领导小组审议，我起草了关于提纲的说明。6月26日，江泽民主持中央财经领导小组会议讨论《决定》提纲，王维澄和我列席，他作关于提纲的说明，我宣读提纲。《决定》提纲分十个部分，共50条，9000字。关于《决定》提纲的说明兼具汇报和请示的性质。关于文件涵盖的时限，起草组提出，按照党的十四大确定的改革目标，要着重解决在本世纪末初步建成社会主义市场经济体制的问题；虽然也需要有长远考虑，但着重点是初步建立新体制，时间是本世纪最后七年。这一点得到认可。为了文件起草过程少走弯路，避免大的反复，关于《决定》提纲的说明提出，希望中央财经领导小组讨论决定：文件大的框架，写这么十个部分行不行？这十个部分所列的基本观点行不行？这两个问题得到肯定的答复。关于《决定》提纲的说明还提出，起草组在提纲讨论过程中遇到不少理论、体制和政策问题，多数是文件难以回避的，需要继续深入研究，也希望听听领导同志的意见。例如：（一）国有企业或国有资产的产权关系，可不可以划分为企业的法人所有权和国家的终极所有权？国有企业或国有资产可不可以实行分级所有，例如属于中央的和属于省市的？（二）国有企业实行股份制是改革方向，要不要规定一个实施步骤？要不要明确规定承包制改为利税分流，以及改革的时间表？（三）企业改组为公司制，设立股东会、董事会、监事会，实行经理负责制后，企业党委和职工代表大会、工会的地位和作用如何规定？（四）发展资本市场和劳动力市场，必然得出劳动力是商品的结论，可不可以这样提？（五）财政体制改革要不要明确规定，财政包干制改为分税制，并且定出明确的时间表？（六）金融体制改革要不要明确规定，人民银行的分支机构按经济区设置，取消省及省以下人行设置，并且把专业银行改为商业银行，并提出实施步骤？（七）如何按照社会主义市场经济的要求构建新的宏观调控体系？计划、财政、金融这几个宏观调控手段和综合经济部门关系如何规定？国家计划的职能怎样具体规定？（八）中央和地方的经济管理权限如何具体界定？（九）根据形成平等的市场竞争的需要，可否提“改变按所有制性质制定经济政策和法律、法规的状况，对多种所有制经济一视同仁”？这要求取消按经济成分确定的各种优惠政策，现在是否能够做到？（十）对于多种经济成分和市场竞争中产生的收入分配悬殊和亿万富翁的问题如何加以解决？单靠税收能否解决这个问题？（十一）要不要专写一条政治体制改革？这些问题只是例举，实际上《决定》提纲讨论中所涉及的问题绝不仅是这些。这里所列举的问题，有些起草组已经有倾向性意见，有些是起草组觉得还把握不准，都希望领导同志给予指示。中央财经领导小组会议原则同意《决定》提纲，对于起草组提出的问题，有些给予了肯定性答复，更多的是要继续研究而后定。在文件起草早期召开的这次中央财经领导小组会议非常重要，提纲获得认可，文件的基本面貌大体就定下来了。以后虽有不断的补充和修改，但基本思路和大的框架没有变过，这使文件起草省力不少。

从6月下旬开始，起草组用两个多月时间，根据提纲写出《决定》初稿，并反复进行讨论修改，先后完成了第一稿、第二稿和第三稿，于9月9日将第三稿提交中央政治局常委会审议。根据中央政治局常委会讨论的意见，修改后提交9月20日中央政治局会议审议。根据中央政治局讨论意见又作了修改，形成征求意见稿，9月底下发全国各省、自治区、直辖市以及中央和国务院各部门、军队各大单位征求意见。党的十四届中央委员和候补委员，中央党、政、军各部门负责同志，各省、自治区、直辖市和各大军区的党委负责同志，都参加了对《决定》征求意见稿的讨论，并向中央写出报告。总共收到138份报告和修改意见，包括30个省（自治区、直辖市）、92个部门和16位老同志的。这些报告和修改意见，都转到文件起草组认真阅读和研究。各方面对《决定》征求意见稿给予充分肯定，也以极其认真负责的精神，对稿子大到框架结构、内容表述，小到遣词造句和标点符号，总共提出1050多条修改意见。与此同时，10月中旬中央政治局常委会先后召开党内老同志、各民主党派和工商联负责人以及无党派知名人士、经济理论界专家学者共三个座谈会，通报情况并征求对《决定》稿的意见。还听取了正在中央党校学习的省部级领导干部的意见。之后起草组集中6天时间，认真研究各方面提出的意见，对征求意见稿作了270多处修改。在此期间，我根据起草组的安排，起草了江泽民同志在党的十四届三中全会上的讲话稿。

《决定》提纲是十个部分，共50条，后来十个部分一直没有变过，但提交9月9日中央政治局常委会讨论的稿子是56条，提交9月20日中央政治局讨论的是54条。经过反复修改补充和归纳整理，9月底下发的《决定》征求意见稿，和提纲的构架一样，除开头和结束语各一段简短的文字外，还是分十个部分，共50条。第一部分是总论，讲我国经济体制改革面临的新形势和新任务，对社会主义市场经济体制勾画了一个基本框架，指出推进改革需要注意把握的主要之点，这些主要之点实际上也是对以往改革经验的总结。从第二部分到第五部分，可以说是分论，分别讲建立现代企业制度、培育和发展市场体系、建立健全宏观经济调控体系、建立合理的个人收入分配和社会保障制度，阐述社会主义市场经济体制基本框架的几个主要方面。第六到第九部分，是四个专题，分别讲农村经济体制改革、对外经济体制改革、科技体制和教育体制改革，以及加强法律制度建设，这么四个专门问题。最后一部分，讲加强和改善党的领导的问题，这是建立社会主义市场经济体制的政治保证。这样十个部分，构成建立社会主义市场经济体制的总体蓝图。

从全国范围征求意见的情况来看，各方面都认为这个稿子在理论和政策上有突破，思想性和指导性都比较强。综合各方面的积极评价，主要是这么四点：一是把党的十四大提出的建立社会主义市场经济体制的目标具体化和系统化，是继续深化改革的纲领性文件；二是总结了我国改革开放的基本经验并借鉴市场经济发达国家的有益经验，回答了改革实践中提出的许多重大问题；三是完整阐述了社会主义市场经济体制的主要内容和相互关系，指明了企业改革的方向，对转变政府职能和建立宏观调控体系作出了明确部署，特别是明确了财政体制和金融体制改革的方向；四是强调了建立社会主义市场经济体制要解决许多极其复杂的问题，提出了积极而又稳妥地全面推进改革的方针。这些认识，今天都已经成为常识，但在当时是来之不易的。回想在1992年邓小平南方谈话和党的十四大以前，人们对市场经济还知之甚少，要不要搞市场经济还有争论，过了一年时间，对建立社会主义市场经济体制就有这么广泛的共识，这是多么大的变化啊！

在征求意见过程中，也有一些单位和个人反映，稿子在有些方面理论高度不够、新意不多；涉及面宽但有的部分内容不够充实；有的规定比较原则，操作性不够强。这些意见在修改中都认真考虑了。也有人认为，后五个部分突破不多，建议把第六到第九部分合并成一个部分。这个意见未被采纳，因为，虽然这几个领域一些带共性的问题在前五个部分已经讲了，但还有不少特殊性问题是前五个部分无法概括的，有必要单列出来。而且，讲建立社会主义市场经济体制，没有这几个部分是不完整的。何况，这几个部分也有不少新意。

11月3日，中央政治局常委会听取起草组关于各方面对《决定》征求意见稿的意见和修改情况的汇报，并进行讨论。这次会议还讨论通过江泽民在党的十四届三中全会上的讲话稿。起草组根据中央政治局常委会讨论的意见对《决定》稿作了修改。11月6日，中央政治局会议对这一修改稿进行讨论，原则同意并决定修改后提交党的十四届三中全会。总算起来，提交全会讨论的《决定》草案，是第八稿。当时起草组有同志开玩笑说，七搞（稿）八搞（稿），总算搞出来了。至于在起草组工作过程中，反复研究讨论、字斟句酌，究竟有多少稿，那就无法统计了。

党的十四届三中全会是11月11～14日举行的。我作为中央候补委员出席了这次全会。我参加了两个半天的小组讨论，其余时间是参加起草组的工作。在全会期间，起草组根据分组讨论的意见又对《决定》草案作了近百处修改。如果考虑到，在征求意见的过程中，中央委员和候补委员已经在自己所在的地区或部门发表过意见，许多意见已经被提交全会的《决定》（草案）稿所吸收，近百处修改还是不算少的。经这样的修改后，又将改样返还各组讨论，根据讨论意见又作了少量修改，经中央政治局决定，提交全会表决。全会表决是全票通过，全场响起热烈掌声。11月14日当天播发全会公报，11月17日《决定》全文公开发表。事前充分酝酿讨论，达成共识，正式会议上比较容易通过，这是中国决策的一个特点和优点。

通过《决定》的党的十四届三中全会全体会议是在人民大会堂举行的，全会闭幕后中央政治局常委和起草组同志合影留念，并对大家的工作表示肯定和感谢。起草组全体同志也合影留念。我保存着这两张照片，成为珍贵的纪念。

全会闭幕后，全国掀起学习和贯彻《决定》精神的热潮。根据中央的安排，1993年12月25日，我在由中宣部、中央直属机关工委、中央国家机关工委、解放军总政治部和中共北京市委联合举办的报告会上做报告，讲《决定》的起草经过和重要贡献。新华社当天发布消息，次日各大报都做了报道。《人民日报》的标题是：《王梦奎在中宣部等举办的报告会谈学习〈决定〉体会——实现现代化有赖于两个根本性转变》，这里所说的两个根本性转变，是指我在报告里强调的经济体制和经济增长方式的根本性转变。《光明日报》的标题是：《王梦奎谈〈决定〉理论上的重大发展》。我还应邀在全国政协、中央党校、解放军总参谋部、国防大学、军事科学院和北京市委等单位作过关于《决定》的报告，总共有十多场。因为有这些报告，使我比较多地记下了当年《决定》起草的情况，否则许多事情今天很可能遗忘了。

顺便说一件和党的十四届三中全会《决定》有点关系的国际交往。全会闭幕不久，老挝人民革命党主席兼政府总理坎代·西潘敦率党政代表团访华，我根据中央的安排，12月4日在钓鱼台向他介绍中国经济改革和刚闭幕的党的十四届三中全会精神。他回国后即通过外交途径，邀请我访问老挝，向老挝高级干部作报告。我于1994年3月26日至4月4日访问老挝，受到很高的礼遇。3月28日，坎代·西潘敦亲自主持报告会，我作了两场报告：上午讲的题目是《建设有中国特色社会主义的理论和实践》[①]；下午讲的题目是《中国的经济体制改革》。对党的十四届三中全会精神作了系统介绍。当时老挝党刚开过五届八中全会，全体中央委员和候补委员，以及各部部长、各省省委书记都参加了报告会，表现出对中国改革开放和经济建设经验的极大兴趣。

三

党的十四届三中全会的《决定》，是对社会主义市场经济理论和实践的重大贡献，从而也就丰富了中国特色社会主义理论。经济界和理论界对此有许多研究和评述，我也写过几篇文章，这里不再说。在我个人参加《决定》起草工作过程中，印象最深刻、至今还能清楚记忆的，是以下几点。

一是关于社会主义市场经济体制的基本框架。党的十四大确立了社会主义市场经济体制的改革目标，并且强调两点：一是，“社会主义市场经济体制是同社会主义基本制度结合在一起的”；一是，“我们要建立的社会主义市场经济体制，就是要使市场在社会主义国家宏观调控下对资源配置起基础性作用”。《决定》的起草，一开始就是以这两个基本论断为指导来设计各个方面的改革方向和措施的。9月9日，中央政治局常委会讨论《决定》稿时，提出需要提纲挈领，勾画出社会主义市场经济体制的基本框架，使人能够一目了然。我和陆百甫、

① 即本书《在老挝高级干部会议上的报告》。

李剑阁经过反复推敲琢磨，草拟了一个初稿，写在提交9月20日中央政治局会议讨论并原则通过的稿子中，成为《决定》第（2）条所概括的社会主义市场经济体制的基本框架。这个基本框架，是在坚持以公有制为主体、多种经济成分共同发展的方针下，由现代企业制度、全国统一开放的市场体系、完善的宏观调控体系、合理的收入分配制度和多层次的社会保障制度，这么几个相互联系和相互制约的主要环节构成的有机整体。江泽民在党的十四届三中全会的讲话中说："这次全会决定所勾画的社会主义市场经济体制基本框架，虽然还需要在实践中接受检验和继续完善，但有了这个基本框架，可以增强我们对改革工作指导的预见性，使改革更加富有成效。"在党的十四届三中全会召开之前，香港有的报刊曾经揣测，说全会将"不再提以公有制为主体"，后来看到《决定》不仅明确"以公有制为主体"，而且强调"必须坚持"，于是有的报刊就以《中共仍不愿放弃公有制》为题发表文章，又胡乱揣测说，在党的十四届三中全会上"改革派未获全胜"。其实，在《决定》起草和征求意见过程中，据我所知，并没有人提出要放弃以公有制为主体。恰恰相反，大家对于如何搞好国有大中型企业的问题给予很大关注。

二是关于现代企业制度。这个问题，《决定》开始起草时就提出来了，但直到提交全会之前还在讨论和修改，全会上也进行了热烈的讨论。可以说，这是《决定》起草和征求意见过程中，各方面讨论最多、起草组费工夫最大的问题。这也说明国有企业改革是经济体制改革的难点所在，但经过反复讨论还是取得了共识。《决定》第（4）条开宗明义地规定，"以公有制为主体的现代企业制度是社会主义市场经济体制的基础"，并且界定了现代企业制度的基本特征，明确指出进一步改革的要求。要点是明确产权关系，即企业中的国有资产所有权属于国家，企业拥有包括国家在内的出资者投资形成的全部法人财产权，成为享有民事权利、承担民事责任的法人实体。原先考虑，企业对国有资产是占有和使用，和归属意义上的所有权不同，所以一直到下发征求意见稿，用的都是"企业法人财产支配权"的提法。在讨论和征求意见过程中，国家体改委等单位认为这个概念表述不清，而"法人财产权”有比较科学的界定，与国家所有权有严格区别；采用“法人财产权”的概念，既与现行的《企业法》和《国有企业转换经营机制条例》所规定的企业经营权相衔接，又可以充实企业经营权的内容，有利于企业成为自主经营、自负盈亏的法人，符合建立现代企业制度的要求。这些意见受到江泽民和其他中央领导同志的重视，江泽民在国家体改委副主任洪虎关于这个问题的意见上批示：“言之有理有据”，“值得我们再研究一下”。起草组经过认真讨论，并向11月3日中央政治局常委会请示，中央政治局常委会经讨论采纳了“企业法人财产权”的提法。这对尔后的企业改革起了积极作用。

三是关于市场体系建设。《决定》第三部分讲市场体系建设，根据当时经济体制中存在的突出矛盾和问题，强调“当前要着重发展生产要素市场”，“尽快取消生产资料价格双轨制”。关于生产要素市场，《决定》强调：“当前培育市场体系的着重点是，发展金融市场、劳动力市场、房地产市场、技术市场和信息市场等。”这里，经过很多讨论才确定下来的，是关于劳动力市场的提法。从党的十二届三中全会《关于经济体制改革的决定》、党的十三大直到党的十四大，正式文件使用的都是“劳务市场”的概念。从理论上说，这个问题应该是很清楚的，劳动者出卖的只能是劳动力而不是“劳动”或者“劳务”，因为“劳动”或者“劳务”是在劳动者和雇佣者交易行为发生后才进行的，这一点马克思在《资本论》中有精辟的分析。单纯公有制和计划经济条件下自不必说，经济改革和发展市场经济以后之所以回避“劳动力市场”的提法，顾忌的是，说劳动力是商品，和工人阶级主人翁地位的说法相矛盾，担心引起政治上的不良影响。在讨论和征求意见过程中，国家计委、国家体改委和劳动部等部门和其他一些同志建议，把“劳动就业市场”改为“劳动力市场”，认为这是生产要素市场不可缺少的组成部分。根据起草组分工，高尚全、张卓元、郑新立是负责起草“培育和发展市场体系”这一部分的，高尚全就这个问题写了一个报告，江泽民把这个报告批给中央政治局常委各同志。在11月3日中央政治局常委会讨论时，起草组也请示了关于“劳动力市场”的提法。经过中央政治局常委会讨论，决定采纳这个提法。这表现了理论上的彻底性。

四是关于宏观调控。《决定》明确规定要建立健全宏观调控体系，加强对经济运行的综合协调。中央领导同志在讨论《决定》稿时多次强调加强和改善宏观调控的重要性，说没有制动器的汽车是不能开的。《决定》的一个突出贡献，是关于财税体制改革和金融体制改革的规定。财税体制，主要是从财政包干制改为中央和地方分税制。金融体制，主要是加强中央银行的职能，实行政策性银行和商业性银行分开，以及汇率并轨。我国政府肩负着重大的经济和社会责任，而当时由于多年实行权力下放和财政包干制度，财政收入占国内生产总值的比重降到20%以下，中央财政占国家全部财政收入的比重降到40%以下，在世界上都是比较低的，已经影响到政府宏观调控职责的履行。金融秩序的混乱助长了通货膨胀，已经危及经济的健康发展。实行分税制和金融体制改革，都涉及中央和地方的关系。在《决定》征求意见过程中，有十几个省、自治区、直辖市提出，要给省一级宏观调控权。这个意见没有被采纳，因为宏观调控有特定的含义，是指通过调控达到经济总量的平衡；宏观调控权，包括货币的发行、基准利率的确定、汇率的调节和重要税种税率的设置和调整等，必须集中在中央政府，不能实行中央和省、区、市两级调控。当然，我们国家大，人口多，地区发展不平衡，中央和地方的关系从来是国家经济和政治发展中的重要问题，在社会主义市场经济体制下更需要合理划分中央和地方权限，赋予省、自治区和直辖市政府必要的经济管理权力。《决定》在关于建立健全宏观调控体系部分，有一条是专讲发挥中央和地方两个积极性的。当时决定实行分税制，中央财政收入比重分几年逐步提高到57%左右，是国务院同各省、自治区、直辖市反复磋商才确定下来的。这样大的利益关系调整，虽然在一些地方经过激烈的争论和艰苦的“谈判”，但这些地方终究还是服从了中央的决定，后来改革方案的实施也比较顺利，说明地方是顾全大局的，也说明中央领导是强有力的。

四

《决定》的起草工作，是和深入的调查研究结合进行的。在成立起草组的同时，中央财经领导小组办公室就改革中的重大问题，组织有中央和国务院有关部委参加的16个专题调研组，分别就关于建立社会主义市场经济体制的指导思想和目标、现代企业制度、中央和地方的关系、所有制和国有资产管理、市场体系和运行机制、投资体制、财税体制、金融体制、价格改革、社会分配制度、社会保障体系、农村改革、科技和教育改革、对外经济体制以及法制建设等重大问题进行调研。调研组由有关部委牵头，各组都由一名副部长亲自抓，总共有300多人参加。从6月下旬到8月上旬，起草组多次和调研组一起研究讨论专题调研问题，听取调研组介绍调研情况，交换意见。这些会我全部参加了，总的印象是：综合部门，像财政和金融，讲得深些；专业部门往往反映本部门的诉求和部门间的矛盾，但也提供不少鲜活具体的情况和分析，对起草工作都有好处。这些专题调研为起草组提供了丰富的背景材料，许多好的意见被《决定》稿吸收了。此后我参加的多次中央重要文件起草，包括党的全国代表大会报告和中央全会的重要决定，都组织有专题调研，形成一个好的传统，对文件起草和科学决策有很大帮助。

《决定》的起草工作，是和党中央、国务院推进改革的重大决策同步进行的。党中央、国务院根据党的十四大精神，针对当时存在的货币投放过多和金融秩序混乱、投资需求和消费需求膨胀、财政困难、经济发展“瓶颈”制约强化，以及通货膨胀加剧等亟须解决的问题，于1993年6月24日颁布《关于当前经济情况和加强宏观调控的意见》，采取16条重大措施。中央在采取这些措施的时候，强调要着眼于加快改革步伐，从加快新旧体制转换中找出路，把改进和加强宏观调控、解决经济中的突出问题，变成加快改革、建立社会主义市场经济体制的动力。中央的果断决策对于改革和发展起了重要作用。财税体制、金融体制、外贸体制和国有资产管理体制等方面的改革方案的研究和制定，是和《决定》起草同时进行的，其成果都及时地吸收到《决定》稿里，充实了《决定》的内容。全会闭幕之后，国务院迅即于 11 月 27 日召开全体会议，讨论贯彻落实《决定》精神。我在会上就李鹏同志在即将召开的全国经济工作会议上的报告起草情况作了说明。12 月 1 日全国经济工作会议召开，李鹏在报告中就 1994 年的经济发展和改革作出全面部署。国务院在很短的时间内，于 1993 年 12 月 15 日、12 月 25 日和 1994 年 1 月 11 日，分别作出《关于实行分税制财政管理体制的决定》《关于金融体制改革的决定》和《关于进一步深化对外贸易体制改革的决定》。这些重要的改革方案，是党的十四大以来一年多实际工作的成果。改革方案的研究和制定，以及就财税体制改革问题同一些地方进行的反复商谈，许多是朱镕基同志主持的。《决定》所规定的改革措施，有不少实际上是对酝酿已经比较成熟的改革方案的确认，这使《决定》多有新意并且能够对推进改革发挥实际作用。我当时参加了党中央和国务院许多这方面的会议，知道改革的紧迫和工作的艰巨，也看到党中央和国务院推进改革的决心和魄力之大。像财税体制和金融体制改革这样大的利益关系调整，绝不是几个起草文件的人能够做到的；即使设计了方案，如果没有党中央和国务院的有力领导，改革也是难以推行的。

在文件起草过程中，我列席了中央财经领导小组、中央政治局常委会和中央政治局讨论《决定》提纲和《决定》稿的多次会议，深感中央不仅高度重视，而且对实际情况和改革所面临的困难有清楚的了解。讨论都是不尚空谈而很务实际的。来自各方面的不同意见能够得到反映，一时难以决定的问题容待继续研究后再作讨论，文件起草过程也是不断集中正确意见和统一思想认识的过程。中央领导同志对于文件起草的难处有深切理解，所以多有体谅而并不苛责。起草组同志都有高度责任感，工作是严肃认真的，内部讨论是各抒己见和畅所欲言的。这些都提供了很好的工作氛围，使每个人都能发挥聪明才智，并且在起草工作中得到锻炼和提高。

（原载《百年潮》2008 年第 7 期，《新华文摘》2008 年第 18 期全文转载）

关于国土资源问题的战略研究[①]

（2009年2月27日）

我讲三点意见。

第一点，我很赞成开展这项战略研究。同意这样的总体构想和安排。可以先这样干起来，在研究过程中继续充实和完善。

我国社会经济发展越来越强烈地受到资源的制约。这是无法回避的问题。资源问题不仅是实现可持续发展的关键，也是关系我们把一个什么样的国家面貌交给子孙后代的大问题——是科学规划、合理开发和有效利用，还是东一个补丁西一个坑的捉襟见肘的混乱局面？无论在当前和长远都是大问题。

现在全国上下，各方面都希望对国土资源问题有一个全面的战略性的规划。这也是贯彻落实科学发展观的要求。这件事非常紧迫，不能再延迟了。深入的研究工作，是国家科学规划和决策的基础，我想这也是国家寄希望于我们的。

第二点，我认为这项课题研究，需要突出地强调综合性、战略性和实践性，强调全球视野。

关于国土资源方面的专题研究，已经有过一些，有的研究还有相当高的水平。据我了解，在座不少专家也进行过这方面的研究。但总的看来，综合性的研究还很少，国家层面的综合性战略研究还没有做过，这正是我们这次研究需要做的。现在的课题设计，大体上体现了这样的要求。因为课题组的专家来自各个不同的专业领域和实际工作

① 这是作者在国土资源战略研究专家座谈会上的发言。这是经国务院批准、由国土资源部牵头组织的重大研究项目，作者任项目专家委员会主任。

部门，几个课题专业方向都很明确，在专业研究基础上，强调综合性的研究很有必要。

战略性研究，应该为解决国土资源问题提出总体思路和方略。战略研究应该高屋建瓴，但搞不好也容易显得空泛。所以要强调实践性，长远战略谋划和近期的政策措施设计相结合。明年要开始研究制定“十二五”规划（2011 ～ 2015 年），我们的研究要争取为中央编制“十二五”规划做出贡献。

我认为，我们的课题研究，要有全球视野，在中国已经加入经济全球化进程这个大背景下考虑中国的资源问题。中国必须从海外获得资源。我们的课题研究应该在获得海外资源的战略和具体政策方面，有足够的分量。在国际上，围绕资源问题存在激烈的斗争，中国面临很大的压力。虽然国际斗争是经济和政治利益之争，是实力的较量，并不都是讲道理的，我们还是应该为国家在资源问题上的立场，提供有根据的、能够说服人的、至少能够自圆其说的说辞。这也是全球视野应该有的内容。

第三点，我觉得课题的组织方式很好。徐匡迪同志担任课题研究指导组组长是非常恰当非常好的人选。徐绍史、张玉台、丁仲礼同志担任副组长，他们的背后都有一支强大的研究队伍。课题组成员都是各个领域的知名专家，包括自然科学的、工程技术的和社会科学的，老、中、青都有。有这样强大的阵容，有这么多一流专家，在国务院的领导下，搞好研究是很有希望的。

要我担任项目专家委员会主任，我理解，就是专家委员会的召集人。我感到很荣幸，也感到责任重大。我对专家委员会的工作是有信心的，因为专家委员会的阵容也很强大。很多同志是我所熟悉的。我在这里表个态：要尽心尽责，和几位副主任一起，和专家委员会的各位专家一起，为课题研究起些参谋作用。专家委员会比课题组脱超一些，可以通过评论也就是评头品足，为课题研究起一些补充和完善的作用。专家委员会的每一个人都会发挥所长，积极地提出自己的见解，为课题任务的完成贡献自己的一分力量。对于我来说，这是一个工作的机会，也是一个难得的学习机会。

《中国改革 30 年》[①] 序

（2009 年 5 月 5 日）

30 年来中国的改革开放和经济高速增长，在中国现代化进程中具有里程碑的意义，并且产生了深远的世界影响。

中国的经济改革，从起步之时起就引起全世界的广泛关注。如果说，10 年前中国在亚洲金融危机中的出色表现使人们对中国的经济体制改革道路有了新的认识，那么，中国在当前席卷全球的金融风暴和经济危机中的出色表现，更使全世界对于中国的经济体制改革或者说"中国模式"，有了新的认识。正面评价比过去任何时候都多，以陈腐之见对中国指手画脚比过去明显减少。越来越多的人希望了解中国。

中国经济改革的成功是具有世界意义的。在中国这样一个经济落后，发展很不平衡，有着特殊的历史和文化传统的发展中大国，比较顺利地实现了从封闭经济到开放经济、从计划经济到市场经济的根本性转变，保持了政治的稳定而没有发生剧烈的社会震荡；没有引起社会生产力的破坏而是促进了经济的持续快速增长，全体人民的生活因此而得到显著的改善，这被全世界视为奇迹。这种奇迹不能不引起广泛的关注和深思。人们都看得见，在中国改革和发展的实践面前，不少传统的政策思想以及经济和政治理论，受到挑战。这不奇怪，因为现存的作为观念形态的思想和理论，是既往经验甚至只是少数国家和局部地区经验的总结，像中国这样的发展中国家往往并不在其考察的视野之内；或者对中国的观察怀有偏见，戴着有色眼镜。世界是丰富多彩的，实践是不断发展的，并没有一成不变的模式。归根到底，理

① 《中国改革 30 年》，王梦奎主编，中国发展出版社 2009 年出版。

论是来源于实践，其正确性也要由实践来检验。中国的成功实践，给处于改革和发展进程中的其他发展中国家提供了有益的借鉴，也为经济理论的丰富和发展提供了生动的案例和丰富的素材。中国的经验，在若干重要方面，是带有普遍意义的。

世界各国的情况不同，现实的社会经济与政治体制和制度不同，历史和文化传统不同，经济发展和社会改革的道路往往表现出重大的差异。中国不照搬别国的模式，当然也不认为自己的经验一定适合其他国家。说中国改革和发展走的是中国特色的道路，那也就意味着，中国的具体道路和做法是不可能复制的。如果说中国的经济改革具有某种普遍意义，其最基本之点，就是从本国实际情况出发，为推动国家经济发展和社会全面进步，增进全体人民的福利，而独立自主地进行改革。至于具体的方法和步骤，往往带有权宜的性质，是因时因地而异的。

在全世界对中国的经济表现和经济体制改革赞扬之声不绝于耳的今天，我们应该保持清醒的头脑，看到中国还是一个发展中国家，虽然经济总量已经居于世界前列，但人均还比较低，人民还很不富裕，实现可持续发展还面临着许多亟待解决的矛盾和问题。还要看到，中国的经济体制和其他方面的体制还不健全，即使以往成功的经验和做法，在新的国内外环境下也不能原封不动地照搬，实现全面建设小康社会和现代化的目标，仍然需要通过深化改革来提供制度保障。我们应该自信但绝不能有丝毫的自满。

为了帮助读者了解中国改革的动因、历程、经验和前景，中国发展研究基金会组织研究和出版了这本《中国改革30年》。30年来中国的改革，是以经济改革开始而包括经济、政治、社会、文化广泛领域的深刻变革，一本书不可能包罗万象。本书所涉及的，大体上是经济领域的改革，以及和政府公共财政有密切关系的教育、社会保障和卫生等领域的改革。文章的作者，都是中国改革开放进程的亲历者，不少人还担负着政府经济部门和研究机构的领导职务。这是他们对中国改革进程的解读，其中最具新意的是对于各项改革的具体动因和曲折过程的阐释。正如对于任何伟大的社会变革的解读都不是唯一的，对中国经济改革这样规模巨大而又深刻复杂的社会变革，解读也不可能是唯一的，站在不同立场，处于不同社会环境和面临不同历史任务的人，往往会有不同的解读。现在是这样，今后也还会是这样。关于中国经济改革的著述很多，今后还会引起人们长期的研究兴趣。虽然如此，我相信，本书的作者，这些身临其境的当代中国人，对于中国改革的解读是可贵的，对于读者理解中国的改革肯定是会很有帮助的。

后危机时期的世界和中国经济[①]

（2009 年 11 月 29 日）

我认为，现在鲜明地提出后危机时期世界和中国经济的问题，对这个问题给予更大的关注，是必要的，对于当前经济发展，对制定“十二五”规划乃至长远规划，都有重要意义。我提一些问题，作些基本判断，供大家讨论参考。

一、总的判断：最坏的时期已经过去，但复苏之路并不平坦

这次世界金融和经济危机，如果从 2007 年 8 月 9 日，法国巴黎银行冻结其下属的三家在美国次贷市场面临亏损的基金算起，现在已经进入第三个年头。今年上半年以前，各大国际机构，包括世行和国际货币基金组织，不断调低对世界经济增长的预测值，全世界人心惶惶。下半年乐观信息增多，经济增长预期调高，世界经济复苏时间早于原来的预期。这次所以能避免 1929 ～ 1933 年那样大的危机，主要是因为国际和平环境，经济全球化增加了国际协调的必要和可能，以及世界主要经济体国家宏观调控能力的增强。

现在最坏时期已经过去，但并不是稳定增长，更不是强劲增长的开始，经济复苏过程很可能是缓慢和不稳定的。引发危机的深层次问题并没有解决。

关于世界金融危机的原因，概括起来说，一是体制性原因，即一

① 这是作者 2009 年 11 月 20 日在中国生产力学会的报告。

国主权货币作为国际储备货币，不能保障世界经济健康发展，这就是著名的“特里芬难题”：储备货币发行国无法在为世界提供流动性的同时保持币值稳定，因为一国主权货币和国际储备货币的功能往往是矛盾的；二是管理方面的原因，即金融过度膨胀而又缺乏必要的监管，包括对主管人员的监督；三是结构性原因，即世界范围的生产过剩和有效需求不足，以及不同经济体之间生产和消费的失衡。这些根本性的问题都没有解决，顶多不过是稍有缓解而已。这也潜藏着以后再次发生危机的可能性。

危机有经济周期的影响，世界经济经过多年快速增长而进入调整期；也有用长周期理论即康德拉耶夫周期解释的。克服危机往往要经过破坏，才能恢复失去的平衡。例如，克服金融危机的过程，也就是“去杠杆化”的过程，据国际货币基金组织统计，全球为应对金融危机已经耗资近 12 万亿美元，但泡沫远没有挤完，有的甚至基本没有触动。据哈佛大学教授弗格森 9 月 21 日在美国《新闻周刊》发表的文章，1990 ～ 2008 年，美国银行从 1.5 万多家减少到 8000 家左右，但最大的 10 家金融机构掌握的金融资产比例却从 10% 增至 50%；虽然像雷曼兄弟这样的大公司破产了，但金融机构“太大而不能破产”的问题并没有解决。

危机也有政策性因素，美国奉行的宽松货币政策催生了金融和经济泡沫。现在治理危机，不仅是美国，全世界许多国家都面临着两难选择：刺激经济要实行宽松的货币政策，但宽松的货币政策有可能增加流动性过剩，助长金融和经济泡沫；刺激经济要增加政府财政投入，但财政赤字扩大有可能导致政府债务危机。流动性过剩和财政赤字的增长，造成新的经济不平衡，刺激经济增长和造成新的泡沫往往只有一步之差。宽松的货币政策和扩张性的财政政策何时“退出”以及如何“退出”，是许多国家面临的普遍性问题。如果时机和力度把握不好，通胀、通缩和滞胀的风险都是存在的。

一般估计，2010 年世界经济会继续好转。也有些经济学家认为，今后二、三年都是调整期，经济会低速徘徊。现在有些经济指标在好转，雪崩止住了，但有些方面并没有多大缓解，世界经济还有很大的不稳定和不确定性。很多金融机构的坏账还没有清算，“有毒资产”还没有处理，向未经改革的金融机构注资有可能催生更大的泡沫。据国际货币基金组织10月1日报告，仅金融体系内部的损失就将达到2.8万亿美元，迄今为止全球银行只确认了其中的1.3万亿美元的损失。报告说，美国境内银行只确认了预期资产减记规模的60%，而欧元区和英国境内银行只确认了40%。修复遭受危机重创的金融体系不是一件容易的事，涉及制度创新更要有一个探索和实践的过程。另一个大问题，是失业率居高不下，国际劳工组织的报告说，2009年全球失业人数将增加5000万，达到2.3亿人，美国、欧洲和日本失业率都已达到9%以上。危机是多年来形成的全球经济严重失衡和深层次矛盾的反映，涉及全球范围金融、贸易和产业领域的重大调整，需要比较长的时间才能完全走出困境。

二、危机对世界经济政治格局的影响

这次金融和经济危机，是一场世界性的大震荡，对国际格局会产生重要影响。

世界经济版图正在发生重大变化。1990～2008年，发展中国家占世界GDP的比重从15.9%提高到28.7%，对全球经济增长的贡献率达到30%以上。世行按购买力平价计算，2005年发展中国家GDP已经占世界40%。2000～2007年，美国占世界GDP的比重从30.6%下降到25.4%，占世界出口贸易的比重从12.3%下降到8.4%，占世界进口贸易的比重从19.2%下降到14.3%。美国在世界经济中的比重和重要性今后还会持续下降。

由美国引发的这次国际金融和经济危机，对美国的国际地位造成重大打击。美国的权威和感召力在下降，对美国的不满和反对在增加，美国发号施令的空间在缩小。可以说，由美国主导的单极世界正在结束，美国把自己定的规则强加给全世界的时代也将随之终结。同时也要看到，美国并不是病入膏肓，这次世界金融和经济危机不会从根本上动摇美国的国际地位。美国GDP占世界的比重二战结束后达到40%以上，现在仍然占1/4左右，在未来很长时间里还是世界第一大经济体。还要看到，美国有强大的科技力量，资源禀赋好，又有人口结构的优势，政治、文化和外交方面的优势；更不用说在军事方面，美国2008年开支6070亿美元，占世界40%，超过开支居世界第2位到第10位国家的国防开支的总和。美国会从这次危机中恢复元气，今后很长时间内还会是世界上最强大的国家。

大国的兴起或者衰落，世界大格局的根本性改变，往往要经历比较长的过程。英国霸权地位的衰落经历很长时间，美国从崛起到二战结束霸权地位确立，经历半个多世纪。苏联解体使美国的霸权地位达到顶峰，同时也开始盛极而衰。对美国一超独霸地位的挑战，“9.11”是一个标志性事件。这次由美国引发的世界金融和经济危机，使美国在经济上和政治上受到重大挫折。半年时间举行两次20国首脑峰会，成为世界经济合作的主要论坛，反映了国际格局的变化，说明美国和其他几个发达国家不能像过去那样简单地靠七国集团主宰世界经济，不得不坐下来和发展中国家讨论全球性紧迫问题。经过这次危机，全世界更强烈地感觉到，世界正在向多极化方向发展。七国集团，即美、德、英、法、意、日加上加拿大，占世界GDP比重从1989年的68%下降到现在的56%，20年下降12个百分点；法国总统萨科齐主张明年终结G7，还提出建立“14国集团”，即八国集团（G7+俄罗斯）加中国、印度、巴西、南非、墨西哥、埃及六个发展中国家。日本担心由1/7或1/8降为1/20，失去亚洲国家唯一参与国的资格，有强烈失落感。美国在七国财长会议上提出以G4（美、欧、日、中）代替G7。“金砖四国”（中国、印度、俄罗斯、巴西）已经正式举行会晤磋商；四国GDP占世界15%，有预测说，到2040～2050年将相当于七国集团所占份额，也有预测说时间会更早。G20占世界人口的64%，GDP的85%，包括了各种不同类型的国家，具有代表性，但过于庞大，而且缺乏统一的利益目标。G20峰会只有宣言，没有章程和条约，没有具体措施和制裁办法，实践效果会打折扣，长远的象征性意义大于当前的实际意义。此外还有由发展中国家组成的“77国集团”。关于国际治理框架和机制，有许多提议和讨论，虽然不一定都能付诸实施，但足以说明，国际格局正处于大变化之中。今后也可能是 G20、G14、G77 和越来越模糊的 G7 或 G8，以及围绕中美关系而展开的复杂的国际关系，各种多边和双边关系相互交错，结果将是一种合力，力的平行四边形。

这次全球性危机的深远影响，概括起来说：在经济上，会促进世界经济格局的变化，发展中国家在全球经济和贸易中的比重会进一步提高，发达国家的比重会进一步下降；在政治上，会促进世界多极化发展，使美国霸权地位受到削弱。美国国家情报委员会 2008 年 11 月发表的《2025 年全球趋势：一个改变了世界》的研究报告，也承认未来是多极世界，说："到 2025 年，第二次世界大战后构建的国际体系将几乎无法辨认。""多极化的国际体系，……是前所未有的。""'新秩序'的最显著的特点将是从美国主宰的单极世界转变为由旧的大国和崛起中的国家组成的一个相对无等级的结构，以及力量从国家到非国家行为主体的扩散。"世界金融和经济危机促进了这种多极化的进程。需要警惕的是，世界旧的均衡的破坏和新的均衡的建立，往往伴随着激烈的矛盾和冲突。美国是现在世界经济体制和政治格局的最大既得利益者，世界经济和政治格局变化，意味着美国地位的相对衰落。拥有最强大军事和经济力量的美国如何应对自己国际地位的下降，是国际形势演变中的重要因素，是值得关注的大问题。

看不到美国地位衰落的趋势是短视的，对这种趋势作过分夸张的评估也是不符合实际的。俄国外交学院一位教授，预言 2010 年美国会像苏联一样解体，因为州政府财政困难。恐怕没有人相信这种预言。不论国际经济和政治格局如何演变，即使在将来，美国丧失像现在这样的绝对优势，失去唯一超级大国的地位，在相当长的时间内还会是世界最强大的国家，在可预见的未来至少是最强大国家之一，现在更是我国对外关系中的主要对手。这一点我们要清醒。

三、危机对国际货币体系的影响

这次全球性危机的直接后果之一，是美元地位的削弱。

美国是全世界最大的债务国。美国的债务总额，包括联邦债、州与地方政府债务、国际债务、私人债务的总和，相当于GDP的3.5倍，有46万亿美元以上，全国人均10多万美元。按5%利息率，每年利息2万多亿美元，是GDP增量的几倍；目前美国单是国债就高达12万亿美元，每年利息超过5000亿美元。美国经济的大问题，一是“去工业化”，虚拟经济过分膨胀；二是“寅吃卯粮”的过度消费；三是庞大的债务。这样高的负债倘若放在其他国家，早就破产了。美国社会经济能够在债台高筑的状态下运行，根本的奥秘在于，美国利用其经济实力，特别是美元在国际货币体系中的特殊地位，用金融手段（大量发行美元、美元贬值和提供金融衍生产品，等等）把负担和风险转嫁给其他国家。美国可以用本国货币支付国际贸易和债务，其他国家要用美元作为国际贸易结算货币，还要储备美元。第二次世界大战后建立的“布雷顿货币体系”，是以美元为中心的世界货币体系，这是当时国际经济和政治格局的产物。当时美国GDP占世界40%以上，黄金储备占世界50%以上，是最大的债权国，美元与黄金挂钩，1盎司（=28.3496克）35美元，其他国家的货币通过与美元挂钩间接与黄金挂钩。这种金本位制维护了美元和国际货币体系的稳定。60年代末美国从债权国变为债务国，美元和黄金挂钩的体制难以维持，于70年代初宣布废除金本位，美元与黄金脱钩。从那时到现在，美元对黄金已经贬值90%以上，按黄金衡量1美元已经贬为3美分。石油价格从70年代开始大幅度上涨，也有美元贬值的因素。美国巨额的财政赤字和贸易赤字靠发行国债和利用外国资本来解决，最终是靠印钞票、美元贬值弥补，实际上成了世界的中央银行。美元作为世界储备货币，意味着美国在世界经济中的主导地位。美国前财政部长康纳利坦白地说:“美元是我们的货币，却是你们的问题。”

1971年8月15日美国宣布美元和黄金脱钩，停止外国用美元向美国兑换黄金，可以看作是美元霸权地位结束的开始和主要标志。这次世界金融危机对美元造成沉重打击，是美元地位削弱的又一个重要的标志性事件。国际货币格局变化的基础，是世界经济格局的变化，即美国经济地位的相对衰落和世界经济的多极化。路透社年初的一篇评论说:“就全球货币体系而言，2007年夏季爆发的金融危机是场巨变，事实将证明其重要性丝毫不亚于第一次世界大战爆发（一战预告着英镑作为储备货币时代的终结），也不亚于1971年的金本位制的废止（标志着黄金货币地位的终结）。这场危机标志着一个时代的落幕，危机之前美元是全球用以国际结算和储存财富时毫无争议的储备货币。美元不会完全失去储备货币地位，但其特殊性必将逐渐减弱。”这个评论是中肯的。

世界金融危机将引起国际金融秩序的调整，但近期不大可能全面推翻“洗牌”。毫无疑问，现在以美元为主导的国际货币体系是不合理的，不能反映世界经济格局的变化，是不能持久的。金融危机同时也酝酿着国际金融体系的变革，“去美元化”是大趋势。美元地位作为问题被提出来讨论，本身就是美元地位削弱的表现，正如人们不会讨论健康人住院治疗或者死亡的问题。但是，全球金融体系的重建是比较长的量变到质变的积累过程，近期还不会有根本性的改变。现在世界贸易80%以美元定价；在世界各国的外汇储备中，美元从1999年的70.9%下降到2009年6月的62.8%，同期欧元从17.9%上升到27.5%，日元和英镑加在一起不到10%。美元作为国际储备货币20年下降7个百分点，地位明显削弱，但目前还占绝对优势，欧元和其他货币都还难以取代美元的地位。

我们要着眼于“后危机时期”，有国际货币和经济格局大变化的战略准备。中国由经济大国变为经济强国，必须有强大的国际化的金融。实现人民币国际化，让人民币成为世界贸易结算和储备货币，是我们的战略目标。这次世界金融危机是推进人民币国际化的有利时机。第一步是推进区域内贸易用人民币结算，现在已经采取了一些措施，但规模都不大，只是推进人民币国际化的开端。人民币国际化的基础是中国经济要足够强大，人民币币值稳定，有比较发达和健全的资本市场，能够满足持有者投资和规避风险的需要。也要付出代价，就是货币政策的独立性要受到限制，受国际投机资本冲击的风险要增加。中国虽然经济总量增长很快，外汇储备世界第一，是最大的债权国，但还是一个发展中国家，人民币还没有实现自由兑换，国际化还处于起步阶段，成为金融强国需要有一个发展过程。我希望，随着中国经济的迅速发展，到 2020 年，人民币能够成为重要国际储备货币中的一员，并且更早一些能够在亚洲地区取得比较大的进展。

现在改革国际货币体系的呼声很高，都是针对美国金融霸权地位的。欧洲想和美国平起平坐，发展中国家希望改善在国际金融体系中的不利地位，区域性的货币合作在发展。这些都反映了“去美元化”的趋势，但近期还不足以根本动摇美元的地位。重要的是，需要找到逐步摆脱美元独大的过渡形式，以适应世界经济格局的变化。

货币多元化是必然趋势。不少经济学家认为，未来美元、欧元、人民币会成为世界三种主要货币；还有关于“亚元”的构想。还可以设想，建立包括几种主要货币的“一揽子货币”，但并不容易。最理想的办法，当然是建立超越国家主权的没有“国籍”的“世界货币”，这更不容易，很难摆脱强国控制，而且要解决许多技术性的难题。20 国峰会达成的共识，例如为国际货币基金组织增资，增加发展中国家的份额，都只是改良性的，而不是推翻现存货币金融体系，现在也很难推翻。现在可能争取的，一是提高透明度，加强国际性的监管；二是根据国际经济格局变化，增强发展中国家的话语权。就是说，在现有基础上作些调整和改良，对发达国家特别是对美国有所制约。国际货币体系的改革有复杂的斗争：发达国家与发展中国家之间，发达国家之间，甚至在发展中国家之间。我们要力争在这种国际金融和经济格局的调整中谋取应有的权益。国际金融问题，人民币国际化问题，都是摆在我们面前的重大课题。

讨论美元地位问题自然会想到我国的外汇储备。我国外汇储备已经超过 2 万亿美元，这是对国内经济和对外经贸关系有重要影响的大事。我国外汇储备相当大部分是美国国债，截至 9 月末有 7989 亿美元，是美国最大债权国，占外国持有美国国债总量的 20%（“10+3”占 70% 以上）；另外还有机构债券几千亿美元。我们一方面高利引进外资，同时用这种方式低利大量对外投资，这种经济结构并不合理。美国 2009 年财政赤字 1.8 万亿美元，占 GDP 的 13%，是历史最高纪录。为应对金融危机，未来 4 年美国政府将发行 3.8 万亿美元的国债，未来10年国债将增加9万亿美元；为刺激经济势必实行低利率政策，加上大量贸易赤字，势必要印刷更多的钞票，都会增加通货膨胀和美元贬值的风险。《纽约时报》9月15日发表文章承认：“目前存在着深刻的忧虑：华盛顿无法在政策上回收注入美国经济的货币和财政刺激，以阻止通胀激增和美元贬值。”我国美元储备大量增加是由我国的经济结构和在世界经济格局中的位置决定的，减少外汇储备和实现外汇储备多元化，是经济结构调整的过程，和国际经济格局也有密切关系。

外汇储备究竟多少为合理？并没有确切的数量规定。改革开放初期讨论过这个问题，那时是为了增加外汇储备；现在讨论是为了减少一些外汇储备。不论怎么说，外汇储备2万多亿美元，对于一个发展中国家来说是过多了，说明经济结构不合理，资源没有充分利用。这几年国家一直在研究如何用好外汇储备，减少一些外汇储备，包括扩大进口、减少资源性和高耗能产品出口以减少贸易顺差，以及增加海外投资。大量抛售美元对我国也不利（萨默斯所谓中美之间“金融恐怖平衡”）。国际金融投资风险很大，我们缺乏经验，不清楚水有多深。非金融类国际投资（购买资源和建立企业）增长很快，我国在世界跨境投资中所占比重只有2%左右，发展余地很大，但也有不少艰难。

在金融危机中，黄金的重要性增加。有人主张恢复金本位，看来不大可能。全世界将近3万吨黄金储备，按目前市场价格约值1万亿美元，恢复金本位会造成全球通货紧缩，大国也不会同意。从我国说，如果货币发行都与黄金挂钩，或者需要在国际市场高价购买黄金，并不利。全世界所有国家2009年5月末总共大约有6.8万亿美元的外汇储备，中国占将近1/3，亚洲国家总共占50%以上。美国不需要美元储备，但有世界最多的8100多吨黄金储备，世界黄金储备29800多吨，美国占1/4以上，在这么大的危机中一点没有抛售。德国和国际货币基金组织黄金储备各有3000多吨，法国和意大利各有2000多吨。我国黄金储备1054吨，占世界3.5%；2003年是600吨，绝对量明显增加，但在外汇储备中的比重是下降的。增加黄金储备可以作为一项国家战略，对推进人民币国际化也是有利的。

四、危机对经济体制和政策理念的影响

这次金融和经济危机，在世界范围内，引起对于经济体制和政策理念的广泛讨论。

西方国家这些年来奉行所谓“里根—撒切尔主义”，主张完全自由放任，也要求发展中国家特别是要求中国实行“经济自由化”，放弃国家干预。现在为了应对危机，各国都加强干预，政府采取许多刺激经济措施。西方报刊调侃美国总统说，“布什同志在搞社会主义”，奥巴马的某些政策在竞选中也被戴上“社会主义”的帽子；还讽刺法国总统萨科齐，说他“早上醒来时是自由主义者，到了晚上就转变成共产主义者了”。危机初期这种带有讽刺意味的关于姓“社”和姓“资”的讨论，近来少多了。其实，为应对危机而采取的这些干预措施，只是政策上的调整，和资本主义与社会主义的基本制度没有多大关系。自从资本主义产生300年来，一直是自由放任政策和干预政策两手，根据实际需要，有时强调自由放任，有时强调政府干预。从亚当·斯密时代以来长期强调“看不见的手”，1929～1933年大危机后凯恩斯主义盛行，强调国家干预。20世纪70年代以来自由放任主义盛行，被称之为“市场原教旨主义”，走到极端，现在又回到凯恩斯主义。当然，自由主义不是简单回到亚当·斯密，国家干预也不是简单回到凯恩斯。经过这次金融危机，资本主义制度会进行一些调整。这种调整，实质上还是市场经济制度的一个老问题，就是在自由市场和政府干预之间寻求某种平衡。现在各国所采取的应对危机的措施，有些可能具有长远意义，例如金融的监管，会逐渐定型为体制和制度；有些只具有暂时性，例如国家买入的银行和公司股份，危机过后可能会出卖而成为私有。市场经济的具体体制和政策会有变化，但在可以预见的未来，资本主义制度不会根本改变，市场经济制度也不会根本改变。

金融危机使完全自由放任的美国模式，特别是金融体系和运行模式受到质疑，人们甚至在重新思考资本主义所固有的矛盾。危机必然引发变革。世界潮流或许会多少向欧洲式的、比较注重公平和监督的资本主义模式靠拢。资本主义的这种调整或改革，还可能会涉及社会

分配，对大资本的某些限制，以及更关注中低收入人群，等等。社会主义没有固定模式，资本主义也没有固定模式。危机给资本主义的调整或改革提供了机会，经过这场危机，资本主义市场经济制度会得到改良。这次能走多远还很难说，看来也许不会走得很远。戈尔巴乔夫6月7日在《华盛顿邮报》发表文章《我们过去搞过改革，现在是你们改革的时候了》，说:“美国是当前世界经济模式的主要缔造者和受益者。这个模式已经垮台，……美国现在所面临的挑战和对新思想的需求与当时的苏联是相似的。”这话说过头了。美国的基本经济制度和政治制度在可以预见的未来不会根本改变，美国不是苏联，奥巴马也不是戈尔巴乔夫。

在完全自由放任受到质疑的同时，用西方标准对中国指手画脚明显减少，肯定性的评论增多，中国发展道路和“中国模式”的影响在扩大。这对中国和其他发展中国家，都是有利的。英国《金融时报》11月9日刊登该报首席经济评论员马丁·沃尔夫一篇题为《新动向》的文章，说:“金融危机的直接影响是扭转了此前几十年的许多趋势，它似乎必定会带来一些永久性的变化。”其中一个大变化是，“在没有一种霸主模式的情况下，各国将选择适合自身目标与传统的金融制度。这种多样化有诸多优点：它将制造许多天然的试验。”世界是多样化的，不能用西方发达国家的标准要求发展中国家。各个国家自主选择适合自己的制度和发展道路，是有利于世界进步与和谐发展的。

五、在世界经济格局中规划中国经济发展

这次全球经济危机，是中国自1979年改革开放以来第一次面临西方主要经济体同时陷入衰退，也是中国加入全球化之后遇到的重大挑战。

世界经济危机通过贸易渠道和金融渠道传导到中国，使中国经济遇到很大困难。当然，现在中国的问题，不能都归于外部影响。国内本来就有经济结构不合理、发展不平衡和不少行业产能过剩的问题，即使没有国际金融危机，也需要调整，增长速度也会下降；世界经济危机中出口下降，更加剧了生产过剩，这对中国经济构成双重制约。

危机以来，国家采取扩张性的财政政策和宽松的货币政策，积极扩大内需，刺激经济增长，在世界经济危机中有突出表现，彰显了中国在世界经济中的地位和影响。美国《外交》杂志年初有一篇文章，题目是:《2008 大崩溃——西方地缘政治的挫折》。文章说:“在今后的一年里，没有哪个国家会从这次金融危机当中获取经济上的好处，但少数几个国家——尤其是中国——将获得更为强势的全球地位”。“尽管中国也受到危机的破坏，但相对于西方而言，该国的经济和金融实力反而有所加强。中国的全球影响力将因此而扩大，北京将具备承担政治和经济任务、从而进一步扩大影响力的能力。”9 月 15 日《纽约时报》一篇题为《危机让中国富裕》的文章说:“和一年前相比，中国在世界舞台上的腰杆更直了。”这次危机，确实是中国增强实力和扩大影响，走向世界强国过程中一次难得的机遇。历史事件的意义往往要从长时期观察，再过五年或者十年，回过头来看这一次世界金融危机以及中国在危机中的表现，会更清楚地看出它在客观上给中国带来的机遇。当然我们非常清楚，中国现在是、未来比较长的时间仍然是发展中国家，经济和社会发展中还存在许多亟待解决的矛盾和问题，实现现代化还要经过几十年的艰苦奋斗。在赞扬之声不绝于耳的今天，更需要保持清醒的头脑。

世界经济处在大变化之中。除了前面所说的金融体系的变革外，后危机时期还有许多值得注意的发展趋势，都是我们在谋划当前经济发展，制定“十二五”规划乃至长远规划要注意的。例如：

第一，在世界经济的再平衡中，美国的过度消费倾向会有所扭转。和危机前的 2007 年相比，现在美国的储蓄率已经由 -1.7% 上升到 7%，有可能达到 10%；贸易赤字占 GDP 的比重，由 8% 降到 3%。这对国际贸易增长速度和贸易格局都有长期的和重要的影响。在国际贸易萎缩的条件下，其他发达国家乃至发展中国家也会更注重其国内市场，我国外部需求不足将不是很短期的问题。事实上，我国前几年出口贸易那样的高速增长，在经济上和政治上也是不可持续的。我们必须更加注重扩大内需，以减少外需不足的影响。我国正处于工业化和城市快速推进的发展阶段，有非常广阔的国内市场，扩大内需潜力很大。2009 年出口是负增长，8% 以上的增长率全是靠扩大内需实现的。

第二，全球虚拟经济远超过实体经济发展的需要，泡沫破灭后，发达国家实体经济相对弱化的格局会得到一定程度的回调。虽然现在我国和发达国家产业结构不同，发达国家已经转移出去的低端产品不大可能在国内恢复生产，对我国产业结构升级和高端产品出口也会产生不利影响，使我国在国际市场面临更激烈的竞争。我们必须更加注重提高出口产品的国际竞争能力。

第三，贸易保护主义抬头。危机爆发以来各国所采取的贸易保护主义措施明显增多，有相当多是针对中国的。低碳经济将产生新的技术标准和贸易壁垒。我们必须学会用 WTO 规则保护自己的利益，争取更多的国际市场份额。保护主义会造成商品总成本的上升，从发展趋势看，全球化不会根本逆转，因为全球化带来总成本的节约。

第四，通过技术革命寻找新的经济增长点。世界上许多国家，特别是发达国家，正积极增加投资，力求在应对气候变化，以及生物技术、能源技术、环境保护和新材料等方面实现新的突破，为经济增长注入新的活力。我们必须更加注重技术创新，提升产业结构。这是转变经济增长方式和提高竞争能力的根本大计。

第五，气候变化和环境问题将受到更大重视，我国发展的制约增加。所谓低碳经济，实质是能源的更有效利用，以及新能源开发的问题。我国单位产出的资源消耗和污染物排放是下降的，但由于经济规模急剧扩大，资源消耗和污染物排放总量持续增加，面临着越来越大的内外压力。对应之策，是大力推进结构调整和发展方式转变，在节能减排方面做更大的努力；在国际斗争中维护我国的正当权益，在谈判中建立自己的话语权。减少资源消耗和污染物排放是我国实现可持续发展和提高人民生活质量的迫切需要，必须做最大的努力，但不能作超过发展阶段和能力的承诺。

我国已经加入国际经济贸易体系，国内发展必须放在国际大背景下规划。对国际经济形势的发展变化，需要作跟踪研究。

（原载《管理世界》2010 年第 1 期）

城市学应该成为一门显学[①]

（2011年9月24日）

这次论坛所讨论的两个问题，都是中国城市化进程中非常重要的问题：农民工的户籍和市民化，是中国城市化进程中的特殊问题，也是非常紧迫、政府深感困扰、社会各方面都很关注而又不可能在短时间内用一种政策和模式完全解决的问题；城市文化景观遗产保护问题，是全世界各国在工业化和城市化进程中普遍存在的现代化和保护历史传统的关系问题，对于中国这样的文明古国，对于杭州这样的历史文化名城，更具有特殊重要的意义。希望论坛对于这两个问题的解决做出贡献。

城市化是伴随着工业化发展起来的。城市已经有几千年的历史，但直到近代产业革命以后，城市的规模和功能才发生革命性的变化，成为社会经济发展的中心和带动力量，启动了近代意义上的城市化进程。城市化是一种必然趋势。1800年，城市人口占世界总人口的2%～3%。过了100年，1900年前后提高到13%～14%。20世纪发生两次世界大战，大战期间社会经济遭到严重破坏，城市化陷入停顿甚至逆转。即使如此，这一百年世界城市化水平还是以前所未有的速度提高，2000年城市人口比重达到48%左右。根据国际经验，一个国家城市化水平由30%提高到70%的发展阶段，速度一般比较快。我国现在正处在这样的发展阶段。城市化是近30年来中国经济高速增长的重要动因，也给今后10年至20年的社会经济发展提供了广阔的空间。这个问题的另一面是，中国现阶段社会经济发展中存在的矛盾和

① 这是作者在杭州举行的首届城市学高层论坛的讲话。

问题，有很多也是和城市化有关的，是城市化进程中的矛盾和问题。因此，要顺利推进中国的现代化，就不能不深入研究中国的城市化：它的过去、现在和未来，它所面临的任务和政策选择。可以说，中国现代化的前途，在相当大程度上取决于妥善解决城市化进程中的矛盾和问题。

由于城市化的快速发展，中国的社会结构正在发生几千年来所没有过的重大变化。两千多年来中国经历过多次改朝换代，一百多年来社会政治和经济制度发生了翻天覆地的变化，但有一点始终没有根本改变，就是农村人口占绝大多数。直到改革开放初期，还是把“十亿人口、八亿农民”列为中国的基本国情。现在，这种情况已经发生了带有根本性质的变化。根据最新普查数据，2010 年城市化水平是 49.68%。肯定是在今年，也许就在我们举行论坛的今天，城市化水平会超过 50%。这意味着，半数以上而且会有越来越多的人口生活在城市，城乡二元结构正在发生根本性的改变。这是中国社会经济发展的一个重要的转折点。这种社会结构的重大变化，对于人们的生产方式和生活方式，对于社会文化和人们的精神，乃至对于整个社会面貌，都有重要影响。这种社会结构的变化，势必引起政策的调整，最终也会导致体制和制度方面的变化。中国走什么样的城市化道路，这不仅是城市如何建设和发展的问题，也有农村如何建设和发展的问题，关系整个国家未来面貌的塑造。

在这种大的时代背景下，我们不难理解，以城市作为研究对象的城市学，不论在理论上还是在实践上，都具有多么重要的意义。

一般说来，城市学研究的对象，应该包括前工业化时期的城市和后工业化时期的城市。我们需要了解历史，放眼未来，着重研究中国现阶段工业化和城市化进程中城市发展的规律和城市的经营管理问题，包括城市发展的理念，城市的规划和建设，城市的治理和城市的精神文化，以及新时期的城乡关系，等等。中国城市化的发展和城市学的研究，需要认真借鉴其他国家的经验，但必须有基于中国国情的创造性思维，必须有切实可行的发展战略和政策，走中国特色的城市化道路。因为，中国的城市化，无论是就人口规模，还是就其复杂性和艰难程度来说，在全世界都是前所未有的。如果中国的城市化水平达到75%，就还要有3亿以上人口从农村转移到城镇，超过除印度和美国之外其他人口大国全国人口的数量。中国的城市化在许多方面都面临着和其他国家很不相同的情况，所以必须从中国的实际情况出发，而不能照搬其他国家的做法。即使在我们国内，由于幅员辽阔，发展很不平衡，地区人口分布和自然条件差异很大，各个地区的城市化也应该是从当地实际情况出发的，而不能是千城一面和一个模式的。

我认为，发展方式的转变，应该包括城市化发展方式的转变，改变那种粗放的、摊大饼式盲目扩张的、资源环境不可持续的、不利于实现社会和谐和长治久安的发展模式。在这方面，也有不少成功的做法和经验，比如杭州的宜居城市建设和文化遗产保护，北京提出的“绿色北京、科技北京、人文北京”，上海世博会的“城市让生活更美好”。国际上也有不少新的理念和做法，比如生态城市的理念，人文环境的理念，竖向增长和“紧凑城市”的理念，以及进行增长管理和实现精明增长的理念，等等。在科学技术进步、经济社会化和全球化条件下，世界城市发展也出现一些新的趋势。这些都是需要我们注意研究和借鉴的。

和城市化发展进程的现实需要相比，现在城市学的研究是明显滞后的。专题性的研究还需要深入。高水平的跨学科的综合性研究还比较少，专门的城市学著作也为数不多。首届城市学高层论坛的举办，“中国城市网”的开通，《城市学研究》的创刊，都是推动城市学研究的重要举措，是具有开创意义的。城市学是一门新兴学科，也是一门具有很大发展空间和发展潜力的学科，完全应该也完全有可能成为一门显学，因为它有迫切的社会需要和广泛的基础。从未来的发展前景说，我认为城市学要比城市化更长久，因为在将来城市化过程结束之后，在城市化问题不存在的时候，城市学依然会兴旺发达。

万事开头难。将来回顾历史，第一届总是特别值得纪念的。祝贺首届城市学高层论坛成功举办！期待着第二届、第三届论坛的举行，越办越好，创造一个城市学研究和交流的平台和品牌。

编选陈云著作的回忆

（2012年6月）

一

1979年3月初，我从第一机械工业部调到新成立的中共中央办公厅研究室。当时党的十一届三中全会刚开过，中央进行人事和组织调整，陆续建立一些新的机构，其中包括姚依林任中共中央副秘书长兼中央办公厅主任，邓力群任中央办公厅副主任兼新成立的研究室主任。1980年2月，十一届五中全会决定成立中央书记处，中央办公厅研究室改为中央书记处研究室。我调到中央办公厅研究室工作之后，开始参与编辑陈云著作。接触的第一篇文稿，是陈云关于计划与市场问题的提纲。

我报到后不几天，3月5日上午，邓力群传达陈云关于计划与市场问题的意见，要求写文章作些宣传和发挥。出席这次会议的有研究室分管经济组的副主任梅行，经济组的有林、赵少平和我，以及另外两个研究经济问题的人。讨论后由我执笔，写了一篇5000多字的文章，题目是:《社会主义建设时期必须既有计划经济又有市场经济》。改了几稿，于3月下旬分送邓力群和陈云办公室。我不知道陈云是不是看过，邓力群看后不大满意。当时百废待举，调查研究任务很重，而研究机构还不多，中央办公厅研究室和隶属关系改变后的中央书记处研究室，都承担着中央交办的大量调查研究和文稿撰写任务，这篇文章也就放下了，以后也没有再提起过。从我手头保存下来的最初草稿和前后几次改稿看，文章只是引述陈云提纲的原话而稍加引申，这种写法也很难写得好。陈云的提纲说的是当时经济调整和经济体制改革的重大问题，是个带纲领性的文献，提纲挈领，一目了然，毋需作过多解释。当然可以对提纲所涉及的广泛内容分别作更详尽和深入的研究，那又不是一篇几千字的文章所能胜任的，因为陈云的提纲已经有将近 2000 字。陈云原来也是打算把它写成一篇文章的，后来没有精力写下去，只留下这篇提纲。

1982 年 4 月，在编辑《陈云文选》的时候，从陈云办公室得到这份提纲的复印件。我们都知道这篇提纲的重要性，而编入文选与读者见面尚需时日，就送到中央文献研究室的内部刊物《文献和研究》这一年 7 月出版的一期发表了。提纲手稿没有标题，在《文献和研究》发表时，我们拟了一个能概括提纲基本思想的标题:《计划与市场问题》。后来编辑《三中全会以来重要文献选编》[①] 以及其他文献，都一直沿用这个标题。

陈云是最早鲜明地从计划与市场关系的高度，分析计划经济体制的缺陷，并且由此提出经济体制改革主张的党和国家领导人。《计划与市场问题》所表达的思想，和他 1956 年在党的第八次全国代表大会上的发言一脉相承，而又根据此后 20 多年的经验教训有所发展。陈云的思想在当时是很前沿的，对于形成“计划经济和市场调节相结合”、“计划经济为主，市场调节为辅”的经济体制有决定性的影响，而这种体制正是从计划经济体制走向社会主义市场经济体制的过渡形态。采取这种过渡形态，是中国渐进式改革进程的重要表现，也是中国经济体制改革能够稳步推进并取得巨大成功的一个重要原因。对于陈云这篇提纲，有的学者已经进行过深入的研究。这里，我想根据参与编辑陈云著作的经历，从文献考据的角度，说明几点情况，或可供进一步研究参考。

（一）关于提纲的写作时间。提纲是写在几张便条纸上的，没有注明写作时间。据当时在陈云办公室工作的朱佳木回忆，1982 年在

① 《三中全会以来重要文献选编》，人民出版社 1982 年 8 月第 1 版。

《文献和研究》上发表，稍后编辑《三中全会以来重要文献选编》，都需要注明写作时间，“我问陈云同志，他说记不清了，反正是十一届三中全会前后写的。根据这个情况，我由那几张便条纸中夹着的一张也被用来当作稿纸的台历判定，写作时间为1979年3月8日。”[①] 由此可知，其后流行的各种陈云著作版本，这篇文章所标的“1979年3月8日”，并不是陈云自己所注明的写作时间；《老一辈革命家手迹选》[②] 所收陈云提纲手迹第1页所标“1979，3，8”，也不是陈云手迹。朱佳木是重要当事人，他的说法不能说没有根据。但是，如果进一步深究，仅从这页日历还不能准确判定提纲写于3月8日。因为邓力群3月5日已经作过详细传达，根据传达意见写的《社会主义建设时期必须既有计划经济又有市场经济》，完整地引述了陈云提纲的内容；再考虑到，人们一般不会废弃未过期的日历，大体可以做出这样的判断：提纲最晚在3月5日之前已经基本写成，可能在3月8日或其后不久作过修改，成为目前人们看到的稿子。反复思考斟酌，正是陈云的一贯作风。看来，还是陈云本人所说的“反正是十一届三中全会前后写的”，虽然比较含糊但可能更准确些。十一届三中全会举行的时间是1978年12月18日至22日。2011年8月，我曾将关于陈云提纲写作时间的上述考证意见求证于朱佳木，他表示赞同，并主张利用适当机会加以改正。[③]

（二）关于“有计划按比例”的“论点”或“思想”。陈云的提纲，开宗明义第一条，就是：“计划工作的规则：有计划按比例。这一论点来之于马克思。”顾名思义，“论点”应该是指具体的说法，但马克思著作中并没有“有计划按比例”这样的概括，这样的“论点”是苏联人概括出来的。所以，《文献和研究》以及《三中全会以来重要文献选编》收录时，删去了“论”字，作“这一点来之于马克思”。1986年《陈云文选》收录时，按手稿恢复了“这一论点来之于马克思”的

---

① 朱佳木：《陈云同志关于计划与市场关系问题的思考》，见《缅怀陈云》第361页，中央文献出版社2000年出版。

② 人民出版社1991年出版。

③ 《关于〈陈云文选〉的通讯》，《王梦奎文集》第七卷，第79–80页，河南人民出版社2017年11月出版。

提法。但是，如果说马克思有这个“论点”，那就需要注明具体出处。在 1995 年初编辑出版《陈云文选》第二版时，又提出了这个问题。我在这一年春节期间审读书稿时，给当时在陈云办公室工作并且具体张罗文选组织工作的陈群写了一个书面意见，提出：“‘论点’可改为‘思想’。马克思并没有提出过‘有计划按比例’的论点，但马克思有这样的思想。马克思《资本论》中讲的实现论，如两大部类对比关系，就是再生产中的比例关系，主动地安排比例关系，就是‘按’，就是计划。未来社会生产的计划性，马克思在《资本论》和其他著作中多次讲过。”[①] 这个意见被采纳，1995 年出版的《陈云文选》第二版，以及后来其他相关文献，就这样改过来了。这种用词的修琢，是使表达更为准确，并不违背陈云的原意。实际上，陈云在提纲中用词并不统一，有另外两处，把“有计划按比例”称为“马克思的原理”，也有一处把“有计划按比例”称为“理论”。

（三）关于“市场经济”和“市场调节”。陈云在提纲中主张把社会主义经济分为计划经济和市场调节两部分，或者计划经济和市场经济两部分。他是把“市场调节”和“市场经济”这两个概念，在完全相同的意义上同时使用的。提纲中“市场调节”六见，其中一处写作“市场自动调节”。陈云解释说：“六十年来，无论苏联或中国的计划工作制度中出现的主要缺点：只有‘有计划按比例’这一条，没有在社会主义制度下还必须有市场调节这一条。所谓市场调节，就是按价值规律调节，在经济生活的某些方面可以用‘无政府’、‘盲目’生产的办法加以调节。”提纲中“市场经济”两见，一处是提纲的第六条即最后一条，也是带总结性的部分：“在今后经济的调整和体制的改革中，实际上计划与市场这两种经济的比例的调整将占很大的比重。不一定计划经济部分愈增加，市场经济部分所占的绝对数额就愈缩小，可能是都相应地增加。”在编辑《三中全会以来重要文献选编》和《陈云文选（一九五六—一九八五年）》的时候，因为中央已经采纳陈云关于“计划经济为主、市场调节为辅”的意见，党的十二大更强调经济体制

---

① 《关于〈陈云文选〉的通讯》，《王梦奎文集》第七卷，第 75 ～ 76 页，河南人民出版社 2017 年 11 月出版。

改革要贯彻“计划经济为主、市场调节为辅”的原则，为了统一提法，征得陈云同意，把提纲手稿中这一条所说的“市场经济”，改成“市场调节”；“计划与市场这两种经济的比例的调整”，改成“计划经济与市场调节这两种经济比例的调整”。用“市场经济”提法的另一处，是提纲第四条，讲到南斯拉夫的经验教训：“南斯拉夫受到苏联打击后，没有办法，只有大撒手，市场经济部分大发展。看来那时计划部分太少，所以后来逐步增加了计划部分。”这个地方没有改，保留“市场经济”的提法，可见当时对于市场经济还是多少带有贬义的。1991 年出版的《老一辈革命家手迹选》，按照手稿影印了陈云的提纲。1995 年编辑出版《陈云文选》第二版时，我在前述 1995 年春节期间写给陈群的书面意见中，提出：“这篇提纲中原来用的‘市场经济’概念，《陈云文选（一九五六—一九八五年）》改成了‘市场调节’[①]，建议再版时改过来。陈云同志所讲的‘市场经济’，有其特殊含义，同目下经济学界所讲的‘市场经济’并不完全相同，他在文章中有清楚说明，认真阅读是不致产生歧义的。”后来出版的《陈云文选》第二版就这样按原稿改过来了。几十年来对中国经济体制改革的认识包括其文字表达，都是随着实践的发展而不断深化的。同样的词语，在不同的环境下含义不尽相同。考诸文献，和陈云写这个提纲差不多同时的李先念[②]，稍晚些的邓小平[③]，在不同场合都使用过“市场经济”的说法。但是，不论是陈云，还是李先念和邓小平，当时所说的“市场经济”，都是市场调节的意思，都还属于“计划经济为主、市场调节为辅”的模式，和后来党的十四大所说的“社会主义市场经济”是不同的经济体制模式。[④] 十四

① 见《陈云文选（一九五六—一九八五年）》第 223 页，人民出版社 1986 年出版。

② 李先念在听取中国人民银行负责人汇报时的谈话和在中央工作会议上的讲话，都有“市场经济”的说法。见金冲及、陈群主编：《陈云传》下册，中央文献出版社 2005 年出版，第 1632 页。

③ 邓小平 1979 年 11 月 26 日同美国不列颠百科全书出版公司编委会副主席吉布尼和加拿大麦吉尔大学东亚研究所主任林达光的谈话，见《邓小平文选》第二卷，第 235 ~ 236 页，人民出版社 1984 年版。

④ 作者曾经对此做过分析，见《王梦奎文集》第四卷《社会主义市场经济论纲》，河南人民出版社 2017 年 11 月出版。

大提出“社会主义市场经济”，邓小平、陈云和李先念也都是赞成的，这是后话。

二

陈云文选的编辑出版，从1979年到1995年，大体经历了三个阶段。

第一个阶段，是编辑出版两本内部发行的文章选编。

第一本是陈云1956到1962年的文稿。编辑工作是从1979年年中开始的。原始文稿大部分是陈云办公室提供的，也有一部分是从国家计委、财政部和商业部等部门查找的。陈云的这些文稿，绝大多数没有公开发表过，其中有些是陈云起草的文件，比如1957年代国务院起草的关于改进工业管理体制和改进商业管理体制的两个决定；有些是曾经作为文件下发，只在小范围知道的，比如1962年2月在国务院各部、委党组成员会议上的讲话，即《目前财政经济的情况和克服困难的若干办法》；也有些是作者的手稿和讲话的记录稿。开卷第一篇，是陈云1956年9月在党的八大的发言，他在这次发言中提出关于生产资料私有制社会主义改造基本完成后新的经济体制的第一个比较完整的总体构想，就是有名的“三个为主”和“三个补充”，即国家经营和集体经营为主体，附有一定数量的个体经营为补充；计划生产是工农业生产的主体，按照市场变化而在国家计划许可范围内的自由生产为补充；国家市场是主体，附有一定范围内国家领导的自由市场为补充。最后一篇，是1962年3月7日在中央财经小组会议上部署经济调整的讲话，[①] 那次经济调整对于克服由于“大跃进”和“人民公社化”运动而引起的严重经济困难起了重要作用。之后就是1962年8月党的八届十中全会重新强调阶级斗争，以及接踵而来的十年“文化大革命”，陈云靠边站，没有什么言论可选。1980年9月编讫，共23篇，12.1万字，名曰《陈云同志

① 最初编辑出版的《陈云同志文稿选编（一九五六—一九六二年），时间标明为“1962年3月”，而未标明具体日期。

文稿选编（一九五六年——九六二年）》[①]。经中央书记处批准，1980年11月由人民出版社出版，在党内发行。卷首有中共中央书记处研究室简短的“编者说明”。这本书封面设计为白底黑字，可以说是简朴到了简陋的程度，像是一本非正式发行的内部学习材料。但发行量很大，我手头保存的一本标明“1980年11月北京第1次印刷”的版本，印数为20万册。1981年3月，由“党内发行”扩大为“内部发行”，封面设计稍有改进，为黄底黑字。我手头保存有“1981年3月北京第一次印刷”的版本，印数多达32万册。之所以有这么大的发行量，并且在社会上产生了很大影响，主要是因为，当时正批评经济上“左”的错误，开始进行经济调整和经济体制改革，这就需要对过去做出评价，并且探索下一步路该怎么走，而陈云在1956～1962年这段时间在经济上另有主张，与占主流地位的“左”的思想和做法不同，正适应了形势的需要。十一届三中全会后经济方面第一个大的动作，是经济调整，即调整被破坏的比例关系，这主要是由陈云和李先念倡导、推动并得到邓小平等人的支持而进行的。陈云在60年代初所主持的经济调整也为新时期的经济调整提供了有益的参考，虽然两次调整的背景有很大不同。十一届三中全会提出改革经济体制的任务，但具体改什么，怎么改，未来得及仔细讨论，还没有提出完整系统的主张，陈云在1956～1962年间所提出的主张也为经济体制改革提供了有益的参考，因而引起人们的很大兴趣。回顾历史不难看出，1982年9月党的十二大所确定的“计划经济为主、市场调节为辅”的经济体制改革目标，显然是陈云的主张。从1984年10月十二届三中全会《关于经济体制改革的决定》提出“有计划的商品经济”，开始突破“为主”、“为辅”的体制模式，到1992年党的十四大确定“社会主义市场经济体制”的改革目标，和陈云原来的设想相去愈来愈远，整个社会经济状况发生了重大变化，而陈云年事已高，对经济问题言论越来越少。因此，后来编辑出版的不同版本的《陈云文选》，尽管装帧精美，宣传规格很

① 书名括号内“一九五六年”的“年”字显然是多余的。这种疏忽后来的各种版本都纠正了。

高，但不论发行量还是实际影响力，都远不能和《陈云同志文稿选编（一九五六—一九六二年）》这本装帧简朴而且编辑和印刷都比较粗糙的内部发行小书相比。这也说明，任何一种思想，其流布的程度，归根到底取决于满足社会需要的程度。

这本书在编辑工作上有一个大纰漏，就是把姚依林在党的八大的发言混杂编入了，即《选编》的第二篇文章:《解决猪肉和蔬菜供应紧张的办法》。文稿是从陈云办公室拿过来的，但并不是手稿，当时我们实在是疏忽了，谁也没有想到需要作进一步的精心考证。在“党内发行”扩大到“内部发行”之后，商业部的一个同志发现了，向我们提出来。我赶忙查考，找到八大闭幕不久中共中央办公厅编的《中国共产党第八次全国代表大会文献》，啊呀，果然错了！[①] 八大时陈云兼任商业部部长，姚依林任副部长，我猜想这可能是当初姚文杂入陈档的原因。这个纰漏至今未见有哪位文献版本考据家指出来，我借此机会说明真相，并承担一个编辑者的责任。[②]

第二本内部发行的，是1982年6月人民出版社出版的《陈云文稿选编（一九四九—一九五六年）》。在时间上，截止于1956年7月八大之前，即生产资料私有制社会主义改造的基本完成，与前一本的起始时间相衔接；起始时间没有按常规办法放在1949年10月1日中华人民共和国成立，而是放在新中国成立前夕1949年8月陈云根据中央决定主持的上海财经会议，这是在革命即将在全国取得胜利的时刻部署统一财政经济和稳定物价的一次重要会议。这样确定起始时间的考虑是，如此编排从经济方面说可能更合乎历史逻辑。全书共49篇，21.4万字，有3/4是没有公开发表过的。发行的范围，根据中央书记处1981年12月的批示，是先发到党政军民各系统的地区、师级以上干部及财经院校和研究单位的副教授、副研究员以上人员，供学习之用。发行量也很大，我手头保存有“1982年6月

① 书稿出版前曾经送有关人征求意见，姚依林画圈退还。

② 作为补救，人民出版社1986年6月正式出版的《陈云文选（一九五六—一九八五年）》，选了陈云1956年11月11日在党的八届二中全会上发言的类似内容，并加了《解决猪肉和其他副食品供应紧张的办法》的标题。

北京第1次印刷”的两个平装本：大32开本印数25万册，小32开本印数高达57万册。

在编辑过程中，我们在1981年12月召集过几次座谈会，征求长期在陈云领导下从事经济工作的薛暮桥、宋劭文、吴波、周太和、廖季立等老同志的意见。他们提供了一些重要线索，并讲述了许多新中国成立前后在非常困难的条件下稳定经济和进行经济建设的生动事实。周太和做过陈云的秘书，当时办公条件差，陈云有些写在大小不一的各种纸张上的讲话提纲，他都用订书机甚至用针线订在一起，使这些珍贵文献得以保存下来，这种严谨认真的工作态度令人感动。

新中国成立初期那几年，是社会改革和经济发展都比较顺利的时期，陈云作为中央经济工作的领导人发挥的重要作用得到党内外的公认。他在谈到这一卷书稿时说：“在那一阶段里，我可以放开手脚干，所以许多观点讲得更充分一点。因为碰到了问题，才出了新观点，不碰到问题出不了新观点。”① 在审阅这卷文稿以后他还特别叮嘱我们，在后记中要说明：他在财政经济委员会主持工作期间，几乎所有的决策，特别是重大决策，除了他作了必要的调查研究以外，都是经过集体讨论作出的。在具体工作中，薄一波同志起了重要的作用。当然，许多重大决策都是根据以毛泽东同志为首的党中央确定的路线、方针、政策作出的，或者是经过党中央批准的。他强调指出，同志们在阅读这卷文稿的时候，如果觉得那一段工作还有成功之处，决不要把功劳记在他一人的账上。我们按照陈云的意见，把这些话写在了编者后记上。这篇起导读作用的篇幅比较长的后记，是梅行起草的。

第二个阶段，是编辑出版三卷本《陈云文选》。

中央书记处1983年6月作出关于编辑出版《陈云文选》的决定。从1984年2月到1986年6月，人民出版社先后出版三本文选。这三本文选时间上前后衔接，但并未标明第一卷、第二卷、第三卷。

第一本是1984年2月出版的《陈云文选（一九二六—一九四九

① 1981年1月25日同国家计委负责同志的谈话，见《陈云文选》第3卷第310页，人民出版社1995年5月第2版。

年)》。开卷是所能找到的陈云第一篇文章——1926年7月写的《中国民族运动之过去与将来》[①]，截止于1949年1月5日在沈阳工人代表大会上的讲话，[②]与第二本内部发行的文稿选编开篇时间相衔接。共45篇，21.8万字，其中有30篇是没有公开发表过的。这20多年时间，陈云从上海商务印书馆发行所的店员投身工人运动起，在国民党统治区和革命根据地担负过多种重要职务，由于时间久远，加之文章涉及面很广，许多原本就不曾公开，文稿收集在三卷陈云著作中是最为困难者。关于这本书，有三件事值得一说：

（一）关于题材的选择。有一份陈云在1948年4月16日写给中央的报告，其中用较大篇幅检查了辽东土地改革中发生“左”的错误的表现和原因，并且说：“土改工作中的错误，主要由我负责，因为我是负责指导土改的。”有同志提出，这种错误在当时带有普遍性，建议不选这一篇。陈云不同意，说：我就是要让大家知道，我也是有错误的，并不是一贯正确。世界上没有一贯正确的人。根据陈云的意见，把这一篇选入了。[③]

（二）这本书出版时，中宣部曾经召开有关宣传工作的会议，让梅行介绍书的内容和编辑情况，并且宣布不发社论，宣传文章也不一定每个报刊都发，宣传规格略低于上一年出版的《邓小平文选(一九七五——一九八二年)》。

（三）从这本公开出版的《陈云文选》开始，以后出版的这个系列的另外两本《陈云文选》，以及1995年出版的《陈云文选》第二版，卷首都有中共中央文献编辑委员会简短的“出版说明”，在“说明”中指出：“本书所有文稿，都经作者校阅过。”还说明：“本书是由中共中央委托中共中央书记处研究室编辑的，中共中央文献研究室参加了审核、校阅等工作。”文献研究室的逄先知等同志，在文献注释和其他方

---

① 这篇文章刊载于上海商务印书馆发行所职工会的刊物《职工》1926年第10期。当时陈云是商务印书馆发行所店员，并担任发行所职工会第一届执行委员会委员长。

② 陈云当时兼任沈阳特别军事管制委员会主任。

③ 《辽东土地改革工作中的教训》，《陈云文选(一九二六——一九四九年)》，人民出版社1984年版，第244～246页。

面都给我们提供了许多宝贵意见。

第二本是1984年7月出版的《陈云文选（一九四九——九五六年）》。这是把1982年6月内部发行的那本《陈云文稿选编（一九四九——九五六年）》，变为公开发行。因为内部发行时已经有很大发行量，公开发行时只印了5万册。新增加三篇文章，都是公开发表过的。其中一篇是1956年6月30日在第一届全国人大三次会议上的发言，提出商业由统购派购改为自下而上的选购，编入时加了《克服统购包销中的弊病》的标题。陈云在审阅书稿时说："这里所说的选购办法，在当时由于可供的商品较少，还只是个设想，实际上并没有做到。在商品供应比较充裕，消费者有较多的选择余地时，对一部分商品实行选购就有了可能。"这些话，作为编者的注释放在了书的后面。①

第三本公开发行的，是1986年6月出版的《陈云文选（一九五六——九八五年）》。这是在1980年11月内部发行的那本《陈云同志文稿选编（一九五六年——九六二年）》的基础上编成的。因为时间下限后延，增加了1962年至1985年间的文章29篇。在内部发行本所涵盖的1956～1962年那段时间，增加文章7篇，其中比较重要的是1957年的《必须提倡节制生育》和代国务院起草的《关于改进财政管理体制的决定》。从内部发行本删去3篇，除前面说的被误编入的姚依林在八大的发言外，陈云本人删去2篇：一篇是1959年3月在《红旗》杂志发表的署名文章《当前基本建设工作中的几个重大问题》，一篇是1961年10月《在煤炭工作座谈会上的谈话》。陈云说，《红旗》杂志那篇文章不是他写的，他在煤炭工作座谈会上没有讲话。我们很快就把事情弄清楚了。我分别问了邓力群和马洪②。他们都说，《红旗》杂志那篇文章，确实不是陈云自己写的，而是他们根据陈云在不同场合发表的关于基本建设问题的意见整理而成的。我知道苏星③参加过

① 《陈云文选（一九四九——九五六年）》第368页注229，人民出版社1984年出版。

② 马洪（1920～2007），时任国务院发展研究中心主任。

③ 苏星（1926～2008），时任《求是》杂志总编辑，参加陈云主持的座谈会时任《红旗》杂志经济组副组长。

1961 年陈云主持的那次煤炭工作座谈会，去找苏星求证。苏星说，陈云在会上没有正式讲话，只是有些插话，那篇《在煤炭工作座谈会上的谈话》，是他根据陈云的插话和整个座谈会的精神整理而成的。我猜想，是苏星整理的材料送到陈云办公室，保存在档案里留下来了。苏星晚年把他珍藏的参加这次煤炭工作座谈会，以及参加陈云稍后主持的钢铁工作座谈会的原始记录，整理出版，读者可以从中了解当年的实际经济状况，以及陈云做调查研究工作的风范。① 记录表明，陈云在会上确实只有插话而没有正式讲话。

另有四篇文章，按时间应该收入 1926 ～ 1949 年那一卷的，但都是在那一卷出版后才发现的，没有来得及编入，就暂时编在了这一卷的书末，在目录编排上做了点技术处理，以示区别，并且在书中作了交代。其中最具重要意义的，是 1935 年写的《遵义政治局扩大会议传达提纲》。这是中央档案馆送来请陈云辨认的一份档案，陈云确认是他的笔迹，并回忆了写作时间和经过。我们编了几年陈云文选，对他的笔迹比较熟悉，一望即可知其为陈云手迹。这份传达提纲，是研究党史的一份珍贵资料。

这样，这卷公开出版的文选，共收文章 56 篇，27.8 万字。到这个时候为止，《陈云文选》可以说已经大体上出齐了。

陈云文选的编辑工作，是在陈云本人的关心和指导下，由邓力群主持进行的。具体抓这项工作的是梅行。最初参加编辑内部发行的那本文稿选编的，是梅行、有林、赵少平和我。张云声调到中央书记处研究室后也参加过这项工作。不久有林、张云声和赵少平因为忙于别的工作，没有继续参加，自始至终一直做下来的是梅行和我。后来陈群从国家计委调来专做这项工作，跑档案馆查找文献和编写注释，主要是陈群做的。我们所做的工作，主要是文章篇目的初选，以及文字方面的加工。没有经过整理的讲话记录和提纲草稿，作了比较多的文字整理加工。正式手稿都尽量保持原貌，只有少量的文字订正。已经发表过的文稿，有的作了文字上的删节，也有些补充修改。原始文稿

① 《调查研究的典范——一九六一年陈云召开的煤炭、钢铁座谈会记录》，中共中央党校出版社 2005 年出版。

大多是讲话、报告、谈话、书信、批示之类，并没有标题，我们都反复斟酌推敲，精心拟定标题，力求准确概括文章精神，起到画龙点睛的作用，我在这方面用的工夫多些。这都是文献编辑工作中惯常的做法，好在所有文章都是陈云健在时经过本人审阅定稿的。

1982 年 7 月 7 日，陈云在中南海住所会见参加编辑文选的人员。参加者除邓力群、梅行、有林、张云声、赵少平、我和陈群外，还有陈云以前的秘书和当时的秘书王玉清、周太和、朱佳木和肖华光。人到齐后陈云微笑着出来，和每个人握手，没有说什么话，只是在和梅行握手时说："你也这么大岁数了。"梅行参加过"一五"计划的编制工作，陈云认识他，这次会见时梅行年已花甲。我是编辑人员中最年轻的，陈云在和我握手时，端详片刻，欲言又止，留下了深情注目的照片。合影后陈云即拱手告别。几年来在编辑文选过程中看到陈云的各类文稿，都很简明扼要，没有虚套言辞，可以说是惜墨如金。这次会见，我觉得他不仅是惜墨如金，而且是惜言如金。这是陈云的风格。

第三阶段，出版完整的新三卷本《陈云文选》。

陈云逝世以后，在上述 1984 年至 1986 年出版的三卷本《陈云文选》的基础上，经过修订增补，由人民出版社于 1995 年 5 月出版《陈云文选》第二版一至三卷本，按时间顺序编排，改称第一卷、第二卷、第三卷。新增补文章 33 篇，8 万多字，绝大部分是没有公开发表过的。第三卷的时间下限，由第一版的 1985 年 9 月延至 1994 年 2 月，因时间后延增加文章 13 篇，1992 年 2 月 9 日同上海市委负责同志的谈话是收入文选的陈云最后一篇公开言论。经过增补和修订的《陈云文选》三卷本共收入作者在各个历史时期的著作 190 篇，70 多万字，是迄今为止最为完整的一部陈云著作选集。1986 年那套三卷本文选出齐后，文章的继续收集和整理工作陈云办公室一直在做，新三卷本的稿子都编好了。那段时间我先后在国家计委和国务院研究室工作，编出来的初稿我都看过，也提出了修改意见。1995 年 1 月陈云病重期间在再版补充文稿的送审本上签名，并嘱托一定要送请中央常委审阅。陈云于 1995 年 4 月 10 日逝世，中共中央、全国人大常委会、国务院、全国政协、中央军委在讣告中高度评价了陈云一生的业绩和贡献，并且特别提到："他的思想和观点，集中表现在他的三卷《文选》中。他的著作是他留给党和人民的宝贵的精神财富。"这是党和国家对这位老一辈革命家和他的著作的盖棺论定。

三

在编辑《陈云文选》的过程中，还编辑出版了一本专题文集：《陈云同志关于评弹的谈话和通讯》。

编辑出版这本专题文集，是曲艺界人士吴宗锡（上海评弹团团长、全国曲艺家协会副主席）、周良（江苏省曲艺家协会主席、苏州文联主席）和施振眉（浙江省曲艺家协会主席）动议的。他们在征得陈云同意后，于1982年3月着手收集文稿，1983年春将初选稿送陈云审阅。6月份书稿送到我们手上，由我和陈群负责编辑工作。我们做了文字方面的加工整理，为每一篇文章拟定了标题，并且从初选稿中删去几篇内容比较单薄和重复的。最终选定陈云1959年到1983年关于评弹的谈话、通讯和书面意见共40篇，6.1万字。绝大部分是没有公开发表过的。最后一篇是在书稿编辑工作快要结束的时候，1983年8月16日陈云就加强对评弹书目和演出管理的问题，写给中共中央书记处书记胡启立的信。10月16日《人民日报》公开发表了这封信。为落实陈云的意见，上海市文化局召开了一个规模很大的评弹工作会议。

可能是受了先前出版的《陈云同志文稿选编》的影响和启发，吴宗锡等人在整理这本专题文集时，最初拟定的书名是《陈云同志文稿（关于评弹的部分）》。陈云不赞成，改成了《关于评弹的谈话和通讯》。他说："我是搞穿衣吃饭的，评弹是我的业余爱好。这本东西同已经出版的那两本文稿不同。"他这里所说的"那两本文稿"，就是前面说的《陈云同志文稿选编（一九五六—一九六二年）》和《陈云文稿选编（一九四九—一九五六年）》。陈云这个决定非常明智。他关于评弹的这些言论，尽管有不少精辟见解，但对他来说毕竟是余事，这些文章的分量和社会意义，是不能和他关于经济方面的言论相提并论的。正是基于这种考虑，1986年出版的《陈云文选（一九五六—一九八五年）》，没有收录关于评弹的文章。陈云逝世后出版的《陈云文选》第二版三卷本，也只收录《出人、出书、走正路》这一篇对文艺工作具有普遍指导意义的文章。2005年中央文献研究室将1995年版《陈云文选》第二版三卷本以外的文章，选编为三卷本《陈云文集》出版，共130万字，关于评弹的文章也只选3篇。

关于出版问题，我们同参加文稿整理的吴宗锡、周良和施振眉，以及中央文献研究室的何静修和陈云办公室的朱佳木，一起讨论过。吴、周、施希望由中国曲艺出版社出版。大家都同意他们的意见，何静修还建议向中宣部文艺局和出版局打个招呼。经商中宣部文艺局和出版局，都无异议。出版局还主动和人民出版社沟通并得到同意。之所以要和人民出版社协商，是因为1982年中共中央33号文件曾转发中央宣传部和中央文献研究室的报告，规定："现任中央常委的选集、文集（包括专题文集、书信集、诗词集）和个人传记、年谱，统一由中央文献研究室或中央指定的其他单位负责编辑工作，报送中央文献编辑委员会审定，交人民出版社出版。"我认为，陈云关于评弹的专题文集，由专业性的出版社出版更适宜，不必拘泥于必须由人民出版社出版的规定。何况，这样做也有先例可循，不久前叶剑英的诗词集，就是经胡乔木和叶剑英本人同意，由人民文学出版社出版的。更早些时间，毛泽东和朱德的诗词，也是由人民文学出版社出版的。因为由曲艺出版社出版和中央转发的中宣部和中央文献研究室的规定相矛盾，我于7月11日向中宣部部长同时也是研究室主任的邓力群写报告，说明这些情况，并提出处理意见。我说："去年33号文件提出维护出版领袖著作的严肃性，是完全正确的。但一些非政治性的和专门性的文稿，似乎也可不由人民出版社出版，而由有关的中央一级的出版社出版。"[①] 邓力群批示同意。于是，这本《陈云同志关于评弹的谈话和通讯》的专题文集，1983年12月由中国曲艺出版社出版。出版后在文艺界，特别是在曲艺界引起热烈反响。

---

① 见《王梦奎文集》（八卷本）第七卷，河南人民出版社2017年11月出版。

人们都知道陈云爱听评弹，连周恩来和邓小平都关切地问起过：陈云同志听评弹了吗？据陈云说，他10岁前就听书，听上瘾了。后来干革命，很多年没有听。1957年和1959年到南方养病，有更多时间听书，并常同评弹界人士交往，也发表一些意见。1977年更亲自在杭州主持评弹座谈会，讨论“文化大革命”后评弹的恢复和发展问题。我原来以为，听评弹只是陈云幼时习惯的对乡土文艺的爱好。编辑这本专题文集才发现，他实际上已经由业余爱好者变成了专门家。他对于评弹的历史和现状，对于评弹这门艺术的发展规律，例如传统书目和现代书目的关系，艺术传承和革新的关系，甚至一些技术性问题，都有很专业的独到见解。他对于新旧书的内容，包括大量的细节，都惊人地熟悉，对于推动评弹的发展也极为热心。可以说，听评弹是陈云终生的爱好，评弹这门艺术也因为陈云的爱好和提倡而获益匪浅。

四

对于我来说，参加陈云著作的编辑工作，是难得的学习机会。陈云担任过党和国家许多重要职务，很早就进入了中央领导核心，新中国成立后在经济工作方面卓有建树，这是我以前就知道的。通过编辑陈云著作，加深了对陈云的了解，也知道了中央关于经济问题一些重大决策的内情。看了陈云的大量手稿和讲话记录稿，也比较深切地知道了他进行调查研究和决策的过程，他的严谨、务实和深谋远虑给我留下深刻的印象。他的讲话和报告，绝大多数是自己拟稿或者写出提纲，很少由别人代劳。新中国成立初期担任中财委主任期间，亲自起草《财经旬报》①，起草审查工厂初步设计议定书的报告②，甚至代《人民日报》起草社论。③陈云的文字说不上漂亮，但干净利落，要言不烦，能准确达意，没有空话套话。他本来只读过小学，能够有如此好

① 《陈云文选》第2卷，人民出版社1995年版第53～59页。

② 《陈云文选》第2卷，人民出版社1995年版第164～166页。

③ 《人民日报》1951年6月1日社论《响应国家号召开展售棉储棉运动》。见《陈云文选》第2卷，人民出版社1995年版第144～146页。

的文字素养，而且一生写了那么多东西，同他的工作精神和终生勤奋学习有关。这种工作和学习精神，我们在毛泽东和其他老一辈革命家那里也能看到。我以为，这也是中国革命成功的一个重要原因。

因为参加编辑陈云的著作，那几年报纸杂志向我约稿者不少。我结合经济发展和改革的实际需要，选择陈云的相关论述，写过一些阐释性质的文章。主要有：

1980 年 11 月，党内发行的那本《陈云同志文稿选编（一九五六年——一九六二年)》出版，《中国财贸报》理论版开“我国经济建设中的若干原则问题”专栏，向我们约稿。我和有林、赵少平共同议题，分头写作，共写 24 篇。每篇讲一个观点，都不长，平均不到 5000 字。发表后受到读者欢迎，不少人投书《中国财贸报》，希望结集出版。经报社理论部主任庄恰接洽，于 1981 年 7 月由中国社会科学出版社出版，书名就叫《我国经济建设中的若干原则问题》。发行量竟达 45 万册之多。

1981 年 6 月，党的十二届六中全会通过《关于新中国成立以来党的若干历史问题的决议》。《决议》在总结 1956 ～ 1966 年经验和教训的部分，高度评价了毛泽东、刘少奇、周恩来、陈云、邓小平、朱德和邓子恢等人在这一时期提出的一些重要观点。人民出版社出版注释本，对《决议》作详尽解释。我应编辑者之约，对《决议》所肯定的陈云关于“计划指标必须切合实际，建设规模必须同国力相适应，人民生活和国家建设必须兼顾，制定计划必须做好物资、财政、信贷平衡”的观点，写了一篇 3000 多字的注释，向读者介绍，陈云是怎么说的，是在什么情况下提出这些观点的。我还解释说：“60 年代初所进行的卓有成效的调整，陈云的这些思想起了重要作用。”

1984 年 7 月《陈云文选（一九四九——一九五六年)》出版时，我应《经济研究》编辑部主任项启源之约，写了一篇题为《我国经济体制改革的嚆矢》的长篇论文。[1] 文章分析和归纳了在对资本主义工商业改造完成后，陈云对新的经济体制中存在的弊端所做的分析，以及关

① 这篇文章刊载于《经济研究》1984 年第 8 期。见《王梦奎文集》(八卷本）第一卷，河南人民出版社 2017 年 11 月出版。

于改变工商企业之间的购销关系以克服统购包销中的弊病，关于放宽市场管理，关于纠正盲目集中和盲目合并、实行分散生产和分散经营，关于充分利用价格、银行、经济信息和奖励等经济杠杆，以及有分析地学习资本主义的经营管理经验等改革主张。陈云的主张，是建立适合我国国情的社会主义经济体制的最初的尝试之一。80 年代中期经济体制改革的重点正从农村转向城市，理论和实践都酝酿着大的突破，而有些人又误以为陈云著作的出版会不利于改革的推进。所以，我在文章的结尾，特意说了这样一番话："研究近几年在经济体制改革方面的突破和陈云思想的发展，不是本文的任务。这里只需指出：陈云在 50 年代中期所指出的经济体制中的弊端，有不少至今仍然存在，因而这些分析仍然使人感到切中时弊；他所提出的改革措施，有不少至今还没有完全实现，因而这些主张仍然使人感到切合时宜。至于这卷文选中所体现出来的陈云'不唯上，不唯书，只唯实'的实事求是的精神，以及注重调查研究和深入细致的工作作风，更是进行经济体制改革和其他工作都应该坚持的。我想，这卷《陈云文选》对于当前经济体制改革的现实意义，就在于此。"

1984 年《陈云文选（一九二六—一九四九年）》出版，中共中央党校《理论月刊》约稿。我以陈云 1939 年在陕甘宁边区第二次党代会上讲话中的一句话作为标题，写了一篇文章：《没有知识分子，革命就不能胜利》这篇文章刊载于《理论月刊》1984 年第 5 期。阐述陈云抗日战争时期担任中央组织部部长期间以及在东北解放初期关于知识分子政策的论述。我写这样题目的文章，是考虑到，在中国这样一个经济文化落后的国家，知识分子在现代化建设和改革开放中的重要作用，当时在落实知识分子政策中实际存在的问题，以及长期以来党在对待知识分子问题上的经验教训，也算是"古为今用"。应浙江人民出版社之约，我和陈群编了一本《学习〈陈云文选〉论文集》①。

1991 年，为纪念中国共产党成立 70 周年，中央文献出版社编辑出版《陈云与新中国经济建设》，李先念题写书名。所收 44 篇文章的

① 浙江人民出版社 1984 年出版。

作者，绝大多数是长期从事经济工作的老同志，内容多是关于50年代经济工作的回顾。我应约写了一篇《学习陈云同志新时期经济论著四题》，阐述陈云“文化大革命”结束后关于经济比例关系的调整，关于认识中国的基本国情，以及关于计划与市场问题的观点。这本书尽管提供了不少宝贵的历史资料，但没有引起读者太大的热情，发行量只有3000册。因为毕竟时隔久远，社会变化很大，和当前社会迫切需要的关系不再那么直接。

1994年6月1日下午，中央组织部副部长李铁林找我去，通报陈云病危，要我负责撰写陈云生平，预为准备。此后将近一年时间，陈云病情时好时坏，一直未能走出医院，于1995年4月10日与世长辞。初稿是陈群起草的，我们讨论修改后送中央组织部备用。这是我为这位老一辈革命家做的最后一件事。

（原载《百年潮》2012年第6期）

关于中长期发展问题[①]

（2012年7月4日）

我就中国经济中长期发展问题谈些看法，提供一些基本判断，供大家参考。

一、中国社会经济发展正处在一个重要的转折点

现在，中国社会经济发展正处在一个重要的转折点。和10年前相比，现在情况已经发生了很大变化，有些是带有阶段性标志的变化，反映了比较长时期的发展趋势。今后若干年，例如到2020年甚至更长时间，大体上还会沿着这个方向发展。我认为，以下四个方面，对未来中国社会经济面貌，对当前和今后的政策走向，具有重要影响：

第一，从发展阶段看。按现在通行的世行人均GDP划分标准，2000年我国是世界平均水平的20%，现在达到世界平均水平的50%，人均超过5000美元，已经由下中等收入国家进入上中等收入国家的门槛。世行的标准是变化的，按照世行2009年的划分标准，低于995美元是低收入国家，996～3945美元是下中等收入国家，3946～12000美元为上中等收入国家，超过12000美元为高收入国家。打个不恰当的比方：中国过去是“贫农”成分，现在成了“上中农”成分。经济总量增长，收入水平提高，引起消费结构的升级，相应地也要求产业结构的升级。必须有更高的发展质量，才能适应社会需求的变化。工

① 这是作者在中共中央组织部和国务院发展研究中心共同举办的中国企业管理高级培训班上所做的报告。

资水平提高，劳动力低成本的竞争优势在减弱。老龄化也是重要因素。2000年，我国65岁以上人口占总人口的6.8%，相当于世界平均水平；现在65岁以上人口达到9%，高于世界7.5%的平均水平，人口红利正在消失。“十二五”末或“十三五”初，劳动年龄人口将是零增长。“未富先老”带来新的社会压力，必须转变发展方式才能继续发展。计划生育政策需要调整。当然，何谓“老人”，标准也是可以改变的，退休年龄将来也可以提高。在人均寿命70岁以上的国家中，中国是法定退休年龄最低的国家之一。

第二，从社会结构看。城市化率2011年超过50%，城市人口超过农村人口。这是一个历史性的重大变化，标志着我国从传统的农业社会进入以城市为主体的现代社会。城乡二元结构正在发生根本性的改变，整个中国社会结构在重新构建。在两千多年历史上，多次改朝换代。在一百年来的历史上，清朝政府，辛亥革命，北洋军阀，国民党政府，新中国成立，社会政治制度发生了翻天覆地的变化。但是有一点始终没有根本改变：农民占人口的大多数。改革开放初期，还是把“十亿人口、八亿农民”看作中国的基本国情。这种状况，现在正在发生根本性变化。这是社会结构和生活方式的深刻的历史性变化，也是社会发展的重要转折点。这对经济发展方式、经济体制、政治体制和社会管理体制都有重要影响。现在面临的许多问题，是城市化进程中的问题，包括不可避免地要发生的和因为政策和行为不当所造成的。城市化是中国经济增长的潜力所在，按照一般规律，城市化率超过75%才会发生逆转。中国走什么样的城市化道路，关系整个国家未来面貌的塑造。

第三，资源和环境的制约。经济规模越来越大，加上增长粗放，资源和环境制约的严重程度是过去想象不到的。2000年消耗14.5亿吨标准煤，2010年达到32.5亿吨，占世界能源消费总量由2000年的9%上升到20.8%，超过美国成为世界第一能源消费大国，也是世界最大能源进口国。我国处于工业化和城市化大规模快速推进阶段，大量消耗资源不可避免，即使努力减少单位产出消耗，消耗总量和进口总量还会继续增加。例如石油，现在年消费4亿吨，进口占50%以上，预计 2020 年消费将达到 6 亿吨以上，进口占 65%以上。水资源也是大问题。我国作为现代化的后来者，有后发优势，例如采用先进技术和先进的管理经验，避免别人走过的弯路。也有后发劣势，资源和环境制约就是后发劣势，我们要在资源和环境严重制约条件下推进工业化和现代化，没有发达国家当年在资源和环境方面那种方便。这是我们推进现代化建设的一个重要前提，对我国的国际关系和对外政策也有重要影响。

第四，国际竞争面临新的形势。国际格局和大国关系正在进行大的调整。苏联解体是重要的标志性事件，“9.11”及其后美国发动的对阿富汗和伊拉克战争也是重要的标志性事件，对国际格局都有重大影响。2007 年世界金融危机以来又发生许多大事。就经济方面说：一是现行国际金融体系和经济治理体制受到严重冲击，发达国家经济局势虽然总体上尚在可控范围之内，但深层次矛盾暴露，失业问题、贫富差距扩大问题，欧元区财政整合问题，短期都很难解决。二是新兴经济体受创较轻，在危机中仍保持较快增长，在世界经济中的比重提高，“金砖国家”经济已经占世界的 25%，非洲经济发展势头也不错，世界经济力量对比发生明显变化，但发展中也都存在不少矛盾和问题。中国国际地位的提高是这次危机的一个重要后果。三是为了摆脱危机，贸易保护主义抬头；为了提高竞争力，世界主要经济体都在抢占后危机时期的技术和经济制高点，包括投资新技术开发、经济结构的调整，以及后危机时期国际规则制定中话语权的争夺。总起来说，当前和今后一个比较长的时期，世界经济的基本特点，可以概况为：低速增长、结构调整和体制重建。这是我国中长期发展的外部环境。

以上四个方面，都是中长期发展大的背景。

二、中长期发展的基本政策取向

中长期发展的基本政策取向，是加快转变经济发展方式，促进全面协调可持续发展。

经过几十年的发展，国家面貌发生了很大变化。但是，不论从经济社会发展水平，还是从人民收入和实际生活水平来看，中国都还是一个发展中国家。现在中国人均GDP还只有世界平均水平的50%。按世界标准，还有1亿多人口每天生活费不足1美元。2010年农村贫困标准提高到人均年收入2300元，农村贫困人口有1.2亿人，占农村人口的13%；还有2000万城镇人口靠领取最低生活费过日子。实现现代化还有很长的路要走，谋发展仍然是我们面临的基本任务。

现在强调发展，应该是科学发展，全面、协调、可持续的发展。只有这样的发展才是硬道理，并不是什么样的发展都是“硬道理”。对“发展是硬道理”的认识需要深化。可以说，“科学发展”是在新的发展阶段，根据发展中实际存在的矛盾和问题，对“发展是硬道理”的进一步充实和完善。不是批评“发展是硬道理”，但可以说，是对片面理解“发展是硬道理”，以及由此产生的问题的纠正。过去经济规模小，技术水平低，全力以赴甚至不惜代价解决温饱问题，加之当时主要是纠正“左”的“以阶级斗争为纲”的错误，只要抓经济建设就好，这给发展理念和政策打下很深的烙印。其后果是，一方面，促进了经济高速增长；另一方面，发展不平衡、不协调、不可持续的问题也很突出。主要是经济增长方式粗放，经济结构不合理，城乡发展和区域发展不平衡，经济发展和社会发展不协调，收入差距大，社会矛盾多。如果说，在当时的历史条件下，这样的发展方式还有它存在的客观原因，有难以完全避免的性质，那么，中国经济发展到今天，这种发展方式已经不可持续。

现在强调经济发展方式转变，我认为基本精神可以概括为两条：一条是更加注重提高经济增长的质量，一条是更加注重改善民生。

更加注重提高经济增长的质量，实质是正确处理经济增长速度和效益、数量和质量关系的问题。

转变经济发展方式，就是要更加注重经济增长的“质”的方面，真正把提高经济效益、提高发展的质量放在第一位。这是一个根本性的转变。不是说速度问题不重要。我国正处在工业化和城市化快速推进阶段，需要保持比较大的投资规模，建设一大批重要工程项目，也需要保持比较快的增长速度。应该说，对于经济增长速度的重要性，全国上下，从认识到实践已经解决了。我们的体制和政策，在不少方面是把增长速度放在突出位置的。经济发展中的许多弊病，都和片面追求增长速度有直接关系。现在成为突出问题的，不是争取更快的速度，而是提高各方面的发展质量。现在只有少数省、区、市“十二五”规划增长速度有所下调，绝大多数地方规定了很高的速度，而在转变发展方式方面进展不够。对照全面建设小康社会的各项要求，实现经济总量和人均目标都不难。真正难的，是提高发展的质量，这涉及经济结构的调整、农村地区和中西部的发展、生态环境的改善，以及社会事业发展方面的目标，需要做更大努力。“十一五”时期经济年均增长11.2%（规划预期7.5%），而反映经济结构优化的四个预期目标，只完成一项，就是城市化率；其余三个指标没有完成：服务业增加值比重、服务业就业比重、研发投入占国内生产总值的比重。这说明在结构优化方面进展不够，经济发展在很大程度上还是重数量轻质量、重速度轻结构的。这种粗放的增长方式已经走到尽头，如果不在转变经济发展方式，提高经济增长质量方面下更大的力量，今后的发展将会越来越困难。

更加注重改善民生，实质是正确处理经济建设和人民生活关系的问题。

“十二五”规划把改善民生放在突出位置，中央和地方都在努力。这些年消费率是下降的，舆论有许多讨论和批评。我认为，在工业化和城市化快速推进阶段，投资率比较高有一定的客观原因，有不可避免的性质。如果没有比较高的投资率，不可能有过去30年的持续高速增长。日本和其他国家也有过类似的经历，不同发展阶段不能简单类比。在快速增长的条件下，比较低的消费率也可以提高收入和消费水平。实际上这些年城乡居民收入和消费水平都是有明显提高的。但是，应该承认，和投资与经济高速增长相比，过去一些年民生改善相对缓慢，积累的社会问题比较多，有些方面矛盾很尖锐。我们有很可观的经济总量统计，经济总量和人均收入增长都很快，但往往没有注意到，经济总量和人均水平的统计往往掩盖着个体之间的差异。由于城乡之间、地区之间、高收入人群和低收入人群之间收入和实际生活水平存在很大差异，农村地区、贫困地区、低收入人群的收入和生活特别需要关注。

回顾历史，可以说，这30年是以和前30年不同的形式，进行了工业化的“原始积累”。前30年是农产品的低价收购和统购统销；后30年是廉价土地和廉价劳动力。这种“原始积累”带有一定的历史必然性，但不能长久持续。现在，劳动力成本、土地成本和其他资源成本都在上升，加之农业人口超过非农业人口，不可能再延续过去那种“原始积累”政策。这种变化趋势是经济发展和社会进步的表现，是不可逆的。而且，基础设施建设在逐步完善，不能无限制地继续扩张；许多工业制造行业产能过剩，早在2009年，24个工业行业中已经有21个产能过剩，技术成熟的制造业几乎没有产能不足的；经过这几年刺激经济，产能过剩的情况更加严重，市场经济所固有的需求约束越来越强烈，再继续扩张产能没有市场。这说明，中国经济发展的内需动力发生变化，过分依赖投资已经不能保证经济持续增长，必须在改善民生方面多做文章，包括促进就业，调整收入分配关系，完善社会保障体系和提高保障水平，以及文化教育和医疗卫生事业的发展。这些方面发展的潜力和空间很大，会成为新阶段扩大内需和促进经济持续增长的重要源泉，也是社会和谐与稳定的基础。经济发展方面出问题，常常是慢性病；社会方面的问题，起初也可能表现并不怎么突出，但往往具有突发性，具有更大的社会政治风险。可以说，经济发展方式能否顺利转变，现代化建设能否顺利进行，国家能否长治久安，归根到底取决于民生问题的解决。

改善民生，一是靠增加居民收入，二是靠改善公共服务。公共服务带有普惠性和均等性，增加公共服务是缩小差距的重要途径，因为在不等量的基数上加上等量，差距是缩小的。改善公共服务需要政府增加投入，特别是社会保障、医疗卫生和文化教育方面，更需要政府投入。1952年国家财政收入只有62亿元，1978年突破1000亿元，用了26年；1999年突破1万亿元，用了21年。从1万亿元到2003年突破2万亿元只有4年；2011年已经突破10万亿元。当然，这里说的都是现价，没有计算通货膨胀因素——改革开放32年来，物价平均涨幅是5.5%，30年物价上涨5倍；即使考虑到通货膨胀因素，国家财力的增长也非常可观。这就有可能用更多的财力解决民生问题。近年来开始建立农村最低生活保障制度和城镇居民基本医疗制度，农村新型合作医疗制度已经实现全覆盖，农村养老保障已经在全国大面积实行，全国普遍实现了养老金的省级统筹，这些都是社会保障制度建设的重要进展。当然，现在保障水平还很低，有些制度还没有实现全覆盖，但制度框架已经初步形成，为继续发展提供了好的起点。

改善民生要以经济发展为基础。国家财政收入增加不少，但13亿人口，10万亿元，人均只有7000多元人民币，合1000多美元，而美国、德国和日本等发达国家财政收入人均都在1.3万美元以上，是我国的十倍以上。现在国家财政收入增加了，花钱的地方也多了。我国人口多，社会保障起点很低，现阶段只能坚持广覆盖、保基本、多层次、可持续的方针。广覆盖就是全面覆盖城乡，但只能保基本，水平只能逐步提高；因为经济发展和收入不平衡，所以要多层次；可以持续才能有更大发展。需要注意的是，不能以这些年经济平均增长10%、财政收入年均增长20%作为长期测算和制度安排的依据，因为不可能长期维持这样高的增长速度。社会福利刚性很强，人们的期望水涨船高，永远不可能完全满足，如果社会福利提高步伐过大，就会损害经济发展的活力，一旦难以持续甚至引发社会动荡。我参加过一些地方社会经济发展规划的讨论，感到现在对于提高福利的承诺可能多了。这两年企业工资高速增长带有补偿性，长期这样高增长是不可持续的。这是一个值得注意的问题。西方社会由于选举中的所谓“迎合主义”，谁也不敢得罪选民，以致像希腊那样积重难返。我们应该接受这方面的教训。

大家都嫌转变发展方式慢，希望更快一些。这种要求是积极的。但能不能说，转变发展方式讲了多年，实际上并没有转变呢？转变还是很明显的。例如，“十一五”时期在节能方面的进步，2006～2010年单位能耗降低，炼铜36%，火碱35%，火电16%，炼钢和炼铝29%，五年的成就和日本1973～2006年30多年的进展大体相当。发展阶段不同，经济结构不同，许多指标不能简单类比，例如单位GDP

能耗。国内不同省市之间也不能简单类比。技术的进步，发展方式的转变，是一个比较长的渐进发展的过程，不是短期所能完成的。有许多“两难”选择：既要保持经济较快增长，又要节约资源和保护环境；既要发展技术密集型产业，又要增加就业；既要发展劳动密集型产业，又要实现技术进步；既要推进城市化，又要实现农业和农村的现代化；既要鼓励一部分地区、一部分人先富起来，又要走共同富裕的道路；既要注重公平，又要提高效率；既要刺激经济，又要防止通胀；等等，许多领域都有“两难”问题。在每一个方面都提出过很高的要求，也应该做最大努力，但实际上不可能在所有这些“两难”的每一个方面都达到最大化，只能达到最优的组合。两利相权取其大，两害相权取其轻，这就需要统筹兼顾，找到平衡和双赢的政策和办法。

现在发展中存在的问题，不少和发展阶段有关，也有不少是由体制和政策不合理造成的。许多问题不是没有认识，我们提出的许多理念都是很先进的，原国家环保局局长曲格平因此还获得联合国大奖。但是，发展阶段是很难超越的，加上改革不到位，政策不落实，严重的环境问题还是未能避免。例如，资源价格不合理造成资源浪费，排污收费过低甚至免费加剧了环境污染。不合理的土地使用制度是造成增长方式粗放和“三农”问题困境的重要原因。再如收入分配体制改革，这是关系实现社会和谐的大事。前些年批评孔夫子说的“不患寡而患不均”，说他主张贫穷和平均主义。贫穷和平均主义固然不对，但孔夫子还是说对了一半，收入差距悬殊也不行，应该是既患“寡”也患“不均”，就是说，既要把蛋糕做大，也要把蛋糕分好。总之，转变经济发展方式，要通过深化改革提供体制保障。这意味着大规模的深度政策调整，并不容易实行。

我们的目标，是在全面建设小康社会的基础上实现现代化。社会主义制度的建立提供了制度保障，改革开放提供了体制保障，30 年的高速增长提供了物质基础，经济发展方式转变将提供发展模式的保障。能不能实现发展方式的转变，关系中国现代化的前途。

三、在国际环境变化中谋求更大发展

中国的改革开放和经济高速发展是半个世纪以来影响世界格局变化的最重大事件之一，从经济上说则是最重大的事件。中国加入 WTO 已经 10 年，越来越深地融入世界经济，我们要在国际经济格局和大国关系调整中谋求更大发展。中国影响世界，世界也影响中国。变化着的中国和变化着的世界，有一个相互了解和适应的过程。可以说，中国现代化的前途，在相当大程度上取决于国际关系的妥善处理，包括经济的、政治的、文化的、外交的、军事的关系。如果说，前些年这一点还不那么清楚的话，现在人们已经越来越强烈地感受到了。

转变经济发展方式，包括对外经济发展方式的转变。我国商品出口额已居世界第一位，但主要是劳动密集型产品，在出口产品中自主品牌不到 10%；名牌更少，世界前 100 个名牌商品中国没有一个。即使是统计中的机电产品和高新技术产品出口，大部分也是中低端加工装配环节产品，国内增加值不高。国际市场资源价格上涨，加大了制造业成本，削弱了我国制造业的竞争力。各种形式的保护主义使我国产品在国际市场受到限制。转变对外经济发展方式，就是从注重规模和速度，向更加注重质量和效益转变；从出口和吸引外资为主，向进出口、吸收外资和对外投资并重转变。这种转变涉及很多方面，我讲几个突出问题。

（一）继续开拓国际市场和扩大进口。开拓市场对任何市场经济体都是生命攸关的大事。我国商品出口额已经占世界第一位，为什么还要继续开拓国际市场呢？第一，国内企业发展的需要。中国 2011 年取代美国成为工业品最大生产国（美国 1900 年以来一直是），工业产值已经占世界 20%以上（GDP 占 10%），据工信部统计，世界 500 多种工业产品中，有 220 多种中国产量第一，制造业相当大一部分产能要依赖国际市场消化吸纳，就是说，需要继续扩大商品输出，出口下降会对国内经济造成沉重打击。第二，扩大外需也有利于扩大内需，例如扩大就业和增加收入。第三，我国商品主要出口市场是欧、美和日本，出口市场过于集中容易使贸易摩擦增多，外部风险加大，所以既要巩固原有市场，也要开拓新的市场，特别是亚、非、拉美市场，这与我国在新的世界格局中的地位密切相关。第四，国际市场的竞争。现在，正在推进工业化的其他发展中国家，例如印度、巴西和其他亚洲、拉美国家，也在积极扩大出口，发达国家在大力发展新兴产业的同时鼓励传统产业回归，推进“再工业化”，奥巴马提出美国出口要5年翻一番，而国际市场增加容量有限，竞争非常激烈，保住原有市场和开拓新的市场都不容易。国际上不少拿中国的贸易顺差做文章，2007年中国贸易顺差占GDP的10%，2011年已经降到2.7%，是国际正常水平。野村公司预测，中国外汇储备2014年将达到3.68万亿美元，从2015年将开始缓慢下降。有人做过研究：2006年和2000年相比，“全球化”这个词出现的频率减少80%以上；2007年金融危机以来，《纽约时报》和英国《金融时报》这些大报对“全球化”使用得更少。在西方发达国家，反全球化成为一种浪潮。美国是全球化的推动者和大赢家，反全球化的势力也不小。据美国经济学家伯格斯坦研究，美国每年因全球贸易增加的财富为1万亿美元，平均每个家庭1万美元；同时有50万人因此失业，年经济损失500亿美元，得失之比为20:1。虽然全球化的大趋势不会改变，但在世界经济增长放缓的情况下，贸易下降幅度大于经济下降幅度，贸易保护主义必然抬头，这不是短期的问题。现在，经贸摩擦已经和市场准入、知识产权等问题相互交织，从产品层面上升到制度层面，使形势更加复杂。1978年我国对外贸易总额只有206亿美元，出口97亿美元，没有哪个国家以中国为主要贸易伙伴，现在许多国家，包括日本、美国、欧洲、印度、巴基斯坦、埃及、南非、澳大利亚、巴西、俄罗斯，都以中国为主要或重要贸易对象国。我国不少商品出口已经占世界市场比较大的份额，是贸易保护主义的最大受害者，1995年以来一直是全球反倾销措施的最大涉案国，涉案金额不断扩大。不能抽象地讨论贸易保护主义好，还是贸易自由主义好，哪个更公正。在国际贸易史上，贸易自由主义和贸易保护主义是两种基本政策取向。贸易自由主义是强大者的武器，贸易保护主义是弱者的武器。总的说来，过去我国倾向贸易保护主义（保护民族工业），现在是出口大国，要高举反对保护主义的旗帜，促进全球贸易稳定发展。

在强调开拓国际市场的时候，必须清楚，过去那种“出口创汇”的时期已经过去，我国涉外经济利益已经不仅是扩大出口，还要考虑进口和对外投资，考虑综合效益。在扩大出口的同时，也要积极扩大进口，促进国际收支平衡，满足国内需要。我国进口石油和铁矿石是零关税，对其他资源甚至某些高档消费品，关税也可以适当降低。2010年我国关税收入共2027亿元，其中出口税150亿元，进口税不到2000亿元，占中央财政收入的4.8%，降低税率还有余地。

（二）资源安全保障。现在石油、铁矿石、铜、铝等主要资源的对外依存度都高于50%。有些传统的出口产品，例如煤炭，早已经成为净进口。农产品也是净进口，进口农产品相当于节约3亿亩耕地。即使努力开发国内资源，例如发展水电、风能和太阳能，也很难赶上能源需求增长的速度。国际能源署（IEA）预计，2008～2035年，世界能源消费增量80%来自发展中国家，中国和印度占一半，中国占30%。必须实行更加积极进取的开放战略，从国际市场获得资源。问题是：1. 许多重要资源的国际市场被发达国家的跨国公司垄断，我国作为后来者会遇到严重障碍和激烈竞争；2. 我国进入国际经济贸易体系，接受的是以经济发达国家为主导的既定游戏规则，并不是初创时期的规则制定者，进口资源性产品数量很大而定价权很小，这也是后发劣势，争取包括进出口商品定价权在内的话语权是一项艰巨的任务；3. 在资源产地（例如中东）和运输航道缺乏军事和政治存在，资源供给缺乏安全保障，容易受国际形势动荡的影响。这也是中国经济的脆弱性。经济力量并不能自动转化为政治和军事影响，中国的政治和军事影响滞后于经济发展。美国在海外有几百个军事基地，多少万驻军，中国一个也没有，美国反而指摘中国“搭便车”。

（三）扩大对外投资。我国长期资本短缺，对外投资很少，境外直接投资是近些年逐渐增多的。2010年，我国对外直接投资688亿美元，占当年全球流量的5.2%，由2005年的18位升至第5位，首次超过日本（563亿美元）和英国（110亿美元）。截至2011年底，我国非金融类对外直接投资累计净额3220亿美元（吸收外资1万亿元），增长很快，发展势头不错，但对外投资存量只和丹麦相当，不到全世界存量的2%，相当于美国的6.5%，英国的19%，法国的21%，德国的22%；美国2010年为3200亿美元，相当于我国对外投资总存量。现在我国有3万亿美元的外汇储备，贸易顺差短期不会根本改变。可以作一个总的判断：中国已经由资本短缺变为资本相对充裕和过剩。这也是一个重大的、带有根本性质的变化。这就需要积极发展对外投资，扩大资本输出。我们常说世界500强有多少在中国落户，而我国企业持有的跨国公司的股份和在整个发达国家非金融类的直接投资，数量都很少。“我们”中有“他们”，“他们”之中没有“我们”。对发达国家的投资只占我对外投资的9.4%。即使国际媒体炒作很厉害的中国对非洲投资，2010年底存量只有130亿美元，占我国对外投资总存量的4.1%，在我国对非洲投资中资源类投资仅占30%左右。中石油、中石化、中海油在非洲开采的石油，总量远不如西方的大公司。扩大对外直接投资是保障资源供应的重要渠道，也是进一步开拓发展空间，但产出也只能拿回很少一部分（国外有报告是10%）。对外投资可以采取多种形式，包括发展我国自己的大型跨国公司，以及鼓励国内技术成熟、竞争力强的企业，有序向外转移产能，替代部分传统产品的出口。这需要在市场预测以及管理和技术方面解决许多问题。防范投资风险也是大事。

（四）参与全球经济治理。国际金融危机以来，关于全球经济治理的讨论很多，少数发达国家垄断国际经济金融事务的现行治理机制受到激烈批评，改革呼声很高。当然，世界经济格局的变化并不是从金融危机开始的，但金融危机凸显了这种变化，加快了变化的步伐。已经看到的初步成果是：20国集团成为国际经济对话的重要平台；发展中国家提高了在国际货币基金组织中的地位，中国份额从3.72%提高到6.39%，并且和印度、巴西、俄罗斯一起进入执行董事会，增加新兴国家份额的讨论还在继续进行中；中国在世界银行的份额从2.77%增加到4.42%。人民币国际化的进展超过预期，估计未来10年人民币有可能成为国际储备货币，当然开始阶段比重还不会很大。国际经济治理机制的变革，中国从经济大国发展成为经济强国，都是一个比较长的过程。美国的唯一超级大国地位，西方在世界事务中的主导地位，短期内都不会根本改变，危机并不等于终结。例如，美国在国际货币基金组织中的投票权占17%，而重要决定需要85%以上票数通过，实际上拥有否决权。2011年全世界军费1.74万亿美元，美国7110亿美元，占41%，美国军费是中国的10倍，是排名2～18位的17个国家的总和，加上科技和人口优势，再加上其他的“软实力”，美国仍然是世界上最强大的国家。这是一方面。另一方面，由于新兴经济体的迅速发展，美国在世界经济中的比重在下降，美国的霸权地位削弱，世界面貌的西方色彩开始变淡，在走向多极化和多元化，西方也有评论说，世界在进入“后西方时代”，进入“零极”或“无极”时期。国际经济政治格局处在大变动中，有许多不确定性。我们要积极参与国际经济治理机制的变革，把我国经济实力和综合国力转化为制度化的权力或者说话语权。从不同的角度分析，中国现在具有多重属性：是发展中国家；是新兴大国；是社会主义国家；在经济上还具有发达经济体的某些特征，例如3万亿美元的外汇储备，对外投资迅速增长，大量进口原材料和高级消费品，都不是穷国所能做到的。2009年以来，中国向发展中国家提供的贷款已经超过世界银行，欧洲在危机中也希望中国给予金融上的支持。由于这些原因，在不少国际场合中国的发展中国家地位甚至成为问题。由于中国有多重属性或者说多副面孔，和不同的发展中国家、发达国家在不同领域具有共同利益，也存在矛盾和竞争。我们要积极扩大和深化同各方利益的汇合点，争取“左右逢源”，避免“左右为难”和“腹背受敌”。我们主张和谐世界和互利共赢，但在世界历史上，不论世界政治还是经济，旧的均势的破坏和新的均势的建立，都是利益关系的调整，都不会是很平静的，而是充满矛盾和斗争的，我们要坚持不懈地做多方面的努力，包括经济的、政治的、文化的、外交的和军事方面的。

前面多处讲到国际经济比较，这里想再讲两点带有方法论性质的意见。我认为，这对于正确认识中国国情和进行国际对话会有些帮助。

一是关于经济总量的比较。国际经济总量对比的消长变化，取决于三个因素：增长速度、汇率变化、通胀率。中国比美国增长快，人民币对美元是升值趋势，从中近期看中国通胀率一般说也高于美国，所以，中国经济总量和美国的差距会继续缩小。1978 年，中国是美国的 7.2%，2011 年达到将近 50%，赶上和超过美国只是时间问题。中国和日、德、英、法等发达国家相比会进一步领先。如果按购买力平价计算，一般来说发展中国家经济总量会更大，会使这种趋势更鲜明地显示出来。国际经济总量比较很不容易精确，汇率法有缺点，购买力平价法也有缺点，不同的评估结果差距也很大。不能简单地看用某一种统计方法得出的结论。例如，不能仅看当年产出，还要看社会多年累积的财富。还要计算境外投资的收益。还要看经济增长的质量。这些方面都是反映经济实力和富裕程度的，我国和几个主要发达国家都有明显差距。

二是关于人均水平。总量反映经济实力，这是大国的优势所在，人均水平高的小国不一定能够和人均收入低的大国相抗衡；人均水平更反映富裕程度。按人均计算，中国和发达国家的差距正在缩小，但在今后比较长的时期，仍然会有比较大的差距。现在中国是世界平均水平的 50%，还不到发达国家 1980 年的平均水平（9540 美元）。中国经济总量 2011 年超过日本，但人均只有日本的约 1/10 强。中国赶上美国，人均还不到美国的 1/4。总量和人均的分析也是我们国际话语的一个重要立论点，比如碳排放，比如发展水平，我们都强调人均。

人均 GDP 通常以国家为单位排序，中国居于世界后列。如果换一种统计方法，按人口规模计算，结果就大不相同。国外有人计算，1978 年，中国人口占世界 26%，人均 GDP 是世界的 7.8%（和人民币价值高估也有关系），只有占世界人口 0.5%的国家人均 GDP 低于中国；占世界人口 73.5%的国家人均高于中国。2011 年，人均 GDP 高于中国的国家，人口不到世界的 30%；就是说，按人均，中国已经超过了占人口 50%的国家。这也可以作为一种认识问题的方法。

不论用什么方法对比，从实际经济情况分析，中国的富裕和现代化程度，和发达国家的差距还是很大的。在今后比较长的时期，中国仍将是一个发展中国家。在经济快速增长，成就超过预期的今天，对中国现代化的长期性、艰巨性和复杂性，有必要进行再认识。

从发展前景看，我国处于工业化和城市化快速推进时期，国土开发的延伸，产业结构和消费结构的升级，社会事业的发展，生态环境的保护，都蕴藏着巨大的增长潜力。中国经济仍然有可能有比较快的增长速度，但不可能保持过去30年年均近10%的高速增长。按照一般规律，经济发展方式转变，经济结构优化，服务业比重上升，居民收入比重提高，人口老龄化到来，工业化和城市化渐趋完成，加上市场需求、资源供给和环境承载能力等多种因素制约，增长速度会缓慢下来。世界经济增速下降也会影响我国经济增长速度。国家“十二五”规划把增长速度定为7%，是积极的、主动的调整。从长期看，从世界范围看，这也是很高的增长速度。只要下大力气转变经济发展方式，提高发展质量，经济会逐步走向成熟和现代化，人民生活也会更加富裕。今后10年，可能是由高速增长逐步进入速度不像过去一些年那么高但比较平稳增长的过渡期，必须在转变发展方式方面做更大的努力。理想的情况，是随着经济发展方式转变和经济走向成熟，增长速度逐渐平缓地下降。经济波动不可避免，但要避免大的波动和震荡。

文章写作漫谈[①]

（2017 年 9 月 7 日）

党研室领导要我来作一次关于写文章的讲座，犹豫再三，不敢应命。怎样写文章，这个题目很难讲。文无定法，文章之道，有许多是可体会而难以言传的，写文章的人各有各的偏好和路数。党研室成立以来，从胡乔木和胡绳同志开始，一向重视文章写作，高手很多。我的专业是经济学，主要是做经济研究工作，对党史和文章学都没有深入学习过，更说不上专门研究，文章写得也不好。让我讲怎样写文章，真是有些为难。盛情难却，只能讲些个人写作和参加文件起草的体会，顺便讲些写作方面经常碰到的毛病，和大家作个跨行业的交流，或许有某些相通的地方。大多是零碎的，感想式的，散漫不成系统的，只能叫作漫谈。

一、文章写作不是小事

文章写作的重要性是用不着多说的。社会经济发展，国计民生，党和国家的路线、方针和政策，内政外交，这都是大事。文章写作往往是大事的一部分，大事要通过不同形式的文章来表达，比如国家的法律和制度、党的决议和政府工作的部署。现代社会离开文章很难运转。像党研室和国研中心这样的研究机构，文章是工作成果的直接体现，更是一件大事。

中央一贯重视文章和文件的写作。新中国成立前，语言文字的不

① 这是作者 2017 年 9 月 7 日在中央党史研究室所作的讲座。

规范现象很普遍，各种文书大多是半文半白。新中国的成立为语言文字的规范化奠定了政治基础；另一方面，语言文字的规范化也是巩固国家政治统一和长治久安的重要保障。所以，新中国成立初期，在国内外都很困难的环境中，中央深谋远虑，把语言文字的规范化问题提到重要地位。

1951 年 2 月，毛泽东主持起草《中共中央关于纠正电报、报告、指示、决定中的文字缺点的指示》。那里指出的毛病我们现在还常犯。

1951 年 6 月，根据毛泽东的提议，《人民日报》连载语言学家吕叔湘和朱德熙的《语法修辞讲话》，发表经毛泽东修改的社论:《正确地使用祖国的语言，为语言的纯洁和健康而斗争！》。从五十年代起，推行汉语规范化，推广普通话，都取得成功。语言文字规范化是一项基础性的文化建设，标志着在共产党领导下，真正完成了五四运动前夕开始的白话文革命。这是新中国在文化建设方面的历史性的成就，也是我们党对中国现代化事业的重要贡献。回顾历史，在长期的革命斗争中，纯熟地运用白话文，通俗易懂的宣传，鲜明响亮的口号，毛泽东横扫千军的文章，起了重要的作用。这是一条重要战线，也属于党史研究的范围。

1958 年中央发《工作方法六十条》，大多数条目是毛泽东写的，个别条目是刘少奇写的。六十条中，和文章写作有关的十一条，直接相关的七条，专门讲写文章的就有三条。可见当时对于文章写作问题多么重视。

1996 年 5 月，经中共中央批准，中央办公厅印发了《中国共产党机关公文处理条例》。2000 年 8 月，国务院发布《国家行政机关公文处理办法》。两个规定大同小异。为了推进党政机关公文处理的制度化和规范化，2012 年 4 月中办和国办联合印发经过修订的《党政机关公文处理工作条例》，对于公文的性质和种类、公文的格式和行文规则、公文的拟制和办理，以及公文的管理，都作了统一的规定，全国党政机关公文处理办法归于统一。公文是文章的一种。按照《现代汉语词典》的定义，公文是“机关相互往来联系事务的文件”，这是狭义的公文。《党政机关公文处理工作条例》所说的公文种类要广泛得多，包括决议、决定、命令、公报、公告、通知、通报、报告、意见、请示、批复、议案、纪要、函，共15类，大凡党政机关的文件都包括了。

文章写作过程也是认识深化的过程。我们都有这样的体会：有时候自己有一种想法，可能并不十分清晰；如果写出来，就会更明确、更系统，因为经过进一步思考。有时候自己觉得很清楚了，下笔才知道还有许多不清楚的地方。所以，写文章不仅是把自己的意见告诉别人，而且可以帮助自己提炼思想，使认识更深刻，更系统化。

现在新知识应接不暇，要学的东西太多，语文基础基本上是中学打下的，以后就靠自学了。由于对中国文化的基础训练重视不够，不少人文理不通，“写手”更成了稀缺人才。不少高中甚至大学毕业生，写不出通顺的文字，甚至连封信也写不好，经常有错别字。有好几个部长告诉我，现在最缺少的，是既懂业务知识，又能写点东西的人。文字表达能力是一个人素质的重要组成部分。甚至可以说，专业成就在相当大程度上取决于文字表达能力。有些做研究工作的青年人，学问和见解不错，但文章写得不好，不善于表达，不能尽展其才，很可惜。不论什么专业，都需要很好地表达自己的意思，都要重视写作能力的提高。专门的研究机构，更要重视写作能力的提高。

二、文章怎样才算好

我在国务院研究室工作期间，听河北省政府研究室的同志传一个顺口溜:“研究室，体改办，拎个破包到处转，厚着脸皮蹭顿饭，写成文章没人看。”有一点调侃和牢骚。我说，这是表扬研究室和体改办。拎个破包到处转，说明艰苦朴素，工作勤奋；厚着脸皮才能蹭顿饭，说明没有特权；写成文章没人看，可能是别人不爱学习，也可能是文章写得不好，只有这一点是值得我们注意的。

文章怎样才算好，见仁见智，不容易一两句话说得清楚。甲认为好，乙可能不以为然；乙认为好，甲可能不以为然。这和个人欣赏偏好有关。

虽然这么说，对于什么是好文章，还是有共识的。文章的好坏，读者还是能分辨的。如果抛开文学作品不说，就一般文章而言，包括论文、调研报告和工作总结，以及各类文件的要求，有一些大家都知道的现成的说法。

清代学者戴东原和章学诚，提出过义理、考据、辞章三项要求。义理就是讲道理，有见解；考据就是材料要准确；辞章就是要有好的表现形式，这涉及文章的语言、章法和风格等许多方面。这些道理今天也不过时。

毛泽东是公认的文章大家。他对文章标准有很经典的说法。他在《工作方法六十条》中说："文章和文件都应当具有这样三种性质：准确性、鲜明性、生动性。准确性属于概念、判断和推理问题，这些都是逻辑问题。鲜明性和生动性，除了逻辑问题以外，还有辞章问题。现在许多文件的缺点是：第一，概念不明确；第二，判断不恰当；第三，使用概念和判断进行推理的时候又缺乏逻辑性；第四，不讲究辞章。看这种文件是一场大灾难，耗费精力又少有所得。一定要改变这种不良的风气。"还说："概念的形成过程，判断的形成过程，就是调查和研究的过程，就是思维的过程。"这里所讲的准确性、鲜明性、生动性，以及逻辑和辞章问题，都是写好文章和文件的根本要求。这是从认识论的高度，阐明文章写作和调查研究、思维过程关系的很经典的观点。

我从一个特殊的角度，提出过文章四境界说。我认为，从表达形式来说，文章有四种境界：深入浅出，深入深出，浅入浅出，浅入深出。深入浅出是最高境界，也最难；没有对所论事物的深刻认识做不到"深入"，没有深厚的文字功底不可能"浅出"。"深入深出"的"深出"固不可取，但"深入"还是好的；实际上，在某些专业领域，也很不容易做到深入浅出。"浅入浅出"在某些场合，例如文化普及和通俗宣传，也是需要的。唯有浅入深出，卖弄博学，故作高深，用很难懂的语言讲述人人都知道的意思，对社会没有什么用处，是文章大忌。深和浅，入和出，只有这四种组合，这是逻辑推理。

深入浅出一向是文章大家所追求的。毛泽东的文章，老一辈学者冯友兰、吴晗和费孝通的文章，胡乔木和胡绳同志的文章，都是深入浅出的模范。有些科学家，例如华罗庚和钱学森，科普文章也写得深入浅出。高手们的文章写得好，不仅是有独到的见解，也因为深厚的文字功底和写作技巧，能够用明白晓畅的语言表达深刻的道理，即所谓平白如话。古往今来，能够流传的好文章，都是深入浅出的，没有哪一篇是装腔作势，佶屈聱牙的。

做到深入浅出有文字技巧的问题，也有写作态度问题。写文章是和受众交流，把自己的意见告诉别人，希望引起别人的赞同和共鸣，态度一定要诚恳，就像和亲朋谈话一样。和亲朋谈话有谁是装腔作势，故弄玄虚的？毛泽东 1957 年在全国宣传工作会议上的讲话中说："我们现在有些文章，神气十足，但是没有货色，不会分析问题，讲不出道理，没有说服力。这种文章应该逐渐减少。当着自己写文章的时候，不要老是想着'我多么高明'，而要采取和读者处于完全平等地位的态度。"有了这种态度，文风问题才能解决。

也许还可以从其他角度，找出判断文章的标准来。总的说，好文章的要求，是正确的健康的内容和尽可能完美的表现形式的统一，二者缺一不可。文章不仅要有内容方面的追求，也应该有形式方面的追求。特别是起草各类文稿、经常写文章的人，更要有文章技巧和形式的追求。

文章的风格与流变，和文章内容、时代精神息息相关。文章内容正确取决于立场、见解和知识，首先是对实际情况的了解和对中央精神的把握。思想僵化，没有见识，内容贫乏，是写不出好文章的。

三、文章写作是技巧也是艺术

文章首先是内容要正确，但写作技巧也不能不讲究。孔夫子说："言而无文，行之不远。"文，就是文采，有文采是文章的高标准要求。文章写作是一种技巧，也是一种艺术，有相对独立的意义。要像重视文章内容一样重视文章的形式。我今天讲的，都是表达形式的问题。

我开头讲文无定法。这是一个现成的说法。严格地说，文章写作有没有定法呢？可以说有，也可以说没有。从初级的基础训练的意义上说，有；中学有作文课，大学中文系有写作概论，都是讲基本规则和基础训练。但从高级的、创造性的意义上说，文章又没有定法。除某些有固定格式的简单的公文外，一般来说，文章是强调特色的，是一种技巧或艺术，不是告诉一种方法就可以如法炮制。这是科学和技巧或艺术的不同。科学强调普遍性与规范化，艺术强调特殊性和个性化；后人可以掌握前人的全部科学成果而超越，艺术就很难这样说，因为不好比较。

社会是不断发展进步的，观察和认识没有止境，文章内容日新月异，对于写作技巧的追求也没有止境。各种体裁的文章都要讲究写作技巧，讲究不讲究，技巧的高下，效果是大不相同的。

这里，我就论文和调研报告的写作，以及一般文件的起草，讲一些体会。共七条，都是技术性的，次序也是随意的。我努力实践自己的主张：深入浅出。但很可能是歪批和怪论。

第一，要小题大做。

小题大做是贬义。我给这个负面意义的成语以新的解释，讲文章题目的确定，就是找准文章的切入点和聚焦点，以小题目做大文章。

这不关涉内容重要与否。重大的题材永远是需要的。重大题材的题目，也应该尽量具体化，找准切入点和聚焦点。

初学写作者容易喜欢大题目，比如经济研究，动辄“目标模式”和“全局战略”。翻翻杂志，许多大而无当的题目。这都是好词，但如果没有对于问题的深刻认识，没有对于全局的把握，题目定得很大，容易陷于空泛，大而无当，你说的别人都知道，别人不知道的你没有说。这正像一斤酒，装在一斤装的普通瓶子里是充实的，如果装在一个大坛子里，就会显得空荡荡。所以，我主张，个人写文章，特别是初学者，要小题大做。小题大做不是抓住鸡毛蒜皮无限夸大上纲，而是把题目定得具体些，把视角放得更精准些。这样有助于找准聚焦点，对具体问题作深入研究，把道理说透彻。这和物理学中“压强”的道理是一样的。论文、调研报告甚至工作总结，题目和内容都应该具体，避免大而无当。

大题小做也有成功的，这要求具备很广博的知识和很高的概括能力，一般人不容易做到。我举两个例子：

天安门广场人民英雄纪念碑，正面是毛泽东写的“人民英雄永垂不朽”八个大字，背面是毛泽东撰文、周恩来手书的碑文，碑文分三段，每段只有一句话：

“三年以来，在人民解放战争和人民革命中牺牲的人民英雄们永垂不朽！”

“三十年以来，在人民解放战争和人民革命中牺牲的人民英雄们永垂不朽！”

“由此上溯到一千八百四十年，从那时起，为了反对内外敌人，争取民族独立和人民自由幸福，在历次斗争中牺牲的人民英雄们永垂不朽！”①

三个一句话的排比句式，由近及远，概括了中国近代史的几个大的阶段，三句话的结尾都是“牺牲的人民英雄们永垂不朽”。很切合碑文的要求，是一篇好文章。总共才114个字。当然，历史研究可以有别的分期方法，但在解放战争刚刚结束，新中国刚刚成立，立碑纪念，这样的写法是很恰当的。

鲁迅的《魏晋风度及文章与药及酒之关系》，是在广州的一次演讲。如果让我们来写这样大的题目，一定会摆开架势，时代背景，阶级关系和代表人物，社会风尚，药和酒的生产和消费，如此这般，文章铺开很难写。鲁迅很讨巧，没有这样做，而是根据史书和《世说新语》之类著作的记载，讲若干故事，通过对一些重要人物的评价，说明魏晋时代的政治和社会风气，以及政治、社会风气和文学流派的关系，具体生动，比看抽象的论文印象深刻得多。在这篇演讲里，鲁迅把汉末魏初的文章风格，概括为“清峻”——简约严明，和“通脱”——随意或随便。魏晋时代的文风对后世，包括对鲁迅，有很大影响。

大题小做也可以讲故事。看外国记者关于中国的报道，常常是先讲一个故事。有的外国记者从北京胡同里小广告的内容观察中国社会

① 周恩来手书的纪念碑刻无标点。

底层的变化，增强可读性和说服力。我们要善于讲故事，通过具体事例，通过确切的统计资料，让世界了解中国，让外界了解自己，让上级了解本单位的工作。党史研究还要让当代人了解党的历史。堆砌很多大而空洞的概念，读者容易莫名其妙。

不论是小题大做，还是大题小做，作者知道的，都应该比写进文章的东西更多，这样写起来会轻松自如。如果自己不懂得那么多，硬着头皮写大题目，会感到吃力，只能说些空话，甚至给人声嘶力竭的感觉。

第二，要粗枝大叶。

粗枝大叶只是个比喻。这不是我的发明，而是自宋代（《朱子语类》）以来，用来形容汉代文章的粗犷大气，和六朝文章的华丽细腻相区别。根据我有限的阅读，这可能是“粗枝大叶”的最初含义；用来形容办事马虎粗疏，倒是以后衍生出来的。

粗枝大叶，当然绝不是说，写文章可以粗心大意和疏忽马虎；而是说，要注重文章大的轮廓和脉络。特别是大的文章和文件，要先把大的结构和布局搞清楚，把大的框架立住。文章和文件大的框架，就像一座房子，四梁八柱立住了，才坚固而牢靠；像一个人坐在一把很结实的四条腿大椅子上，显得大气而稳当，咖啡屋的高脚椅坐上去总觉得不大牢靠。大的框架定好了，才能够提纲挈领，观点和材料的组织才会有中心，写起来才会条理清楚，不致节外生枝。有个成语叫“纲举目张”，写文章也是纲举目张；粗枝大叶，才能纲举目张。

我举一个案例，就是党的十四届三中全会关于建立社会主义市场经济体制若干问题的决定。十四大确定建立社会主义市场经济体制的改革目标，党的十四届三中全会要搞一个新体制的总体设计。中央决定，成立由 25 人组成的起草组。起草组先经过两天讨论，确定大的框架，分十个大部分，每部分分若干条的写法，然后分头写作。同时，中央组织十六个调查组，深入进行调查。国务院关于财政、金融和外汇管理体制改革方案同时也在讨论制定。文件很充实，也很顺利。大框架始终没有变，只是从最初的 54 条合并为 50 条。能够确定一个大体成熟的框架，是因为参加文件起草的，都是从事这方面研究的人，或者是实际部门从事相关工作的人，都有知识准备。特别是，对相关问题进行深入的调查研究，在此基础上提出了切实可行的改革方案。我要感谢党研室和《百年潮》杂志，在纪念改革开放30年的时候，催促我写回忆文章，这才有那篇《社会主义市场经济体制的第一个总体设计》，在《百年潮》发表，成为亲历者反映这一历史事实全过程的记录。我由此联想到，党史研究需要多研究原始文献。比如，要研究中国经济改革的历史，研究社会主义市场经济体制的确立，就需要了解当时十六个调查组的调查报告，中央讨论和征求意见的过程，当年经济工作会议的文件，以及主持财税和金融体制改革方案制定的朱镕基同志（时任中央政治局常委、国务院副总理）的讲话（已公开发表），各相关部门领导人的回忆，等等，作为研究和写作的素材，在此基础上作出历史学家的概括。这样，历史著作才会有血有肉，而不是“文山会海”，好像历史就是开个什么会，什么人讲了话，作个什么决定。

文章框架设计的过程，也是初步分析归纳和理顺思路的过程。文章主题从几个方面展开分析，每个方面有哪些内容，按照内在的逻辑关系，粗线条地摆布停当，文章大的轮廓和脉络也就清楚了；什么地方是需要补充和加强的薄弱环节，也就大体知道了。最初确定的框架，往往只是粗线条的，写作过程中修改补充和局部改变是难免的，事先的思虑缜密可以少走弯路。框架不恰当，中途全盘推倒重来，是写文章和起草文件最伤脑筋的事。

粗枝大叶，注重大的轮廓和脉络，不是说不注意细节和交代事实。该说明的事实还是要交代清楚，不要省那几个字。有的文章不注意叙述事实，讲了一大篇道理，读完了不知道是怎么回事。甚至调研报告和经验总结，也只讲大道理，不交代清楚：什么事，什么人，什么时间，什么地点，什么情况，什么原因。不要以为自己知道的读者都知道，本单位知道的上级机关都知道，中国人知道的外国人一定知道。用简明的语言把事情来龙去脉交代清楚并不容易，有时候比发议论还难，说得多又容易啰唆。叙事是写文章的基本训练，小学生和中学生作文都是从记叙文开始的。中国古代小说很注重交代事情和人物的来龙去脉，三言两语，清清楚楚。现代小说，比如赵树理的，也很注意交代事实。理论文章和调研报告，可以从文学作品和其他形式的文体借鉴文章的做法。

第三，要简单明了。

文章要简明清爽，不能拖泥带水。简单，才能明了。简单明了，才能眉清目秀。古代文字刻在龟甲上，后来刻在或者写在竹板上，很费力气，所以文章都很简短。《论语》只有 1 万多字，《道德经》只有 5000 多字。《史记》50 多万字，在当时非常不容易，司马迁在他父亲工作的基础上又用了一辈子精力。发明了纸和印刷术，现在用电脑，书写方便省力，文章越写越长，废话也越来越多。打电报因为按字数计费，电视广告按时间计价，报纸广告按面积计价，所以都很简短，这是经济规律起作用。世界性的高峰会议严格限定时间，发言一般也不长。

简约是文章之道，最重要的话并没有那么多。过去有“惜墨如金”的说法，不能内容稀薄而空话连篇，像《文心雕龙》所批评的“瘠义肥辞”。有的古代文论，甚至把简约称为“文章尽境”，就是最高境界。写文章的本领，在于删繁就简，把复杂的事情说得简单明了，不在于把简单的问题说得深奥和复杂，以艰涩掩饰浅陋。减肥是时尚，文章也要减肥。下级机关向上级机关反映情况的文稿叫“简报”，叫“择要”，都是强调简要。大家都很忙，太长没有人看。中央提倡改进会风文风，要求短而精。

简单明了不是简陋和寒碜，不是要把文章写得干瘪枯槁；而是用简约的语言，准确表达思想。这是要高水平才能做到的。短文章往往比长文章还难写，需要下更大的功夫。有一次英国文学家萧伯纳给朋友写信，说对不起，我因为没有时间，不能把信写得短些。

写文章的规律是“短—长—短”。小学生写作文无话可说，都很短。学问有了长进，知识多了，文章越写越长。能够再由长到短，就重而舍轻，就成熟了。由短到长，多数人能做到；再由长上升到短，就不是一般人能做到的了，要下大功夫。

文章简约不仅是文字功夫，也和世事洞察、认识深度有关。

文章写得太长，有的是因为不得要领，不知道什么是重点。

写得太长也是文风问题，是思想和工作作风的反映。毛泽东在延安批评过，党八股文章像懒婆娘的裹脚布，又长又臭。1942 年延安反对党八股的干部大会，原来就叫“压缩大会”，毛泽东在这次会议上的著名报告《反对党八股》，列举党八股的表现，分析党八股的社会根源、思想根源及其危害，今天读来对我们写好文章和文件还很有启发。

上级机关在文件中对下级机关和群众提口号，要简单，明快，响亮，便于记忆和传播。但有些简称和缩略语，时过境迁，不仅外国人不懂，中国人也不大清楚。比如“五讲四美三热爱”，当时不少地方成立“五四三”办公室，大多数人都很难准确说出是指什么。九十年代一些年我主持写国务院向全国人大的《政府工作报告》，虽然在这方面很注意，负责翻译的人还是经常提出某些概念如何正确理解和表达的问题，如“抓大放小”，“稳住一头，放开一片”。日常工作中有不少用数字表达的缩略语，中央有，各个部门有，地方更多，除非有公认的、中央正式文件肯定的，公文要尽量少用。党史文章写作最好把话说全，或者加注释说明。哪位同志有兴趣，可以编一本《中国政治经济词汇中的数字》，帮助人们阅读以往的文献。只要下些笨功夫，翻阅过去的文件和报刊，并不难做。

林语堂说，演讲要像迷你裙，越短越好。文章也是这样。不是长文章都不好，不少世界名著是鸿篇巨制。《资本论》篇幅就很长，三大卷；国外也有评论说，这和德国当时崇尚大部头著作有关。《庄子》说：“凫胫虽短，续之则悲；鹤胫虽长，断之则哀。”还是要根据内容需要，有话则长，无话则短。可以换个说法：同样的内容，要用最简约的文字表达；同样数量的文字，要表达更丰富的内容。这类似经济学里投入产出关系的效益原则：产出为既定，投入越少越好；投入为既定，产出越多越好。

文章的题目，要特别讲究，注意简明，响亮，画龙点睛。要有特色，不要千篇一律。《毛选》上的许多文章，题目都非常精彩。毛泽东对自己文章的标题每个字都很讲究，比如，“与”和“和”都是连词，编《毛选》时，他把标题《学习与时局》改为《学习和时局》，把《目前形势与我们的任务》改为《目前形势和我们的任务》；因为“和”

比“与”更口语化。最近中印边境对峙，我重读了胡乔木写的《西藏革命和尼赫鲁哲学》，文情并茂，议论风生，从标题到行文都让人过目难忘。

第四，要剪裁得体。

写文章和文件，都有一个准备过程。写作的人一般都会掌握比较多的情况和资料，这是文章和文件的原料。动起笔来有许多话要说，但只能围绕主题，层层展开，讲最必要的话，援引最必需的事例和数据。什么话说，什么话不说；什么话多说，什么话少说，要认真剪裁，有所取舍。就像裁缝，拿到一块布，还只是原料，做成合体的衣裳需要剪裁和缝制。初学写作者，往往不懂得这个道理，总想把自己知道的东西都写到一篇文章里去，胡子眉毛一把抓，结果枝蔓横生，杂乱无章。人的言行要得体，文章也要得体。

忌讳大词小用。在文章最显眼的概括性的地方讲大道理，不怎么显眼的具体的地方讲小道理；如果反过来，在不显眼的地方讲大道理，在最显眼的地方讲小道理，就会很别扭，就像小学生学大道理，大学生学小道理。

大的文章或文件，大的课题研究，往往要先经多番讨论，确定大纲，然后多人分头执笔写作。这样做的好处是集思广益，优势互补，因为很大的涉及内容广泛的问题是一个人不容易完全把握的。问题是分头写作，自成体系，叠床架屋，大“一、二、三”套小“1、2、3”，语言重复，文章容易陷于平淡。这需要通盘筹划，加以剪裁，使之浑然成为一体，不能留有拼凑痕迹。中央许多重要文件都是这样做的。如果是大型课题，写出初稿后最好由一个人统稿。这对文章风格的统一也有好处。

第五，要掐头去尾。

文章开头和结尾很重要，要非常用心。开头要开门见山，引人入胜，不要弯弯绕。结尾要戛然而止，留有余响，不要画蛇添足。有的文章冗长落套，和不讲究开头结尾有关。

“开拳便打”，直入主题，是文章简洁和避免套话的重要方法。章回小说常说“闲话休提，只说正话”，写文章也应该如此。欧阳修的

《醉翁亭记》是一篇很有名的文章，传说，原稿开头讲滁州东边是什么山，西边是什么山，南边是什么山，北边是什么山，写成初稿后反复修改，最后改为一句话：“环滁皆山也。”这是剪头而显精彩的好例。毛泽东的《改造我们的学习》，引言很简短：“我主张将我们全党的学习方法和学习制度改造一下。其理由如次：”也是一语开篇的好例。《三国演义》开篇第一句话：“话说天下大势，分久必合，合久必分。”很有气势和历史感，又直入主题。《古文观止》里的许多文章，开头和结尾都很精彩。比如韩愈的《师说》开头：“古之学者必有师。师者，所以传道、授业、解惑也。”言简意赅，对师的职责和重要性作了明确界定。托尔斯泰《安娜·卡列尼娜》的开头：“幸福的家庭都是相似的，不幸的家庭各有各的不幸”，切合小说主题，又很有哲理，饱含着作者的感慨。胡绳的名著《帝国主义和中国政治》开头：“我们的讨论从鸦片战争开始，但必须先简单说一下鸦片战争前的中外关系。”开门见山，简洁朴实。这些精彩的开篇都给读者留下深刻的第一印象。

不少文章的头和尾是可以删去或大加简化的，完全不影响内容。读者不喜欢文章“穿靴戴帽”，因为这是累赘，没有实际内容。掐头去尾，就是剪除累赘。作者头尾讲的那两段一般性的原则话，中央文件已经讲清楚了，读者都明白，不用你再费口舌，掐头去尾剩下的“干货”才是需要你说的。大的原则是中央或者上级机关提出的，上级机关不需要“出口转内销”，把这些大道理再讲给它听；一般读者也不需要。上级和读者需要知道的，是你的具体情况和见解。

在不少情况下，确实需要在文件或文章中，特别是在正式会议的文件和报告中，申明某些重要的政治原则。那就要在最显眼的地方，用最准确简明的文字加以表达。在文章或者文件写成后，再认真检查一遍，仔细想想，看在大的原则问题上有没有重要的疏忽和遗漏。这种周到和细心是必需的。话不在多，要说得正是地方，说得准确，说得恰到好处，而不是唠唠叨叨地反复说些不痛不痒的话。政治立场是通过整篇文章体现的，要相信读者的理解能力，也要相信领导的判断力。

第六，要勤标点，多分段。

短段落，短句子，文章会显得干净利落。

多分段有助于条理。段落太长，不同的内容搅和在一段里，纠缠不清，文章会显得沉闷，逻辑也不容易清楚。有些重要文章和文件的分段，不仅是写作技术性问题，还可以突出显示这个问题重要和受重视的程度。2002 年以前的党代会报告和政府工作报告，军队和国防建设都不是单列的；党的十六大报告单列为一部分，还是那么多字，内容并没有增加，只是作为单独一部分，表明对这个问题更为重视，取得很好的效果。

标点有助于阅读。有的文章过分欧化，句子太长，两行一个逗号，好几行一个句号，读起来很吃力。这可能和不高明的翻译著作的影响有关。汉语的传统和特点，是短句子。古代没有标点，由老师教学生“句读”，即断句。鲁迅文章短句子多，没有顿号，显得干净紧凑。这可能和当时还没有通行顿号有关：1920 年北洋政府教育部颁发的标点符号十二种，还没有顿号。

我并不是反对顿号，有些场合非用不可。但不管怎么说，句子要尽量短。能用短句子的，不要用长句子；能用句号的，不要用逗号；能用逗号的，不要用顿号。

段落也要尽量短。凡是能分段的，不要合成一段。各就各位，不要挤成一团。这样读起来清爽。

第七，要反复琢磨修改。

文章是改出来的。即使做不到千锤百炼，反复琢磨修改总是不可少的。当然也有一气呵成的文章，古人所谓文不加点，倚马可待。看鲁迅有些文章的手稿，没有修改的痕迹，但他是反复思考，有成竹在胸才动笔的。马克思有些手稿，改得连恩格斯也很难辨认。许多党的历史文献，包括领导人的著作，都是反复修改的。党代表大会的报告和中央全会的决议，都是经过多次讨论，征求意见，反复修改才定稿的。

文章修改，包括内容的补充完善和字句的斟酌推敲。

文章写成后，要多看几遍，把可有可无的字、词和段落删去，把引文和资料核实，把必须补充的内容补充进来。要特别留心在思想政治方面、文章逻辑和文字表达方面有没有硬伤。高手的文章老到天成，看似没有雕琢，实际上没有不雕琢的，只是雕琢得不留痕迹，即所谓无斧凿痕。

找到文字的感觉不容易，文字像音乐一样，到一定程度才会有感觉。用字、用词，最要紧的是恰当，恰如其分，不是形容词用得越夸张，话说得越满，评价拔得越高越好。“有理不在高言”。“文革”中喊“最最最红的红太阳”，那是思想贫乏的表现。适度，有分寸，才能准确表达思想，也才能有说服力。简报和理论文章要尽可能少用形容词。不妨试试看，去掉形容词以后，文章还有没有内容。

最好看名家的手稿。现在复印方便，渠道很多。从名家的手稿中，可以体会应该怎么写，不应该怎么写。鲁迅有一篇文章，题目就是《不应该那么写》，主张看作家的手稿。《毛泽东建国以来文稿》提供了许多改稿的范例，也提供了写多种体裁文章的范例。有不少文章，经名家修改而生色，有画龙点睛之妙。

文章写作方法是谁也说不完全的。我说的这些只是举例，都是自己在工作中碰到的问题，不可能完全。很多重要问题，例如文章逻辑、结构和修辞问题，就没有涉及。这些个人的零星体会，不少是老生常谈，有些是新解、别解甚至是奇谈怪论。姑妄言之，姑妄听之吧。

四、提高语言文字修养

语言文字表达能力是文章写作的基本功。

文章就是书面的语言。现在的文章就是以北京话为基础的标准化的经过提炼的书面口语。字和词是文章的基本要素。有些以写文章为职业的人，调侃说自己是“码字”；就像建筑工人码砖头，将文字进行组合，最后码成一篇文章。从事文字工作的人要注重语言文字修养，这是天经地义，不说自明的道理。不仅是以文章写作为职业的人，任何一个有教养的人，都应该能够正确使用祖国的语言文字。语言文字能力是人的素质中很重要的一部分。如果只有专业知识而不能正确使用祖国的语言文字，那是一个很大的缺憾，专业能力的发挥也会受到局限。

语言文字具有稳定性，这种稳定性体现了民族文化的传承。当然语言也是变化的，特别是在社会大变革时期，会产生许多新的词语、新的概念。上海辞书出版社出版的《汉语新词新语大辞典》，收录了从1911年辛亥革命到2011年一百年来所产生的新词新语约一万一千个。尽管数量不少，在整个汉语词汇中也还是少数。真正能经过历史沉淀，流传久远的词语，每个时代都不是很多。有的常用词语可能流传二三十年，不常用的可能不到十年就时过境迁，弃而不用了。远的不说，新中国成立以来的半个多世纪，比如解放初期的“土改”，后来经济上的“粮票”、“布票”、“统购统销”，政治上的“反右派”、“文革”、“红卫兵”、“走资派”、“斗、批、改”，当时常用的那些词，都不构成汉语的基本词汇，现在都退出了社会生活，只有研究那段历史才会用到。哪位同志有兴趣，可以编一本这样的辞典，帮助读者学习历史；或者已经编有，我没有读到。

我们看古书，有些词语不清楚是什么意思，借助于专家的解读和辅导才能明白。经典很重要的一个贡献，就是丰富了民族的语言。比如《论语》中的“学习”（“学而时习之”）、“言行”（“听其言而观其行”）、“坦荡”（“君子坦荡荡，小人长戚戚”）、“一贯”（“吾道一以贯之”），还有“文质彬彬”和“见贤思齐”，等等，都成为汉语的基本词汇。几千年来能为汉语贡献几个词的书并不是很多。单就这一点说，孔夫子就很了不起。

毛泽东是文章大家，也是语言高手。比如“实事求是”这个词，最早见于《汉书》，在很不显著的地方，意义限于求得事实真相，并不为一般人所知。毛泽东对这个词作了全新的解释，赋予其深刻的理论和实践意义，使我们党和整个民族的思想境界得到提高。他把成语“知难而退”改为“知难而进”，把“前仆后继”改成“前赴后继”，体现出一种大无畏的积极进取的精神，也贡献了新的词汇，丰富了祖国语言。单就这一点说，毛泽东也很了不起。

《现代汉语词典》新版也收录了一些新的词语，比如“粉丝”、“宅男”、“宅女”、“草根”、“忽悠”、“力挺”，等等。还有一些新近流行而辞书未来得及收录的，比如“自媒体”、“快递”、“网购”，等等，反映了社会生活的变化，很快普及了。要关注这些新的社会生活中产生的新的词语，用来丰富我们的语言宝库。

群众语言是丰富多彩的，要向群众语言学习。比如北京话讲一件事办不成，说是“没戏”，很生动。各地方言中都有一些独特的、生动活泼的语言，可以从中吸取语言营养。现代汉语中，大量的词语也是经过千百年来沉淀筛选，积累下来的群众语言。

现在国际经济文化交流日益广泛，要注意从外来语中吸取新的词语，来丰富我们的语言。在历史上，汉语发展过程中也吸收了不少外来语。近代自然科学和社会科学领域的大量引进，更是形成许多新的概念和词语，不仅丰富了汉语的表达能力，也开阔了我们的眼界。近年来，国际上通行的一些词语，更是不经过汉语转化而直接被人们广泛应用，比如“GDP”（国内生产总值）和“WTO”（世界贸易组织）。当然，吸收外来语是一项创造性的工作，要精心选择和提炼，力求符合汉语规范。有很多外来词语翻译得非常好，比如“手机”和“电脑”。现在，随着中国经济文化发展和对外交流的扩大，一些中国词也开始在世界流行，有的已经进入牛津英文词典。为了促进中国文化向世界传播，需要做许多语言文字方面的工作，这也是一个大学问。

每个时期，包括社会大变革时期，在语言总汇中，新的词语总是占少数，绝大部分是历史传承下来的。新版《现代汉语词典》共收词七万多条，隔几年出一次的新版每次所收录的新词也就是一百多条。写文章，特别是各种公文，一定要用规范的、公认的语言和文字，不要用网络语言中那种没有得到公认的，甚至是调侃式的表达，成为烂语文。

提高语言文字修养的一个基本方法，是多读书。要多读名家的文章，读各类体裁的好文章；不仅从内容体会，而且要从文章作法品味，琢磨在文章写法上可以借鉴之处。读多了，就可能逐渐领悟文章写作的奥妙。现在的书实在是太多了，每年都有大量的新书出版，有经典书，有专业书，有休闲书，多得不得了，谁也读不完。只能根据自己的需要、可能和兴趣，有的精读，大量的只能是浏览。浏览也有益，可以扩大知识面。

认识两三千个字就能顺利阅读书报，但写文章要尽量多掌握词汇，熟练地运用词汇，琢磨不同词的细微差别，来丰富我们的表达能力。有个词叫“理屈词穷”，我们因为掌握词语不够，不能选择最恰当的词准确表达自己的意思，常常闹得“理未屈，词先穷”。

电脑和网络是20世纪的伟大发明，对人类生产和生活方式产生了极其广泛而深远的影响。单就写文章来说，在采集信息、获得知识、整理资料、提高效率方面，电脑提供了过去难以想象的便利。过去搞研究工作，写文章，要积累资料，用一张张卡片抄录，还有专门的卡片箱，现在一台电脑把这些都代替了。电脑可以给人们腾出更多的时间去调查研究和深入思考，从事原创性的工作。但电脑也给一些懒人提供了方便，就是不认真读书，不认真分析情况和研究问题，靠电脑整段下载资料，东拼西凑，敷衍成文。这样很容易造成文章的重复和雷同，甚至张冠李戴，把甲地的事情搬到乙地，闹出笑话。现在写文章似乎也进入了工业化生产的时代，连入党申请书、工作总结和思想检查，也可以从网络下载。但拼凑终归是不会有好文章的。买皮鞋和衬衣都喜欢手工缝制，文章更是讲究个性化特色的，如何保持“手工缝制”的美妙，避免照抄照搬、雷同和重复，是需要注意的问题。

写文章最好是三新：新见解，新材料，新写法。实在做不到，两新也过得去：没有新见解，但有新材料，新写法。还做不到，至少写法要新，也还有人看。如果是“三无文章”，观点、材料、写法都不新，就没有人看了。——我今天讲的，可能就是一篇“三无文章”。耽误大家这么多时间，是希望能引起对写作技巧的更多的追求，以便于更好地表达我们所要表达的内容。我所讲的，自己也没有完全做到，愿和大家共同努力。

下编

《王梦奎国际对话录》① 序

（2008 年 1 月 25 日）

中国的改革开放和经济高速增长，不仅对中国命运发生了巨大而深远的影响，也在相当程度上影响着世界经济和政治格局。

走向世界并且日益壮大的中国，需要了解世界。面对中国日益广泛地参与国际经济、政治和其他事务，世界也需要了解中国。中国对世界，世界对中国，都有一个相互了解和适应的过程。

中国非常谦虚和认真地学习其他国家的经验，特别是经济发达国家的经验。多种形式的国际交流，规模和深度都是空前的。眼界大开，对促进国内改革和发展所起的作用是不可估量的。

世界也在了解中国，其中不乏深入研究和真知灼见，也有日益广泛的友好交往。但是，据我多年来的观察和亲身体验，与中国对世界的了解相比，西方国家对中国的了解就差得甚远。究其原因，主要是两百多年来西方国家主宰着世界经济和政治，养成了有形或无形的唯我独尊的傲慢，以及现实的政治偏见。加上民族语言和文化的隔膜，更增加了交流和沟通的困难。有利益的矛盾和冲突，也有不了解、误解甚至曲解。

我们需要更积极主动地向世界说明中国。在世界颇具影响的英国《金融时报》，最近在一篇评论文章中说："亚洲正在蓬勃发展——但是谁把这件事告诉全世界？在电视和网络上，在报纸和杂志上，在会议和论坛上，把这件事告诉全世界的基本上是同样的面孔——西方人。"又说："随便去亚洲的一家书店看看，谁在向我们讲述如何解读政治或

① 《王梦奎国际对话录》，中国发展出版社 2008 年出版。

从亚洲（特别是中国）的发展中获益？谁在为地区各大商业报纸和杂志工作？谁主持着亚洲主要的商业论坛？”这都是事实。中国人需要更多的直接参与。

因为所从事专业和工作岗位的关系，我有比较多的国际对话的机会。对话的对象，有国家元首，国会领袖，政府要员，专家学者，工商巨子，以及社会活动家，不少是颇有影响的人物；所讨论的是国内外大事，有实际问题和政策问题，也有理论问题。在多年来的国际交往和对话中，我一直在努力用不同交往对象所容易理解的话语和比较灵活的表达方式，增进彼此之间的沟通。研究问题存同而求异，交往和相处则求同而存异，通过坦率交换意见而扩大共识。讲情理，重事实，用确凿的材料介绍中国的改革和发展，说明中国的成就和存在的困难，同时表明我作为中国学者和政策研究咨询机构负责人的观点和立场。这样做，收到了比较好的效果。大多建立了良好的工作关系，交往多的还增强了友谊，我从中受益匪浅。我知道，个人的作用是有限的，但我身后是伟大的祖国，我肩负着应有的责任。

这本书，就是我部分国际对话的选集。这里辑录的都是“口头文学”，目的是方便更多读者的阅读。大部分是现场答问，完全是随机应对；对象是各色人等，涉及的领域自然广泛。其余部分是备有参考稿的演讲，因为时间限制，往往需要用比较短的篇幅对所讲的主题作出高度的概括。提交各类国际讨论会的论文，也可以视为国际对话，为了不使这本书篇幅过大，都没有收入。所有对话，都是按时间先后为序排列的，我以为这有助于从一个侧面，显示出中国改革和发展的轨迹。

附录有三篇文章。一篇是1990年5月赴韩国参加东方经济研讨会归来所写的《韩国印象》，当时两国尚未建交，这里除了对韩国情况的考察介绍外，还对发展两国经济和政治关系提出了建议。一篇是《苏联见闻》，是1990年8月苏联解体前夕到那里访问归来所写的，如实记录了当时我所感受到的苏联上下混乱、动荡、困惑和无所适从的状况，现在作为历史资料，还有阅读价值；何况，苏联解体对尔后中国的改革和发展进程有重要影响。另一篇是《老挝归来》，是我应老挝人民革命党中央和政府的邀请，在老挝高级干部会议上报告归来所写的报告。这三篇文章都有对话的内容，但不大合乎本书“口头文学”的选择标准，一并作为附录。

王梦奎

2008年1月25日

苏联见闻[①]

（1990 年 9 月）

一

应苏联保卫和平委员会的邀请，中国人民争取和平和裁军协会积极分子代表团一行七人[②]，8 月 20 日至 30 日访问了苏联。

访问了四个地方：莫斯科，列宁格勒，立陶宛，敖得萨。访问期间，除同和委会及和平运动积极分子会见外，还访问了工厂、农庄、农场、电站、港口、教堂和农民家庭。访问了列宁格勒州党委和敖得萨州党委，以及苏联科学院远东研究所。和不同阶层的人士举行了 16 次会见和座谈。

由于不是专题考察，走马观花，了解不深，不细。好处是接触了中下层干部和群众，加上是群众组织的代表，没有官话、套话，可以了解一些真实情况。

苏联和委会基本上解体了。在中央一级，名称还叫和平委员会，其办公所在地的大街仍称和平大街。和委会的基金，由苏和平基金会提供。现在基金收入减少，和委会同基金会矛盾很大，同在一个楼上办公，彼此不让自己邀请的外国代表团同对方接触。全苏和委会已经

---

① 作者在苏联解体前夕写的这篇考察报告，当时曾通过中共中央政策研究室的内部刊物提供中央决策层参考。在这篇考察报告里，作者如实记述了大动荡前夕苏联社会政治生活混乱、困惑和无所适从的景象，并预感到苏联的瓦解。

② 代表团团长是中共中央对外联络部的彭望东，作者以经济学家身份参加。代表团成员还有尹成杰、陈凤翔、葛友义等。

不能领导各共和国的和平运动。他们标榜独立性，不愿做党和政府的工具。听起来，他们确实同党中央和政府的调子不同，甚至有所评论和批评。他们也有些同政府立场不同的独立活动，如反对阿富汗战争。和委会大楼有纪念阿富汗战争中死者的长明灯。据说，在苏联，“委员会”已经臭了，他们正考虑改换名称。

虽然如此，地方的和委会及其他和平运动，仍认为全苏和委会是官方喉舌。地方和委会也在考虑改名。立陶宛仿效东欧的办法，改称“和平论坛”，里面什么人都有，包括生态组织。有些活动也很奇特，如号召销毁玩具武器。列宁格勒的和平运动提倡家庭和平，认为家庭和平是社会和平的基础；还提倡个人内心和平，这就类似宗教的修炼了。敖得萨的和委会大体 还是保持传统的活动方式，组织也比较健全。

全苏和委会连全国性的会也开不成了。他们想了一个招儿，组织一个“和平旅行船”，360 人，包括各地搞和平运动的代表，“关”在船上，从海上航行到日本和中国来访问，作为旅游，在航行中议论今后如何展开活动。本来还想请其他国家的代表，请不来，他们也缺乏经费。

和委会的状况，或许可以视为目前苏联的一个缩影：从组织最严密的国家变得分崩离析。我的印象，苏联从上到下，党和国家机关已经处于半瘫痪状态。有人说，像中国的“文化大革命”时期。其实，两者有很大不同。“文化大革命”使中国陷于分裂，但各派的政治目标是一致的：拥护共产党，拥护毛泽东，保卫社会主义。苏联目前缺乏这种一致性。

二

我最关心的是苏联的经济问题。没有系统了解，只能说些零星印象。

苏联的资源条件是很好的：地广人稀，资源丰富。俄罗斯到处是森林和草原。乌克兰土地开垦的多些，土壤肥沃，人们说，把一根木棒插在地上，也会长出庄稼来。

苏联的工业基础是雄厚的：石油、天然气、钢铁、煤炭产量都很多。电力供应充分，我们参观立陶宛一个大电站，每度电成本只有2戈比，售价4戈比。莫斯科等大城市以优惠价格鼓励人们使用电炉。莫斯科一般居民家庭每天都可以洗热水澡。交通也很方便。火车站没有检票，提行李直接上月台，客车每个车厢2～4人。除近郊外，据说没有硬座车厢。三十年代修的莫斯科地铁和列宁格勒地铁，至今仍不失为世界先进水平，比北京的地铁雄伟壮观。上海正同列宁格勒合作，希望学习地铁方面的技术。列宁格勒是滨海城市，市内水面很大，河湖纵横，不少地段地铁穿越水面之下，建造技术对上海或许比较适合。地铁价格便宜，进去一次5戈比，可以到处转。

但是，苏联经济状况出乎意料的差。去之前也知道苏联经济状况不好，实际考察结果，比原来想象的还要坏。

市场商品极其缺乏，单调，粗笨。许多货架是空的。化妆品的货架同卖生产资料的货架一样粗笨难看。8月30日下午离苏前，我们去逛商店，见红场附近的几个大商场，到处排队，人山人海，让人感到一种紧张的气氛。各大城市都使用身份证买东西，而且限量。

看来，苏联经济将继续恶化。全国性的物价上涨和通货膨胀将很快出现。生产单位正纷纷提高产品价格。

我们住的乌克兰饭店，是莫斯科的二流饭店，大致相当于改造前的前门饭店，每天每个房间50～70卢布。到外地访问一周回来，不得不改住一个大学为创收搞的旅馆（学校招待所），因为乌克兰饭店已经涨到每天300卢布。临时改变计划，衔接不上，我们饿了一顿饭。

去年粮价涨了，肉价未涨，农民不愿意卖肉。自由市场的肉价，国家规定最高限价5卢布1公斤，很短时间内已涨到30卢布。新任苏和平委员会第一副主席库兹涅佐夫是个作家和国际活动家，《在国外》杂志主编。这个杂志在《真理报》出版社印刷，现在说要涨价，因为四分之一的纸张要用议价的。国家牌价每吨纸200卢布，不久前涨至300卢布，而议价是6000卢布，价差20倍，“双轨制”价差比我国还大。邮局通知他们，发行费涨价50%。问:《在国外》杂志能承受这种价格上涨吗？答：提高价格，从 20 戈比一本提高到 40 戈比一本。

各大城市到处排长队买香烟。全国 20 家大烟厂同时停产，据说是检修设备。问：怎么会同时检查设备？是否等待向市场经济过渡，卖高价？答：可能是。

居民手中钱很多，没有物资保证，势必引起物价上涨。现在政府已经注意到这个问题，拟采取的办法有：

1. 提高利率以吸收储蓄。现在短期储蓄利率 2%，半年以上 3%。经济学家建议提高到 6% ～ 10%，同时使居民相信，决不进行货币改革。列宁时期进行过货币改革，不同收入者新旧货币兑换率不同，以此对钱多者进行剥夺。

2. 每年卖 200 万～ 300 万块土地，供私人盖房用，每块 4% ～ 6% 公顷，价格 2000 卢布。现在是拨 6% 公顷土地盖房，等于白送。

3. 作为应急措施，进口消费品。戈尔巴乔夫说过，苏不能出口大量原料换取消费品。但现实情况决定，任何人上台，都不能不大量进口消费品。因此，至少在今后几年内，中国有扩大对苏消费品出口的机会。苏联现在是中国第五或第六大贸易伙伴。问题是，苏方缺乏支付手段。现在边贸发展比较快。哈尔滨同敖得萨合营生产收录机，哈市提供技术。新疆同苏中亚共和国合营生产暖水瓶、羊绒衫一类东西，新疆提供技术。中国资本打入苏联市场问题，值得专门研究。

4. 出售住宅。莫斯科市苏维埃宣布，住宅归个人所有，正在讨论中。苏和委会第一副主席库兹涅佐夫说，他居住面积 71 平方米，每月 10 卢布房租。合作社建房，每平方米造价 300 卢布，住合作社的房子与住国家的房子，价格相差很大。他住的 71 平方米，房租、水电共交 40 卢布，如果住合作社的房子，要交 100 卢布。他说，这是不公正的。

人们普遍反映，在改善供应方面，做得很差。企业不按计划生产，不完成订货合同。生产出好的东西，自己出口赚钱。我们参观立陶宛一个农业公司，过去是一个国营农场，总经理告诉我们，把产品直接运到西方赚外汇，再进口自己想进口的东西，没有什么限制，也不向国家交税。我说，立陶宛独立不了，苏联税务局会来向你收税；

独立了，立陶宛税务局也会来找你要钱，现在是个赚钱的好机会。听的人都哈哈笑。——顺便说说，现在国内研究苏联经济问题的，有些同志只是说，苏联不援助古巴、越南、东欧以后，可以省下多少外汇，办多少事，而没有考虑到，国家外汇收入也会大量减少。

工厂想方设法多从国家捞一点。我们参观的几个工厂，都说今年多留了多少，给工人增加了多少福利，盖了多少房子，到什么地方盖疗养所，而生产都没有什么增加。今年上半年，全苏职工工资增长12%，而生产下降1%。苏联经济已经走入个人货币收入膨胀的困境。去年8月份，我参加过一次苏联驻华使馆举行的招待会，当时我曾向特罗扬诺夫斯基大使谈过这个问题，说这是改革中需要注意的问题。他表示很不理解，反问道：我们改革不就是为了改善人民生活吗？

为什么市场供应紧张？一是生产少了。我们接触的人普遍反映，改革的结果，是谁也不工作，只想过好日子。二是生产的东西，一部分到了“合作商店”，把紧俏的商品转出去卖高价。“合作商店”发展很快，政府视为改革成果，群众意见颇多。据说，尽管市场供应差，人们家里东西并不少。

在立陶宛，见到公路旁一大片小汽车，人山人海。立陶宛和平论坛副主席告诉我们，那是“黑色市场”。她说：那是富人去的地方，我们去不起，卖的是外国进口的高级汽车，高级时装，这是我们的耻辱，我们正想集中起来加强管理。

人们收入的差距在拉大。立陶宛电站的站长告诉我们，那里已经有10亿富翁。他是个老专家，很诚实，亲自带我们参观大半天。他问：中国经济建设有什么问题？我说：我们的基础设施和基础工业比较薄弱，这正是苏联经济的长处，例如，你们的电力很丰富。他有所指地说：那都是所谓停滞时期建设起来的。①

卢布与美元的比价，过去是0.6∶1，不久前一下子降为6∶1。我们去的时候，黑市价是（15～20）∶1。据说现在更低了。尽管法律不允许，街上还有不少人拿卢布换美元。只要有美元，东西还是便宜的。

① 当时苏联领导人戈尔巴乔夫批评在他之前的苏联是“停滞时期”。

因此，出入境带东西都有限制，入境带二锅头不得超过两瓶，毛毯之类的不准带出境。

我问过不少人：改革前后有什么变化？比较普遍的是两种答复：没有人工作，供应更坏了。陪同我们的苏联方面的翻译郭尔松，40岁，国际关系学院的副教授，是个热情的人，经常帮我们搬行李，自称是无政府主义者，正考虑退党。他说，他父亲是斯大林主义者。我说：你能说服你父亲吗？他说不能，最难驳倒的论据是：斯大林时期什么都有，现在什么都没有。

我还问过不少人：向市场经济过渡采取了哪些实质性措施？得到的答复是：什么实质性措施也没有采取。敖得萨州委第二书记说，现在是进行教育，让人们懂得，市场经济的实质是什么。我问：市场经济的实质是什么呢？答不上来。后来到农村参观，路上我又问陪同的州委意识形态处的处长谢洛夫，他想了半天，说：重建个人所有制，我们过去歪曲了马克思，这是马克思的说法，我们也没有什么新东西。我问：改革是按马克思的模式进行的吗？又说不是，因为时代变了。这说明，他们还没有弄明白。关于经济改革的讨论，基本上还是理论原则的，关于建设性的实施办法讨论不多。

苏联向市场经济过渡是很困难的。因为：原来的模式时间长，影响深；受革命前俄国农奴制村社制度的影响，商品经济意识差，现在许多人不知道什么是商品经济。斯大林的高度集中的体制所以产生并能坚持多年，除了对付帝国主义的包围和实现工业化的客观需要外，革命前的社会经济状况也是一个重要原因。当然，同对马克思的某些论述理解的简单化，以及德国在战争中高度集中做法的影响，也有关系。报刊上对于改革，对于市场经济，都讲得很多。但从我们所参观的工厂和电站的情况来看，并无实质性的变化。列宁格勒市的一个厂长说，我们不清楚如何转入市场经济，可能上面也不清楚。

机关团体经商已经开始。和委会利用办公楼一层的机关食堂，租给意大利人开外汇餐厅。我问：机关工作人员吃饭是否也付外汇？答复是：实行两种价格制度，机关工作人员吃饭照旧。

我觉得，苏联从上到下，对改革前途感到困惑。不知道下一步怎么走，不知道明天会发生什么。郭尔松说：苏联是欧洲国家，我们要回到欧洲。俄罗斯可以成为欧洲人旅游的地方，让他们来看俄国的风光，看俄罗斯农村的舞蹈。我们的产品打入世界市场是不可能的。列宁格勒市苏维埃也有人主张，把该市变成旅游城市。苏远东研究所《远东问题研究》主编，一位年长的教授，认为苏联改革的前途取决于对外关系如何，如果外国人来投资，苏联加入国际市场与世界文明，改革就是有保证的。

苏联经济正继续走向低谷，近期前景不容乐观。种种迹象表明，苏联发生了严重的经济危机，近三五年没有好转的希望。

三

我们在访问中强烈感到，苏共的力量和作用已经被严重削弱，正在丧失执政党的地位。列宁格勒州委书记、苏共中央委员加里宁娜在会见我们时，忧心忡忡，对苏联如何摆脱目前困境毫无主见。她说：在市苏维埃代表中，有 230 多名党员，只有 70 多名同我们有联系。过去尽管党内有不同意见，但党是统一的，能团结一致去完成任务。现在党内有不同派别，“民主纲领派”将建立新党。第二十八次代表大会上党没有分裂，但分裂的危险还是存在的。本州还有一百多个非正式的政治组织。党的职能已经变了，已经变成对政治生活不起决定作用的党，州委只能像其他政治组织一样，支持市民的要求，向苏维埃施加压力和影响。这表明，当地共产党已经从执政党变成在野的议会党。半年来，50 万党员中有 3 万人退党，他们估计，到年底还将有 5 万人退党。问起该市经济状况，她说：我们的经济过程都是消极的，如物价上涨，供应紧张，等等，还不知道采取什么办法过渡到市场经济，我不管经济，不了解这方面的情况。由于党委经费拮据，据说中联部李淑铮部长率党的代表团访苏时，团员在列宁格勒是两个人住一间房子。市苏维埃有人要求把党委从斯莫尔尼宫赶出去。加里宁娜说：最可怕的，不是善意的反对派，而是那些要杀共产党的人。敖得萨情况略好些，目前退党的占 2%，他们估计，到年底还将有 4000 人退党。

据党委意识形态处处长说，退党的人今后还会大量增加。退党的大部分是知识分子，工人农民党员退党的比较少。从年龄看，则以青年人居多。敖得萨和委会主席是个著名老作家，说当地流行这样一句幽默：党员退党要两个非党员介绍。《远东问题研究》主编向我们表示：老百姓对共产党的态度是悲观的，社会上有一股反共情绪。我们在敖得萨住党委“十月”招待所，郭尔松说，这是共产党的特权，是人民进攻的目标。实际上，是个非常普通的招待所。

我们所接触的党的干部，无不认为目前党处于困难的时期。谁也说不清向什么方向走。我问敖得萨党委意识形态处处长谢洛夫：你们在意识形态方面的任务是什么？他说，不知道，我们正在寻找新的任务。旧的教条主义不行了，新的理论又没有。制定新的社会主义理论是非常重要的，我们不能等莫斯科来制定新理论。陪同对我们说，现在苏联的情况是，红军走了，法西斯还没有来。

在我们所接触的人中，没有人正面提到戈尔巴乔夫。据说一年前情况还不是这样，人们还常常提到他的意见。有人说，他已经成了没有国土的国王。陪同告诉我们，现在流行不少关于戈尔巴乔夫的笑话。他举了两个例子：

有一天，戈尔巴乔夫到浴池洗澡。所有的人都急忙用浴巾把身体捂起来。戈很惊讶：“这是为什么呀？”大家说：“你每天带夫人到处走，今天不是带夫人来了吗？”

有一天，戈尔巴乔夫到工厂演说。工人问：总统先生，您是社会科学家，还是自然科学家？戈答：当然是社会科学家。工人说：怪不得呢，如果您是自然科学家，您这一套就应该先在老鼠身上做试验，不应该在我们身上做试验。

四

前面说过，苏联党和国家机关，处于半瘫痪状态。库兹涅佐夫有一个形象的说法：“我们的政权喝醉了，各级都有这种情况。”“都在拼命扩大自己的权力，不考虑群众组织的权力，甚至不考虑国家的权力。

正如俄国俗话所说的，都拼命往自己身上拉被子，使自己暖和些，而不管别人冷暖。”

在座谈会上，有三个人公开向我们谈到，苏可能发生军事政变。一个是立陶宛电站的站长，一个是《远东问题研究》的主编，一个是退役将军。这表明，苏联社会酝酿着巨大的不安。主编说，谁也不能保证苏联不出现波兰的情况，不能排除军事政变与独裁，我不相信领导人的变更能解决苏联的问题。

宗教势力在迅速发展。我们参观了距莫斯科70公里的雅哥尔斯克教堂。这是东正教最大的教堂。70公里的公路是教堂掏钱修的。欧洲宗教势力本来就大，现在由于出现了信仰危机，宗教乘虚而入。和委会处长尤里认为，“搞了几十年，证明只有宗教才关心人的利益。”比较正统的人也认为，需要靠宗教进行道德教育。在立陶宛电站，我们看了正在施工的大教堂，电站负责人说：“没有教堂就不能成为城市。”在整个东欧的演变中，宗教一直扮演着重要角色，这是值得注意的。

犯罪率在上升。这是苏联报刊承认的。人们说，警察也不工作了，或者已经同颓废派和犯罪分子搞到一起。我们返回莫斯科时饿了一顿饭，除了饭店涨价外，可能同负责接待我们的尤里被盗有关。他在国外工作过，可能比较有钱，家里被盗了。他到区公安局报案，公安局说，你这是件小案子，前天我们区被砍了两个脑袋，音乐学院被砸了，还没破案呢。尤里因此无心于工作。

干部群众思想很混乱。一些中青年知识分子否定一切，向往西方，甚至把日本、法国、瑞典都看作社会主义国家。郭尔松甚至把二战中保卫列宁格勒死了许多人，说成是斯大林的罪证。

五

在立陶宛首都维尔纽斯，街上写着“红军滚回去”，“俄国占领者滚回去”的大标语。我们所接触的立陶宛人，对独立都颇有信心。看起来，由于力量悬殊，他们采取的办法不是暴力对抗，而是软磨硬泡，经过比较长的时间，逐步实现独立。从表面看，社会秩序还比较好，并不比其他地方差。现在已经成立了自己的警察学校。他们还考虑争取国际承认问题。立陶宛共产党创始人的铜像，将从广场上移走。立陶宛经济水平高，农民的小洋房非常漂亮，四周是花园，比敖得萨参观的农庄好得多。立陶宛民族勤劳，善于经营。俄罗斯人说：立陶宛人喝酒，从来不喝醉，连瓶子也舍不得扔掉，不像我们喝得酩酊大醉，把瓶子扔掉。还说，立陶宛并入苏联后，一些人被流放到西伯利亚，两三年后小洋房又盖起来了，仍比俄罗斯人生活好。在立陶宛，立陶宛人占 80%，那里的俄罗斯人和波兰人独立愿望不强，波兰人想在内部搞自治区，立陶宛人说不合法。在议会，立陶宛人说，“波兰人生活好吗？”波兰人说，“好。”“波兰人的教育发展了吗？”“发展了。”“那你们还要什么呢？”“要更大的自由。”维尔纽斯历史上是立陶宛的首都，但并入苏联的时候，是白俄罗斯的地盘。白俄罗斯人说，如果立陶宛独立，将收回维尔纽斯。

俄罗斯宣布享有俄罗斯境内一切资源的主权，包括黄金。这样，苏联政府对外贸易就成了问题。戈尔巴乔夫宣布，这是非法的，苏联对外签订的一切贸易协定有效。俄罗斯内部，还有几个小自治共和国，也宣布不承认俄罗斯的权力。看来，民族问题将会愈演愈烈，经常会有新的问题被提出来。

如果抛开社会制度问题，恐怕可以说，从彼得大帝到斯大林逐渐建立起来的统一的“俄罗斯大帝国”正在瓦解。这是不可挽回的。这对欧洲政治地图和整个世界形势有重要影响，对于我们国家也有重要影响。这是我们 90 年代面临的新的国际格局的一个重要方面。

六

我们所接触的所有苏联人，都认为中国这些年经济搞得好，知道中国市场商品供应丰富，流露出羡慕之情。苏联电视台记者拍了一部关于中国经济的纪录片，播放后很受欢迎，增加了苏联公众对于中国的了解。普遍希望了解中国改革的经验。不少苏联人把中国改革概括为，在农村搞私有制，在城市搞股份制。这当然是不全面的。

敖得萨市一个老战士、卫国战争时期的机枪手问我：你是经济学家，请你告诉我，苏联什么时候能够赶上中国？我说，苏联工业基础好，资源丰富，经济是有希望的。她不满足这种答复，又郑重其事地问：你告诉我，苏联的商品供应什么时候能赶上中国？我说，今年肯定不行了，明后年希望也不大，至于以后，我就不敢说了。她听了，很失望地叹了口气。在苏联，不少人认为近三五年经济不会有大的起色。

年纪大的，对中国更怀有友好感情。我们在乌克兰一个农庄参观，主人十分热情，晚餐时非要把每一个人灌醉不可（戈尔巴乔夫的禁酒令已经名存实亡，连莫斯科大街上也有醉汉）。几杯酒下肚之后，党委书记叫来拉手风琴的，建议大家唱歌，他点了五十年代很流行的《莫斯科—北京》，《斯大林—毛泽东》，全场击节鼓掌，情绪热烈。

一位退役中将说，东欧一些国家已经离开了社会主义道路，我知道中国人民面临着很大困难，苏联人民的困难不比中国小。中国人民的努力说明，世界上还有人在坚持社会主义道路。

在老挝高级干部会议上的报告①

（1994年3月28日）

一

现在中国最响亮的口号是：建设有中国特色的社会主义！这是现阶段我们党的基本纲领。

了解建设有中国特色社会主义的理论和实践，是认识当今中国的关键所在。我今天很高兴有机会就这个问题向老挝同志作些介绍，供各位参考。

我想先简要地说说新中国的发展历程，这同我们今天报告的主题是有关系的。

新中国成立45年来，大体上经历了三个发展阶段：

1949～1956年是第一阶段。先是用三年时间恢复被长期战争破坏的国民经济，进行土地改革，完成民主革命的任务。接着又以具有中国特色的方式，改造了个体农业、手工业和资本主义工商业，建立了社会主义制度，同时进行了第一个五年计划的经济建设。这一阶段的工作，总的说是成功的。

1957～1978年是第二阶段。在中国这样一个经济比较落后的东

① 1993年12月，老挝人民革命党主席兼政府总理坎代·西潘敦率老挝党政代表团访华时，作者曾向代表团介绍中共十四届三中全会《关于建立社会主义市场经济体制若干问题的决定》的精神和我国改革开放情况。代表团回国后即通过外交途径邀请作者到老挝给高级干部作报告。出席这场报告会的是老挝人民革命党全体中央委员和候补委员，以及中央各部部长、各省省委书记。回国后写《老挝归来》，见附录。

方大国如何建设社会主义，是个全新的课题，我们自己没有经验。苏联有经验，但中国同苏联的国情不同，而且苏联经济模式存在的问题，50年代中期已经暴露出来，中国不能走苏联的老路。以毛泽东为首的中国共产党人，试图避免苏联的缺点和错误，走一条符合中国情况的建设社会主义的道路。提出过不少有价值的见解，实践中也作过某些尝试，社会经济发展取得相当成绩。也发生过严重的挫折，包括1958年的“大跃进”和“人民公社化”，以及为期十年的“文化大革命”那样严重的错误。

1979年以来是第三个阶段。我们党认真总结了自己的经验教训，汲取了国际社会主义运动的经验和教训，同时也研究了当今世界政治经济发展趋势和一些国家经济发展的经验，实现了全党和全国工作着重点的转移，即从“以阶级斗争为纲”转到以经济建设为中心，实行改革开放，走出了一条建设有中国特色社会主义的道路。实践证明，这是正确和成功的。这15年，是我国发展最迅速，人民生活水平提高最快的时期。1979～1993年，国民生产总值平均每年增长9.3%。主要工农业产品产量都有大幅度增长。例如：1993年粮食产量达到4500亿公斤，比1978年增长50%；钢产量达到8800多万吨，比1978年增长1.79倍；煤炭产量达到11.4亿吨，比1978年增长85%；发电量达到8200亿千瓦小时，比1978年增长2.19倍。1993年同1978年相比，城镇居民人均年生活费收入由315元增加到2337元，扣除物价上涨因素，实际增长1.5倍，平均每年增长6.3%；农民人均纯收入由134元增加到921元，扣除物价上涨因素，实际增长2.5倍，平均每年增长8.7%。

在我国1989年发生政治动乱的时候，特别是1989～1991年东欧和苏联发生剧烈变化以至苏联解体之后，西方一些反共的政治家，预言中国会像“多米诺骨牌”一样垮台。事实粉碎了他们的幻想。现在中国经济发展，政治稳定，民族团结，社会进步，保持着旺盛的生机和活力，巍然屹立在世界的东方。不少西方资产阶级的代表人物，对中国经济的现状与前景，作出了与以前截然不同的评论。中国人民和中国共产党人高兴的是，我们的友好邻邦老挝，在人民革命党的领导下，也在坚定地沿着自己的道路胜利前进。

为什么中国会发生对某些西方政治家来说是这样不可思议的奇迹呢？

因为我们走了一条建设有中国特色社会主义的道路，执行了符合中国实际情况的正确路线和政策，改革开放和现代化建设取得巨大成就，因而得到人民的衷心拥护。

二

一般地说，任何国家的革命和建设事业，要取得成功，都必须从本国的实际情况出发，依靠人民群众的力量，走带有本国特色的革命和建设之路，而不能照搬照抄别国的经验和现成的书本结论。

特殊地说，像中国这样广土众民，情况复杂，有悠久的历史传统，经济又比较落后的大国，更要从自己的实际情况出发，走符合我国国情的道路，并且依靠人民群众的力量，发展革命和建设事业。本世纪20年代后期和30年代初期，在国际共产主义运动中，在我们党内，曾经盛行过把马克思主义教条化，把共产国际决议和苏联经验神圣化的错误倾向，使中国革命几乎陷入绝境。只是在克服了这种错误倾向之后，我国的新民主主义革命才以具有中国特色的道路取得胜利。我们把这叫做马克思主义基本原理同中国实际相结合的第一次飞跃。在中国的社会主义改造中，虽然发生过某些偏差，但我们毕竟是以独特的创造赢得了生产资料私有制改造的胜利。后来由于指导思想上的错误，使经济发展遭到一些严重的挫折，但我们并没有照抄苏联的模式。经过几十年的努力奋斗和艰苦探索，我们党逐步找到了一条建设有中国特色社会主义的道路。毛泽东是这种探索的开创者。从1978年底中国共产党十一届三中全会开始，经过1982年党的十二大，1987年党的十三大，1992年党的十四大至今，在15年来的改革开放和现代化建设中，实现了马克思主义基本原理同中国实际相结合的第二次飞跃，形成了比较完整的建设有中国特色社会主义的理论。这是中国共产党和中国人民集体智慧的结晶，邓小平是其杰出的代表，对此作出了最重要贡献，所以通常我们称作邓小平理论。

建设有中国特色的社会主义，有两个方面的含义：一是从中国实际情况出发建设社会主义，这就是说，中国实现社会主义现代化的出发点和具体道路，应该有自己的特色；一是建设符合中国国情的社会主义，这就是说，中国的社会主义作为目标，也应该有自己的特色。这里有社会主义的普遍性和特殊性关系的问题。有中国特色的社会主义，当然首先是社会主义，这是社会主义制度的共同本质，以此区别于资本主义制度和其他社会制度；有中国特色，是指中国社会主义制度的特殊性，以此区别于其他社会主义国家。如果把视野放得更宽广些，不难发现，在普遍规律下各个国家具有自己特色的问题，是人类社会历史发展中常见的现象。例如，西欧的封建制度与中国的封建制度，就有许多不同之处。同是资本主义制度，日本同欧美国家相比，也有自己的特色。社会主义没有固定的模式，这是合乎社会主义发展规律的正常现象。

三

根据我们现在的认识，建设有中国特色的社会主义理论，主要包括以下九个方面的内容：

（一）关于中国社会主义的发展道路。强调从中国实际情况出发，走自己的路，不把书本当教条，不照搬外国模式。实现了新中国成立以来我们党的历史伟大转折的党的十一届三中全会，响亮提出解放思想、实事求是的口号，随后又在全国范围内开展了关于实践是检验真理唯一标准的讨论，对于打破思想僵化和教条主义的禁锢，冲破落后的传统观念和主观偏见的束缚，正确总结历史经验，不断地研究新情况，解决新问题，开创改革开放和现代化建设的新局面，起了极其重要的作用。解放思想，实事求是，就是从实际情况出发，找出客观事物发展的规律，用以指导我们的行动。这就要求我们科学地对待马克思主义，既坚持马克思主义的基本立场、观点和方法，又不把马克思主义书本上的原则作教条主义的理解，不停留在对社会主义的一些不科学的甚至扭曲的认识上。当然，我们也要了解和借鉴马克思主义以外的其他学说中的积极成果，但更不能照搬照抄。解放思想，实事求是，是正确的马克思主义的认识论，也是建设有中国特色社会主义的思想前提。

（二）关于中国社会主义的发展阶段。认清中国的社会性质，正确把握我国社会主义现今所处的历史发展阶段，是建设有中国特色社会主义的首要问题。我国从50年代末期至70年代末期在社会改造和经济发展中所发生的偏差，重要原因之一，就是没有认清中国现阶段的社会性质，试图现时就把马克思主义创始人关于未来社会的一些原则设想付诸实施。我们从总结历史经验中得出一个重要的结论：我国现在还处于社会主义初级阶段。这是建设有中国特色社会主义的重要理论基础，也是理解现阶段中国问题的一把钥匙。我们所说的中国社会主义初级阶段，不是泛指任何国家进入社会主义社会都会经历的那种起始阶段，而是特指我国这样脱胎于半殖民地半封建社会，在生产力落后条件下建设社会主义所必然经历的特定阶段。社会主义初级阶段既不同于社会主义经济基础尚未奠定的过渡时期，也不同于已经实现了现代化的社会主义社会。从20世纪50年代中期我国社会主义制度建立到基本实现现代化，都属于社会主义初级阶段。根据现在的认识，这个阶段大约需要一百年时间。关于我国处在社会主义初级阶段的判断，包括两层含义：第一，我国已经是社会主义社会，我们必须坚持而不能离开社会主义。中国人民在中国共产党的领导下，成功地进行了新民主主义革命并走上了社会主义道路——这是一个基本事实，或者说基本国情，是我们考虑一切问题的一个基本出发点。既然已经建立了以生产资料公有制为基础的社会主义经济制度，建立了人民民主专政的社会主义政治制度，确立了马克思主义在意识形态领域中的指导地位，那就应该如实地承认，我国社会是社会主义性质的。在中国的具体历史条件下，不承认可以不经过资本主义的充分发展阶段而走上社会主义道路，是发展阶段问题上的机械论。这种机械论，往往成为那种革命前反对进行社会主义革命，甚至反对中国共产党领导的新民主主义革命，而在社会主义制度建立之后又主张倒回去走资本主义道路的右倾错误的认识论根源。第二，我国的社会主义社会还处在初级阶段，我们必须从这个实际出发，而不能超越阶段。社会生产力落后，生产社会化程度低，市场经济不发达，社会主义的经济制度和上层建筑还不完善，——这是又一个基本事实，或者说基本国情，也是我们考虑一切问题的一个基本出发点。既然如此，多种经济成分的长期存在，按劳分配之外其他分配方式的存在，以及通过发展市场经济促进生产社会化和现代化，就是必要的，不可避免的。在中国的具体历史条件下，以为不经过社会生产力的巨大发展，就可超越社会主义初级阶段，使社会主义制度达到完善和成熟的程度，是发展阶段问题上的空想主义。它往往成为那种在革命和建设的步骤上求成过急，急于向高级阶段过渡，因而在经济、政治、文化各个领域急于求纯，采取“左”的错误政策的认识论根源。关于社会主义初级阶段的理论，为我们认识和避免“左”的和右的错误倾向，提供了有力的武器，把我们改革的性质和根据说清楚了，对于统一全党和全国人民的认识，对于国内外理解我们政策的长期性和稳定性，很有益处。

（三）关于中国社会主义的根本任务。社会主义的本质是解放生产力，发展生产力，消灭剥削，消除两极分化，最终达到共同富裕。现阶段我国社会的主要矛盾，是人民日益增长的物质文化需要同落后的社会生产力之间的矛盾。因此，我们党在新时期改变了“以阶级斗争为纲”的政治路线，把发展社会生产力摆在首要地位，以经济建设为中心，推动社会全面进步。判断各方面工作是非得失的标准，不再是过去那种简单化的、脱离实际的“社会主义，还是资本主义？”，而是三个“是否有利于”，即是否有利于发展社会主义社会的生产力，是否有利于增强社会主义国家的综合国力，是否有利于提高人民的生活水平。符合这三项标准的，归根到底，是有利于社会主义制度的巩固与发展。

社会主义的目标，是共同富裕，但不可能同步富裕。平均主义不是社会主义，我们在传统的经济体制下吃过平均主义的亏。现在我们坚持贯彻按劳分配原则，鼓励一部分人通过诚实劳动和合法经营先富起来，提倡先富带动和帮助后富，逐步实现共同富裕。这对于调动劳动者的积极性，促进经济发展，起了积极作用。克服了平均主义，人们收入拉开了差距，这是正常的。国家保护公民的合法收入，取缔非法收入。由于多种经济成分发展和市场竞争优胜劣汰所造成的收入悬殊，我们的政策是通过建立有效的收入调节机制来解决，目前正在健全个人收入应税申报制度，完善个人所得税制，还要开征一些新税种，并加强税收征管等方面的工作。对于少数人侵吞公有财产，偷税抗税，贪污受贿，以权谋私，采取非法手段牟取收入，则要加强纪律检查、行政监察，审计监督以及税收和工商行政管理等部门的作用，依法严惩。

我国是一个幅员辽阔的大国，由于历史和地理条件等方面的原因，各个地区经济发展水平存在明显的差距。这是现代化进程中的正常现象。改革开放以来，全国各地经济都有比较迅速的发展，人民生活都有比较明显的改善，走的是共同富裕的道路。但由于沿海地区经济增长更快，所以地区差距有所扩大。我们的政策是，在继续鼓励一部分地区先富起来的同时，采取切实措施帮助落后地区发展经济。经济发达地区也要在资金、技术、人才等方面按照互利的原则，对经济落后地区提供多种形式的帮助和支持。只要经济落后地区利用这些有利条件，充分发挥本地区的人力和资源优势，就一定能够加快发展，实现全国经济协调发展和共同富裕的目标。

（四）关于中国社会主义的发展动力。我们党和国家新的历史发展时期，是以改革为显著标志的。我们认为，改革是一场新的革命，是中国实现现代化的必由之路。这场新的革命，是在过去革命取得成功和社会主义建设取得巨大成就的基础上进行的，是在我们党领导下有秩序有步骤地进行的。我们进行改革，是根据社会生产力发展的要求，变革生产关系和上层建筑。改革并不是要改变我国社会主义制度的根本性质，而是社会主义制度的自我完善和发展。当然，改革并不是原有经济体制的细枝末节的修补，而是经济体制的根本性变革。说改革是一场革命，就是从变革的广泛性和深刻性的意义上来说的。我国原有的经济体制，有其历史由来，起过重要的历史作用，但是随着客观情况的变化，越来越不能适应现代化建设的要求，必须进行改革。

我国经济体制改革的目标，是在坚持公有制和按劳分配为主体、其他经济成分和分配方式为补充的基础上，建立社会主义市场经济体制。经过25年来的改革，我国经济体制已经发生巨大变化。多种经济成分的发展和市场机制作用的扩大，表明社会主义市场经济体制的基础已经初步形成。我们的设想，是在20世纪末，初步建立起社会主义市场经济体制。在此基础上再经过20年时间的努力，到21世纪20年代，即到我们党建立100周年的时候，在各方面形成一套更加成熟更加定型的制度。

政治改革的目标，是以完善人民代表大会制度、共产党领导的多党合作和政治协商制度为主要内容，发展有中国特色的社会主义民主政治。我国的人民代表大会制度，包括全国人民代表大会和各级地方人民代表大会，由宪法赋予其权力。中国除共产党外，有七个民主党派，都是在中国革命中同中国共产党有长期合作关系的。中国共产党和各民主党派实行“长期共存，互相监督”的方针。除七个民主党派外，还有一个中华全国工商界联合会，它在国家政治生活中往往也被看作是一个民主党派，发挥着民主党派的作用。共产党之外的其他几个政党所以被称作民主党派，是从民主革命时期沿用下来的，当时这些党派是在共产党领导下，反对国民党的独裁统治和争取民主的。共产党领导的多党合作与政治协商的组织形式，是全国政治协商会议和地方政治协商会议（简称政协）。中国共产党和中国政府还经常就党和国家的重大方针政策问题，同民主党派和无党派人士进行协商。民主党派和无党派人士在全国人民代表大会和地方人民代表大会中，在全国政协和地方政协中，在中央政府和地方政府中，都占有一定数量的领导职位。在这个制度中，中国共产党是领导核心，是执政党；各民主党派是参政党，不是在野党，更不是反对党。这是符合中国国情的社会主义民主政治制度。我们在政治改革中，强调党政分开，权力下放，精简机构，提高工作效率。西方有一些资产阶级政客认为，中国应该实行西方资本主义国家那种民主政体，实行资产阶级的多党制和议会政治制度，似乎不这样就是不民主。我们理所当然地拒绝了这种主张，因为它不符合中国国情和中国人民的利益。

同经济、政治的改革和发展相适应，我们强调加强社会主义精神文明建设。社会主义精神文明包括教育科学文化建设和思想道德建设，体现在经济、政治、文化和社会生活各个方面。精神文明建设是社会主义现代化建设的重要内容，也是物质文明建设的重要保证。我们的方针是“两手抓”：一手抓物质文明建设，一手抓精神文明建设，反对各种消极腐败现象，培养“有理想、有道德、有文化，有纪律”的社会主义新人。在发展社会主义市场经济的条件下，精神文明建设也面临着新的课题。我们根据新形势的要求，改革科技、教育和文化管理体制。例如，在科技方面，我们实行“稳住一头，放开一片”的方针，即国家继续加强基础性研究和高新技术研究，放开技术开发和科技服务机构的研究开发和经营活动，发挥市场的作用。在教育方面，改变政府包揽办学的状况，形成政府办学为主与社会各界参与办学的新体制。在文化方面，改变政府独家投资的状况，非营利性的文化事业仍由政府投资，而经营性的文化事业更多地发挥市场的作用。

（五）关于中国社会主义建设的外部条件。和平和发展是当代世界两大主题。我们根据国际形势变化和我国现代化建设的需要，调整外交格局和党的对外关系，坚持独立自主的和平外交政策，为我国现代化建设争取有利的国际环境。我们实行对外开放政策，积极吸收和利用世界各国包括资本主义发达国家所创造的一切先进文明成果来发展我国的社会主义事业。为了学习外国先进的管理经验与科学技术，我们派出许多人员出国进行考察，还有数以十万计的留学生在国外学习。对外开放也是改革，即从封闭的体制改革为开放的体制。我们认为，实行对外开放是现代化的必由之路，封闭只能导致落后。对外开放为我国经济发展注入了新的活力。1993 年中国进出口总额达 1958 亿美元，比 1978 年增长 8.5 倍，在全世界所占的位次由第二十几位上升到第十一位。15 年累计批准外商直接投资项目 17.4 万个，实际利用外资近 600 亿美元。先后创办了深圳、珠海、汕头、厦门和海南五个经济特区，开放了大连、天津、上海、广州等14个沿海城市，开辟了30个经济技术开发区和13个保税区，以及长江三角洲、珠江三角洲、闽南三角地区、山东半岛、辽东半岛经济开放区。1990年又决定开发和开放上海浦东新区。对外开放不仅引进了外资，弥补了我们建设资金的不足，而且提高了我们的管理水平和技术水平，使我国经济比较快地进入了国际市场。现在，全方位对外开放的格局已经初步形成，正在继续深入发展。

（六）关于中国社会主义建设的政治保证。在改革开放和现代化建设中，我们坚持四项基本原则：坚持社会主义道路，坚持人民民主专政，坚持中国共产党的领导，坚持马克思列宁主义毛泽东思想。这四项基本原则是我们的立国之本，也是改革开放和现代化建设事业健康发展的根本保证。由于坚持这四项基本原则，使中国保持了社会政治稳定，保证了改革开放和现代化建设的正确方向。我认为，这是中国改革取得成功而苏联和东欧一些国家改革陷入失败、社会主义事业遭到严重挫折的重要原因。在改革开放和现代化建设实践中，四项基本原则也获得了新的时代内容，得到丰富和发展。社会主义和马克思主义从来都不是僵化的，凝固不变的，而是生气勃勃的，不断在实践中丰富和发展的。这正是马克思主义和社会主义保持其生机与活力的源泉。

（七）关于中国社会主义建设的战略步骤。就是分三步走实现现代化：第一步，实现国民生产总值比1980年翻一番，解决人民的温饱问题；第二步，到本世纪末，使国民生产总值再增长一倍，人民生活达到小康水平；第三步，到21世纪中叶，基本实现现代化。这是我国经济发展战略步骤上的重大调整。过去由于对在我国这样一个经济落后的大国实现现代化的艰巨性认识不足，曾经设想以很短的时间就能够实现现代化。从50年代末期以来，几次犯急躁冒进的错误，造成经济发展的大起大落，一个重要原因，就是近期目标定得过高。分三步走实现现代化的经济发展战略，对于中国现代化建设具有重要的实践意义。第一，把解决温饱问题作为现代化的初始阶段或第一步，是符合我国社会经济发展水平的，为我国的现代化建设确定了一个切实的起步点。第二，把20世纪末的奋斗目标由原来的实现现代化改为实现小康，是符合我国现代化建设的客观进程的。所谓小康，就是从温饱到现代化的中间阶段，即温饱有余而富裕（现代化）不足。第三，三步走的战略部署，同关于我国社会主义初级阶段的理论是一致的。根据现在的认识，社会主义初级阶段是从20世纪50年代起，到21世纪中叶基本实现现代化止，大约一百年时间，这同分三步走实现现代化的经济建设战略部署，在时间上正相吻合。所谓社会主义初级阶段，归根到底，就是社会生产力不发达的阶段。实现了现代化，社会主义初级阶段就结束了。可以这样说：关于社会主义初级阶段的理论，在指导思想上，解决了社会改造中求成过急的问题；关于三步走的经济发展部署，在指导思想上，解决了经济建设上求成过急的问题。在改革开放推动下，80年代我国经济高速增长，温饱问题得到基本解决，实现了经济建设的第一步战略目标。这标志着我国经济建设走过了一个重要的发展阶段。90年代我国经济和社会发展的目标，作为阶段性的标志，概括地说，就是从温饱达到小康。现在我国经济发展势头很好，1992年和1993年连续两年达到13%的快速增长，1994年计划增长9%。根据现在的预测，2000年国民生产总值将相当于1980年有5倍以上。现在我国进行现代化建设的物质技术基础比过去雄厚，经济管理人才和技术人才条件具备，又有比较高的积累率，改革开放为经济建设提供了比较好的体制条件，国际环境也比较有利。在中国共产党领导下，我国人民正在万众一心，抓住发展机遇，集中力量进行经济建设。中国现代化的前景是光明的，我们充满信心。

（八）关于中国社会主义事业的领导力量和依靠力量。作为工人阶级先锋队的中国共产党，是我国社会主义事业的领导核心。马克思列宁主义毛泽东思想是我们党的指导思想。我们强调，党必须适应改革开放和现代化建设的需要，不断改善和加强对各方面工作的领导，改善和加强党的自身建设。从革命年代的阶级斗争转到经济建设，对党的组织和党的建设是个严峻的考验；从一般意义上的经济建设转到发展社会主义市场经济，对于党的组织和党的建设是更严峻的考验。苏联和东欧的教训表明，问题往往出在共产党内部。

我们党在思想建设方面，强调用建设有中国特色社会主义的理论武装全党，增强执行党的基本路线的自觉性和坚定性。在党的组织建设方面，我们按照干部队伍革命化、年轻化、知识化、专业化和德才兼备的原则，加强各级领导班子建设，培养社会主义事业的接班人，顺利实现新老交替；同时加强基层党组织的建设，发挥党员的先锋模范作用。在党的作风建设方面，强调密切党同群众的联系，坚决克服消极腐败现象，积极在党和国家机关中开展反腐败斗争。我们强调发扬党内民主，加强制度建设，坚持和健全民主集中制，维护党的团结和统一。社会主义事业是千百万人民群众的切身事业，我们强调依靠广大工人、农民、知识分子，依靠全国各族人民的大团结，继续发展由全体社会主义劳动者、拥护社会主义的爱国者和拥护祖国统一的爱国者组成的最广泛的统一战线，把全民族的伟大力量凝聚到现代化建设事业上来。

（九）关于实现祖国统一。中国现在是不统一的：台湾省仍由国民党统治着，香港和澳门则分别是英国和葡萄牙统治着。为了完成祖国统一大业，我们实行“和平统一、一国两制”的方针，即在祖国统一的前提下，大陆实行社会主义制度，台湾、香港和澳门在国家统一后仍实行资本主义制度。我国将于 1997 年恢复对香港行使主权，英国在香港的统治行将结束，这是任何力量也阻挡不了的，无论发生什么波折，中国都将恢复对香港行使主权，并且有能力保持香港的繁荣和稳定。我国将于 1999 年恢复对澳门行使主权，中葡两国在这个问题上合作进展顺利。我们同台湾之间的经济贸易关系迅速发展，事务性商谈也取得一定进展。

以上九个方面，包括关于中国社会主义的发展道路问题，发展阶段问题，根本任务问题，发展动力问题，外部条件问题，政治保证问题，战略步骤问题，领导力量和依靠力量问题，以及用“一国两制”的方式实现祖国和平统一的问题，是我们党建设有中国特色社会主义理论的主要内容。这个理论，第一次比较系统地初步回答了在中国这样的经济比较落后的国家，如何建设社会主义、如何巩固和发展社会主义的基本问题。建设有中国特色社会主义的理论，包含着丰富的内涵，以上九个方面都有许多具体的内容。今天我讲的只是一个纲要，只是想勾画出一个基本的轮廓，供大家作进一步研究的一个起点。

四

在建设有中国特色社会主义理论的指导下，我们党形成了社会主义初级阶段的基本路线，这就是：领导和团结全国各族人民，以经济建设为中心，坚持四项基本原则，坚持改革开放，自力更生，艰苦创业，为把我国建设成为富强、民主、文明的社会主义现代化国家而奋斗。我们把它简明地概括为“一个中心、两个基本点”。一个中心，就是以经济建设为中心；两个基本点，一是坚持四项基本原则，一是坚持改革开放。同这条基本路线相适应，我们党还形成了包括经济、政治、科技、教育、文化、军事、外交等各方面的一整套方针和政策。

我们 15 年来的实践经验，集中到一点，就是毫不动摇地坚持以建设有中国特色社会主义理论为指导的党的基本路线。这是我们的事业能够经受风险考验，顺利达到目标的最根本的保证。

经济建设是新时期我们党和国家一切工作的中心。既然我国社会主义社会处于初级阶段，归根到底是因为生产力落后；既然社会主义制度的巩固、发展并显示其优越性，归根到底要建立在生产力发展的基础上，那么，必然的结论是：在整个社会主义初级阶段，我们都要集中力量进行社会主义现代化建设，把发展生产力作为全部工作的中心。一般地说，社会主义社会的根本任务就是解放和发展生产力，任何走上社会主义道路的国家，都需要把发展社会生产力放在首要地位。对于中国这样经济落后，处于社会主义初级阶段的国家来说，强调把发展生产力当作根本任务更具有特殊的重要性，这是关系到党的存亡和社会主义制度成败的大问题。我们认为，我国社会主义基本制度建立后，由于国内因素和国际影响，阶级斗争还将在一定范围内长期存在，在某种条件下还有可能激化，必须清醒地认识和正确地处理这方面的问题。但是，我国社会的主要矛盾已经不是阶级斗争，经济建设已经成为我们的中心任务。除非发生大规模外敌入侵，无论在什么情况下都不能动摇这个中心。在新中国成立以来的历史上，由于没有能够清醒对待国际国内某些事件，我们有过离开经济建设这个中心的严重教训。最近 15 年，尽管国际国内发生了这样那样的重大事件，我们都没有动摇这个中心，今后还要这样做。

四项基本原则和改革开放这两个基本点，统一于建设有中国特色社会主义的实践。有中国特色的社会主义所以具有蓬勃的生命力，就在于它是实行改革开放的社会主义。我们的改革开放所以能够健康发展，就在于它是有利于巩固和发展社会主义的改革开放。坚持四项基本原则，坚持改革开放，都是为了更好地解放和发展生产力。中国的改革，是共产党领导之下的社会主义制度的自我完善和发展，而绝不是从根本上推翻这个制度。我认为，这也是我国改革取得成功而苏联和东欧一些国家的改革陷于失败的重要原因。

在改革开放进程中，我们党十分重视巩固和发展团结稳定的政治局面，正确处理改革、发展和稳定三者之间的关系。没有政治稳定，社会动荡不安，改革开放和经济建设都搞不成。坚持四项基本原则，坚决排除一切导致中国混乱甚至动乱的因素，改革开放和经济建设才能顺利进行。同时，如果不坚持经济建设为中心，不实行改革开放，没有经济的发展和人民生活的改善，也不可能有巩固的团结和稳定的政治局面。我们认为，坚持“一个中心、两个基本点”的基本路线不变，社会政治稳定，有了这两条，我们就能够不断地胜利前进。

五

在报告要结束的时候，我以为有必要说明如下两点：

（一）关于建设有中国特色社会主义理论的形成，标志着中国共产党对于中国社会主义建设规律性认识的一次飞跃。但是，正如我刚才说到的，现在虽然是比较系统地，但还只是初步地回答了在中国如何建设社会主义、如何巩固和发展社会主义的问题。这里之所以说是“初步回答”，是因为，我们走建设有中国特色社会主义道路的时间还不长，实践经验和理论探索也还是初步的。今天我们对于中国现代化进程的认识，当然比过去深刻得多了，但从建设有中国特色社会主义的长过程来看，我们对于现阶段我国社会经济的各种矛盾及其演变规律，对于改革开放和现代化建设各个具体领域的发展规律，在许多方面还知之不深。欧洲一个哲学家说过："理论是灰色的，生活之树常青。"实践在发展，认识也要不断深化。建设有中国特色社会主义的理论，要在研究新情况、解决新问题的过程中，在实践检验中，继续丰富、完善和发展。我们的路线和方针政策，也要在实践中继续丰富、完善和发展。我们强调走自己的路，强调解放思想、实事求是，正为这种丰富、完善和发展开辟了广阔的背景。

（二）世界是多样化的，必须承认各国在社会制度、意识形态、文化传统、民族特点和宗教信仰等方面的差别。同样是共产党领导的社会主义制度，各个国家也会因为现实社会经济状况和历史文化传统的不同而表现出很大的差异。我们认为，每个国家，只能从本国的实际情况出发，寻求最适宜的前进道路。建设有中国特色社会主义的理论和各项方针政策，是我们根据中国的实际情况提出来的，实践证明也是成功的。我们如实地介绍自己的经验和做法，是为了增进相互之间的了解。我们并不认为，其他国家也要这样做。我们把这次访问，看成是了解老挝，向老挝党和人民学习的机会。

附录

老挝归来

（1994 年 4 月 11 日）

应老挝人民革命党中央的邀请，我于 3 月 26 日至 4 月 4 日访老。这次访问的起因是：去年 12 月老挝党中央主席兼政府总理坎代 · 西潘敦访华时，根据中央的安排，我向他所率领的代表团全体成员，介绍了刚刚闭幕的我党十四届三中全会精神和我国改革开放情况。坎代回国后即通过外交途径，邀请我访问老挝，向老挝高级干部作报告，介绍中国改革开放和现代化建设情况。

根据老方提出的要求，我在老挝的报告，讲了两个题目：一、《关于建设有中国特色社会主义的理论和实践》[①]；二、《中国的经济体制改革》。我在报告中，根据邓小平同志建设有中国特色社会主义的理论以及党的十四大和十四届三中全会精神，客观地介绍了我们党的基本路线，以及 15 年来我国改革开放和现代化建设的历程、成就和经验。

老方对这次访问很重视，给予很高礼遇，表现出了解和学习我国改革开放和经济建设经验的强烈愿望。3 月 28 日报告一天，由坎代主席亲自主持。全体中央委员和候补委员，以及中央各部部长、各省省委书记，均出席听讲。9 名政治局委员除一名因外事活动、一名病休外，全部到场。老方同志说，这场报告实际上是刚刚闭幕的老党五届八中全会的继续。80 岁高龄的国家主席诺哈自始至终听了五个半小时，并认真做了记录。30 日上午，应老方要求，又向党中央和政府各部副部长、司局长、首都万象市领导和中央党校教员和学员共 300 人，作了同样内容的报告。31 日，根据坎代主席的意见，政治局委员、副总理坎培率老挝经济部门正副部长 16 人，同我们进行了一天座谈。老总理府部长炮 · 本纳喷和政治局委员乌敦分别设宴欢迎和欢送。

老挝领导人对建设有中国特色社会主义的理论和中国改革开放的成就给予高度评价。首场报告结束后，诺哈主席同我亲切握手，说：感谢你们给我们带来了中国共产党的宝贵经验，这些经验对我们非常有益，我们要把它应用到老挝的实践中去，解决我们的实际问题。中国的改革开放无论在理论上还是在实践上，都远远走在老挝的前头，老挝要好好向中国学习。坎代主席说：中国改革开放的理论思路很清楚，我们也要朝着中国的方向进行研究。政治局委员、国防部长朱马里说：听了报告感受最深的一点是，中国共产党没有把马列主义当作教条，而是创造性地把马列主义运用到中国的实践中去，才使中国 15 年来发生了翻天覆地的变化。政治局委员乌敦说：老党中央对中国经

① 即收入本书的《在老挝高级干部会议上的报告》。

验给予很高的评价，有中国特色社会主义的理论确实帮助老挝打开了新的思路。我们很关注中国的道路和经验，这些经验不仅是中国的宝贵财富，对我们也是宝贵的财富。政治局委员、政府副总理坎培说：在改革开放方面，中国是老师，老挝是学生。在前进的道路上，如果有绳索，也是中国先碰到，中国打开了绳索，会给我们带来教益，使人们少走弯路。今后，老挝将派出更多的考察团到中国去学习。

老挝希望以中国为战略依托，维护民族独立和社会主义道路，因而积极要求同我进行全面合作与交流。老方领导人在交谈中透露，老党中央决定，老挝北部要向北扩大开放，加强同中国南部几省的联系，依托中国加快老北部经济发展。看来，我国西南地区，特别是云南省，同老挝发展经贸关系的潜力是不小的。现在老挝市场泰国商品多，中国商品少。同样的商品，中国商品价格只及泰国商品之半，老方希望多买中国货，减少其他国家的影响。云南的山茶花牌汽车在老挝北部颇受欢迎。只要适合当地的需要，中国商品是可以更多地进入这个市场的。但是，我们看到，市场上出售的中国货，许多是低档的，品种也不多，这就很难稳定占有市场。除泰国和越南外，日本和其他一些国家也在以积极的姿态进入老挝市场。我们不可因为这个市场目前规模不大而坐失时机。

坎培副总理表示，老挝很想就利用湄公河、开发“金四角”（中、老、缅、泰接壤地区）问题同中国交换意见。诺哈主席、坎培副总理先后三次建议请中国同志帮助老挝研究制订发展规划。坎培副总理特别提到，老中两国存在“得也一起得、失也一起失”的关系，并表示要亲自带领中国同志在老挝考察一个月，提供必要的资料，然后搞出一个老挝长期发展规划。

老党和政府高级干部珍视和感谢中国对老挝革命与建设的支持，希望进一步发展老中传统友谊。老党中央委员、农林部长西沙瓦（前政治局委员、总参谋长）说：我们两国的长期友好关系不是用空话联结起来的，而是用血和汗凝成的。过去我常去中国，最了解中国对老挝的援助，没有我们的过去，就没有我们的现在。政治局委员乌敦说：中国在老挝抗战期间给我们很大帮助，有5位中国同志牺牲在革命根据地川圹地区。

坎培副总理简要向我们通报了刚闭幕的老党五届八中全会的内容：这是一次例会，主要议题是总结1993年工作，布置1994年工作。老党今年工作的重点，一是深入研究农村改革与发展中的复杂问题，分步加以解决；二是筹备召开党的六大。党的六大主要研究政府机构改革，制定2000年发展规划，并对2000年以后的发展作出预测，全面总结革新开放以来的各项方针政策，找出更符合老挝国情的发展道路。他说，我们在准备党的六大工作中，一定要很好学习中国党的经验。

这次访问得到的总的印象是：老挝经济目前还很落后，基本上还是自然经济和半自然经济，交通很不方便，基础设施非常落后。首都万象，离开市中心不远就没有柏油马路。党中央机关所在地距市中心六公里，那个地方就叫“六公里”，已经显得颇为偏僻，四周都是农田。我们访问了北部大省朗勃拉邦的首府，全国第三大城市，没有一条完整的街道，离开市中心就是土路。大部分农村不通汽车。比较大的企业，是万象附近的一座年发电15万千瓦的水电站，是外国客人常去参观的地方，我们也参观了。老挝电力有余，向泰国输电。老挝实行革新开放7年来，在实现经济增长，提高人民生活水平，控制通货膨胀，保持汇率稳定，引进外资和争取外援方面，取得初步成效。近几年经济增长率保持在6%～8%。工业总产值占社会总产值的18%，国有企业（主要分布在燃料、电力、自来水、邮电通讯等部门）产值占工业产值的60%，大部分国有企业采取国家与个人、国家与外商合资的形式，变为混合企业，通货膨胀率近两年控制在6%～7%。1986年实行单一市场汇率和本币自由兑换，汇率基本稳定。我人民币在万象可以自由兑换，8.7元换1美元。老挝是社会主义国家中率先实现汇率并轨和本币自由兑换的国家，汇率能够保持稳定的一个重要原因，是国际货币基金组织给予支持。从我们所接触到的情况看，老挝干部朴实热情，但经济管理水平不高。这是经济不发达条件下的必然现象。现在实行对外开放，不少人担心会带来西方文化的影响。

在座谈和交谈中，我向老方表示：感谢对中国改革开放和现代化建设的高度评价，我们把这看作是老挝党和人民对于我国改革开放和现代化事业的宝贵支持；每个国家的革命和建设事业，都要从自己本国的实际情况出发，建设有中国特色的社会主义是马克思主义同中国实际相结合的产物；我们所取得的成就是明显的，但也还是初步的，我们还是发展中国家，今后我们仍然要在实践中不断开拓前进；我们介绍中国的情况，是为了进一步增进中国和老挝之间的相互了解与友谊。关于老方要求中国专家帮助制定发展规划，我的回答是：老挝同志最了解本国的情况，老挝的发展规划应当由老挝同志自己来制定。我还表示，我国实行对外开放政策，要学习别的国家和民族的长处，老挝在抑制通货膨胀，保持汇率稳定，保持和发扬民族优良传统等方面的经验，值得我们学习。老方对此表示高兴。对于老方在座谈和交谈中提出的具体问题，我根据党中央的方针政策和中国的实际情况，认真做了回答，老方表示满意。

和越南政府代表团的谈话

（1994 年 9 月 23 日）

王梦奎：对会见潘文凯副总理阁下率领的越南政府代表团感到高兴。我看了你们提出的问题，都是关于中国经济体制改革的。为了让越南同志对中国经济改革有一个全面的了解，我先做一些概括的介绍。

中国改革从 1979 年开始，到现在大体经历了三个阶段：

第一阶段，1979 ～ 1984 年。这个阶段的重点是农村改革，主要内容是实行家庭联产承包责任制。这标志着实行 20 多年的人民公社制度的解体。农村改革促进了农业的发展。由于粮、棉、油等农副产品产量大幅度提高，供应比较充分，前几年已经废除了新中国成立以来长期实行的粮票制度。我知道，越南在这方面也取得了不小成就，现在已经成为粮食出口国。中国农村经济的另一个显著变化，是乡镇企业的崛起。现在，农村工业已经占全国工业总产值的 1/3 以上。乡镇企业发展是不平衡的：有些地区比较发达，有些地区还很不发达；有些已经具备比较高的水平，有的企业甚至成为某类产品中世界上最大生产规模的企业，也有些装备水平和生产水平还很差。从全国总的统计看，目前乡镇工业、建筑业、运输业、商业服务业等非农产业，占农村社会总产值的 60% 以上，也就是说，传统农业所占比重已经不到 40%。改革开放以来，大约有 1.1 亿左右的农村劳动力转移到非农产业，其中有 2000 万人已经完全不务农了；其余的 9000 万人，是农忙务农，农闲务工，或者产品有销路就务工，企业不景气又转而务农。

第二阶段，1984 ～ 1992 年。改革的重点从农村转向城市。重点是转变国有企业经营机制，减少指令性计划，改革流通体制。在财政、税收、金融、外贸、投资体制等方面，都进行了一些改革。这些领域的改革尚未完成，也不是短时间所能完成的。

第三阶段，从 1992 年至今，中国改革进入一个新的阶段，也就是建立社会主义市场经济体制的阶段。这一阶段的改革目前正在进行之中。

中国改革是沿着两条主线展开的：

第一条主线，是以公有制为主体，发展多种经济成分。这是所有制结构方面的调整和改革。改革以前，我国是单一的公有制经济，基本上只有国有经济和集体经济，其他所有制经济成分在社会主义改造中几乎被消灭掉了。改革以来，改变了这种单一公有制的状况，非公有制经济成分得到比较迅速的发展，表现出以下的发展趋势：一是混合所有的经济单位越来越多。随着经济组织形式的多样化，多种经济成分进入同一企业，使企业形成不同所有者混合所有的状态。例如，全民和集体、全民和个人、集体和个人共有，全民、集体和外商合资，等等。以前，国家对不同所有制企业制定不同的政策，以后就不好这么做了，因为有些企业已经很难确定其为某一种所有制。当然，在企业内部，财产关系、财产归谁所有应该是非常清楚的，不能“混账”，但就一个企业而言，确定是哪种所有制，就不太容易了。二是国有经济在整个经济中的比重下降。在工业总产值中，国有经济过去占 80% 以上，去年统计，国有工业占 52%，集体工业占 36%，其他所有制工业占 12%。这种统计并不十分精确，因为在其他经济成分中，也包含国有或集体的成分，例如中外合资企业中，50% 左右的资产是归国有或集体所有的，主要是国有的；同时，集体所有制企业中，也有一些实际上是私有企业，为了办事方便，就挂一个集体企业的牌子，这种情况在农村并不少见。虽然国有经济比重在下降，但从总量上看，现在包括国有和集体在内的公有制经济在国民经济中还占 80% 以上，公有制仍然是主体。根据我们的预测，由于国有经济的增长速度低于其他经济成分，其比重还会继续下降，但到 2000 年，国有经济加上集体经济还会占绝对优势。分析所有制结构问题，我以为需要注意到以下几点：第一，国有经济比重降低，并不是国有经济萎缩，而是由于其他经济成分增长速度更快。国有经济还在继续发展壮大，其绝对额还在不断增长。第二，城乡集体工业发展很快，在工业总产值中的比重迅速上升，国有工业比重下降的份额有相当部分被集体工业占有了，这也是公有制经济成分。第三，过去我们把国有经济的范围搞得过分宽泛了，在生产和流通领域，有不少本来不需要实行国有化的，也搞成了国有的，改变这种状况是经济体制改革题中应有之义。现在看来，在不同的行业中，国有经济的发展也应该有所不同。例如，今后对一般轻加工工业，国家可能就不需要再投入更多的力量，而把力量主要集中在能源、交通、原材料等基础设施、基础工业上，这些部门不会像加工工业发展那样快，这也是国有经济比重下降的一个重要原因。第四，国有企业掌握国民经济命脉这一点，我们不会动摇。以公有经济为主体，国有经济为主导，发展多种所有制经济，是我们改革所遵循的一条重要原则。

第二条主线，是发挥市场机制的作用。也就是在经济运行机制上，从传统计划经济向市场经济转变。经过十几年的改革，现在价格已经基本放开。由市场决定价格的，在工业消费品中已经占到 90% 以上，在农副产品收购中占到 85% 以上，在工业生产资料出厂价格中占到 80% 以上。价格已从过去的计划控制为主，变成市场调节为主。据我了解，一些发达市场经济国家，价格放开由市场调节的程度也不过如此。农业生产的指令性计划，十年前就取消了。工业生产指令性计划范围大幅度缩小，现在只占工业总产值的 5% 左右。流通领域中，国内贸易部管理的重要商品品种，也大幅度减少了。

如果说还有第三条线索，那就是实行对外开放。现在我国已经初步形成从沿海到内地的全方位开放格局。

根据以上情况，可以得出结论：中国社会主义市场经济体制的基础已经初步形成。

中国经济体制改革的理论基础，主要是两个：

一个是关于社会主义初级阶段的理论。新中国成立后的前 30 年，在社会主义改造和社会主义建设中出现过曲折。在理论认识上的一个重要原因，是对中国社会发展阶段的不正确的判断。我们都是共产党人，对社会主义和共产主义理想抱有很高的热情，希望能很快实现共产主义，这是不难理解的。但对于现阶段应该怎么做，实际上能够做到什么，过去没有透彻的认识。所以，在经济体制和政策上，采取了很多超越社会发展阶段的做法。例如，实行单一的公有制，消灭其他经济成分，等等。我们提出社会主义初级阶段理论，找到了认识现阶段中国国情的一把钥匙，也给我们提供了进行改革的一个重要理论基础，提供了说服广大干部群众接受新政策的武器。比如，发展私营经济，在一定范围内允许剥削，允许存在收入差距，等等，按照传统的社会主义理论很难理解，用社会主义初级阶段的理论就比较容易说明。理想必须有，但我们不可能一下达到理想境界，路要一步一步地走。

另一个理论基础，就是社会主义市场经济理论。关键是过去把计划和市场看成社会主义制度和资本主义制度的本质区别，现在看成是一种手段。过去把计划经济和市场经济作为区分社会主义和资本主义的标志，有其原因。历史上很长一段时间，社会主义确实是排斥市场，完全搞计划经济，而资本主义则完全靠市场。现在情况发生了很大变化，几乎所有的社会主义国家，不论改革的方向如何，都在改革中引入市场机制的作用。资本主义国家根据社会化大生产的客观要求，也吸取了社会主义的经验，搞了不少计划性的东西，有些方面搞得比我们还成功。凯恩斯主义就是资本主义政府干预经济的理论。世界银行一个经济学家说，世界上计划经济最成功的国家是韩国。美国报刊有一篇文章讲，美国经济是市场经济为主、计划调节为辅。

关于社会主义市场经济体制，概括起来是两句话：一句是，社会主义市场经济体制是同社会主义的基本制度联系在一起的，即以公有制为基础；另一句是，在国家宏观调控下发挥市场对资源配置的基础性作用。这样的提法，和越南提出的在国家领导下以社会主义为方向的市场经济，意思基本上是一样的。

国有企业改革是我们改革的一个难点。这是由于我们的国有企业数量多，规模大，在国民经济中占有极为重要的位置。国有企业改革的难点所在，除了不能适应发展市场经济的新情况外，历史遗留的债务、社会的负担也是重要原因。另外，我们改革中采用的一个重要方法，是先放开下游产品价格，在比较长的时间里还保持对上游产品价格的控制。这样做的好处，是保证价格改革的顺利进行，抑制通货膨胀。但是，这样做实际上给国有企业加重了负担，因为上游产品主要是能源、原材料，大部分是国有大中型企业生产的，控制这些产品的价格，国有企业就吃了亏。大企业还负担了很多退休工人的生活，替国家承担了社会责任。可以说国有企业承担了十多年改革的相当大一部分成本。还有税收负担，今年税制改革以前，集体企业所得税率是33%，“三资企业”是15%，国有企业是55%。这些做法，实质上是国家拿出力量来推进改革，保持社会稳定。从中国改革和经济发展的结果看，这些代价是值得的。国外的一些人，国内也有少数人，不了解事实真相，简单从国有企业发展相对慢的现象出发，就认为公有不如私有，社会主义不如资本主义。这是一种误解或者偏见。目前国家税收66%是国有企业提供的，国有企业仍然是国民经济的主力军。从明年开始，改革的重点要放在国有企业改革上。这个工作一年时间是完不成的，要用比较长的时间。

国家宏观调控的主要手段是计划、财政和金融。今年在这些方面的改革所取得的成效，超过了我们预先的设想。财政体制改革主要是实行分税制，规范中央和地方的财税关系。改革以后，税收分为三类：一是中央税，包括关税，中央企业所得税，铁路、银行、保险等部门交纳的收入；二是地方税，包括营业税、城镇土地使用税、个人所得税、房产税、地方企业所得税，还有屠宰税、农牧业税、耕地占用税、车船使用税等等；三是中央和地方共享税，主要是增值税，这是最大的税种，按中央占75%、地方占25%的比例分成。为保证税收如数按时收缴，分设国家税务局和地方税务局，目前分设工作正在进行。以前中央和地方财政收入的比例大体为三七开，中央为三，地方为七，例如1992年中央收入占33%。将来改革措施全部到位后，中央收入比例可以逐步提高到58%，大体为六四开。使用上，中央要返还地方一部分。这样，收入是中央占多数，地方占少数；在使用上，通过财政返还，是中央用的少，地方用的多。体制发生了变化，打个比方，正像一个家庭，过去是老子向儿子要钱，以后是老子给儿子钱。

财政返还时，国家还可以指定资金使用方向，进行调节。这种体制不是中国的发明，很多国家都是这样做的。金融体制改革主要是加强中央银行的权威，同时成立政策性银行，把政策性银行和商业银行分开。过去我国主要的四大专业银行，即工商银行、农业银行、中国银行和建设银行，都是一身二任，既要执行国家的宏观调控任务，又要赚钱，这是互相矛盾的职能。今年把政策性银行和商业银行分开，成立三家政策性银行：国家开发银行、进出口银行和农业发展银行。开发银行负责国家基础产业和重点工程的投资，进出口银行提供进出口信贷，农业发展银行则提供农业贷款。原来的专业银行要逐步转变为商业银行。这些改革今年只是开始，尚未全部完成。今年金融领域的另一个重要改革是汇率并轨。这一步越南走在了我们前面。我们今年实现汇率并轨，当时担心人民币会不会大幅度贬值。实行结果，几个月来人民币汇率稳定，还略有升值，外汇储备有较多的增加。今年的宏观调控体制改革，表明社会主义市场经济的宏观调控体系的框架已经基本建立，但还不完善，有些政策还不到位，还要有几年的巩固和完善过程。

过去是单一的分配方式，现在是多种分配方式并存。随着多种经济成分的发展，市场经济的发展，收入格局也发生了很大的变化。我们的一条基本政策，就是允许一部分人、一部分地区先富起来，最终达到共同富裕。从这几年的发展看，中国地区间、各阶层群众间的收入状况可以这样概括：一是，各个地区的经济都有较快的发展，各阶层群众的生活都有较大的改善；二是，由于发展速度不同，收入增长幅度不同，不同地区、不同阶层群众收入差距在扩大。国家在宏观政策上，扶持低收入地区的经济发展，保证低收入人群的最低生活水平。从现在看，差距可能还会继续扩大一段时间。对于中国这样一个发展不平衡的国家来说，这是不可避免的。对这个问题我们采取非常现实的态度。要努力解决，但一时又不能完全解决。

新中国成立以后我们在城镇国有企业、国家机关和事业单位实行了比较健全的养老、医疗保障制度。当时人员比较年轻，负担相对较轻。现在不同了，离退休职工越来越多，那一套体制不适应市场经济环境，社会保障已经成为企业改革的难点。比如，企业要破产，但担心职工失业，引起社会不稳，只好继续维持这个企业，不敢让它破产，结果是降低了效率。把企业改革作为重点，一个重要环节就是加快社会保障制度改革。在社会保障制度改革中要注意两条：一条是，保障水平不能太高，要和经济发展水平相适应，西方福利国家如瑞典，已经遇到很大困难，那种办法我们搞不了，也搞不起；一条是，城市和农村不同，农村都搞城市那种办法也是搞不起的。

十多年来，我们广泛考察了发达国家的经济体制，前些年也到苏联、东欧国家研究过他们改革的经验，还邀请过世界上许多著名经济学家到中国来研讨改革问题。但是，所有这些都只能作为参考。中国是一个有着独特历史传统的国家，又搞了几十年计划经济，任何一个国家，任何一种现成的体制，都不能完全解决中国的问题，我们不能照搬别国的办法。邓小平提出三个有利于的原则，就是说，要看某个措施是否有利于生产力发展，是否有利于增强国家的综合国力，是否有利于人民生活水平的提高，符合这三条标准的我们就做。这就使我们摆脱了教条主义的束缚。如果主观地设定一个目标，而不管它是否有利于生产、是否有利于人民生活，就去干，那是会碰钉子的。正因为坚持了这个原则，所以中国改革以来，经济增长率平均在 9% 以上，人民生活得到改善，改革得到群众拥护。改革的出发点是发展经济，改善人民生活，这是最重要的。

中国的改革是循序渐进的，就是人们所说的渐进式改革。这一点在世界上已经得到许多人的共识，认为中国这样的改革是成功的。渐进是指改革的推进方式，而不是指改革的深度，不能把渐进理解为不深刻。我们没有搞“休克疗法”，实行“休克疗法”的国家，现在休克了，但并未得到治疗。我们也没有为改革规定一个非常具体的时间表，比如类似于“500 天计划”之类的东西。[①] 经济系统不是化学试验室，它更为复杂并且有很多未知因素。很多改革措施都要考虑各方面的承受能力，政府的、企业的、老百姓的。有些改革措施，从抽象的

① 这里说的“休克疗法”和“500 天计划”，都是苏联在经济改革中采用的办法，以失败告终。

理论讲不能说没有一点道理，但国家没有这样的财力，或者企业感到困难，或者老百姓一时还难以接受，我们就适当推迟。改革初期在农村推行家庭联产承包责任制，开始时有一些地方干部不大赞成，一时想不通，我们没有采取命令的方式在全国统一推行，而是在一部分地区试行，后来其他地方看到承包制的实际效果，很快就推开了。有些措施是逐步到位，而不是一步到位，例如价格改革，一年放开一部分，这也是从实际出发，而不是从理想的模式出发。改革是社会主义制度的自我完善和发展。从变革的深刻程度来看，改革是一场革命，而不是细微的枝节的调整；但从进行的方式来看，改革是一种渐进式的改良，和一个阶级推翻另一个阶级、一个政权推翻另一个政权的革命不同。渐进式改革的好处，是使中国避免了大的社会震动，避免了生产力的破坏，促进了生产的发展。从结果看，这样进行改革，步伐不是慢了，而是加快了。

希望能通过这些简略介绍，帮助越南同志对中国的改革有一个概略的了解。各位有哪些想进一步了解的问题，可以提出来。

潘文凯（越南政府副总理，越南政府代表团团长）：很感谢王梦奎主任的介绍，这些都是我们希望了解的。今天参加会见的越南方面的同志，有中央银行的副行长和中央党校的校长，以及其他经济部门的负责同志。大家有什么问题可以提出来。

（以下是同越南代表团几个成员的答问）

问：中国近几年乡镇企业发展很快，请问中国乡镇企业迅速发展的主要原因是什么？

答：中国乡镇企业迅速发展是中国改革和发展中最引人注目的事实之一。原因是多方面的。一是地方政府重视。地方各级政府非常重视乡镇企业，省、市、县、乡各级政府都在考虑本地经济发展，把发展乡镇企业作为本级政府的重要任务，因为这是搞好地方经济，增加地方财政收入的重要基础。二是国家重视，为发展乡镇企业提供了不少优惠政策。比如，在乡镇企业发展初期，给以优惠贷款，新建乡镇企业税收上采取免二年减三年的优惠办法，加上劳动力便宜，各种负担比较轻，为其发展提供了便利条件。当然也有一些乡镇企业钻政策的空子，如有的企业两年换个牌子，又可以享受免税待遇，有些地方政府也默许这样做，说这是“藏富于民”。三是广大农民的积极性，这是最重要的。中国人多地少，国家提高农副产品收购价格，生产者提高单位面积产量，都可以增加农民收入，但只有这么多土地，单靠提高农副产品价格和单位面积产量很难从根本上解决农民增加收入问题。农民致富很重要的一条道路就是搞乡镇企业，按农民的说法，叫吃饭靠种田，花钱靠工业。发展早的地方，如江苏、浙江、广东的乡镇企业，现在已经达到比较高的水平。

问：乡镇企业产品的市场在哪里，它们是否能够和城市生产的产品及进口产品竞争?

答：能够。北京市场上就有很多乡镇企业产品。乡镇企业有很多优势，例如劳动力便宜，税收优惠，相当一部分劳动力没有脱离农业，离土不离乡，产品没有销路时，可以回去搞农业，船小调头快，这些优势增加了它的竞争能力。

问：请介绍一下乡镇企业的所有制结构?

答：乡镇企业本身不是一个所有制概念，而是一个地域概念。其范围不包括国有企业、县办企业，一般是指建在农村和乡镇上的企业。中国的行政结构是中央、省、地区（市）、县、乡，最基层是乡。乡镇企业的所有制包括以下几种：一是集体所有，是乡、村集体办的，也有人民公社时期留下来的社办企业；二是个体所有，主要是农民的个人家庭作坊、家庭工业；三是私营经济，具有某些资本主义性质，但我们不说它是资本主义，这样讲就没有人敢搞了，我们称之为私营企业。当然，这些私营企业和资本主义条件下的私有企业确有不同，它们是社会主义条件下的私有企业，在国民经济中起有益的补充作用。最近乡镇企业发达的地方出现了一种新的形式—股份合作制。目前对乡镇企业中各种所有制所占的比重没有精确统计。

问： 乡镇企业产品能否出口，出口量有多大？

答： 可以出口，现在占出口总额的1/4。去年我国出口1000亿美元左右，其中乡镇企业出口有200多亿美元。乡镇企业产品多数是通过各种外贸公司收购或代理出口，也有一些规模较大的企业以及和外商合资的企业，可以自营出口。我们规定一个标准，出口额达到300万美元以上的乡镇企业，可以自营出口。

问： 改革以来，中国经济发展很快，请问哪一种经济成分发展最快？

答： 总的看，中外合资企业和私营企业发展最快，因为这是从零起步，从无到有。合资企业中也包含国有和集体经济成分。乡镇企业发展也很快，但乡镇企业不是一种所有制。国有经济发展相对较慢，比重在下降，但是如果加上集体经济，公有制还是占绝对优势。过去国有化的范围搞得太大，连一些小作坊也搞成了国有企业，没有必要。商业领域中很多小的零售商店也没有国有化的必要。还有很多服务业，像理发店，都没有必要国有化。把这些企业变成集体所有甚至私有，并不是坏事。所以，不能认为非公有经济发展比国有经济发展快，就是什么大问题，在改革中这是必然的。当然，从长远的发展趋势看，也有不少值得研究的问题，但目前不是什么大的问题。

问： 国有企业中是不是可以引入多元所有制？

答： 回答是肯定的。大中型企业实行股份制，买股票的人就成为股东，所有制就发生变化了。股东可以是个人，也可以是外资和集体单位，这些都可以使企业的所有制关系出现变化。小型企业可以租赁、拍卖，也可以出售部分产权，加入其他的所有制成分。今后，对越来越多的企业而言，内部财产关系虽然应该是非常清楚的，但是一个企业属于哪种所有制就不那么清楚了。这会导致企业内部管理体制的很大变化。

问：中国怎么看待党员雇工问题？

答：党员雇工问题，中国十年前有过一次讨论。有的同志赞成，有的同志不赞成，各有理由。当时中央决定，先不做定论，观察一段再说。现在也还没有做结论。不过，有关领导部门曾经做出过规定，私人企业主不准加入共产党，但党员成为私人企业主的也不开除党籍。现在有些私营企业主迫切要求加入共产党。如果允许私营企业主入党，可能引起基层党组织性质发生变化。这个问题需要在今后的实践中解决。在发展社会主义市场经济条件下，党的组织、党的建设也面临很多新的问题。

问：中国外贸体制如何进行改革，是否实行外贸自由化？

答：外贸体制改革，从总体上看是更多地向市场化发展，但中国没有实行外贸自由化。目前，外贸体制改革主要是使地方、企业更多地拥有外贸自主权，实行自负盈亏，国家通过进出口信贷、配额、许可证等制度进行宏观管理。当今世界，各国之间在贸易和其他方面的交流日益发展，同时贸易保护主义也有抬头之势。连不少经济发达国家也采取一些保护措施，比如限制某些产品的进口。中国是发展中国家，现在还难以完全实行对外贸易自由化。但现在这方面的限制确实比过去少多了。外贸自主权扩大以后，进口商品冲击国内市场的现象也时有发生。我们要和国际通行的运行规则接轨，但不是实行完全自由化。中国这样的经济发展水平，现在还做不到这一点。

和荷兰前首相吕贝尔斯的谈话

（1995 年 4 月 24 日）

王梦奎：欢迎你来中国访问。吴建民[①]大使已经向我通报了你希望了解的问题。鉴于你不止一次访问过中国，对中国的情况有所了解，我建议我们谈话的方式灵活一点，我不作一般性的介绍，由你先提出问题，我来回答。你认为重要的意见，也可以随时讲出来。

吕贝尔斯：感谢你能抽出时间见我，感谢你的好客。你提出的谈话方式很好。我想先提三个问题：

（一）我知道中国正在进行经济体制改革，在这个过程中，怎样看待今后国有经济问题？国有经济规模会不断缩小吗？因为，其他类型的公司发展很快，吸引了国有经济的一些人转向他们。

（二）外资进入中国，在房地产及其他一些方面，外资是否太多？是控制，还是愈多愈好？

（三）经济发展与进步是由沿海向内陆扩展的，今后人口是否会由内陆向沿海转移？

王梦奎：先说第一个问题。经过 1979 年以来 16 年的改革，中国经济体制的变化大体上可以做出如下判断：商品市场已经形成，生产资料和农产品价格基本上由市场决定，但市场还需要规范，金融、技术等市场发育较差。国家宏观调控体系在大的方面已经形成基本框架，今后的任务是进一步完善。我们的目标是在 2000 年初步建成社会主义市场经济体制。从目前的情况来看，中国还要经过二三十年时间，才能建成比较完善的市场经济体制。我们对体制转

① 吴建民，时任中国驻荷兰大使。

轨的艰巨性有充分认识。

在经济体制转轨过程中，国有企业已经发生许多变化。改革开放前，我国只有国营企业和集体企业。现在情况已经改变，是多种经济成分并存，国有经济比重降低有必然性。改革前，在工业产值中，国有经济占 85%，集体经济占 15%，私有经济几乎为零。非公有制经济从无到有，公有制经济的比重自然会有所降低。目前，国有经济占将近 50%，城乡集体经济占 1/3 以上，其他经济成分，包括个体、私营、外资占 15% 左右。需要指出，目前关于“三资企业”的统计中，有一部分是中外合资，其中有国有经济和集体经济成分。另外，在农村中，有挂集体招牌实为私营的企业，因为公有制名声好听些，有人愿花点钱买个集体的牌子。这种情况不是个别的，但究竟占多大比例，很难统计。根据我们的测算，若按 80 年代的发展态势不变，到 2000 年，包括国有经济和各种形式的集体经济在内的公有制经济，仍将占 70% 左右。国有经济比重下降，不是国有经济规模在缩小。国有经济生产规模仍在扩大，国有资产总量也在扩大，因为现在全社会固定资产投资的相当大的部分还是国有经济。特别是铁路、邮电、能源、原材料、机械制造、公共基础设施等，绝大部分是国有的。国有经济比重下降，原因是其他经济成分比国有经济增长更快。这是我国现行政策的必然结果，并不是坏事情。

现在国有经济比重下降，一些国有企业变为股份制、股份合作制等，我们认为并不可怕。50 年代搞社会主义改造时，国有经济范围搞得太宽，把一些小型企业甚至小商小贩都国有化了，这是不必要的，效果并不好。现在，在这些领域，合作经济、私营和个体经济发展没有障碍。我们今后的打算是，在关系国计民生的重要领域，仍以国有经济为主，但有些领域要发展股份制，欢迎外商和私人投资，但实际数量近期恐怕不会太多。例如铁路，至今还是国家独资。我们要花更多精力搞好国有大中型企业，形式要多样化，包括搞股份制，允许外资进入，等等。中小企业要更放开一些，更大胆一些。国有经济的地位，将来或许会成为一个问题，但目前不成问题。

利用外资对我国经济发展起了积极作用，当然也有效果不好的例子，这很难避免。一些地方对国际市场了解少，出了一些问题。我们并不认为利用外资越多越好，主要是看效果，效果好的，我们不会去控制。在有些领域，开放只能是逐步的，比如金融领域，一下子放开，效果肯定不会好。邮电业也不打算马上放开。总的说来，我们对外资持欢迎态度，这是全世界都看到的。

中国改革开放早的地区，即东部沿海地区和一些大城市，由于经济发展快，收入增长快，生活水平高，有很大的吸引力，内地的生活则较为艰苦。这些年来，大规模的人口流动已在进行。广东每年外来做工的人口达1000万左右，这些外来者都是最好的劳动力，工资又低，对广东的经济发展起了很好作用。劳动力输出地区也增加了收入，内地一些县，出外打工的人寄回的钱甚至多于县内的收入。北京每年大约有300万外来打工的人，市政建设主要是外地劳动力干的，北京人已经不愿干这种艰苦活儿了。人口流动对中国的作用是两方面的：一方面，对经济发展有积极的推动作用；另一方面，运输紧张，每年铁路运输紧张状况简直不可思议。在某种情况下，例如大量流动人口在城市找不到就业机会，甚至会影响社会的安定。这是个大问题。因此，要组织引导好，使劳动力有序流动，发挥其对于经济发展的积极作用，避免不安定因素。这叫作趋利避害。人口流动问题与中国地区经济发展不平衡有关。中国是个大国，地区经济历来不平衡。最近十多年，全国各地经济都有明显发展，生活水平都有较大提高，但东部沿海地区发展得更快，生活提高得更多，地区差距扩大了。据我观察，在本世纪，这种地区差距扩大的趋势仍将继续。政府已经采取措施抑制这种趋势，例如增加财政的转移支付，在经济不发达地区布设一些大的建设项目，修建铁路和公路，提高原料价格，等等，积极朝着缩小地区差距的方向努力，但短期内难以完全解决这个问题。世界上一些大的国家，像俄罗斯和印度，现在也都存在地区差距的问题。日本是个国土不算大的国家，北海道和本州地区的发展差距也不小。意大利南部和北部也有很大差距。美国是经过一百多年的发展，才逐步缩小了东西部差距的。

现在人口流动，严重的问题不是一般劳动力，而是技术人才的流动，边远地区工程技术人员流向东部沿海地区，人们说这是“孔雀东南飞”。上海中小学教师是全国第一流的，许多内地最优秀的教师到了上海，上海本地教师另外找更高收入的工作。这对上海发展有好处，现在上海讲普通话都比过去强，因为外地教师多了。优秀教师的流动，对内地教育有不利影响。一般劳动力的流动，现在全国有几千万人，需要很好地加以组织和引导。

我们希望国外投资者到内地投资。当然投资是以效益为前提的，内地也在积极改善投资环境。总之，中国是个发展中大国，各地发展很不平衡，这种不平衡将延续一个时期。

吕贝尔斯：我想问，你认为中国现在最根本的问题是什么？也许我刚才提出的问题不算，包括通货膨胀等，什么问题是最根本的？

王梦奎：通货膨胀当前是一个严重问题，但通货膨胀不会长期延续下去。我们现在把抑制通货膨胀作为宏观调控的首要目标，并且已经取得明显成绩。从长远来说，我国面临的发展环境，有有利的方面，也有困难的方面。困难方面：

一是，人口多，现在12亿，每年新增加人口1400万，相当于许多国家的人口，人均耕地只有大约1/10公顷，我们要立足于国内解决12亿人口的吃饭问题，这是个长期问题。2000年人口将接近13亿，2010年接近14亿，2035年前后达到高峰，15亿以上，然后才能逐步下降。所以，我们现在还要实行计划生育政策。

二是，国有企业改革和发展的问题。我们希望加快国有企业改革，但困难不小。在你们的国家，破产是企业的事，中国如果按市场规则搞破产，政府要负担效益差的企业职工的生活。这势必妨碍企业优胜劣汰。

三是，环境和资源问题。人口多，人均资源相对不足，又处在工业迅速发展阶段，资源消耗量大，资源和环境是一个长期问题。现在我们已经把可持续发展作为一条重要的发展战略。

四是，对外开放面临的机遇与挑战。现在中国与世界联系越来越密切，中国加入世界贸易组织，有有利条件，如劳动力成本低，但技术水平也低，中国在国际贸易中有不小压力。

以上这些问题是比通货膨胀更具有长远性质的问题，政府将花更大力量来解决。我们提出经济体制和经济增长方式的根本转变，就是为了解决这些问题，促进国民经济和社会协调发展。从以往的经验看，只要办法对头，中国就能够得到进一步发展，这些问题不是不可逾越的障碍。最有说服力的事实是，1979 年以来，我国人口增加了 2.2 亿，但人民生活也明显改善了。预计 2000 年国民生产总值可达 1980 年的 6 倍，人口比 1980 年增加 3 亿，人均 GDP 增加 3 倍。人口多，劳动力成本低，现在许多基础设施建设进展较快，与此有关。总之，问题有两面，要趋利避害。

吕贝尔斯：你是否清楚中国与世界贸易组织谈判的细节？

王梦奎：谈判正在进行。据我了解，欧洲国家的态度是积极的，中国加入世界贸易组织对双方都有利。只有少数国家在阻挠，我不说你也知道是谁。

吕贝尔斯：环境问题希望你能进一步谈谈。

王梦奎：我们制定了《森林法》，但破坏森林的行为仍然时有发生，有些地方是掠夺性开采。在工业化过程中，工业污染比较严重。虽然有《环境保护法》，但不少地区做得并不很好。农民急切希望摆脱贫困，有些污染严重的乡镇企业仍然在进行生产。我们很注意学习世界先进经验，制定了一系列环保政策，注意经济发展与环境保护同步进行。中国环保局局长因此获得联合国环境保护最高奖。我们也有很成功的例子，如“三北”防护林，有几千公里，联合国对此评价很高。现在世界存在的生态环境问题，许多是发达国家过去的掠夺式开采造成的，污染物排放总量也是发达国家的大。因此，发达国家应该对世界生态环境的改善负更大的责任。

吕贝尔斯：给我的印象是，现在技术传播起了很好作用，先进的技术设备污染较少。我对未来不悲观。

王梦奎：我赞成你的看法。罗马俱乐部的预测过分悲观。技术日新月异，新的技术装备可以节约能源和原材料。中国在过去的十几年，能源消耗的增长低于国内生产总值的增长，这是个积极因素。

吕贝尔斯：你的意思是节约，还是其他因素？

王梦奎：两个原因：一是产业结构调整，使耗能相对减少；一是采用了新设备，这也是有利于资源节约的。

吕贝尔斯：你谈到原材料价格由市场决定，包括能源吗？

王梦奎：能源价格基本上也是由市场决定的。

吕贝尔斯：煤炭是中国最主要的能源吗？

王梦奎：是的。中国煤炭资源最丰富，水力资源也丰富，但很多在西南边远地区，不如煤炭开发方便。中国能源以煤炭为主，所以电力是以火电为主。现在正在大力发展水电，开始利用核电。三峡工程是一个大项目，去年已经开始动工，建成后发电能力 1750 万千瓦。据了解，目前世界每年新增加的发电能力，每 4 千瓦就有 2 千瓦在亚洲，1 千瓦在中国。就是说，中国约占新增发电能力的 1/4，由此也可以说明中国经济增长的潜力。

吕贝尔斯：中国能源每年增长多少？

王梦奎：过去十几年，每年增长 8%，经济增长 9% 以上。

吕贝尔斯：核电利用，与煤炭相比，核电贵还是煤炭贵？

王梦奎：中国现在是核电贵。我国核电站现在还只有两座。核电有看不见的效果，如环境污染很轻，不需要铁路运输大量煤炭等。

吕贝尔斯：荷兰有天然气，其产量与总能源消耗量一样大，但天然气一半出口，进口相应的石油，用于化工。核电非常有限，煤炭有一点，但也很有限。进口煤炭，价格低，但环境开支大，加起来与石油一样贵。我们也注意能源节约，使其增长低于经济增长。还采用一些新技术，如利用废料来加热水。还有一些替代能源，如风力等。20年前，风力很贵，现在很有竞争力。从世界看，价格最低的还是煤炭，即使加上环境保护费用，也是如此。同时，可以把煤炭运到很远的地方去，这使煤炭资源更有竞争力。世界上核电仍很贵，核电投资主要是战略考虑。天然气有很大潜力，天然气液化，日本就搞得较好，中国也可以搞。

王梦奎：按探明储量算，中国石油比较少，现在打算加大投资，包括内陆和海上。这方面的建设我们也欢迎外资。我想问你一个问题：荷兰是否仍在大规模围海造田？

吕贝尔斯：现在不多了，因为我们已经有足够的土地。有几次造田运动，最初是几世纪以前。荷兰有一句俗话：世界是上帝造的，荷兰是人造的。17世纪时工作更加强了，西部地区基本上是围海造田出来的。本世纪开始了新的一轮围海造田，30年代开始，70年代结束。1953年发生大洪水以后，加快了围海的步伐。当时主要不是为了造田，而是为了保护居住地。我个人现在的住地低于海平面8米。我国西部过去70%为水，30%为陆地，现在100%为陆地。土地都可以利用，但现在用得少了，原因之一是农业变了。第二次世界大战以后，农业发展很快，生产率提高，土地需要量下降，荷兰是个贸易国家，可以从国外进口谷物，用出口产品去交换，例如，从泰国进口畜类，加工后再出口。

王梦奎：你们国家的花卉出口也很发达。我们要学习荷兰的经验，这在中国很有前景。

吕贝尔斯：花卉在我国是一项重要产业，每年出口花卉有几十亿美元。不仅本国种植，而且从事国际经销。每天可以看到从非洲进口花卉，经我们加工后销到东京。我们对质量控制得好，营销水平高。现在难以形容的是荷兰的经济，一部分在国内，但许多在海外经营。原因之一是，荷兰人喜欢到国外做生意，达到跨国经营的目的。我国每年产出高于消费，约有3%的GNP积累起来了，就是说，30年可以相当于一年的GNP，这有点像日本。

王梦奎：你对中国与欧洲贸易的前景作何估计？

吕贝尔斯：会有巨大发展，现在刚刚开始。我看不到有多大的障碍，但也需要时间，需要相互学习和了解，发展潜力很大。一开始是几家大公司，今后会有更多公司，特别是中小公司加入。同时，中国有很好的商业态度，比印度要好。欧洲也要开放市场。

王梦奎：祝你旅途愉快。

在经济合作与发展组织（OECD）总部演讲后答问

（2000 年 2 月 11 日）

王梦奎： 刚才我就中国经济改革和发展作了概括介绍，愿意回答各位的问题。

韩国驻 OECD 代表： 非常感谢你的演讲。我的问题同中国加入 WTO 有关。去年末，中国同美国就市场准入达成协议，同欧盟的谈判也在进行。当然，加入 WTO 同时带来机遇和挑战。我想问关于挑战的问题：加入 WTO 意味着接受世贸的规则，如增加竞争和透明度等，中国是否能够遵守协议并履行成员国的义务？

王梦奎： 中国有一句格言：君子一言，驷马难追。中国是负责任的国家，中国加入 WTO，当然要遵守 WTO 的规则，这是没有问题的。谈判之所以进行这么多年，就是因为有很多问题需要进行协商，一旦协商成功，中国就要遵守协议。如果发生纠纷，也要在 WTO 范围内，按照 WTO 的规则来解决。近年来，美国同欧盟、美国同澳大利亚等国家，都是在 WTO 范围内，按照 WTO 的规则来解决它们之间的贸易纠纷的。

德国驻 OECD 代表： 我想问同 WTO 有关的两个问题：一是为加入 WTO 与美国和欧盟等国签订协议，如何实施协议中的承诺？二是未来五年规划的目标是什么？与计划经济时的五年规划有什么区别？加入 WTO 对这一时期有什么影响？

王梦奎： 现在制定五年计划和过去制定的五年计划有几个不同

点：（一）社会环境不同，以前是物资短缺，供不应求的局面，现在是买方市场，客观环境不同；（二）最大的不同是经济体制的不同，过去先是在计划经济条件下制订计划，改革后是在从计划经济向市场经济转变的条件下制订计划，第十个五年计划是在市场经济条件下的指导性的计划。这种计划很多国家都有过，例如日本的“十年国民收入倍增计划”，我在 20 年前访问过法国的国家计划委员会，他们提出的也是市场经济条件下的指导性的计划；（三）要充分考虑到加入 WTO 所引起的国际环境的变化，在扩大对外开放和发展对外经济关系中考虑发展计划，在经济全球化迅速发展的条件下考虑发展计划。

XXX 问[①]：中国的服务行业是否扩大开放？OECD 对中国有什么贡献？

王梦奎：服务业包括金融保险等等，加入 WTO 后，也要逐步开放，根据中国同 WTO 成员国家谈判的结果有步骤地进行开放。第一，迟早要开放的，不会不开放；第二，中国在服务业方面缺少竞争力，是幼稚的行业，所以开放是需要一个过程的。第十个五年计划的特殊点是：从 2001 ～ 2005 年是中国进入 WTO 后的过渡时期，利用这五年的时间来完善法律，做适当的调整。五年的过渡期对中国十分重要，时间并不算长。

OECD 对中国的贡献首先是提供研究成果和建设性意见，我们都是非常重视的。我所领导的国务院发展研究中心同 OECD 有很好的合作关系，在去年约翰斯顿秘书长访问中国的时候，我和他达成几条协议：第一条是互相访问，秘书长访问了中国，我现在访问 OECD，副秘书长很快也会访问中国，过去很好的关系将继续；第二条是资料的交流，为了方便交流，我们已经专门出了英文的研究报告；第三条是就大家共同关心的问题进行讨论，比如国有企业改革的问题，公司治理结构的问题，农业发展的问题，过去进行的讨论都是成功的，我们对于合作研究的成果感到非常满意，其中有一些报告，例如 OECD 组织关于公司治理结构问题的报告，对国有企业改革起了建设性作用；

① 录音不清，不能确认提问者姓名。

第四条是人员交流，刚才我和秘书长商定，我们继续派人来进行研究，一方面对 OECD 贡献我们的意见，同时也使得 OECD 更方便地了解中国的情况。今年在相互合作方面的一件大事，就是要联合举办一次“WTO 与中国”的国际研讨会，时间初步定在下半年。这种讨论对于中国和 OECD 都是有积极意义的。中国国务院发展研究中心在下月底要举行一次高层论坛，讨论中国经济增长的前景和潜力，其中包括刚才各位所提出的问题。我已经邀请国际组织的代表和大的企业参加，也邀请秘书长先生参加。约翰斯顿秘书长说，他是政治家，不是经济专家，他建议副秘书长参加，我表示欢迎。这些都是我们合作的形式。OECD 对世界经济的研究，对世界经济发展趋势的预测报告，我作为研究机构的负责人，是非常重视的。

OECD 副秘书长近藤诚一：关于您刚才讲的全球化的三个趋势中的区域化趋势[①]，您或中国政府对东亚地区化合作的可能性如何看待？很多政治家或经济学家提出许多建议，您认为最为理想和可行的东亚区域性合作方式是什么？

王梦奎：中国非常重视区域经济合作。日本现在是中国最重要的贸易伙伴，中国和韩国也有很好的经济贸易关系，同亚洲其他国家也有很好的关系。我认为亚洲地区的经济合作有广泛的前途。从研究机构来说，日本方面、韩国方面都和我们保持着密切的接触，在讨论加强地区合作的可能性。至于中日之间或者中、日、韩之间的区域性经济合作，各种务实的和理论政策方面的讨论已经进行了很长时间。我本人担任中方首席代表的中日经济知识交流会已经有 20 年的历史，每年举行一次会议，轮流在日本和中国举行。这种讨论会为双方的经济合作提供了很多信息，起到了很好的促进作用。这种讨论往往成为企业之间扩大合作的先导。根据三国政府首脑在马尼拉会议期间达成的共识，现在中国、日本和韩国的研究机构开

---

① 本书未收录在经济合作与发展组织（OECD）的演讲。作者在演讲中指出，经济全球化只是一种发展趋势，与这种趋势并存的，是发展中国家振兴民族经济、维护国家主权的趋势，以及区域经济集团化的趋势。

始研究加强三国之间合作研究的问题。中国政府的态度是积极的，研究机构的态度也是很积极的。

日本驻 OECD 大使：你讲的世界经济发展的三种趋势，我的问题是关于发展中国家自身经济增长。国家间贫富差距的日益加大，其原因是什么？中国在缩小贫富差距中可以做出怎样的贡献？

王梦奎：在经济全球化加快的浪潮中，世界范围内穷国和富国的差距在拉大，而且拉大的速度快于以往。这是世界上所有研究机构得出的共同结论，是从世界经济统计可以很明显地反映出来的事实。我们现在的任务和面临的困难，就是怎么在经济全球化发展的过程中，使更多的发展中国家得到发展。只有这样，世界持久的普遍的繁荣才能够保持。这个问题在今年年初达沃斯所举行的世界经济论坛中也得到反映。我注意到，东道国瑞士联邦主席在大会的发言中，很鲜明地提出了和我所讲的类似的意见。我认为，全世界有远见的政治家和经济学家，都应该考虑到世界持久的发展和普遍的繁荣，考虑到世界的稳定和持久的和平，这是全人类追求的目标，我们都应该为此而努力。中国作为发展中国家，促进中国经济的发展是为缩小世界范围内贫富差距所能做的最好的工作。我们希望比中国更不发达的国家得到更好的发展，当然也希望发达国家的经济能够发展得更好。

德国驻 OECD 专家：我有个理论上的问题。在 OECD 工作前，我曾在驻华使馆工作，同中国的官员就购买力平价的计算等问题交换过意见。有人说按 PPP 计算，中国几乎是世界上的第二经济大国，但中国官员往往说这是太夸大了中国的实力。你作为经济专家，是如何看待 PPP 计算方法的，因为不同的计算方法得出中国贫富水平不同的结论，这与中国加入 WTO 和其他国际组织的条件是紧密相关的。

王梦奎：你所提出的理论问题，就是购买力平价的问题，这是迄今在全世界都没有完全解决的问题。据我了解，这个问题最晚在六七十年代已经被提出来，联合国还委托美国经济学家列昂惕夫组织过专题研究。这个问题，实质上就是不同国家之间经济实力和收入的比较问题。现在全世界所通行的、国际组织所正式使用的计算各国国民生产总值和居民收入的办法，就是采取按美元折算的汇率法。我认为汇率法是有缺点的，是一种有缺点的方法。因为每个国家的物价水平不同，经济的市场化程度不同，落后国家有很多自给性生产，所以它的实际经济总量，从而人均收入有可能被低估，这种可能性是存在的。购买力平价考虑了这种情况，所以它比汇率法有优越的地方。但是，购买力平价也有它的缺点，就是它没有考虑到居民消费的构成，没有考虑到消费的质量，所以对居民的实际生活水平的评估也是不精确的。到目前为止，还没有一个全世界公认的比汇率法更好的办法。如果通过共同的研究，能找到全世界公认的办法来代替汇率法，大家都会高兴，但现在还没有。如果用购买力平价，一般的结论是，发展中国家要高于用汇率法计算的收入，中国按购买力平价计算的收入也要高于按美元汇率计算的收入；究竟高多少，也是需要研究的，现在国际上有些估计偏高了。一般说来，购买力平价在中国有优势领域的产业，例如劳动密集型产业，中国和美国的差距要小于按汇率法的差距；在技术密集型产业，例如在高新技术领域，要大于按汇率法计算的差距。这是很复杂的实际问题，也是一个理论问题，我们可以继续共同研究，我不知道大家是否有兴趣。总之，这是一个有意义的问题，目前还没有解决。

美国驻 OECD 代表：我的问题与 WTO 相关。我对 WTO 对中国经济的影响十分感兴趣。WTO 应该是一把双刃剑，一方面是机遇，即获得贸易增长和投资；一方面是风险，即竞争的引入，特别是对于中国的国有产业部门而言，大多很难与外国公司竞争。我的问题是在承认 WTO 对中国经济有着积极作用的同时，如何应对过渡带来的挑战？因为当真正开放经济时，一些非常重要的领域将会在未来几年开放。

王梦奎：你讲的加入 WTO 是一把双刃剑，对中国的影响是两方面的，我非常赞成。加入 WTO 对中国来讲确实是把双刃剑，存在有利的一面和不利的一面，我们既然要得到好的一面，也就要承受不利的一面，承担这种风险。中国要通过进行国有企业的改革，经济结构的调整，技术的改造，法制的完善，来减少风险，以便比较顺利地进入 WTO。我看是两条：第一，加入 WTO 不会是从天上掉下来一个馅饼；第二，也不会是大祸临头。中国为加入 WTO 已经作了很大的努力，但发达国家对中国经济发展的阶段应该有一个公正的评价。中国是发展中国家，只能承担发展中国家能够履行的义务。

国际工会组织代表：我是国际工会组织的，我的问题是如何看待贸易与劳工标准和环境标准的关系？

王梦奎：我理解你的意思。中国对环境保护是非常重视的，中国现在有三条是被定为基本国策的，一条是计划生育，一条是环境保护，一条是对外开放。中国是发展中国家，一些地方环境恶化的情况是严重的。中国在工业污染物的排放方面有明显进步，但在荒漠化方面改善不大，有些地方甚至还在继续恶化，我们也正在努力。关于所谓劳工标准，我想提请你注意最近西雅图会议失败的教训。个别发达国家提出的标准是大多数成员所难以接受的，所以没有达成协议。这不是中国的责任，因为中国还没有加入世贸组织，还没有参与决策的权力。不能把个别经济发达国家在会议上提出的标准，比如最低工资和生活水平标准，比如劳动保护标准，比如环境标准，强加给大多数发展中国家。发展中国家当然非常愿意提高工资标准，让人们得到非常好的工作条件和生活条件，享受良好的社会和工作环境，如果明天就达到发达国家的水平，岂不是皆大欢喜？但这在短时期内是做不到的。提出这种不合理要求的动机，在于削弱发展中国家的竞争能力，使它们在经济全球化浪潮中永远处于被动地位，所以不能不遭到发展中国家的普遍反对。西雅图会议给我们提供了有益的教训，即只能争取那些能够达到的目标，而放弃那些不切实际的要求。这样，大家才能达成协议。

在法国国际关系研究院的演讲和答问

（2000 年 2 月 14 日）

演讲

女士们、先生们：

我感到荣幸，能有机会在这里就中国的经济发展和对外经济关系发表演讲。我希望，我的讲话能有助于各位加深对于中国经济发展和对外经济政策的了解，有助于促进中国和包括法国在内的欧洲各国之间经济合作关系的进一步发展。

正如大家知道的，新中国成立半个世纪以来，中国经济面貌发生了根本性的变化。特别是自 70 年代末实行改革开放政策以来，国民经济持续快速增长，20 年平均增长速度达到 9.6%，在全国人口总量增加 3 亿的情况下，人均 GDP 增长 1 倍。1997 年以来，由于亚洲金融危机的影响，以及中国经济增长的周期性波动，加上经济结构的调整，中国国内和国外市场形势发生很大变化，出口大幅度下降，1998 年几乎是零增长。中国克服重重困难，1998 年和 1999 年都保持 7%以上的经济增长速度。从 1998 年开始实行的通过扩张性财政政策刺激需求和保持经济增长的政策，取得积极的成效，2000 年和 2001 年将继续实行这种政策。物价今年有可能止跌回升。发电量和工业用电量增长速度加快，工业产成品库存减少。这说明，目前中国经济保持着好的发展势头。预计今年经济增长速度仍有可能达到 7%左右。

中国经济发展的长远目标，是在以往几十年经济发展的基础上，从现在起，再经过几十年时间的努力，到21世纪中叶基本实现现代化。作为这种努力的开端，是目前正在制定的国民经济和社会发展的第十个五年计划，即2001～2005年的发展规划。按照惯例，2001～2005年的发展规划将在2001年3月提交全国人民代表大会审议。中国在今后5年乃至更长的时间，经济发展的重点是对经济结构进行战略性调整，包括产业结构、地区经济结构和城乡经济结构。产业结构调整的方向，是发展高新技术产业，同时用新技术改造传统产业。地区经济结构调整的方向，是在继续发展东部地区经济的同时，积极开发西部，加快中西部地区的发展。城乡经济结构调整的方向，是加快城市化即农业人口非农化的进程。中国经济结构的调整，是快速发展过程中积极的调整；中国经济将在结构调整中得到更好的发展。在未来五年到十年，预计中国经济仍能保持7%左右的增长速度。这意味着中国2010年GDP将比2000年增长1倍。

我们注意到，国际上对中国经济的认识，向来有乐观派和悲观派。有时候乐观主义占上风，有时候悲观主义占上风。前些年似乎乐观主义占上风，但有些过分乐观的舆论，是没有充分根据的，连我们自己也不敢相信，例如说中国经济总量很快就会赶上美国。按照现行汇率计算，中国GDP只有美国的八分之一，按照目前的增长速度，到2030年中国才能达到美国现在的经济总量，美国经济也在继续发展，而且即使到那时，中国人均GDP也还是很低的，仍然是发展中国家。另外一个极端是悲观主义。近年来由于亚洲金融危机的影响，由于中国经济增长速度的下降和外贸出口的困难，以及改革进程中难以避免的困难，国际上对中国经济的悲观估计似乎又多了起来，这也是没有根据的，持悲观态度的人们没有看到中国经济的巨大潜力。

我是乐观主义者。我们清醒地看到中国经济发展中存在的困难。当前的突出问题是有效需求不足，经济结构不合理，人口和就业的压力，资源和环境问题，以及经济体制方面的缺陷。这只是中国经济的一方面情况，何况中国正在认真地解决这些问题。另一方面，从中国经济发展的大趋势来看，从中国经济发展的主流来看，存在着许多促进经济持续增长的积极因素，这些因素对于中国经济发展是长期起作用的。因此，我们对中国经济的发展前景抱有信心。这些积极因素主要是：

——中国正处在传统的工业化进程尚未完成，现代化进程刚刚开始的经济成长阶段，人均 GDP 不到 1000 美元，大片国土的开发，基础设施的建设，经济结构的调整，城市化进程的加快，城乡居民收入和消费水平的提高，都会提供广阔的市场，有巨大的增长潜力。

——中国经过半个世纪的建设，特别是近 20 年来经济的快速增长，已经具备了进行现代化建设的比较雄厚的物质基础。中国已经告别商品供不应求的时代，现在不论消费品还是原材料和生产设备，从总体上说，供应都是充分的，但还存在结构性的矛盾，在品种和质量方面还不能完全满足需要。

——中国经过 20 多年来的经济改革，已经初步建立了社会主义市场经济体制。中国经济的市场化程度显著提高，政府也初步积累了在市场经济条件下管理经济的经验。继续深化改革是中国坚定不移的目标，当前改革的重点是国有企业改革、社会保障制度改革、金融改革和经济法制建设。我们的目标，是再经过 10 时间的努力，到 2010 年建成比较完善的社会主义市场经济体制。市场经济体制的逐步完善将为中国经济发展注入新的活力。

——中国人口多，就业压力大，但劳动力资源丰富，工资水平低，而且拥有大量训练有素的工人和技术人员，具有竞争优势，对外国到中国投资也具有吸引力。

——和平和发展是时代的主题，尽管世界和平和发展问题都没有完全解决，国际环境中有不少令人忧虑的事情，但在可以预见的未来，避免新的世界大战是可能的，和平的国际环境能够保持。中国将一如既往地实行和平外交政策，专心致志地进行国内经济建设。

这就是我对中国现代化建设抱有乐观态度的根据。

中国将坚定不移地继续实行对外开放的基本国策，积极发展同世界各国的经济贸易关系，欢迎外国企业到中国投资。这是中国发展的需要，也是世界经济发展的需要。中国是世界上最大的发展中国家，中国的发展对于世界和平和发展事业具有重要意义。由于实行对外开放政策，中国对外经济贸易与合作关系得到迅速发展。对外贸易总额由改革开放前1978年的206亿美元增加到1999年的3600亿美元，年均增长15%，成为世界上重要的贸易国家之一。目前中国是吸收外来投资最多的国家之一。未来十年，中国将继续进行大规模经济建设，预计固定资产投资年均增长10%以上，十年累计进口总额将超过2万亿美元。中国是一个拥有12亿以上人口并且正在进行大规模现代化建设的发展中国家，是一个越来越广阔的市场。有远见、有魄力的企业家不会忽视中国这个大市场，——不仅是作为商品销售者前往，而且是以投资者的身份前往。

中国重视发展同周边亚洲各国的睦邻友好和合作关系。全世界都看到，经受金融危机冲击的亚洲国家经济恢复速度之快超过人们的预料。可以断言，亚洲仍将是未来世界经济发展中的活跃力量。

中国重视发展同包括法国在内的整个欧洲国家之间的经济贸易关系。近年来，中国和欧洲的贸易额迅速增长，欧盟已经成为中国的第三大贸易伙伴，贸易额次于日本和美国。据中国海关统计，1999年中国和欧盟国家的双边贸易额达557亿美元，比上年增长13.9%，其中，中国向欧盟国家出口增长7.3%，从欧盟国家进口增长22.7%。截止1999年底，欧盟成员国在中国投资项目总数达到10207个，实际投资219亿美元。据中国海关统计，1999年中国和法国贸易额创造历史最高纪录，达到67.1亿美元，比上年增长11.2%。其中，中国出口增长3.4%，法国向中国出口增长18.1%，中方贸易逆差8.7亿美元。截止1999年底，法国在中国投资项目1585个，实际投入39.72亿美元，在欧盟国家中居第三位，次于英国和德国。在科技合作和财政合作方面也取得可观的进展。中国和欧洲国家经济发展水平不同，经济互补性强，发展经济技术合作与交流存在广阔的天地。中国和法国之间的经济贸易关系还有很大的发展潜力，在经济关系之外的其他广泛领域也可以进一步加强合作关系。

中国正在继续为加入WTO而努力。中国和美国就中国加入WTO问题举行的双边谈判已经达成协议。中国同欧盟的谈判取得积极进展，近期将继续就有关问题举行谈判。中国加入WTO是实行对外开放政策的合乎逻辑的结果，也是经济全球化进程的一个组成部分，必将给世界经济和贸易发展增加新的活力。总的说来，中国市场会更加开放，政策会放宽，限制会更少。加入WTO也会给中国发展对外经济关系带来机会，有利于中国的经济改革和经济发展。中国正在积极推进经济体制改革，完善经济立法，以适应加入WTO以后新的形势。我们也清醒地看到，加入WTO，对处于相对落后状态的中国经济将会带来巨大的压力和严峻的挑战，并不是天上掉下一个馅饼。这就是中国坚持以发展中国家加入WTO的原因。

经济全球化是当代世界经济发展的必然趋势。在讲到经济全球化的时候，我想指出，当今世界经济发展进程中，实际上存在三种趋势：每个国家追求各自经济的发展，特别是广大发展中国家谋取经济振兴的趋势，经济区域集团化的趋势，经济全球化的趋势。只讲经济全球化是不够的。摆在我们面前的严酷事实是：在经济全球化的浪潮中，在全世界范围内，穷国和富国的差距不断拉大。我希望全世界有远见的政治家和经济学家，都能关注这个问题，并且谋求逐步解决之道。经济全球化应该使发达国家和发展中国家都受益，争取更多的国家成为赢家而最大限度地减少输家，当然最好是全赢而没有输家。国际经济贸易规则的制订应该有发展中国家参与，注意听取发展中国家的呼声，保护发展中国家的利益。离开甚至损害发展中国家的利益，就不可能有世界经济持久而普遍的繁荣，最终对发达国家也是不利的。

中法两国在历史上都对人类文明做出过重要的贡献，也是当代世界上具有重要影响的大国，对人类和平和进步事业负有重要责任。中法两国经济贸易和友好关系的发展，符合两国人民和世界人民的利益，我们愿为此而继续努力。

谢谢。

答问

王梦奎：刚才我简要介绍了中国的经济发展和对外经济关系。愿意回答各位的问题。

问：近期，例如今后 3 ~ 5 年，人民币是否会贬值？如果人民币贬值，是否会影响 7%的增长速度？

王梦奎： 近期人民币不会贬值，因为中国经济保持比较快的增长速度，有比较充裕的外汇储备，国内物价指数是负数，外贸出口呈增长态势。至于今后 5 年，例如到 2005 年，现在还难以预期，因为汇率变动受国内外许多因素的影响，不大容易作长期的预测。实际上，对别的货币，例如美元、日元和欧元，也难以作出长期的关于汇率变动的准确预测，汇率都是经常变动的。但我至少可以告诉你，现在看不出人民币有贬值的苗头或者趋势。今后 5 年，中国经济年均增长 7%左右是有把握的。中国的经济增长速度是按人民币不变价格计算的，不是按美元计算的，所以人民币贬值与否对经济增长率没有直接影响。但汇率变化对进出口贸易有直接影响，对经济增长率是有间接影响的。在开放经济条件下，汇率是经济状况的一个综合反映，和经济增长率有密切关系。

问：中国失业率是多少？中国是否通过健全社会保障制度来解决失业人口的生活问题？

王梦奎： 中国的失业人口，大体上由三类人员组成：第一类是登记失业，现在失业率 3.1%；第二类是国有企业的下岗职工，他们也是失业者，和第一类失业者的不同之点，在于他们和原来所就业的企业还保持着关系，并未被解雇，社会保障费用在相当大程度上还依靠这些企业解决，根据调查，这类失业率大体上和第一类相当；第三类是失业而未正式登记的人，以及新进入就业年龄而没有就业的人。总体失业率，没有精确统计，一般研究者认为在 7%左右，也有的研究者认为已经接近 10%。今后几年是劳动力供给增长快而其需求增长相对缓慢的时期，就业形势比较严峻。中国正通过健全社会保障制度来解决失业工人的生活问题，但由于失业者数量多，社会保障金积累少，国家财力有限，还存在不少困难。这是中国社会经济发展所面临的一个突出问题。最后我还应该告诉你，中国政府公布的失业率，我上面所说的失业率，都是指城镇的失业率，而没有包括在农村广泛存在的潜在失业问题。如果考虑到这一点，中国的失业问题就更严重了。

问：在未来的 10 ~ 20 年，中国有无可能出现较大规模的私营企业？

王梦奎：有可能。私营企业在中国是增长的趋势，现在有的私营企业规模已经不小。

问：我是巴黎工商会的，负责组织法国的中小企业到中国投资。我想问，中国在西部开发中，如何防止产业的趋同化？

王梦奎：你提的是一个很重要的问题，确实应该防止这种危险。办法是发挥政府在总体规划方面的作用，以及市场在资源配置方面的作用。不论是前者还是后者，都需要加强信息工作，对市场信息有及时而又充分的收集和发布，使各方面了解，以便知所趋避。

问：我过去在中国生活过，知道东北地区地广人稀，现在中国政府是否鼓励向东北移民？中国农民愿意向东北地区迁移吗？

王梦奎：东北地区过去曾经是地广人稀的地方，经过一百多年来的移民，现在那里虽然比中国多数省份人均耕地面积仍然大一些，但已经没有多少荒地可以开垦了，中国政府没有向东北地区移民的计划。

问：中国同欧盟关于中国加入 WTO 的谈判进展如何？中国是否对谈判持乐观态度？

王梦奎：前几天中国的谈判代表到欧盟进行谈判，我在离开北京前还没有见到谈判结果的报道。欧盟是中国的重要贸易伙伴，中国重视同欧盟的关系。中国在谈判中只能接受可以承受的条件，过高的要价是中国不能接受的。我注意到近年来欧盟对中国加入 WTO 一直持积极态度，而且欧盟也知道同中国进一步发展经济贸易关系的重要性，所以我对谈判结果持乐观态度。

问：我是巴黎俄罗斯之友协会的，我想问部长先生，你是否知道中国有多少黑工在俄国？中国可耕地很少，农村有很多失业人口，是否鼓励人多的地方向人少的地方移民？

王梦奎：我不知道在俄罗斯是否有你所说的中国黑工。如果真的像你说的有中国黑工存在的话，我也不可能知道它的数量。既然是“黑工”，我怎么会知道它的数量呢？中国政府是反对非法移民的。我理解你的意思，并且可以告诉你：中国虽然人均耕地数量比较少，但现在粮食自给有余，包括国家储备和农民家庭储备，全国粮食储备达到5000亿公斤，相当于全国一年粮食的总产量，中国完全可以靠技术进步和组织管理的改善满足人民对于粮食的需要，还可以出口一定数量的粮食。中国过去没有、现在没有、将来也不会因为人多地少而侵占别国的土地，你完全用不着有多余的担心。我倒是从俄国的报刊上看到，不知道你看到没有，说俄国远东地区的开发缺乏劳动力，需要从外国移民，当然这是俄国自己的事。

问：20年后，中国是会更穷了，还是更富了？

王梦奎：毫无疑问，20年后中国会更富裕，绝不会更贫穷。但是，从全国来说，从总体上说，到那个时候中国也还处在小康阶段，还是发展中国家，还达不到现代化的目标。

问：亚洲在20年后会不会成为强大的经济区域，发展成为像欧盟那样的经济体？

王梦奎：你提的实际上是两个问题。第一个问题是，亚洲会不会成为强大的经济区，在世界经济中占有重要位置。在1997年世界GNP总量中，北美自由区（美国、加拿大、墨西哥）占28.56%；欧盟十五国占28.01%，欧元区十一国占22.45%；中国（含香港和台湾）、日本和韩国占22.32%，不包含香港和台湾占20.91%，如果算上其他亚洲国家，所占比重更大。可以说，亚洲地区和北美、欧洲是当今世界经济的三大板块。你提的第二个问题是，亚洲是否会发展成为像欧盟那样的经济共同体。我的答复是：就全亚洲来说，至少近期还看不见这种前景。亚洲国家和欧洲国家不同，经济发展水平和民族文化传统差异很大，地域跨度也比欧盟国家大得多。想想看吧，日本和巴基斯坦、阿富汗乃至中东国家有多大差异！因此，整个亚洲形成像欧盟那样的经济共同体是非常困难的。但在亚洲局部地区，例如东盟十国，现在实际上已经成了区域经济组织，虽然它最初是作为军事同盟而存在的。值得注意的是，中国、日本、韩国占世界经济总量的20%，是世界三大经济板块中唯一没有建立区域经济组织的。中国、日本、韩国是世界上少有的没有参加区域经济组的经济大国，现在也在积极探索进一步加强经济合作的途径，不排除逐步走向区域经济集团化的可能性。如果出现了这种可能性，我认为也应该是非排他性的。

第一届中国发展高层论坛总结讲话[①]

（2000 年 3 月 28 日）

我们在重要的时刻，开了一次重要的国际讨论会。

现在，世界经济正处在重要时刻，中国经济也处在重要的时刻。

中国经济进入了新的发展阶段。有三个标志：第二步战略目标的实现和第三步战略目标开始实施，即从小康逐步走向现代化；经济体制的变化；加入 WTO 和外部环境的变化。中国当前经济发展中存在的矛盾和问题，许多是同这些根本性的变化有关的。这两天的讨论，都涉及了这些重要问题。

中国正在制定第十个五年计划，即 2001 ～ 2005 年的发展规划。这是市场经济条件下的第一个五年计划，考虑今后五年，同时也要考虑更长一些时间的发展远景，需要听取各方面的意见。所以，我们把论坛的主题确认为：《中国 2010：目标、政策与前景》。这是符合当前中国改革和发展的需要的。

两天来，参加会议的中外双方的代表，围绕中国改革和发展的问题，发表了自己的见解。这些意见都是严肃认真的，经过深思熟虑的。有些见解不完全相同，这是正常现象，不必强求一致，也不可能完全一致。正因为有不同意见，才需要进行讨论。世界在变化，中国也在变化，社会进步之快超过以往任何时期。新的情况不断出现，我们不

① 中国发展高层论坛是作者在担任国务院发展研究中心主任期间发起和主持的国际性论坛，目的是在中外企业家、学者和政府官员之间建立起对话和交流的平台，促进中国了解世界，同时也让世界更好地了解中国。论坛在每年 3 月全国人大会议闭幕后举行，都有国务院副总理到会演讲，国务院总理会见出席论坛的外方代表并听取他们的意见。论坛已连续举办多年，在国内外产生了广泛影响。

了解、不深刻了解的事情太多。这就需要积极的探索，需要谦虚的精神。中国有句成语：兼听则明，偏听则暗。我们需要听取来自各方面的声音。虽然参加会议的各界朋友，有些具体见解不完全相同，但大家的愿望是共同的：都是为了使中国的改革和发展进行得更好，更顺利；都是为了在经济全球化的条件下，使中国同世界经济的关系得到更好的发展。例如，有几位先生讲到，鉴于俄罗斯的教训，中国又是一个大国，像一辆大型坦克，不可能做急剧的S形的转弯，所以中国的经济转轨，中国的企业改革，不能推得太快；有的先生是另外的主张，强调搞得更快一些，“长痛不如短痛”。前一种观点，也就是主张采取稳妥步伐前进的观点，主要是担心急转弯而翻车；后一种主张，也就是持“长痛不如短痛”观点的先生，是看到了解决问题的紧迫性。两种观点，我认为都有道理。按中国的说法，就是“既要积极，又要稳妥”。至于如何做到这一点，要取决于领导人的明智。正如同样一部兵书，每个将军都读，但打仗的结果不一样，所谓“运用之妙，存乎一心”。

两天来，大家就国有企业改革，加入WTO，资本市场，经济发展前景，信息化，法制建设等广泛领域的问题，进行了深入的讨论。参加论坛的各位朋友，没有保留地提供了自己的见解，贡献了自己的智慧。不论是具体见解如何，都是对中国有好处的，都是受到欢迎的。昨天温家宝副总理在致辞中表明了这样的态度，朱镕基总理在会见国外和香港特邀嘉宾时也表明了这样的态度，他对论坛给予积极的评价，并且希望有更多人参加这样的讨论。

我在会议的开幕式上说：这次论坛的宗旨，是在中外企业家、学者之间，在中外企业家、学者和政府官员之间，建立新的对话和交流的机制与渠道；促进中国了解世界，世界了解中国；推进中外经济贸易关系的发展；同时也借此机会，听取中外朋友对于中国改革和发展的意见和建议，提供给中国政府作为决策的参考。通过两天与会全体朋友的共同努力，应该说，达到了论坛预期的目标。新闻界的朋友已经迅速地向国内外报道了会议的消息和大家的意见。我们还会通过适当的方式，在更大的范围内，通报各位代表的精辟见解，让更多的决策者知道，让我们的会议对中国改革和发展起到更大的作用，让各位的智慧和努力发挥更大的作用。

这次中国发展高层论坛，从筹备开始，就得到了中外企业家、专家学者和国际组织代表的积极响应。还有不少人，由于接到通知比较晚，日程已作了别的安排，不可能来出席这次论坛。我要对世界各国的朋友远道而来参加会议表示感谢。我也要对中国企业家和专家学者积极参与这次论坛表示感谢，他们同样贡献了自己的智慧。我还要对中国政府官员参与论坛表示感谢。除了大会上作专题发言的五位部长和主持会议的四位部长以外，还有一二十位政府负责官员积极参与论坛活动。由于中国政府官员的参与，由于他们同其他会议参与者的直接对话，使这次论坛具有了自己的特色。

这次论坛提供了有益的经验。今后还要举办这样的高层论坛，争取每年举办一次，相信一定能够越办越好。议题的选择，一是对中国的改革和发展有实际意义，一是参加会议的中外双方共同感兴趣。中国有句俗语：亲戚越走越近。我希望，在座各位朋友，能够继续积极参与这样的活动。

在我结束讲话之前，我还要代表参加论坛的全体同事，对新闻界的朋友表示感谢，对提供这样优美的会议环境和优质服务的钓鱼台国宾馆表示感谢。我们的论坛，毫无疑问，会记载在钓鱼台的历史上。

现在我宣布：中国发展高层论坛第一届年会闭幕。

附录

就“中国发展高层论坛”答中央电视台记者问

（2000 年 3 月 28 日）

一、答中央电视台《经济半小时》记者问

主持人：国务院发展研究中心举办了一个很大的活动，就是“中

国发展高层论坛”，您刚在闭幕式上讲了话。

王梦奎：是的，今天下午 4 点钟结束的。

主持人：我想请您谈的是，为什么选择这样的时机，举办这样一个高层论坛？

王梦奎：主要是两个考虑。一个考虑是，我们国内改革和发展的需要。我们国家的经济发展进入了一个新的阶段。三个标志：第一个标志是，按照三步走的战略部署，我们已经实现了第二步战略目标，从“十五”计划开始要实施第三步战略目标；第二个标志是，社会主义市场经济体制初步建立，这是体制的变化；第三个标志是外部环境的变化，就是随着中国加入世贸组织，会引起经济发展外部环境的变化。有很多问题需要讨论。现在正在制定“十五”计划，“十五”计划是我国在市场经济体制下的第一个五年计划，是 21 世纪的第一个五年计划，也是我们开始实施第三步战略目标的第一个五年计划，有很多问题需要研究，需要听取各方面意见。

主持人：这次会议好像上层非常重视。

王梦奎：是的。国务院领导很重视，温家宝副总理出席了开幕式，发表了重要讲话。朱镕基总理在会议的头一天，就是在昨天下午，会见了参加论坛的中外双方的代表，直接和大家进行对话，听取来自国外和香港代表的意见，并且回答了他们的问题。五个单元的讨论，我请了五位部长到会作主题发言，宣传中国的政策，回答中外企业界和专家，以及一些国际组织代表的问题。我们也想通过举办这样的高层论坛建立中外企业家和学者同中国政府官员之间的一条沟通的渠道。我认为这对于中国更好地了解世界，世界更好地了解中国，是有好处的。这也是我们举办这样的高层论坛的一种考虑。

主持人：我在会上有个突出的感受，就是很多会议代表，国外的一些教授、专家，对中国在未来的全球一体化的经济形势下扮演的角色，都非常关注，提出了很多问题。有这样一个疑问，就是说中国加入世贸组织以后，有没有可能严格履行自己的协议？

王梦奎：中国是一个负责任的大国，中国在加入世贸组织谈判中一贯坚持权利与义务平衡的原则。我国有个成语：君子一言，驷马难追。我们是讲诚信的，守信用的，在各种国际组织当中都是守规则的，在加入世贸组织之后会按照世贸组织的规则，来进行我国的对外贸易。

主持人：有一些专家比较担心，比如说麦金侬教授就比较担心，他说如果中国资本市场快速开放的话，会不会给中国的改革带来一些冲击？

王梦奎：关于改革步伐的问题，在这个会上反映出两种倾向性的意见。第一种意见，就像麦金侬教授说的，如果太快的话，会不会引起一些混乱。OECD组织的副秘书长近藤诚一先生，是一位日本人，他说中国是一个很大的国家，像一个很大的坦克车，转弯的时候，不能走S型的急转弯。他们强调的是中国改革的步骤，强调改革要稳妥地进行，避免产生大的混乱。另一种意见，例如斯坦福大学的刘遵义教授所讲的，长痛不如短痛，应该很快地进行，他强调的是问题的紧迫性。我今天在会上讲，有各种兵法的书，将军们都在读同样的书，但是作战效果不一样，像中国古代所讲的，“运用之妙，存乎一心”。书是一样的，就看你会运用不会运用。经济学原则也是这样，各种语言的教科书上都有，但光靠读经济学教科书上所讲的原则是不能领导国家经济的，还需要有领导艺术。我国改革开放以来，采取渐进式改革而在条件成熟的时候又重点突破的政策，既保持了国家的稳定，又推进了改革，实践证明，这是正确的。

主持人：现在是因特网时代，也是全球一体化时代，新的技术的发明对于中国很多的大企业带来一些很严峻的考验。有人说中国的大企业和国际大企业比较，不是距离拉近了，而是拉远了。

王梦奎：应该说差距是相当大的，在企业的规模方面，技术水平方面，生产率和利润率方面，都有很大的差距。

主持人：所以另一个教授就说，中国的目标应该是建立150个大型企业集团。

王梦奎：现在全世界已经有那么多大的跨国公司，中国有必要也有可能发展大的跨国公司，实行跨国经营。但是，这种大公司不是行政式的拼凑，把多少个企业拼凑在一起，而应该根据经济原则在竞争中发展起来。这种大公司只能是少数，如果按数量说的话，中国需要更多地发展中小企业。中小企业在解决就业问题，满足日常需要方面，作用是不可代替的。

主持人：您认为大企业和中小企业比较起来，是大企业的步子慢了，还是中小企业的步子相对迟缓？

王梦奎：都存在问题。大企业像国有企业改革的问题，任务很繁重。小企业也有体制的问题和成长的问题，比如说乡镇企业，大量的是小企业，也面临很大的问题，有体制的问题，有技术水平的问题，也有市场的问题。

主持人：在这次会上还讨论了另外一个问题，就是关于中国经济发展速度和发展前景的问题。

王梦奎：这次参加会议的代表，对于中国经济发展前景都是持乐观态度的。但是国际上，对中国经济前景的评论，多少年以来，一直有乐观派和悲观派，有时候是悲观主义占上风，有时候是乐观主义占上风。比如前几年有一家英国的经济学杂志，这个杂志叫《经济学家》，它最先发表文章说，中国在经济总量上很快会超过美国。这当然是不可能的。

主持人：有没有对中国2000年到2010年之间的经济发展速度等等提出一些预测？

王梦奎：一些专家研究的结果，认为我国在2001年到2010年，还有可能保持7%左右的增长速度，就是说，在今后的十年，我国的GDP可以翻一番。经济速度是很重要的问题，但更重要的是调整经济结构，是提高经济增长的质量。

主持人：哈佛大学的库珀教授，他有这么一个预测，说在2015年，中国会成为世界第四贸易大国，是美国的1/4，排在法国之前，德国之后。您认为他这个预测准不准确？

王梦奎：我认为，如果我们努力，搞得好，有这样的前景。如果出现这样的前景，当然全国人民都会高兴的。

主持人：现在是第几？

王梦奎：1978年，改革开放前夕，我国的对外贸易总额是206亿美元，1999年增加到3600多亿美元，年均增长14%以上。现在我国对外贸易额占世界的第九位。

主持人：您是这次论坛的主持人，您能对这次论坛做一个总的评价吗？

王梦奎：论坛达到了预期的目标。我们预期的目标是，在中外企业家、专家、学者和政府官员之间，建立一种对话和交流的渠道；通过这次论坛，让世界更多地了解中国，让中国更多地了解世界；进一步推进中国和世界各国之间的经济贸易关系发展；也借这个机会听取国外的企业家、经济学家、国际组织代表对我国改革和发展的意见和建议，提供给政府作为决策的参考。应该说，通过两天的会议，达到了这样的目的。

二、答中央电视台《中国报道》记者问

主持人：首届中国发展高层论坛在各方面引起了非常强烈的反响，会上讨论的气氛也非常热烈。有关这方面的问题，今天我们请来了这个会议的主办者，国务院发展研究中心主任王梦奎教授。王梦奎教授，您好，欢迎来到我们的演播室接受我们的采访。请问，你们举办这样一个论坛的目的是什么？

王梦奎：中国现在处在一个非常重要的发展阶段，中国的改革开放和现代化建设进入了新的时期。国家正在制定第十个五年计划，我们想通过这样一个论坛来听取国内外企业界、国内外专家学者以及国际经济组织代表的意见，集思广益，来给我们国家的决策提供参考意见。国务院发展研究中心是国务院的政策研究和决策咨询机构，我们有这样的职责。

主持人：应该说这个会人们最关心的一个主题就是中国未来经济增长的潜力和前景，通过讨论有什么倾向性的意见吗？

王梦奎：与会者倾向性的意见都是对于中国的发展前景持乐观态度。

主持人：他们觉得未来中国经济的增长仍然能保持这样的高速吗？

王梦奎：这次论坛讨论的速度问题不是太具体，只是一种乐观的预期，没有讨论到很具体的比如百分之几的增长速度。中国的专家倒提出了他们研究的成果。

主持人：您能具体讲一下吗？

王梦奎：比如说国务院发展研究中心的专家，他们提出中国在未来的五年到十年还可能保持 7% 左右的增长速度。

主持人：这样的讨论会的结果，究竟能给政策的制定者带来什么样的帮助？

王梦奎：我以为最大的帮助就是使政策制定者知道有各种各样的意见，在决策的时候想到各种各样的意见，这样决策就会更加全面，更加明智，倒不一定是非采取哪一条意见和建议不可。

主持人：经济学家总爱说，一方面，又一方面。

王梦奎：不仅是经济学家，哲学家也是这样，他们也经常讲问题的一方面，问题的另外一方面。这是正常现象，有时候不这样讲反而是不对的。比如说一个问题包含有五个方面，而我们可能只是认识到它的三个方面甚至两个方面，这种认识就是不全面的。认识是一个过程，实践也是一个过程。我们现在的认识比起过去的认识应该说非常进步了，非常了不起了，社会科学也好，自然科学也好，技术也好，如果和古人相比，和50年前相比，和40年前相比，和30年前甚至20年前相比，进步都很大；但是，我不敢说，我们现在的认识都已经臻于完善了，这实际上是不可能的。如果把眼光放得更远一些，把今天的理论和实践放在人类社会历史发展的长河中来观察，和未来相比，比如说再过一千年、再过一万年，那个时候的人看我们现在就像我们看古人一样，一定会觉得我们也非常幼稚。现在整个人类还处于幼儿园时期。我有点离开了今天的话题，我的意思是理论和实践都需要推进，不能停滞。

主持人：据我们了解，国外的学术界在研究中国问题的时候，因为文化差异，总有一些误区和偏差，您觉得这次论坛是否能帮助他们更好地了解中国？

王梦奎：您提的这个问题很好。现在国际上对中国的研究很多，对于中国的经济问题、政治问题、文化问题以及其他方面的问题，都研究得很多。当然这些研究有不少独到之处，有很多很好的见解，我国从学术研究机构到政府机关都是重视的。但我总是感到，不少外国人对中国的研究有一定的隔膜，对中国实际情况不是很清楚。所以我就想，既然他们经常在国际上举办各种各样的关于中国问题的讨论会，为什么我们不自己搞一种论坛，由我们自己直接地把中国的情况告诉他们呢？这也是举行这次论坛的一个考虑。我们请政府的高级官员直接到会上向参加会议的人介绍情况，和他们展开讨论，回答他们的问题。这次请了五位专题发言人，就是五位部长，有国有企业改革方面的专家陈清泰同志，有外经贸部的石广生部长，信息产业部的吴基传部长，国家计委曾培炎主任，还有证监会的周小川主席，由他们向到会的外国的企业界、外国的专家学者、国际组织代表以及中国参加会议的人介绍情况，大家都感到解决问题，感到他们所讲的是权威性的意见，这是对这次论坛的普遍反映，就是高层次的、有权威的、能够解决问题的、能够近距离地来了解中国的。我们想把这种做法延续下去，在中外企业家和专家、学者之间，在中外企业家、专家学者和中国政府的官员之间，建立一种对话的渠道，架起一座交流的桥梁。我认为这对于中国了解世界，对于世界了解中国，都是有帮助的。

主持人：就您的感觉，外国人研究中国问题的时候热点集中在哪里？

王梦奎：这次会上反映出来的，是中国加入世贸组织的问题，以及由加入世贸组织所引发的问题，例如我们国内的经济法律和法规的问题，政府管理经济的方法问题，市场竞争秩序的问题，加入世贸组织以后能不能履行义务的问题，以及加入世贸组织对我们国内的经济发展、对国内企业影响的问题等等，多数问题是和中国加入世贸组织有关的。

主持人：既然经济一体化是一个大的趋势，那么国际上学术界所关注的中国的问题，是不是也是我们中国政策制定者所应该集中考虑的问题呢？

王梦奎：他们这次提出来的一些问题，有许多是我们国内研究的问题，也有一些是我们还没有注意到或者没有引起足够注意的问题，因为他们市场经济比较发达，在世贸组织当中也有多年打交道的经验，我们在这方面没有经验。

主持人：我想这应该对我们的政策制定是有帮助的。

王梦奎：是有帮助的。不仅对政策制定，对我们从事研究工作也是有好处的。

主持人：以后还有举办类似这样的论坛的计划吗？

王梦奎：有，以后还想举办这样的论坛。有了这次的经验，以后会搞得更好。这次论坛在开始筹备的时候就得到各方面的积极的响应，但因为筹备得比较晚，有些人来信说论坛的创意很好，很有意义，但是因为日程安排满了，来不了，下次你早点通知我。比如大家知道的基辛格，美国的前国务卿，回信给我，说你这件事情很好，这次我去不了了，我下次来。参加论坛的中外双方的代表都认为这次论坛办得很好，下次还希望能够参加。

主持人：会变成一个每年的例会吗？

王梦奎：我们有这种希望。会议的组织方式会更加完善一些，每次会议的议题需要精心的选择，标准是对我们国家发展、对我们的现代化建设更有实践意义，当然也要是国际上参加论坛的人共同感兴趣的问题。举行这次论坛，最早的想法是从达沃斯会议得到启发，也从去年在上海召开的“财富论坛”得到启发。既然国外有这么多的机构在搞论坛，讨论中国的问题，为什么我们中国人不自己搞个论坛来讨论问题，这样做不是对我们更有好处吗？我以为，坚持下去，不断改进，这样的论坛会搞得越来越有声有色的。比如说达沃斯会议，搞了30多年，才有今天这样大的影响。我们国家是1978年开始参加的，第二年，也就是1979年我是中国代表团参加达沃斯会议的成员之一，当时它还不叫世界经济论坛，而是叫欧洲管理论坛。这个论坛的发起人是施瓦布，日内瓦大学的教授，我们国家很多领导人都出席过达沃斯会议。我们想把“中国发展高层论坛”办成对我们国家的现代化事业有实际意义的，对我们开展国际学术交流、提高我们学术水平有实际意义的论坛。

主持人：这次论坛讨论的主题是中国到2010年发展的前景以及我们所制定的目标政策，您觉得会影响到中国中长期发展的因素有哪些呢？

王梦奎：有经济结构的因素，有体制的因素，有外部环境的因素，还有自然条件的因素。

主持人：您觉得哪些是我们近期内需要解决的问题呢？

王梦奎：当前需要解决的是扩大内需、调整结构、保持经济稳定增长的问题，这就是从1997年亚洲金融危机以来，从1998年开始国家实行的扩张性的财政政策，积极扩大内需保持经济增长这样一种政策，现在需要继续实行这种政策。

主持人：在这次论坛上，当石广生部长做关于中国加入世贸组织的演讲的时候有很多人提问，您觉得中国在加入世贸组织之后我们在中长期的发展上会带来什么样的变数和影响？

王梦奎：中国加入世贸组织实质上是加入经济全球化进程的问题。经济全球化是世界经济发展的一个大趋势，尽管经济全球化这两年来人们才说得比较多，实际上我国实行改革开放也就是主动加入经济全球化的进程，20年来实行改革开放政策对国家的经济发展起了很积极的作用，加入世贸组织以后就是更主动地、更积极地加入经济全球化的进程。

主持人：您刚才提到了达沃斯世界经济论坛，达沃斯论坛上大家都在说一个词叫新经济，一方面是您刚才说到的经济全球化，一方面是高新科技的发展，您觉得这两个因素对于中国未来的发展会起到什么样的作用呢？

王梦奎：经济全球化和新经济是两个问题。经济全球化是世界经济发展越来越超越国界的问题，需要研究的是如何通过实行对外开放政策，使中国经济更好地、更积极主动地加入经济全球化的进程，来促进我国的现代化建设。在讲到世界经济格局的时候，我有个基本观点，就是现在世界经济格局实际上有三种发展趋势：第一是每个国家振兴本国经济这样的趋势，特别是发展中国家，像我们国家，必须发展经济，把自己的经济搞好；第二种趋势就是经济区域化、集团化；第三种趋势是经济全球化。不能只讲全球化。新经济是另外的问题，实际上是科学技术进步的问题，这是我们整个现代化进程中都要注意的。当然新经济和全球化也有关系，就是技术的进步，例如交通运输的发达和信息革命，是促进经济全球化的重要因素。讲到技术进步问题，我想讲一个观点，就是：当前我国经济结构调整面临两方面的任务，一是发展高新技术产业，一是用高新技术来改造传统产业。因为我国是发展中国家，在今后相当长时间内高新技术产业的发展速度会超过传统产业，但是就构成中国经济的主体、构成中国经济的大部分来说，仍然会是传统产业，但是传统产业是应该进行改造的，用先进的技术来加以改造。

主持人：感谢您今天接受我们的采访。

和澳大利亚议会代表团的谈话[①]

（2000 年 7 月 14 日）

王梦奎：欢迎参议长阁下和各位议员到国务院发展研究中心访问。中国和澳大利亚之间有着广泛的经济和贸易关系，中国是澳大利亚第四大贸易国，澳大利亚是中国第九大贸易国。两国友好关系不断发展。我们对参议长阁下为促进两国关系发展所做的努力表示钦佩。考虑到参议长阁下不是第一次访华，对中国已经有一些了解，而且今天会见时间不长，我想不再作一般性的介绍，请你们先提出问题，我们共同进行讨论。

玛格里特·里德参议长：王梦奎主任抽时间接见我们，非常荣幸。我知道贵中心的工作非常重要，研究内容涉及中国社会经济发展的广泛领域。我们对澳大利亚和中国之间的经济贸易往来和投资感兴趣，对区域发展和农村经济也感兴趣。我们代表团的成员属于不同党派，来自澳大利亚各个州，有的来自农村，有的来自城市。下面我想请他们就各自关心的问题提问。

王梦奎：好，请。

议员 A：如果政府没有足够的经济来源，就无法促进社会和经济发展。请问，如何进行税收改革，使政府能够筹集更多的资金，而企业也更具竞争力？另外，黑色经济和贪污受贿等现象的存在，在很大程度上影响政府的成功运作。中澳如何进行合作，以解决此类问题？

王梦奎：你提的是世界各国所面临的共同问题，甚至可以说是

---

① 澳大利亚议会代表团是应中国全国人大常委会的邀请来中国访问的。

政府的永恒主题，中国也不例外。中国的经济改革正在进行，经济体制还不完善，制度有不少漏洞。由于进行税收制度改革，加强税收征管，近年来虽然经济增长速度有所下降，但税收在大幅度增长，主要是因为加大了打击走私和逃税的力度。赔钱的买卖没有人愿意做，杀头的买卖有人愿意做，（众笑）所以世界各国都致力于打击走私，反对逃税，在这方面积累了不少经验。我们希望加强两国在这方面的合作，但今天短暂的会见不可能详细讨论这个问题。如果你有兴趣深入了解，我建议你找专家开一次专题讨论会。如果我们举行此类问题的国际研讨会，也可以请你参加。我们中心经常举行国际讨论会。

议员B：中国在向市场经济发展中，信息技术发展很快，如何利用基因技术促进经济和社会发展？

王梦奎：中国的信息技术确实发展很快，信息产业每年以20%～30%的速度发展，政府已经把加快信息技术发展，推进国民经济和社会的信息化，作为国家的发展战略。中国在基因技术方面有一定优势，不久前完成的人类基因图谱工作就有中国科学家的一份贡献。中国是人多地少、生态环境问题比较突出的国家，积极利用生物技术方面的科学研究成果具有重要意义。

从世界范围来看，信息技术革命的高潮正在到来，将对经济发展和人类社会生活产生深远的影响，再有20年左右时间或许信息技术会进入成熟期。以基因研究为基础的生物技术，目前还处于初始期，或许再经过20年左右的时间会进入高潮期。生物技术的发展对人类自身，对农业、林业、畜牧业和生态环境都将产生巨大而深远的影响。我这里想提出一个问题，就是如何使新的科学技术成就更好地造福于人类，防止由于滥用而带来灾难性的后果。例如在信息技术方面，要预防因“黑客”对于互联网络的破坏而带来的混乱甚至灾难性的后果。在生物技术方面，要预防生物灭绝武器或其他怀有敌意的使用。甚至在日常的社会经济生活方面，也有保护个人基因隐私的问题。如果没有这种隐私保护，人寿保险公司在某人投保时去检查其基因，也许会拒绝他的投保。雇主也会通过基因而决定雇谁或不雇谁。（众笑）我认为应该从三个方面努力：一是科学家应该有强烈的社会责任感，二是国家应该健全法律法规，三是国际社会也应该谋求加强管理的途径，就如同对待核武器和细菌武器一样。我认为，及时地提出这个问题，并不是杞人忧天。

议员C：中国和澳大利亚都有辽阔的领土，如何发展区域经济，使现有的投入发挥更大的作用？澳大利亚设立有土地开发委员会，重点是发展工业项目，已经投入了大量的钱，但是否有收益，现在下结论还为时过早。中国是否遇到同样的挑战，中国是如何做的呢？

王梦奎：中国和澳大利亚一样，地区发展差距比较大。中国是东部比较发达，西部比较落后。中国实施西部开发战略，首先是加强基础设施建设，修筑公路、铁路、机场等等，为发展经济奠定基础。和澳大利亚不同的是，中国人口多，许多经济落后地区人口也不少，自然和资源环境又差，发展更加困难。中国人口大约是澳大利亚的50倍。中国的省相当于澳大利亚的州，有的大省，例如我的家乡河南省，就有九千多万人口，是澳大利亚全国人口的4倍。如此众多的人口要实现现代化，是一项长期而艰巨的历史任务。我们希望学习你们发展落后地区经济的经验。

议员D：我想听听你关于社会发展问题的意见。在经济高速发展的同时，保持社会稳定发展是比较困难的。中国社区发展状况如何？中国社会发展的目标是什么？

王梦奎：中国社区的发展刚刚起步，在你们国家由社区负责的工作，在中国许多是由基层政府负责的。随着市场经济体制的建立，这种状况正在改变，但和澳大利亚相比还很落后。我们现在所讲的社会发展问题，比社区发展的含义更宽泛，主要是指人口、资源、环境、教育以及民族和宗教问题，等等。中国社会发展的目标，可以概括为两句话：一句是，社会发展与经济发展相适应；一句是，经济发展与社会全面进步。

议员 E：关于环保问题，中国土地辽阔，人力资源丰富，但土地质量在退化，如何更好地利用土地和水资源，想听听你的意见。

王梦奎：中国确实面临着沙漠化和水资源紧缺的问题，这是西部开发和整个社会经济发展中的一个重要制约因素。你们从中国地图上可以看到，西部地区有大片的沙漠。这有人为破坏的因素，但主要是亿万年来地质运动形成的。喜马拉雅山的隆起阻挡了印度洋暖流的进入，新疆大片地区成了沙漠，那里有史以来人口就不多，沙漠并不是人类活动破坏的结果。中国水资源问题主要是三个方面：北方大部分地区缺水，南方部分地区洪涝灾害，水污染。中国多年来注重兴修水利，现在开始把节水工作放在突出位置，发展旱作农业和节水农业。例如灌溉，过去许多地方是大水漫灌，很浪费水，现在实行喷灌、滴灌，修防渗管道。城市在发展节水型的生产和生活消费，例如扩大工业水的循环使用，推广节水型的马桶。世界上有的国家在这方面做得很好，例如以色列，我们在学习他们的经验。澳大利亚实施“沙漠知识经济战略”，取得可观的成绩，积累了许多经验，中国也要学习。中澳两国在这方面也有很好的合作前景。

议员 F：中国在造林方面作了很大努力，有几个相关的法律法规，在解决水资源方面准备怎么做？

王梦奎：总的方针是开源与节约并重。不久前，专家经过讨论向国务院提交一份关于水资源问题的报告。目前正在进行南水北调的论证，还没有最终决策。如果走东部的路线，那里一千多年前就修有大运河，沿着这条线把南方的水引到北方，江苏、山东和天津可以受益，但中部缺水地区难以受益。如果走中部的路线，需要提高源头的水位，这不难做到，但整个工程较东线大得多，这也是我们打算做的。现在有些报刊宣传把青藏高原的水引到西部灌溉沙漠，如果能实现，当然是很诱人的，但许多专家认为不可行，因为那里是崇山峻岭，有上百万平方公里的高原，很难把水引过来。假如那里是一堵墙，即使是 100 公里厚的墙壁，我们也是可以把它打通的。（众笑）

议员G：澳大利亚对三峡工程很感兴趣，对工程的技术和规模感到惊奇，我想知道现在进展状况如何？

王梦奎：三峡工程的目标是调节洪水和发电，进展还比较顺利。三峡工程的难点不在工程技术方面，而在于移民。总共要移民100万人以上，大概是世界上规模最大的工程移民了，这项工作现在已经开始。三峡有非常雄奇的自然景观，是著名的旅游风景区，建议你们去看看。

议员H：请你谈谈中国在电讯和教育方面的发展。

王梦奎：我刚才讲的信息化，实际上已经包括了电讯发展的问题。中国电讯产业发展很快，移动通讯用户仅次于美国。现在中国在不少公众场合，甚至在开会的时候，也经常能听到像你刚才那样，皮包里的手机响了。（众笑）中国实施科教兴国战略，有教育方面的不少立法，教育部门正在争取教育投资快于经济增长速度的保证。因为人口数量大，大、中、小学学生数量都很惊人，全国在校学生人数，小学有上亿人，中学有几千万人，大学有几百万人。前几天刚结束了今年的高考，今年高等学校招生数量是100多万人。同其他发展中国家相比，中国人受教育水平是比较高的。中国有重视教育的传统，许多父母都克服困难，让孩子读书。

玛格里特·里德：非常感谢你耐心地回答我们所提出的所有问题，通过今天的讨论，我们增进了对于中国的了解。

王梦奎：祝你们访问成功。

社会保障体制改革国际研讨会总结讲话①

（2000年8月21日）

我们开了一次成功的会议。两天来，大家围绕会议的主题:《中国社会保障体制改革：资金筹集、基金运作与政府管理》，进行了深入的讨论。我在昨天会议开幕时提出，希望与会的国内外朋友畅所欲言，各抒己见，开展自由而充分的讨论。这一点我们做到了，应该说，讨论是畅所欲言，各抒己见的，也是自由的。如果有什么遗憾，那就是由于时间的限制，对一些问题讨论还不够充分。

我们讨论的是一个非常重要的问题。从一般意义上说，健全的社会保障制度是现代社会发展程度的一个重要标志，直接关系国民生计。对于中国来说，社会保障体制的改革和健全又具有特殊的重要意义，因为社会保障体制是中国社会主义市场经济体制的重要组成部分，社会保障体制的改革和健全是当前中国经济改革所面临的最迫切的任务之一。中国政府重视社会保障体制改革，中国公众也关注社会保障体制改革。中国正在制定2001～2005年的第十个五年计划，“十五”计划期间将把社会保障体制改革放在重要位置。我们所讨论的，正是中国政府特别重视、中国公众特别关心的问题。我要对所有参加会议的中外专家表示感谢，特别要对各位发言人和主持人表示感谢，对提供专题研究报告和背景材料的人表示感谢，把这种积极参与看作是对中国改革和发展的关心和支持。我们将负责任地把大家的意见向国务院

① 2000年8月20～21日举行的这次国际研讨会，是朱镕基总理提议，由国务院发展研究中心主办、中国发展研究基金会承办的。作者主持这次国际研讨会，致开幕词并作闭幕总结讲话。

领导报告，向政府有关部门的领导人进行必要的通报，全部发言将汇集为一部书公开出版，使会议上所提出的宝贵意见能够在中国社会保障体制改革中起到参考和借鉴作用。

概括起来说，中国社会保障体制改革面临着三个方面的问题：一是要解决好历史遗留问题，二是要完善新体制的设计，三是实现从旧体制到新体制的过渡，实现这种过渡需要采取的政策和措施。两天来讨论的，大体上是这三个方面的问题。在这三个方面，都存在着大量的需要解决的问题，其中有体制的问题，有政策的问题，也有实际操作的问题，不少是很棘手的问题。对于这些问题，我很高兴听到会议上所发表的不同的意见。大家都亲耳听到了这些不同的见解。这正表现了国际学术讨论会的特色，也反映了我们所讨论的中国社会保障体制改革问题的复杂性。由于会议参加者的研究领域和实际经历不同，了解情况有差别，对如此复杂的社会保障问题持有不同的见解是正常现象。各种不同的意见，包括其他国家成功的和不成功的经验，对于中国社会保障体制的改革都是有参考价值的，都是应该受到重视的。

中国的社会保障体制改革面临非常复杂的局面。社会保障已经有长久历史的一些经济发达国家，现在也遇到了这样或者那样的困难，何况中国这样经济落后、人口众多、经济体制又不健全的国家。在中国的社会保障体制改革中，以下三个方面的情况是不能不考虑的：

第一，经济体制的转变，即从计划经济体制向社会主义市场经济体制的转变。社会保障体制的改革是这种根本性的经济体制转变的一个重要组成部分，其他方面的改革，例如所有制结构的调整，企业制度的改革，财税体制的改革，都对社会保障体制的改革有不可忽视的影响，或者说，不能不考虑到社会保障体制的问题。必须充分考虑体制转轨时期的复杂性，以及加入世贸组织以后的新情况。

第二，经济结构的调整。中国社会保障体制的改革是在经济结构调整的大背景下进行的，不能不考虑经济结构调整带来的新情况和新问题。例如产业结构的调整，要进行工业的改组和改造，企业要重组，落后的、没有发展前景的企业要淘汰，社会保障体制的建立不能不考虑这种情况。又如城乡经济结构的调整。城市化将会是21世纪中国经济发展进程的重要内容。长期以来中国的社会保障体制是城乡分开的，大体上仅限于城市，并不包括广大农村。由于城市和农村不同，城市中不同所有制企业也不同，不同行业也不同，中国社会保障体制的现实情况是“一国多制”。城市化的实质，是大量的农村人口向城市和非农产业转移，城市户籍制度要进行改革。农村人口转为城市人口以后的社会保障，例如最低生活保障，是社会保障体制改革的一个新的问题，这也会增加社会保障的困难。这个问题现在还没有引起足够的、有预见性的注意，也许过不了多久就需要进行专门的讨论。

第三，庞大的人口数量和人口老龄化的影响。中国人口过几年就会达到13亿，在人口数量如此多而经济又不发达的情况下，以比经济发达国家快得多的速度，在很短的时间里进入了老龄社会，目前60岁以上的人口已经达到总人口的10%。中国的人口政策，过去是两句话：控制人口数量，提高人口质量。现在应该增加一句话，就是注意老龄化问题。老龄化增加了社会保障的困难，而延长退休年龄又遇到大量人口需要就业的强大压力；事实上，为了缓解就业的压力，不少企业甚至不得不让职工提前退休。

中国在如此复杂的情况下进行社会保障体制改革，所遇到的困难是可想而知的。十全十美的方案是不存在的，但我们能够找到可行的、利大于弊的方案。正如今天会议上一位德国朋友所说的，也许不是最漂亮的裙子，但是合适的裙子。中国的国情决定了：现阶段的中国社会保障体制，只能是低水平的，只能是多层次的、在城乡之间、地区之间、不同所有制之间发展不平衡的，只能是稳步前进的。中国政府对社会保障体制改革非常重视，改革所取得的进展也是令人鼓舞的，但是，要建立健全统一的、规范和完善的、可持续的社会保障体制，还需要在实践中继续探索，进行比较长时间的艰苦努力。虽然有困难，但这种制度建设是必须进行的，我们有信心使中国的社会保障体制逐步建立和健全起来。这需要从中国的实际情况出发，总结中国社会保障实践的经验和教训，也需要借鉴外国的经验和教训。在这个意义上可以说，这次国际研讨会将会对中国社会保障体制的研究和改革实践产生积极的作用。我们将把这次国际研讨会作为继续深入研究的一个新的起点，并且愿意在今后的研究中继续同各位朋友进行合作。

如果各位没有更重要的话要说，现在我就宣布：社会保障体制改革国际研讨会闭幕。

在世界华人论坛的演讲①

（2000 年 9 月 21 日）

我为能够有机会参与发起并且参加“2000 年世界华人论坛”感到荣幸。

这次盛会，是在世纪更替、千年交接之际，在中华民族实现新的伟大复兴的时刻召开的，是一次具有重要意义的会议。

世界正在发生深刻的变化。世界多极化和经济全球化的趋势迅速发展，科学技术革命突飞猛进，空前规模的产业结构调整步伐加快，社会生产和人类生活面貌的变化是过去任何时候都不能比拟的。中国和世界都面临着难得的发展机遇，也面临着新的严峻的挑战。

中国也在发生深刻的变化。我在这里不和上一个世纪更替的景况作比较；100 年前，1900 年八国联军攻入北京，中华民族是带着被列强欺凌的耻辱和愤怒进入 20 世纪的，这一点是大家都清楚的。我在这里也不讲半个世纪前新中国的成立；新中国的成立实现了民族独立和人民解放，这一点也是大家都清楚的。现在中国的情况不仅和 100 年以前不同，和 50 年以前不同，和改革开放之前相比也有根本性质的变化。经过 20 多年来的改革开放和快速发展，从新的世纪开始，中国将进入全面建设小康社会，加快推进现代化的新的发展阶段。这是因为：

——经济发展的战略目标变化了。改革开放初期提出的 2000 年国内生产总值比 1980 年翻两番的目标已提前几年实现了，后来提出的人均国内生产总值翻两番的目标也实现了。按照分三步走实现现代化

① “2000 年世界华人论坛”，是由国务院侨务办公室、国务院发展研究中心、对外经济贸易部和山东省共同主办的。

的战略构想，中国已经实现了第一步战略目标——解决温饱问题，以及第二步战略目标——人民生活从总体上达到小康水平。在进入新世纪的时候，将开始实施第三步战略目标——全面建设小康社会，经过半个世纪左右时间的努力，基本实现现代化。

——经济体制变化了。中国社会主义市场经济体制已经初步建立，今后的社会经济发展将在市场经济体制下进行。中国的市场经济体制还很不完善，继续推进改革是既定的方针。改革的目标，是再经过 10 年时间的努力，到 2010 年建立起比较完善的社会主义市场经济体制。

——对外经济关系变化了。中国全方位对外开放的格局已经基本形成，已经从封闭型经济转变为开放型经济。加入 WTO 标志着中国对外开放进入新的发展阶段。

中国正在制定第十个五年计划，即 2001 ～ 2005 年的发展规划。“十五”计划是进入 21 世纪的第一个五年计划，是开始实施第三步战略目标的第一个五年计划，也是社会主义市场经济体制初步建立后的第一个五年计划。考虑到上述国内外环境的变化：

——“十五”计划将会把经济发展作为主题。要巩固和加强农业的基础地位，加快工业的改组改造，大力发展服务业，进一步加强水利、交通、能源等基础设施建设，加快国民经济和社会的信息化。还要加强人口和资源管理，重视生态建设和环境保护。今后 5 年年均经济增长速度将在 7% 以上，为 2010 年国内生产总值比 2000 年翻一番奠定基础。

——“十五”计划将会把经济结构的调整作为主线。产业结构的调整要注重新兴产业的发展，同时用新技术改造传统产业。地区经济结构的调整重在实施西部大开发战略，促进地区经济协调发展。城乡经济结构的调整重在积极稳妥地推进城市化，加快农业人口向非农产业的转移。还有所有制结构的调整，就是继续支持、鼓励和引导多种经济成分共同发展。结构调整将使中国经济提升到一个新的水平。

——“十五”计划将会把体制创新和科技创新作为发展的动力。规划的制定和实施要充分体现发展市场经济的要求，全面估量加入

WTO 后的新形势。体制创新和科技创新将为实现跨越式发展提供体制保障和科技支持。

——“十五”计划将会把提高人民生活水平作为根本出发点。中国人民生活现在只是从总体上达到小康水平，或者也可以说，是初步达到小康水平，地区发展很不平衡。向更加宽裕的小康水平前进，要优化消费结构，提高生活质量。这就要求在增加生产和改善社会供给的同时，不断增加城乡居民收入，特别是低收入者收入。城乡居民收入的增加将会把中国巨大的潜在市场转变成为现实的市场。

我们清醒地看到中国经济发展中存在的困难。中国是发展中国家，发达国家在经济上科技上占优势的压力，霸权主义和强权政治的压力，将会长期存在。在国内，产业结构不合理、地区经济发展不协调、城市化水平低的问题短期内难以完全解决，失业增加和生态环境恶化的压力加大，农民和部分城市居民收入增长缓慢，不同地区之间以及不同的居民阶层之间收入差距扩大，各方面的管理体制仍然很不完善。这些问题，都在积极解决之中。从发展趋势来看，中国目前正处在工业化进程尚未完成、现代化建设正在大规模进行的发展阶段，正是经济迅速扩展的时期，而且已经具备了继续发展的物质技术基础和体制条件，完全有理由对中国的发展前景抱乐观的预期。

中国“十五”计划的制订和实施，乃至更长时期的发展，为中国企业的发展提供了巨大的空间，也为中国同世界各国的经济合作与交流提供了广阔的天地，为境外的企业家提供了大量的商业机会。我相信，这次“2000 年世界华人论坛”一定会在这些方面起到积极的推进作用。

我参加过不少国际讨论会，感到这次“2000 年世界华人论坛”确实很有特色，与众不同。与会同仁有半数来自境外的许多国家和地区，是一次名副其实的国际讨论会。但是，大家操着同样的语言——汉语，使用着同样的方块汉字。来自境外的朋友从事着不同的职业，有的是企业家，有的是科学家，有的是技术专家，有的是经济管理专家，有的是学者，有的是社会活动家，服务于不同的机构、不同的国家，甚至有不同的国籍，但都是中华民族的一员。大家所表达的具体意见是各不相同的，但思想感情是相同的，就是希望在新的世界潮流中，中国的现代化事业能够继续向前推进，中华民族能够实现新的伟大的复兴。这是我们共同的心愿。

我对于分布在世界各地的华人在事业上所取得的成功感到由衷的高兴。中国人移居海外历史悠久，因而有“海水所到之处便有华侨”之说。海外华人有艰苦创业的传统，而且一向关心中华民族的前途和命运。辛亥革命，抗日战争，20 多年来的改革开放，海外华人都作出了重要贡献。

这次论坛是一次难忘的盛会。当论坛闭幕，离开青岛这个漂亮城市的时候，我和大家一样，带着美好的印象，带着中华民族的亲情和自豪。

和美国专家谈中美贸易不平衡问题[①]

（2001 年 3 月 24 日）

王梦奎：欢迎你来参加 2001 年“中国发展高层论坛”。昨天你在发展研究中心的报告非常精彩，向你表示祝贺。听说你对美国经济形势持乐观态度。

伯格斯坦：我认为美国经济将呈 V 型走向，今年下半年就会出现反弹。过去几年的经济调整和技术革命为美国经济长期增长打下了基础，目前导致经济下滑的因素都是短期的和暂时性的，刺激经济增长的政策工具还有使用空间。当然也有不确定因素：人们对经济增长的信心、股价下降的影响和过大的贸易逆差。最重要的是，美国现在每年的贸易逆差高达 5000 亿美元，对中国的贸易逆差就有 1000 亿美元。

王梦奎：中国在对美国的贸易中有比较大的顺差，但数量并不像你说的那么大。由于统计上的原因，中美两国对这个数据的看法历来不同。根据中国的统计，2000 年中美贸易额是 745 亿美元，中国顺差 298 亿美元。根据美国的统计，美中贸易额是 1162 亿美元，美国逆差是 838 亿美元，也不是你所说的 1000 亿美元。中美两国关于贸易统计的数据不同，主要是因为美国的数据是根据所谓原产地原则，包含了经香港和台湾的转口贸易，其中许多产品是来料加工，中国的附加值只占商品总价值的很小比重，利润额更小，都算成中国大陆产品是不合理的。这种来料加工，除香港和台湾外，还有来自韩国和其他地方的。还应该注意到，中国对美国的出口，还包括美国在华投资企业所生产的商品。另外，美国在国外有许多大公司，有报告说，这些公司

① 这是作者和美国国际经济研究所所长伯格斯坦教授的谈话。

向中国的出口，和美国国内公司向中国出口数量大体相当，而中国在境外的公司是很少的，几乎没有向美国出口。如果考虑到以上这些情况，那就不难明白，在美国闹得沸沸扬扬的所谓对华贸易逆差问题，显然被不适当地夸大了。

伯格斯坦：你的意见对。但我想提醒：越来越大的美中贸易逆差对中美贸易关系形成了强大的政治压力。许多美国议员和劳工组织认为，对外投资和进口等于把工作机会移往国外，他们感到不平衡，因而强烈反对。

王梦奎：我理解你的意思。我还想指出，美国对中国贸易逆差还有一个很重要的原因，就是美国对向中国出口商品的限制，许多商品不允许向中国出口，中国不得不从其他国家进口，这使美国企业丧失了不少商业机会。在我看来，美国用不着感到不平衡。如果说心理不平衡，现在最不平衡的恐怕应该是日本人。日本是最大的债权国，但他们的日子不好过；美国是最大的债务国，日子好像过得很自在。

伯格斯坦：我赞成你的观点。美国对华贸易限制也伤害美国自己。

王梦奎：美国从中国大陆进口的增长，并不是对美国国内生产的替代，而是对美国从其他地方，比如日本、泰国、韩国、中国台湾和香港进口的替代。所以，中国不应该对美国的巨额贸易逆差负责，只是美国进口贸易地区结构的变化。美国以前从亚洲其他地方进口的东西，现在从中国大陆进口，这是亚洲经济结构变化的结果。比如家用电器，中国过去大量从日本进口，现在中国也成为出口大国了。电视机中国最初是从日本引进的，现在日本年产1000万台，中国是3000万台。国际贸易是根据比较优势原则进行的，美国是经济发达国家，生产和出口高科技产品，自己生产服装、玩具和一般五金工具之类的劳动密集型商品不合算。从中国进口这些商品符合美国自身的利益，并不是对于中国的特别恩赐。这也是许多美国政客多年大声疾呼要严格管制而没有效果的原因。

伯格斯坦：我赞成你的观点，这也是我们研究的结论。

王梦奎：中国经常组织政府官员学习经济学知识，也组织他们出国考察和学习。我建议，你们也可以教政客们一些经济学知识，把你们的研究成果讲给他们听，这样他们就可以少讲一些外行话。

伯格斯坦：我们不断地在发表我们的研究成果。作为一个国际经济研究所的所长，我想知道，中国在加入全球化的同时是否积极推进区域化？

王梦奎：经济区域化与全球化是同时并行的趋势。中国在加入全球化进程的同时，加强与东亚地区经济合作是必然的。东亚地区的经济合作并不是排他性的，不是与全球化趋势相对立的。实际上，目前东亚各国之间的经济联系总的来说还不如与欧洲、北美的经济联系密切。现在中国不可能从日本和韩国进口飞机，还是从美国和欧洲进口。东亚地区经济合作的加强不会替代对欧美的贸易，因为东亚国家和地区结构大致相同，而与欧美国家不同。对于亚洲国家经济合作关系的发展，美国人不必过分敏感。

伯格斯坦：中国对区域经济合作态度是否积极？第一步是中日韩东北亚地区自由贸易区，还是与东盟合作？

王梦奎：中国在加入 WTO 的同时也在参与 APEC、10+3、中日韩合作这样的区域性合作。中、日、韩之间的经济合作研究，是根据韩国金大中总统、日本前首相小渊和中国朱镕基总理的倡导进行的，经过两年来的酝酿和筹备，今年正式启动，我所领导的国务院发展研究中心代表中国参加。各方态度都是积极的。至于是否建立自由贸易区，目前还没有具体的方案。中、日、韩已经存在密切的经济联系，自由贸易区应该是经济贸易关系发展的自然结果。东北亚区域合作按理说还应该包括俄国和朝鲜，但俄国的经济重心在欧洲部分，对东北亚的合作兴趣不是太大，朝鲜目前还没有精力。

伯格斯坦：这都是我们很感兴趣的问题。我们研究全球经济，在这方面我们可以开展合作。

王梦奎：应该有合作的机会。

和日本前驻华大使佐藤嘉恭的谈话

（2001 年 4 月 18 日）

王梦奎：非常高兴再次见到佐藤先生。

佐藤嘉恭：非常感谢王梦奎主任的会见。本来我们应该在神户见面的，而现在还是在北京见面了。对于中方提出推迟中日经济知识交流会年会的问题，我们都表示非常理解。这次来想亲自听听你的高见，回去以后向有关方面报告。我们 4 月 15 日来北京参加贸促会的会议，前天会见了温家宝副总理，昨天会见了唐家璇外长。在会见唐外长时，我们表示了对最近中日关系发展的关心。我们也希望李登辉访日最终不能实现。

王梦奎：你曾经向我说，离任后就成为“小使”了，我说你可以继续为发展中日友好关系做许多工作。事实证明了我的预料，你离任后仍在为发展中日两国的友好关系奔走，是一个名副其实的民间大使。我对此表示钦佩。从 1999 年起你参加了中日经济知识交流会的活动，想必还记得我在 1999 年宫崎会议期间所说的，中日经济知识交流会是整个中日友好长河中的一条重要支流，为推动中日友好合作关系的发展做出了积极贡献。日本方面参加交流会的成员都是长期致力于中日友好事业的朋友。今年福川伸次先生等日本朋友为交流会第 21 届年会在神户举办做了充分的准备，我们是知道的。你曾经是职业外交家，但作为朋友，我今天不讲外交辞令，想坦率地告诉你这次中方提出推迟交流会年会举行日期的原因。

第一是教科书问题，第二是李登辉访日的问题。这两个问题都是非常重要和敏感的问题。当然，这和交流会日方的朋友毫无关系，我知道你们的立场和我们是相同或非常相近的。正如你们所理解的那样，在目前这种情况下我们代表团访日，对于我们的交流会确有不便之处。如果在开会的时候，我方不得不对这两个原则问题表明态度，那就与交流会的气氛不协调了，不仅会有伤和气，你们也会感到难办。我已经接到福川先生的来信，他在来信中说，对中方的立场表示理解。

佐藤嘉恭：4 月 14 日我启程来华时，福川先生告诉我，他已经给你写了信，并特意让我当面向你转达他的意见。我们对你如此坦率地表达中方的意见表示感谢。教科书问题和李登辉访日问题伤害了中国人民的感情，对此我感到十分遗憾。我们将通过各种渠道促使这些问题得到合理解决。目前日本的政局可以说是一片混乱。去年中日经济知识交流会开会时，森喜朗政府刚刚建立，今年就解散了，我说起来都感到不好意思。

王梦奎：这些与你没有关系。我不想对日本的政局进行评论，因为我是局外人，但我能理解日本公众的情感。我从媒体中知道，美国军舰撞死日本学生，而森喜朗还在打高尔夫球，没有做反应，这不能不伤害人民感情。在任何一个国家，发生类似的事件公众都会做出强烈的反应，这是正常的。我倒是觉得，日本公众的反应不够强烈，表现了很大的忍耐。

教科书问题不同，不是日本的内政，和中国，和亚洲许多国家，甚至和亚洲以外的国家，都有关系。在这个问题上，不是中国揪住日本不放。这关系到对一段痛苦历史的认识。关于当年日本对中国的侵略，中国的老一代人有着痛苦的回忆，青年一代也有很强烈的意识。如果日本历史教科书的编纂者、审定者，日本的政府，能够对那段侵略战争的历史有正确的认识，这对日本是有好处的。应当以史为鉴，从日本保持与中国和亚洲其他国家人民长期友好关系的高度来看待这个问题。在这方面日本应该表现得更大度一些。坦率地说，德国做得就比日本要好一些，这样做并没有给他们带来什么损失。我昨天在电视里看到德国在审判一名最近刚刚发现的纳粹战犯，他已经 88 岁了，隐姓埋名 57 年，终于被发现。日本现在还做不到这一点。中国和日本都是世界上有重要影响的国家，又是一衣带水的近邻，中国重视中日关系，希望两国之间能够建立长期稳定、和平友好的关系，但如果不正视历史，人们就不可能相信日本的诚意。

台湾问题是一个重要而敏感的问题。中日甲午战争后日本占领台湾整整半个世纪。一些日本人有台湾情结，支持台湾独立。一些台湾人也有日本情结，他们想利用日本的右翼势力的帮助实现“台独”的主张，李登辉就是这些人的代表。这就是中国为什么重视李登辉访日动向的原因。在我看来，李登辉年近八十，这种举动实在没有多大意思。他执政期间想搞“台独”都没有如愿以偿，现在下台了，不可能有什么大的作为。李登辉是个反复无常的人，你一定很清楚，他曾经加入共产党，后来背叛了共产党。之后又加入了国民党，一直当到党的主席，后来又同搞“台独”的民进党相呼应，招致国民党在大选中失败，实际上是背叛了国民党。克林顿把他叫作“麻烦制造者”，是很恰当的。现在他又想在中日关系上制造麻烦。我认为他这样做是用心良苦，但效果终究有限。

佐藤嘉恭：很感谢你的重要意见。我同意你刚才所说的应该维护中日友好关系的意见。日本政府和国民有必要谨慎地对待教科书问题。李登辉访日对我们来说是一个很棘手的问题，其中有一些无法控制的因素。如果仅仅是说因为健康问题访日，不能说会成为政治事件。从李登辉本人来看，如果说是单纯因为健康问题也就不必要单独举行记者招待会。现在这件事被渲染成了政治事件，出现了一些无法控制的因素。当然也有一些议员在为李登辉说项。河野大臣以及外务省的局长们都在尽可能地采取措施阻止李登辉访日，他们现在的处境比较困难。许多国民认为如果由于健康原因，从人道主义考虑就应允许李登辉访日。作为外交官，对李登辉访日的实质我是很清楚的，但媒体往往将此事与人道主义问题联系起来。这就是目前日本的情况，希望中方能够理解。

王梦奎：我赞成你的意见，李登辉访日问题实际上已经被高度政治化了。如果他只是一介平民，为什么还要在立法院召开记者招待会？如果作为平民访问，为什么新闻媒体如此炒作？当然，无论什么人，生病总是应该同情的，但无论在台湾还是去日本，李登辉访日都不是简单的治病问题。台湾的医疗专家认为李登辉目前的身体状况不需要去日本治疗，他以前的手术也是在台湾做的，医疗小组中也有日本的专家。你作为外交家，对这个问题是非常清楚的，你我在这个问题上没有分歧。

佐藤嘉恭：台湾的医院也有在美国和日本学习过的优秀医生，同样可以治疗李登辉的病。李登辉利用治病实现访日，他的用意是一目了然的。

王梦奎：如果李登辉访日成行，对日本来说也没有什么好处。这股逆流只是大河奔流中的一个小支岔。希望能够排除干扰，使中日友好关系能够沿着健康的轨道更好地发展。

佐藤嘉恭：我是很担心日本政局的。四位自民党总裁候选人中对中日关系有明确看法的只有桥本。教科书事件的发展领导人起的作用很大，所以我深表担忧。4 月 24 日就要选出新的自民党总裁了，谁能当选目前还是个未知数。对于李登辉访日和教科书问题，日本应该有个明确的说法。昨天我和中共中央党史研究室的孙英主任一起吃饭，我问他编纂党史的目的是什么。他说是希望下一代能够正确地认识历史。日本自民党内就没有党史机构，所以没有一种机制可以把中日关系史告诉新一代的党员，只能靠外务省的人把中日之间曾经发生的事情告诉年轻一代。在我看来，在日本领导人中，真正认真学习过这段历史的只有桥本、小渊和大平，他们有充分的认识。现在的人没有很好的学习态度，无论外务省怎么说，他们都不合作。现在外务省处境很困难，河野大臣怀里揣着辞呈天天往返于首相府，强烈要求不要批准李登辉访日。虽然我在其中起不了什么作用，但我还是要积极发挥我的微薄之力，促使问题的解决。

王梦奎：青年人不了解历史对一个民族来说是非常危险的事情。用历史经验教育下一代，处理现实的问题就可以更聪明些。政治家了解历史更是绝对不可缺少的。中国有一部历史名著叫《资治通鉴》，就是要政治家用历史经验作为治理国家的借鉴。应该向前看，着眼于未来，只有正视历史才能做到这一点。

佐藤嘉恭： 以史为鉴，正视真正的历史是需要勇气的。日本的领导人应该把真实的东西告诉国民，因为一般的国民不是历史学家。但对于那段历史进行认识是谁都能做到的，特别是对于政治家来说更是这样。

王梦奎： 你说得很对。我认为，现在一些日本人对于侵略战争的态度，同二战结束后的世界政治格局有关系。美国当时出于同苏联对抗的需要，对日本采取保护态度，日本的侵略行径和天皇制度没有受到应有的清算。由于美国的保护，日本对于侵略战争并没有彻底反省。其实，侵略战争失败，清算和反省并不是很困难。现在并不是要追究哪一个人的责任。例如田中角荣前首相曾参加在华作战，但中国人现在还是把他看作为中日邦交正常化做出贡献的政治家。中国人民的胸怀是很宽广的。

佐藤嘉恭： 看到日本这样下去，我每天都在思考和担忧。对日本历史的认识不仅涉及与中国的关系，也涉及日本与亚洲其他国家的关系，涉及日美关系。现在大多数日本人并不认为参加二战是罪过，是侵略，而只是战败。这是对历史认识的缺陷。很多人是因为韩国和中国对日本进行指责才开始认识这个问题。

王梦奎： 这正说明中国、韩国和亚洲其他国家表明严正立场的必要。日本采取这种不明智的态度会失去许多朋友，在道义上陷于孤立，这对日本是没有好处的。作为一个主张中日发展友好关系的人，我也为日本感到忧虑。希望你能把你对历史的深刻认识告诉日本的政治家和青年人，使他们能够正确地理解历史。

佐藤嘉恭： 我会这样做。另外，我想说，最近撞机事件引起各方关注。中美关系非常重要，希望今天下午中美关于处理撞机事件的谈判能够成功。

王梦奎： 谢谢你的好意。如果设身处地，美国应该自问，如果中国的侦察机在美国的专属经济区海域上空侦察，未经允许在洛杉矶或者旧金山降落，他们会做出怎样的反应？美国应当知道，中国是独立的主权国家，不是美国的附属国。美国想充当“世界总统”。“世界总统”在历史上已出现过几次了。最早是英国，后来是德国，现在是美国。苏联在它所控制的势力范围内也充当过这样的角色。我现在思考的，是美国这种妄图独霸世界的行为何时和如何收场的问题。我敢肯定，美国不可能永远独霸天下。欧洲经济总量已经和美国旗鼓相当，苏联解体后欧洲不再需要美国的保护，他们正在寻求独立的发展道路。日本、中国、韩国以及其他亚洲国家的经济总量已占世界经济总量的20%以上。在这种情况下，谁要独霸世界都不可能。世界上很多事情都是开场容易收场难。我不敢说我们两个人一定能够看到美国失去霸权的一天，但我相信这一天总是会到来的。从整个历史发展长河来说，美国的独霸只不过是一个插曲而已。

佐藤嘉恭：但是美国对此很无知，没有历史感。如果美国是一个有历史感觉的民族，就会更谦虚一点。日本和中国都是具有悠久历史的国家，所以能够实现对话。战后日本接受了大量美国的价值观，其中有好的东西，也有不好的东西。

王梦奎：我们对国际问题和历史问题有许多共同语言。我已经如实地向你讲了中方提出推迟中日经济知识交流会年会会期的原因，希望你回去后能够转达给宫崎勇先生、福川伸次先生和其他日本朋友。我希望能够在双方认为方便的时候早日举行这次年会。

佐藤嘉恭：我也希望这个合适的时机能够早日到来。

王梦奎：我们是老朋友了，我送你三首俳句：

一

衔命重千钧，
邦交友好德为邻。
“小使”穿梭频。

二

阳春迎故人，
华楼小酌洗风尘。
谈笑尽经纶。

三

遥知樱花开，

好约难成莫疑猜。

佳期自重来。

佐藤嘉恭：这是最宝贵的礼物，非常感谢。

和美国民主中心主席艾伦·温斯坦的谈话

（2001年4月27日）

王梦奎：很高兴见到你。你还和两年前我们在华盛顿见面时那样健康。看来你是为中美关系而来的，中美关系最近有些问题。

艾伦·温斯坦：看得出来，你也很健康。中美关系我有几个观点要说明。首先，人的生命是最宝贵的，我们对中国飞行员的遇难感到悲伤。虽然这一事件只是两国关系中的一个小插曲，但如果不及时控制，会导致更大的冲突。解决冲突的办法是增进了解。中美之间有海军方面的避让协议，也可以有空中航线方面类似的协议。我们希望这件事情和其他一些事情不致影响中美首脑今年10月的会晤。这种首脑会晤机制是三十年前由毛泽东和尼克松建立起来的，对两国关系的发展起到了促进作用。中美两国在经济和战略方面都有着共同的利益。

王梦奎：我赞成你所说的中美两国在经济和战略方面有共同利益的意见。中国重视中美关系，这一点美国人是知道的，但撞机事件在中国公众中引起的强烈反响，美国人可能并不怎么清楚。布什总统就任后美国外交政策出现明显摇摆，甚至把中国当成敌人。中国对美国并不构成任何威胁，中国不会也没有能力去侵犯美国，只是希望能够和平共处和平等互利。试想，如果中国的侦察机在美国的领海侦察，未经允许在洛杉矶或者旧金山机场降落，美国会做出什么样的反应？恕我直言，美国现在陷入了令人不能容忍的傲慢自大的状态。美国近来在四面出击：反对朝鲜半岛和平进程，同俄国对抗，同中国对抗，在伊拉克采取新的军事行动，甚至连关系全球环境保护的《京都协议书》都拒绝签署。忧虑的不仅是中国，在全世界范围内，包括欧洲都很不安。美国是世界上最强大的国家，但并不是全世界的警察和总统。布什在竞选时说在国际事务中要采取谦虚的态度，上任后的表现恰恰相反。中国有句古话：谦受益，满招损。还有一个成语：众怒难犯。不论是谁，为富不仁，仗势欺人，都是没有好结果的。

艾伦·温斯坦：我们现在是个新总统，他的新政府还没有稳固地组织好。新政府是由不同党派组成的，对这样的政府大家总是心存疑虑，对布什政府也不例外。布什总统是个说话很直率的人，有些应该私下说的话他却公开去说。例如，他不说要研究朝鲜半岛的局势，而说对那里的问题表示怀疑。目前朝鲜南北和解正在进行，因为双方领导人都有这个愿望。对此中国也积极鼓励，并且提出了建设性的建议。布什在如何同外方打交道方面应该向中国学习，比如说布什在与中国打交道方面就有一个学习的过程，10 月份与江泽民主席会晤是一个重要的学习机会。

布什总统最近在接受媒体采访时的讲话引起各方关注。我认为要注意到他讲的三件事。第一，美国坚持一个中国的立场，这和过去没有什么区别。第二，如果台湾受到攻击，美国将提供一切必要的保护，这一点是中国难以接受的。很明显，布什对这个问题不像以前历届总统那样模糊，而中国似乎一直能接受那种模糊的说法。第三，美国不支持台湾独立，这是积极的，也是历届美国总统第一次如此强烈表达不支持台湾独立。不知道这个问题能否成为 10 月布什和江泽民会晤的重要内容。也就是说，布什能不能成为另一个尼克松，在这种情况下帮助台湾向与大陆谈判的方向发展。从现在的气氛看不大可能，但 10 月首脑会晤有机会。从另一方面看，布什总统是支持中国经济发展的。例如这次撞机事件发生后，他没有提出对中国实行任何制裁；他在美对华贸易、对华投资以及中国加入 WTO 等方面都很热心。他没有亲眼见到这些年中国发生的巨大变化。最重要的是，中美花了三十年时间建立起建设性关系，现在没有什么理由停止这个进程。

王梦奎：三十年前，反共的尼克松和反美的毛泽东走到了一起，实现了中美和解。基辛格是当事人，他的回忆录详尽记载了谈判的过程。尼克松为推动中美关系发展做出了贡献，所以虽然他后来在国内遇到了很大麻烦，在中国还是受到人们的尊敬。令人奇怪的是，今天的美国政治家还是像三十年前一样，经常用反对中国的观点来争取选票，没有从这种落后的冷战思维和意识形态中走出来。如果布什总统能够像尼克松那样，推动中美关系的发展，也会受到中国和世界的尊重。

艾伦·温斯坦：如果布什总统和江泽民主席在场，我会提出来，不要以为你们面临多大的困难，当年尼克松和毛泽东的困难要大得多，但他们达成了协议。我将向布什总统建议，在今年 10 月达成协议，美中每年或者每两年进行一次首脑会晤。虽然这不能保证达成一致，但至少有助于相互理解。希望你有机会向江泽民主席提出建议。

王梦奎：有机会我将转达你的建议。增加交流有助于消除误解，应该定期或不定期的会晤。我赞成你的乐观估计，目前的形势不比 1972 年的情况严重。但不同之处是当时有共同的敌人，美国要同苏联对抗，需要同中国改善关系。现在苏联解体，美国觉得没有这种需要了，甚至要把中国当成敌人。美国不必到处寻找敌人，那是缺乏自信的表现。

艾伦·温斯坦：目前中美关系处于困难时期，但再困难也不如三十年前毛泽东和尼克松打开中美关系大门的时候困难大。在这种情况下，对话和交流是非常重要的。现在中国有许多对美国不友好的看法，昨天我去北京大学座谈，那里的学生就有这方面的表示，对美国很愤怒。撞机事件后，美国人也对中国人表示愤怒。在这种情况下，两国领导人之间的交流与合作就显得更加重要。所以我建议两国领导人能够经常私下定期或不定期地交换意见，并建立一种良好的个人关系。

王梦奎：你在北京大学所得到的印象是合乎实际的，事实上对美国的愤怒情绪绝不限于北京大学。中国的知识分子和年轻人本来对美国是友好的，但坦率地说，现在人们对美国很愤怒。近期引起中国人愤怒的是这么几件大事：一是美国轰炸中国驻南斯拉夫大使馆，一是飞机撞机事件，一是向台湾出售武器，干涉中国内政。还有建立导弹防御系统的问题。由于美国采取对中国不友好的政策，使中国的青年学生对美国的看法改变了，过去抱有幻想的人幻想破灭了。你是历史学家，如果回顾历史，1945 年中国和美国一起打败了日本军国主义以后，当时许多中国知识分子对美国抱有希望，但由于美国支持蒋介石政府打内战，把本来并不亲共的知识分子推向了共产党一边。美国人当了反面教员。现在北京大学的所在地，原先是燕京大学的校址，燕京大学是美国人办的教会学校，校长是美国人司徒雷登，那里的许多学生成了共产党人和共产党的拥护者。美国人不理解中国的民族感情，对中国采取霸权主义的态度。历史证明，任何企图压服有几千年历史、十多亿人口的中国的努力都是不会成功的。当然，无论如何，两国首脑之间的对话和交流是重要的，但前提是相互尊重。

艾伦·温斯坦：二战期间美国决定援助蒋介石，从而疏远了中国的知识分子和年轻人，共产党取得胜利后又发生了韩战和越战，中美对抗了二十年。后来基辛格见周恩来，尼克松和毛泽东见面，使中美关系得到了改善。但中美上海公报是很有意思的，它把两个相互对立的观点放在了一起。一方面美国承认世界上只有一个中国，台湾是中国的一部分，北京是中国的唯一合法政府；另一方面，美国在台湾完全回到中国前继续对其承担保护的责任，后来还制定了《对台湾关系法》。中美两国的关系就是建立在这样一个相互矛盾的框架基础上。三十年来，两国在这个框架中建立了强有力的经济关系。关于台湾问题，我的观点是采取步骤建立对话。钱其琛副总理说过，一旦渠道开通，任何事都可以放在桌面上谈。要想办法使台湾人与大陆接触。这方面布什总统也许能发挥作用，就像当年尼克松打破二十年中美对抗那样。

王梦奎：但愿如此。如果布什总统能够对中国统一做出贡献，将会受到中国人民的尊重。目前大陆和台湾的经贸关系越来越密切，两岸的交往越来越多。台湾的贸易顺差主要来自大陆，去年大陆与台湾的贸易逆差达到 100 多亿美元。香港和澳门已经按照“一个国家，两种制度”的原则顺利回归中国，台湾统一后会享有更大的自治权和自由。台湾问题的关键是美国。如果没有美国对台湾的支持，中国早就统一了。台湾问题迟早会解决的，美国的干预只能增加中国统一的困难，拖延统一的时间，不可能改变最终的结局。你对台湾问题的见解是明智的、建设性的，表现了历史学家的深谋远虑，希望你的这些见解能为布什总统和美国政府所接受。如果你能在这方面有所收获，也就不虚此行了。

艾伦·温斯坦：谢谢。如果要使美中首脑会晤取得成果，就必须创造好的气氛。现在离会晤还有六个月时间。正如中国驻南斯拉夫大使馆被炸后，中美关系很快恢复了一样，希望这次也能很快恢复。美国政府愤怒的是，这次事件发生后中国的媒体对布什总统进行人身攻击。

王梦奎：我注意到美国媒体对中国很不友好的表现，在中国释放美国飞行员之后对中国的攻击反而有增无减。据我所知，中国媒体并没有对布什总统进行人身攻击，只有中国那名失踪飞行员的妻子写信给布什总统，说的话都是得体的，无可非议的。美国的飞行员在中国受到善待，而中国的飞行员却在自己的专属经济区上空飞行时被撞失踪，布什总统没有任何表示，引起中国人民的愤怒，这是可以理解的。

艾伦·温斯坦：我同意你的观点。布什总统后来表示了遗憾和吊唁，但在第一次讲话中没有表明这些。在10月份两国首脑会晤以前应当首先创造一种良好的气氛，为此，两国领导人之间的通信联系是必要的。现在的问题是谁先写这样的信，这里似乎有一个“面子”的问题，但总要交流。回国后我将设法向布什总统提出我的建议，同时希望王梦奎主任也能向中国的领导人提出类似的建议。最高领导人之间应该交换信件，就像江泽民主席与克林顿总统之间的交流一样。

王梦奎：这个建议是好的。你刚才说，希望布什总统像尼克松那样推动中美关系发展，如果能够这样，中美之间的友好关系就有了牢固的基础。中美友好关系的障碍不在中国方面，而在美国方面。你今天听到的是一个中国学者没有经过任何包装的真实的想法。

艾伦·温斯坦：这是我们在华盛顿真诚、坦率谈话的继续，是知识分子之间的交流。目前中美关系的形势是处在希望和绝望之间。下周回美国后，我要跟政府的朋友说，如果布什总统不支持台湾独立而坚持一个中国的原则，就应该在首脑会晤时明确告诉江泽民主席，并转达给台湾的领导人，帮助打开海峡两岸会谈的渠道。

王梦奎：我赞赏你的建议并希望你能成功，你这样做抓住了要害。鼓励两岸谈判是美国最明智的选择。中国有五千年的历史，海峡两岸有割不断的联系，大多数台湾人都是从大陆过去的，与大陆人有共同的祖先，共同的语言和文化。中国不像美国，是个移民国家。

艾伦·温斯坦：对此我可以证明。台湾人对大陆人友好而没有对抗。我看到，台湾学生在离开北京大学时都在流眼泪。我也许没有资格，但可以鼓励双方坐下来谈判。

王梦奎：中国是个有长久统一历史的国家，不像南斯拉夫和苏联。

艾伦·温斯坦：中国的文明不但古老，而且也是世界性的。不论在台湾和新加坡，还是在温哥华和巴黎，都可以看到中国文明在发扬光大。美国人有时不知道互相尊重。我感受最深的是在北京大学。我自从 1988 年以来已经十四次访华，切身体会到文化方面的敏感性。

王梦奎：每个民族的文明都有自己的长处，要互相学习。现代文明要博采各家之长。美国文明也有自己的长处，中国是很注意学习美国的长处的。中国有大批留学生在美国，就是要学习美国先进的东西。

艾伦·温斯坦：中美都是善于学习的民族。美国也是一个勇于改正错误的国家，例如废除奴隶制。美国的文化是一个不断改正错误的文化。

王梦奎：我想问，在经历了十年的繁荣之后，美国经济从去年下半年开始增长速度放慢，这会不会导致美国出现新的贸易保护主义？

艾伦·温斯坦：不会。美国经济增长出现下降，但同以前出现的经济萧条相比程度要小得多。贸易保护主义只是少数人的情绪，大多数人是主张自由贸易的。尽管撞机事件导致两国关系的紧张，但在美国国内还没有人提出抵制中国的商品。美国是 WTO 成员，会承担 WTO 规定的有关义务。当然我知道中国国内有这样的担心。

王梦奎：美国的军费开支比俄、英、法、德、日、意和中国七个国家的军费开支之和还要多，在经济萧条的情况下，美国有没有依靠军事工业集团发展经济的危险？

艾伦·温斯坦：尽管美国军费很高，但军费开支并不是美国经济增长的主要动力。经济增长主要依靠国内的消费，依靠高技术、电信和信息产业以及农业。竞选中都主张增加军费，但这并不是危险。实际上，美国的军费开支比重也在缓慢下降。这些军费开支主要支付军人的工资和福利。据说中国的军费今年增加了17%，这是现代化的需要吗？

王梦奎：中国增加军费，主要是由于军队原先办的企业脱钩后，军队的收入减少，需要财政弥补，同时也是提高军人待遇的需要。中国没有扩军备战的打算，中国的国防完全是防御性的。中国的国内生产总值是美国的大约九分之一，而中国的军费开支大约只有美国的5%。中国在80年代裁军100万，90年代又裁军50万。

艾伦·温斯坦：你认为中国发展中的最大的问题是什么？

王梦奎：有短期的问题，有长期的问题。目前的问题是，在美国、日本经济不景气的国际经济环境下，中国如何保持较高速度的经济增长。长远的问题是：产业结构调整和升级；农业人口向非农产业转移或者说城市化；西部开发或者说地区经济协调发展；就业问题；应对加入WTO后的竞争压力，等等。世界上没有困难和问题的国家是没有的。总起来说是两句话：一是中国是发展中国家，二是我们取得了不小的进步。

艾伦·温斯坦：非常感谢你能抽出时间见我，我对这种坦率的讨论感到很高兴。

和老挝党政代表团的谈话

（2001 年 6 月 25 日）

再次见到坎代主席[①]感到非常高兴。回忆起 1993 年 12 月，也是在钓鱼台同坎代主席见面的，当时我向坎代主席介绍了中共十四届三中全会关于建立社会主义市场经济体制决定的精神。根据坎代主席的意见，我在第二年 4 月到老挝访问，在高级干部会议上作了两场报告，受到热情款待，留下美好的记忆。

今天是命题作文。根据老挝同志出的题目，我今天主要讲中国工业化的问题，介绍中国的一些经验和教训。

中国发展近代工业，是从 19 世纪 60 年代开始的。由于受到帝国主义和封建主义的压迫，经过将近一个世纪的时间，到 1949 年新中国成立的时候，近代工业在工农业总产值中只占 10% 左右。新中国成立后进行了大规模的工业建设，早在 20 世纪 50 年代末期，工业在工农业总产值中的比重已经达到 70%。按照苏联的传统说法，工业比重达到工农业总产值的 70%，就算实现了工业化。中国在此后的很长时间里没有再提工业化的口号。现在看来，这种认识是不正确的。这涉及对工业化的理解问题。所谓工业化，实质上是从传统的农业社会到工业社会的转变，包括用近代工业技术对整个国民经济首先是对农业进行根本的技术改造，实现社会经济的转型，不能简单地从工业在工农业总产值中的比重来判断。即使从产业的比重来说，这种方法也是有缺点的：一是没有注意到日益发达的第三产业，二是没有考虑到工业

① 坎代主席，即坎代·西潘敦，时任老挝人民革命党主席和老挝国家主席，应邀率老挝党政代表团对中国进行正式友好访问。

比重的上升可以由多种原因引起，如农业的凋敝，以及工业的畸形高速增长。1987 年中共十三次代表大会重新提出工业化的任务。现在，中国农业只占 GDP 的 15.9%，工业（不包括建筑业）在工农业总产值中占 71%，但农业人口仍占总人口的 64%，农业和整个农村经济的根本改造远未完成，工业化的历史任务远未完成。农业在 GDP 中比重的降低，主要是由于工业和第三产业的增长速度快于农业。

现在实现工业化，是在新的国际环境和技术革命条件下进行的，有一些新的特点。我想从以下八个方面，就中国实现工业化的基本思路和政策取向，做些概括的说明。

第一，关于中国实现工业化和现代化的步骤。把中国这样一个人口众多的农业国转变为工业国，是非常艰巨的历史任务。过去由于对这种艰巨性认识不足，提出过一些不切实际的目标，例如 1958 年提出 15 年超英赶美，70 年代提出 2000 年实现现代化。中共十一届三中全会以后，根据对于中国社会主义初级阶段国情的认识，提出分三步走实现现代化的战略部署。这种符合实际的战略部署，使我们真正能够脚踏实地，推进中国的工业化和现代化。经过 22 年来的经济快速发展，已经实现了前两步目标，解决了温饱问题，并且从总体上达到了小康水平，实现了千百年来丰衣足食的梦想。回顾历史，成绩伟大；展望未来，任务艰巨。实现了前两步，不等于走完了中国现代化全程的 2/3，因为前两步是 20 年时间，而根据现在的设想，中国实现现代化从现在起，还要经过半个世纪的时间。广大农村地区，特别是西部地区，经济还很落后，实现工业化和现代化需要更长一些时间。中国工业化和现代化的真正难点不在城市和东部经济发达地区，而在农村和西部经济落后地区。

第二，经济发展的不平衡和技术构成的多层次性。中国经济发展不平衡：城乡发展不平衡，地区发展不平衡。技术构成呈现出多层次特点：一方面有很先进的技术，同时偏僻农村还是原始的手工劳动，可以说是先进的电子信息技术、自动化、机械化、半机械化和手工劳动并存。现在中国的技术构成，完整地反映出人类技术进步的历史。中国在工业化和现代化过程中强调因地制宜，从实际出发，不强求一律。既发展大工业，也注意发展中小工业。50年代发展大工业，建设了国家工业化的基础。50年代末期开始重视小工业，这本来是合理的，但由于搞“小土群”，强调其“土”的一面，往往不大注意技术上的可行性，更不用说先进性了，没有取得成功。70年代，特别是80年代以来，乡镇企业得到了很大发展，推动了农村经济和整个国民经济的发展。现在乡镇企业占整个工业总产值的将近50%，技术水平也在提高。随着乡镇工业的发展，农民的非农业收入在增加，在东部经济发达地区已占到农民总收入的60%以上，即使在粮食主产区也占到了30%以上。为了适应世界新技术革命和国内外市场竞争的形势，中国现在正大力推进产业结构的调整，包括农业的技术改造，工业结构的优化和升级，发展服务业，推进国民经济的信息化，以及加强基础设施建设。目的是提高经济增长水平而不仅是简单的数量上的扩张。在新的技术革命条件下推进工业化，工业化和现代化是交织在一起进行的，这就使中国有可能采用先进技术，实现跨越式发展，加快工业化和现代化的进程。

第三，发挥比较优势。中国从50年代开始，努力建立独立的比较完整的工业体系，在当时条件下是必要的，也是有成绩的。但后来各地都搞完整的工业体系，搞了许多“小而全”的建设，造成不少浪费，不利于资源的合理利用，也影响了工业化的进程。最近20多年来，强调因地制宜，发挥优势，各地根据自己的资源优势和区位优势，发展自己的优势产业，加快了经济发展。东部沿海的不少地方，已经成为出口商品的生产基地。广大的农业地区也都在积极寻找自己的比较优势，例如，有的地方发展农产品的深加工，有的地方发展畜牧产品或者水产品的深加工，有的地方发展商品化的蔬菜和花卉生产，有的地方发展传统的手工艺品生产，有的地方利用独特的人文景观和自然景观发展旅游业，等等。例如，和老挝接壤的云南省，利用亚热带气候的自然景观和少数民族的民族风情，发展旅游业，取得了显著成绩。中国旅游业的外汇收入，1978年是2.6亿美元，2000年已经达到160亿美元，继续发展的潜力还很大。发挥优势需要建立全国统一的市场，需要加强能源和交通运输建设，这是基础。中国这些年基础设施建设进展是比较快的。我不是说中国在这方面都已经做得很好了，事实上现在不少地方仍然存在不少“大而全”“小而全”的建设，这主要是由于经济管理体制上的缺点所造成的。

第四，实现可持续发展。这是世界性的重大课题，对于发展中国家来说显得更为迫切。提到中国经济发展重要议事日程的，除了中国的特殊问题——人口问题外，还有资源问题和环境问题。传统的工业化是靠大量消耗资源实现的，往往是粗放的经营方式。在 20 年前提出 20 年 GDP 翻两番的目标时，有人怀疑做不到，因为能源和原材料生产消耗都翻两番，那就不得了。结果，2000 年同 1980 年相比，GDP 增长 5 倍，在人口增加 3 亿的情况下，实现了人均 GDP 翻两番。这主要得益于技术的进步和经济结构的调整，单位 GDP 消耗的能源和原材料减少了。中国资源丰富，但经济发展仍然面临着资源制约，主要是北方干旱缺水，以及国内石油资源的短缺。为了解决水资源的问题，一方面要节约用水，同时要搞大规模的南水北调工程，即把长江流域的水调到北方来。石油资源要靠进口来解决。环境保护和生态建设也是一件大事。应该说，这个问题我们早就意识到了，并且明确提出，不能走西方工业发达国家先污染后治理的老路。但在实际上，我们在工业化过程中也发生了相当严重的环境污染和生态破坏，在相当程度上走着西方工业发达国家的老路。看来，这或许是难以完全避免的。现在，中国已经把环境保护作为一项基本国策，工业污染的治理取得比较明显的进展，在农村开展退耕还林也开始取得成效。在荒漠化的治理方面进展不大。荒漠化有些是人为破坏的结果，有些是地壳变动和大气环流造成的，不是人力所能完全改变的。环境保护会增加建设投资，但污染后再治理成本更高，所付代价更大。

第五，经济体制要适应工业化和现代化的要求。新中国成立后的前 30 年，基本上是在高度集中的计划经济体制下推进工业化的。当时的经济体制，对于在特殊的历史环境中建立国家工业化的基础起了积极的作用。但是，苏联和中国的经验都证明，再往前走，靠这样的体制不利于实现从传统的农业社会到工业社会的根本性转变，也不利于实现现代化。中国从 1979 年开始进行经济体制改革，发展市场经济，在所有制结构上强调以公有制为主体发展多种经济成分。经济改革为经济快速增长提供了体制保障，加快了工业化和现代化进程。当然，市场经济体制本身也带来一些新的问题，例如贫富差距的扩大，以及在经济体制转轨过程中所引起的社会震荡。任何一种体制都不是十全十美的。在工业化和现代化的进程中，需要进行多方面的制度建设，使生产关系适应生产力发展的要求，上层建筑适应经济基础的要求。社会主义不是停滞的社会，而是不断发展和革新的社会。经济体制和其他方面的改革，中国目前还在进行之中。

第六，发展开放型经济。任何国家的工业化和现代化，都不可能在封闭条件下实现。新中国成立后长期受到西方国家的封锁，只是在50 年代得到过苏联的一些援助。后来国际环境变化了，我们实行封闭政策，延误了经济发展。70 年代末期以来实行改革开放政策，积极进入国际市场，引进外国投资和先进技术装备，促进了产业结构的升级和经济快速增长。中国钢铁工业长期不能满足经济发展的需要，实行对外开放政策后大量进口矿石，现在年产量达到 1 亿吨以上，成为世界第一大钢铁生产国，保证了国内建设的需要。中国利用 80 年代亚洲地区产业结构调整的机会，大量引进家用电器和服装加工之类轻工业制造技术，现在已经成为这些产品的生产和出口大国。目前中国有外商投资企业 18 万家，直接就业人员 2100 万人，占城镇就业人口的10%。外商投资企业占工业增加值的 22%，出口总值的 46%，税收的35%。外商投资企业并不全是外资，包括中方投资的合营企业。由于经济比较落后，中国发展开放型经济面临许多压力，特别是加入 WTO之后会有许多压力，但中国充分利用经济全球化和区域经济合作的条件发展本国经济，积极迎接经济全球化的挑战。不然的话，经济不发展，压力会更大。老挝同志提出对外开放方面的一些具体问题，例如建设经济特区和出口加工区的问题，鼓励外国投资的问题，进出口管理体制的问题，中国都是根据当时的实际情况采取一些措施。要对外开放，但我们对国际经济了解不多，人才也缺乏，不得不采取许多过渡的办法，许多带有权宜的性质，有的成效明显，有的成效不怎么明显。现在回过头来看，这些措施不仅促进了开放型经济发展，而且为国内经济体制改革积累了经验。总的趋势，是政策越来越放宽，同世界经济联系越来越密切。只要大的思路和政策方向问题解决了，具体的办法就可以想出来。

第七，妥善处理同农民的关系问题。农民占中国人口绝大多数。中国革命主要是依靠农民的力量取得胜利的。实现工业化和现代化，对农民的冲击和震动是很大的。工业化伴随着对农村经济的根本改造，以及大量农业人口向非农产业的转移，有的要进入大中城市就业，有的要进入小城市和带有小城市性质的城镇就业。工业化的原始积累来自农业，但农业的落后又会阻碍工业化的进程，这是一个矛盾。新中国成立后的前 30 年，工业就是这样发展的。改革开放以来实行联产承包制度，提高农产品价格，鼓励乡镇企业发展，繁荣了农村经济，满足了人民生活和全国经济发展对农产品的需要。现在遇到新的问题：由于国内市场供求关系的变化，农产品价格提高没有余地，乡镇企业发展遇到市场问题，以致农民收入增长速度减缓甚至绝对下降。从中国的经验看，同农民关系的问题处理得好，农村经济发展，整个国民经济发展就有活力；不能妥善处理农村和农民的问题，整个国民经济就不可能顺利发展。这是一个大政策。

第八，注重人才培养。首先是干部培训，解决思想认识方面的问题，提高管理水平的问题。也要提高劳动者的素质，通过发展教育事业，提高科学文化水平和技术水平，包括各种学校教育和职业教育。中国确立了科教兴国战略。我们认识到，一个文盲充斥的国家是不可能实现现代化的。

以上八个方面，是中国工业化和现代化的基本思路和政策。这些思路和政策的形成，不仅研究了其他国家的经验，主要还是总结我们自己的正反两方面的经验。在这些方面，并不是说中国都做得很好了。中国有做得成功的，也有不怎么成功的，也有失败的教训。中国的情况和老挝不同，我讲的这些，只能供坎代主席和老挝朋友了解中国参考。

在第十二届世界生产力大会的演讲[①]

（2001 年 11 月 9 日）

我首先要对世界生产力科学联盟致力于生产力科学研究和世界生产力发展的事业表示敬意，对第十二届世界生产力大会在香港和北京成功举行表示祝贺。

我想借这个论坛，讲讲中国经济发展的趋势和政策走向。我知道，这是目前中国乃至全世界普遍关注的问题。

经过 20 多年来的改革和发展，中国社会经济面貌发生了深刻的变化。可以做出四点判断：

一、经济体制发生了带有根本性质的变化，中国已经由计划经济体制的国家变为市场经济体制的国家。

二、全方位对外开放的格局基本形成，中国已经由封闭半封闭的国家变为开放的国家。中国经济呈现出越来越明显的国际化趋势。

三、经济实力明显增强。过去 20 年，中国是全世界经济增长最快的国家。2000 年 GDP 相当于 1980 年的 6 倍以上，在人口增加 3 亿的情况下，人均 GDP 翻两番，超过原定 20 年 GDP 翻两番的目标。中国长期存在的市场商品供应短缺的状况已经结束。

四、人民生活从总体上达到小康水平，也就是“温饱有余，富余不足”这样的状态。说“总体上达到小康水平”，是因为现在还有 2000 多万人温饱问题还没有完全解决；有更大数量的人口刚刚解决了温饱问题，没有达到小康。中国是个发展中大国，地区经济发展不平衡，在实现小康和走向现代化的道路上步伐有前有后，是难以避免的

① 这次世界生产力大会是在北京举行的。

现象。

观察中国经济问题，要注意到“总量”和“人均”两个方面。2000年中国GDP达到89004亿元人民币，按当年汇率计算超过10000亿美元，居世界第六位，经济总量已经相当可观。按照目前的发展态势，2010年之前经济总量可以上升到世界第四位。但是，现在人均还不到1000美元，刚刚进入中等偏下收入国家的行列。分“三步走”实现现代化的发展战略完成了头两步，并不是走完了现代化全程的2/3。大约还要经过50年左右时间，到21世纪中叶，才能基本实现现代化。我们对于在中国实现现代化的艰巨性和长期性有清醒的认识。

从21世纪开始，中国进入全面建设小康社会，加快推进社会主义现代化的新的发展阶段，也就是开始向现代化建设第三步战略目标迈进的发展阶段。今后10年，中国经济预期年均增长7%左右，2010年GDP比2000年增长1倍。今年经济增长的预期目标是7%，虽然有美国经济和全球经济增长减速的不利影响，下半年经济增长速度会慢于上半年，全年经济增长目标仍然可以达到。预计明年经济增长率仍然有可能达到7%左右。

今后5到10年，中国经济发展的趋势和政策取向，可以概括为以下七个方面：

第一，调整经济结构。这是今后相当长时间经济发展的主线。要通过经济结构的调整，使我国经济发展上一个新的水平，而不仅是GDP总量的低水平的扩张。产业结构调整是当前经济结构调整的主要内容。中国技术和经济发展不平衡，在产业结构调整中需要注意处理两个关系：一是发展新兴产业和用新技术改造传统产业的关系，一是发展资本技术密集型产业和发展劳动密集型产业的关系。从发展速度看，新兴产业会超过传统产业；从在我国经济总量中所占的比重来看，在今后比较长的时期，传统产业仍将占主要地位。我国工业化还没有完成，工业化和现代化是交织在一起进行的，用信息化带动工业化，可以发挥后发优势，在比较高的起点上实现跨越式发展。

第二，加快城市化进程。农村经济发展有近期的问题，也有中长期的问题。20世纪90年代以来有两个基本情况：一是粮食产量年均增长速度明显高于人口增长速度，二是城乡居民人均口粮消费下降。这带来了过去所没有过的相当多农产品销售困难的现象。现在不少农产品高于国际市场价格，很难再用提高农产品价格的办法增加农民收入。中国农业单产并不低，种粮不赚钱的根本原因是人多地少，达不到规模经营，单纯务农很难使农民富裕起来。加入 WTO 有可能给农业造成很大冲击，使农业面临国际竞争的严峻挑战。乡镇企业是农民增加收入的重要来源，非农业收入在农民收入中占的比重越来越大，但许多乡镇企业面临生产过剩和销售困难，初始阶段那种低水平的规模扩张已经不能适应市场需求的变化，结构调整和技术进步应该包括乡镇企业。从长远来说，农村问题的根本解决，要靠工业化和城市化，靠大量农业人口向非农产业转移。可以这样说：中国工业化和现代化的最困难之点，不在城市，而在广大农村地区；中国工业化和现代化的起步点在城市，最终落脚点是在农村。这是中国现代化进程中最艰巨的任务。推进城市化是 21 世纪中国经济发展的一个根本性的问题。要积极探索有中国特色的农村人口非农化和城市化的道路。非农化和城市化的进展，将打破传统的农村经济的封闭状态，引起社会生产和生活方式的深刻变化，生产和生活社会化程度将会明显提高，引起市场的扩大。这也就是农村现代化和整个国家现代化的过程。这个过程可能要持续几十年甚至上百年的时间。为了推进城市化，长期以来所实行的限制农民进城的政策需要改变，同时要完善制度，加强管理，保持社会稳定。

第三，西部大开发。地区经济发展不平衡是普遍规律，中国在几千年历史上，地区发展就是不平衡的。“上有天堂，下有苏杭”，“春风不度玉门关”，就是地区差异的写照。几十年来，地区政策几经变化，总的说来，各个地区经济都有很大发展，纵向比较发展速度都很快，但横向比较，地区发展差距是扩大的趋势。今后一个时期，例如在 2010 年之前，地区发展水平的绝对差距，即人均 GDP 的差距，还是继续扩大的趋势；相对差距的变化趋势则取决于发展速度的差异。不论东部还是西部，省、自治区内部各市、县之间，差距也呈扩大的趋势，这是各个地方经济发展要解决的问题。西部地区，西南五省、自治区、直辖市加上西北五省、自治区，如果再加上比照执行西部政策的广西和内蒙古，面积占全国的71.3%，人口占全国的28.5%，而GDP只占17.8%。可以这样说：中国工业化和现代化的最困难之点，不是在东部，而是在西部；中国工业化和现代化的起步点在东部，而最后的落脚点是在西部。开发西部是一项长期的战略方针。实施西部大开发战略，不是放松或者延缓东部地区的发展。东部地区的发展，过去是，今后相当长时期仍然是从财力、物力和技术上支撑国民经济全局的极为重要的力量，也是支持西部开发和加快中西部发展的条件，东部地区仍然具有很大的发展潜力。

第四，实现可持续发展。这是世界性大课题。在新的发展阶段，应该把可持续发展放到突出的位置。主要是人口、环境和资源问题。

人口问题是我国经济发展中的特殊问题。去年11月底大陆人口12.6亿，2010年全国人口可以控制在14亿以下。中国增加1亿人口的最短的时间，是1969年9月到1974年6月，从8亿增加到9亿，只用四年零九个月时间。现在人口增势明显趋缓，最紧张的时期可以说已经过去了，但今后30年人口总量还将增加3亿左右，仍然是国民经济和社会发展中的一个突出问题。人口问题过去是两句话：控制人口数量，提高人口质量。现在应该加一句话：注意老龄化问题。我国现在60岁以上人口占10%。西方国家在人口基数小、经济发达的条件下，经过长期的发展出现了老龄化，尚且遇到很多问题。我国在经济不发达、人口基数很大的条件下，在很短的时期内进入老龄社会，困难更大。老龄化会带来“生之者寡，食之者众”的问题，需要预谋对应之策，健全社会保障制度。

环境保护是提高生活质量的需要。环境保护可以推动企业技术改造，推动产业结构调整，形成环保产业，成为新的经济增长点。我国环境恶化的状况，还没有根本扭转，现在温饱问题已经解决了，对于环境问题应该给予更多的关注。按照“十五”计划，2005年经济总量要比2000年增长50%左右，主要污染物排放总量要比2000年减少10%。经济发达国家在人均2000美元时开始治理环境，我国在人均不到1000美元的条件下开始大规模控制环境污染，难度更大，要靠长期努力。

资源的合理开发和节约使用是长远大计。主要是水资源和能源问题。水资源短缺是我国经济和社会发展的严重制约因素，特别是北方，必须通过科学技术和加强管理，全面推行节约用水制度。能源主要是石油问题。国内石油开发不能满足需要，2000 年进口 7000 多万吨，很快就会达到 1 亿吨。2010 年石油的对外依存度会达到 50%。要在国际上保持稳定的石油资源供应，建立国内石油储备体系，像过去抓粮食那样抓石油。我国资源相对短缺，在进出口贸易中，要减少初级产品出口以节约资源，进口资源消耗多的产品以弥补国内资源的不足。

第五，完善市场经济体制。现在只是“初步”建立市场经济体制，就是说，有了一个雏形，一个大的框架，不健全、不完善之处还很多，仍然需要强调体制创新，通过深化改革为经济发展提供体制保障。加入 WTO 标志着中国的经济体制改革进入新的发展阶段，就是建立与国际市场经济规则接轨的、比较完善的社会主义市场经济体制的阶段。体制创新是中国现代化事业的不可缺少的重要组成部分。可以说，我们正在进行“三个文明”建设：物质文明建设，精神文明建设，以及与物质文明和精神文明建设相适应的各方面的体制或制度建设，也可以说是体制或制度文明建设。

第六，发展开放型经济。中国所处的国际经济环境和对外经济关系发生了深刻的变化。主要是经济全球化和我国对外开放的扩大。经济全球化是一种发展趋势，交织着各个国家错综复杂的利益关系和激烈的竞争，必然经过许多曲折和反复。其后果，有正面的，也有负面的。进一步融入经济全球化进程是实现现代化的条件，但我国经济技术落后，在国际竞争中面临着很大的压力。加入 WTO 给我国经济带来新的机遇，这是具有很大挑战性的机遇；我们面临的挑战也是包含着发展机遇的挑战。加入 WTO 本身并不能保证一个国家经济的顺利发展，正如舞台本身不足以保证演出成功。加入 WTO 只是获得入场券和参赛资格，关键是提高我国经济的竞争能力。真正的考验还在后头。

第七，提高人民生活水平。要妥善处理国家建设和人民生活的关系，在积累和消费的关系上，要兼顾国计和民生；在社会政策上，要注重调节社会分配和解决就业问题。我国面临着沉重的就业压力。今后5年城镇将新增就业岗位4000万个，农业劳动力向非农产业转移4000万人。达到了这样的目标，城镇失业者仍将有1200万人以上，农村仍将有1亿以上的剩余劳动力。积极扩大就业是需要长期坚持的一项基本政策。中国商品市场现在是供过于求，没有城乡居民收入的增加和消费水平的提高，国内市场不可能开拓，经济就不可能持续增长。

以上七个方面，是今后5到10年或者更长时间，经济发展大的趋势和政策取向。这都是长期的发展趋势和政策，一些重要的宏观政策，例如财政金融政策，因为是短期的，这里没有涉及。解决这些问题并不是很容易的。产业结构的优化和升级不是短期能够实现的。地区发展差距、城乡差距和不同阶层居民收入的差距，近期甚至还有继续扩大的趋势。由于人口持续增长、技术进步和经济结构调整，失业有可能增加。加入WTO之后，不少企业会因竞争力不强而带来困难。国际经济发展中的不确定和不稳定因素会越来越直接地影响中国经济。现在正处在社会经济大变动的时期，改革、发展和保持社会稳定三者的关系，需要非常谨慎地处理。这些困难都是现代化进程中的困难，是“成长中的烦恼”。

21世纪初期，中国经济将会是一个新的增长期。有理由对中国经济前景持乐观态度。受国内外因素的影响而发生短期的波动是可能的，甚至是难以避免的。今年美国经济下滑已经影响到中国的对美出口贸易和经济增长，但这不会改变中国经济发展的大的趋势。中国经济的光明前景是可以期待的。

和英国《金融时报》副主编马丁·沃尔夫的谈话

（2003 年 11 月 20 日）

王梦奎：欢迎你到中国访问。

马丁·沃尔夫：我非常荣幸到你所领导的国务院发展研究中心访问。这是我在 10 年内第四次来到中国，每次来都感到中国发生了巨大变化。作为经济学家，我认为中国的经济发展是非常成功的奇迹。我这次访问，是为《金融时报》作一个有关中国过去 20 年变化的调查。由于世界对中国经济高度关注，这次访问尤其具有意义。是否可以从你在《中国发展评论》[①] 所发表的一系列文章开始这次谈话呢？你在一篇文章中谈到中国未来 20 年的城市化问题。这是一个巨大的转变，会在教育、投资、社会等各个领域带来一些新的问题。我想了解一下城市化对中国社会各方面的深刻影响。

王梦奎：这是一个实质性的问题。城市化是所有发达国家所走过的道路，中国也在走这条路。在 1949 年新中国成立的时候，城市化水平是 10% 左右，此后几年经济建设进展比较顺利，城市化也得到迅速发展，1957 年达到 18% 左右。从 20 世纪 50 年代后期到 70 年代末期，中国的城市化基本上处于停滞不前状态。原因是，人民公社化运动使农业生产受到很大影响，农产品供给发生困难；人口过快增长特别是农村人口的过快增长；优先发展重工业的方针，使单位资本所吸收的劳动力相对减少。当时的经济体制和社会管理体制，是不利于城

① 《中国发展评论》是国务院发展研究中心编辑出版的研究报告，同时以中英文两种文字出版。

市化的。在计划经济体制下，中国实行严格的城乡分割政策，包括户籍制度以及粮食和其他基本生活品的定量供给制度。在经济发展的指导思想上，追求自足自给，这一点在农村人民公社特别突出，这也阻碍了城市化的进展。这20年中国经济发展遭受严重挫折，只有个别年份情况比较好。1958年到1978年20年间，中国的城市化水平仅提高2.5个百分点。按照这样的速度，中国城市化达到目前的水平需要200年的时间。如果一个国家的绝大部分人口生活在农村，生活在封闭落后的状态下，这样的国家一定是落后的国家，而不会是现代化的国家。从80年代中期以来，伴随着改革开放和经济快速增长，中国城市化的步伐加快。据去年底的统计，中国的城市化水平是39%，平均每年提高0.8个百分点。如果作国际经济史的分析比较，可以发现：从科学技术水平和工业制造水平看，中国目前比100多年前英国实现工业化的时候水平要高，但城市化水平只相当于英国1850年，当时英国城市化水平是37%；或者相当于美国1910年的水平（41%），相当于日本1950年的水平（38%）。现在中国吃饭问题解决了，工业化和城市化进程加快，将会有大量的农业人口向非农产业转移。2020年中国城市化水平可以达到55%～60%。这样大规模的城市化为中国经济增长提供了广阔的空间，使大量的农业人口脱离了封闭落后的状态，进入现代生产和生活方式的轨道。农民向非农产业转移提供了大量的廉价劳动力，这是中国产品在世界市场上拥有竞争力的重要原因。在过去20多年，中国经济年均增长9%以上，其中劳动力流动的贡献在1.5个百分点以上。大规模的城市化进程是今后几十年中国经济高速增长的重要支持因素。

中国在城市化进程中有许多要解决的问题。要改革户籍制度，促进劳动力流动。城市住宅建设要为进城务工农民提供居住便利，例如廉租房建设，现在这方面做得还很不够。还有进城务工农民子女的教育问题，现在不少城市把他们排斥在正规教育体系之外，这个问题不解决会影响到下一代劳动力的素质，还会影响到社会的安定。这样大规模的农村人口向城市转移，是我们面临的严峻挑战，如果没有好的规划和引导，很可能会带来社会混乱。城市化是长期的过程，几亿农民离开土地进入城市并且得到比较稳定的工作，不是短时间能够实现的。在这个过程中会有大量的农民处于流动状态，所以我们坚持农村家庭经营制度，给暂时离开土地的农民保留一个最后的退所。他们在城市找到稳定工作并且定居下来，就会不再需要这一小块土地，但现在绝大多数地方还不能没有。

如果到2020年，中国的城镇化能够提高到55%～60%的水平，届时中国的人口总量大体在14亿左右，农村人口有6亿左右，仍然是一个非常庞大的数量，对农村、农民和农业的关注始终不能有丝毫放松。

马丁·沃尔夫：刚才你提到，目前中国的城市化水平为39%，到2020年将会达到55%～60%，这意味着将有8亿人口会居住在城市里。我听到其他人的一些看法，他们认为中国的城市化速度将会更快一些，因为城乡收入的差距非常大。由于工业化速度很快，也由于农业陷入停滞，城乡之间的差别会继续拉大，从而带来大规模的人口流动。

王梦奎：专家之间有不同的估计，他们往往是根据不同的基数推算的。按照20世纪80年代以来的平均进度，2020年城市化水平将达到55%左右；按照1995年以来的平均进度，将达到64%；按照2000年以来的进度会更高，但中国经济发展不一定能够保证这样的进度。我说2020年达到55%～60%，是个比较折中的估计，只是我们所作的预测，但愿实践证明我们的预测是保守的。现在的问题不在于农民是否愿意离开农村，而是城市能否为他们提供那么多就业机会。如果不能提供那么多的就业机会，大量离开土地的农民成为流民，中国社会就不得安定，甚至酿成动乱。中国历史上发生过无数次这样的事情。

马丁·沃尔夫：目前中国的地区发展是很不平衡的，我想听听你的看法。

王梦奎：经济发展不平衡是大国发展的普遍规律。我到过贵国，英格兰和苏格兰的发展就不平衡。意大利的南部和北部，俄罗斯的西部和东部，美国发展过程中的西部和东部，都不平衡。中国自古以来发展不平衡，“上有天堂、下有苏杭”，“春风不度玉门关”，就是发展不平衡的写照。苏、杭是指江苏的苏州和浙江的杭州，玉门关在甘肃省。19 世纪 60 年代中国开始发展近代工业以来，新中国开始推进工业化以来，改革开放 20 多年以来，社会经济制度和经济政策几经重大变化，可以说是天翻地覆，各地经济都有不同程度的发展，但地区差距总体上是扩大的趋势。在近 20 多年来的经济快速增长中，地区差距进一步扩大了。现在全国人均 GDP 超过 1 万亿元人民币的省份有广东、江苏和山东，加上北京、上海和浙江，六省、市共占全国 GDP 的一半左右。现在中国所说的西部地区，不仅包括中国西南、西北的省份，还包括内蒙古和广西两个民族自治地区，共 12 个省、自治区，占全国国土面积的 71%、人口的 28%、GDP 的 17%。人均 GDP 最高的地区是上海，按照现行汇率计算，已经达到 4000 美元。最低的是贵州省，人均不到 400 美元。今后相当长时间里，不同地区人均 GDP 的差距不可能缩小，而是会继续扩大。不难设想，如果上海的人均 GDP 增长 1%，就是 40 美元，而增加同样的绝对量贵州省需要增长 10%。中国和美国、英国之间也存在这样的问题。中国人均 GDP 增长 10% 只有 100 多美元，而美国和英国的人均收入增长 1%，就比我们增加得多。如果研究中国的经济地理图，从黑龙江的满洲里到云南的腾冲划一条斜线，中国的人口和经济活动大部分分布在东部。如果分别考察南半球和北半球，也会发现大部分的人口和经济活动分布在北半球。我们希望在中国城市化和现代化的进程中使这些问题逐步得到解决。现在还不可能消除差距扩大的现象，而只能努力抑制差距的过分拉大，削弱差距扩大的强度和趋势。我们实施西部大开发战略，在中西部地区进行大规模的基础设施建设，最近几年有一个好的现象，就是东部和西部地区经济发展速度的差距在缩小。目前的格局仍然是东部发展快，西部发展慢，但速度的差距在缩小。这和国家推行扩张性的财政政策，在西部地区进行大规模的基础设施建设有关。由于地区发展受多种因素的影响，现在还不敢说发展速度差距的缩小已经成为可以持久的发展态势。

在东部省份内部，在西部省份内部，不同市、县之间，城市和农村之间，也存在很大的差别。在经济比较发达的广东省，珠江三角洲和北部山区的差别就非常大，这种差别甚至大于广东省和贵州省人均GDP的差别。贵州省的省会贵阳，和广州在发展水平上存在比较明显的差别，但这种差别远远小于贵阳同贵州省内落后农村地区的差别。同样道理，北京和伦敦之间是存在差别的，但这种差别远小于北京同中国落后地区农村的差别。地区差距在一定程度上可以认为是城乡差距的反映，需要通过城市化和现代化的长过程才能解决。这是一个充满希望也是充满艰难的过程。

经济学家讲产业梯度转移，但中国20多年来从沿海到内地的产业转移趋势并不明显。主要原因是中西部地区大量廉价劳动力流到东部地区，劳动力转移替代了产业转移。由于劳动力近乎无限的供给，工资长期处于很低的水平。

马丁·沃尔夫：在过去20年里，中国对外贸易的发展速度远远超过经济发展速度。在过去10年里，中国对外贸易的增长速度是经济增长速度的两倍。我的问题是，有没有必要采取政策来维持贸易的高速增长？其次，在将来10～20年内，中国出口的总量和结构将会发生什么变化？中国的出口将会对世界产生什么影响？

王梦奎：中国打破封闭状态，进入世界贸易体系，经济在快速增长，对外贸易的快速增长是必然结果。中国已经加入世界贸易组织，中国的国际贸易将会按照世界贸易组织的规则进行。中国对外贸易的迅速增长，中国进出口规模的迅速扩大，对世界经济发展是一个积极的贡献。中国以国内需求为主，消费需求和投资需求的增长都十分强劲。中国在扩大出口的同时，进口也在迅速增长。亚洲开发银行年初一份研究报告称，中国将在2010年成为亚洲最大的出口国，而2005年就将成为亚洲最大的进口国。我们的政策是保持进口和出口基本平衡。中国的外汇储备包括外商大规模直接投资，并不都是贸易顺差的积累。我还要告诉你一个事实，中国出口的50%以上是由外商在华投资企业完成的。观察中国的对外贸易，需要进行全面的分析。世界贸易结构处在变化之中。中国的进出口产品结构也会随着技术进步和产业结构的调整而发生变化。在20年前中国的出口产品中，50%左右是农产品和其他初级产品，现在农产品和其他初级产品所占的比重只有

10%左右，其余90%是工业制成品。中国所追求的，是和亚洲各国、和世界各国实现互利和共赢。中国同亚洲各国的贸易逆差扩大，但同美国和欧盟贸易顺差在扩大，我们希望从美国和欧盟进口更多的、现代化建设所需要的先进技术装备。这里我特别要指出的是，中国和英国经济与贸易关系的发展也是很快的，但潜力还没有完全发挥出来。我们希望进一步发展同英国的经济贸易关系。

马丁·沃尔夫：你在文章里提到，到2005年，中国的进口总额将达到1万亿美元。请问，是在从今年到2005年的三年时间内共进口1万亿美元，还是在2005年当年进口1万亿美元？大量进口带来贸易逆差，是否会对经济有大的影响？

王梦奎：我说的是在三年时间内共进口1万亿美元。这是去年的预期，从现在的发展态势看，肯定会超过这个数量，三年进口总额有可能达到1.5万亿美元。也许在不远的将来，年进口额就会达到1万亿美元。进口增长很快，出口增长也很快，2002年顺差300亿美元。今年上半年虽然进口增长快于出口增长，但全年仍有可能是顺差；即使出现逆差也不可怕，数量不会太大，不会对经济造成大的影响。逆差和顺差，太多了都不好。过去我们为缺少外汇发愁，现在为外汇储备太多发愁。

马丁·沃尔夫：最后一个问题是关于中国发展潜力的。你曾说过，在未来20年内，中国的GDP将再“翻两番”。在过去20年里，中国投资的增长大大超过经济的增长，达到了一个历史上罕见的高水平，甚至在全世界也是独一无二的。在未来20年内，中国投资的增长已很难维持像过去20年那样的高速度，如果这样的话，就需要大幅度提高投资的收益水平。请问，在未来20年内，中国将采取哪些政策来提高投资的效率？

王梦奎：能源和其他自然资源的消耗不要说高于经济增长速度，即使与经济同步增长，不仅是中国，全世界都无法承受。在20世纪最后20年，中国GDP年均增长9%以上，而能源消耗年均增长4.2%。我们正在尽最大努力改变粗放的经济增长方式，提高技术水平，优化经济结构。我们的服务业还很落后，发展服务业可以节约资源，提高整体经济效率。在管理方面我们还有比较大的差距，需要学习国外先进的管理经验，这对于提高投资效益和经济增长质量是重要的。

马丁·沃尔夫：这将意味着中国的服务业将会得到很快的发展，意味着中国的经济结构将会发生很大的变化。

王梦奎：这是经济发展到一定阶段的必然要求。我们还需要深化经济体制改革，转变思想观念，对干部和群众进行关于节约资源和可持续发展的教育。

马丁·沃尔夫：谢谢你接受我们的采访。

王梦奎：感谢贵报对中国经济的关注，祝愿贵报有更多的读者。

在东亚现代化进程国际学术讨论会的发言

（2004年4月8日）

很荣幸出席东亚现代化进程国际学术讨论会。我并不是历史学家，而只是一个经济学家。承蒙中国史学会会长金冲及教授的盛情邀请，使我有机会和中外历史学家共同讨论东亚现代化进程这个重要的议题。作为经济学家，我参与了1980年以来的中国现代化战略和政策研究，现在也还在做这方面的工作。我提交会议的论文，《1980～2050年的中国现代化进程：回顾和前瞻》，以经济学家的视角，讲了我对1980～2050年中国现代化进程的回顾和展望。这里我讲讲论文的要点。

中国在1964年提出20世纪末实现现代化的奋斗目标。1975年重申这个目标。这反映了当时中国对现代化的认识。实际发展进程证明，这是做不到的，虽然在当时人民迫切希望集中力量进行国家建设的历史背景下，这样的号召曾经起过积极作用。

中国从1979年开始实行新的政治路线，即从“以阶级斗争为纲”转到以经济建设为中心，实行改革开放。同时对经济发展战略作了重大调整，放弃20世纪末实现现代化的要求，改而实行分三步走实现现代化的发展战略。这就是：第一步，实现国内生产总值比1980年翻一番，解决人民的温饱问题；第二步，到2000年，国内生产总值再翻一番，人民生活达到小康社会的水平；第三步，21世纪中叶基本实现现代化。小康和小康社会，是典型的中国化的概念，是指温饱有余、日子比较好过、但还不富裕这样的社会状态。

经济发展战略的这种重大调整，是基于对中国这样一个人口众多、经济文化落后、发展很不平衡的国家，实现现代化的艰巨性和长期性的重新认识。这种重新认识，是“文化大革命”结束后对历史经验进行总结的重要成果之一。在当时尚未摆脱贫困的中国，把解决人民温饱问题作为走向现代化的起点，是正确的选择。从温饱到现代化，时间跨度很大，社会经济发展水平有重大差别，把实现小康社会作为必经的中间过渡阶段符合经济成长的一般规律。经济发展战略目标的这种重新定位，引发了经济政策的重大调整，也是促成经济体制改革的重要动因。20 多年来中国经济发展的成功，证明这种分阶段、有步骤地实现现代化的战略构想，是正确的。

20 世纪最后 20 年的改革和发展，使中国社会经济面貌发生了深刻的历史性变化。这是中国现代化进程中的一个阶段性的变化。这些阶段性变化，可以用一句话概括：按照分三步走实现现代化的战略部署，走了头两步，进入 21 世纪开始走第三步。中国现代化建设进入新的阶段。

“三步走”发展战略实现了两步，并不是说走完了现代化全程的三分之二。因为，前两步是 20 年，第三步要用大约 50 年。

考察中国经济，要注意总量和人均两个方面。按当年汇率计算，2000 年中国经济总量已经居于世界第六位。但是，按人均计算，中国刚达到中等偏下收入国家水平。按照购买力平价计算，中国人均 GDP 要更多一些，也还是中下收入的发展中国家，和经济发达国家还有很大差距。中国实现现代化还有很长的路要走。

中国目前所达到的小康，还是低水平的、不全面的、发展很不平衡的小康。做出这样的判断，是因为：

第一，小康社会是从温饱到现代化之间长达几十年的发展阶段，现在刚刚迈入小康社会的门槛，所达到的小康还是低水平的。

第二，农村还有近 3000 万贫困人口温饱问题没有完全解决，近 6000 万人口虽已脱贫，但还是低水平和不巩固的温饱。城镇有 2000 万以上的贫困人口。这说明，低水平的小康尚未全面达到。

第三，在经济发达地区和落后地区之间、工农之间和城乡之间，以及在不同的社会阶层之间，收入水平和生活水平存在着比较大的差距；在人民物质生活和精神生活的诸多方面，以及在社会发展的各个领域，进展也不平衡。一般说来，吃饭穿衣的基本生存条件解决得比较好，在文化教育、医疗卫生和社会保障等方面还比较差。

按照“三步走”实现现代化的战略构想，中国从21世纪初开始实施现代化建设的第三步战略部署，时间是2001～2050年。这半个世纪划分为两个发展阶段：第一阶段，用20年时间全面建设小康社会；第二阶段，在此基础上继续努力，到21世纪中叶基本实现现代化。

中国全面建设小康社会的“全面”，有二重含义：一是覆盖面的全面，就是说，使十几亿人口共享建设成果；二是建设领域的全面，就是说，不仅是经济发展和提高物质生活水平，而且要实现社会的全面进步。

中国已经对全面建设小康社会作出规划。这20年社会经济发展，已经可以看出粗略的轮廓。这就是：

（一）经济增长速度的预期目标，是20年翻两番。到2020年，按可比价格计算，国内生产总值将接近36万亿元人民币，按现在的汇率计算将超过4万亿美元。根据对中国经济潜在增长率的预测，达到这样的增长率是有可能的。目前“十五”计划（2001～2005年）正在顺利实施，“十一五”计划（2006～2010年）已开始酝酿。更长远时期社会经济发展中的重大问题正在深入研究。

（二）中国经济的基本走向，是工业化，城市化，发展开放型经济。

2020年要基本实现工业化。中国现在继续进行的工业化，不是传统的狭义的工业化，那种工业化大体是指制造业发展及其在国民经济中比重提高的过程。中国要实现的是新的广义的工业化，既包括工业本身的发展和技术水平的进一步提高，也包括实现农业的根本技术改造，以及由于技术进步和第三产业发展所引起的产业结构和就业结构的重大调整。世界科学技术革命，经济全球化的发展趋势，人口众多的特殊国情，对中国工业化进程有重要影响，使中国有可能利用新技术革命的成就，把资源消耗低、环境污染少作为实现工业化的基本要求。这20年产业结构变化的趋势是：第一产业增加值在GDP中的比重由15.9%降至10%以下，第二产业由50.9%降至30%～40%，第三产业由33.2%上升到50%～60%；农业劳动力在全部就业人口中的比重由50%降至1/3左右。这大体相当于1980～2000年的进度，应该是能够达到的。

中国的城市化进程正在加快。中国过去在特殊的历史条件和经济体制下推进工业化，导致城市化滞后于工业化。20世纪80年代中期以来城市化进程加快，2003年城市化率达到40%。因为起点低，仅大体相当于英国1850（37%）、北美1910（41%）、日本1950（38%）。中国人多地少，城市化水平低，农村人口比重大，不容易形成规模经营，是农民增收难的症结所在。在继续大力发展农村经济的同时，必须通过工业化、城市化和市场化，促进农村发展和农民问题的根本解决。就是说，要用先进适用技术改造农业和整个农村经济，通过工业化和城市化实现大量农业人口向非农产业转移，通过深化改革把农村经济纳入全国统一的市场化和社会化的轨道。这是由二元经济结构到现代社会经济结构转变的大规模过程。农村人口向非农产业转移是中国经济增长的重要支撑点。按保守的估计，保持20世纪最后20年的平均进度，2020年城市化率也可以达到55%以上。需要注意的问题：一是，在城市的建设和管理方面，要注重大中小城市和小城镇协调发展，为农民转向非农产业创造就业机会和生存条件，防止过度城市化带来的“城市病”，防止大规模人口流动和社会变迁可能带来的混乱和震荡；二是，在城市化的长过程中，土地仍然是农民生计和农村稳定的基础，要防止大量失地农民沦为流民。

城乡差距扩大是中国发展面临的突出矛盾。国家政策已经转向注重农村发展和解决农民问题。中国农村人口有8亿，新增人口主要在农村，即使工业化和城市化进展顺利，2020年农村仍将有6亿左右人口，农村发展和农民问题仍然是一个大问题。目前更是大问题。

地区差距扩大也是中国发展面临的突出矛盾。中国自古以来地区发展不平衡。一方面，国家实施扶持落后地区发展的政策，包括实行农村扶贫开发，西部大开发战略，振兴东北等老工业基地计划，增加对落后地区的财政转移支付等，取得不同程度的进展。另一方面，在今后相当长时期，经济比较发达地区仍然是中国经济增长的主要支撑，鼓励这些地区继续加快发展，对于全国经济发展有重要意义。2020年之前还不可能缩小地区差距，而只能遏制地区差距扩大的趋势。

发展开放型经济是中国现代化的必由之路。中国将在更大范围、更广领域和更高层次上参与国际经济合作与竞争。中国对推进多边和双边经济合作采取积极态度。中国发展对外经济贸易关系追求的是“共赢”。中国国内市场潜力很大，经济增长主要靠国内市场需求的扩大。中国出口增长很快，同时进口也在迅速增长，净出口占总需求的比重很小。据亚行的研究报告，中国2010年可能成为亚洲最大出口国，2005年就会成为亚洲最大进口国。中国进一步融入世界经济贸易体系是自身发展的需求，也是促进世界经济的积极因素。中国是发展中国家，在经济全球化和全球经济竞争中面临着发达国家在经济和科技等方面占优势的压力，也面临着其他发展中国家在相关领域的竞争。发展开放型经济是必然选择，同时也蕴涵着风险。世界经济和政治的不稳定和不确定因素对中国经济有越来越大的影响。

（三）中国的现代化建设是以增进全体人民的福利为出发点和归宿的。实现2020年经济总量翻两番的目标，按现在汇率计算，人均国内生产总值将达到3000美元左右，相当于中等收入国家的平均水平。也可以说，中国21世纪头20年全面建设小康社会的目标，大体相当于从下中等收入国家的下限，发展到上中等收入国家的下限，即逐步脱离下中等收入国家行列而进入上中等收入国家行列，但仍然是发展中国家。

在人民生活方面需要着重解决的，首先是低收入者和困难群体的生活。中国在消除贫困方面取得公认的成就，但如前所述，目前城乡还有近5000万贫困人口，加上处于低水平、不巩固温饱状态的6000万人口，总数在1亿以上。这1亿多人口需要给以特别关注。

中国人口多，又处在经济体制改革和经济结构调整的双重转变时期，就业压力很大。城乡贫困人群在相当大程度上是就业问题。中国采取扩大就业的政策并且收到积极效果，但2010年前适龄劳动人口每年新增1000万人，就业压力很难缓解；之后适龄劳动人口增长放缓，压力有可能逐步减轻。

增进人民福利需要完善社会分配政策。主要是解决两方面的问题：一是调整宏观经济政策，适当提高居民消费占GDP的比重；二是调节居民收入分配差距。中国处于经济体制转轨时期，收入差距扩大有其必然性。加之幅员辽阔，社会发展的均质性比较低，收入差距问题同其他国家有不可比性。虽然如此，收入差距问题仍然引起研究者的广泛关注。公众对收入差距扩大的反应趋于强烈，而政府缺少强有力的调节手段。这也是中国面临的难题。

中国全面建设小康的目标，包括社会保障体系、国民教育体系、全民健身和医疗卫生体系建设。这些方面的建设不可能向经济发达国家看齐，而只能和中国的经济发展水平相适应，只能是循序渐进的过程。社会保障体系建设采取低水平、广覆盖的政策。公共卫生体系建设的重点是疾病预防控制和农村地区。2010年要在全国范围内全国普及九年义务教育，重点也是落后地区的农村。

（四）中国目前仍然处在经济体制转换时期，经济发展有赖于制度创新。经济体制改革的目标，是到2020年建成完善的社会主义市场经济体制，建成更具活力、更加开放的经济体系。这是以公有制为主体而多种经济成分共同发展的、追求社会公正和共同富裕的、面向世界贸易体系的、法治的市场经济体制。实现了这个目标，20世纪70年代末开始的、从计划经济体制转变到社会主义市场体制这种特定意义上的改革或者说经济体制转轨，就完成了。

推进制度创新不限于经济体制改革，也包括政治建设和政治体制改革，文化建设和文化体制改革。各方面的制度建设，要吸取世界各国文明的有益成果，但必须从中国的实际情况出发，走符合中国国情的改革之路。这是20多年来中国改革所以能够顺利进行的基本经验之一。

中国的现代化是极其艰巨的历史性任务。要实现三个根本性的转变：经济体制的根本性转变，经济增长方式的根本性转变，从二元经济结构到现代社会经济结构的根本性转变。不仅是发展经济，还包括精神文明建设和政治文明建设或者说各方面制度的改革和健全。从近代世界经济发展的历史看，已经实现工业化的国家和地区，目前大约有10亿多人口，是在产业革命以来200多年时间内分批完成的，每一个50年内新迈进工业化社会的人口不超过3亿。中国到2020年，14亿以上人口要全面建设小康社会和基本实现工业化，本世纪中叶15亿人口基本实现现代化，这是世界历史上规模最大的深刻的社会转型过程。这场深刻的历史性变革，伴随着科学技术的飞跃，生产力的迅速发展，利益关系的调整和社会结构的变迁。要顺利实现这场深刻变革，避免社会大变革过程中可能发生的剧烈社会震动，必须妥善处理改革、发展和社会稳定的关系。中国在改革和发展进程中的许多政策和做法，都是基于这种考虑。

中国目前所面临的困难和问题，是现代化进程中的困难和问题，也只有在改革和发展进程中得到解决。中国具备经济持续增长的诸多有利条件，前景是光明的。因为：

——中国经济有广阔的增长空间。工业化的历史任务尚未完成，现代化建设正在大规模展开，处于经济迅速发展的阶段。新的技术革命为中国经济提供了实现跨越式发展的可能性。世界范围内产业结构的调整，为中国提供了发展机遇。

——中国的现代化建设具备比较雄厚的物质技术基础，许多过去想做而做不到的建设事业现在能够做到了。

——继续推进改革将为经济持续增长提供体制保证。对外开放将使中国有可能在经济全球化的浪潮中发挥比较优势和后发效应。

——中国具备支持经济发展的群众基础和人力资源。实现现代化是全中国人民的根本利益所在，求稳定、谋发展是人心所向。中国人口多，就业压力大，但劳动力资源丰富也有优势。国民教育程度不断提高，大批科技人员和各级各类管理人员成长起来。

现在，中国经济保持良好发展态势，世界看好中国经济发展前景。对2020年全面建设小康社会的目标可以抱乐观的预期。实现了这个目标，中国经济就会进入一个新的境界。

2020年以后，中国的现代化建设和社会转型将会继续推进，将会按照适合本国国情的发展道路，逐步地从小康社会走向现代化。

对于2050年基本实现现代化，也可以抱乐观的预期。现在所能够据以分析的是：

第一，1980年以来发展进程所提供的实际观察经验；

第二，上述支持中国持续增长的诸多有利条件，都不是短期的，而会在比较长的时期内发挥作用；

第三，科学技术进步的积极推动作用；

第四，世界和平与发展的大趋势，以及中国奉行独立自主的和平外交政策，有可能为国家现代化争取和平的国际环境；

第五，从经济增长速度观察，即使2020年以后增长速度递减，假定2021～2030年年均6%，2031～2040年年均5%，2041～2050年年均4%，按不变价格计算，2050年中国人均国内生产总值也会超过1万美元。

至于2020年以后现代化的具体进程，现在还不可能勾画出稍微清晰的蓝图。因为，中国和世界都在迅速地变化，不确定的因素太多，任何长期的具体的预测都是冒险的。

和英国《金融时报》主编 安德鲁·高尔斯的谈话

（2004 年 4 月 20 日）

王梦奎：欢迎你。

安德鲁·高尔斯：非常感谢你能与我见面，上次因为我临时改变日程而未能见面①。这是我 1996 年之后首次访问北京。在过去 8 年中，北京的变化太大了。大规模的建设，到处是高楼大厦，一片繁荣景象。我需要花一段时间来了解这些变化，跟上这种变化。

王梦奎：北京是一个巨大的建设工地，这是整个中国的缩影。

安德鲁·高尔斯：我在伦敦读北京代表处写的文章，看到那么大的数字，那么大的经济规模，真是有些让人不可思议。

王梦奎：中国有 13 亿人口，很大的经济总量，但从人均角度看数量并不算大。观察中国经济的一个重要方法，就是不仅看总量，同时要看人均。

安德鲁·高尔斯：中国经济的人均量也在不断增加。我现在关注的是中国经济增长的可持续性，以及采取什么措施来应对这些挑战。我想就这个问题听听你的意见，采访提纲在我离开英国前已经传过来了。

王梦奎：有两种办法，一是逐一回答你采访提纲中列出的问题，一是你现在提出问题，我来回答。

安德鲁·高尔斯：第一个问题是中国经济增长的可持续性问题，

---

① 安德鲁·高尔斯 2003 年 11 月因采访到英国访问的美国总统布什而取消了既定的访华日程。

这和采访提纲的第一个问题基本是一致的。

王梦奎：你所说的可持续性是短期意义上的，还是中长期的可持续性呢？

安德鲁·高尔斯：两方面都有，请先谈一谈短期的。

王梦奎：今年已经过去了三个月，中国经济总体状况是好的。第一季度经济增长 9.7%，经济效益有所改善。新增就业 175 万人，失业工人重新就业 70 万人，加在一起共 245 万人。对外贸易同比增长 38%，新情况是由贸易顺差转为贸易逆差，第一季度贸易逆差为 84 亿美元。我并不认为这是个严重问题。进口结构是合理的，主要进口的是投资品。当前面临两个问题：一个是农业问题，过去几年因为耕种面积减少，农产品产量下降。去年采取了一些支持农业生产的措施，今年农业生产已经在恢复。另一个问题是部分行业投资过热。去年中国钢铁、水泥、电解铝行业投资增长 90% 以上，今年第一季度仍在大幅度增长。原材料和投资品行业高速发展有其合理的一面。现在中国正处在城乡基础设施建设高速发展阶段，高速公路、铁路、居民住宅、城市建设需要大量的钢铁和水泥。这个问题要从两方面看：一方面，从社会积蓄量角度看，就是从已凝结为各种建筑物和生产装备的钢铁和水泥的数量看，中国和发达国家相比还差得很远；另一方面，从当年的使用量看，中国去年使用了两亿多吨钢材，数量确实不小。这和中国的发展阶段有关。我们注意到，去年中国消耗了全世界 1/3 的钢材，40% 的水泥，不仅引起国际钢铁、水泥价格上涨，也引起国内价格大幅上涨，铁矿石、煤炭价格也出现大幅上涨，运输和电力供应紧张。去年我们已经采取了一些措施来扭转这种局面，现在看来效果并不理想，需要进一步加大政策力度来解决这个问题，主要是货币政策。央行已经提高了存款准备金率，以控制投资规模；对建设项目进行清理，主要是清理违规的、不合国家规定的投资项目；对新开工项目进行严格控制，特别是对大量占用耕地的新开工项目进行严格控制；对一些产品也取消了出口优惠，如煤炭，过去为了鼓励出口，对港口建设费减收 50%。也有可能提高贷款利率，特别是中长期贷款利率。我们采取的是有区别的政策，而不是“一刀切”的、急刹车式的控制措施，以避免大起大落给经济带来损失。全年居民消费价格指数将在4%左右，高于政府预定的控制目标，但不会出现严重的通货膨胀。总之，我们希望采取温和的、有区别的政策，实现经济的平稳回落，避免大起大落。

安德鲁·高尔斯：感谢你的全面回答。请问，在出现能源供应瓶颈以后，利率调整会不会对通货膨胀产生一定影响？在控制通货膨胀过程中，汇率将发生什么作用？

王梦奎：汇率调整会对控制通货膨胀会产生正面的影响。过去几年中国受到通货紧缩的困扰，现在物价上涨主要集中在原材料和能源方面，大量的商品价格还是平稳的，几乎所有消费品都是供过于求，有些行业生产能力是过剩的。人民币汇率今年将保持基本稳定，国内物价上涨缓解了人民币升值的压力。在保持汇率基本稳定的同时，将逐步改善汇率形成机制。你也知道，国际上对人民币汇率的议论很多。汇率作为一种货币的价格，是短期的、变化的，不能长期固定在某个水平上。对未来中国的汇率制度，有多种设想，包括自由浮动，但实行自由浮动的条件目前还不具备。也有专家认为人民币汇率应和一揽子货币挂钩。不管怎样，中国的汇率制度肯定将走向更加灵活。

安德鲁·高尔斯：中国贸易逆差的局面会持续下去么？

王梦奎：肯定不会。相反，中国贸易顺差还可能大量增加。即便今年出现一定的贸易逆差，也并不可怕。中国有四千多亿美元的外汇储备，并不需要那么多。

安德鲁·高尔斯：贸易逆差会使外汇储备下降么？

王梦奎：决定外汇储备的还有外商直接投资，每年都有几百亿美元。从中国目前的情况看，即使外汇储备有所下降，也不是一个严重的问题。你知道，中国相当大部分的外汇储备买了美国的债券。

安德鲁·高尔斯：外汇储备减少对中国不是一个问题，但有可能对别的国家将是一个问题。

王梦奎：中国外汇储备减少尚不至于对美国经济带来什么大的影响。

安德鲁·高尔斯：刚才你提到调整贷款利率的事，是不是说存款利率不需要调整呢？

王梦奎：存款利率也需要调整，现在存款是负利率，长期的负利率是不能维持的。中国存款利率的灵活性很差。

安德鲁·高尔斯：提高存款利率会不会引发国际热钱涌向中国，从而影响货币供应？

王梦奎：有这种可能。这也是两难选择。

安德鲁·高尔斯：我想转向中长期问题。持续增长需要大量的投资，从中长期看，支持中国发展的资金来自哪里？

王梦奎：主要来源于国内。改革开放以来，中国累计吸引外资6800亿美元，其中直接投资5000亿美元。去年外国直接投资占中国固定资产投资的8%，因为国内投资增长较快，这一比例比前几年有所下降，但前几年也不过10%左右。目前我们的国内存款已经达到10多万亿元人民币，相当于一万好几千亿美元。中国有比较高的储蓄率，从中长期看，中国投资的资金来源主要是国内积累。尽管外商投资在中国投资中所占的比重不高，但其作用不仅表现在数量上，也表现在由此而带来的管理、技术和经营等方面，这可能是更重要的。

安德鲁·高尔斯：在国内资金供应方面，你能不能谈一谈中国的资本市场，尤其是证券市场的作用。

王梦奎：中国的证券市场刚刚起步，很多方面还很不规范。一些上市的国有企业，其股份的很大一部分是不流通的。总的看，中国证券市场的规模还很小，发展潜力很大，将来会发挥更大的作用。

安德鲁·高尔斯：中国准备采取哪些措施来鼓励股票市场发展？

王梦奎：现在做的主要是深化企业改革，加强证券市场的制度建设和管理。国务院已经成立了证监会来加强对证券市场的监管。

安德鲁·高尔斯：如何判断银行业的改革进程，是不是在改革进程中又产生了新的不良贷款，即出现了“进两步，退一步”的局面？

王梦奎：任何国家都可能发生不良贷款。总的讲，中国的不良贷款是下降的。控制不良贷款是银行改革的一个重要目标。为了控制投资过热，采取了差别准备金率，对资产质量较差的银行借贷行为进行控制。在经济高速增长过程中，因为地方政府行为而增加银行不良贷款的情况是有的。我们现在采取措施，希望经济能够平稳回落，也有防止银行不良贷款大量增加的考虑。中国的银行业还比较幼稚，改革正在进行当中。

安德鲁·高尔斯：中国立法已经突出了私营经济的作用，今后将怎样发挥私营经济的作用？

王梦奎：中国的私营经济将进一步发展。现在私营经济在中国经济中已经占1/3，这一比例还会进一步提高。它解决了大量的就业问题。私营经济的发展很不平衡，有很好的私营企业，也有很初级的私营企业，技术落后、管理水平低的现象大量存在。现在已经有了比较好的发展环境。

安德鲁·高尔斯：作为初来乍到者，我观察到，中国的居民储蓄率非常高，另一方面中国存在大量的能源、水资源供应短缺。能不能采取一些办法引导居民储蓄投向环保领域，在这个过程中，资本市场可以发挥哪些作用？

王梦奎：这正是我们在积极做的。现在国内的投资，银行的钱大多是居民储蓄。我们正在鼓励资本市场多元化，包括鼓励发展股票市场，引导资金流向环保领域。

安德鲁·高尔斯：从外来者角度看，好像中国把银行看作是首要的，而把证券市场开成是次要的。

王梦奎：在中国，银行是早就有的，而证券市场是新生事物。我们不是不重视证券市场。英国的证券市场已经有几百年的历史，中国证券市场本来不发达，改革开放前几十年又取消了，最近才重新发展起来，现在还很幼稚。对于证券市场，我们采取积极的态度，但政策和办法要稳妥，以趋利避害。中国证券市场的发展前景肯定是广阔的。

安德鲁·高尔斯：在经济过热中，地方政府可能投资过度，中央政府有没有什么办法来控制地方政府的投资过热，具体像如何完善对地方政府的考核体系等。

王梦奎：你提的是一个更广泛范围内的问题。经济问题主要靠经济手段来接解决，行政原因带来的问题要通过行政办法来解决，比如处分那些违规投资的负责人。从长远看，确实存在健全政绩考核体系的问题，即不单纯是GDP，而要包括就业、教育、环境以及卫生医疗等社会发展指标。

在 21 世纪论坛的演讲[①]

（2005 年 9 月 5 日）

这次论坛的主题，——可持续发展，是全人类面临的共同课题，对于中国更具有特殊的重要意义。

中国经济实现持续快速增长有许多有利条件，也有不少矛盾和困难。实现工业化和现代化需要消耗大量资源，突破资源约束是无法回避的突出问题。

事实是这样鲜明地摆在我们面前：一方面，我国人均资源相对不足，现在又处在资源消耗比较多的工业化中期阶段，伴随着工业化和城市化快速推进，城乡建设广泛开展，经济规模不断扩大，资源需求量与日俱增；另一方面，由于增长方式粗放，经济结构不合理，资源消耗强度大，在社会生产和生活的各个领域浪费严重，更加剧了资源供应紧张的状况。

中国奉行“资源开发与节约并重，把节约放在首位”的方针，在降低资源消耗方面所取得的成绩是显著的。在 1980 ～ 2002 年的 22 年间，按照不变价格计算，每万元 GDP 能耗标准煤从 14.34 吨下降到 4.76 吨，下降 66.8%；电耗从 7200 度下降到 5200 度，下降 22.7%。1971 ～ 1999 年，按国际购买力平价（PPP）计算，单位增加值能耗下降 68%，同期世界平均下降幅度是 27.7%，欧洲和亚洲国家的平均下降幅度分别为 11.2% 和 32.3%。从国际范围比较，中国的进步是明显的。

但是，这种进步是相对于过去高度粗放的增长方式下特别高的资

① 这次国际论坛是全国政协于 2005 年 9 月 5 日在北京举办的。

源消耗为基数的，从资源消耗强度看，现在我国同世界先进水平相比仍然有很大差距：钢铁、有色、电力、化工等 8 个行业单位能耗平均高 40% 以上，工业用水重复利用率低 15 ～ 25 个百分点，矿产资源总回收率低 20 个百分点；单位建筑采暖能耗比气候条件相近的发达国家高 2 ～ 3 倍。能源供应量大幅度增长，仍然不能满足需要。近年来资源消耗强度增大，能源弹性系数上升，说明经济增长的成本增加。我们的高速增长，付出了沉重的资源和环境代价。现在，耕地、淡水、能源、矿产资源已经对经济发展构成严重制约。如果不改弦更张，当前已经难以为继，更说不上可持续发展和实现现代化。

我们面前有两条路：一条是，继续走资源消耗高、环境污染重的传统工业化道路；另一条是，走资源消耗低、环境污染少的新型工业化道路，建设节约型社会。非常清楚，第一条路走不通也走不起，我们只能选择第二条路。

这并不是应对资源紧缺的权宜之计，而是关系国家前途的重大战略，实质上是中国现代化道路的选择问题。就是说，要把节约资源作为中国特色现代化道路的重要组成部分，作为我们的基本国策，走文明的、可持续发展的道路。

这条路并不是很容易走的。看看我们的实际情况，每天都有很多令人鼓舞的进展，也有不少关于资源紧缺和浪费的触目惊心的事情发生。对在资源方面已经取得的进展不宜做过高的估计。任重道远，还需要做多方面的努力：

——要构建资源节约型的经济增长方式。产业结构调整要注重提高服务业的水平和比重，这是资源消耗比较少而又有利于提高整体经济效率和效益的；二、三产业的改造和发展也要把降低资源消耗作为重要目标。要按照“减量化、再利用、资源化”的原则，大力发展循环经济，加强资源的综合利用和再生资源的回收利用，使土地、水、能源、矿产资源都能得到充分利用和高效利用。

——要积极采用新技术。实现现代化是以技术进步为基础的。资源的更有效利用和新资源的发现要靠科学技术进步，把人口多的压力转化成人力资源的优势要靠提高教育和科技水平。要大力发展对社会经济发展有重大带动作用的高新技术，处理好发展资本技术密集型产业和劳动密集型产业的关系，劳动密集型产业和产品也要注重提高科技含量。对消耗高、污染重、技术落后的工艺和产品要实行强制淘汰。

——浪费资源和粗放增长方式有深刻的体制根源：市场价格不能反映真实成本造成水和能源的严重浪费；投资体制不合理导致建设规模的盲目扩张；按实际产量而不是按可采储量计税是煤炭资源回收率过低的直接原因；土地征用制度的缺陷，以及低地价甚至“零地价”政策，使耕地急剧减少。质量、物耗、环境等方面社会规制不严，政绩考核方法的缺点，也是粗放型经济增长和资源浪费的原因。应该把为节约资源提供体制和政策保障作为下一步改革的重要切入点。

——要加强立法。要加快制定循环经济促进法。修改土地管理法、水法、建筑法、电力法、煤炭法等同资源相关的法律要加重节约的内容。关于土地制度的立法也需要根据实际情况进行修改。发达国家在资源节约方面有许多完善的法律法规，例如，规定马桶每次用水最大限量，规定商品的“无包装”和“简单包装”，而我国对于卫生用水的浪费和商品的过度包装至今还限于一般性的号召而没有强制性的规定。

——要在全社会形成节约资源的消费理念和消费方式。中国人有崇尚节俭的传统美德。现在随着经济发展和高收入阶层的壮大，有一种不好的风气在滋长蔓延，就是挥霍式甚至炫耀式的消费。这不仅浪费资源，而且危及整个民族精神和国家的前途。要开展深入持久的教育，让每个人从小懂得珍惜资源，让节约资源和可持续发展的观念深入人心，把这作为精神文明建设的重要内容。在节约资源方面，政府、企业和每个公民都负有责任。

——要扩大在资源节约利用方面的国际合作，包括学习和借鉴国外节约资源的体制、政策和管理经验，引进节约资源的设备、技术和工艺，以及鼓励外商在相关领域的投资。

中国按国际贸易的普遍规则进口部分资源，有助于中国经济发展，也是促进世界经济增长的积极因素。大家一定会注意到，某些发达国家的人士对中国进口资源有不少非议。为了回答这种非议，这里我想讲几个数字：不到世界人口 15% 的发达国家是靠消耗全世界已探明储量 50% 的矿产资源实现工业化和现代化的，现在石油年消费量占全球的 62%，铝、粗钢和铜占 50% 以上。中国是发展中国家，人口占世界 20% 以上，总资源消费量相对是比较低的。美国 1900 ～ 1975 年、日本 1945 ～ 2000 年，人均累积消费钢都超过 20 吨，中国到 2004 年人均累积消费钢只有 2 吨。中国是世界第一大煤炭生产国，第五大石油生产国，能源总自给率 90% 以上，远高于美国和日本；中国石油进口多一些，但不论是进口数量还是对国际市场的依存程度都低于美国和日本，人均石油消费量中国大体上只有美国的 1/15、日本的 1/10。中国并不想在资源消耗方面向发达国家看齐——我们做不起，而且发达国家大量消耗资源的发展道路也是不值得效仿的。在资源问题上责备中国，甚至宣扬“中国威胁论”——这种耸人听闻的舆论往往是来自资源消耗很多的发达国家，是没有道理的。

我们充分认识到严峻的资源形势，但我们并不悲观。当年邓小平提出 20 年生产总值翻两番的时候，曾经有人担心实现不了，因为能源很难翻两番。结果，以能源消耗翻一番保证了经济翻两番。中国目前还处于资源消耗强度比较大的发展阶段，随着工业化的逐步实现，资源消耗强度会相应下降。作为后起的发展中国家，中国具有明显的后发优势。走资源节约的发展道路，靠体制创新，靠技术进步，靠加强管理，靠全民的自觉和共同努力，资源约束是可以缓解的，工业化和现代化的前景是光明的。

中日经济知识交流会三十年

（2011年6月）

一

中日经济知识交流会是经邓小平同意，由中国当时主管对外经济贸易工作的国务院副总理谷牧和日本著名经济学家、政治家大来佐武郎于1980年共同谋划发起，1981年4月举行第一次年会，宣告正式成立的。中方的首席代表是经济学家马洪（时任中国社会科学院副院长），日方首席代表是经济学家向坂正男（时任日本综合研究开发机构理事长）。谷牧和大来佐武郎分别担任交流会中方和日方顾问。同年5月，在日本箱根举行第一次会议。

我是从1999年开始参加交流会活动的。我于1998年3月就任国务院发展研究中心主任，到任后，当时担任国务院发展研究中心名誉主任和中日经济知识交流会中方首席代表的马洪，非常恳切地提出，要我接替他担任交流会的中方首席代表。我以马老德高望重力辞，未敢应允。到这一年11月17日，谷牧为中日经济知识交流会的事给朱镕基总理写了一份报告。报告说：

中日经济知识交流会自1980年成立以来，已历时18个春秋。我当年创立中日经济知识交流会的意图是，借鉴国外的先进经验，为中国的改革开放和经济建设服务。这也是小平同志的意思。交流会创立18年来，贯彻了这一宗旨，为我国的经济发展和中日友好睦邻关系的发展，做了一些工作。如你所知，交流会每年召开一次年会，特别是两国高层人士能够开诚布公地交换意见，实属难得。

我已年过八旬，再担任中日经济知识交流会负责人一职，已不合适。我建议由岚清同志或吴仪同志接替我出任中日经济知识交流会顾问，以绵延承继中日经济知识交流会之事业。由于马洪同志多次提出他因年纪过大不再担任交流会代表，我意由王梦奎同志接任，马洪同志任顾问。

另，张云方同志任交流会事务局长 13 年之久，我意也可以根据他的意愿，另行任用。

朱镕基同意谷牧的意见，但顾问一事请李岚清副总理定夺。李岚清则建议由吴仪担任顾问。吴仪当时是国务委员。

我从此参加了中日经济知识交流会的工作。1999 年 3 月 26 日，我和马洪联名就当年交流会的开法和今后的工作，向谷牧作了书面报告。我还到谷牧位于北京中南海西边不远处的住宅拜访过老人，听取他对交流会工作的指教。谷牧是文物鉴赏和收藏家，给我看了他收藏的许多古砚，让我眼界大开。我也几次和吴仪讨论交流会的工作，她都给予许多宝贵的指示。关于改善交流会的人员结构，实现新老交替，吸收企业负责人和年轻一些的人参加，就是得自她的主张和支持。吴仪主管中国的对外经济贸易工作，那几年又在进行加入 WTO 的谈判和加入后的许多工作，是非常忙碌的人，很难参加交流会的年会，但讨论交流会的工作她总是不厌其烦，每年的会议都发来热情的贺信，寄托着对交流会的期望。

我参加了 1999 年 4 月在日本宫崎举行的第 19 届年会。马洪在会上宣布，今后由我接替他担任中方首席代表。我代表中方作总结性发言，并表示愿尽心竭力，与各位朋友一起，把这件事办好。巧合的是，与此同时，日方也由福川伸次接替宫崎勇担任首席代表，宫崎勇改任顾问。从 2000 年第 20 届年会到 2008 年第 28 届年会，由我和福川伸次共同主持交流会的工作。我们的合作共事是非常坦诚、愉快和有成效的，我从中受益良多。九次年会分别在中国的武汉、昆明、兰州、成都、合肥和日本的神户、富山、滋贺、松山举行。在富山举行的第 23 届年会和在滋贺举行的第 25 届年会，我未能出席，分别是由李灏和房维中率团前往的。

中日两国都有“逢十”大庆纪念的传统。我和福川伸次商定，把2000年4月在武汉举行的第20届年会，同时开成交流会成立20周年的纪念庆典。事如人愿，这次会议隆重而热烈，是总结既往而开辟未来的会议，也是一次新老欢聚一堂的大团聚的会议。

谷牧作为交流会的创始人出席会议，在4月27日交流会举行的答谢宴会上作简短讲话，会场气氛异常热烈，掌声经久不息。他在1986年乌鲁木齐举行的第6届年会上，曾提出交流会要“高瞻远瞩”，这次讲话又提出“源远流长”。他说:“今天我想说‘源远流长’四个字，也就是说，我们的交流会，中日两国人民的友谊和友好合作关系，应当向前发展。”“高瞻远瞩”和“源远流长”，确实反映了参加交流会活动的每一个人的愿望。因为年事已高，此后谷牧没有再参加交流会的会议，但仍关心着交流会的工作。2004年9月9日，他曾在北京饭店设宴欢迎前来出席第24届年会的日方代表福川伸次等。谷牧以豪饮著称，当时虽已90高龄，酒量和豪情不减当年。我告诉他，前两天在兰州开会，结束后到敦煌和阳关参观，都反映收获很大，玩得也很开心，他听了边饮边吟诵:“劝君更尽一杯酒，西出阳关无故人。”在他逝世前出版的回忆录里，对于中国对外开放初期的经历，以及中日经济知识交流会的缘起和在促进两国相互了解方面所起的作用，有着深情的记述。

这次在武汉举行的会议，中日双方参加过交流会活动的老资格成员，像一直担任中方首席代表的马洪，长期参加交流会活动的房维中、李灏和高尚全、沈觉人、刘鸿儒、李泊溪，担任日方首席代表的下河边淳、宫崎勇和担任过顾问的河合良一，都出席了会议，马洪、河合良一、宫崎勇、下河边淳和高尚全都在开幕会上发表演讲。大家对他们的出席和演讲表示热烈欢迎，感谢他们对于交流会活动的贡献。日本驻华大使谷野作太郎应邀出席并发表讲话。值得一说的是，上年在开第19届年会时，日方曾邀请中方参加交流会活动的一些老人携夫人前往，这次武汉会议除邀请宫崎勇的夫人和福川伸次的夫人外，还邀请了日方已故向坂正男首席代表的夫人向坂荣子随团到中国访问。因为会议在武汉举行，我事先和湖北省委书记贾志杰、省长蒋祝平以及武汉市委书记罗清泉、市长王守海都商议过，得到他们的积极支持。他们都出席了开幕会。省人大常委会主任关广富和省政协主席杨永良等湖北省、武汉市领导也出席了开幕会。贾志杰代表举办地在开幕会致辞并且出席了闭幕会。《湖北日报》《长江日报》《武汉晚报》以及湖北省其他媒体都对会议作了充分报道，《人民日报》也及时作了比较详细的报道。

交流会中日双方代表实行的是比较固定的常任制，不经常更换，但时间久了双方都不能不有所调整。在我担任中方首席代表之前，中方成员有的因为年事已高（如薛暮桥），有的因为工作变动（如朱镕基），已经不再参加交流会的活动，廖季立和孙尚清则已经去世，交流会也陆续进来过个别新人。武汉会议标志着中方实现了较大规模的新老交替。新参加进来的有周可仁（外经贸部副部长，接替沈觉人）、吴晓灵（中国人民银行副行长，接替刘鸿儒）、彭森（国务院体制改革办公室副主任，接替高尚全）、肖捷（财政部综合司司长）、林兆木（国家计委宏观经济研究院原常务副院长）和苗耕书（中国五金矿产进出口总公司总裁）。因为年龄关系不再参加的，除沈觉人、刘鸿儒、高尚全外，还有浦山（中国社会科学院世界经济与政治研究所原所长）和林森木（国家计委投资研究所原所长）。原有成员继续参加的有房维中（全国政协经济委员会主任）、李灏（全国人大财经委员会副主任）、张志刚（国家经贸委副主任）和李泊溪（国务院发展研究中心研究员），这表明了交流会的延续性，便于充分应用他们的经验，继承交流会的传统。同时，赵晋平（国务院发展研究中心宏观经济研究部副部长）接替张云方担任中方事务局长，张改任国务院发展研究中心对外经济研究部副部长。

我于2007年6月不再担任国务院发展研究中心主任，由张玉台接任。当时我年已古稀，第十届全国人大常委、全国人大财政经济委员会副主任的职务，也将在2008年3月期满，届时不再担任。2008年1月24日，我向温家宝总理报告，请求辞去交流会中方首席代表的工作，建议由张玉台接任。我还说，大家都希望吴仪能继续担任顾问，指导交流会的工作。吴仪说她已全面退休，希望另行安排人选。后来吴仪也就没有再担任交流会的顾问。大家都知道，吴仪在卸任国务院副总理的时候，就表示过要“裸退”，就是不再担任任何社会职务。虽然人们都觉得未免可惜，但仍传为美谈，受到广泛赞誉。

2008 年 6 月 17 日至 19 日，交流会第 28 届年会在安徽省合肥市举行。闭幕会上，我宣布了今后不再担任中方首席代表，愿意作为成员继续为交流会出力的决定，并对 10 年来在交流会活动中给予我宝贵支持和帮助的中日双方同仁表示由衷的感谢。大家对我的决定的理解和热情鼓励，使我深感欣慰和终生难忘。

此后，我参加了 2009 年 5 月在冲绳举行的第 29 届年会，并且在交流会举行的答谢会上讲话，还参加了 2010 年 4 月在北京举行的交流会成立 30 周年座谈会。

二

中日经济知识交流会是中国改革开放的产物。交流会 30 年来的活动，从一个侧面，反映了中国改革开放和经济发展的历程，也是中日关系发展的见证。

邓小平 1978 年 9 月 3 日在会见日本访华团时说过：“我们原来的技术水平、管理水平太低，怎么样搞得合理一点、快一点、省一点，这就是大问题。所以，希望日本朋友特别是实业界，还有懂行的政治家帮我们出点好主意。这样，反过来可以更快地发展两国之间的关系，特别是经济关系。”[①] 同年 10 月访问日本，邓小平亲眼看到日本在经济建设和科学技术方面所取得的巨大成就，感触颇深。他在新干线特别快车上谈到观感时说：“就感觉到快，有催人跑的意思，我们现在正适合坐这样的车。”[②] 据我揣度，这次对日本的访问，是促成邓小平更坚定地实行对外开放政策的一个重要动因，这也可以说是萌发了中日经

① 中共中央文献研究室编：《邓小平年谱》，中央文献出版社 2004 年版，第 367 ~ 368 页。

② 同上书，第 413 页。

济知识交流会这样的友好交流机制的胚芽。

中日经济交流会的直接缘起，是请外国专家讲课。1979年春节期间，谷牧在北京钓鱼台主持一次学习会，有国务院几个主要经济部门的负责人参加，请大来佐武郎和向坂正男介绍世界不同国家发展模式的利弊，以及日本在能源和基础设施建设方面筹集资金的经验，这是改革开放后请外国专家给领导干部讲课的第一次。之后，经邓小平同意，谷牧邀请大来佐武郎、向坂正男和联邦德国的古托夫斯基作经济顾问（后来又增加新加坡的李光耀和吴作栋）。在进一步交往中，中日双方都感到有必要建立一个比较固定的长期的交流机制，就宏观经济政策交换看法。几经磋商，于是就有了本文开头所说的中日经济知识交流会的成立。

中日经济知识交流会双方商定的宗旨是：从宏观角度讨论两国经济中的长期性、综合性问题，相互交流知识和经验。实际上，在成立之初还说不上是双向交流，而主要是中国方面向日本学习。当时中国改革初始，百废待兴，亟需加强国际交流，学习外国经验。战后日本经济的奇迹给中国树立了一个学习的榜样。由于是近邻，有共同的东方文化传统，历史上有比较深的了解，加之在两国建交之前民间就有比较多的经济贸易和文化往来，还有过“廖承志—高崎办事处”这样的常设机构，中国实行对外开放很自然地把目光投向日本，注重向日本学习。中日双方参加交流会活动的成员，是根据这种需要确定的，都是积极促进中日友好关系发展的人士。日本方面，在向坂正男去世后先后担任首席代表的三个人，都是著名的经济学家，并且担任过中央政府重要经济部门的高级职务：下河边淳担任过国土厅次官，据说是田中角荣首相的纲领性著作《日本列岛改造论》的执笔人；宫崎勇担任过经济企画厅长官，是日本《国民收入倍增计划》[①]的重要参与者和实际起草人；福川伸次担任过大平正芳首相的秘书和通产省次官。日方的成员，大多数是和中国有比较密切经济贸易关系的企业家，或

① 《国民收入倍增计划》，日本政府在1960年提出的1961 ~ 1970年发展规划，目标是10年实现经济总量和人均实际收入翻番。执行结果超过预期，被称为日本通向现代化的“黄金10年”。

者是经济研究部门的专家，都有丰富的学养。由于经济体制和决策机制的不同，中国方面参加交流会活动的，除负责国家经济政策研究咨询机构的经济学家外，多数是在职的政府经济部门负责官员，也都有丰富的学养。因此，交流会从一开始就不是书本上的抽象理论讨论，而是更为注重经济实践，最初主要是介绍日本经济发展的历程和成功经验，以及对于中国经济发展的建议。从宏观经济管理到产业发展，日方都给中国方面提出过不少建设性的意见。还通过交流会的渠道，为推动日本对华经济援助和投资做出了贡献。双方成员在交流会活动渠道之外，还做了许多推动中日经济技术合作的努力。这对于中国的改革和发展都起到了积极的作用。

交流会是与时俱进的。随着经济高速发展和改革的深化，社会主义市场经济体制的建立和加入 WTO，进入 21 世纪以来中国经济进入新的发展阶段。中日经济关系也有不少新的变化。中日两国的贸易额，从 1980 年的 89 亿美元，增加到 2010 年的 2978 亿美元，增长 33 倍。中国成为日本第一大贸易伙伴，日本成为中国第三大贸易伙伴。日本单方面对中国进行投资和经济援助的时代已经结束。由于中国和其他新兴经济体的高速增长，世界经济格局在发生重要变化，发展中国家在世界经济中所占比重上升，发达经济体所占比重下降。面对新的局势，交流会讨论的内容逐渐有所发展，从过去以介绍日本经验为主，逐渐转向围绕两国经济面临的棘手问题进行讨论；从单向的日本“教”和中国“学”，转到双向的交流。这是我在担任交流会中方首席代表期间所发生的最大变化。这种变化，是顺时应变，自然而然地发生的。彼此觉得有新的议题需要讨论，只要提出来，对方一般都会赞成，很容易确定下来。当时并不觉得是什么大的变化，但积之数年，现在回过头来看，确实变化不小。当然，原来确定的几个比较固定的议题：世界政治与经济形势、中国与日本的经济形势、中日经济技术合作与地方合作，仍然是每届年会都讨论的。除这些比较固定的议题外，后来每次会议都设立“特别议题”，讨论当前的迫切问题。2000 年以来先后被列为“特别议题”进行讨论的有：中国加入 WTO 的影响与经济结构调整（2000），经济全球化与经济结构调整（2001），WTO 与多边贸易谈判（2002），自由贸易协定的新发展和亚洲经济（2003），能源战略与能源安全（2004），可持续发展与中日经济合作（2005），节能和环保领域的中日合作（2006），扩大内需与刺激消费政策（2007），战略互惠原则基础上的中日合作前景（2008）等重要问题。在几个比较固定的议题中，也随着形势变化而不断充实了新的内容。中日双方都增加了对世界经济形势的分析。日本方面增加了关于日本经济面临的问题和对应之策的说明，中国方面则走过了单纯学习的阶段，更加主动地介绍国内改革和发展面临的矛盾，以及所采取的应对举措，回答日本方面提出的问题，也对日本在经济方面的某些举措献疑。关于社会主义市场经济体制，关于金融改革和人民币汇率，关于地区差距，关于统筹城乡发展，关于资源和环境问题，关于为应对国际金融危机而实行的积极财政政策，关于“十五”和“十一五”规划，都作过专题的报告和讨论。中国在新形势下面临的问题不是日本过去的经验所能完全涵盖的，日本方面注意到这一点，特别是以宏观经济分析见长的宫崎勇多次强调，不能照搬日本的经验；同时他们也根据对中国经济的深入观察，提出过不少建设性的意见。比如，关于中国需要扩大内需，适当调整经济增长速度，宫崎勇提出过建议；关于现代产业发展趋势和应对全球气候变化，福川伸次提出过建议；千速晃（新日铁公司总经理）关于企业发展的报告，八丁地隆（日立公司副总经理）关于环境问题的报告，儿玉洋二（山九公司副总经理）关于发展现代物流业的报告，都是很有深度和富有启发的。在讨论进程中，有说明，有相互补充，有提问和质疑，也有不同意见的毫不客气的争辩，气氛是热烈认真和坦诚友好的。宫崎勇在他的回忆录《日本经济政策亲历者实录》里，对交流会的讨论气氛有这样的评价：“与中国同行交流，最初很格式化，经过十几年、22 次会议，双方的隔阂已经消融，气氛远比日本的经济审议会好，讨论的态度极为诚恳。”① 宫崎勇长期参加日本经济审议会和中日经济知识交流会，是亲历者，他的评论是可信的。

① 宫崎勇：《日本经济政策亲历者实录》，中信出版社 2009 年版，第 238 页。

我作为中方首席代表，和福川伸次多次讨论过交流会的议题。福川伸次在纪念交流会成立30周年的文章中说："日中经济知识交流会起步时的初衷是让日本的经验在中国改革开放进程中发挥作用。但考虑到中日的经济地位，交流会已经到了为新的国际秩序的形成和构建充满活力的经济社会集思广益的时刻。"我赞成这个主张，这和交流会的宗旨是一致的。在新的形势下，中日经济知识交流会的讨论需要放在亚洲和世界格局演变的背景下进行，在亚洲和世界格局演变的背景下讨论中日经济问题，对新的国际秩序与世界和谐做出贡献。

我想在这里说点题外的，但并不是多余的话。中国GDP在2010年超日本，在国际上引起强烈反响，在中国却反应非常平静。这或许可以说是国民心态成熟的一种表现吧。交流会没有讨论过这个问题，只是日方个别发言中偶尔婉转涉及。30年来中国经济的快速发展是全世界公认的事实，但必须看到的是：第一，中国人均GDP还不到日本1/10，大体上只相当于日本1973年的水平（3800美元）；第二，中国的科技水平和经济增长质量总体上不如日本；第三，日本有大量的境外资产收益，经济实力和产出总量没有反映在GDP统计中，而中国在这方面才刚刚起步；第四，不能只看当年产出，还要计算多年积累的国民财富。据世界银行统计，1980年中国GDP是1984亿美元，日本已经达到10553亿美元；2000年中国达到11985亿美元，日本已经是46675亿美元。还有，日本在20世纪70～80年代经济高速增长时期就大量投资医疗和养老等社会保障制度建设，中国的社会保障制度建设还有很大差距。总之，中国还是一个发展中国家，而日本是经济发达国家，中国在现代化建设中仍然要虚心向日本学习。即使将来中国实现了现代化，也还要向日本好的方面学习，向世界上所有国家和民族好的方面学习。这是保持国家生机与活力的根本之道，也是在国际交往中应有的态度。

三

中日经济知识交流会绵延30年，作为两国高层人士的对话渠道，在促进两国的相互了解，为官方提供决策咨询意见方面，一直发挥着积极的作用。所以能够如此，是因为有正确的宗旨和适当的组织机制，有中日双方各界的大力支持，也仰仗参加交流会活动的双方全体同仁的不懈努力。

在近两千年的中日关系史上，30年是很短的一段时间。但是，中日经济知识交流会作为一个双边组织，成员不断更新，30年来能够一贯秉承其成立的宗旨，通过坦诚的交流和深入的讨论，致力于两国人民之间的相互了解和友好关系的发展，持续时间之长和交流频率之高，都是不多见的。参加交流会活动的人都为此而感到欣慰。

正如月有阴晴圆缺，交流会的活动也有因为两国关系的障碍而遇到困难的时刻。即使在两国关系面临暂时困难的时候，交流会仍然坚持不懈地开展活动，对增进两国人民的了解和友谊做出了贡献。有一件事我至今记忆犹新。2001年，因为李登辉访日和教科书问题，中方不得不提议推迟原计划4月在神户举行的第21届年会，而当时日方已经对会议进行了周到的准备。交流会不论在中国举办或者在日本举办，都要和举办地进行磋商并取得支持，改期举行不免多费周折。虽然如此，福川伸次和宫崎勇还是写信给我，对中方立场表示理解。交流会的日方成员佐藤嘉恭借来北京参加贸促会会议的机会，和我进行了长时间的友好讨论，对历史问题和中日关系有许多共识。我在北京饭店宴请佐藤先生，并且即兴写了三首俳句赠给他：

（一）

衔命重千钧，
邦交友好德为邻。
“小使”穿梭频。

（二）

阳春迎故人，
华楼小酌洗风尘。
谈笑尽经纶。

（三）

遥知樱花开，
好约难成莫疑猜。
佳期自重来。

由于双方的努力，21届年会终于在这一年的12月成功举办，保持了交流会创立以来每届年会从未中断的纪录。像这样的彼此沟通和理解，在交流会活动中是很多的。诗里说的“小使”，是开玩笑。佐藤是日本资深外交家，被称为是“知华派”人物，20世纪90年代担任日本驻华大使，我因1997年11月作为中国政府代表团成员随李鹏总理访问日本而同他相识。当时他告诉我即将卸任，我说，卸任后还可以继续当两国人民友好交往的大使，他说离任后就成“小使”了。他离任后经常以民间身份往返于中日之间，继续为推进两国友好关系奔走。

交流会是非官方性质的，讨论的是关于经济发展战略和政策的见解，而不是具体经济事务的交涉。当然，毋庸讳言，中日经济知识交流会所取得的成功，和两国政府的支持是分不开的。交流会的成立，中国方面是政府最高当局推动的，日本方面也有明显的政府背景。大来佐武郎是交流会日本方面的主要谋划者，在筹备过程中进入内阁担任外相，交流会正式成立时担任对外关系政府代表，属半官方半民间性质的职务。朱镕基在担任国家经委副主任期间曾经是交流会的成员，担任总理后仍然关心交流会的工作。2000年4月29日他在北京会见过出席20届年会的中日双方代表，卸任后我还曾两次陪同宫崎勇去见他：一次是2004年11月4日在他北京的住地，一次是2006年10月12日他在钓鱼台养源斋宴请宫崎勇，老朋友见面，叙谈甚欢。温家宝总理和鸠山首相为纪念交流会成立30周年发来贺信和贺电，对交流会的活动给予很高的评价。温家宝总理说：“30年来，双方成员围绕世界经济和两国发展改革的重大议题交换看法，相互学习借鉴，提出了许多有价值的政策建议，为推动中日经济对话与合作发挥了重要作用，其影响和意义超越了双边范围。”他还特别说道：“中日经济知识交流会始终秉承相互尊重、平等相待的精神，即使在两国关系面临困难的时候，仍坚持开展交流活动，增进了两国人民的了解和友谊。”

交流会轮流在中日两国不同的地方举行，所在地方都在会上报告当地经济发展议题，就展开中日两国地方之间的合作与交流发表看法，并且被邀请参加下一年在对方国家举行的交流会。深圳、广东、天津和陕西还通过交流会的契机，成立了中日经济协力会、促进会或者研究会，定期举行对话交流活动。这些做法，扩大了交流会的范围，增加了交流的深度，也使参加交流会活动的人开阔了眼界。我因为参加交流会活动而去过日本宫崎、神户、松山和冲绳，都留下了难忘的印象。我在国内去过的地方不算很少，敦煌和阳关也是因为参加交流会活动才得以一饱眼福的。不论在中国和日本举行，所在地的政府和各界人士都表示了热情的欢迎，并且提供了宝贵的支持，这也是我们不会忘记的。

在2010年4月26日纪念交流会30年的座谈会上，与会者深切缅怀这项活动的倡议者和发起者邓小平、谷牧和大来佐武郎，以及长期担任中方首席代表的马洪和长期担任日方首席代表的向坂正男。没有他们关于成立交流会的高瞻远瞩的创意，没有他们的开拓性的工作，就没有交流会和交流会的今天。大家都表示，我们作为这些前辈所开创的事业的继承者，有责任继续努力。

孔夫子说，三十而立。中日经济知识交流会已经是“而立之年”，三十岁了。我衷心希望，正值壮年时期的中日经济知识交流会越办越好，为发展中日两国人民之间的友好合作关系做出新的贡献。

（原载《百年潮》2011年第6期，《新华文摘》2011年第17期全文转载）

和诺贝尔经济学奖获得者约瑟夫·斯蒂格利茨的谈话

（2013年3月25日）

王梦奎：欢迎你来参加中国发展高层论坛，很高兴再次和你见面。

斯蒂格利茨①**：**感谢你抽出时间和我会面。首先祝贺中国发展高层论坛取得成功。参加论坛是一个难得的了解中国情况，认识各方朋友的机会。

王梦奎：我们举办中国发展高层论坛的目的，是为中国了解世界，同时也为世界了解中国建立一个交流和沟通的平台。论坛是关于经济方面交流和沟通的平台，同时也是思想和感情交流和沟通的平台。国外来参加论坛的，一直是以企业界为主，同时也邀请一些经济学家，让企业家和经济学家都有表达意见的机会。随着论坛规模的扩大，要求参加的人越来越多，很难满足所有人参会的要求。

斯蒂格利茨：或许可以考虑采用大会与小会相结合的办法。在论坛正式开始之前多安排一些小型讨论会，以便更深入地讨论经济改革和政策问题，而正式大会可开得更开放、更隆重些；大会开过后，也可再安排一些小型讨论会。

王梦奎：这个意见很好，现在实际上也是这么做的。最初几年是没有正式大会前的闭门经济峰会的，现在经济峰会也越开越大，开设了几个分会场，还是挤不下。今天大会闭幕后，明天要开一个小型座谈会，深入讨论经济体制改革问题，邀请你参加。

斯蒂格利茨：谢谢。我有一个问题想请教你。在昨天的论坛上，

---

① 斯蒂格利茨（1945～），美国哥伦比亚大学教授，2001年诺贝尔经济学奖获得者。

一个很有趣的现象是很多人都在谈改革问题，而且都谈到了改革会触碰既得利益集团的利益，因此会面临很大的阻力，但听来听去，我发现，不同的人所主张的改革指向是不同的。你认为目前中国国内有哪些改革流派？

王梦奎：在中国，关于经济改革的讨论一直是很热闹的，讨论涉及的内容很广泛，各种各样的意见都有，100个经济学家甚至有105种意见。讨论是非常开放和自由的，对于推进改革是很有好处的。公开的讨论主要是在学术界进行的，决策层在作出决策前一般不大会公开发表意见。决策层很重视各方面的意见，集思广益，权衡利弊，寻求最大公约数，为解决最紧迫的问题，制定代价最小的、行得通的改革方案。人们在媒体上看到的讨论，并不是关于经济改革的全部主张，更不是决策的全部进程。

中国经济改革已经三十多年，确立社会主义市场经济体制的改革目标已经二十多年。20年前，也就是1993年，制定了《关于建立社会主义市场经济体制若干问题的决定》，这是关于社会主义市场经济体制的第一个总体框架设计，《决定》特别对计划、财税、金融和外贸等方面体制的带根本性的改革作了明确规定。到了2003年，也就是10年前，又制定了《关于完善社会主义市场经济体制若干问题的决定》，这也是总体性的框架设计。实践证明，中国建立社会主义市场经济体制的大方向是正确的，这两个纲领性文件经受住了历史的考验。现在要在这个基础上继续前进。过去20年，过去10年，中国的社会经济情况发生了很大变化，社会主义市场经济体制已经建立，中国已经全面融入世界经济，改革和发展都进入了新的阶段。过去的矛盾和问题，有些解决了，有些还没有完全解决，在改革和发展中又出现了不少新的矛盾和问题。世界情况也发生了很大的变化。在新的形势下，需要进行认真的研究和讨论，作出新的改革部署。不管外界有多少改革主张，有一点可以肯定，中国发展社会主义市场经济的大方向不会改变。我赞成你在这次论坛上讲的，市场经济可以有不同的版本和形式。中国的社会主义市场经济就是市场经济的一种版本和形式。

中国继续推进改革，是要为经济和社会的可持续发展，为全面建成小康社会和实现现代化，提供体制保障。必须有具体的制度和政策设计，关于社会保障体制改革，关于财政税收体制改革，关于国有企业的改革和其他方面的改革，都要根据现阶段的实际情况作出具体的体制和政策安排。比如财税体制改革，20 年前的改革主要是解决当时实行财税包干体制下，中央财政收入占比越来越小的问题，而现在是相反的情况，需要扩大地方的财权，使之与其事权相匹配。当然，财税体制改革还有政府和企业、政府和公民之间关系的问题。国有企业改革的任务和过去也不同，过去主要是解决企业自主权的问题，现在却要解决完善公司制度和利润分配之类的问题，比如把国有企业利润的一部分用于充实社会保障金的储备，实现社会共享。对于国有资本处于垄断地位的金融、铁路等部门，要鼓励社会资本进入。再如资源价格改革，要建立能够反映资源稀缺程度和生态补偿的价格形成机制，促进资源节约和环境保护。总之，所有的改革，都不是简单的口号，都需要制定具体的政策并作出相应的制度安排。

中国体制的一大特点是拥有高度集中的行政组织系统，这一点在西方国家备受指责。这种体制当然不能说没有缺点，但也有它的独特优势，就是很强的组织执行能力，可以成为推进改革的有利条件。中国经济改革是从农村实行联产承包制和取消人民公社制度开始的，这符合农民的愿望，联产承包最初是局部地区的农民自发搞起来的，国家的政策是强调自愿，但迅速在全国普遍实行实际上是靠自上而下的行政命令推开的，如果都讲自愿，许多公社和生产队干部就可能会不赞成，很难在那么短的时间内在全国普遍地推广开。建立社会主义市场经济体制在相当程度上也是自上而下推动的，20 年前那个关于建立社会主义市场经济体制的决定起了很大作用。当然，能够顺利实现这种自上而下的推动，是因为这些改革决策符合群众的愿望，符合发展的需要，在一些地方也搞过试点，上层决策总结了基层的经验，因此，可以说是自下而上和自上而下相结合。经济体制改革涉及利益关系的调整，当然不会没有阻力，但外界似乎夸大了所谓既得利益集团对改革的阻力。在中国目前的体制和环境下，只要下定决心，做出符合实际的正确决策，改革是会得到绝大多数人拥护的。现在的问题是，由于矛盾很多，问题复杂，对于怎样才能纲举目张，如何具体推进改革，并不都很清楚，在这方面也往往有不同的看法和主张，需要权衡和比较各种可供选择的方案，做出最有利的改革决断。这项工作已经提上决策层的工作日程。

斯蒂格利茨：根据我对你谈话的理解，今后中国政府会把更多的国有企业利润投入民生领域，哪怕国有企业反对，也会坚持这么做？

王梦奎：国有企业除依法纳税外，税后利润如何分配使用是个有待研究解决的问题。完全归企业自行支配带来不少问题，例如有的企业盲目扩张产能，有的高盈利企业去经营房地产。我主张国有企业利润的一部分要用于公共福利，这也是体现国有企业的全民性质，具体办法还需要仔细研究。国有企业执行国家法律法规的情况总的说是好的，政府的改革决定是会执行的，虽然有的时候可能会感觉不大愉快。如果国有企业的CEO拒不执行国家的改革决定，就可能被撤职，因为他们只是雇员而不是老板。国有企业的普通职工更不构成改革的阻力。十多年前国有企业改革搞下岗分流，工人承受了很大的牺牲，现在情况比过去好多了。最近国务院机构改革，铁道部被撤销，并未像外界原先所揣测的那样引起什么阻力和不安，国务院其他部门的撤销和合并进展也很顺利。

斯蒂格利茨：对于什么是中国特色的社会主义市场经济体制，外界似乎并不是很清楚，是更像北欧模式呢，还是更像美国模式？似乎中国政府并不希望清楚描述和界定未来社会主义市场经济的发展愿景。

王梦奎：三十多年来，我有幸作为参与者之一，差不多亲历了中国经济体制改革的全过程，也参与了改革的研究和方案的设计。前面说的两个关于社会主义市场经济体制的总体设计，我都参加了文件的起草，此外还参与了关于几个五年发展规划和其他一些重要文件的起草，对中国经济改革进程有所了解。我们最初的想法比较单纯，就是针对计划经济体制下政府统得过死带来的问题，引入市场机制，发挥市场的作用，希望调动各方面的积极性，把经济搞活。最初可以说并没有总体设计，而只有计划和市场相结合这样一个大的原则，各地区和各部门的具体做法是五花八门的。后来在改革实践中逐步形成了计划经济和市场调节相结合的经济体制，当时这是作为改革的目标模式提出来的，现在看来它只是一种过渡性的经济体制。到20世纪90年代初，随着实践的发展和改革的深入，我们认识到，这种过渡性体制矛盾很多，实行起来也有很多困难，还需要对经济体制进行更带根本性的改革，于是提出建立社会主义市场经济体制的设想，这才有了前面所说的关于社会主义市场经济体制的第一个总体设计。这也是因为有了此前十多年的改革经验，这样的决定在改革初期是不可能做出来的。

中国经济改革是立足于中国实际的。我们非常重视吸收发达市场经济国家的经验，但其取舍完全是根据中国的实际需要。我们对发达市场经济国家的经验进行过广泛的考察，也看到市场经济体制本身所固有的矛盾和问题，正如你在很多文章中所说的，市场经济会导致不平等和两极分化，市场机制也会失灵。我们也知道北欧国家高福利市场经济模式为社会所带来的好处，但中国还是一个发展中国家，不具备实行高福利制度的条件，何况北欧国家的体制并不是没有缺点。我们提出建立社会主义市场经济体制，就是为了既发挥市场经济的活力和效率，又坚守社会主义的公平和平等精神。两方面都达到极致当然很困难，几乎是不可能的，但有这样的追求可以去努力争取最佳的结合。我们在改革之初并不是不想描绘经济体制未来长远的改革愿景，但当时所能做到的，只能是勾画出一个大的框架，大体上只能是粗线条的。不是不想具体描绘，而是做不到，勉强那样做很可能陷入空想。现在看来，当时如果凭想象把未来的经济体制描画得非常具体，最终结果可能离描画的目标越远。中国经济现在的发展图景完全超出我们在20年前甚至10年前的想象。中国将继续推进改革是没有疑问的，把实现经济社会可持续发展与社会公正、和谐作为改革的愿景，也是没有疑问的，这些在国内都有广泛的共识。但对于如何达到这样的目标，是有不同见解的。关键是要找到符合中国现阶段发展需要的具体的改革办法。如果一定要说模式，那么可以说，中国既不是美国模式，也不是北欧模式，而是中国模式，当然现在还没有完全定型，还处在发展变化过程中。中国有自己特殊的国情和历史传统，不能照搬任何国家的模式。

斯蒂格利茨：中国有句老话，摸着石头过河，在改革初期，这是很好的做法。但目前的情况是，河已经过了一半了，需要考虑在什么地方登岸了。我的问题是，你和你的国内同事在什么地方登岸这个问题上是否存在共识？

王梦奎：摸着石头过河，是中国老一辈领导人邓小平和陈云在改革初期就如何推进改革提出的意见，意思是在实践中探索前进。有人认为，现在不需要摸着石头过河了。我的意见是，在要不要搞市场经济这一点上，不需要摸着石头过河了，搞市场经济的大方向已经确定了；但是，中国和世界都处在大变化之中，不确定因素很多，中国的市场经济下一步到底怎么搞，在很多方面还是需要摸着石头过河。不论中国还是其他国家，经济体制都不是固定不变的，从社会发展的长过程观察，很难说哪一天到了彼岸，再也不会改变了。特别是像中国这样的发展中国家，经济体制还不定型，还有很多是过渡形态的东西，还要继续在实践中探索前进。未来是很难具体描绘清楚的，越长远越描绘不清楚，恐怕在其他国家也是这样。当然，中近期特别是近期，是需要做出具体安排的。

斯蒂格利茨：目前美国国内在美国未来的改革方向和改革目标设定上，也存在很大争议。在是否进行改革这一点上，中国是幸运的，目前已达成共识，而美国在是否进行经济改革这一点上还远未达成共识。

王梦奎：这类争论在中国也有，但这大体上还是属于经济体制的个别环节，不是对于未来经济体制的总体描述。美国和中国是在不同社会制度和不同发展阶段上进行改革，有很大的不同。当然，从抽象的理论讲，也有相同的地方。比如像你在这次论坛讨论会上所说的，判断政府是否有效的标准，不在于政府规模的大小，而在于政府是否能管好它该管的事。无论是在美国还是在中国，在处理市场和政府关系方面，都应该是政府管不好也不该管的事应交给市场或者交给社会，政府要管好它应该管的事。但是，在政府怎样管好、管哪些事的问题上，中国和美国并不完全一样，中国国内和美国国内也都存在争议。

斯蒂格利茨：的确是这样，美国国内在对政府的愿景方面是有共识的，比如政府应该搞好教育、医疗和研发等，但在具体怎样做的问题上却存在很大争议。比如医疗保险问题，有的人认为由政府提供的公共医疗保险应该占80%，由市场提供的商业医疗保险应该占20%；而另外一些人却认为商业医疗保险应该占80%，公共医疗保险应该占20%。

王梦奎：这种争论在其他国家也存在。经济体制与每个国家的历史传统、发展环境和发展水平有很大关系。市场经济体制在美国建立的时间长，美国政府对食品、药品安全的监管比中国严格得多。美国联邦政府农业部系统有十万人，很多中国人不知道这一点。医疗保险也是一个全球性的难题，大概永远不可能彻底解决，因为卫生医疗技术越发达，人的寿命越长，医疗费用就会越高；如果政府管得太多，财力可能无法支持。中国最近几年在社会保障体制改革方面有比较大的进展，农村的养老保险体系和医疗保险体系就是在最近几年建立起来的。当然，中国目前的社会保障水平还很低，但毕竟有了一个基础性的制度设计，可以在此基础上继续前进。我们也很想更多地提高城乡居民的社会保障水平，但没有那么多钱。

斯蒂格利茨：的确如此，我们都有美好的愿景，但大多难以实现。美国目前私人医疗保险占比很大，将来若想增加公共医疗的比重，可能会面临巨大阻力。

王梦奎：中国的私人医疗保险市场目前还比较小。

斯蒂格利茨：虽然目前中国的私人医疗保险占比还不大，但未来会大幅增长。实际上，无论是私人医疗保险还是公共医疗保险，都应保持一个合适的比重。

王梦奎：这是中国经济体制改革中的一个大问题，在这方面也需要吸取其他国家的经验和教训。中国改革开放30年来的一条重要经验，就是注重考察欧美发达国家的成功经验和失败教训，对于他们好的做法借鉴吸收，也要力求避免他们所走的弯路和所犯的错误。这使我们获益匪浅。不幸的是，有些明明知道是错的，依然会照犯。比如环境污染问题，中国在很多年前就强调，要避免走发达国家走过的先污染后治理的老路，实际上并没有完全避免。昨天我对一个英国朋友说，我们正在走英国走过的“伦敦雾”那样的痛苦道路。今年北京空气质量很差，1～2月间有很多雾霾天气，那些天你到北京来过吗？

斯蒂格利茨：没有，但我知道这件事。中国发生空气污染，全世界都有广泛报道。我很高兴地看到，中国政府已对环境污染治理问题下了决心，如果真能够付诸行动，相信能够逆转目前环境日趋恶化的趋势。

王梦奎：我们正在努力，但短期内很难完全解决。

斯蒂格利茨：送给你我最近写的一本书，书名叫《不公平的代价》。之所以取这个书名，是因为我认为目前不公平问题已经严重到很难解决的地步了。

王梦奎：谢谢你把最新的著作送给我。社会公平是一个全球性的问题，应该成为共同追求的目标。社会主义者历来都是主张社会公平的，所以有些美国人称你是社会主义者。

斯蒂格利茨：（大笑）我虽然不是社会主义者，但我主张社会公平。再次感谢你，期待我们的下一次会面。

王梦奎：我也期待与你再次见面。

附 录

王梦奎的经历、学术成就和贡献

——《20世纪中国知名科学家学术成就概览·经济学卷·王梦奎》条目

撰稿人：范建军

王梦奎（1938～），河南温县人。经济学家。1964年毕业于北京大学经济系。长期从事经济理论和政策研究咨询工作，有多种经济学和其他方面的著作。曾先后担任中共中央书记处研究室经济组副组长、研究员，国家计划委员会专职委员、国家计划委员会经济研究中心常务副主任，国务院研究室副主任、主任，国务院发展研究中心主任，第十届全国人民代表大会常委会委员、财经委员会副主任。1991年受聘兼任北京大学教授、博士生导师。中国共产党第十四届中央候补委员、十五届中央委员。参加过改革开放以来党和国家许多重要的纲领性和决策性文件的起草工作，主持过许多重大课题的研究。1980年撰写的《企业领导制度中的一个重要问题——对一长制的考察》获1985年首届孙冶方经济科学奖论文奖。1998年发表的《亚洲金融危机与中国》获2000年《求是》杂志首届优秀理论文章奖。

一、成长和工作经历

1938年4月13日，王梦奎出生于河南温县安乐寨村。温县地处豫北平原西部，历史悠久，有深厚的文化传统，是太极拳的发祥地，安乐寨村是三国时代军事家和政治家司马懿的故里。

王梦奎童年时期家贫无以为生，随母亲住温县大尚村外祖父家。外祖父是勤劳善良而又有点文化知识的农民，王梦奎跟随外祖父生活和劳动，受到很多影响。因战乱流离，王梦奎辗转几所学校才读完小学。1952年初考入河南省沁阳师范初中部学习，毕业后以优异成绩考入沁阳第一中学高中部。这两所学校都是晚清河南省最早设立的近代中学之一，学校对思想政治、组织纪律和学习要求都极其严格，王梦奎在这里成长进步很快。当时因民主革命胜利和中华人民共和国的建立而激发起来的举国上下普遍的革命热情，在中学生中也有强烈反映。王梦奎在高中一年级，即1956年刚满18周岁时，加入了中国共产党。

1958年王梦奎以优异的成绩被保送入北京大学经济系学习。王梦奎的文采从小学到中学都受到师长们的好评，他原来也想过选择文学或者历史专业，后来受到经济建设高潮的感召，毅然填报了经济系。他在北京大学接受了扎实的经济学基础理论教育和初步的研究工作训练，还广泛涉猎古今中外文、史、哲知识，为日后的研究工作打下了坚实基础。当时陈岱孙、罗志如、樊弘、赵靖等教授，都给本科生开课。赵靖开授中国近代经济思想史课是当时全国高校的首倡，罗志如和樊弘等开授西方经济学课在全国高校也很少有。王梦奎非常珍惜大学的宝贵时光，除因病休学大半年以外，在校学习五年里没有回过家，所有的寒假、暑假乃至星期天，都留在学校读书。

北京大学的科学和民主精神对王梦奎影响很大。北大在中国近代思想文化领域独树一帜，起着拔新领异的开路先锋作用。尽管当时“左”的思潮和政策对教育也有很大影响，但北大仍有比较好的学习环境。图书馆和资料室对学生是开放的，可以读到许多在其他学校很难读到的图书和资料。老师对学生提出的不同见解是容忍甚至是鼓励的。王梦奎曾在回忆文章中提到一件令他终生难忘的事：张友仁讲授经济学课，期终考试王梦奎在答题中表示不赞成张老师的一个观点，张友仁不仅毫不计较，反而给他打了满分。这给王梦奎留下了非常深刻的印象。因为受到北大兼容并蓄思想的深刻影响，使他日后在多个重要研究机构担任领导职务时，都表现出很好的兼听不同意见、博纳诸家之长的民主精神和领导风格。

王梦奎在1964年大学毕业时，报考北京大学国际政治专业研究生，并被高分录取。后因中央急需年轻理论人才，到北大要人，他被分配到中共中央宣传部和《红旗》杂志编辑部合办的内部刊物《内部未定稿》工作，但报到不久即随机关大队人马到北京郊区农村参加“四清运动”。在接踵而来的“文化大革命”中，王梦奎于1969年6月和《红旗》杂志社的绝大多数人一起，被下放到设在河北省石家庄郊区的“五七干校”劳动。在那漫长而难熬的日子里，他除了劳动和做“思想检查”外，唯有书籍伴他度过寂寞的岁月。他利用一切机会阅读能够找到的中外历史和哲学著作。中国大地上所发生的一系列惊心动魄的事件令他深思，也促使他冷静思考中国经济和社会发展的一些根本性问题。

1975年8月，王梦奎结束“五七干校”劳动，到第一机械工业部研究室工作。第一机械工业部是国务院主管民用机械生产制造的部门，在企业管理和工业管理方面具有代表性。王梦奎利用工作之便，潜心研究中国和世界工业化、农业机械化的历史和现状，深入企业进行调查研究，对工业问题有了比较切实的了解。

党的十一届三中全会后，王梦奎于1979年3月到新成立的中共中央办公厅研究室工作。不久这个机构成为新成立的中共中央书记处研究室，王梦奎开始更多地接触和研究中国经济发展和改革的全局性问题。当时正值新的历史转折时期的开端，国家发展战略发生根本性转变，改革开放的大政方针正在酝酿，这给研究工作提供了广阔的天地。新组建的国务院财政经济委员会组织大规模的调查研究活动，对经济结构、经济体制、进出口贸易以及经济理论和方法问题，分别进行专题调研，前后有几个月时间，参加者主要是中央综合经济部门的官员和经济学家。具体的组织协调和汇总综合工作，由中央书记处研究室经济组承担。王梦奎全力投入这项工作，对当时中国经济面临的主要问题有了更深入全面的了解。从这时起，王梦奎开始参与国务院向全国人民代表大会所作的《政府工作报告》以及中共中央关于经济问题重要决策的研究和文件起草工作，其中最重要的是参与起草1987年中国共产党第十三次全国代表大会报告。

1987年9月，王梦奎调任国家计划委员会（简称国家计委）专职委员，次年负责组建国家计委经济研究中心并任常务副主任。经过几年在中央最高研究机构的历练，王梦奎开始更多地参加和主持重大经济课题的研究，包括关于国民经济和社会发展“八五”计划的研究，以及关于治理通货膨胀和物价改革问题的研究。

1990 年 7 月，王梦奎调任国务院研究室副主任，1995 年 4 月任国务院研究室主任。在这里，王梦奎直接参与了国务院重大决策的调查研究和讨论，以及党中央和国务院重要文件的起草工作，包括主持起草国务院向全国人大所作的《政府工作报告》，参与起草党的全国代表大会的报告以及许多次中央全会的重要决议。同时还主持有关经济发展和改革全局的重大课题研究。

1998 ～ 2007 年，王梦奎任国务院发展研究中心主任。这是国务院直属的对国民经济和社会发展的全局性、综合性、战略性问题进行研究的机构。在这里，王梦奎除继续参与党和国家重要文件的起草工作外，以更多的精力进行研究机构的建设和重大课题研究的组织工作，对国家政策研究和咨询事业的发展做出了突出贡献。

2003 年 3 月，王梦奎当选第十届全国人大常委、全国人大财政经济委员会副主任，参与国家的立法工作。

2008 年离开领导岗位后，王梦奎集中精力整理自己的著作，研究一些重要经济问题，还参加了中共中央关于“十二五”规划《建议》和党的十七大报告的起草工作，继续发挥着一个经济学家的作用。

二、主要研究领域和学术成就

王梦奎的成长和工作经历对他的经济研究工作有很大影响。他生长在农村，对中国农村社会有切身体验。在北京大学受到良好的教育，后来又在党的最高理论刊物工作过，在党中央的研究机构工作过，在第一机械工业部这样的工业管理部门和国家计委这样的宏观经济管理部门工作过，长期领导国务院高层政策研究咨询机构，并且参加过党和国家许多重要的纲领性和决策性文件的起草以及相关的调查研究和讨论。这种经历，给王梦奎的经济研究工作提供了许多便利条件，也使他的研究工作具有鲜明的特色，主要是注重研究全局性重大问题，具有战略性和前瞻性，积极改革进取而又不偏激，发扬优良传统而又不保守，被认为是务实而稳健的经济学家。他的研究成果，既有鲜明的政策性，又有深刻的理论思考，在为国家经济发展战略和政策提供参考的同时，也丰富了社会主义经济学理论。

王梦奎的经济研究工作涉及现阶段中国经济的广泛领域，他提出的许多见解，对于推进发展和改革发挥了积极作用。

（一）关于生产专业化的研究

王梦奎深入研究中国经济问题是“文化大革命”结束之后，在第一机械部工作期间开始的。关于生产专业化问题的研究是王梦奎在这一时期代表性的研究成果。

1979 年，王梦奎发表长篇论文《论工业生产专业化协作》（《经济研究》1979 年第 10 期），通过考察世界范围工业专业化的历史和发展趋势，揭示了中国工业特别是机械制造业“大而全”和“小而全”的弊病及成因，指出专业化是发展工业和实现现代化的必由之路。文章通过实际调查，对工业生产的规模效益进行了深入细致的分析，得出生产批量和单位产品成本成反比例关系的结论，指出只有走专业化道路才能实现规模经营和大批量生产。他指出，“搞专业化，小厂也可以是大批量生产，对这种大批量产品而言，无疑是个大厂；搞‘全能厂’，大厂也只能是小批量生产，对每一种小批量产品而言，无疑是个小厂。这正是工业发达国家中小企业占多数的奥秘所在”。他认为，为了发展工业专业化，必须改革工业管理体制和经济政策，包括计划体制、投资体制、财政体制、物资体制以及税收政策和价格政策。文章针对当时在推进工业专业化中存在的追求指标而不讲效益的情况，分析了专业化的“合理半径”问题。王梦奎创造性地分析了“大厂”和“小厂”、专业化和批量生产、规模和效益的关系，系统地阐释了专业化分工和规模经济的思想。这篇论文是研究产业结构和产业组织尤其是产业集聚和规模经济问题的重要文献。

王梦奎也是国内较早关注农业专业化问题的经济学家。1979 年发表的《农业专业化的路总是要走的》（《光明日报》1979 年 8 月 19 日），对尚处于萌芽状态的农业生产专业化问题做了前瞻性的研究。提出农业生产专业化也要讲究合理半径，农业生产不能盲目追求“自给率”，而应着重提高农产品的商品率等创新观点。

在实行家庭联产承包制的早期（1985），王梦奎就通过对经济比较发达的广东省江门农村土地经营状况的实际调查，指出小规模家庭经营和经济进一步发展的矛盾，预见了土地经营将会适当集中的趋势。

（二）关于企业领导制度改革的研究

王梦奎 1980 年撰写的《企业领导制度中的一个问题——对一长制的考察》一文（《经济研究参考资料》1980 年 12 月，《经济研究》1981 年第 1 期），是对企业改革有重要影响的经济学文献。文章分析了社会化大生产对企业领导制度的要求和我国企业领导制度的历史沿革，推翻了长期以来对于一长制即厂长负责制的批判，分析了当时实行的企业党委领导下厂长负责制所带来的“以党代企”“权责分离”和“书记一长制”的弊端，及其和发展商品生产的内在矛盾，主张实行厂长（经理）负责制。王梦奎的论述对企业领导制度改革起到了重要的先导和促进作用。文章发表 3 年后的 1984 年，因为国家决定推行厂长（经理）负责制，又被当时发行量很大的《经济参考报》全文重新发表，在全国产生很大反响。文章 1985 年获得首届孙冶方经济科学奖论文奖，并在《经济研究》第一次优秀理论文章评选中被评为优秀论文，1988 年被评为中国企业改革与发展优秀论文“金三角奖”。1986 年，王梦奎参与国务院《关于加强工业企业管理若干问题的决定》的讨论和修改，他文章中的一些主张被采纳。

（三）对再生产理论研究的新拓展

王梦奎 1983 年出版的专著《两大部类对比关系研究》，是他 1979 ～ 1980 年参加国务院财政经济委员会组织的大规模调查研究的理论思考，回答了当时经济调整过程中所提出的一些重要的理论和政策问题。这本专著系统考察了 200 年来英国、美国、德国、法国、日本诸国生产资料生产和消费资料生产增长速度的对比关系，也从这个角度分析了苏联工业化的得失，以及第三世界国家工业化提供的新经验，还创造性地研究了纳入农业因素后对两大部类增长速度的影响，分析了我国农业、轻工业和重工业增长速度对比关系的历史和现状。王梦奎根据对列宁著作俄文语义的考证，指出经济学中长期流行的

“生产资料优先增长规律”表述不确切，认为它所反映的是两大部类增长速度的对比关系，即在技术进步、有机构成提高的条件下，生产资料生产比消费资料生产增长更快，表述为“生产资料生产增长更快的规律”更为确切；这个规律和所有其他经济规律一样，只是一种趋势和倾向，一种平均数，而不是每一年或几年的直接现实。这部专著的主要贡献在于，对当代技术进步条件下，影响两大部类增长速度对比关系的起相反作用的诸多因素，包括社会分工的深化、消费结构的演变、资源状况、环境保护以及军工生产，进行了综合分析，对马克思和列宁关于社会再生产两大部类理论作了创造性的引申和发挥。这部著作还讨论了我国经济的调整和产业结构的合理化，以及产业结构研究的方法论问题，对当时产业结构调整中关于“轻型结构”和“重型结构”的简单化的划分和以此为基础确定轻重工业比例关系的主张，以及对“重工业自我循环”的简单化批评，提出了不同意见。这是一部讨论社会生产两大部类增长速度对比关系问题的比较完整和详尽的著作。

（四）关于价格改革和通货膨胀问题的研究

20 世纪 80 年代后期中国遭遇严重的通货膨胀。能否有效治理通胀，关系到国民经济的健康发展和社会的安定，也关系着改革的成败。王梦奎是较早研究通货膨胀问题的国内学者之一，在 1988 年上半年发表的《物价问题论纲》(《中国工业经济研究》1988 年第 5 期）和向国家计委提交的研究报告《价格改革的基本思路》中，对通货膨胀及其走势做出准确判断，并且提出了相应的治理之策。他认为，当时引发物价大幅度上涨的主要诱因，是过量的货币发行导致需求膨胀。为抑制通货膨胀和推进价格改革，要在货币信贷政策、财政税收政策、产业政策和投资政策、社会分配和消费政策、外贸和外债政策方面采取相应的改革措施，货币发行要坚持适度紧缩的方针。针对当时中央银行缺少独立性的体制，指出货币发行制度必须进行改革，货币独立发行，并且纳入法律程序进行严格管理。

王梦奎认为，物价是整个国民经济状况的综合反映，必须立足经济建设和改革的全局综合考虑价格改革问题。价格改革的理想目标，是使各种商品和生产要素的价格能大体反映价值和市场供求关系，其标志是社会平均利润率的形成；这需要完善市场机制，经过若干次的调整和改革才能逐步实现，不是5年时间甚至20世纪末能够完成的。王梦奎针对当时急于进行价格改革“闯关”的主流思想，指出在严重通货膨胀条件下进行价格“闯关”是有风险的，只能采取边稳边改的方针，短期内价格不能完全放开，更不能完全同国际市场价格挂钩。他提出，价格改革的近期目标，是用5年或者更长一些时间，初步理顺价格关系，把生产资料价格双轨制改为单轨制，通过整顿中间环节，理顺生产领域和流通领域的价格关系。他的研究还讨论了在通货膨胀条件下，和再生产过程中实物形态和价值形态平衡有关的理论和实践问题，例如固定资产投资贬值和折旧等问题。这是当时讨论中很少人涉及的。

（五）关于所有制问题的研究

王梦奎一直非常注重对经济改革中所有制问题的研究。这方面的研究成果，主要体现在他自20世纪80年代中期以来一系列讨论所有制问题的文章中。他的主要观点是：①坚持判断所有制的生产力标准，认为多种经济成分都在一定范围内有其优越性，有其存在和发展的理由，公有制经济的发展不能以排斥非公有制经济发展为条件（1987年）。②经济体制改革不能回避所有制这个根本问题，以公有制为主体发展多种经济成分是社会主义初级阶段的基本经济制度，是经济改革的主要内容和主线之一，也是社会主义市场经济体制的基础；对“公有制为主体”可以从不同的角度理解（1992年，1994年）。③对现阶段多种经济成分的性质做了界定，分析了多种经济成分不同的发展趋势，预见到由不同所有制经济成分组成的财产混合所有的经济单位，例如股份制和多种形式的合作、联营和经济联合体会越来越多，其增长速度会超过各类独资企业；在这种混合经济内部，财产关系应该是明晰的，但企业所有制的外观是模糊的，有越来越多的企业已经不能用某种所有制判断其性质，所以不能再像过去那样，对不同的所有制采取不同的政策（1987年）。④同样的所有制可以采取不同的组织形式和经营方式，不同的所有制也可以采取相同的组织形式和经营方式，股份制和租赁制是企业组织形式和经营方式，不能一般地说它是资本主义性质的或者是社会主义性质的（1987年）。⑤提出改进衡量所有制结构的指标，建议用总产出、总资产和所有者权益三个指标进行综合评估，并且分析了每项指标的优点和缺点（1997年）。

（六）关于社会主义初级阶段经济的总体研究

王梦奎从20世纪80年代中期开始深入思考关于中国社会主义初级阶段的一些根本理论问题。1986年7月，他在全国高等财经院校政治经济学教材讨论会上，从世界和中国社会主义的历史，从社会制度变迁中普遍性和特殊性的关系，深入阐述了社会主义初级阶段中国国情和建设中国特色社会主义的基本理论和方法论问题，提出：①建设中国特色社会主义既是指出发点和具体途径，也是指目标本身，就是说，中国不仅在改革和建设的出发点和具体途径方面应该有自己的特色，现代化作为目标本身也应该有自己的特色；社会主义初级阶段在发展过程中还会经历若干具体的发展阶段，在每一个阶段上都会有自己的特点，有许多不确定的、过渡形态的、“亦此亦彼”的东西。②制定经济政策和进行经济改革，要从总体上把握中国国情，最重要的是社会生产力状况，包括生产力水平低，发展不平衡，二元经济结构；还要考虑到社会政治方面的特点，历史和文化方面的特点，以及民族传统等方面的特点，即中国现实情况的总和，可以称为“国情总体论”。③实践的局限性决定了理论认识的局限性，在现阶段，不论是在中国还是在世界范围内，还不可能建立起完整的社会主义政治经济学的科学体系，经济研究的任务，不在于寻找十全十美、一劳永逸的制度、政策和办法，而是始终坚持从中国国情出发，找到由以开始的起点，以及进一步发展将循以进行的总方向。在这篇报告基础上写成的专著《社会主义初级阶段的经济》（1988年），考察了关于社会主义社会发展阶段性划分理论的历史，着重讨论了我国社会主义初级阶段有步骤、分阶段地实现现代化目标的发展战略，以及经济改革的目标和任务。这本书是比较早地系统研究社会主义初级阶段经济的理论专著之一。

（七）关于社会主义市场经济的总体研究

王梦奎是主张对计划经济体制进行改革的经济学家，20 世纪 80 年代在《社会主义初级阶段的经济》和其他著作中，对中国经济体制改革产生的原因和改革的方向已经有比较系统的论述。他是中共中央 1993 年《关于建立社会主义市场经济体制若干问题的决定》和 2003 年《关于完善社会主义市场经济体制若干问题的决定》的起草人之一，参与了社会主义市场经济体制框架和政策体系的设计。

王梦奎是最早全面阐释社会主义市场经济理论总体框架的学者之一。他 1995 年完成的长篇论文《社会主义市场经济论纲》（国家行政学院 1995 年 7 月作为教材印发，《中国社会科学》1996 年第 1 期），系统分析了传统计划经济体制产生的原因，经济改革酝酿和发展的历程，社会主义市场经济理论确立的过程，社会主义市场经济体制的基本框架，并且初步总结了中国经济改革的基本经验，是对社会主义市场经济体制进行全面概括性论述的理论文献。王梦奎对社会主义初级阶段理论的一大贡献，是提出“制度文明或体制文明建设”。他在《社会主义市场经济论纲》中提出，当时通用的物质文明和精神文明“两个文明”建设的提法，不能概括中国现代化建设的全部内容，各方面的制度建设和体制改革，包括以建立社会主义市场经济体制为目标的经济体制改革，就不是“两个文明”所能概括的。还提出，当时通用的“社会主义市场经济、社会主义民主政治、社会主义精神文明”的提法也不能全面概括现代化的内容，各方面的管理体制和改革不宜皆归于“政治”范畴。他创造性地把中国社会主义现代化建设的目标，概括为三个组成部分：物质文明建设——现代化的经济；精神文明建设——现代化的科技、教育、文化，以及适应现代经济和现代文化的思想道德；制度文明或体制文明建设——与物质文明建设和精神文明建设相适应的各方面比较完善和成熟的制度或体制。

王梦奎早在 1994 年初就提出两个根本性转变的思想（《现代化》1994 年第 1 期）。他明确指出，中国经济持续、快速、健康发展乃至现代化的实现，有赖于两个根本性的转变：一是在体制上，由传统的计划经济体制转变到社会主义市场经济体制；一是在经济发展上，由过去那种片面追求产值和速度、盲目扩大投资规模的粗放式经济增长方式，转变到通过技术进步、经济结构优化、加强管理和提高劳动生产率，提高经济增长质量、增加经济效益的集约式发展。这种概括，后来演变为国家发展的基本政策取向。

（八）关于经济发展战略的研究

王梦奎认为，经济发展战略的调整是20世纪70年代以来中国经济高速发展的根本动因之一。在他的研究工作中，经济发展战略占有重要位置。王梦奎是党的十三大报告中关于“三步走”发展战略部分的执笔起草人、大力宣传者和引申发挥者，尤其是对于第二步发展战略完成后如何全面建设小康社会问题，进行了创造性的研究和发挥。主要观点是：①新的历史时期经济发展战略的重大调整，是以放弃20世纪末实现现代化的原定目标为前提的，把实现这个目标后推半个世纪不是“后退”，而是符合实际的大进步；把解决温饱问题作为第一步战略目标，是找到了中国现代化的真正切实的起步点（1988年，1991年）。②从中国工业化和现代化的历史进程，研究了实现第二步战略部署和实现第三步战略部署的问题。1991年写的《我国经济和社会发展的新阶段》，分析了由于温饱问题初步解决而引起的阶段性变化，在当时国内外非常困难的条件下，通过综合分析，认为90年代中国经济发展有非常好的前景。2002年初写的《关于第三步战略部署的研究》，对于世纪之交中国经济的阶段性变化，以及21世纪头20年需要着重解决的问题，作了比较准确的概括。他提出，实现21世纪前50年的战略目标，可以划分为两个阶段：2021年前侧重于“全面建设小康社会”；之后虽然中国总体上仍然处于小康阶段，但可以逐渐淡化“小康”色彩，把着重点放在“实现现代化”上。③比较早地从历史和语源上考察了“大同”和“小康”的社会意义，把作为中国现代化过程必经阶段和现代化建设第二步战略目标的小康，界定为从温饱到现代化之间长达几十年的过渡阶段，是“虽不富裕但摆脱了贫困”（1987年），是“温饱有余还不富裕”（1991年）。④提出关于小康社会的全面性要求。王梦奎早在20世纪90年代初期就指出，小康不仅是物质生活水平的提高，也包括精神生活的充实，社会福利和劳动环境的改善（1991年）。2003年，他对全面建设小康社会所讲的“全面”又进行了更为准确的阐述：一是小康覆盖的全面，使全体人民都享受到经济发展的成果；二是建设领域的全面，不仅是提高物质生活水平，而且要加强政治文明和精神文明建设。他还率先提出小康社会要实现“全民共享、全面进步”的纲领性口号（2003 年）。⑤ 2002 年 1 月，在向全国政策咨询工作会议提供的书面报告中，他最早提出，“现在达到的，还只是不全面的、低水平的、发展很不平衡的小康”，并且对这种状况做了深入分析，他所主持的以这个报告为基调的研究报告:《中国经济的阶段性变化、面临的问题和发展的前景》，为党的十六大制定全面建设小康社会的发展战略提供了重要参考。⑥提出发展不平衡是中国的基本国情，要注意把握现代化进程中的不平衡性或多层次性，同时要把握现代化标准的全面性和动态性，注意国家实现现代化的整体性，不能层层分解，缩小地区范围，降低现代化标准，宣布率先实现现代化（2002 年）。

（九）关于国际经济格局的研究

王梦奎一直关注国际经济的发展变化及其对中国的影响。1983 年由他执笔起草的中共中央书记处研究室的研究报告《世界经济形势和我们的政策》，对第二次世界大战后世界经济的发展状况和矛盾做了冷静而客观的分析，论述了自 1979 年因石油价格上涨而爆发的世界经济危机的主要表现和可能出现的后果，提出我国可以采取灵活多样的政策，加快技术、设备和人才引进，增加利用外资，扩大出口，并且提出了相关的政策建议。20 世纪 80 年代中期以后，王梦奎利用出国访问的机会，撰写经济考察报告，包括《瑞典、奥地利宏观经济管理考察报告》《韩国印象》和《苏联见闻》等。这些考察报告，客观地分析了被考察国经济发展的经验教训、现存问题以及可为我国经济发展借鉴之处。特别是 1990 年 9 月撰写的《苏联见闻》，敏锐地观察到苏联可能解体的迹象，成为高层决策的第一手参考材料。王梦奎对 1997 ～ 1998 年亚洲金融危机和 2007 ～ 2009 年全球金融危机都做了深刻的分析。1998 年发表的《亚洲金融危机与中国》（《求是》杂志 1998 年第 21 期），分析了危机发生的原因和亚洲发展的前景，指出美国因存在经济泡沫和过度金融投机，未来很可能爆发波及全球的金融危机和经济震荡，应予高度警惕。事态的发展证明，他的分析结论是有预见性的。王梦奎还明确回答了当时人们普遍关切的问题：亚洲金融危机会不会引发世界范围的经济大危机？亚洲金融危机是不是否定了经济全球化的发展趋势和发展中国家的对外开放政策？如何看待保持人民币汇率的稳定？如何有效应对亚洲金融危机？这篇文章获得《求是》杂志首届优秀理论文章奖（2000 年）。2009 年王梦奎发表的《后危机时期的世界和中国经济》（《管理世界》2010 年第 1 期），深刻分析了 2007 年以来全球性金融危机爆发的原因，及其对世界经济和政治格局、国际货币体系、经济体制和政策理念的深远影响，提出中国应着眼于“后危机时期”，做好国际货币和经济格局大变化的战略准备。

三、特殊贡献

王梦奎由于突出的学术成就，以及长期在中央机关工作和领导高层政策研究咨询机构的独特经历，对国家的发展和改革做出了特殊贡献。

（一）参与党和国家重要的纲领性和决策性文件的起草

王梦奎参加了党的十三大、十五大、十六大、十七大报告的起草，以及十三大以来许多次中央全会决定的起草，包括：中共中央关于制定国民经济和社会发展“八五”“九五”“十五”“十一五”“十二五”规划的历次《建议》，十四届三中全会和十六届三中全会关于社会主义市场经济体制的两个决定，十五届三中全会关于农业和农村工作的决定，十四届四中全会和十五届六中全会关于党的建设的决定，十六届六中全会关于构建社会主义和谐社会的决定，以及十四届二中全会和十五届二中全会关于党政机关机构改革的决定，等等，并且参加了为起草文件所进行的调查研究。他从 1981 年起参加起草国务院向全国人大所作的《政府工作报告》，到国务院研究室工作后负责并主持国务院重要文件的起草，包括多年的《政府工作报告》和中央经济工作会议文件的起草。这些文件都是集体智慧的结晶，王梦奎作为文件起草人或主持者，贡献了自己的见解和智慧。

此外，王梦奎还参加了《陈云文选》等重要文献的编辑，《马列著作选读》（1988年四卷本）等重要文献的审议，以及史学名著《中国共产党的七十年》（胡绳主编，1991年）的统稿修改，等等。

（二）提出政策建议

王梦奎自20世纪80年代起，经常参加党中央和国务院主要领导同志召开的征询意见的专家座谈会，就重要政策问题发表意见和建议，很多被采纳。其中最重要的如1990年关于改善国民收入分配格局的建议，1998年和2001年关于取消农业税的建议，2002年关于全面建设小康社会的建议，2006年在制定《物权法》中的建议，以及关于社会矛盾的分析和政策取向的建议，等等。他所提出的意见和建议，是他深入研究和思考的结果；有的虽非由他独倡，他也是倡导者之一。在这些场合发表的意见和建议，也对国家决策产生了直接的影响。

（三）主持重大课题研究

王梦奎主持过许多重大课题的研究，包括：1988年关于抑制通货膨胀和价格改革方案的研究，1989年以来关于国民经济和社会发展从"八五"到"十一五"五个五年规划的研究，为党的十六大报告起草组提供的关于全面建设小康社会的研究报告等。王梦奎作为这些研究课题的主持人，从出题目，确定总体框架，到提出重要观点，都是亲力亲为，最终研究报告都要经他反复斟酌修改。这些研究成果，为中央制定方针政策提供了重要参考。他1992年发起并主持全国振兴老工业基地研讨会，率先提出老工业基地的改造和振兴问题。

王梦奎长期主持全国性的政策研究咨询工作会议。他在国家计委经济研究中心、国务院研究室和国务院发展研究中心工作期间，多次主持召开过这类会议。他在会议上的主题报告，对全国的政策研究咨询工作起了带头和导向作用。王梦奎长期担任公益性的中国发展研究基金会理事长，以"支持政策研究，促进科学决策，服务中国发展"为宗旨，做了许多开创性的工作，特别是关于改善贫困地区寄宿学生营养状况以及贫困地区婴幼儿教育的实验性研究，为国家决策提供了重要的参考。

30 年来，王梦奎多次应邀在中共中央党校、国家行政学院、国防大学，以及许多中央机关和省、市、自治区，为高中级干部作报告，用自己的研究心得深入阐述党和国家的基本方针政策，深受欢迎。据不完全统计，这类报告有 200 多场，在全国党、政、军干部中有很大影响。

（四）推动国际交流

王梦奎在国际交流方面做出了特殊贡献。1993 年应邀为老挝党政高级干部作报告，介绍中国特色社会主义理论和经济改革。2000 ～ 2007 年，他发起和主持每年一次的中国发展高层论坛，至今已连续举办多届，成为中外企业家、学者和政府官员之间对话和交流的重要平台，在国内外产生了广泛影响。2000 ～ 2008 年，王梦奎担任中日经济知识交流会中方首席代表，主持交流会工作。2005 年主持诺贝尔经济学奖获得者北京论坛。王梦奎在国际交流中的言论，概括而准确地介绍了中国改革开放和现代化建设的成就和面临的问题，对增进世界对中国的了解起了积极作用，一部分已辑为《王梦奎国际对话录》出版。

四、王梦奎主要著作

王梦奎．1983．两大部类对比关系研究．北京：中国财政经济出版社．

王梦奎．1984．我国社会主义建设道路的探索．河南：河南人民出版社．

王梦奎．1987．王梦奎选集．太原：山西人民出版社．

王梦奎．1988．社会主义初级阶段的经济．北京：人民出版社．

王梦奎．1989．通货膨胀的成因和对策．北京：中国城市社会经济出版社．

王梦奎．1993．中国经济的回顾与展望．北京：中国财政经济出版社．

王梦奎．1997．世纪之交的中国经济．北京：中国经济出版社．

王梦奎. 2000. 在经济转折中. 北京：华文出版社. 王梦奎. 2001.

王梦奎文存. 1～6卷. 北京：中国经济出版社.

王梦奎. 2001. 我看中国经济. 广州：广东经济出版社.

王梦奎. 2003. 王梦奎自选集. 北京：学习出版社.

王梦奎. 2005. 王梦奎随笔. 上海：文汇出版社.

王梦奎. 2008. 王梦奎看中国经济走向. 北京：中共中央党校出版社.

王梦奎. 2008. 王梦奎国际对话录. 北京：中国发展出版社.

王梦奎. 2008. 王梦奎序跋. 北京：中央编译出版社.

王梦奎. 2008. 王梦奎改革论集. 北京：中国发展出版社.

王梦奎. 2010. 王梦奎经济文选. 北京：中国时代经济出版社.

王梦奎. 2010. 亲历经济谋划——王梦奎谈经济发展战略. 北京：中国友谊出版公司.

（2011年7月）

2011年撰写《20世纪中国知名科学家学术成就概览·经济学卷·王梦奎》条目以后，王梦奎新出版的著作有：

《王梦奎文集》一卷本，红旗出版社2016年出版，是“求是文库·思想理论专辑”中的一本。

《王梦奎文集》1—8卷，河南人民出版社2017年出版。

《中国走过来的道路》，中国言实出版社2018年出版。

——范建军附记